Diálogos con una trayectoria intelectual: Marcello Carmagnani en El Colegio de México

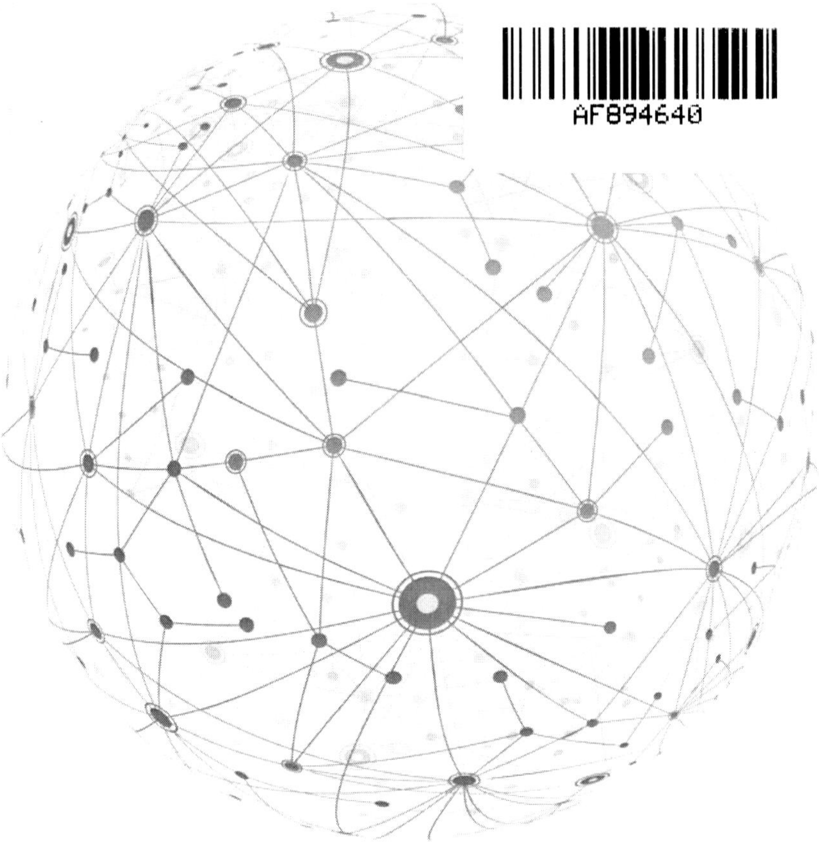

Yovana Celaya Nández
Coordinadora

EL COLEGIO DE MÉXICO

DIÁLOGOS CON UNA TRAYECTORIA INTELECTUAL: MARCELLO CARMAGNANI EN EL COLEGIO DE MÉXICO

CENTRO DE ESTUDIOS HISTÓRICOS

DIÁLOGOS CON UNA TRAYECTORIA INTELECTUAL: MARCELLO CARMAGNANI EN EL COLEGIO DE MÉXICO

Yovana Celaya Nández
(Coordinadora)

EL COLEGIO DE MÉXICO

980.033072
D5798

Diálogos con una trayectoria intelectual : Marcello Carmagnani en el Colegio de México / Yovana Celaya Nández (coordinadora). 1a. ed. -- México, D. F. : El Colegio de México, Centro de Estudios Históricos, 2014.
507 p. ; 15 cm.

ISBN 978-607-462-686-5

1. Carmagnani, Marcello, 1940 -- Conocimiento -- Historia. 2. América Latina -- Historiografía -- Siglo XX. 3 América Latina -- Historiografía -- Siglo XIX. 4. América Latina -- Historia -- Siglo XX. 5. América Latina -- Historia -- Siglo XIX. 6. Profesores universitarios -- Siglo XX -- México. 7. El Colegio de México. I. Celaya Nández, Yovana, coord.

Primera edición, 2014

Camino al Ajusco 20
Pedregal de Santa Teresa
10740 México, D. F.
www.colmex.mx

ISBN: 978-607-462-686-5

Impreso en México

ÍNDICE

INTRODUCCIÓN[1]

*Yovana Celaya Nández**

En 1992 Marcello Carmagnani se incorporó a El Colegio de México como profesor-investigador en El Centro de Estudios Históricos. No era su primera experiencia con México, cuya relación se remontaba a los años 70, pero El Colegio le ofrecía una relación institucional y académica con varias generaciones de estudiantes. Este libro representa un profundo reconocimiento a dicha relación entre profesor y estudiantes, y es por ello el título, un homenaje que se ha construido desde el diálogo que hemos realizado durante nuestra formación en El Colegio de México y en muchos casos posterior a ella.[2] En los textos que integran esta obra, los autores elegimos nuestras formas de diálogo, historiográfico, categorías analíticas y estudios de caso que se han convertido en referentes para nuestro quehacer, donde sea que éste se desarrolle, Chile, Perú, Estados Unidos, Argentina y México. Es evidente que el objeto de este libro es un homenaje a la trayectoria del profesor, como algunos preferimos llamarlo, por lo que la introducción destaca una parte fundamental de la docencia realizada con varias genera-

[1] Las líneas siguientes fueron posibles gracias a la valiosa información que el profesor Carmagnani me proporcionó sobre su experiencia en México y en Italia; a la doctora Alicia Hernández Chávez que atentamente respondió mis preguntas; a dos entrevistas que Isabel Avella Alaminos le realizó al profesor y que forman parte de una próxima publicación: "Mundo Atlántico y la Modernidad iberoamericana, 1750-1850", *Revista 20/10,* en prensa, y la segunda entrevista forma parte de una investigación sobre la historiografía económica que Isabel realiza, también de próxima aparición. Y por último a los siguientes colegas: Gabriela Tío Vallejo (generación 1991-1993), Riccardo Forte (generación 1991-1993), Natalia Silva Prada (generación 1993-1996), María José Rhi Sausi (generación 1999-2001), Jesús Hernández (generación 2001-2003), Inés Yujnosvky (generación 2003-2005) y Ana Laura de la Torre (generación 2005-2007), quienes compartieron por correo electrónico sus experiencias, bien en la docencia o de la investigación del profesor. A todos ellos muchas gracias por responder y con ello sumarse a este homenaje.

* Facultad de Economía, UNAM / Instituto Mora.

[2] El profesor siempre ha sido reticente al concepto homenaje; es por ello que no figura en el título y me permito en esta introducción usarlo un par de veces.

ciones de historiadores. Para ello es necesario entender la trayectoria que el mismo Marcello Carmagnani siguió —y sigue— entre América y Europa y cómo dicha trayectoria se reflejó en su ejercicio docente y en su producción intelectual.

AMÉRICA Y EUROPA: INVESTIGACIÓN Y DOCENCIA

La trayectoria académica de Marcello Carmagnani tuvo su punto de partida en Santiago de Chile, en la Universidad y en el Centro de Historia Colonial de la misma.[3] En esta primera etapa y bajo la guía de Mario Góngora, reflexiona en torno a la comprensión de la historia, en superar la narración cronológica de los hechos y en dar la debida importancia a las preguntas frente a las fuentes mudas.[4] Con este bagaje, ya con su primer trabajo de investigación que constituiría su tesis de pregrado, *El salariado en Chile colonial: su desarrollo en una sociedad provincial: el norte chico, 1690-1800*, y con su conocimiento de la obra de Fernand Braudel, Marcello Carmagnani se dirige a París a la École Pratique des Hautes Études que le permite expandir sus intereses. De esta experiencia, recuerda las ventajas de la libre elección de los alumnos, a veces guiada por el director de tesis, de los seminarios de doctorado y de la interdisciplinariedad que promovía la École: historiadores, antropólogos, sociólogos y economistas participaban de un diálogo abierto que confirman en Carmagnani la necesidad de que la historia se interrelacione con otras ciencias sociales para adquirir una visión global. Esta etapa le permite también reafirmar la necesidad de que los conceptos, al conjugarse con instrumentos de estadística y de econometría, posibilitan la elaboración de modelos analíticos que ayudan a la identificación de las variables cuantitativas y cualitativas. La dimensión económica en el análisis se fortalece con su visita a la Universidad de Chicago en 1966; aquí participa en el seminario de Historia Económica de

[3] Para evitar repeticiones con los textos de María Luna, Saúl Jerónimo Romero, Rafael Sagredo Baeza, Israel Arroyo, Riccardo Forte y Carlos Contreras, quienes abordan la trayectoria historiográfica de Marcello Carmagnani, sólo haremos referencia a obras claves en la producción del profesor.

[4] Acerca de la influencia de Mario Góngora en el trabajo de Carmagnani, véase el obituario que Marcello Carmagnani escribió en *Hispanic American Historical Review.*

Robert Fogel. Por entonces, Fogel y Engerman, daban vida a la *New Economic History*. El seminario, al que asistían estadounidenses, asiáticos y europeos tenía el objetivo de discutir y verificar con los instrumentos de la econometría la teoría económica neoclásica.

En el análisis de la dimensión económica, en estos años se realizaba un intenso debate entre los partidarios de la historia económica y la economía histórica, debate que Carmagnani consideraba estéril pero que le permitió fijar su posición en la importancia de que la elaboración conceptual debía comprender la lógica subyacente a las decisiones de los actores económicos, sin olvidar que las decisiones no siempre obedecen a una racionalidad puramente económica. En este periodo mantiene la atenta lectura de los clásicos de la economía y de la política: Franco Venturi, Adam Smith, Karl Marx, Karl Polanyi, Isaiah Berlin, Max Weber, Joseph A. Schumpeter, Alexander Gerschenkron, Luigi Einaudi, Otto Hintze y Adolf Wagner.

Esta intensa etapa formativa culmina con su tesis doctoral, bajo la dirección de Fernand Braudel y Ruggiero Romano, presentada en 1969, *Les mécanismes économiques dan une societé coloniale. Le Chili, 1680-1830.* La tesis refleja el peso de las variables cuantitativas y cualitativas y el diálogo entre la historia, las teorías económicas —de la época y las actuales—; la antropología y la geografía. La investigación le permite al autor exponer su concepción de la historia económica, misma que según sus palabras, "está llamada a elaborar conceptos capaces de definir, caracterizar y describir la forma que asume la actividad realizada por los agentes económicos en un determinado espacio geohistórico".[5] La investigación se ha convertido en un referente en la historiografía latinoamericana por el peso que concede a las tres unidades de análisis, comercio exterior e interior y producción, pero además porque identifica una unidad intrínseca entre los últimos decenios de la vida colonial y los primeros de la vida independiente. Esto le permitió superar una historiografía que definía una temporalidad política y en consecuencia realizaba un corte entre el periodo colonial y la vida independiente.

La experiencia de su tesis doctoral y la publicación del libro *Desarrollo industrial y subdesarrollo económico* reafirmó en Carmagnani que las trayec-

[5] CARMAGNANI, *Los mecanismos*, p. 29.

torias latinoamericanas permitían la comparación con las trayectorias internacionales en general y en particular con las europeas. La investigación mantuvo el ritmo y su interés por mirar otros casos latinoamericanos, con énfasis en la dimensión comparativa, lo lleva a publicar *Formación y crisis de un sistema feudal. América Latina del siglo XVI hasta nuestros días*, en el que analiza la persistencia de una lógica económica feudal por la existencia de producciones dominadas, de mercados escasamente monetarizados y monopólicos y de consumidores cohibidos. El libro remite al modelo de Witold Kula, pero también al tomo I de *El Capital*, a los *Grundrisse*, a Ruggiero Romano y a Gerschenkron.

En estas etapas, las dimensiones de análisis que estarán presentes en la agenda de investigación y docencia ya se encuentran definidas en el horizonte intelectual de Marcello Carmagnani: la importancia de la perspectiva comparativa y el diálogo entre la dimensión política y económica. De este periodo destaca también su interés por un análisis de larga duración, por un diálogo entre presente y pasado y comprender desde éste las raíces históricas de las áreas latinoamericanas. En este diálogo entre pasado y presente, el profesor siempre ha advertido los peligros de proyectar en el pasado nuestras realidades presentes, por lo que el diálogo debe construirse mirando al pasado, la trayectoria del mismo y traducir nuestro presente. En sus palabras,

> el historiador es quien reflexiona tomando en cuenta los instrumentos históricos (hermenéutica, paleografía, entre otros) sobre las conexiones entre el pasado y el presente para imaginar el futuro. Para ello, utiliza críticamente los conceptos de las ciencias humanas y sociales, dándole un sentido diacrónico. En el que no debemos olvidar que nuestra tarea es hacer inteligible el pasado con el presente y nuestro futuro.

En esta etapa de su producción se vislumbra el interés por explicar el desfase entre las trayectorias latinoamericanas y europeas, que sucesivamente incluirá problemáticas de tipo social, político y cultural.

Años más tarde, en una entrevista con Carlos Marichal, definía este proceso como una expansión de sus intereses hacia una historia comparada que parte de una concepción histórica según la cual los problemas de América Latina deben ser comprendidos a la luz de las tendencias internacionales y de la capacidad de los actores históricos —nacionales o regionales— de dar respuestas, no necesariamente positivas, de tipo no sectorial sino global, cuya capacidad de análisis es de tipo procesal.[6] Marcello Carmagnani llama la atención a la necesidad de dotar de contenidos históricos a los modelos teóricos, pero además que dicho contenido se lleve a cabo en un diálogo que supere los posicionamientos ideológicos, para lo cual hay que otorgar la debida importancia a los sujetos históricos. En estos primeros trabajos se advierte también la necesidad de investigar y ejercer la docencia con contenidos temáticos que superen las fronteras nacionales, pero sobre todo que los fenómenos históricos sean comprensibles en la trayectoria de otras experiencias. Es decir, Carmagnani va en contra de una lectura del proceso aislado, ideológico y conmemorativo de la propia historia nacional. Por el contrario, la historia comparada le ofrecía superar dicho paradigma y se proponía como alternativa un análisis en términos explícitos o implícitos.

En 1973, su tercera etapa lo lleva a Italia a la Facultad de Ciencias políticas de la Universidad de Turín y a la primera Cátedra de América Latina en las universidades italianas. El ejercicio de la docencia en dicha facultad le representa la posibilidad de conjugar sus intereses históricos con economistas y politólogos y orientar la docencia a la historia contemporánea. La importancia de la dimensión comparativa en el análisis le permite también reforzar la enseñanza de América Latina en un diálogo con la historia europea, como un recurso para hacer comprensible la dimensión latinoamericana a los estudiantes italianos. Desde la Universidad de Turín, Marcello Carmagnani se convierte en un referente para el conocimiento de las realidades latinoamericanas. Al respecto, el profesor sostuvo en la citada entrevista con Carlos Marichal que la enseñanza de América Latina en la Italia de la década de los setenta constituía un campo fundamentalmente virgen, pero con mucha inquietud intelectual por comprender problemas históricos extraeuropeos. Al mismo tiempo que ejerce la docencia, publica, en colaboración con Ruggiero Romano, el *Anuario Nova Americana* por la casa editora Guilio Einaudi entre 1979 y 1983. El anuario resulta un espacio privilegiado para la difusión de América Latina como laboratorio de investigación y análisis.

[6] Véase: <http://www.economía.unam.mx/amhe/publi/entre03html>, Asociación Mexicana de Historia Económica.

La investigación se mantiene presente en América, sin embargo el mundo político y militar de la década de los setenta y su solidaridad moral e intelectual le impide regresar a Chile y a Argentina y entonces México aparece como un horizonte para la investigación. México le permite también iniciar una línea de discusión en torno a una dimensión antropológica. El estudio sobre Oaxaca y los indios como sujetos históricos se plasmaron en la obra, *El regreso de los dioses: el proceso de reconstitución de la identidad étnica en Oaxaca, siglos XVII y XVIII.* Esta investigación le permite ahondar en una discusión que destaca por sus críticas a las ideas indigenistas y por la utilización de la dimensión económica y la historia institucional. El análisis explicó las estrategias de las comunidades indígenas para aprovechar las condiciones ofrecidas por el sistema colonial y asegurar así su supervivencia y expansión, como sucedió en el curso del siglo XVII. De esta obra, Carmagnani señala que su objetivo era recuperar las dimensiones inmateriales de cultura o de tradición que podían ser conjugadas con nuevas tradiciones de matriz española, dando origen a una formación indo-mexicana, de una sociedad que no es más prehispánica, y tampoco es la sociedad moderna mexicana, sino una sociedad que tiene características y formas diferentes.

La relación con la comunidad académica en México también fue fructífera y de esta etapa recuerda sus contactos con Enrique Florescano, Alejandra Moreno Toscano —a quienes conoció en París—, Enrique Semo, Andrés Lira, Carlos Sempat Assadourian, Manuel Miño y Alicia Hernández. Alicia Hernández señala que la llegada de Marcello Carmagnani al Centro de Estudios Históricos se dio en el marco de un proceso de renovación del programa de estudios en donde ella, en calidad de directora del Centro, buscó "abrir las ventanas a aires nuevos". El programa se propuso restablecer el análisis comparativo Europa-América Latina en el que se proporcionaron a los alumnos los conceptos de ciencias sociales esenciales mediante cursos de sociología, ciencia política, economía y análisis estadístico. Este proceso requirió la contratación de profesores capaces de romper con los muros de la historia nacionalista. Este eco se encontró en Marcello Carmagnani, pero también en Ruggiero Romano y Pedro Carrasco —ellos en calidad de profesores invitados del Centro— y se incorporaron como profesores Carlos Marichal, Solange Alberro, Pilar Gonzalbo y la continua participación de Francisco Zapata del Centro de Estudios Sociológicos y Alfredo López Austin de la UNAM.

Marcello Carmagnani formaba parte de un proyecto que privilegiaba la mirada comparativa, la perspectiva internacional y buscaba superar los límites historiográficos de una enseñanza nacionalista.[7] El primer curso que Carmagnani ofreció en El Colegio fue: "Del Estado de los notables al Estado-nación. Las formas históricas del estado en América Latina desde la independencia hasta los años de 1930", y en éste privilegiaba el análisis conceptual de los esquemas politológicos e historiográficos que determinaban la formación del Estado nacional a partir de la independencia.[8] En este curso, se advertía la necesidad de mirar el desfase de las trayectorias conceptuales europeas y latinoamericanas, pero también de mirar las especificidades latinoamericanas (México, Argentina y Brasil) mediante la comparación de las realidades concretas. La agenda de investigación en El Colegio de México le permitió también desarrollar un interés añejo en torno a la hacienda pública mexicana. En 1982, Carmagnani publicó en *Nova Americana*, "Finanzas y Estado en México, 1820-1880",[9] en el que según sus palabras, analizó la capacidad del naciente Estado federal de implementar en las regiones su poder constitucional. Esta discusión tuvo continuidad en *Estado y mercado,* en el que puso en evidencia la interacción entre finanzas e instituciones. El presupuesto, identificado como una institución liberal, le permitió mostrar la interacción entre la federación, las fuerzas regionales y los intereses burgueses.

Ambas publicaciones representan un referente para una discusión historiográfica en torno al Estado mexicano del siglo XIX. Presentan también la primera discusión en torno al federalismo en México y la inclusión del concepto confederalismo como el recurso analítico que le permite explicar la naturaleza institucional del pacto entre estados y federación resultante

[7] Es justo decir que no era el único que se destacaba por dicha perspectiva, por ejemplo Carlos Sempat Assadourian mantuvo siempre su impronta latinoamericana en su docencia del mundo colonial. De hecho, tomar primero un curso con Sempat y luego con Marcello te dotaba de un aparato conceptual, analítico y heurístico fundamental para entender desde el siglo XVI hasta el siglo XIX. Un análisis de larga duración, con dos profesores referentes en sus campos de investigación y en la formación de varias generaciones en El Colegio de México.

[8] Agradezco a Matilde Souto haberme facilitado el programa del primer curso que el profesor Carmagnani impartió en El Colegio de México. El curso inició en marzo de 1991, en calidad de profesor invitado.

[9] CARMAGNANI, "Finanze e stato"; véase también "El liberalismo, los impuestos internos y el Estado federal mexicano, 1857-1911".

de la Constitución de 1824.[10] El curso de 1991 y las dos sucesivas publicaciones tuvieron continuidad en un proyecto en el que discutió las formas históricas del federalismo. Con el apoyo de El Colegio de México y el Fideicomiso Historia de las Américas, coordinó el proyecto en el que buscaba ilustrar las fases históricas de la experiencia federal en el contexto latinoamericano. El resultado fue el libro *Federalismos latinoamericanos: México, Brasil, Argentina*, en el que se abordaron las experiencias en los tres países con un análisis histórico-politológico que interactuaba con las dimensiones institucionales, prácticas políticas y cultura política.

La docencia que Carmagnani ejerce en la década de los noventa se mantiene como un espacio de discusión en el que las interacciones entre economía, política, sociedad e instituciones son un referente para explicar las trayectorias del siglo XIX latinoamericano. Los cursos abordan temas que giran en torno al federalismo como sistema de gobierno y al liberalismo como doctrina.[11] Éstos se destacaban también por el uso de herramientas cuantitativas para explicar tal o cual fenómeno. Al respecto, sus estudiantes coincidimos en que de estas técnicas aprendías desde lo que para muchos puede resultar lo más básico, leer una gráfica, pero lo más importante era que no sólo se trataba de leer números, sino de entender las variables que el autor había dispuesto en forma gráfica. En mi primer curso con el profesor, en una de las sesiones la lectura asignada fueron tres gráficas sin referencias de autor o texto. Una vez que superamos la perplejidad de la metodología, el profesor nos fue guiando hasta que, a partir de tales variables, discutimos y reflexionamos en torno a la participación de las economías latinoamericanas en el comercio internacional.

En Italia continuaba al frente de su cátedra en la Universidad de Turín y en este proceso no realiza diferencias con México. Al respecto Riccardo Forte señala que la docencia que Carmagnani ejerció no se diferenció por el ambiente intelectual. En México, Italia, Estados Unidos o Francia, Carmagnani mantuvo siempre una actitud crítica a la historiografía nacionalista, por su forma de distorsionar los procesos de independencia y los elementos de cambio y de continuidad a lo largo de los siglos XIX y XX. Esta

[10] Al respecto puede verse: HERNÁNDEZ, *La formación de la hacienda pública*; ARROYO, *La arquitectura del Estado.*

[11] De los cursos podemos señalar: "Formas históricas del federalismo mexicano"; "La economía financiera pública y privada en América Latina, 1850-1914.

crítica presente en sus cursos en la Universidad de Turín, es parte indispensable de su trabajo de profunda revisión histórica. Un ejemplo de ello para Riccardo Forte fue la periodización que él, junto con otros autores, propuso en el libro *Para una historia de América (1750-1850)* que contrasta con la perspectiva histórica nacionalista de América Latina que ve la independencia como un corte repentino entre pasado y presente, y descuida los matices del proceso de modernización sin analizar la importante tensión entre antiguo y moderno, a partir de la consideración de los elementos culturales. Asimismo, critica la excesiva dicotomía de la perspectiva marxista (los de arriba y los de abajo) para proponer una lectura compleja de los componentes sociales entre la segunda mitad del siglo XVIII y el siglo XIX. El mismo profesor sostiene que su experiencia mexicana le permitió hacer docencia siguiendo su trayectoria de historia conceptual y comparada y exponer su idea de que México participa de tendencias similares a las de otras áreas latinoamericanas y mundiales.

De las generaciones de la década de los noventa debe señalarse también que en el caso de estudiantes sudamericanos durante sus cursos universitarios de manera paulatina tuvieron acceso a la lectura de una historiografía de exilio, como explica Gabriela Tío Vallejo: "Cuando llegué al Colmex a tomar clases con Carmagnani o Assadourian tenía un significado mucho más que historiográfico. Era tomar contacto con una historia prohibida y deseada". La comunidad de estudiantes mexicanos, tampoco era ajena a la importancia que Carmagnani concedía a la historia latinoamericana y era de conocimiento de todos, que en su curso te armarías de un buen bagaje de historia latinoamericana y se debía de estar preparado para cualquier pregunta que el profesor lanzara en clase.

En nuestra citada entrevista, cuando le pregunté sobre su experiencia con los estudiantes mexicanos en la docencia en El Colegio de México, sentenciaba que: "Abrir al mundo a los estudiantes fue siempre mi gran proyecto sabiendo que no lo habría nunca realizado plenamente". Me atrevo a contradecirlo pero también María José Rhi Sausi comenta que las clases de Marcello, le ayudaron a comprender a México desde un mapa del mundo y visto en este contexto, las discusiones más allá de las fronteras políticas permitían explicar fenómenos más complejos que la perspectiva local dejaba inconclusos y destacar las alusiones a la dimensión cultural de los fenómenos económicos. Y concluye: "cuando tuve que dar mi primer curso de posgrado —Historia económica mundial— lo comprobé muy claramente". En ese mismo sentido, Ana Laura de la Torre considera que la perspectiva que el profesor imprimía a sus cursos permitía a los estudiantes mexicanos voltear su mirada fuera de las fronteras nacionales a partir de un riguroso análisis comparado. Un ejercicio de suma utilidad para los alumnos quienes, generalmente, carecíamos de una visión global e incluso regional. Para Ana Laura, "quienes fuimos sus alumnos estamos obligados a realizar investigaciones que presenten no sólo el marco internacional sino que contengan un examen entre dos o más países y regiones a fin de descubrir sus relaciones o estimar sus diferencias o semejanzas".

Inés Yujnovsky señala también que lo que destacaba de sus clases era el enfoque regional latinoamericano. Carmagnani ofrecía una visión global de América Latina, abarcando un periodo de mediana o larga duración entre los siglos XIX y XX; su curso presentaba rasgos centrales de la región sin escatimar características de casos locales, nacionales o regionales. La visión que nos transmitió pone de relieve la historia internacional como un actor fundamental. No se trata de las relaciones entre estados a partir de dimensiones nacionales, tampoco de una historia del comercio que es tan sólo un aspecto, ni de relaciones entre empresas, bancos, finanzas, etc. La historia internacional que nos enseñó Carmagnani es entendida como un actor histórico colectivo fundamental que interactúa con otros actores y, en consecuencia, buscaba modificar nuestra lectura negativa de la inserción de América Latina en la economía internacional como productora de materias primas y, por consiguiente, en desventaja. La imagen que el profesor defendía era la de una región con una cultura económica en la que los actores latinoamericanos promovieron la inserción en el mercado internacional y se desempeñaron con notable dinamismo en un contexto altamente competitivo.

En el análisis de las dimensiones, el profesor no se limitaba a la historia económica. Es verdad que su lectura de la economía te invitaba a repensar una forma distinta de entender los procesos económicos, pero más importante era no verlos aislados: sus estudiantes aprendimos que la historia económica es la historia total. Los énfasis políticos de sus cursos, las alusiones a la dimensión cultural de los fenómenos económicos nos otorgaron herramientas de análisis valiosas y representaron una gran lección sobre las inconveniencias de etiquetar o encasillar los enfoques históricos. Gabriela

Tío Vallejo señala que:

> Lo que más me fascinaba de sus clases era el espacio universal en el que se movía, ese enfoque antropológico de la historia en el que un concepto nos llevaba a las diferentes regiones de América y luego a las diversas regiones europeas sin perder las particularidades del caso y el rigor de las fuentes. De pronto estábamos hablando de los alcornoques en la Provence o de una fazenda brasileña. Eso que él llamaba el horizonte comparativo siempre presente considero que es una de las huellas indelebles de su legado. Las clases se situaban en el terreno propio de la reflexión. Los devaneos historiográficos podían aparecer, pero lo central era razonar y discutir problemas históricos en toda su complejidad. Por eso sus clases no pasan de moda y puedo volver a ellas y siempre encontrar una pista más.

Jesús Hernández, también destaca que sus cursos ofrecían siempre la posibilidad de encontrar nuevas pistas de discusión e incluso, dada la flexibilidad de que el primer año ofrece el programa de doctorado donde no se condiciona a elegir tema de tesis, de replantearse nuevos retos de investigación e incluso cambiar los objetivos iniciales.

De la historia comparativa, como herramienta metodológica, Carmagnani da el salto a la historia global y en 2004 publica *El otro Occidente*. El profesor sostiene que su experiencia en el análisis comparativo le permitió pasar a la historia mundial que representaba no sólo la comparación al interior de un área geográfica, sino la de las áreas geográficas entre sí para comprender cuáles son los obstáculos y las fuerzas dinámicas que impulsaron el desarrollo, el crecimiento cultural, político, económico y social de los diferentes países del mundo. Y en efecto, para la primera década del 2000 los cursos que imparte en El Colegio de México reflejan sus preocupaciones en torno a la historia mundial, pero sin perder la perspectiva de las trayectorias locales.[12] La publicación de *Las islas del lujo* se mantiene en esa misma línea de discusión al incorporar el consumo de bienes extraeuropeos como representantes de una revolución comercial, de una transformación cultural, pero sobre todo como ejemplos de las relaciones intercon-

[12] Algunos cursos en esta década fueron: "De la internacionalización a la globalización de América Latina, 1890-1980"; "América Latina en el sistema económico internacional, siglos XIX-XX"; "América Latina y Europa: formas de relaciones siglos XIX-XX"; "Historia mundial e internacionalización. América Latina, la crisis del orden colonial al desorden internacional".

tinentales que se establecen a partir de su demanda y producción. Este libro destaca también por la riqueza de su reflexión en torno a una serie de escritos económicos que le permiten establecer una relación entre la revolución comercial y el nacimiento de la economía política. Y de éste advierte también su actual obra en prensa sobre el economista Pietro Verri, *Economia politica e morale pubblica. Pietro Verri e la cultura economica europea.*

La investigación y docencia que Marcello Carmagnani realiza en México y en Italia mantienen un diálogo constante y sus preocupaciones intelectuales son referencias en la definición del programa de cursos que imparte, pero también tendrán un reflejo en la dirección de tesis. De sus cursos y de la lectura cuidadosa de su historiografía las tesis reflejan los resultados del diálogo. En la dirección de tesis, Carmagnani defendió la libertad de los estudiantes para la elección de sus temas de investigación, pero especialmente puso énfasis en que las tesis doctorales no se transformaran en una extensión de las tesis de licenciatura o de maestría. Estaba atento a nuestras discusiones en los seminarios y no ocultaba su recelo cuando una y otra vez volvíamos sobre temas de tesis, licenciatura o maestría. Su propuesta era no desechar la investigación ya realizada, pero que ésta no se convirtiera en una limitante para nuestro futuro en la investigación. Es decir, nos invitaba a comprender las ventajas de un programa, formativo en cursos temáticos, metodológicos e historiográficos, que ofrecía tiempo para la reflexión y para replantearnos nuevos temas.

Al respecto, la experiencia de Gabriela Tío Vallejo señala que:

> lo que me convenció de hacer la tesis con él fue su enorme apertura para escuchar con respeto y optimismo nuestras a veces absurdas inquietudes e hipótesis. Claro que esta tolerancia y confianza en los jóvenes encontraba sus límites en las posibilidades heurísticas de los temas. Recuerdo claramente que cuando estaba definiendo mi tema de tesis yo estaba algo atormentada porque había planteado en mi ingreso al Colmex trabajar algo más bien económico relacionado con la hacienda en el siglo XVIII o las formas del trabajo en la colonia, pero me había enamorado de la historia política y entonces no encontraba el tema que pudiese dar el salto entre una cosa y la otra. Armada con un ejemplar de *Classes laborieuses et dangeureuses* de Chevalier me presenté a la cita en el cubículo del profesor, y le dije muy ufana: quiero hacer esto para Tucumán. Agradezco que me haya conducido diplomáticamente a un tema más acotado porque estaría todavía posiblemente con la tesis pendiente.

Desde mi experiencia, mi primer planteamiento al profesor fue realizar un análisis de un impuesto desde los montos de recaudación en un distrito determinado. Su primera observación fue que no le interesaba dirigir una tesis de perspectiva regional a lo que presta respondí que ésa no era la propuesta. Después de un semestre de trabajo para presentarle un proyecto y de seguir atenta sus observaciones respecto de la necesidad de reflexionar en torno a la dimensión institucional y económica del pago y recaudación de un impuesto, aceptó dirigir mi trabajo de tesis. Pero aguardó reservado a mi trabajo de archivo, y después de tres meses en los archivos poblanos, regresé emocionada a contarle que además del ingreso trabajaría el gasto de un impuesto en el siglo XVII y que había decidido replantear mi trabajo en una periodización que me permitiera ver las continuidades y tensiones políticas de una política fiscal de los Austrias a los Borbones. Después de escucharme atento, una sonrisa de aprobación me confirmó que llevaba buen camino, pero el profesor me recordó que debía volver a los textos de Otto Hintze, Slicher van Bath, Mario Góngora, entre otros, lecturas que me prepararían para mi vista a los archivos españoles, donde debía estar atenta a la multiplicidad de actores políticos y económicos que participaban de la fiscalidad hispánica. Sí dispuesta a considerar las particularidades de mi espacio, pero a no olvidar que la monarquía tuvo ante todo una dimensión global y que como tal fue un actor activo en el conjunto de las monarquías de su tiempo, pero también que cada parte integrante de la misma, reinos, provincias, capitanías, gobernaciones, audiencias, pueblos, se movió en múltiples dimensiones y a todas había que estar atentos. Este diálogo no se limitó a un semestre, sino que fue continuo en seminarios y lecturas cuidadosas a mis borradores de tesis y después de concluida, el diálogo ha continuado.

Una característica del profesor Carmagnani que todos conocíamos o escuchábamos en los pasillos, era su enorme capacidad para vivir entre América y Europa, lo que representaba meses de ausencia, física, pero no intelectual pues la correspondencia —primero física y luego virtual— la respondía con rapidez y con atención a su interlocutor. Gabriela Tío Vallejo lo recuerda así:

> Carmagnani no sólo fue un lector dedicado, crítico y comprometido con mi trabajo, sino que supo también alentarme y darme seguridad en aquel largo

camino. Esperaba con ansiedad los viajes hemisféricos de mis borradores a través del correo tradicional primero y luego por un primitivo correo electrónico. Sabía que con su letra menuda y amable vendrían minuciosas notas en los márgenes de las páginas que irían abriendo nuevas preguntas, sugiriendo lecturas, animando a seguir y bajando los decibeles de mis neurosis. Guardo con mucho cariño y agradecimiento esos borradores.

El profesor fue y es un lector incansable que siempre ha estado dispuesto a participar en los seminarios de tesis de los estudiantes, los pasos previos a la defensa de la investigación. Inés Yujnosvky sostiene que el profesor participó en su primer seminario, pues aun cuando se trataba de temas de historia de viajeros, recibió su orientación para reflexionar, por un lado, acerca del papel de los actores sociales individuales que se manifestaba colectivamente y, por otro, sobre el señalamiento de que el mercado mundial no sólo implica el comercio sino el intercambio de los hombres, ideas, bienes, libros y representaciones, entre otros aspectos. La misma experiencia es compartida por Natalia Silva, quien reconoce en el profesor a un lector y sugerente interlocutor que la incentivó a un análisis de la cultura política en el mundo del Antiguo Régimen. Un análisis que requería, como recuerda Natalia en un consejo recibido por el profesor: "fíjese en los silencios, a veces lo no dicho es más importante de lo que parece evidente". Y este consejo, sostiene Natalia, iluminó su aproximación a las declaraciones judiciales, en donde poco a poco aprendió a vislumbrar lo no explícito y a pensar en el significado de los gritos tumultuarios.[13]

Lo dicho hasta ahora es reflejo de la trayectoria intelectual de Marcello Carmagnani que le permitió comprender temas y escenarios no necesariamente trabajados por él, y eso ha generado que sus estudiantes podamos construir y repensar nuestras propias líneas de investigación, sin por ello sentirnos ajenos a su interlocución. Es evidente que estamos lejos de producir estudios de caso de su propia línea de investigación, en principio porque no era algo que promovía, pero fundamentalmente porque el profesor mantiene una producción en transformación constante. Es por ello que en la dirección de tesis, lo inmutable fue siempre su capacidad para comprender las inquietudes intelectuales de los demás, lo que revela su

[13] Al respecto puede verse el blog de la autora: *Los Reinos de las Indias en el Nuevo Mundo* <http://losreinosdelasindias.hypotheses.org>.

actualización constante: publicaciones periódicas, libros, investigaciones, reseñas, archivos y discusiones historiográficas son seguidas con puntualidad en el quehacer de Marcello Carmagnani entre Europa y América. Alicia Hernández sostiene que los estudiantes que eligieron al profesor como director de tesis —entre los que me encuentro yo—, "vivificaron ese ambiente académico cultural que ocurre cuando el profesor estimula a los estudiantes y éstos responden con vitalidad y vehemencia a las propuestas y externan sus propias ideas". Y es que en efecto, la coincidencia de los colegas en el proceso de dirección de tesis es que en los diálogos que el profesor siempre privilegió en la dirección de tesis privaba la libertad para exponer nuestras ideas, para discurrir nuestras preocupaciones e intereses en nuestras investigaciones.

Lo señalado hasta ahora busca explicar el porqué este homenaje no sigue del todo la producción intelectual del profesor Carmagnani. Por el contrario, sigue el diálogo que nos ha permitido realizar desde nuestros tiempos de estudiantes, como tesistas y ya en nuestro quehacer profesional de hacer historia, nuestras propias líneas de investigación. Es dicho diálogo el que nos ha formado y nos ha permitido también el ejercicio de la docencia y la investigación. Los autores buscamos señalar también que la trayectoria intelectual del profesor se ha formado no sólo desde sus publicaciones y conferencias, sino en la docencia de la cual hemos sido partícipes y es un elemento presente en todos los textos. El libro entonces es un reflejo de dicho diálogo.

De la estructura del libro algunos señalamientos. La distribución y exposición de los artículos que integran la obra refleja los tres ámbitos del trabajo de investigación de Marcello Carmagnani: historiográfico, categorías conceptuales y estudios de casos. Para la discusión de estas tres dimensiones, cada participante eligió desde dónde realizar el diálogo tanto con la producción de Carmagnani como desde sus propias líneas de investigación. En este sentido, la distribución de los textos sigue las dimensiones historiográfica, conceptual y estudios de caso, una clasificación que no por ello excluyó a una y a otra. La primera parte corresponde a una amplia discusión historiográfica realizada desde cuatro espacios académicos: Chile, Perú, México e Italia. La segunda dimensión, las categorías conceptuales, abren un diálogo entre la discusión analítica y los estudios de caso correspondientes al siglo XIX y XX. Para dar paso a la última sección del libro donde se realiza un recorrido por las variadas temáticas abordadas por el profesor Carmagnani: hacienda, Estado, comercio y consumo.

De los textos presentados por los autores, algunos señalamientos: Rafael Sagredo Baeza, Carlos Contreras y María Luna Argudín realizan una profunda revisión a la historiografía de Marcello Carmagnani. El texto de Sagredo invita a comprender la producción historiográfica de Carmagnani en Chile, pero más importante, en el contexto político, económico y de las preocupaciones intelectuales de su tiempo sobre las trayectorias de las economías latinoamericanas. El autor realiza un cuidadoso análisis de las transformaciones que en su tiempo demanda el ejercicio histórico al poner atención en la economía y en la sociedad en el centro del análisis, pero también en la larga duración y en la geografía y cómo dichas transformaciones se reflejan en las formas de historiar de Carmagnani. Para el autor, la estructura y la coyuntura, como categorías de análisis, son vistas por Carmagnani como el medio para explicar las transformaciones de la economía chilena, vista desde todos sus componentes: fuerza de trabajo, propiedad, comercio, actores económicos, industrialización y las condiciones del subdesarrollo.

El texto de Carlos Contreras presenta el diálogo que Marcello Carmagnani construyó entre la historiografía marxista y la nueva historia política. Contreras destaca que fue dicho diálogo el que le permitió plantear el concepto: *sistema feudal*. Y con éste, superar la controversia entre dependentistas al incorporar las variables circulación interior y exterior, sin perder de vista los modos de producción. Una aportación importante de este concepto fue la periodización al plantear Carmagnani que dicho modelo se extendió hasta la primera década del siglo XX, para entrar en decadencia en 1940. Es dicha periodización que permite al autor sostener una continuidad entre las obras *Formación y crisis del sistema feudal* y *Estado y sociedad en América Latina 1850-1930*. Esta última centrada en los actores políticos y que daría pauta para trabajos posteriores donde la negociación de dichos actores será un punto de reflexión obligada en las obras de Carmagnani. El texto de Contreras resulta esclarecedor del diálogo del profesor con categorías marxistas, pero dotándolas siempre de contenido histórico, explicándolas en su contexto y sujetas a transformación constante.

María Luna Argudín cierra este primer bloque historiográfico y sitúa a Marcello Carmagnani en el contexto de la historiografía mexicana. La autora explica la discusión historiográfica en la que se inserta el profesor desde el contexto, los tópicos nacionalistas y la mirada latinoamericana. María Luna toma como referentes fundamentales la docencia y las obras del profesor en las que discute la trayectoria del liberalismo y explica la importancia que concedió a la historicidad de éste en Iberoamérica, pero también a la comparación con la trayectoria europea, pues es dicho proceso el que permite superar las fronteras nacionalistas de la historiografía. El liberalismo entonces es el punto de partida que la autora marca para dar la debida importancia al análisis doctrinario, político, económico y fiscal que el profesor realiza en torno al siglo XIX. La trayectoria que María Luna traza en la historiografía mexicana destaca la dimensión doctrinaria, institucional, política, económica y la participación de los actores locales, como ejes de estudio en el siglo XIX mexicano, elementos que Sagredo y Contreras también señalan. Y cómo dichas dimensiones transitan al análisis del siglo XX latinoamericano.

La participación de Israel Arroyo, Saúl Jerónimo Romero y Riccardo Forte constituye en este libro el segundo gran bloque donde reflexionan, desde diferentes perspectivas, en el análisis realizado por Carmagnani de la dimensión política, financiera y la inserción latinoamericana en la perspectiva occidental y global. Desde la dimensión política, Arroyo expone el alcance de la obra de Carmagnani respecto al sistema de gobierno mexicano en el siglo XIX y la relación entre estados y federación. Una relación de carácter confederal en la que se debía poner la debida atención a la dimensión fiscal para entender las tensiones entre estados y federación. El autor destaca que para entender la propuesta de Carmagnani del sistema confederal debe entenderse el concepto de territorialidad, que supera la relación del binomio Estado-nación. Al superar dicha relación, Arroyo plantea la necesidad de entender el sistema de gobierno del siglo XIX no como emergente con la independencia, sino que debe ser pensado en los efectos que la territorialización policéntrica de la monarquía era más acorde con el sistema confederal del siglo XIX. La aportación de Arroyo se constituye en un diálogo abierto con las investigaciones del profesor Carmagnani en la dimensión política e introduce al diálogo la necesidad de que al reconocer la propuesta de un sistema confederal emergente de la Constitución 1824; también hay que admitir que dicho sistema contó con elementos federalistas. De esta manera, el autor considera la importancia de entender las formas de gobierno en el siglo XIX como un proceso complejo en el que federalismo, confederalismo y centralismo no pueden ser separadas de manera clara y diferenciada. Sin duda su trabajo apunta a la necesidad de retomar esta discusión y dotarla de contenidos, proceso y hechos, una línea de investigación pendiente en la historiografía mexicana.

El texto de Saúl Jerónimo Romero se mantiene en el análisis de la dimensión política pero en un diálogo con la dimensión económica que Marcello Carmagnani reflejó en dos obras medulares de su producción en la década de los noventa. Para Saúl, *Federalismos latinoamericanos, Estado y mercado* y *Constitucionalismo y orden liberal*, constituyen obras referentes para la reflexión de la nación como un ente político y en consecuencia entender el complejo proceso que unió a regiones, estados y localidades que integraron las naciones latinoamericanas. Para el autor, en estas obras se pone la debida atención a las interacciones entre instituciones, política y sociedad, lo que resulta en una propuesta de investigación compleja y con una periodización desde el objeto de estudio. Del análisis de estas obras, Romero considera que difícilmente podemos situar a Carmagnani en una postura historiográfica, sino en reflexiones conceptuales, históricas, políticas y económicas que van más allá de explicaciones coyunturales. El último trabajo de este bloque constituye la aportación de Riccardo Forte en el que analiza la metodología y conceptualización histórica de Carmagnani y su aplicación al análisis de la transición del Antiguo Régimen al orden liberal y el papel de los militares en América Latina. El análisis de la cultura política, desde la historia, es señalado por Forte como una dimensión fundamental en la comprensión de la trayectoria de las sociedad latinoamericana y entenderla como códigos individuales y colectivos construida desde referentes intelectuales, sociales, políticos y económicos, definición dada por el profesor, y que le permitió a Riccardo utilizarla como herramienta analítica para entender la política castrense en Argentina. El autor destaca también que el diálogo con el trabajo del profesor le ha permitido generar sus propias líneas de discusión en torno a las relaciones internacionales en el hemisferio occidental y el antiamericanismo cultural.

El texto de Gabriela Tío Vallejo inaugura el tercer bloque en este libro, donde desde los estudios de caso los autores nos planteamos la importancia de la discusión historiográfica de la que participaba Marcello Carmagnani y nuestra intervención en la misma. El texto de Tío Vallejo destaca la consolidación que el cabildo tucumano experimentó mediante el control en el nombramiento de los jueces pedáneos, la afirmación territorial de su jurisdicción y la consolidación del poder notabiliario frente al poder del intendente y del resto de funcionarios regios. Una vez superada dicha afirmación, la autora indaga el efecto de la guerra en la provincia de Tucumán en la construcción del territorio y vecindad en la nueva coyuntura política e incorpora la presencia del ejército como un factor a considerar en la resignificación de los vecinos en la jerarquización política en la provincia. Un elemento fundamental que la autora destaca es la interacción entre la dimensión institucional y los actores sociales y cómo dicha interacción puede representar una cultura política resultado de procesos de adaptación, discusión e incluso de ignorar dichos actores la dimensión normativa.

Los textos de Gabriela Tío Vallejo y Yovana Celaya participan del diálogo que el profesor Carmagnani realizó con el mundo colonial. Los textos se sitúan en el marco de las transformaciones de la monarquía hispánica en el periodo borbónico y en las interacciones entre un orden de gobierno emanado de virreyes, intendentes y otros funcionarios borbónicos y las instituciones (cabildos) y actores locales (contribuyentes). El texto de Celaya pone en la mesa de discusión los efectos políticos, institucionales y jurisdiccionales de la reforma a la alcabala en el siglo XVIII novohispano. El texto busca realizar un diálogo entre la dimensión normativa en el cobro del impuesto y la respuesta de funcionarios y contribuyentes a dicha dimensión. A la autora le interesa poner énfasis en la necesidad de atender las transformaciones de una potestad fiscal de la monarquía en sus territorios americanos y los efectos que dicha potestad representó en los contribuyentes y en el reconocimiento del rey de demandar el pago de un impuesto sin que mediara la renovación de un pacto entre reino y reino.

La importancia que Marcello Carmagnani concedió al análisis de la dimensión fiscal, política e institucional en la hacienda es analizada por Juan Cáceres y Elda Moreno. Desde el caso chileno, Cáceres reflexiona en torno a los componentes en la construcción de una hacienda liberal. Para ello, toma en cuenta el papel de los actores económicos y políticos y la coyuntura —crisis hacendaria y la consiguiente reforma— en el nacimiento de una hacienda liberal. Los instrumentos que el autor analiza, para definir lo liberal de dicha hacienda, son la búsqueda de un proyecto político e intelectual, el análisis del ingreso y el gasto y por último la naturaleza impositiva. A partir de estos referentes, Cáceres sostiene que la hacienda liberal fue una búsqueda constante a lo largo del siglo XIX y que llegó a cristalizarse hasta la segunda década del siglo XX. Para el autor, la élite chilena, la continuidad de viejas estructuras hacendísticas y los ingresos provenientes del salitre se constituyeron en obstáculos para la existencia de una hacienda liberal. Elda Moreno pone atención en la dimensión del gasto público en Yucatán, que le permite explicar las transformaciones en la conformación y consolidación del estado. La autora recupera la importancia del ejercicio de la territorialidad y el control de los recursos fiscales asociados a éste, pues revelan la tensión entre el estado y las élites locales. Desde el proceso de larga duración, 1812-1915, analiza el comportamiento del gasto, atendiendo a las coyunturas medulares que le permiten explicar las transformaciones del gasto, a la par del fortalecimiento del estado yucateco. Desde esta dimensión, identifica los rubros que, además del militar, después de 1860 se convierten en prioritarios en el fortalecimiento del Estado.

En el diálogo que privilegió el profesor en la dimensión institucional en la conformación del Estado, Cecilia Bautista presenta un texto en el que analiza las relaciones Iglesia-Estado en la segunda mitad del siglo XIX y la primera década del siglo XX. El planteamiento busca superar una dicotomía y conflicto irreconciliable o la reconciliación deseable entre Iglesia-Estado, para plantearse que el liberalismo permitió que una vez superado los fueros y privilegios eclesiásticos, el Estado buscó conciliar intereses. La Iglesia tampoco fue ajena a la necesidad de conciliar y Bautista destaca la actuación de grupos católicos a favor del Estado que funcionaron como mecanismos para mantener el orden social. Para explicar este proceso, la autora utiliza las coronaciones pontificias de varias imágenes marianas que deben entenderse en el marco de concertación entre el Estado y la Iglesia. El análisis que realiza, no obstante la religiosidad del instrumento, se enmarca en la dimensión política e institucional. Lo que le permite concluir a la autora la existencia de un proceso de apropiación política de las coronaciones marianas. El resultado fue un espacio público que reafirmó el papel de la Iglesia para la paz y la gobernabilidad y en consecuencia una relación nueva entre el estado mexicano y la Iglesia.

Los textos de Karina Busto y Mariano Bonialian nos sitúan en la discusión de ejes mercantiles desde la perspectiva de estrategias y el peso geopolítico de los espacios. Busto pone en la mesa de discusión la mirada a la formación de un sistema portuario en estrechos vínculos con su dinámica interna, pero también con el contexto internacional. La autora recupera la importancia que Marcello Carmagnani puso en detenerse en las dinámicas internas y en los vínculos externos, sin que necesariamente deba verse en una relación de dependencia. Por el contrario, debe ponerse la debida atención a las jerarquías de las relaciones mercantiles y a las modificaciones que tales dinámicas sufren en la larga duración. A partir de la segunda mitad del siglo XIX, la autora identifica la formación de un sistema portuario entre San Francisco y Panamá, que a su vez interconecta el Pacífico mexicano a la dinámica de los mercados internacionales y que posibilita la existencia y participación de variados modelos de puertos, pero también invita a mirar las transformaciones internas, la incorporación de líneas ferroviarias a dicha articulación portuaria y los cambios tecnológicos demandados para participar de dicha integración comercial en el Pacífico.

En la misma línea de la impronta mercantil, el texto de Bonialian reflexiona en torno a la construcción de un modelo comercial que tiene como polo concéntrico a la Nueva España, con un alcance imperial y mundial. La centralidad que el autor concede al virreinato mexicano se sostiene en los flujos mercantiles que desde este punto se enlazan hacia el Atlántico y hacia el Pacífico, confluyendo ambas carreras interocéanicas en los agentes mercantiles novohispanos. La centralidad de la Nueva España se refuerza, además, al generar sus propios flujos económicos sobre los espacios de Centroamérica y el Perú, al fungir como reedistribuidor de mercancías de ambas carreras. El autor concede la debida importancia a las prácticas de los actores económicos, pero también a las pautas de consumo, al tipo de bienes que participan de ambas carreras y el papel de éstos en la posición de reexportador de bienes del virreinato novohispano. En la misma línea sobre la importancia del consumo, Lilia Bayardo explora para el siglo XX las dimensiones material e inmaterial de la historia del consumo en México. Las variables ingreso, gasto y publicidad son analizadas en un diálogo que le permite a la autora avanzar en una discusión en torno al consumo moderno presente en una sociedad con una economía monetizada, industrializada y urbanizada. La fuente de Bayardo, encuestas realizadas entre 1909 y 1970 por diversas instancias sobre el costo de vida en espacios urbanos, se convierten en un instrumento confiable de los rubros de gasto de un sector de la población; desde éste es posible mirar las transformaciones en el consumo. Un elemento importante del análisis es la publicidad y la búsqueda desde ésta del consumo de las masas de bienes industrializados que demandaran también la aparición de nuevos espacios para la comercialización de dichos bienes como tiendas departamentales. La autora destaca el diálogo con el profesor Carmagnani, y con su obra, *Las islas del lujo,* para el planteamiento de una línea de investigación, pero se debe destacar también el esfuerzo de Bayardo para plantearse desde fuentes producidas para el conocimiento del costo de vida, indagar los rubros de gasto y en consecuencia las pautas de consumo del sector social participante en la encuesta.

La participación de los autores cierra con el texto de Isabel Avella, quien nos sitúa de nueva cuenta en la dimensión económica y en la impronta de los agentes económicos en la negociación y operación de un tratado comercial bilateral. El texto destaca los intereses contrapuestos que resultaron en torno a la existencia de un tratado comercial entre Estados Unidos y México y las distintas estrategias de los actores para incidir en la negociación, pero también cómo dichas posturas cambiaron a la luz de las transformaciones que la economía interna de México experimentó en el periodo. En este proceso, la autora identifica que la posición de los agentes económicos, frente al tratado comercial, estará mediada por el tipo de participación en la economía mexicana: exportadores e importadores, pero al interior de ambos grupos es necesario identificar qué tipo de géneros mueven, agrícolas o industriales. Sin duda el texto de Isabel recupera una constante de la docencia e investigación del profesor Carmagnani: más allá de los datos reportados por balanzas comerciales, niveles de exportación e importación, está la necesidad de mirar y entender la decisión de los agentes económicos. Estas decisiones no siempre obedecen a una racionalidad económica. El diálogo de los quince autores presentes en este libro estaría incompleto si no contáramos con un texto del profesor Carmagnani. Una vez más se ha mostrado abierto a la demanda de sus estudiantes y en su texto reflexiona en torno a las interacciones presentes en su trayectoria intelectual y el estado actual de sus investigaciones.

La propuesta de este homenaje la hice a Ariel Rodríguez Kuri en su calidad de director del Centro de Estudios Históricos. Desde el primer momento apoyó la publicación del libro y sugirió la celebración de un seminario previo en el que pudiéramos estar presentes los estudiantes y el profesor

Carmagnani. El seminario se celebró en El Colegio de México en abril de 2013, en el que presentamos primeras versiones de los textos, en una discusión abierta con el profesor y con comentaristas invitados que realizaron valiosas sugerencias para la versión final de los textos: Guillermo Zermeño, Ariel Rodríguez Kuri, Graciela Márquez, Bernd Hausberger y Alicia Hernández Chávez. A todos ellos muchas gracias por participar en este homenaje. Los textos se sometieron al proceso de evaluación que demanda cualquier obra publicada, por lo que agradezco a los dictaminadores externos su atenta lectura y valiosas sugerencias. La celebración del seminario y la presencia de los colegas extranjeros y nacionales fue posible gracias al apoyo del Centro de Estudios Históricos y al doctor Javier Garcíadiego, en su calidad de presidente de El Colegio de México. Por último, mi agradecimiento a la doctora Erika Pani, actual directora del Centro de Estudios Históricos, por dar cauce final a la obra para su publicación. Es evidente que en el libro no están todos los estudiantes y los tesistas, pero creo que logramos una representación de dos décadas de docencia y dirección de tesis que Carmagnani ejerció en El Colegio de México. El libro es una constancia de una trayectoria intelectual que ha dejado profundos significados en varias generaciones de historiadores. Los textos a continuación, a manera de homenaje, dan cuenta de ello.

LA ESTRUCTURA Y LA COYUNTURA EN LA HISTORIOGRAFÍA SOBRE CHILE DE MARCELLO CARMAGNANI

*Rafael Sagredo Baeza**

Hace ya casi 22 años, en agosto de 1991, Carlos Marichal inició una entrevista a Marcello Carmagnani para el *Boletín de Fuentes para la Historia Económica de México* que publicaba el Centro de Estudios Históricos de El Colegio de México, con la siguiente afirmación que, espero, también ayude a comprender por qué elegí el tema de esta presentación. Entonces Marichal asentó, antes de preguntar: "usted comenzó sus estudios de historia latinoamericana con una serie de trabajos ya clásicos sobre Chile en la época colonial y en el siglo XIX".[1]

La obra sobre Chile de Marcello Carmagnani, fruto de su formación académica y primera etapa como investigador, que se desarrolló hasta comienzos de la década de 1970, contiene trabajos cuyos títulos más relevantes explican nuestra presentación: *El salariado minero en Chile colonial. Su desarrollo en una sociedad provincial: el Norte Chico 1690-1800* (1963); *Desarrollo industrial y subdesarrollo económico el caso chileno 1860-1920* (1971), y *Los mecanismos de la vida económica en una sociedad colonial: Chile 1680-1830* (1973).

Sostenemos que los temas y problemas que abordan estos trabajos, las teorías y metodologías empleadas en su preparación e, incluso, las palabras elegidas para componer sus títulos, dan cuenta de la época en que fueron elaboradas, de las preocupaciones de la sociedad latinoamericana de entonces pero, sobre todo, de una forma de comprender la historia que en Carmagnani puede considerarse una constante. Una opción que se desarrolló

* Académico de la Pontificia Universidad Católica de Chile y Conservador de la Sala Medina de la Biblioteca Nacional de Chile

[1] Véase <http://www.economia.unam.mx/amhe/publi/entre03.html>, Asociación Mexicana de Historia Económica, consultada el 9 de abril de 2013.

desde entonces y que tiene un hito en la obra *Para una historia de América* (1999), organizada en partes dedicadas respectivamente a las estructuras y a los nudos. Así aplica a la trayectoria histórica de todo el continente americano su forma de ver la historia, gracias a la colaboración con diversos especialistas.

Fue a través de *El salariado minero...* que como estudiante de Sergio Villalobos comencé a conocer la obra de Carmagnani. A comienzos de la década de 1980, con el entusiasmo de un ayudante de cátedra que recibía constantes estímulos de su maestro y del entorno, una coyuntura oscura como la dictadura, leí este libro ya clásico, y preparé las preguntas que los alumnos debían responder en uno de los habituales controles de lectura tan propios de nuestra formación. Entonces fue que los interrogué: "identifiquen y desarrollen los antecedentes estructurales y coyunturales que explican la formación del salariado minero en Chile colonial". La mención para mí no es inocua, pues muestra que ya entonces, creo, percibí algunos de los elementos esenciales de la historiografía de Carmagnani, la que tiene en su obra sobre Chile manifestaciones muy elocuentes de la que interpreto es su forma de hacer historia. Más tarde, a fines de los 80, la preparación de una bibliografía comentada con 952 entradas para la obra de Osvaldo Sunkel y Carmen Cariola, *Un siglo de historia económica de Chile, 1830-1930,* publicada en 1990, me permitió aquilatar su notable aporte a la historiografía sobre Chile.

Gracias al tiempo, las lecturas y los trabajos, con la precaución de no forzar las cosas, con el respeto que el profesor Carmagnani me inspira y con el cariño de un exalumno que reconoce en él a un maestro, presento este texto cuyo objetivo esencial es no sólo relevar una parte de su producción historiográfica tal vez menos conocida, sino que, en especial, contribuir a identificar algunas de las características de su quehacer como historiador.

Aunque no presumo de conocer la trayectoria académica de Marcello Carmagnani, el contacto ocasional durante las últimas dos décadas, el trabajo de reeditar sus libros sobre Chile, las conversaciones casuales sobre su vida en el país, tanto como la recopilación de noticias sobre su trabajo entre quienes lo conocieron entonces, me permiten sostener que en su formación y en sus primeras obras historiográficas lo que se conoció como estructuralismo, en particular la Escuela de los Annales, fue determinante.

Pero también lo fueron algunas personalidades e instituciones del Chile de los 60, como Mario Góngora y los centros de Historia Colonial de la Facultad de Filosofía y Educación o el Centro de Estudios Socioeconómicos, ambos de la Universidad de Chile, a los que debemos sumar figuras como Ruggiero Romano y Fernand Braudel, e instituciones como la École des Hautes Études, donde lo animaron a estudiar el crecimiento económico en las que llamaban sociedades precapitalistas, como Chile.

Las circunstancias históricas de América Latina y Chile también contribuyen a explicar la obra de Carmagnani que nos ocupa. La democratización de las estructuras sociales, el análisis de la realidad a través de la reconstrucción histórica de fenómenos y procesos de larga duración, como las formas de tenencia de la tierra o de organización del trabajo, la valoración del estudio de los sistemas económicos y su impacto en la sociedad y la política, son algunos de los contextos más evidentes que alentaron un giro en la producción historiográfica a fines de la década de 1950 y comienzos de la de 1960. Entonces, la nuevas formas de concebir la historia se beneficiaron de los métodos desarrollados a lo largo del siglo XX que pusieron la economía y la sociedad como centro del análisis, las ciencias sociales como medios indispensables para la explicación histórica, la larga duración como categoría esencial del conocimiento y la historia regional como instrumento privilegiado para unir el criterio histórico y geográfico, entre muchas otras formas de aproximación a una experiencia histórica como la latinoamericana. De este modo se comenzó a superar la visión tradicional de aproximación, es decir, política y de un positivismo primordial, que había caracterizado la historiografía que se ocupaba de ella pues, entre otras preocupaciones, la necesidad de explicar el subdesarrollo y sus factores se hizo apremiante.

En este contexto debe comprenderse la obra sobre Chile de Carmagnani, la que sin embargo, no sólo se hizo cargo de las preocupaciones de su época y de su entorno a través de la explicación de hechos, fenómenos y procesos en gran medida inéditos para la historiografía sobre Chile, sino también de proponer métodos de análisis, en particular de los procesos económicos, que hasta entonces no se había utilizado sistemáticamente para explicar la trayectoria nacional. Resultado de todo lo anterior es una obra historiográfica en que su autor se pasea entre la coyuntura y la estructura. A partir del estudio de situaciones concretas, acotadas en el tiempo, como las prácticas económicas en el último siglo colonial, el auge minero del siglo XVIII o las transformaciones experimentadas en la producción manufacturera a mediados del siglo XIX, se identifican y comprenden fenómenos de larga duración, como el progresivo avance del sistema capitalista, el mestizaje y sus efectos sobre el mercado del trabajo y las condiciones del subdesarrollo económico.

ESTÍMULOS Y MOTIVACIONES

La preocupación por los grupos subalternos y su origen, situación y características, no ofrece muchos títulos en la historiografía chilena de los años 50 y 60. Entre ellos sobresalen los trabajos de Mario Góngora, *Origen de los inquilinos de Chile Central* (1960) y "Vagabundaje y sociedad fronteriza en Chile: siglos XVIII y XIX" (1966), y el de Carmagnani sobre el salariado minero, todos concebidos y materializados en el centro y seminario de Historia Colonial de la Universidad de Chile que dirigía el primero, y del cual Carmagnani fue un joven integrante junto a otros historiadores y geógrafos, también de destacada trayectoria posterior como Rolando Mellafe y Pedro Cunill. De hecho fueron las conversaciones con Góngora, cuando éste preparaba su trabajo sobre los inquilinos, lo que motivó la investigación que culminó en el salariado minero. Sin perjuicio de que en los mencionados centros académicos la orientación por la historia económica y social, los estudios en que la historia y la geografía compartían preocupaciones y el uso de grandes fondos documentales —como los protocolos notariales—, que respaldaban las investigaciones y conclusiones, fueron algunas de sus características más evidentes. Cierto también que algunos analistas han interpretado que la opción de los historiadores profesionales por el estudio de fenómenos y procesos de antigua data, en particular de la época colonial, fue una forma de evitar el ideologismo que con distintos grados y énfasis tiñó la obra de los estudiosos seguidores de la CEPAL y de los historiadores marxistas[2].

Pocas dudas caben, sin embargo, que fue también la realidad concreta que enfrentaban las sociedades latinoamericanas en la segunda mitad del

[2] Véase ORTEGA, "La historiografía económica de Chile", pp. 49-74.

siglo XX la que estimuló trabajos como los mencionados. Así lo reconoce Mario Góngora en otro estudio clásico de su autoría en colaboración con el geógrafo Jean Borde. En la *Evolución de la propiedad rural en el valle del Puangue* (1956) se lee: "Atribúyese, comúnmente, el estado de crisis latente que aqueja a la agricultura chilena, a un régimen territorial profundamente desequilibrado y que oscila entre los extremos, latifundio y minifundio". Esta situación, que servía para explicar las diferencias estructurales entre los sectores de la producción que afectaban a la sociedad chilena entonces, fue la que los coautores se propusieron estudiar a través de una monografía que abordó la historia de la ocupación del suelo y su geografía en un valle particular de la zona central.

En su calidad de guía de las nuevas generaciones de historiadores, Mario Góngora, con su enfoque y método, influyó sobre estudiosos que como Carmagnani trabajaron bajo su férula. Así lo reconoce éste, no sólo en las obras que escribió en esa época, sino también en más de un texto, uno de ellos reciente y que encabeza su índice de escribanos de Santiago, entre 1559 y 1660, de próxima aparición, y que elaboró hace ya más de 40 o 50 años.[3] Escribe ahí Carmagnani que

> Mario Góngora, en el Centro de Historia Colonial, despertó mi interés e inicié entonces el proceso de elaboración de conceptos propios para la comprensión de la historia. Valoré la estrecha relación que existe entre la Historia y las Ciencias Sociales, la importancia de comparar los procesos históricos que se desarrollan en paralelo en las diferentes partes del globo y la necesidad de aquilatar los cuerpos documentales.

Todos elementos presentes en sus obras, y no sólo en las referidas a Chile.

En *El salariado minero...*, el análisis económico y social en un contexto regional, es lo que orienta la investigación. Tanto porque lo económico es el movimiento que dirige lo social y lo muestra en toda su perspectiva, propone el autor, como porque a través de la historia regional, una perspectiva olvidada en el Chile de entonces, no sólo se superaba la historiogra-

[3] También puede verse el obituario que CARMAGNANI escribió en *Hispanic American Historical Review*, vol. 66, núm. 4, en noviembre de 1986, a raíz de la muerte de Góngora. Ahí se lee que éste "se prodigó a lo largo de casi medio siglo para elevar el nivel de la historiografía chilena proponiéndole nuevos paradigmas".

fía chilena tradicional tan aferrada a los acontecimientos políticos, sino sobre todo, porque sólo así era posible unir la historia y la geografía y ofrecer una "historia socioeconómica que respetará las regiones". Siguiendo los ejemplos conocidos, Carmagnani eligió una región particular para desarrollar su estudio, el Norte Chico, el que por sus características representa, hasta el día de hoy, una "estructura geográfica" cuyo sello impregna la economía y la sociedad, y la diferencia de otras zonas del país. Ofrece de este modo uno de los primeros ejemplos de trabajo historiográfico sobre esta región de Chile, cuyo papel en el desenvolvimiento general no había sido todavía apreciado.

Pero la mirada amplia de la monografía no sólo se refiere al espacio geográfico, también al tiempo histórico considerado, más de un siglo de evolución colonial en el que Chile experimenta un sostenido proceso de expansión fundado en la producción minera y agrícola, en el crecimiento de la población y en la disolución de la formas de organización del trabajo heredadas de la conquista. Al considerar fenómenos concretos como los ya mencionados, así como la disminución de la población indígena, la crisis de la encomienda y la aparición del trabajador minero, Carmagnani identifica y explica tendencias que, cristalizando hacia fines del siglo XVIII, se transformaron en duraderas, reflejando las que llama "hondas transformaciones que se producen en el orden demográfico, económico y social". Incluso las palabras utilizadas para describir el estudio y el carácter del trabajo, muestran la adscripción a una forma de concebir y hacer historia que, inevitablemente, nos remite a los Annales.

Problemas sociológicos y económicos, todos en una perspectiva geohistórica, son los que se analizan en *El salariado minero...*. Así, a través del estudio del costo de la vida, los precios y el salario, el auge minero y la decadencia agrícola, se tratan asuntos relacionados con la marginalidad, el concepto de colectividad, la estructura laboral y sistema social, qué duda cabe, todos involucran estructuras y coyunturas que explican un acontecer histórico nunca antes abordado.

El problema del crecimiento económico fue el que capturó la atención de Carmagnani andando la década de 1960, en particular los mecanismos que lo estimulan, frenan o retrasan en una sociedad preindustrial extraeuropea. Para las sociedades de este tipo los estudios de esta temática eran prácticamente inexistentes. En una época marcada por la frustración que el modelo de desarrollo hacia adentro había significado por los profundos desequilibrios macroeconómicos existentes y una creciente presión de los sectores marginados por acceder a los beneficios del sistema, que polarizó la vida social y política en Chile, su estudio del funcionamiento de la economía colonial chilena a lo largo del siglo XVIII y hasta poco después de independencia, pese haber sido publicado sólo en 1973, representó un significativo aporte. Tanto por el tema que trataba y la metodología que mostraba, pero también por alejarse de las discusiones ideológicas de entonces y sustraerse de los intentos de caracterizar la sociedad o sus modos de producción de manera esquemática o sin atender a la realidad histórica. Tal vez la distancia que Carmagnani tomó de Chile luego de 1963, así como su contacto con Fernand Braudel y Ruggiero Romano, fue lo que también contribuyó a dotar de un carácter permanente a su obra sobre el funcionamiento económico del Chile colonial. Una muestra más de la conjunción, materializada en historiografía, del desenvolvimiento histórico de las sociedades latinoamericanas, sin duda un estímulo para abordar nuevas problemáticas históricas, y de la evolución de la ciencia histórica y sus métodos. De este modo, los Annales a través de Braudel y Romano, hicieron posible a Carmagnani trabajar con mucha consistencia los temas que preocupaban en la época a ambos lados del Atlántico.

En 1991, Carmagnani confirmó a Marichal la influencia del contexto en su trabajo. Entonces afirmó:

> Pienso que el principal motivo que me empujó a este tipo de estudios —los relativos a la minería colonial y el desarrollo económico de Chile—, fue mi inquietud por comprender las raíces históricas del atraso económico de la áreas latinoamericanas, en especial sí el desfase entre las diferentes áreas tenía origen en la relación colonial.

Entonces también aludió a la influencia que tuvieron sobre él figuras como Góngora, Romano, Braudel y Robert Fogel en Chicago. En el fondo, como refirió en otra oportunidad, había sido "el interés por las estructuras profundas de la sociedad", lo que lo llevó a interesarse por la historia económica pues, en definitiva, "la economía es el cimiento sobre el cual se construye la actividad humana, y el producir y el consumir bienes está configurado por un componente material importante al que se suman otros elementos no materiales o simbólicos".[4] Para cumplir con sus objetivos, el uso de la noción de larga duración, la conjunción de la Historia y las Ciencias Sociales, pero también la nueva historia económica y sus métodos cuantitativos para explicar los cambios económicos resultaron, sostenemos, decisivos, y están reflejadas en sus obras. Tanto como una visión de la historia que va más allá de lo local, que plantea fenómenos generales, estructurales o de larga duración, los cuales se resuelven y ejemplifican a través de casos concretos, de una región particular, pero en conexión con el mundo, como ocurre con sus obras sobre Chile.

En *Los mecanismos de la vida económica en una sociedad colonial* Carmagnani refleja su experiencia vital y formación, al abordar, además, un tema esencial: el paso de la Colonia a la República, pero no para mostrar un quiebre drástico y dramático, como lo presentaba la historia tradicional, sino para revelar las continuidades de una estructura económica de lenta transformación a impulsos de su vinculación con la economía mundial. Desmentía de paso los planteamientos políticos de los años 60 y 70 en Chile que, a cambio de adherentes, ofrecían transformaciones radicales e inmediatas a través de las llamadas "planificaciones globales" o "estructurales". Junto con el análisis concienzudo de las fuentes y series de larga duración, y los planteamientos originales para abordar la evolución económica colonial, la amplitud temporal del estudio demostraba el aporte que la historia podía hacer a la sociedad al desnudar a través del análisis de experiencias concretas la falacia de las propuestas que ofrecían transformaciones radicales e inmediatas. Con su obra quedó demostrado que la espectacular coyuntura que fue la Independencia, no logró cambiar la estructura de una sociedad y una economía destinada a perdurar todavía por algunas décadas. En realidad, hasta bien entrado el siglo XIX, si es que alguna vez cambió, momento que a Carmagnani le sirve de inicio para otro de sus trabajos fundamentales sobre Chile, sus circunstancias históricas y las estructuras económicas que le han dado forma a su vida económica.

El problema del subdesarrollo económico chileno, no como consecuencia inevitable de sus condiciones estructurales, sino como el resultado histórico específico de un juego de circunstancias, locales e internacionales,

[4] La última cita en la entrevista publicada en *El Mercurio, Artes y Letras*, 23 de mayo de 2010.

fue la preocupación que enfrentó en su trabajo sobre los efectos del desenvolvimiento industrial en la economía chilena que, inédito para la época, se sitúa ya en los años de 1860-1870. En el trabajo vuelve a mostrar la autonomía intelectual que le caracteriza alejándose no sólo de los tópicos más repetidos, también de los esquemas de pensamiento y de las teorías que estaban en boga en nuestra región a principios de los 70.

Reflejo de "inquietudes intelectuales" de una época y de una "sensibilidad" particular, el trabajo de Carmagnani sobre el subdesarrollo chileno, dirán algunos, o sobre el incipiente desarrollo industrial para quienes prevalece la mirada coyuntural, es fruto, también, de las preocupaciones de carácter socioeconómico que, como confiesa su autor, eran parte de la realidad "chilena y latinoamericana" en el cambio de década entre los 60 y los 70.

Elaborado en el marco del Centro de Estudios Sociológicos de la Universidad de Chile, cuya sección histórica encabezaba Mario Góngora, *Desarrollo industrial y subdesarrollo económico* abordó cuestiones esenciales, entre ellas el papel del sector industrial en el tránsito de una sociedad subdesarrollada hacia una desarrollada. Para la escuela cepalina, todavía influyente en la época, esto era esencial, al punto de transformar el concepto de industrialización en sinónimo de desarrollo.

Prolongación de su trabajo sobre las formas económicas coloniales, la nueva obra, que sin embargo apareció antes de *Los mecanismos...*, buscaba comprender si las transformaciones económicas acontecidas a partir de la segunda mitad del siglo XIX habían inducido nuevas producciones y con ellas nuevas realidades estructurales de la economía y la sociedad. Esto sin perjuicio de ser también un ejemplo de reflexión sobre la práctica de la historia económica referida a la industria, en particular en lo relativo al contenido y significado del término industria pues, como asentó, "no basta que existan establecimientos que transformen productos para que se pueda hablar de industria", pero tampoco de la existencia de unas pocas industrias para sostener la existencia de una rama industrial. Qué duda cabe, una crítica implícita a quienes se habían ocupado del tema con anterioridad sin atender a la combinación de los factores productivos utilizados en los establecimientos manufactureros, ni a la interacción, sinergia y complementariedad entre las diferentes ramas industriales.

En un contexto latinoamericano que fomentaba y favorecía la creación de industrias como medio para superar el subdesarrollo, muchas de ellas artificiales en relación con el mercado objetivo y sólo sostenidas por subsidios, cuando no por recursos estatales; la obra demostraba que en la historia de Chile había habido empresas industriales, pero no industrialización, y menos aún desarrollo. Concepto que implica considerar elementos como el PIB, producto *per capita*, productividad, bienestar, etc. Todo relacionado, con el telón de fondo que era entonces el problema, el efecto, de un modelo de "desarrollo hacia fuera", como se sostenía que había sido históricamente el chileno, tradicionalmente exportador de materias primas y alimentos; o de desarrollo "hacia adentro" o sustitutivo de importaciones, como los estructuralistas cepalinos creían debía aplicarse y que de hecho se trataba de mantener desde aproximadamente 1940 en adelante.[5] Los estudios que descubrían la "industrialización" chilena eran una prueba que legitimaba históricamente los esfuerzos por industrializar el país y fomentar el desarrollo,[6] objetivo irremediablemente frustrado a comienzos de la década de 1970.

Así, en medio de los estímulos derivados de la discusión sobre la "teoría de la dependencia", los desequilibrios estructurales de la sociedad chilena y los afanes por avanzar en la democratización social y económica del país, la obra de Carmagnani analizaba el papel de la industria en una coyuntura particular, evaluada en relación con la estructura económica nacional e internacional, pero en vista a proporcionar una reflexión profunda sobre problemas y realidades estructurales, y no sólo en la sociedad chilena. Entre ellas, la asimetría existente entre la economía "dominante", la inglesa del siglo XIX, y la "dominada", la chilena, entonces desequilibrada, o lo que es lo mismo, con un desequilibrio estructural, como el estudio de ésta y cualquiera otra coyuntura que se pueda elegir lo mostrará.

[5] Tal vez la obra del economista estructuralista Aníbal PINTO SANTA CRUZ, *Chile, un caso de desarrollo frustrado*, aparecida en 1959, sea la más contundente e influyente en su afán por demostrar el fracaso del modelo de desarrollo hacia afuera y promover la sustitución de importaciones.

[6] Por ejemplo la obra, de significativo título, del economista Ricardo LAGOS, *La industria en Chile; antecedentes estructurales*, aparecida en 1966.

COYUNTURAS DE LA HISTORIA DE CHILE, ESTRUCTURAS DE UNA SOCIEDAD

Si bien la obra historiográfica de Marcello Carmagnani sobre Chile aparentemente sólo cubre poco más de dos siglos de la trayectoria de esta realidad geográfica e histórica, esto es desde 1680 a 1920, lo cierto es que por los temas tratados en ella es posible comprender elementos estructurales de esta sociedad y economía. Fenómenos y procesos que la caracterizan y condicionan hasta la actualidad, transformándose así en obras esenciales para su conocimiento.

En *El salariado minero...* el proceso que explica la formación de la masa trabajadora que se ocupa en los yacimientos mineros es el mestizaje, fenómeno que con su efecto, el mestizo, condiciona absolutamente la realidad americana y chilena, no sólo en términos económicos y sociales, también culturales, psicológicos y de mentalidad a través de usos y costumbres que caracterizan al pueblo chileno. En particular a los sectores populares, cuya marginalidad es de larga data y se expresa en el desarraigo y la escasa responsabilidad para con la descendencia que esparce por todo el territorio de sus andanzas y, por lo tanto, también con las estructuras familiares. El fenómeno de larga duración que es el mestizaje se materializa a través del asalariado minero en una coyuntura particular como lo es la del auge de la demanda de mineral, específicamente de plata, motivada por la necesidad de metales preciosos que el creciente contacto con los mercados del Atlántico había estimulado.

A través del análisis de un siglo y medio de historia económica colonial que va de 1680 a 1830, Carmagnani estudia situaciones y mecanismos específicos de la economía chilena en la Colonia que, reiteradas en el tiempo van haciendo por efecto de su relación con las economías capitalistas, evolucionar la economía colonial hacia formas que terminarán siendo capitalistas, pero siempre bajo la égida de las economías transatlánticas. Utilizando las dinámicas de tres economías regionales, Santiago, La Serena y Concepción, refleja el conjunto que en el contexto del imperio y del sistema económico mundial es Chile. Otro ejemplo de la metodología que va del caso concreto y particular, al análisis y a la interpretación general.

El comercio, el control de los precios, de las medidas y de los medios de transporte, las vinculaciones, relaciones y complementariedades económicas interregionales, las explotaciones y exportaciones de cobre, la práctica de los comerciantes ingleses, las formas de crédito, el funcionamiento de las instituciones económicas, entre muchos otros elementos estudiados que dan cuenta de las pulsaciones económicas, contribuyen desde su materialidad concreta, identificable a través de las fuentes y las series, gracias a la metodología empleada, a dar forma a una estructura económica: la chilena en transición de economía colonial a nacional, un conjunto que a su vez forma parte de un sistema mayor que lo condiciona.

Que en realidad lo determina irreversiblemente a través de la imposición de precios, pesos y medidas, costos de transporte y términos de intercambio en general, un "verdadero sistema de dominación directa", sostiene Carmagnani que, para el caso de Chile colonial, una economía formada a partir de tres economías regionales complementarias, significó terminar formando un mercado colonial único o nacional de tipo colonial. Es decir dominado por mercados externos, como por lo demás ha sido el sino de Chile pues, en definitiva, y como lo muestra el estudio del periodo 1680-1830, es una dominación de "carácter difícilmente reversible", a tal grado que la situación permanece hasta hoy. No sólo en relación con la dependencia económica de los mercados externos, también con el papel dominante que ejerce Santiago respecto de las demás regiones del país.

La mirada de Carmagnani es amplia; va más allá de la coyuntura, no se detiene sólo en el funcionamiento específico de cada mecanismo estudiado. Se alimenta también de las series de comercio exterior e interior y de las de producción, las cuales le permiten concluir respecto de la influencia de la demanda externa en la economía colonial, apreciada por los estudiosos hasta entonces como "cerrada" y prácticamente inmóvil. Explica el peso que sobre una economía débil como la chilena tienen otras más fuertes, como la peruana o la española, hecho demostrado por la influencia del comercio exterior sobre los demás sectores de la economía colonial. Es decir, la dependencia no sólo de las economías más fuertes, y por eso mismo de las exportaciones de materias primas y alimentos y, por todo lo anterior, las limitaciones del crecimiento económico local y la vulnerabilidad general de la economía. Una realidad de carácter estructural.

Esto explica que el concepto de dominación, dominación económica, dominación económica externa, sea clave en la obra sobre Chile de Carmagnani. La dominación puede variar sus características según la época histórica, como también puede aumentar o disminuir la capacidad de absorción de la economía local de los efectos dominantes de las economías externas. Pero, en definitiva, y como el libro sobre el *Desarrollo industrial y el subdesarrollo económico de Chile* lo explica, sus efectos no desaparecen y, por el contrario, hay épocas en que se acentúan, incluso y a pesar de lo que pueda parecer a primera vista.

La continuidad entre el trabajo referido al periodo colonial y el que trata del lapso 1860-1920 no sólo se aprecia conociéndolos. Fue reconocido por Carmagnani en la introducción de la edición en castellano del segundo en 1998 cuando escribió, a propósito del tema que aborda el libro, que "mi interés por el tema de la industria era hasta cierto punto una prolongación de una problemática que había desarrollado precedentemente". Aunque ahora "deseaba comprender si las transformaciones económicas acontecidas a partir de la segunda mitad del siglo XIX habían dado vida a nuevas producciones".[7]

En una sociedad como la latinoamericana de los años 60 y 70, en la que el concepto de industrialización no sólo era condición indispensable del desarrollo, sino que prácticamente sinónimo, un estudio histórico de la industria en Chile no podía ser más que auspicioso. Tanto porque para los lectores, en un contexto de búsqueda desesperada de soluciones al atraso y el subdesarrollo, la sola palabra industria refería a una realidad positiva, como porque el estudioso abordaba un tema candente, en gran medida inédito y además, como sostuvo un crítico del libro, "mediante la utilización de fuentes cuantitativas y metodología moderna".[8]

Sin embargo, imaginamos que lo que a primera vista pudo parecer una reafirmación de las nociones existentes —en especial si, como Carmagnani demostraba, la industria chilena tenía su origen en el siglo XIX, mucho antes de lo que se creía, pues hasta entonces se la databa en los años de 1930—, al avanzar en la obra, debió tornarse en decepción. Tal vez no para los estudiosos, siempre bien dispuestos para con el revisionismo historiográfico, pero sí para los promotores de teorías, métodos, programas y planificaciones que, es conocido, en la época abundaban, la mayor parte de

[7] CARMAGNANI, *Desarrollo industrial y subdesarrollo,* p. 31.

[8] Los conceptos son de René MILLAR en la extensa reseña a *Sviluppo industriale e sottosviluppo económico. Il caso cileno (1860-1920),* aparecida en la revista *Historia,* núm. 13, 1973.

los cuales había hecho de la industrialización la panacea que resolvería prácticamente todos los problemas de la sociedad.

Más allá de fechar la existencia de establecimientos industriales en Chile mucho antes de lo que cualquiera hubiera creído hasta entonces al identificar manufacturas a partir de la década de 1870, señalando la Guerra del Pacífico (1879-1884) como una especie de "impulso inicial" de este rubro productivo en el país, Carmagnani buscó comprender el significado de la industria en un contexto económico de atraso relativo, como el de Chile casi siempre, y el de 1860 a 1920 también. Por eso la necesidad de aclarar previamente qué entenderá por industria, sector industrial e industrialización. El último es un concepto clave que sólo se materializa cuando "la actividad industrial se convierte en fuerza dinámica capaz de generar eslabonamientos con las otras producciones", genera transformaciones a nivel del contexto económico e institucional, impacta en el PIB y en la renta *per capita,* y "la productividad se expande de modo tal de generar las premisas para la difusión de bienestar". Es decir, se trata de un análisis de la industria en el contexto de la evolución de la estructura económica general, nacional e internacional.

Surge así la relación asimétrica de la economía chilena con la economía dominante por excelencia en el siglo XIX; una economía, la inglesa, transformada en el principal socio comercial de Chile y en su proveedora de capitales, que produce de este modo una reorganización de la estructura productiva en la economía dominada que es Chile, trasladando a la economía chilena el peso de la recesión que se manifestó a mediados de la década de 1870 vía incremento de las inversiones directas y de cartera. Superada la crisis, el frágil equilibrio de la economía chilena, basado esencialmente en la exportación de salitre, se quiebra y deviene en un déficit de la balanza de pagos, al contrario de lo que ocurre con la evolución positiva de la inglesa. La caída del peso chileno, que se devaluó en un 70%, da origen a la que Carmagnani llama "fase de desequilibrio permanente" que, agravada con las políticas aplicadas a partir de 1940, para 1971 se había convertido en estructural.

Asentada la evolución divergente entre la economía dominada y la dominante, en razón de la cual la chilena se estanca en condiciones de desequilibrio, mientras la otra se desarrolla equilibradamente, la investigación muestra el sector industrial que, no cabe duda, evolucionará subordinado al fenómeno general. Entonces constata que a diferencia de lo ocurrido en Inglaterra, la industrialización en Chile no fue un fenómeno revolucionario en el sentido de transmitir dinamismo a la estructura económica, transformándola, sino que sólo fue un proceso capaz de producir un cierto crecimiento. No hubo revolución ni desarrollo industrial.

El pormenorizado estudio del sector industrial en el lapso que la obra ofrece, muestra un incremento inicial de sus tasas de crecimiento, seguida de estancamiento y contracción, además de que en general se mantiene atrasado y no alcanza el de los países industrializados, no tanto por sus incapacidades, como por el atraso general de toda la estructura económica de una sociedad prevalecientemente agraria y superficialmente minera, a la que el dinamismo industrial no logra estimular. Un sector, que influenciado por el ejemplo que en materia tecnológica recibía del exterior, promovió modelos de vida propios de países económicamente más evolucionados entre las clases altas y medias. Dando una apariencia de modernidad económica que resultaba chocante contrastada con las condiciones de vida de las clases populares. Los aspectos modernos del desarrollo industrial, concluye Carmagnani, "más que crear estímulos necesarios para su ulterior desarrollo, creaban, en cambio, los supuestos para su ulterior estancamiento".[9]

Un proceso que, amparado y promovido por el Estado sin cuya asistencia no habría conseguido el nivel que logró, no muestra, además, un desplazamiento de la industria de bienes de consumo a la industria intermedia, para alcanzar después la de los bienes de capital. Con sectores industriales desvinculados entre ellos y con diferentes grados de desarrollo y, los principales de ellos —el alimenticio, el de la madera y el cuero—, con sus posibilidades saturadas por la estructura económica nacional, y severamente condicionadas por la internacional. Ésta ya entonces modificaba su estructura industrial hacia la producción de bienes de consumo durables y de capital, lo que provocó un efecto multiplicador de las exportaciones de los países dominantes hacia los dominados, el desequilibrio estructural de éstos y la creciente dificultad del sector industrial para importar bienes de consumo no durables indispensables para su funcionamiento. Lo que de paso explica que casi el 40% de la producción industrial chilena del periodo estudiado en la obra estuviera concentrado en la industria alimenticia.

[9] CARMAGNANI, *Desarrollo industrial y subdesarrollo,* p. 63.

La consecuencia fue una actividad industrial bloqueada, "un no desarrollo", concluye Carmagnani, implacablemente condicionado y sometido a la estructura económica global. Un sector industrial que no se transformó en "polo de desarrollo" de una nueva economía, que no fue capaz de superar el núcleo de los mecanismos nacionales e internacionales que "condenaban toda la economía chilena, y por lo tanto también al sector industrial, a un proceso de acentuación del subdesarrollo".[10] Los factores que explican el fenómeno aparecen con la elocuencia de las cifras que muestran un proceso de formación de capital demasiado lento, con aumento del ingreso, pero también del consumo, la reducción del precio de las materias primas, términos de intercambio negativos para la economía dominada y, en definitiva, la profundización del desequilibrio estructural de la economía chilena debido a su subordinación a la internacional. En una época, además, y esto lo agregamos nosotros, en que en Chile no existían los mecanismos para enfrentar las amenazas y las crisis, como hoy lo es la regla del balance estructural, entre otras medidas de política económica.

De este modo, el análisis global y sectorial de la economía chilena que hace Carmagnani, siempre en relación con el exterior, no sólo permitió conocer una dimensión inédita de un periodo esencial de la historia de Chile, el momento en que se malogró el proyecto oligárquico, que para América Latina explica en un ensayo de carácter general publicado en 1982; además, significó una aguda crítica a las concepciones que veían la industrialización como un fenómeno característico del desarrollo económico. Habría que averiguar cuántas alusiones hay de este libro en los proyectos que también en la década de 1970 incidieron en el giro de prácticamente 180 grados que dio la política económica chilena. Inició entonces su camino hacia una economía de mercado, neoliberal, o como quiera llamársela, pero que en definitiva significó abandonar el paradigma de la industrialización como el único camino hacia el desarrollo.

La verdadera historia económica de Chile que Marcello Carmagnani traza en sus sucesivos libros, que abarca entre 1680 y 1920, afortunadamente ofrece un atisbo de continuación en un breve pero sustancioso texto, inédito todavía, que encabeza la reedición de una obra esencial en el panorama económico y social, pero también político e intelectual, de la

[10] CARMAGNANI, *Desarrollo industrial y subdesarrollo,* pp. 167-168.

sociedad chilena de la segunda mitad del siglo XX, la *Geografía económica de Chile* (1950-1962), de la Corporación de Fomento de la Producción (Corfo). En él, una vez más, el conocimiento de la coyuntura permite a su autor caracterizar la sociedad y reflexionar sobre los modelos de desarrollo latinoamericanos.

Chile y el desarrollo en la segunda mitad del siglo XX

Su visión del periodo 1950-1970, creemos, no sólo aprovecha las conclusiones de las coyunturas ya estudiadas. Además, ratifica la caracterización de una estructura económica y social que Chile no termina de superar, aún hoy, cuando el país sobrepasó los 16 000 dólares de renta per cápita y se acerca a los 20 000, y su modelo económico es ponderado en diversas latitudes.

Durante gran parte del siglo XX el paradigma del desarrollo se asoció a la industrialización, sosteniéndose que para alcanzarlo Chile debía producir bienes manufacturados, meta que sólo podría alcanzarse si el Estado impulsaba el proceso de producción, provocando una evolución que, además, implicaba a todos los sectores de la economía, no sólo el fabril.

En la década de 1930 se impulsó un modelo de desarrollo económico que tuvo como objetivo fundamental la sustitución de importaciones y el mejoramiento de los niveles de vida de la población. En ese periodo se conjugaron diversos fenómenos que posibilitaron este cambio: el consenso social existente respecto del agotamiento del modelo de desarrollo basado en la producción y exportación de materias primas; la coyuntura internacional, representada por la crisis económica y la Segunda Guerra Mundial, que obligó a sustituir importaciones por productos nacionales, y la consolidación en el poder de la clase media, que aspiraba a transformar al Estado en un activo agente del desarrollo económico, social y cultural.

El impulso industrializador iniciado en la década de 1930 fue liderado por el Estado e impulsado por los gremios empresariales. Si bien es cierto existían en el país numerosos y variados establecimientos industriales, fue entonces cuando se produjo un esfuerzo consciente que fue posible gracias al consenso respecto de la necesidad de superar la vulnerabilidad y dependencia económica nacional de los mercados externos. Esto implicaba cambiar el modelo de desarrollo existente, basado en la producción y exportación de materias primas, por un nuevo modelo de desarrollo "hacia adentro", donde el Estado y el sector industrial tendrían un papel decisivo.

La creación de la Corporación de Fomento de la Producción (Corfo) en 1939 fue la materialización de un largo proceso histórico en virtud del cual el Estado fue asumiendo un papel cada vez más amplio en la vida económica nacional. En lo inmediato, su creación tuvo como objetivo fundamental elaborar políticas económicas y crediticias y un plan de fomento de la producción que hicieran posible el desarrollo de la economía en general y de la industria en particular.

La Corfo desarrolló una obra trascendente en el ámbito del desenvolvimiento económico nacional. Producto de su acción se materializó la electrificación del país —tarea que desarrolló la Empresa Nacional de Electricidad S. A. (Endesa)—, la explotación de yacimientos petrolíferos por la Empresa Nacional de Petróleos (Enap) y la construcción de la usina de Huachipato encargada a la Compañía de Aceros del Pacífico (CAP), todas obras indispensables como base de sustentación de la industria nacional. Ejecutó también planes tendientes a mejorar la productividad de la agricultura, fomentar las faenas pesqueras y estimular la producción forestal, las industrias del papel y la celulosa, la química, la petroquímica, la metalúrgica y la electrónica. A consecuencia de lo anterior nacieron diversas empresas e instituciones públicas encargadas de producir y promover determinados bienes y servicios. La acción de la Corfo abarcó casi la totalidad del espectro productivo nacional. Una etapa previa de todas sus realizaciones correspondió al diagnóstico que hizo de la situación del país al momento de su creación. Balance que se plasmó en la *Geografía económica de Chile*.

La misma *Geografía* de la Corfo permite apreciar que pese al esfuerzo desarrollista, una de las principales características de la evolución del país en la segunda mitad del siglo XX fue la existencia de profundos desequilibrios al interior de las estructuras social y económica. En el plano económico, el desarrollo del sector industrial y minero era superior al desenvolvimiento alcanzado por el mundo agrícola. En el ámbito social, el grado de bienestar alcanzado por los sectores medios y proletarios urbanos era mayor al de los campesinos y al de los marginados de las ciudades.

Si bien es cierto que el modelo de desarrollo hacia adentro implementado en los años 40 permitió un crecimiento sostenido de la economía, mejorando así las condiciones de vida de la población, éste no fue suficiente pues no pudo satisfacer las crecientes demandas de los diferentes sectores sociales que conformaban la realidad nacional, produciendo ciclos inflacionarios que llevaron el alza del costo de la vida a niveles nunca vistos en el país. La economía nacional continuó dependiendo de los mercados externos a pesar del esfuerzo industrializador, y aunque la producción industrial aumentó y se produjeron mejoras sociales, subsistió el déficit en campos tales como el habitacional, el educacional y el laboral.

Las graves diferencias existentes al interior de la sociedad llevaron a los partidos políticos a realizar un diagnóstico de los problemas, concluyendo que eran necesarias transformaciones globales en todos los ámbitos de la vida nacional. Surgieron entonces a fines de la década de 1950, las planificaciones globales, es decir, proyectos que implicaban una transformación estructural de la sociedad a fin de corregir los desequilibrios existentes en su interior.

En este contexto, la necesidad de contar con una "visión integral" de la realidad chilena y sus problemas fue el propósito declarado de la *Geografía* de la Corfo. Una obra signada por el optimismo respecto del futuro y las posibilidades de Chile, marcada por una propuesta económica basada no sólo en el desarrollo hacia adentro, la producción industrial, sino también por el activo papel del Estado en la economía y, a través de ella, en la sociedad.

Hija de su época, algunas de las nociones esenciales tras la *Geografía económica de Chile* seguían muy de cerca conceptos elaborados por el conjunto de intelectuales y profesionales que terminaron dando forma a la Comisión Económica para América Latina (CEPAL) en 1948. Teniendo como meta el desarrollo económico de la región, en realidad la industrialización que se transforma en su equivalente, la CEPAL concibió el desarrollo como un proceso global que implicaba cambios profundos.

Evidente demostración del carácter y propósito de la *Geografía* de la Corfo son los párrafos del texto destinados a orientar "el desarrollo futuro de la industria nacional", el que según sus editores dependía de factores como la ampliación de los mercados externos e internos; el mejoramiento del nivel de vida de la población, en particular de los campesinos; asegurar el abastecimiento de materias primas; contar con divisas para importar maquinarias; la disponibilidad de medios financieros; la reducción de los costos de producción y distribución; la capacidad científica y técnica para enfrentar los desafíos que impone el desarrollo industrial, y, también, contar con elementos humanos capaces de desempeñarse en esta área de la economía.

La evaluación de fenómenos económicos determinantes en el desarrollo industrial, como la constante devaluación de la moneda, la progresiva inflación o los ciclos experimentados por la economía chilena, en los que se sucedían periodos de auge y contracción según el volumen y valor de las exportaciones, son otros tantos factores analizados y destinados a mostrar el destino industrial de Chile pues, la conclusión que se obtiene, es que "puede pensarse que la industrialización del país, favorecida en parte por el Estado, que conduce a la nación a una mayor independencia económica del extranjero, atenuará los efectos de los —inevitables— ciclos internacionales en la economía chilena".

El papel de la Corfo en la economía nacional es conocido en sus rasgos generales, sin embargo, el estudio de su acción y de la estructura económica que intentó forjar no han merecido análisis sistemáticos, y uno de ellos es el que Carmagnani hace bajo un epígrafe que, como sus anteriores títulos, es también toda una declaración: "Desequilibrio macroeconómico, inflación y populismo económico, 1950-1962".[11]

En el texto reflexiona sobre el desempeño económico de Chile en el periodo indicado, esbozando el momento y los factores desencadenantes de la hiperinflación chilena que alcanzará su cúspide en la década de 1970, pero también explicando cómo el desequilibrio macroeconómico favoreció el populismo económico y acentuó el aislamiento de Chile respecto de la economía internacional. Ofrece, de paso, una abstracción que además de poder aplicarse a otras sociedades latinoamericanas, es de gran actualidad.

En el trabajo se advierte sobre la transición demográfica que entre 1950 y 1960 significó que la población total de Chile pasó de casi seis millones a siete millones trescientos mil habitantes aproximadamente, lo que significó que, respecto al decenio precedente, la tasa de crecimiento demográfico pasó de 2.4 a 2.9% anual. Esta aceleración demográfica acentuó el desequilibrio económico que comenzó en los años 40; haciendo más rígida la

[11] Véase el apartado citado en la introducción que acompaña la reedición de la *Geografía económica de la Corfo*, tomos III y IV.

dependencia de la economía chilena del proteccionismo industrial que, sostiene Carmagnani, tal como acontece con las políticas proteccionistas, agudizó la tendencia al aislamiento de la economía internacional. De allí que el periodo 1950-1962 presente rasgos que, sin diferenciarlo de forma sustancial del decenio precedente, acentuó el desequilibrio macroeconómico que incidiría negativamente sobre la sociedad y la política.

Esta rigidez económica dependió mucho del comercio de exportación, la principal fuente de divisas del país, que en la década de 1950 creció 3.6% al año y continuó dependiendo, como en el decenio precedente, en un 80% de la exportación de bienes mineros. La gran diferencia es que en el lustro 1957-1963, el precio del cobre, la principal exportación minera, disminuyó un 30% en cinco años, periodo durante el cual las importaciones registraron en cambio un crecimiento muy superior, del 7.3% al año, casi el doble de las exportaciones. Este desnivel de la balanza comercial derivó del enorme incremento de las importaciones de bienes de capital que favorecieron principalmente a la industria manufacturera y, de manera parcial, al sector de los servicios. El desequilibrio entre exportaciones e importaciones impidió que se diera un incremento del tamaño del mercado nacional que depende de la articulación que se da entre el crecimiento del ingreso interno y el volumen de las exportaciones.

El desequilibrio de la balanza comercial repercutió a nivel de la cuenta corriente con saldos negativos elevados para los bienes y servicios a partir de 1958, y en la cuenta de capital que registró un estancamiento de las inversiones directas y un notable incremento de los préstamos internacionales. Estos últimos aumentaron de 132 millones a 479 millones de dólares entre 1958 y 1962, pasando a ser una de los principales factores en el desempeño económico del país. El desequilibrio se visualiza también en las salidas netas de capital que se multiplicaron por cuatro, de 100 millones a 401 millones de dólares, entre 1958 y 1962.

El deterioro del comercio exterior y de la balanza de pagos aceleró el desequilibrio de los recursos de que dispuso el gobierno. A comienzos de los años cincuenta, los ingresos cubrían alrededor del 93% de los gastos mientras que a comienzos de los años 60 cubrían sólo el 81%. A diferencia de lo acontecido en los años 40, cuando los ingresos fiscales excedían a los gastos ordinarios permitiendo dedicar una parte a las inversiones públicas, en el decenio siguiente el Estado tuvo que acrecentar constantemente el endeudamiento para atender sus inversiones, y debió hacerlo sobre todo con créditos en dólares, obtenidos especialmente en Estados Unidos.

Estos rasgos generales del desempeño económico permiten comprender, argumenta Carmagnani, la desarticulación que aconteció en este periodo entre la dimensión económica interna y externa, la cual se tradujo en un reducido dinamismo de la estructura productiva y en un crónico déficit fiscal que favoreció el proceso inflacionario. Este desequilibrio se expandió por efecto de la articulación existente entre el gobierno y las empresas estatales, y entre éstas y las privadas, pues ambos sectores empresariales obtenían subsidios y el aval del gobierno para conseguir créditos en el exterior, en especial en Estados Unidos. Precisamente porque entre estas grandes empresas públicas y privadas estaban las del sector manufacturero, la industria terminó por convertirse en el decenio de 1950 en la principal, por no decir única, fuerza dinámica del crecimiento.

Apoyándose en monografías de otros autores, cita a Markos Mamalakis, quien en su análisis de los sectores productivos del país entre 1940 y 1958 concluye que la "agricultura ha sido el sector olvidado por el gobierno", con el resultado de que su incremento productivo fue incapaz de seguir el crecimiento de la población, entre otras razones, porque el gobierno dio escasa atención a la agricultura "principalmente porque le dio demasiada atención a la industria".[12] Mientras que el estudio de la minería del cobre le permite mostrar que, aunque a partir de 1952 aumentaron los ingresos estatales gracias al incremento de los impuestos sobre las ganancias de la gran minería del cobre, la menor demanda internacional de bienes mineros que se acompañó en los 50 por una mayor lentitud de la industrialización por sustitución de importaciones, impidieron un mejor desempeño de la economía chilena en el periodo considerado. Así, la expansión de la demanda de cobre sólo se dio durante la Guerra de Corea (1950-1953), y el paso a la industrialización de bienes de capital se limitó al nacimiento de la siderúrgica de Huachipato. De allí que entre 1940-1949 y 1950-1962, el producto interno bruto real, el deflactado por el incremento demográfico, fue similar: 1.7% anual en los años 40 y 1.8% anual en los años 50.

Pero además, agrega Carmagnani, el desempeño económico de los años 50 encontró sus principales obstáculos en la recesión de las exportaciones,

[12] MAMALAKIS y REYNOLDS, *Essays on the Chilean Economy*, p. 169.

por la mayor competencia incluso por parte del cobre africano, y por la imposibilidad de profundización de la industria manufacturera, debido a la reducida demanda interna y a la imposibilidad de exportar bienes manufacturados por la notable diferencia de precios con los productos de los países industriales de Estados Unidos y de Europa.

De este modo, concluye, el crecimiento hacia adentro, propugnado por la CEPAL había agotado ya sus efectos inducidos a comienzos de 1950, seguramente porque dio la espalda al comercio internacional como factor dinámico, considerado por los proteccionistas como un factor destructivo de la industria. Además, sostiene, el proteccionismo se olvidó de tomar en cuenta que el crecimiento de la producción industrial favorece la declinación de las exportaciones, como en efecto aconteció no solamente en Chile sino también en otros países latinoamericanos. El resultado fue que en Chile la participación de la industria en la economía nacional continuó creciendo por inercia, alcanzando su punto máximo en 1970 con un 28% del producto interno bruto. En suma, el ideario proteccionista olvidó que el crecimiento económico requiere del crecimiento tanto de la demanda interna como de la demanda internacional. Esta última no puede crecer si no aumenta la productividad total, lo cual requiere el buen desempeño de todos los sectores económicos, mientras que en Chile la única productividad que aumentó fue la industrial. La industria apenas compensó la reducción de las exportaciones, sin modificar sustancialmente el desempeño económico, lo que significa que la economía chilena siguió siendo de tipo extensivo, incapaz de incorporar unidades crecientes de capital y de tecnología y favorecer una mayor calificación del trabajo.

Como estrategias para industrializar, y más en general para transformar económicamente el país, el proteccionismo y el intervencionismo estatal demostraron así ser pésimas políticas, concluye Carmagnani. El deterioro económico se aprecia también en el descenso del volumen de intermediación financiera entre 1940 y 1962. En 1940 el 25% del producto interno bruto fue generado por la intermediación financiera, es decir, por la actividad de los bancos, seguros y bolsa; mientras que en 1962 su volumen se redujo al 15%, con una pérdida de diez puntos. Esto significa que la evolución de la economía financiera terminó por agravar el desequilibrio económico obligando al Banco Central a emitir moneda inorgánica, sin ninguna garantía real.

Según Carmagnani, la inflación que se desarrolla a partir de 1950 era nueva respecto de los precedentes periodos de inflación que caracterizaban la economía chilena desde el último tercio del siglo XIX, porque desde esa década el desequilibrio macroeconómico afectó a todos los sectores de la economía y repercutió en el área fiscal para difundirse sobre los ingresos de la población y, por lo tanto, a nivel del empleo, de los sueldos, de los salarios e incluso de las ganancias. Entonces advierte que es en el primer lustro de los años 50 que la inflación alcanzó niveles que sólo fueron superados durante la Unidad Popular, no obstante que ya entre 1946 y 1952 se había convertido en permanente. Aunque la novedad de la inflación de los años 50 es que combina el desequilibrio de las finanzas públicas, la expansión del crédito bancario, el incremento de sueldos y salarios, el desarrollo de un espíritu especulativo y el crecimiento de los precios de los bienes importados.

La evolución de la inflación es un buen indicador del acentuado desequilibrio. Entre 1940 y 1946 la inflación fluctuó entre 9.1 y 30%, siendo la tasa media anual del 15.2%, mientras entre 1950 y 1959 fluctuó entre 16.5 y 83.8%, con una tasa media anual de 38.3%, es decir, más del doble de la inflación del decenio precedente.

Argumenta entonces que una de las raíces culturales más significativas de la inflación fue la doctrina desarrollista, obsesionada con la idea de que la industrialización era el mejor instrumento para acelerar el desarrollo económico nacional. El desarrollismo favoreció el populismo económico que precisamente representó la novedad económica, social y política favorecida por una política monetaria laxa, fundada en la indexación de los salarios con base al monto de la inflación precedente y sin ninguna relación con la productividad, y que provocó en pocos años una contracción de la mano de obra empleada y favoreció una crisis política.

Explica que antes de 1952 se intentó contener, sin éxito, la inflación a través de un sistema de tasas de cambio múltiples, y que más tarde varios ministros de Hacienda trataron de implementar una nueva orientación. Que sus ideas preveían austeridad para el sector público, devaluación, incremento de los impuestos, control del crédito y sobre todo reformar el sistema de indexación de los salarios, así como la obligación de las empresas de reinvertir una parte de sus utilidades, pero que todas fueron rechazadas por el Congreso. Ya imaginamos la razón.

Carmagnani sostiene que las políticas monetaristas no lograron en Chile, como sí pudieron en otros países, superar el desequilibrio macroeconómico crónico y dar vida a una transformación que acercara a Chile al orden económico internacional. En lo esencial porque no lograron modificar el soporte económico sustentado exclusivamente en la minería, ni tampoco ampliar la base productiva de la agricultura, comercio y servicios. Por el contrario, acentuaron las persistentes tendencias populistas de los años cuarenta, reforzando así la inercia cultural.

Así, pasando de la realidad concreta a la reflexión, Carmagnani concluye que el populismo encuentra su fundamento en la imposibilidad de satisfacer las necesidades de bienestar de las clases medias y populares, desahogándose en una aversión hacia la economía internacional en nombre de la soberanía nacional, amenazada por las corporaciones y los bancos internacionales. Ella se manifiesta en la adopción de políticas proteccionistas a favor sobre todo de la industria, abandonando a su suerte a la agricultura y no valorizando la contribución del sector minero por ser patrimonio principalmente del capital extranjero. En Chile esta conducta se expresó en que se pretendió crear un país que en espera del paraíso prometido por el nacionalismo, recurrió a los mecanismos de indexar los salarios a la inflación, a la expansión de las emisiones monetarias inorgánicas y a la penalización de la economía financiera, sin renunciar, sin embargo, a los préstamos estadounidenses.

Para Carmagnani el nacionalismo, el industrialismo desarrollista y el populismo son aspectos de una misma realidad, y acudiendo a la historia explica que en el caso chileno, por efecto de esta integración de dimensiones políticas, sociales y económicas nació un conjunto poco articulado de políticas que otorgaron una importancia prioritaria al crecimiento económico, entendido como crecimiento del ingreso per cápita y redistribución del ingreso, con el fin de promover la justicia social. Lamentablemente el populismo no dio la debida importancia al hecho que estos objetivos pueden ser amenazados por la inflación, el déficit fiscal, el aislamiento internacional y por la misma aplicación de las políticas proteccionistas y de intervención estatal, orientadas más a controlar que a regular las fuerzas del mercado, con el resultado de desincentivar la libertad económica de los actores sociales.

Concluye, ahora a un nivel abstracto, que el populismo económico descansa en la idea de que las fuerzas del mercado son sustancialmente negativas, y que a diferencia de las economías socialistas, las populistas no consiguen eliminar el mercado y acaban alternando ciclos de negación del mercado con ciclos de aceptación del mismo, caracterizándolo no como un fenómeno de larga duración, sino como una sucesión de ciclos, cada uno de los cuales se despliega por un lapso limitado.

La historia es elocuente para Carmagnani. El populismo económico, como lo ilustra la economía chilena del periodo 1950-1962, encuentra su fundamento en el rechazo del orden internacional luego de la Segunda Guerra Mundial y se activa en el momento en que entra en crisis el equilibrio macroeconómico. En su primera fase, las políticas económicas reactivan la producción aumentando el salario real e incrementando el empleo a través de la indexación de los salarios a la inflación, el control administrativo de los precios y la creación de un sistema de tasas de cambio múltiples. La expansión económica es impulsada por el aumento del gasto público, especialmente del gasto corriente, mientras la oferta de bienes importados se sostiene gracias al déficit externo.

En la fase siguiente, la que se dio en Chile a partir de 1952, la economía evoluciona hacia un cuello de botella, como consecuencia de la expansión de la demanda de bienes de consumo y de la disminución de las ofertas de divisa por la política penalizadora hacia la gran minería. Ante esta situación, se aumentan los precios de los bienes controlados y se busca liberalizar el comercio exterior. Las consecuencias fueron un incremento de la inflación, la caída de los salarios reales y el incremento del déficit fiscal.

En la tercera fase, a partir de 1956, los bienes comienzan a escasear, se acelera la inflación, se verifica la fuga de capitales, la economía tiende a desmonetarizarse y sus efectos se transfieren a nivel social y, sobre todo, político. Tal y como efectivamente ocurrió en Chile.

COLOFÓN

La obra historiográfica de Marcello Carmagnani sobre Chile tiene en el análisis de su situación económica en diferentes momentos de su historia su principal tema. Cada una de las coyunturas estudiadas, además, permiten conocer una explicación, caracterización, o tendencia histórica de la condición estructural de la economía chilena, pero también de una sociedad que en el siglo XX hizo del desarrollo una de sus principales aspiraciones. Esta visión económica, advertimos, tiene un complemento en las caracterizaciones que sobre la realidad político institucional de Chile es posible encontrar en su obra *Estado y sociedad en América Latina 1850-1930* (1982), donde, una vez más, el acontecimiento está estrechamente relacionado con la interpretación, esta vez, por la mediana duración que, nos advierte Carmagnani, tiene la cualidad de permitir "soldar los acontecimientos con la interpretación sin que sea preciso detenernos ante cada lance particular". Un método en que los hechos, indispensables, logran ser explicados, que es la función que Carmagnani alega le pertenece a la historia en tanto "elemento imprescindible para interpretar el presente", explicitando y reafirmando la condición de "hija de su tiempo" o de que "toda historia es historia contemporánea" que caracteriza su obra.

Fruto de una formación y una época, la obra de Marcello Carmagnani sobre Chile no sólo significó un aporte notable al conocimiento del desenvolvimiento histórico del país, también, y todavía más importante, ofrece antecedentes sólidos para la reflexión sobre temas y problemas acuciantes y que apremiaban a las sociedades latinoamericanas de la década que va entre 1963 y 1973. De este modo no sólo mantiene su vigor como saber, historia, de hechos, fenómenos y procesos poco estudiados hasta hoy. Además, se transforma en fuente esencial para el estudio de una época y una sociedad que a través de las preguntas que le hizo a la historia, muestra también la situación en que se encontraba, tanto en lo que dice en relación con el protagonismo de nuevos sectores de la población y la democratización de la sociedad, como respecto de los desafíos que un sistema que no satisfacía las necesidades básicas de demasiados, impuso a la sociedad.

Asimismo es el antecedente de una forma de concebir y hacer historia que en estas monografías se manifiesta con claridad, tanto en lo que dice en relación con una práctica historiográfica que busca la comprensión de fenómenos locales en contextos suprarregionales, como en la vocación por el estudio de la occidentalización de América y, por lo tanto, la necesaria práctica de la historia latinoamericana y comparada que, me atrevo a decir, ha caracterizado en definitiva toda su obra como historiador, la que tiene una vigorosa continuación en trabajos como *El otro Occidente. América Latina desde la invasión europea hasta la globalización* (2004) y *Las islas del lujo. Productos exóticos, nuevos consumos y cultura económica europea, 1560-1800* (2012).

BIBLIOGRAFÍA

BORDE, Jean y Mario GÓNGORA

1956 *La evolución de la propiedad rural en el Valle del Puangue*, Santiago, Universidad de Chile, Instituto de Economía.

CARMAGNANI, Marcello

1976 *Formación y crisis de un sistema feudal. América Latina del siglo XVI a nuestros días*, México, Siglo XXI Editores.

1982 *Estado y sociedad en América Latina 1850-1930*, Barcelona, Crítica.

1986 "Mario Góngora", *Hispanic American Historical Review*, vol. 66, núm. 4, noviembre, pp. 770-772, .

1998 *Desarrollo industrial y subdesarrollo económico. El caso chileno (1860-1920)*, Santiago, Centro de Investigaciones Diego Barros Arana/Dirección de Bibliotecas, Archivos y Museos, vol. XVI (Colección Sociedad y Cultura).

2001 *Los mecanismos de la vida económica en una sociedad colonial: Chile 1860-1830*, Santiago, Centro de Investigaciones Diego Barros Arana/Dirección de Bibliotecas, Archivos y Museos, vol. VIII (Colección Ensayos y Estudios).

2004 *El otro Occidente. América Latina desde la invasión europea hasta la globalización*, México, Fondo de Cultura Económica/El Colegio de México/Fideicomiso Historia de las Américas (Serie Ensayos).

2006 *El salariado minero en Chile colonial. Su desarrollo en una sociedad provincial: el Norte Chico 1690-1800*, Santiago, Centro de Investigaciones Diego Barros Arana/Dirección de Bibliotecas, Archivos y Museos, vol. XXIV (Colección Sociedad y Cultura).

2012 *Las islas del lujo. Productos exóticos, nuevos consumos y cultura económica europea, 1650-1800*, Madrid, Marcial Pons, Ediciones de Historia.

2013 *Escribanos de Santiago de Chile. Índice descriptivo (1559-1600)*, Santiago, Centro de Investigaciones Diego Barros Arana/Dirección de Bibliotecas, Archivos y Museos, vol. V (Colección Fuentes para el Estudio de la Colonia).

CARMAGNANI, Marcello, Alicia HERNÁNDEZ CHÁVEZ y Ruggiero ROMANO

1999 *Para una historia de América*, México, Fondo de Cultura Económica / El Colegio de México/Fideicomiso Historia de las Américas (Serie Américas).

CORPORACIÓN DE FOMENTO DE LA PRODUCCIÓN (Corfo)
2013 *Geografía económica de Chile,* ts. 99 y 100, Santiago, Biblioteca Nacional/Pontificia Universidad Católica de Chile/Cámara Chilena de la Construcción (Biblioteca Fundamentos de la Construcción de Chile).

El Mercurio, Artes y Letras
2010 "Distinguido historiador de visita en Chile: Marcello Carmagnani pionero de la historia económica chilena", Santiago, 23 de mayo.

GÓNGORA, Mario
1960 *Origen de los inquilinos de Chile Central,* Santiago, ICIRA.
1996 "Vagabundaje y sociedad fronteriza en Chile: siglos XVIII y XIX", Santiago, *Cuadernos del Centro de Estudios Socioeconómicos,* núm. 2, Universidad de Chile, Facultad de Ciencias Económicas.

LAGOS, Ricardo
1966 *La industria en Chile; antecedentes estructurales*, Santiago, Universidad de Chile, Instituto de Economía.

MAMALAKIS, Markos y Clark WINTON REYNOLDS
1965 *Essays on the Chilean Economy,* Homewod, Richard D. Irwin, Inc.

MARICHAL, Carlos
2013 "Entrevista con Marcello Carmagnani", publicada originalmente en *Boletín de fuentes para la historia económica de México*, núm. 4, mayo-agosto, 1991, <www. economia.unam.mx/amhe/publi/entre03.html>, consultada el 9 de abril.

MILLAR, René
1973 "Svilupo industriale e sottosviluppo económico. Il caso cileno (1860-1920)", *Historia*, núm. 13, pp. 436-444.

ORTEGA, Luis
1987-1988 "La historiografía económica de Chile. Reflexiones y balance", *Dimensión histórica de Chile*, núm. 4-5, pp. 49-74.

PINTO SANTA CRUZ, Aníbal
1959 *Chile un caso de desarrollo frustrado,* Santiago, Editorial Universitaria.

SAGREDO BAEZA, Rafael
1990 "Bibliografía comentada del periodo 1830-1930", en Carmen Cariola y Osvaldo Sunkel, *Un siglo de historia económica de Chile,* Santiago, Editorial Universitaria, pp. 189-397.

SAGREDO BAEZA, Rafael y Marcello CARMAGNANI
2013 "La *Geografía* de la Corfo: Diagnóstico y proyección del país", en Corfo, *Geografía económica de Chile*, ts. 99 y 100, Santiago, Dirección de Bibliotecas, Archivos y Museos/Pontificia Universidad Católica de Chile/Cámara Chilena de la Construcción, pp. IX-LI (Biblioteca Fundamentos de la Construcción de Chile).

DE LA HISTORIA DEL FEUDALISMO A LA DEL LIBERALISMO EN AMÉRICA LATINA: LA HISTORIOGRAFÍA DEL JOVEN CARMAGNANI

*Carlos Contreras**

En los años 70 la historiografía sobre América Latina estuvo influida por la noción marxista de modo de producción, auscultándose en distintos trabajos el grado y los modos en que el capitalismo —el modo de producción dominante en el mundo de las metrópolis y, por extensión, en el mundo entero— había logrado penetrar en la realidad latinoamericana, sea aliándose con los modos de producción locales, o subordinándolos mediante una compleja "articulación". A partir de los años 90 fueron las reformas liberales el nuevo centro de la reflexión historiográfica. El liberalismo y América Latina no parecían hechos para un buen matrimonio según los historiadores latinoamericanos de hace treinta o cuarenta años, pero los enfoques más recientes comenzaron a cuestionar esta imagen, revisando cómo los cambios políticos que supusieron las reformas borbónicas, la independencia, la abolición de las cargas fiscales antiguas, así como la práctica de la libertad de prensa, el debate parlamentario y las elecciones calaron en la cultura latinoamericana de modo profundo e irreversible.

A la vanguardia de este giro copernicano en la historiografía sobre América Latina estuvo un profesor a medio camino entre la academia europea y la latinoamericana, cuyos trabajos plantearon con imaginación y valentía nuevos esquemas e ideas que orientaron decisivamente a sus lectores, colegas y alumnos. El propósito de este texto es reflexionar acerca de la transición de una historiografía marxista, centrada en los debates sobre la organización económica, a lo que ha venido a llamarse la "nueva historia

* Pontificia Universidad Católica del Perú, Departamento de Economía.

política",[1] que en los ensayos de Marcello Carmagnani nunca supuso el abandono de una temática por otra, sino, antes en cambio el afán de reconstruir sus vínculos.

La idea de una América Latina dominada por el feudalismo, sea en alusión a su organización económica, el carácter de sus procedimientos políticos o la cultura de sus habitantes, ha sido muy popular en la intelectualidad latinoamericana y latinoamericanista desde finales del siglo XIX.[2] La calificación de "feudal" procuraba subrayar la naturaleza retrasada del subcontinente frente al capitalista mundo europeo y estadounidense, a la vez que remarcar la vinculación de América Latina con Europa, de donde le habrían provenido las instituciones y los valores del feudalismo.

La popularidad que en el siglo XX cobraron las tesis marxistas reforzó dicha idea. El feudalismo era para el marxismo un modo de producción de naturaleza universal, que antecedía al capitalismo en el esquema evolutivo de su secuencia histórica. La sociedad latinoamericana, compuesta hasta bien avanzado el siglo XX, de poderosos terratenientes que dominaban latifundios donde laboraban miles de trabajadores en condiciones serviles, con una débil infraestructura industrial y unos aparatos estatales no siempre capaces de domeñar el poder de los grandes terratenientes, pareció a muchos analistas y dirigentes políticos una encarnación de este modo de producción y organización social inspirado en la edad media europea.

Era un feudalismo peculiar: sin castillos ni caballeros, porque, como se encargaron de demostrarlo los historiadores del derecho y de las instituciones españolas en el Nuevo Mundo, los conquistadores españoles no alcanzaron a convertirse en señores de hombres. La élite de encomenderos, ha-

[1] Tomo la expresión del coloquio internacional realizado en El Colegio de México en 2003 por Guillermo Palacios: "Los caminos de la democracia en América Latina, siglo XIX: revisión y balance de la 'nueva' historia política", que diera lugar después a la publicación de Guillermo PALACIOS (coord.), *Ensayos sobre la nueva historia política de América Latina, siglo XIX*. En este libro se plantea una interesante discusión en torno a los alcances y limitaciones de esta nueva historiografía.

[2] José Carlos Chiaramonte encontró la referencia más antigua de feudalismo para Argentina en 1898, en un libro de Ernesto Quesada, *La época de Rosas*, seguido por trabajos de José Ingenieros, Rodolfo Puiggrós y otros autores en los años siguientes. Véase CHIARAMONTE, "El problema del tipo histórico", p. 110. En el Perú, la tesis de un feudalismo andino degradado ("sin religión, sin poesía y sin gloria"), heredado del periodo colonial, fue lanzada en 1915, por Víctor Andrés Belaunde en un ensayo posteriormente incluido en su libro *Meditaciones peruanas* (Lima, 1932), en los años 20 retomaron la idea escritores más radicales, como José Carlos Mariátegui.

cendados y comerciantes que se erigió en América como una "nobleza", no tuvo soberanía política sobre los nativos ni, dentro de las encomiendas, autonomía en el manejo jurídico, administrativo y tributario, al modo de lo sucedido en los feudos europeos. Las encomiendas asignaron a los conquistadores derechos para percibir tributos de los indios, pero no asignaron un dominio sobre las tierras y los recursos naturales, que quedaron bajo la mano de un Estado centralizado por la figura de una monarquía, y, tras una lucha cruenta de ésta contra los encomenderos, el débil señorío que implicaba la encomienda fue reducido a lapsos de sólo dos o, excepcionalmente, tres generaciones.[3]

En sus *Siete ensayos de interpretación de la realidad peruana,* publicados por primera vez en 1928, José Carlos Mariátegui, uno de los fundadores del marxismo latinoamericano, planteó la tesis de que el imperio español introdujo en América una "economía feudal", aunque la introducción paralela de esclavos africanos y la pervivencia de comunidades indígenas que producían de forma colectivista, ignorando la propiedad privada, complicaban el panorama de la "formación económica social", por la coexistencia de diversos modos de producción. Desde mediados del siglo XIX, con la apertura de América Latina al comercio exterior, habría comenzado el desarrollo de una economía capitalista, que se vio acelerada en el siglo XX con la llegada de una inversión extranjera directa que montó enclaves mineros y agrarios con tecnología moderna y obreros asalariados. Esto ocurrió, sin embargo, sin que los remanentes de los modos de producción anteriores hayan sido suprimidos, por lo que, para Mariátegui, el Perú, como muchos países de América Latina, representaba un mosaico donde todos los modos de producción de la historia universal se hallaban presentes.[4] El modo de producción dominante desde la llegada de los españoles había sido, sin embargo, para él, el feudal, habiéndose iniciado desde mediados del siglo XIX una transición hacia el capitalismo que, cumplido el primer cuarto del siglo XX, no terminaba de consolidarse.

[3] ZAVALA, *La encomienda indiana,* Madrid, 1936; BELAUNDE, *La encomienda en el Perú.* Véase también ASSADOURIAN, *Transiciones hacia el sistema.* En su explicación sobre el problema del centralismo en América Latina, Claudio Veliz postuló, precisamente, como una de sus razones, la ausencia de una experiencia feudal en el continente. Véase *La tradición centralista.*

[4] MARIÁTEGUI, *Siete ensayos de interpretación de la realidad peruana*, 1928.

La tesis de una América Latina feudalizada por la dominación española, que había iniciado una transformación capitalista de la mano del nuevo imperialismo europeo o estadounidense desde finales del siglo XIX, pero de un carácter aún débil o incompleto, se generalizó en diversos círculos intelectuales y políticos, que incluyeron la doctrina de los partidos reformistas que aparecieron en América Latina después de la Primera Guerra Mundial, tales como el APRA y el Partido Socialista en el Perú.[5]

Después de la Segunda Guerra Mundial arrancó una polémica acerca del carácter que habría tenido la economía y sociedad durante el periodo del colonialismo español en América.[6] Frente a la tesis del feudalismo que había dominado el panorama hasta entonces, surgieron autores marxistas y no marxistas que lanzaron la tesis de una impronta capitalista en América Latina desde el mismo momento de la conquista española. La organización de la economía americana colonial respondió a la demanda de metales preciosos y otras mercancías, como el azúcar o el tabaco, que se hacían desde la economía europea. De tal modo que la economía colonial americana había sido organizada desde el siglo XVI para producir mercancías destinadas al mercado. El comercio exterior de materias primas la había moldeado; en ella había circulado la moneda y en sus minas se pagaban salarios y regían precios. Es decir, un panorama distante de la imagen del feudo medioeval, caracterizado por una economía agraria cerrada de autoconsumo.[7]

La tesis de una América Latina capitalista desde el siglo de la conquista fue reivindicada por la teoría de la dependencia a partir de los años sesenta. De acuerdo con esta escuela de pensamiento, América Latina no estaba retrasada respecto de Europa y Estados Unidos, sino que estaba ubicada en el lado malo de un mismo sistema económico mundial, dominado por el capitalismo. No padecía de feudalismo, sino de un desarrollo distorsionado, o subdesarrollo, capitalista.[8] ¿Feudalismo o capitalismo en América colonial y del siglo XIX? Tal fue la polémica que se encendió en los años 70.

[5] Sobre el pensamiento social y político de los inicios del siglo XX latinoamericana, véase Alexandra PITA y Carlos MARICHAL (coords.), *Pensar el antiimperialismo. Ensayos de historia intelectual latinoamericana, 1900-1930*.

[6] Ésta fue paralela al debate europeo acerca de la transición del feudalismo al capitalismo en la historia de Europa y Asia, conocido como el debate Dobb.

[7] BAGÚ, *Economía de la sociedad*; VITALE, *Historia del movimiento obrero*; e *Interpretación marxista.*

[8] GUNDER, *Capitalismo y subdesarrollo.*

El debate tenía en el momento serias implicancias para la acción política, puesto que las alianzas de clases que debían procurar las organizaciones políticas, y la identificación del enemigo inmediato a enfrentar, variaban según el diagnóstico que se diera por válido.

La polémica no enfrentó sólo a marxistas, defensores de la teoría de los modos de producción, contra no marxistas, sino que ocurrió dentro del propio marxismo latinoamericano.[9] Quienes destacaban la importancia de los circuitos comerciales con Europa y el pago de salarios en algunas plazas hispanoamericanas eran tachados de "circulacionistas", es decir, confundían el modo de circulación de las mercancías con el de su producción, que era la esfera en la que para el marxismo ortodoxo verdaderamente se determinaba el carácter de una organización económica. Estos últimos se defendían, proclamando, que en la fase inicial del capitalismo, el dominio de la producción estaba en manos del capital mercantil y no en las del empresario productor. Entre los siglos XVI y XVIII habría dominado en el mundo este tipo de capitalismo mercantil, que fue el que se introdujo a América con la conquista.[10]

Tal fue el contexto en el que en 1976 (un año antes en la edición italiana) apareció *Formación y crisis de un sistema feudal. América Latina del siglo XVI a nuestros días*, de Marcello Carmagnani.[11] El libro se inscribía dentro de la tradición marxista y entraba en polémica, tanto con las tesis dependentistas, como con la producción intelectual marxista que defendía otros planteamientos. Carmagnani propuso que América Latina había compartido a partir de la conquista española un modo feudal de producción, al que prefirió llamar "sistema feudal". Éste era un concepto más amplio que el de modo de producción, puesto que lo englobaba con el añadido de otros dos elementos, que eran la forma de circulación interior y la exterior.

[9] CUEVA, "El uso del concepto". Véanse también los demás ensayos de este libro. Asimismo, ASSADOURIAN *et al.*, *Modos de producción en América Latina.*

[10] Un actor importante en este debate fue Ruggiero Romano, quien llamó la atención en que en lo que había que fijarse no era en la circulación de ciertas mercancías por los mares, como la plata, que quizás no representaban más de una pequeña fracción de toda la producción americana, sino en las condiciones de producción y circulación de los bienes mayoritarios y de consumo interno, como la papa, el maíz o el pulque. Véase ROMANO, *Una economía colonial.* Varios de sus ensayos posteriores fueron reunidos en *Consideraciones. Siete estudios.*

[11] CARMAGNANI, *Formación y crisis de un sistema feudal.* Las citas que hacemos provienen de esta edición.

En el caso latinoamericano estas últimas no emergían del propio modo de producción local, sino que resultaban de su comunicación con una economía externa, como la europea.[12]

El "sistema feudal" articulaba la forma de producción con la de circulación de los insumos y la circulación del bien final, hasta llegar a las manos del comprador europeo. La producción de materias primas como la plata, no indicaba que se estuviese delante de un modo de producción capitalista, puesto que el valor atesorado por el empresario no devenía, en este caso, de la inversión del capital, sino de rentas de la naturaleza y del trabajo forzado o semiforzado de los nativos al que ciertos colonos españoles accedían por razones políticas y sociales. El minero, o más bien el hacendado mineral de Guanajuato, como el de Potosí en el virreinato peruano, criaba sus propias mulas, recogía su propio combustible y sembraba los alimentos con que alimentaría a los trabajadores de la unidad productiva. La producción de plata articulaba un conjunto de otras producciones cuya cosecha no pasaba por el mercado ni implicaba un gasto monetario, sino que iba destinada a servir de ingrediente para la producción de un bien principal.[13] El hecho de que este fuera destinado a la venta no cambiaba la naturaleza feudal de la organización, aunque no dejaba de tener implicancias para su desenvolvimiento en el largo plazo.

El planteamiento de una producción feudal en América Latina halló un sustento en la "teoría económica del sistema feudal" del historiador polaco Witold Kula, publicada pocos años atrás.[14] Kula había postulado que la clave del feudalismo no era la ausencia de comercio, sino la tendencia a la autosuficiencia de la unidad productiva en materia de insumos; únicamente se acudía al mercado para la venta del bien final. La empresa feudal no compraba sus insumos en el mercado; los conseguía ampliando su producción en lo que hoy llamaríamos una "expansión vertical". No tener que comprarlos era lo que precisamente garantizaba su rentabilidad.[15] Los mer-

[12] CARMAGNANI, *Formación y crisis de un sistema feudal*, p. 83.

[13] *Ibid.*, p. 52.

[14] KULA, *Teoría económica del sistema feudal*.

[15] El historiador peruano Pablo Macera presentó una tesis similar a la de Carmagnani, pero aplicada a las haciendas jesuitas del siglo XVIII en el Perú, en "Feudalismo colonial americano: el caso de las haciendas peruanas", publicado en 1971 en Hungría en *Acta histórica*, vol. 35 y compilado en 1974 por Julio Ortega en un volumen titulado *Realidad Nacional*, publicado en Lima por el Instituto Nacional de Investigación y Desarrollo de la Educación (INIDE). En 1977 el artículo se incluyó dentro del tomo 3 de la compilación de las obras de este historiador: *Trabajos de historia* (Lima: INC, 4 ts.).

cados feudales funcionaban para los bienes finales, pero no organizaban la asignación de los factores de producción, la que quedaba confinada a las relaciones sociales y de poder.

El sistema feudal englobaba la política, puesto que era el poder político organizado en el Estado, que tenía la capacidad para impulsar o frenar una nueva distribución de los factores productivos, como lo había hecho el Estado colonial tras derrotar y sustituir las monarquías indígenas americanas. Un elemento característico de la historia de América Latina era, para muchos, la continuidad de sus élites desde la época colonial. No eran pocos los países donde ellas sobrellevaron con extraordinaria habilidad el difícil tránsito de la independencia, frenando o haciendo abortar una nueva distribución de los factores productivos tras la ruptura con el imperio español. Para ello, el control, directo o indirecto, del Estado por las élites fue un recurso fundamental.

Como hemos dicho, eran varios los autores que habían propuesto la tesis de un feudalismo colonial americano.[16] Pero Carmagnani se apartó de ellos al señalar que durante el siglo XVIII y después de la independencia, dicho sistema no declinó ni comenzó a ser sustituido por el capitalismo, como la mayoría aducía.[17] Antes en cambio, fue entonces cuando llegó a su apogeo, hallando recién su debilitamiento después de 1914, cuando la dominación británica comenzó a ser reemplazada en América Latina por la de los Estados Unidos. De otro lado, Carmagnani no consideraba que la crisis del feudalismo supusiese automática, o lógicamente, el entronizamiento del capitalismo en la región.

La tesis de que el sistema feudal latinoamericano alcanzó su madurez y mayor esplendor durante el periodo que por entonces se llamó la "época de crecimiento hacia afuera", o "la era de las exportaciones", *grosso modo* entre 1850-1930, fue sin duda una tesis polémica, ubicada en el espíritu de la escuela de los Annales, de tender a presentar un significado o modelo de las cosas más arcaico de lo que los demás suponen.[18] El Nuevo Mundo era,

[16] Entre ellos Pablo Macera, quien escribió precisamente un artículo con este título: "Feudalismo colonial americano". Véase también MARTÍNEZ, *La patria del criollo*, además de los autores antes citados.

[17] Véase, por ejemplo, SEMO *Historia del capitalismo en México.*

[18] En 1974 Roberto Cortés Conde acababa de publicar el libro *Hispanoamérica: la apertura al comercio mundial.*

pues, un mundo más viejo de lo que muchos concebían. Hacia el final del tercer cuarto del siglo XX, cuando *Formación y crisis* fue escrito, el feudalismo en América Latina, de acuerdo con Carmagnani, estaba en crisis, acosado por el capitalismo y el socialismo, pero seguía todavía vivo en muchas relaciones sociales y en muchas regiones de los países.

En su caracterización de América Latina como un sistema feudal desde el siglo XVI hasta los inicios del XX, Carmagnani se apartó de quienes, como los autores dependentistas, asociaban feudalismo con regímenes de economía cerrada, y capitalismo con presencia de comercio y trabajadores asalariados. Para él la marca feudal yacía en la debilidad, o completa ausencia, del mercado como asignador de los recursos y regulador de los intercambios. América Latina colonial producía plata, azúcar, cochinilla o tabaco, sobre recursos naturales que habían sido asignados por el Estado con criterios políticos, a "beneméritos", encomenderos, caciques o aliados leales a la corona. Ni el acceso a los recursos naturales, ni los insumos, se compraban en el mercado. Estos últimos eran provistos por la empresa a partir del control de otras empresas subsidiarias. La mano de obra tampoco se contrataba en un mercado abierto de trabajo, sino que, cuando no era abiertamente forzada (esclavos, mitayos, peones endeudados), era reclutada en virtud de la coacción fiscal (el tributo a la corona, al encomendero o al gobierno republicano) o los pactos políticos con los caciques indios. El capital de trabajo tampoco se conseguía en un mercado despersonalizado, sino que regía la práctica de las "habilitaciones", mediante las cuales un comerciante, de ordinario con poder social y político sobre el empresario productor, le adelantaba insumos o dinero a cambio del compromiso de este de entregarle su producción en un término de tiempo.

Carmagnani clasificó a los productores en América Latina en directos e indirectos. Aquellos eran los mineros y hacendados que, habilitados por los comerciantes, producían los bienes demandados por el mercado, bajo la estrategia de la autosuficiencia en los insumos. Estos estarían representados por las comunidades indígenas, quienes resultaban inducidas a la producción de los bienes demandados por el sector español, a partir de prácticas de "comercio" despótico, como el reparto de mercancías por las autoridades coloniales.

El sistema feudal latinoamericano se complementaba con el capitalismo mercantil europeo a través de los comerciantes ubicados a ambos lados del

Atlántico. No se generaban ahí contradicciones que lo socavasen, de modo que el ensanchamiento del comercio con Europa, que tuvo lugar a partir del siglo XVIII, lejos de debilitarlo, le inyectó mayor fuerza. La independencia debilitó el sistema feudal en la medida que redujo el comercio con Europa e implicó cierta redistribución de los factores productivos que afectó a la clase feudal, pero solo por un lapso de aproximadamente un cuarto de siglo. Al final, con la independencia, el feudalismo latinoamericano probaría su fortaleza, al conseguir neutralizar las novedades que el nuevo escenario de la independencia trajo consigo y que podrían haberlo socavado, tales como la llegada de las casas mercantiles británicas y la apertura de los ferrocarriles, que se difundieron en América Latina durante la segunda mitad del siglo XIX.

La época de la dominación británica, que coincidió con el auge exportador de finales del siglo XIX e inicios del XX, no consiguió, para Carmagnani, una redistribución importante de los factores productivos, aunque sí implicó desplazar de la circulación a la clase feudal, reduciéndola al ámbito de la producción. Para ello fueron importantes los ferrocarriles, aunque no siempre éstos pasaron a manos británicas. El hecho de que no se difundiese durante el auge exportador una clase asalariada libre fue, para él, el factor que apartó a la sociedad latinoamericana del sendero hacia el capitalismo. Los trabajadores del guano en el Perú, como los del salitre en Chile y los de la plata, el trigo, el café y el azúcar en otros países eran "enganchados" en el campo por los empresarios, con el apoyo de las autoridades políticas lugareñas. Por su trabajo recibían fichas o vales más que monedas de circulación universal. La abolición de la esclavitud en los países donde ella fuera económicamente significativa, no dio pase al trabajo libre, sino a esta forma de servidumbre, del que la experiencia de los trabajadores asiáticos ("culís") en el Perú podría ser un elocuente ejemplo.[19]

La Primera Guerra Mundial apartó a Gran Bretaña, como al resto de países europeos, de su papel protagónico en América Latina, marcando la "fase descendente" del sistema feudal latinoamericano, que desde los años de 1940 entraría en una fase de verdadera "crisis". Ello tuvo que ver con la presencia hegemónica del capitalismo estadounidense en la región. Carmagnani propuso al respecto el funcionamiento de una alianza contra el feudalismo

[19] Sobre los trabajadores culís, véase RODRÍGUEZ, *Hijos del celeste imperio.*

entre la emergente clase media latinoamericana, asentada en las ciudades, y el imperialismo estadounidense. A diferencia de las empresas británicas, que se limitaban a la comercialización de las materias primas, las empresas estadounidenses invirtieron en la producción y montaron en el campo latinoamericano gigantescos enclaves mineros y agrícolas en los que se formaría, por primera vez, un proletariado o clase asalariada. Estos trabajadores, junto con la clase media urbana, presionarían al Estado para la adopción de una política económica que luego sería bautizada como "populismo".

El populismo latinoamericano, caracterizado por el subsidio a un sector industrial urbano —protegido de la competencia de las importaciones mediante elevados derechos de aduana y una política de devaluación de la moneda nacional—; por un fuerte crecimiento del empleo público, que implicaba la creación de empresas estatales para los sectores considerados estratégicos (transporte, servicios de electricidad, agua potable, industrias básicas), y por la adopción de políticas de subsidio a la vivienda, la salud y la educación de los sectores medios y pobres urbanos, antes que a los del campo, significó la crisis del feudalismo, puesto que la propia clase feudal se vio forzada a trasladarse a la industria, donde medró como cliente del Estado, pero perdiendo el monopolio de su manejo.

La fuerza del feudalismo latinoamericano quedaría manifiesta en el hecho de que su crisis no ocurrió, al fin, a raíz de una contradicción interna, como en la sucesión de los modos de producción en el modelo marxista. Para Carmagnani, fue debilitado por el arribo del capitalismo estadounidense: "Porque en la América Latina no parece haber dentro del sistema feudal contradicciones propiamente dichas antes de la penetración del capital monopolista estadounidense, y por lo tanto es su presencia la que les da origen.".[20] En la época anterior, la misma debilidad del capitalismo latinoamericano había condicionado la evolución política del continente, frenando la difusión de las reformas liberales que podrían haber modernizado el Estado y la forma como éste se relacionaba con la sociedad. La extensión de una ciudadanía republicana incorporada en la política a través de organizaciones representativas, elecciones y una actitud vigilante de sus derechos, no podía nacer de un sistema laboral de peones endeudados o trabajadores serviles.

[20] CARMAGNANI, *Formación y crisis de un sistema feudal*, p. 199.

Formación y crisis de un sistema feudal tuvo la virtud de modelar un sistema económico para un amplio periodo de la historia latinoamericana, con sus correspondientes aristas sociales y políticas. En adelante, quienes aludiesen al debate de feudalismo o capitalismo en la historia latinoamericana tendrían un referente sólido y una valla muy alta que remontar. Fue sintomático que en los años siguientes el debate, que tan ardoroso fue hacia los años de 1965-1975, pareció clausurado, o se aludió a él en un plano más bien didáctico o retrospectivo, como en el libro de Cardoso y Pérez Brignoli, *Historia económica de América Latina* (1979).[21] El calificativo de "feudal" podía, desde luego, discutirse, pero fue la coherencia del modelo lo que brindó a los historiadores de América Latina un referente para el debate.

Uno de los personajes claves del modelo fue lo que Marcello Carmagnani llamó en su libro "la clase feudal", vale decir, el grupo social dominante que fue privilegiado en la asignación de los factores productivos: los dueños o controladores de las tierras, las minas y los recursos más importantes desde el punto de vista económico, inclusive el trabajo de las personas. Quizás haya pocas élites en la historia mundial tan caracterizadas y coherentes como las que tuvo América Latina durante la vigencia de su sistema feudal. Por ello, creo que el libro posterior de Carmagnani, *Estado y sociedad en América Latina 1850-1930*, fue en cierta forma una continuación de *Formación y crisis*, aunque a su vez la transición hacia una historiografía más centrada en los actores políticos. Porque aquel libro retrató a la clase feudal, que en esta nueva reconstrucción tomó el nombre de "oligarquía", durante las fases del apogeo y la crisis de su sistema.[22] El proyecto de la oligarquía era un imposible: salvar el sistema feudal u oligárquico —lo que suponía salvarse sobre todo a sí misma como clase dominante— sin modificar el reparto de los factores productivos, sino modernizando solamente ciertos aspectos políticos, como el derecho al voto, y sociales, como el acceso a la educación y la vida urbana.[23]

No estoy seguro hasta qué punto esta conclusión contiende con la de *Formación y crisis*, puesto que el fracaso del proyecto oligárquico no apa-

[21] CARDOSO y PÉREZ, *Historia económica de América Latina.*

[22] El título original de la edición italiana de este libro fue precisamente *La grande illusione delle oligarche: stato e societa in America Latina.*

[23] Y habría que añadir, el acceso a la moneda menuda, en memoria del profesor Ruggiero Romano.

rece en *Estado y sociedad* como resultado, principalmente, de la acción del imperialismo estadounidense, antes más bien como el producto de las contradicciones generadas por la apertura social y política sin que los factores productivos se hubiesen redistribuido o, al menos, ampliado significativamente. Creo que ahí hubo un desarrollo que trasladó del ámbito externo al interno del factor desencadenante del desmoronamiento del sistema feudal.

En todo modelo hay piezas de la realidad que no encajan del todo, o que en la aplicación del modelo a la historia uno se topa con demasiadas variantes de algún elemento, que lo hacen pensar si no habría que ajustar algunas de sus piezas. Algo de esto sucede también con *Formación y crisis*. Por ejemplo, la básica continuidad de las élites entre el periodo colonial y el independiente parece funcionar bien en algunos países, como Chile o Ecuador (por lo menos hasta los años 30), pero diría que menos para otros como Perú o México, donde la expulsión y expropiación de bienes a los españoles fue más extendida y virulenta. Hasta cierto punto podría decirse que esto no cambia la conclusión de que permanece una élite feudal, en la medida que su acceso a los recursos prosiga el patrón anterior, basado en privilegios y favores políticos antes que en mecanismos de mercado. Pero la desaparición del paraguas de la monarquía española modificó la capacidad del Estado criollo para la reasignación de los factores productivos. Ésta tendría que tomar ahora nuevas formas, como la corrupción de los fondos públicos. Así, la riqueza se canalizaba hacia la oligarquía ya no bajo la forma de tierras o recursos naturales, pero sí bajo la de numerario, que permitía hacerse de éstas.[24]

Otro elemento es la suposición en el modelo de que el Estado latinoamericano funcionó, en efecto, como el gran asignador de los recursos, con, digamos, poca necesidad de negociación con la población. La investigación en historia rural latinoamericana demostró que, al final, la población tenía mucha mano en el acceso a los recursos y que, por lo menos en ciertas épocas, como en el siglo XIX, y en ciertos países, como los andinos, la capacidad del Estado de defender la propiedad fue muy limitada y, desde luego, menor que durante el periodo colonial.[25] Incluso durante el propio perio-

[24] QUIROZ, *Corrupt Circles: A history of Unbound Graft in Peru*.

[25] MARTÍNEZ, *Los huacchilleros en el Perú*; MÉNDEZ, *The Plebeian Republic*.

do colonial temprano, el Estado colonial no pudo proceder a una reasignación de las tierras, sin negociar con la población indígena, aunque, como señala el autor, la crisis demográfica de la conquista facilitó este proceso.[26] Sin embargo, la menor capacidad del Estado central frente a los poderes locales, es ciertamente un elemento propio del feudalismo, así como la necesidad de que los poderosos locales negocien los términos de intercambio con la población local, hasta llegar a un cierto equilibrio satisfactorio para ambos. De modo que la debilidad del Estado central no contradice la naturaleza feudal del modelo.

La necesidad de negociación con los demás actores sociales, por parte de la oligarquía, fue un tema sobre el que Carmagnani transitaría en los años siguientes, al punto de corregir su imagen de una clase feudal omnipotente representada en sus primeras obras, a la que acusó, en su autocrítica, de estar influenciada por el positivismo.[27] En sus ensayos producidos desde finales de los años 80 la dimensión política comenzó a cobrar una importante autonomía frente a la organización económica. Esto hizo que las reformas liberales impulsadas a mediados del siglo XIX, que hasta entonces había bosquejado, básicamente, como arreglos cosméticos con los que la oligarquía feudal procuró una cierta imagen de modernización e incorporación de los sectores demográficos mayoritarios, cobrasen una importancia creciente y un efecto real y poderoso sobre la marcha de la sociedad.

Este giro coincidió con el de una gran parte de la historiografía en la misma época. Marcello Carmagnani fue él mismo uno de los impulsores de la tendencia historiográfica de liberar a la esfera política de la servidumbre de la economía. Elementos como las cartas constitucionales, las organizaciones municipales, la práctica de las elecciones y la conformación de una élite política diferenciada de los intereses económicos particulares se

[26] Véase para el virreinato peruano: ZULOAGA, *La conquista negociada.*

[27] En su ensayo "Élites políticas, sistemas de poder y gobernabilidad en América Latina", Carmagnani anotó: "Debo confesar que hace más de diez años escribí, en Estado y sociedad en América Latina, que la política latinoamericana se basó en dos principios: el del poder del presidente de la República de moderar los conflictos interoligárquicos y el de la representación del parlamento bicameral capaz de representar los diversos intereses oligárquicos mediante el reconocimiento del diferente peso político de los mismos. En cierta medida, mi caracterización se basaba en los positivistas y terminaba por negar el relevante papel que ahora considero que tuvieron los actores políticos no oligárquicos". CARMAGNANI, "Élites políticas", p. 39. Agradezco a María Luna Argudín, gran conocedora de la obra de Carmagnani, haberme advertido de esta rectificación.

erigieron entonces como hitos decisivos de la historia latinoamericana. Largo tiempo nos costó a los historiadores latinoamericanos captar cuánto cambió a nuestras sociedades la introducción de instituciones como el Congreso, la libertad de imprenta y la elección de las autoridades. En este aprendizaje el magisterio de Carmagnani fue decisivo, porque supuso una revolución en sus antiguos esquemas.

Entre las nuevas libertades y derechos políticos de que gozaban los latinoamericanos de todos los pelajes y el cambio en la naturaleza del "modo de producción", para recoger la antigua categoría marxista, un engranaje clave fue el mercado de trabajo. Cierto es que, tal como había señalado Carmagnani, un mercado de trabajo libre y abierto, en el que los trabajadores pudiesen desplazarse entre regiones y oficios, sin los arraigos forzados que implican los sistemas tradicionales de propiedad de la tierra o la adscripción a poderosos señores captadores de tributos o de su excedente económico, debía ser el complemento liberal de las nuevas libertades y derechos. En este sentido, diría que la afirmación en *Formación y crisis* acerca de la inexistencia de una clase de trabajadores libres durante la fase de apogeo del feudalismo latinoamericano (1850-1914) figura como algo, digamos, exagerado. No digo que sí haya existido dicha clase, pero parece que la transición de un régimen de servidumbre a un proletariado libre no fue en América Latina un episodio brusco después de 1914. Las empresas de los mineros y hacendados ya pagaban salarios en moneda universal desde, por lo menos, la década de 1890 en el Perú, y creo que también en otros países latinoamericanos, al tiempo que las empresas estadounidenses siguieron dependiendo de mecanismos como el enganche para conseguir trabajadores hasta, por lo menos, 1930. Entre 1890 y 1930 hubo, así, una época de transición en América Latina en que se fueron dando las condiciones para la difusión de un mercado de trabajo libre.

Qué es un trabajador libre, es sin duda un tema complicado. Si la existencia de presiones tributarias invalida el carácter de libre, de hecho no lo veremos aparecer antes de las postrimerías del siglo XIX. Pero los tributos no han desaparecido en el siglo XX, sino que han tomado otra forma. El tránsito de la tributación de "Antiguo Régimen", basada en la capitación y la vecindad, a una basada en el consumo, que precisamente ocurrió en la segunda mitad del siglo XIX, sirvieron, en parte, para liberar la movilidad de los trabajadores. Uno de los temas de mayor desarrollo en la historiografía de Carmagnani desde los años 80 fue, tal vez por ello, el de los cambios en la fiscalidad durante el periodo de reformas liberales.[28] El caso mexicano le sirvió para auscultar cómo el terreno fiscal fue el ámbito en el que la economía se integraba con la política, esquivándose los peligros de una aproximación historiográfica economicista o politicista.

De otro lado, en este tema de la transición laboral y la crisis final del feudalismo, creo que el modelo prestó poca atención al proceso demográfico. Probablemente aquello que creó la oferta de trabajadores libres en América Latina a partir de la primera mitad del siglo XX, no fue tanto la inversión estadounidense, como la falta de tierras frente a una población creciente. Si, como sostuvo Carmagnani, la expansión demográfica iniciada en el siglo XVIII le dio al sistema feudal latinoamericano una oportunidad de crecimiento, la "explosión demográfica" del siglo XX, al volver escasos los recursos naturales, haciendo políticamente insostenible su acaparamiento en manos de la clase feudal, propició la crisis del sistema. Esta inserción del proceso demográfico tendría la virtud de internalizar un vector de cambio. Porque, aunque las causas de la explosión demográfica latinoamericana de mediados del siglo XX han sido trasladadas en algunos trabajos hacia el arribo de la medicina y las vacunas importadas, creo más propio señalar como su desencadenante la nueva política social del Estado latinoamericano en materia de salud, caminos y educación.

A tono con las ideas dominantes de los años 70, el modelo del sistema feudal suponía que los mecanismos políticos se subordinaban al proceso económico. No llamaría a esto un defecto, antes un cierto sesgo que cumplió en el momento la tarea de llamar la atención sobre la importancia de la estructura económica, y que hoy vendría bien refrescar. Al esfuerzo de la oligarquía feudal por modernizar el sistema político, introduciendo reformas liberales como la igualdad ciudadana, la universalización del derecho al sufragio y la creación de una economía pública basada en un presupuesto controlado por un congreso de representantes, en que el gasto en salud, educación y caminos comenzara a sumar más que los gastos militares y administrativos, Carmagnani le llamó "la gran ilusión", porque la oligar-

[28] CARMAGNANI, "Finanzas y Estado en México, 1820-1880" y "El liberalismo, los impuestos internos y el Estado federal mexicano, 1857-1911", que precedieron a *Estado y mercado.*

quía pensó que tales transformaciones la eximirían de una profunda reasignación de los factores productivos.

La crisis del sistema feudal será en buena cuenta la gran desilusión oligárquica, porque una vez puestas en marcha las reformas políticas, éstas criaron los cuervos que le devoraron su viejo sistema a la oligarquía. La redistribución de los factores productivos que inició la inversión estadounidense aliada con la clase media urbana latinoamericana retiró de las manos de la clase feudal los recursos naturales más valiosos, para ponerlos en manos de empresas que sí los compraron en el mercado y compraban también en él la mano de obra necesaria. Pero en algunos países la clase campesina pudo retener una parte todavía importante de los recursos.

El "sistema feudal" de Carmagnani sirvió para caracterizar el tipo de organización económica latinoamericana como un tipo histórico. No se han producido muchas alternativas después de 1976. Una de ellas sería la del economista peruano Hernando de Soto, quien en sus libros *El otro sendero* y *El misterio del capital*, presentó un modelo presuntamente válido para todo el "tercer mundo", en el que coexisten dos economías: una de grandes empresas, que se erigen como fuertes pagadoras de impuestos al gobierno, a cambio de lo cual gozan de favores políticos y disfrutan de las garantías de la formalidad; y otra de pequeñas empresas familiares, de baja productividad y que, por lo mismo, son incapaces de asumir los costos de una formalidad a la que el autor juzga innecesariamente costosa y, por lo mismo, excluyente.[29] Esta formalidad es defendida, sin embargo, por el primer sector, ya que así logra deshacerse de la competencia de los pequeños empresarios populares, a quienes termina cediendo una porción de la economía, a condición de que no se inmiscuyan en sus áreas de negocios, que históricamente han apuntado al mercado exterior. A esta política de las grandes empresas, De Soto la califica de "mercantilista", por oponerse a lo que sería una genuina conducta liberal.

Otro economista andino, Adolfo Figueroa, presentó hace pocos años el modelo que llamó de "La sociedad sigma", en la que, en un modelo semejante al de la sociedad dual de Arthur Lewis, coexisten dos clases de sectores populares: los que son trabajadores dentro del sector formal de la economía (son pobres pero "incluidos") y quienes, por su origen rural y racial,

[29] DE SOTO, *El otro sendero. La revolución informal en el Perú* y *El misterio del capital.*

su pobre educación y su defectuoso castellano, resultan condenados a trabajar por cuenta propia dentro de una economía de subsistencia de baja productividad (son los pobres, pero además "excluidos"). Si había algo peor que ser pobre y explotado, era ser solamente pobre. Este modelo correría especialmente para los países de pasado colonial donde sobrevivió una relativamente densa población indígena, al lado de un grupo pequeño pero dominante de descendientes de los colonos.[30] A quienes convendría la remoción de este esquema, carecen del poder y de la capacidad de organizarse para hacerlo, mientras el resto carece de incentivos para cambiarlo, porque se benefician de su funcionamiento.

El común denominador de los modelos de estos dos economistas es que el mercado no cumple en ellos su papel de asignador de los factores productivos, sino que éstos son distribuidos, al menos parcialmente, siguiendo principios políticos como la lealtad al gobierno, la pertenencia a un grupo de interés o "coalición mercantilista", o de acuerdo con la ventaja que da pertenecer, por origen social y redes de vinculación, al grupo descendiente de los colonizadores. Releyendo *Formación y crisis de un sistema feudal* a la luz de estos debates, parecería que feudalismo y capitalismo serían, más que dos sistemas históricamente sucesivos, los dos polos de un vector de posibilidades de la organización económica. Algo parecido al esquema que John Hicks montó en su *Teoría de la historia económica* bajo los términos de autoridad y costumbre, por un lado, y mercado, por otro.[31]

En el extremo feudal el mercado funciona débilmente: sólo en la esfera del mercado mundial, en la fase de la comercialización de los bienes finales, o incluso sólo en la de algunos de ellos. En el extremo capitalista los mercados se han vuelto más eficientes y lo que Ronald Coase llamó la "coordinación de mercado" ha desplazado a otros mecanismos, como la asignación política de los recursos o la integración vertical de las empresas. Históricamente el mundo parece haberse ido corriendo del polo feudal al capitalista, y así también América Latina, pero en los países donde sobrevivió una importante población indígena, como México, las naciones centroamericanas y los países andinos, pareciera que todavía quedase viva una estratificación social de Antiguo Régimen, o feudal, que impide la constitución de

[30] FIGUEROA, *La sociedad sigma. Una teoría del desarrollo económico.*
[31] HICKS, *Una teoría de la historia económica.*

un solo mercado. La gran reasignación de los factores productivos que debía seguir a la crisis del "sistema feudal" no ha terminado de ocurrir en América Latina. Este continente exhibe todavía una de las mayores situaciones de desigualdad en el reparto de la riqueza en el mundo, lo que, como sabemos, el mercado en el largo plazo no corrige ni atenúa, sino todo lo contrario.

Marcello Carmagnani ha sido una figura central en las dos fases más caracterizadas de la historiografía reciente sobre América Latina: la de los modos de producción y las luchas sociales, de los años 70, y la de los procesos de ciudadanía y conquista de la modernidad de los 90 en adelante. Probablemente a raíz de esta doble militancia sus trabajos recientes han gozado de un enfoque integral en el que los "vectores" económicos, sociales y políticos se combinan, compiten y funden, hasta dar con una explicación original y siempre sugerente de la historia de ese otro Occidente, como él llamó a América Latina.

BIBLIOGRAFÍA

ASSADOURIAN, Carlos Sempat, Ciro FLAMARIÓN, S. CARDOSO, Horacio CIAFARDINI, Juan Carlos GARAVAGLIA, Ernesto LACLAU CARDOSO
1973 *Modos de producción en América Latina*, Córdoba, Cuadernos de Pasado y Presente, 1973.

ASSADOURIAN, Carlos Sempat
1994 *Transiciones hacia el sistema colonial andino,* Lima/México, IEP/El Colegio de México.

BAGÚ, Sergio
1949 *Economía de la sociedad colonial,* Buenos Aires, El Ateneo.

BELAUNDE, Guinassi Manuel
1945 *La encomienda en el Perú*, Lima, Mercurio Peruano.

CARDOSO, Ciro y Héctor PÉREZ BRIGNOLI
1979 *Historia económica de América Latina,* 2 tomos, Barcelona, Crítica.

CARMAGNANI, Marcello
1976 *Formación y crisis de un sistema feudal. América Latina del siglo XVI a nuestros días*, México, Siglo XXI Editores.

1982 *La grande illusione delle oligarche: stato e societa in America Latina (1850-1930),* Turín, Loescher editore.

1983 "Finanzas y Estado en México, 1820-1880", *Ibero-Amerikanishes Archiv,* vol. 9, núm. 3, pp. 279-317.

1989 "El liberalismo, los impuestos internos y el Estado federal mexicano, 1857-1911", en *Historia Mexicana,* vol. XXXVIII, núm. 3, pp. 471-496, México, El Colegio de México.

1994 *Estado y mercado. La economía política del liberalismo mexicano, 1850-1911,* México, El Colegio de México/Fideicomiso Historia de las Américas.

2011 "Élites políticas, sistemas de poder y gobernabilidad en América Latina", en Marcello CARMAGNANI, *Economía y política. México y América Latina en la contemporaneidad. Antología de textos,* México, El Colegio de México, 2011, pp. 31-42.

CHIARAMONTE, José Carlos

1976 "El problema del tipo histórico de sociedad: crítica de sus supuestos", en Roger BARTRA *et al.*, *Modos de producción en América Latina,* Lima, Delva Editores, pp. 107-125.

CORTÉS CONDE, Roberto

1974 *Hispanoamérica: la apertura al comercio mundial, 1850-1930,* Buenos Aires, Paidós.

CUEVA, Agustín

1976 "El uso del concepto de modo de producción en América Latina: algunos problemas teóricos", en R. BARTRA *et al.*, *Modos de producción en América Latina*, Lima, Delva, pp. 20-36.

FIGUEROA, Adolfo

2003 *La sociedad sigma. Una teoría del desarrollo económico,* Lima, Fondo Editorial de la PUPC.

GUNDER, Frank André

1970 *Capitalismo y subdesarrollo en América Latina,* Buenos Aires, Signos (primera edición en inglés, de 1967).

HICKS, John

1974 *Una teoría de la historia económica*, Madrid, Aguilar.

MACERA, Pablo

1971 "Feudalismo colonial americano: el caso de las haciendas peruanas", *Acta histórica*, vol. 35, Hungría.

MARIÁTEGUI, José Carlos
1928 *Siete ensayos de interpretación de la realidad peruana*, Lima, Biblioteca Amauta.

MARTÍNEZ ALIER, Juan
1973 *Los huacchilleros en el Perú: dos estudios de formaciones agrarias,* Lima, IEP/Ruedo Ibérico.

MARTÍNEZ PELÁEZ, Severo
1970 *La patria del criollo*. Ensayo de interpretación de la realidad guatemalteca, Guatemala, Universidad de San Carlos.

MÉNDEZ, Cecilia
2005 *The Plebeian Republic: The Huanta Rebellion and the Making of the Peruvian State, 1820-185,* Durham, Duke University Press.

PALACIOS, Guillermo (coord.)
2007 *Ensayos sobre la nueva historia política de América Latina, siglo XIX,* México, El Colegio de México.

PITA, Alexandra y Carlos MARICHAL (coords.)
2012 *Pensar el antiimperialismo. Ensayos de historia intelectual latinoamericana, 1900-1930,* México, El Colegio de México/Universidad de Colima.

QUIROZ, Alfonso
2008 *Corrupt Circles: A history of Unbound Graft in Peru.* Washington/Baltimore, Woodrow Wilson Center Press/Johns Hopkins University Press.

RODRÍGUEZ PASTOR, Humberto
1989 *Hijos del celeste imperio en el Perú (1850-1900). Migración, agricultura, mentalidad y explotación,* Lima, Instituto de Apoyo Agrario.

RUGGIERO, Romano
1965 *Una economía colonial: Chile en el siglo XVIII,* Buenos Aires.
1992 *Consideraciones. Siete estudios de historia,* Lima, Fomciencias/Instituto Italiano de Cultura.

SEMO, Enrique
1973 *Historia del capitalismo en México. Los orígenes 1521-1765,* México, Era.

SOTO, Hernando de
1986 *El otro sendero. La revolución informal en el Perú*, Lima, Ediciones el Barranco.
2000 *El misterio del capital. Por qué el capitalismo triunfa en Occidente y fracasa en el resto del mundo,* Lima, El Comercio.

VELIZ, Claudio
1984 *La tradición centralista en América Latina,* Barcelona, Ariel.

VITALE, Luis
1962 *Historia del movimiento obrero,* Santiago.
1973 *Interpretación marxista de la historia de Chile*, Santiago, PLA, 1973.

WITOLD, Kula
1974 *Teoría económica del sistema feudal*, México, Siglo XXI Editores, primera edición en polaco en 1962 y en francés en 1970.

ZAVALA, Silvio
1936 *La encomienda indiana,* Madrid.

ZULOAGA RADA, Marina
2012 *La conquista negociada: guarangas, autoridades locales e imperio en Huaylas, Perú (1532-1610),* Lima, IEP-IFEA.

CRUCE DE HORIZONTES: MARCELLO CARMAGNANI EN LA HISTORIOGRAFÍA MEXICANA

*María Luna Argudín**

En la pequeña sala de seminarios "José Gaos", el profesor Marcello Carmagnani nos interrogó sobre la manera en que leíamos unas cuantas páginas de Alexis de Tocqueville.[1] Una segunda, tercera y cuarta sesión se dedicaron al mismo ejercicio. Con cada pregunta sobre la representación de Antiguo Régimen en Languedoc el profesor demolió prejuicios[2] forjados con las escolares historias universales y los manuales de la soviética Editorial Progreso, lecturas obligadas para los estudiantes universitarios de la década de 1980.

El programa del curso "Formas históricas del estado liberal latinoamericano. De la crisis del régimen colonial a la crisis del liberalismo notabiliario (siglos XVIII y XIX)" advirtió que su objetivo era "ilustrar los procesos políticos, institucionales, sociales y económicos que permitieron tanto en Europa Occidental como en América Latina el nacimiento de una nueva cultura política y de un proyecto político-institucional en grado de dar vida y efectividad a un Estado de corte liberal".[3] Introdujo una característica que lo diferenció de otras asignaturas: el análisis debía ser histórico-conceptual. Por ello, los rasgos del Antiguo Régimen fueron emergiendo con Tocqueville, Hintze, Poggi, Polanyi, von Gerke, y la teoría de las formas de gobierno de Bobbio.[4]

* Universidad Autónoma Metropolitana, Azcapotzalco

[1] TOCQUEVILLE, *Del Antiguo*.

[2] En estas páginas el vocablo "prejuicio" refiere al conjunto de conocimientos e imaginarios que conforman un horizonte de enunciación dominante. Es de tenerse en cuenta que los horizontes suelen desplazarse al identificar ciertas representaciones como prejuicios, lo que permite configurar nuevos enfoques y modelos explicativos.

[3] CARMAGNANI, "Programa".

[4] BOBBIO, *La teoría*; POGGI, *The Development*; POLANYI, *La gran transformación*; VON GERKE, *The Development*.

En el aula, Carmagnani poco a poco dejaba la voz suave y pausada que lo caracteriza para transfigurarse en un polemista incendiario. En cada sesión se batió en duelo contra dos imágenes enraizadas en la historiografía: el atraso cultural y político iberoamericano frente al europeo; el carácter exógeno del liberalismo y del federalismo en América Latina, interpretados como copias burdas y mal aclimatadas al suelo latinoamericano. Un muy variado arsenal desplegaba en contra de una misma falacia: Iberoamérica está atrapada en una modernidad trunca, falacia pregonada por los positivismos y repetida hasta nuestros días. Sesión tras sesión insistió en tres principios:

Primero, el liberalismo es un conjunto de conceptos políticos, sociales, económicos y culturales formulados paralelamente, que se activan según las exigencias del momento histórico. Segundo, el liberalismo se nutre doctrinaria y filosóficamente del derecho natural (*jusnaturalismo*), por ello establece una interdependencia entre las libertades políticas y las libertades económicas. Tercero, el proyecto liberal estableció una tensión entre el *jusnaturalismo* y la institucionalización, por eso las constituciones políticas plasman un equilibrio entre las libertades y el poder del Estado y del gobierno. Ello se expresa, por un lado, en la división y equilibrio de poderes; por el otro, en la definición e implementación de los derechos de propiedad con el fin de controlar los excesos de los grupos en el poder. El profesor publicaría estas ideas una década después en su ensayo "Los vectores de la cultura liberal".[5]

En clase señalaba que los "estudios relativos a la evolución del liberalismo tienden a separar el nivel doctrinario del nivel constitucional".[6] Exhortaba, en cambio, a estudiar el proceso interactivo entre doctrina, norma y práctica, para penetrar en la manera en que las élites políticas y la ciudadanía se apropiaron y dotaron de sentido a la doctrina, implementándola. Sobre la gran mesa oval del Seminario Gaos desmenuzamos hasta convertir en hebras la Constitución de Cádiz, la mexicana de 1824, y los pactos federales argentino y brasileño. Así, aprendimos que cada título y cada artículo encierran una historia semántica que contar.

El curso desarrolló un doble ámbito comparativo: el proceso mexicano frente a la construcción del orden liberal europeo y frente a la construcción iberoamericana. Por eso leíamos a Natalio Botana para Argentina, José

[5] CARMAGNANI, "Vectors of liberal".

[6] CARMAGNANI, "La tensión", p. 287.

Murilo de Carvalho, Fernando Uricoechea y Joseph Love, para la historia de Brasil.[7] Carmagnani insistió en que españoles, portugueses e iberoamericanos participan de un mismo horizonte político, cultural, social y económico común al mundo Atlántico.[8] La clave para develar ese horizonte es la comparación, ya sea implícita o explícita. Sin embargo, advertía que la simple comparación conduce a yuxtaponer los procesos nacionales, perdiendo de vista el conjunto. Para el profesor lo que importa es valorar las conexiones y redes subyacentes, los ejes materiales, los flujos culturales, y las manifestaciones políticas y sociales que permiten descubrir las relaciones e influencias recíprocas (interacciones) que se dan entre la economía, la sociedad, la política y la cultura.[9] En pocas palabras, el seminario nos enfrentó a un enfoque novedoso que debatía con las tradiciones historiográficas mexicana y mexicanista, que entonces eran revisadas en el seno del Centro de Estudios Históricos (CEH).

Nuestra generación inició cursos en 1991 con las celebraciones por los 50 años de la fundación de El Colegio de México. Alicia Hernández Chávez, entonces directora del Centro, hizo de las conmemoraciones una oportunidad para elaborar un profundo balance de los logros alcanzados y fortalecer nuevas rutas. Fue entonces cuando, entre otros proyectos, se escribió una historia institucional,[10] salió de imprenta una colección de antologías con los más destacados artículos de la revista *Historia Mexicana*[11] y Enrique Florescano presentó como ponencia un balance historiográfico del siglo XIX,[12] que poco después publicaría en su revisión crítica de los estudios históricos, bajo el título *El nuevo pasado mexicano.*

Para Florescano el "revisionismo" inició la renovación de los estudios históricos mexicanos, corriente iniciada a fines del decenio de 1960 y que habría de dominar por tres décadas el escenario historiográfico. Se caracterizó por construir conceptualmente nuevos sujetos sociales, que corresponden a entidades espaciales más pequeñas y definibles. De ahí que impulsara el

[7] BOTANA, *El orden*, del mismo autor *La tradición*; Murilo DE CARVALHO, *A construção,* y Uricoechea, *O minotauro imperial.*

[8] CARMAGNANI, "Iberoamérica y las revoluciones", p. 30. Véase en particular, *El otro...*

[9] CARMAGNANI, "Iberoamérica y las revoluciones", p. 15.

[10] LIDA, *La Casa de España*; LIDA y MATESANZ, *El Colegio de México*; VÁZQUEZ, *El Colegio de México.*

[11] HERNÁNDEZ y MIÑO, *Cincuenta años.*

[12] FLORESCANO, "El siglo XIX", en *Cincuenta años.*

desarrollo de la historia regional y la microhistoria.[13] La multidisciplinariedad y la aspiración a la interdisciplina fueron una constante. Nuevas teorías y sofisticadas metodologías de las ciencias sociales comenzaron a aplicarse al estudio de la historia, que se apoyó en nuevas fuentes documentales, disponibles gracias al esfuerzo acumulado por varias generaciones que les precedieron. El CEH siguió los mismos derroteros.

Aunque el principal tema del revisionismo fue la Revolución Mexicana, los historiadores comenzaron a voltear la mirada al porfiriato como antecedente de la lucha armada de 1910-1917. En consecuencia sus estudios se centraron fundamentalmente en la manera en que se organizaron los actores políticos y sociales para defenderse del poder del gobierno y del Estado.

Florescano en aquella ponencia destacó los grandes avances que entre 1960 y 1990 se habían hecho en la historia social y económica del siglo XIX, aunque indicó que hacía falta una integración armoniosa entre el análisis de los procesos económicos y sus efectos en el conjunto social. En contraste, lamentó que el ámbito político había convocado a muy pocos historiadores, pero reconoció los trabajos de Josefina Vázquez y David Brading sobre el nacionalismo mexicano[14] y los de Charles Hale, quien estudió el liberalismo bajo la perspectiva de la historia de las ideas.[15]

Haciendo eco de la amplia recepción que entonces gozaba la obra de François-Xavier Guerra: *Del Antiguo Régimen a la Revolución*, Florescano le dio un amplio espacio. El investigador francés afirmó que la historia mexicana era la de la lucha entre una élite gobernante e ilustrada que se propone modernizar al país, y la resistencia que oponen los sectores tradicionales y mayoritarios. Propuso como modelo analítico que la permanencia de los lazos y relaciones personales produce actores colectivos.[16] Para Guerra —inspirado en François Furet— la auténtica revolución se inició a fines del siglo XVIII con la concepción moderna del individuo, la idea de que los hombres son libres e iguales, y la propuesta de organizar a la sociedad y al Estado sobre estas bases.[17]

[13] Véase el clásico de GONZÁLEZ, "Microhistoria".

[14] VÁZQUEZ, *Nacionalismo y educación* y BRADING, *Los orígenes*.

[15] HALE, *El liberalismo mexicano*, al que habría que añadir del mismo autor *La transformación*.

[16] FLORESCANO, *El nuevo pasado*, p. 65.

[17] *Ibid.*, p. 66.

Florescano omitió dos corrientes que a fines de la década de 1980 brindaban sólidas aportaciones: una emergente historia de las instituciones[18] y el estudio de la conformación de las élites tardo coloniales[19] y decimonónicas. De manera paralela, los historiadores mexicanistas desarrollaron una abundante historiografía sobre la familia, basándose en la hipótesis de que las relaciones personales y domésticas son el punto de partida para entender formas más complejas del comportamiento social y el papel institucional del Estado y de las iglesias como mecanismos de control.[20] La confluencia del estudio de élites y los enfoques regionales permitió definir quiénes controlaron el poder político y económico a nivel local y su articulación con los capitalistas extranjeros.[21]

En el Centro de Estudios Históricos la docencia estaba en transformación. Alicia Hernández como directora encabezó un inmenso esfuerzo que renovó y organizó los planes de estudio con el fin de superar el empirismo extremo y el sentido insular que parecían imponerse en la historiografía mexicana. Nuestra generación se aproximó a la teoría de la historia con Elías Trabulse; para fortalecer los vasos comunicantes con otras ciencias sociales llevamos cursos de introducción a la microeconomía con Carlos Roces, teoría sociológica con Francisco Zapata, y estadística histórica con Herbert Klein. Doña Alicia buscaba que los alumnos formásemos redes académicas entre nosotros y abriéramos los ojos a la historia comparada. Ello se vivenciaba en que la mitad éramos mexicanos, la otra mitad llegó de muy diversas regiones de Iberoamérica y España. Una auténtica vocación internacionalista envolvía cada una de las clases de Ruggiero Romano, Zapata, Florescano y, naturalmente, de Carmagnani. Nuestra formación se completaba con una intensa agenda de conferencias y coloquios.

[18] Véase HERNÁNDEZ CHÁVEZ, "Militares y negocios", de la misma autora "Origen y ocaso"; FALCÓN, "La desaparición".

[19] Fueron pioneros BRADING, *Mineros y comerciantes;* LADD, *La nobleza*; KIKSA, *Empresarios coloniales.*

[20] LAVRÍN, "Introducción", p. 15.

[21] Destacan en este enfoque interpretativo VOSS, *On the Periphery*; WASSERMAN, "The social"; VERDUZCO, "Zamora en el porfiriato", y el estudio sobre las élites veracruzanas de BLÁZQUEZ, "Los grupos empresariales".

La construcción del orden liberal, campo de reflexión fecunda

El objetivo del curso que Carmagnani impartió en 1992 —como se ha señalado— era revelar la cultura política que dio forma al Estado liberal. El profesor ofrecía un horizonte de enunciación y, por ende, una forma de encarar los problemas históricos distintos a la historiografía dominante que entonces se escribía. Si bien su docencia y sus textos se caracterizan por su afán por romper las estrechas fronteras nacionales, este apartado se centra en la tradición mexicana para enfatizar las rupturas que el profesor entonces impulsaba.

La historiografía nacionalista —indicó nuestro historiador— ha repetido incesantemente que el liberalismo encontró sus momentos culminantes en el Congreso Constituyente de 1857 y en la República Restaurada, su plena realización. En contraste, el porfiriato y el Segundo Imperio se representan como "la negación del liberalismo con el resultado de que el liberalismo habría tenido una duración inferior a los tres lustros".[22] Esta representación del pasado resultaba problemática al ignorar el proceso de difusión del liberalismo a fines del siglo XVIII y principios del siglo XIX y al omitir la manera en que los actores políticos y sociales se apropiaron de la doctrina liberal desde la experiencia novohispana, tema al que Carmagnani ha dedicado varios textos. En el decenio de 1990 la historia moderna de México se abordaba con esta periodización que criticaba el profesor y desde tres líneas de interpretación dominantes.

La primera se basaba en las imágenes positivistas que Emilio Rabasa difundió con su libro *La Constitución y la dictadura* (1912). El crítico porfiriano afirmó que había una constitución "literaria" y una constitución "real" del país: una era "lo que los legisladores quisieron que fuesen las instituciones",[23] en la otra estaban escritos las prácticas informales, el autoritarismo y la permanente violación a la ley. Rabasa, a través del estudio de las instituciones jurídicas, indicó que las debilidades de la Constitución de 1857, en particular la supremacía del Poder Legislativo sobre el Ejecutivo, imposibilitaron a los presidentes de la República gobernar dentro de la

[22] CARMAGNANI, "Federación y estados", p. 147. Para una apretada síntesis de CARMAGNANI, *Economía y política*, véase LUNA ARGUDÍN, "Examen".

[23] RABASA, *La constitución*, p. 171.

Ley. En consecuencia —sostuvo— la dictadura fue la única posibilidad que encontraron tanto Benito Juárez como Porfirio Díaz.

A lo largo del siglo XX una variada gama de científicos sociales —juristas, historiadores, sociólogos y politólogos— retomaron las tesis positivistas que afirmaron que la ley fundamental era demasiado avanzada para el grado de evolución del pueblo mexicano.[24] Con esta base crearon una segunda línea de interpretación, que afirma que el liberalismo no pudo desarrollarse debido al atraso político-económico y cultural mexicano,[25] que se expresó en la falta de una ciudadanía vigorosa y de una identidad nacional consolidada. En consecuencia concluyeron que la ley fundamental de 1857 fue diseñada para "ciudadanos imaginarios"[26] o para un pueblo y una nación ficticios.[27]

Una tercera línea de interpretación, heredera de Rabasa, brinda una visión contrapuesta de la República Restaurada y el porfiriato. Su mejor representante es, sin duda, Daniel Cosío Villegas. En el ámbito político establece como hilo de continuidad entre ambos periodos el proceso de institucionalización del país bajo el marco del credo liberal plasmado en la Constitución. Las diferencias entre uno y otro periodo radican en que los actores de la República Restaurada —"aquellos hombres que parecían gigantes"— protagonizaron una disputa sobre la validez de la ley fundamental para "engendrar y contener la vida política nacional y mantenerla libre y viva, pacífica y fecunda". Mientras que el Porfiriato ensayó una solución distinta: "un gran respeto formal a la Constitución y en los hechos, un

[24] Justo Sierra con un grupo de jóvenes positivistas sostuvo esta tesis en las páginas del periódico *La Libertad* publicado entre 1874 y 1876, para mayores detalles véase HALE, *La transformación*.

[25] Como botón de muestra baste señalar a Perry quien afirma que "el grandioso plan [de Juárez, Sebastián Lerdo de Tejada y de un pequeño grupo de liberales decididos que les rodeaban] pretendía establecer en México el liberalismo decimonónico [...]. Sin embargo, el grandioso plan no pudo ponerse en práctica porque no coincidía con la realidad mexicana". PERRY, *Juárez and Díaz*, p. 17.

[26] Fernando ESCALANTE afirma que "no había ciudadanos porque no había individuos". La moral "no era compatible con la tradición republicana, porque era demasiado difícil concebir un interés público que estuviese más allá del juego de los intereses particulares; que no era liberal porque nadie quería el imperio intransigente de la ley que no era democrática porque la participación real no cabía en las formas institucionales". ESCALANTE GONZALBO, *Ciudadanos* imaginarios, p. 290.

[27] GUERRA, *Del Antiguo Régimen*, t. II, p. 335.

gobierno tiránico y central".[28] Paradójicamente, estos mismos prejuicios fueron divulgados por la historiografía del siglo XX, que justificó el fortalecimiento de la figura presidencial y la centralización política del país con el afán de lograr un desarrollo social más equitativo. A fines del decenio de 1940 ciertas comunidades académicas empezaron a demandar una renovación moral de la política mexicana, pues percibían la ausencia de liderazgo, "el marchitamiento de las instituciones democráticas, una difundida corrupción y servilismo político".[29] Los intelectuales buscaron un modelo en la República Restaurada, idealizándola.

Frente a estas representaciones ahistóricas del liberalismo, Carmagnani propuso el estudio de las transformaciones de la cultura política. Ésta se define como "un conjunto de representaciones que trasmiten normas, prácticas y valores, que conforman la identidad temporal de los diferentes grupos políticos o de interés, que conviven en un determinado espacio histórico, nacional, regional, local o internacional." No es una visión de mundo que se impone a la nación entera; por el contrario, coexiste y convive con otras culturas. El liberalismo en particular se alimentó de su oposición al monarquismo y al mercantilismo y convivió y también se nutrió de la cultura republicana y de la católica y, posteriormente, a fines del siglo XIX, de los socialismos.[30]

La cultura liberal no fue un proyecto acabado ni su desarrollo fue un proceso lineal y progresivo. Distingue Carmagnani dos problemas con temporalidades diferenciadas: la difusión de las libertades jusnaturalistas y la difícil construcción del orden liberal. La primera libertad que los americanos demandaron, incluso antes de que se organizaran los movimientos de emancipación, fue el libre comercio entre las regiones, limitado por el monopolio de la Corona. Ello se debió a la influencia del utilitarismo y al trastorno que la Revolución Francesa desencadenó sobre los flujos comerciales.[31] El liberalismo fue una doctrina difusa que dio forma a un nuevo constitucionalismo que articuló ciertos principios nodales: la división de

[28] COSÍO VILLEGAS, "Llamada general", p. 325. Enrique Krauze, discípulo de Cosío Villegas, sostiene que la República Restaurada fue la única ocasión en que México conoció "una verdadera división de poderes, un respeto fanático por la ley, soberanía plena de los estados". KRAUZE, *Por una democracia*, p. 47.

[29] HALE, "El impulso", p. 667. Véase también el clásico de ROSS, *¿Ha muerto la Revolución Mexicana?*

[30] CARMAGNANI, "Los vectores", p. 172-173.

[31] CARMAGNANI, "Revoluciones atlánticas", p. 22-28.

poderes, el jusnaturalismo, la igualdad de los ciudadanos ante la ley y el principio de representación. Todos ellos fueron demandas que paulatinamente derruyeron la sociedad corporativa de Antiguo Régimen.

En la Nueva España, al igual que en el resto de Iberoamérica, en el periodo 1800-1840 se difundieron los principios liberales con el constitucionalismo gaditano (1812), que favorecieron que los nuevos países se reorganizaran políticamente a partir de la ciudadanía y los municipios, ambos constitutivos de la tradición hispánica e iberoamericana, para dar forma a una sociedad profundamente jerarquizada. En términos generales, durante este periodo de crisis recurrentes, los ciudadanos lograron construir una gobernabilidad local e incluso regional, pero no nacional.[32] Tres fueron los vectores fundamentales que entre 1840 y 1860 demolieron la cultura mercantilista y corporativa: la liberalización del comercio, la protección de la propiedad privada y la acción del Estado y, por lo tanto, fueron los principales motores que hicieron posible el orden liberal.[33]

Entre 1850 y 1890 se construyó el orden liberal. La elaboración doctrinaria y las amenazas extranjeras propiciaron que se expandiera la ciudadanía y con ella la libertad política propia del liberalismo. Nuevas formas de representación lograron que los poderes regionales y nacionales se articularan mejor, articulación en la que se fincó la gobernabilidad y la estabilidad política. Sin embargo, el orden liberal mostró signos de agotamiento a fines del siglo XIX, cuando se impusieron el fraude, las elecciones manipuladas y la corrupción en todos los niveles. En respuesta a las demandas de amplios sectores, el liberalismo democrático del siglo XX inauguró un horizonte que permitió amalgamar los derechos políticos y sociales en las instituciones.

Un quinquenio transcurrió para que el profesor publicara en México una historia comparada de la evolución del liberalismo, tema central de su seminario. En "Élites políticas, sistemas de poder y gobernabilidad en América Latina" (1998) estudió las experiencias mexicana, argentina, brasileña y chilena y —como puede observarse— ahí propuso una periodización común para el subcontinente.

En resumen, en el seminario el profesor nos exhortó a recuperar la historicidad del liberalismo. Sobre los aspectos coyunturales debíamos subra-

[32] Para mayores detalles véase CARMAGNANI, "Élites políticas...".
[33] CARMAGNANI, "Los vectores", p. 179 y ss.

yar las continuidades entre los periodos históricos. Insistió en que la comparación con los procesos europeos e iberoamericanos es la llave que permite abrir al debate verdades e imágenes repetidas rutinariamente por las historiografías nacionales. En esta parcial retrospectiva se verá que ha dado una contundente respuesta a cada una de las líneas de interpretación dominantes arriba señaladas.

EL FEDERALISMO IBEROAMERICANO, UN PROBLEMA LARGAMENTE IGNORADO

Un coloquio en particular, celebrado en 1992, mostró el mismo acercamiento a la historia con el que nos moldeaba en su seminario, enfoque que podría apellidarse "neoinstitucional". El profesor convocó a aquellos destacados investigadores que habíamos leído en clase para debatir las formas y particularidades que adquirió el federalismo iberoamericano. Presenciamos las discusiones de Natalio Botana, José Carlos Chiaramonte y Joseph Love. El federalismo mexicano decimonónico quedó a cargo de Josefina Vázquez y del propio Carmagnani. Analizaron la experiencia federal del siglo XX Alicia Hernández (México), Germán Bidart Campos (Argentina) y Aspásia Camargo (Brasil).

El coloquio, que tuvo lugar en el Auditorio "Alfonso Reyes" de El Colegio de México, era pionero en abordar el tema, y sus resultados fueron publicados en 1993 bajo el título *Federalismos latinoamericanos: México, Brasil y Argentina*. El profesor señaló que

> siempre me ha llamado la atención el escaso espacio que dedican los estudios generales y especializados a las formas que el federalismo asume en el contexto latinoamericano. Impresiona aún más que no se haya propuesto, a pesar de los estímulos que provienen de los cambios políticos actuales, un análisis de conjunto de las constantes y variantes de las experiencias federales del continente en el curso de casi dos siglos de su historia.[34]

Dos ideas desarrollaron los participantes del coloquio. Primera, el federalismo no ha sido una forma de gobierno inmutable, sino que en siglo y

[34] CARMAGNANI, *Federalismos latinoamericanos,* p. 9.

medio muestra significativas transformaciones. Segunda, el principio federal establece dos esferas autónomas, la del gobierno federal y la de los gobiernos estatales, que se mueven en un eje de cooperación y también de conflicto.[35] Si bien el federalismo era un tema pionero en la historiografía mexicana,[36] posiblemente debido a que privaba un estereotipo "según el cual las instituciones son realidades formales"[37], no lo era en la trayectoria intelectual de Carmagnani. Tema central en sus obras ha sido explicar la manera en que se articularon los intereses, con frecuencia divergentes, de la federación, los estados y los poderes locales.

En dos artículos en particular había sentado las bases histórico-conceptuales y metodológicas que despliega en *Federalismos latinoamericanos.* En "Del territorio a la región. Líneas de un proceso en la primera mitad del siglo XIX" (1991) analizó la cultura política posindependiente que dio forma al confederalismo mexicano, cuya importancia se indica más adelante. En el ya citado "Federación y estados" investigó la difusión del liberalismo, la política económica y las articulaciones entre los estados y el poder central. En ambas investigaciones había ensayado un novedoso enfoque multidimensional, que explicitó en *Federalismos latinoamericanos.* Este enfoque consiste en estudiar el marco institucional, pues permite conocer el marco de acción de los actores políticos. La actividad política y social de los actores expresa la manera en que estos traducen en prácticas políticas las instituciones (elecciones, partidos políticos, etc.) y cómo a través de las prácticas se integran en la cultura política las diferentes instancias ideológicas (liberalismo, nacionalismo, democracia).[38]

Carmagnani apuntó un acendrado prejuicio entre juristas e historiadores: el federalismo fue una copia de la forma de gobierno de los Estados Unidos, que contradecía la tradición y legislación monárquica centralista de los virreinatos americanos. Los estudios presentados en el coloquio demostraron otra realidad, aportaciones que el profesor sistematizó en las conclusiones del libro.

[35] *Ibid.*

[36] Carmagnani señaló que la excepción fue *El liberalismo mexicano* (1957) de Jesús Reyes Heroles. En efecto, quien fuera secretario de Educación Pública e ideólogo del Partido Revolucionario Institucional dotó de historicidad el desarrollo del federalismo y del liberalismo mexicanos al insistir en que doctrina y práctica son indisolubles.

[37] HERNÁNDEZ, "Las tensiones", p. 15, núm. 1.

[38] CARMAGNANI, *Federalismos latinoamericanos,* p. 9.

El primer federalismo, que se desarrolló en el primer tercio del siglo XIX, fue una respuesta a la creciente regionalización del siglo XVIII, fenómeno asociado a la crisis de las monarquías ibéricas. Al independizarse los tres países se encontraron ante una tensión entre la extrema regionalización (provincialización) y la centralización del poder, representada esta última por el Imperio de Iturbide en México, por el Imperio de Brasil, y por los directores supremos en Argentina.[39] De hecho, las primeras formas de gobierno recuperaron la tradición del constitucionalismo de Antiguo Régimen de las monarquías ibéricas, que se expresa en la lucha política de los municipios (soberanía de los pueblos) frente a la autoridad del monarca, delegada ésta en los oficiales reales.

El horizonte confederal, que se manifiesta de manera más acentuada en la constitución mexicana de 1824, radicó en que los estados y provincias contaban con mayores poderes y más efectivos que el gobierno central. La competencia del poder federal quedó reducida esencialmente a "sostener la independencia nacional", es decir, defender al país de las pretensiones expansionistas de otras naciones, mientras que el control efectivo del territorio y de su población quedó a cargo de las entidades federativas.[40] No obstante, por un lado, el primer federalismo no fue capaz de proyectar a las nuevas naciones en un marco que garantizara la soberanía nacional en el contexto internacional. Por otro lado, no pudo implementar una adecuada gobernabilidad porque el gobierno general no alcanzaba a llegar a todos los puntos, ni las instancias de las regiones o provincias estaban adecuadamente representadas en el gobierno general.

La experiencia confederal en la década de 1840 dio forma a dos sistemas distintos: en Brasil al Imperio centralista, mientras que en México y Argentina a un federalismo liberal. Éste desarrolló el principio federal, que limitó la soberanía federal (con la constitución general) y la de los estados y provincias (con las constituciones locales). Así, la federación, al adquirir un ámbito de soberanía propio, pudo operar directamente sobre los ciudadanos garantizando sus derechos. Asimismo estableció facultades de coordinación entre los estados o provincias y el gobierno general.

[39] CARMAGNANI, *Federalismos latinoamericanos,* p. 399.

[40] Esta cita está tomada de CARMAGNANI, "Las formas", artículo en el que revisa las conclusiones a las que llegó en diversas investigaciones, entre ellas *Federalismos latinoamericanos.*

Entre 1910 y 1930 el federalismo a nivel doctrinario e institucional se reorientó hacia un modelo corporativo, presente en los contextos nacionales e internacional. Ante el rezago social, esta forma de gobierno dio prioridad a los derechos sociales "con el resultado de que los derechos políticos terminaron por subordinarse a ellos".[41] En los tres países adquirió un carácter centralizador, pues fortaleció a la federación y al presidente (como representante de la nación), que garantizó un pacto corporativo e interclasista. Este modelo entró en crisis a finales de la década de 1960, misma que se profundizó con los procesos de transición a la democracia. En 1992 ante los acelerados cambios que se vivían en todos los órdenes y que genéricamente se han llamado globalización, Carmagnani observaba que "estamos en presencia de una reformulación del principio federal".[42]

Conviene subrayar las principales aportaciones historiográficas que ofreció *Federalismos latinoamericanos,* pues devastaron los prejuicios que configuraban la imagen sobre esta forma de gobierno.

Primero, deslinda la experiencia histórica federalista de Estados Unidas de la iberoamericana, pues el federalismo estadounidense tiene una sola concepción doctrinaria e institucional. Mientras que la evolución en los países estudiados —como se ha señalado— es múltiple y compleja.

Segundo, dota de historicidad a esta forma de gobierno al enfatizar la capacidad de los actores políticos y sociales para reformular el ámbito doctrinario desde su propia experiencia histórica.

Tercero, la introducción del concepto "horizonte confederal" habría de renovar los estudios históricos, pues demostró que la cultura política iberoamericana se gestó a partir de varios referentes: el constitucionalismo de Antiguo Régimen, la Constitución de Cádiz y las prácticas políticas informales coloniales,[43] y desde ese sustrato es que se adopta y adapta la doctrina federalista.

Cuarto, en su estudio "El federalismo liberal" Carmagnani hizo una aportación fundamental: el federalismo y el liberalismo siendo dos procesos históricos distintos, en México confluyeron en el decenio de 1840. La confluencia descansó en la paulatina expansión de los derechos del hombre y el

[41] CARMAGNANI, *Federalismos latinoamericanos,* p. 402.

[42] *Ibid.*

[43] CARMAGNANI desarrolló este referente múltiple en "Del territorio a la región", "Élites" y en *El otro.*

ciudadano y sobre todo en que la federación se convirtió en la encargada de garantizarlos frente a las arbitrariedades que cometían los poderes formales e informales en los estados y municipios. Su propio estudio le permite proponer que la difusión del jusnaturalismo favoreció la progresiva transformación de viejas formas clientelistas en las áreas centro meridionales de Brasil. En Argentina un proceso similar se desarrolla con la necesidad de atraer inmigrantes, lo que llevó a distinguir los entes sociedad civil y política.

Quinto, pone en tela de juicio la nutrida corriente de opinión que ha señalado que el federalismo del siglo XX fue letra muerta en una realidad centralista. A partir del debate con los autores que participaron en el coloquio, Carmagnani brinda una explicación diferente: esta forma de gobierno fue desdibujada por el nacionalismo y por el presidencialismo. Para crear amplios consensos el nacionalismo favoreció la imagen, más aparente que real, de un Estado y un presidente muy fuertes capaces de centralizar todas las instancias, tanto federales como estatales. En otras palabras, el nacionalismo ha resaltado la acción del gobierno "colocando en segundo plano la interacción de la federación con los estados".[44] Sin embargo, en México los estados conservaron y a veces expandieron su poder a través de las subvenciones federales; en Brasil los gobernadores reforzaron su poder. Ello favoreció nuevas prácticas de compromiso entre el gobierno federal y los gobiernos estatales.

Tres décadas ha dedicado nuestro profesor al estudio del sistema federal, lo que le ha permitido reelaborar las conclusiones a las que ha llegado en sucesivas investigaciones[45] y que presenta de manera sintética en "Las formas del federalismo mexicano" (2005). Este artículo sostiene las mismas tesis que *Federalismos latinoamericanos,* pero es rico en matices, fundamentalmente en lo que se refiere al federalismo liberal y al corporativo. El profesor siempre atento al presente vuelve a llamar la atención sobre la importancia del estudio de esta forma de gobierno, pues ha adquirido renovada vigencia porque "la cultura política del federalismo constituye uno de los fundamentos del actual proceso de democratización que se delinea en México a partir de los dos últimos decenios del siglo XX, proceso que ha reactivado algunas tradiciones que todos daban por olvidadas".[46]

[44] CARMAGNANI, *Federalismos latinoamericanos,* p. 414.

[45] Éstos son: "Territorialidad y federalismo", "Del territorio a la región" y *Federalismos latinoamericanos.*

[46] CARMAGNANI, "Las formas", p. 43.

La hacienda liberal, una pasión recurrente

En el segundo semestre de 1992 Carmagnani impartió en El Colegio de México el seminario Economía Pública Liberal, que dedicó al análisis de la hacienda y el presupuesto público. Él entonces concluía la investigación que se plasmó en un libro, convertido hoy en referente obligado, *Estado y mercado*. Para entretejer un complejo entramado conceptual, el punto de partida que el profesor tomó en clase fue el liberalismo, que convirtió en derechos naturales tanto las libertades políticas como las económicas. El Estado garantizaba estos derechos por medio de las constituciones políticas asegurando así la vida, la libertad y la propiedad del hombre y del ciudadano. En consecuencia, estudiamos las competencias que la Constitución de 1857 confirió a la federación: apoyar indirectamente las fuerzas productivas del mercado y regular política y administrativamente la tensión entre gobierno central y los locales.[47] La concepción jusnaturalista que animó a la ley fundamental conformó el derecho civil, comercial, minero y bancario, que normaron las relaciones entre los agentes económicos y el gobierno.

El profesor compartía sus reflexiones: la hacienda pública liberal —explicaba— expresa una nueva relación entre los ciudadanos y el Estado. La hacienda y su instrumento, el presupuesto, se fincaron en la obligación ciudadana de pagar impuestos a cambio de que el gobierno garantizara la propiedad y la seguridad, así como un mínimo de servicios públicos.[48] El presupuesto es mucho más que un documento administrativo contable. Fue también el punto de encuentro entre la representación política y los derechos y deberes económicos y financieros de la ciudadanía. Es un proceso en el que destacan tres momentos: la formulación que hacía el gobierno, en el cual interpretaba la demanda de la ciudadanía; el Congreso reinterpretaba las mismas demandas al revisarlo y aprobarlo, y finalmente, el Poder Ejecutivo bajo el control del Congreso lo implementaba al brindar los servicios públicos.[49] Para el Estado liberal mexicano era tan importante la formulación del presupuesto y la revisión de la cuenta pública, que la Cámara de Diputados dedicaba todo un periodo de sesiones al año a estos asuntos.

[47] Para mayores detalles véase "El liberalismo, los impuestos".
[48] Carmagnani, "Presentación", p. 10.
[49] Carmagnani, *Estado y mercado*, pp. 15,16.

En el aula pronto emergió un personaje protagónico: Matías Romero, secretario de Hacienda con el gobierno de Sebastián Lerdo de Tejada, quien estructuró una nueva política económica para lograr un presupuesto público equilibrado, que se logró pocos años después.

Para analizar la evolución del presupuesto liberal tropezamos con una dificultad: las fuentes. La mejor serie histórica de finanzas públicas son las *Estadísticas económicas del Porfiriato* (1960) de Fernando Rosenzweig, pero están organizadas bajo la concepción de un Estado que interviene directamente en la vida social y económica del país. Con el fin de que comprendiéramos las funciones económicas de tipo indirecto, políticas, culturales y éticas del Estado liberal, el profesor guió un ejercicio de reorganización y reelaboración de las fuentes.[50] Ello permitió que constatáramos los desplazamientos en el tiempo hacia una u otra de las funciones que la Constitución confirió al gobierno. En un último elemento Carmagnani insistió en el seminario: el ejercicio del presupuesto debía estudiarse conforme a las capacidades económicas del país.

El entramado de *Estado y mercado* es similar al que el profesor había desplegado en el aula. La primera parte, "Los referentes del presupuesto", desarrolla el nacimiento de la estadística como instrumento para medir la riqueza nacional y las transformaciones del liberalismo que hicieron del presupuesto el principal medio de la política económica. La segunda parte, "La política del presupuesto", estudia el punto de encuentro entre los derechos políticos y económicos de la ciudadanía, que se expresaron en grupos de interés, facciones y coaliciones en el Congreso. La tercera parte, "La economía del presupuesto", estudia la dimensión financiera de su ejercicio. En palabras del profesor:

> La economía real es la que permite que se extraigan de ella los recursos que requiere la mano pública, el Estado federal, para satisfacer la demanda social, política, económica y cultural de la ciudadanía. Es así como el Estado y el mercado se encuentran y se establece una interacción entre ambos en cuanto los servicios pueden crecer sólo si crece la economía.[51]

[50] Para mayores detalles sobre los criterios de ingresos y egresos del Estado liberal véase *ibid.*, pp. 419, 420.

[51] CARMAGNANI, *Estado y mercado*, p. 191.

El título de la obra enuncia su núcleo: el liberalismo estableció una relación interactiva entre el Estado y el mercado. Ésta se fundó en el principio liberal de que el individuo es el actor esencial de los procesos políticos y económicos: "el individuo en su capacidad económica de consumidor definía la realidad del mercado y el individuo en su capacidad política de ciudadano definía la forma y funciones del Estado.[52] En México la revolución liberal al establecer dicha relación dio nacimiento a la economía pública.

Tema clave en la amplísima trayectoria del profesor ha sido el estudio de las finanzas públicas. Baste señalar dos publicaciones: "El liberalismo, los impuestos internos y el estado federal mexicano" (1983), que analizó la formación de la hacienda liberal, y "Finanzas y Estado en México, 1820-1880" (1984), en el que investigó los recursos y las fuentes de ingresos para dar cuenta del tránsito de una hacienda confederal a una federal. A partir de una profunda autocrítica a esas dos investigaciones puntualizó la principal aportación de *Estado y mercado.*

> Cuando hace ya casi un decenio, nos habíamos propuesto estudiar la Reforma liberal de las finanzas públicas mexicanas, no habíamos medido ni la amplitud ni mucho menos las implicaciones políticas y económicas de la temática. Creíamos, por los estudios existentes para México y para otros países americanos y europeos, que era un problema de naturaleza exquisitamente financiero. Obviamente nos equivocamos.[53]

En esta portentosa obra Carmagnani "enmienda el error" para sacar a la luz la relación entre el presupuesto y la ciudadanía, la representación política y Estado federal así como la relación entre el presupuesto y las fuerzas económicas y los intereses sociales.[54]

Después de *Estado y mercado,* Carmagnani continuó profundizando en el estudio de la hacienda liberal, pero ahora desde la dimensión comparada. En "Las finanzas de tres estados liberales: Argentina, Chile, México, 1860-1890" (1995) demuestra que los tres países obedecieron a una racionalidad común que tiene origen en el liberalismo y que se implementó con estrategias institucionales similares. Concluye que la política fiscal imple-

[52] *Ibid.,* p. 355.
[53] *Ibid.,* p. 13.
[54] *Ibid.,* p. 14.

mentada a partir de 1890 permitió incorporar a nuevos sujetos económicos bajo el liderazgo de la clase política, dando forma a un estado liberal de corte oligárquico.

"Instituciones financieras nacionales e internacionales del orden liberal mexicano, 1868-1911" (2000) es un artículo que hace un llamado a "desautomatizar los prejuicios", diría Gadamer. Nuestro profesor insiste en que la historiografía continúa divulgando la imagen que representa a los países latinoamericanos como simples reproductores acríticos de los modelos institucionales y europeos y norteamericanos. Carmagnani hace una urgente exhortación a romper con esa idea generalizada, en especial cuando América Latina vive, como hace un siglo, un proceso de gran libertad de movimiento de bienes, capitales hombres e ideas. Acaso insinúa que Iberoamérica puede resignificar su propia historia para mejorar las condiciones de participación de México en el sistema económico internacional.

En este artículo estudia cómo la difusión de las garantías constitucionales liberales y la creación de un orden liberal, tradujo a la realidad fiscal y monetaria las propuestas doctrinarias para lograr la convergencia entre la economía mexicana y las europeas. Un primer elemento de convergencia con el mundo atlántico fue el presupuesto equilibrado. Pero, frente a la transformación monetaria internacional iniciada en 1876 con la adopción del patrón oro, la respuesta mexicana fue tardía. A comienzos del siglo XX los responsables de la política monetaria elaboraron un plan a mediano plazo que permitiría la convergencia con las normas internacionales. En una primera fase se transitó del sistema plata a un "bimetalismo cojo", en el que el oro funcionó como equivalente únicamente para las transacciones mercantiles y financieras con el exterior. Una intensa propaganda permitió iniciar la segunda fase para adoptar el patrón "áureo cojo" (Gold Exchange Standard) según el cual el oro funciona como equivalente en las transacciones comerciales, financieras y monetarias, tanto internas como externas. Carmagnani concluye que el patrón oro fue el instrumento que hizo posible la internacionalización de las economías sin la necesidad de crear una organización internacional.

El profesor en innumerables espacios y ocasiones ha denunciado un viejo prejuicio: la primera mitad del siglo XIX se caracterizó por la anarquía política y la falta de conducción del Estado. De este modo, los intelectuales positivistas justificaron el régimen personal de Porfirio Díaz que dio paz y estabilidad al país y, en particular, subrayaron la eficiente gestión de José Y. Limantour para organizar la hacienda pública.[55] Como prueba irrefutable se continúa arguyendo que los ingresos en el México independiente no alcanzaron la misma magnitud que habían tenido en el periodo colonial, sino hasta fines del siglo XIX. En "Finanzas y Estado en México, 1820-1880" precisamente estudió la racionalidad de la hacienda confederal, así como los esfuerzos de los gobiernos unitarios para incrementar la recaudación fiscal, por lo que ha insistido en que los recursos no fueron escasos, aunque no se benefició con ellos el gobierno federal, a causa de la extrema tensión entre las regiones y el poder central, tensión que se expresó en las instituciones.

En 2010 volvió a llamar la atención sobre los prejuicios que todavía dominan la historia económica: Latinoamérica, y con ella México, aún se representa como carente de toda disciplina presupuestal, fiscal y monetaria, indisciplina que se atribuye a la influencia de los grandes propietarios agrícolas sobre la política económica de los distintos países. Reitera su argumento: el positivo desempeño económico mexicano durante la segunda mitad del siglo XIX no hubiera sido posible sin la estrecha correlación entre la política fiscal y monetaria que se ajustó a los criterios internacionales, precisamente con el fin de mejorar la participación del país en el sistema económico internacional.[56]

El principio de representación, aspecto disminuido en la historiografía

Carmagnani, maestro cabal, en 1997 accedió a elaborar un comentario introductorio para el número 5 de la revista *Metapolítica*, que uno de sus alumnos, Israel Arroyo, coordinó y en el que colaboramos varios compañeros. Éste fue el origen de "Élites políticas, sistemas de poder y gobernabilidad en América Latina". Ahí observó que una de las grandes preocupaciones que se registraban entre los estudiosos, tanto mexicanos como extranjeros, era "restituir a la política del siglo XIX su lugar en la historia de

[55] Para un ejemplo acabado de esta interpretación véase RABASA, *La evolución,* publicada en 1920.

[56] CARMAGNANI, "La economía pública", p. 375.

América Latina".[57] Prueba de ello era este número de la revista, dividido en dos grandes partes: la arquitectura de los estados latinoamericanos y perfiles político-filosóficos.[58]

Frente al balance historiográfico que hiciera Florescano en 1989, era palpable que el panorama historiográfico mexicano comenzaba a cambiar, en buena medida debido a la larga "transición a la democracia latinoamericana", que propició procesos electorales cada vez más competidos. En México, el Partido Revolucionario Institucional (PRI) perdía terreno como partido de gobierno, lo que despertó entre juristas, politólogos, sociólogos y la clase política una nueva sensibilidad por la historia de los poderes federales, la representación y los procesos electorales. La alternancia en el poder de los partidos políticos a partir del año 2000 ha hecho que las diversas formas en que se ha ejercido la representación hayan ganado un lugar relevante en el actual debate historiográfico.

En 1997 ese emergente interés histórico por la cultura política, las instituciones y los procesos electorales convivía con otras construcciones historiográficas reduccionistas. Con el mismo tono polémico que le habíamos conocido en el aula, Carmagnani en esta ocasión se levantó en contra de la siguiente imagen difundida: a partir de las independencias, los países latinoamericanos quedaron signados por la anarquía y la modernización. En ese "siglo de caudillos", la oligarquía, cuyo poder descansaba en el latifundio, logró el control del poder político tanto nacional como local, que descansó en una amplia red clientelar. El profesor demuele una a una las premisas que sostienen esta imagen.

En lugar de estudiar los conflictos políticos y de intereses en los que se han concentrado la mirada historiográfica, se interroga cómo en tan sólo dos décadas las élites regionales, y con ellas la ciudadanía, comienzan a

[57] CARMAGNANI, "Élites políticas", p. 7.

[58] El número quedó dividido en tres partes: la primera, "Teoría y Metateoría" publica el artículo de Carmagnani "Élites políticas". En la segunda parte, la arquitectura decimonónica de los estados latinoamericanos, participaron Fernando Escalante con el estudio del papel de la guerra en la construcción de los estados nacionales, Riccardo Forte con un análisis comparativo de los sistemas electorales mexicano y argentino; José Antonio Aguilar abordó la división de poderes en el gobierno juarista. La segunda parte del volumen se tituló "Perfiles filosófico políticos" y en ella participamos Miguel Ángel Ramírez, quien compara la noción de soberanía y democracia en Teresa de Mier, Zavala y Mora. Rubén Ruiz Guerra se aproximó a Vicente Rocafuerte, Rafael Torres a Manuel Calero y María Luna Argudín a José María del Castillo Velasco.

construir un orden político que dotaría a los países de una extraordinaria estabilidad en la segunda mitad del siglo XIX.

> Mi impresión es que la historiografía ha subestimado hasta ahora la reforma liberal acontecida entre fines de los años 1840 y fines de 1870. A lo sumo la ha caracterizado como una operación voluntarista de una élite, con lo que se olvida que en ella participaron activamente no sólo los notables sino también la más vasta ciudadanía.[59]

A esta transformación había dedicado varios trabajos, entre los que destaca el multicitado *Federalismos latinoamericanos.* En "Élites políticas" indicó que una nueva historiografía buscaba recuperar la colaboración entre actores políticos de condiciones económicas y sociales desiguales en el marco del horizonte liberal. Exhortaba al estudio de las transformaciones históricas de la ciudadanía.

En el enfoque multidimensional que impulsaba Carmagnani, al que ya se ha hecho referencia, el estudio de la representación es fundamental. En el artículo "Del territorio a la región" analizó la cultura política confederal, producto y sustento de la extrema regionalización y organización territorial que privó en la primera mitad del siglo XIX. Ahí sostuvo que uno de los mecanismos de articulación fue el voto, que se determinaba en los ayuntamientos, en un sistema indirecto en tres grados. El sufragio permitió vincular al vecino-ciudadano con el ayuntamiento, y a éste con los espacios estatales y el gobierno general.

El estudio de las constituciones estatales de 1857 le permite afirmar que una transformación, aún inconclusa, tendía a hacer del ciudadano el centro del sistema político. Dos horizontes políticos convivieron: algunos estados mantuvieron criterios cualitativos en los que se mantenían presentes los valores de las sociedades de Antiguo Régimen: honor, prestigio y riqueza; pero en la mayoría de las entidades federativas la vecindad comenzó a convertirse en sinónimo de residencia, un valor de localización geográfica. Este tránsito favoreció que paulatinamente perdiera sentido el sistema indirecto en tres grados, espejo de una profunda jerarquización política y social. Así, la Constitución de 1857 pudo establecer el voto indirecto en un solo grado y algunos estados introdujeron el voto directo para los asuntos locales.

[59] CARMAGNANI, "Élites políticas", p. 11.

El espléndido artículo "La ciudadanía orgánica mexicana, 1850-1910", que escribió con Alicia Hernández Chávez, analiza los componentes de la ciudadanía. El enfoque multidimensional de Carmagnani y la amplia trayectoria de Hernández Chávez en el estudio de las haciendas morelenses, las fuerzas armadas, en particular de la Guardia Nacional, fue una plataforma que les permitió elaborar una respuesta contundente a aquella arraigada línea interpretativa que ha sostenido que los ciudadanos en México fueron de papel.

El núcleo del artículo es el vecino-ciudadano, figura que atraviesa el siglo XIX. Las leyes electorales que rigieron en México entre 1812 y 1857 —como se ha señalado— establecieron un sistema doblemente indirecto y una generosa ciudadanía. Para pertenecer a la sociedad política se requería ser vecino de su localidad y tener un modo honesto de vivir. Este último era un juicio cualitativo que hacía el ayuntamiento sobre los habitantes con base en el prestigio, la honorabilidad y una cierta dosis de riqueza.

La vecindad era un vínculo que ligaba entre sí a todos los habitantes de un pueblo por la comunidad de intereses que les daba derecho al disfrute de los montes, aguas, pastos y otros aprovechamientos comunes. A cambio los vecinos estaban sujetos a las cargas y tributos inherentes a su estado y tenían el derecho y la obligación de participar en los procesos electorales. Fue así como la figura vecino-ciudadano estableció un nexo entre derechos territoriales o consuetudinarios y el derecho positivo, que aseguraba que la ley es igual para todos.

La creciente difusión del republicanismo y del constitucionalismo condujo a que se considerara la elección doblemente indirecta como un obstáculo a la libertad política, porque era un sistema que distinguía entre ciudadanos y electores y reforzaba jerarquías al volver a distinguir entre electores primarios y secundarios. El Congreso Constituyente de 1856 estableció un sistema electoral indirecto simple, pero mantuvo el requisito de vecindad para ser ciudadano con el argumento que al haberse suprimido el Senado era indispensable la representación de las localidades para que fueran atendidos sus intereses. Así el sufragio en las elecciones federales fue indirecto y en las estatales y municipales se adoptaron una multiplicidad de modalidades.

Fue con la ley electoral de 1901 que se suprimió el requisito de vecindad, pues éste no era exigido por la Constitución. Sin embargo, las facciones locales defendieron sus cotos de poder al sostener que en un país federal cada estado tenía la facultad de definir su gobierno interno. El resultado fue que se dejó en manos de los comisionados del municipio el registro electoral, por ende continuaron las prácticas habituales, según los usos y costumbres locales, para empadronar a quienes a su juicio reunían las condiciones prescritas por la ley fundamental. El derecho positivo terminaría por imponerse con la Ley Electoral de 1911, producto de la gesta democrática maderista, que substituyó el requisito de vecindad por el de residencia, ésta era comprobable con un simple documento administrativo.

Con el minucioso estudio de leyes y actas electorales los autores analizan las transformaciones en la cultura política que se plasmaron en la norma, abordan las resistencias al cambio a través de las prácticas electorales y distinguen las profundas diferencias regionales en cuanto al crecimiento real de los ciudadanos y electores.

Marcello Carmagnani y Alicia Hernández con el análisis de la figura de vecino- ciudadano devastaron las premisas de la arraigada línea de interpretación historiográfica que ha insistido en que México hubo una separación entre un país real y uno legal. Debe subrayarse que el concepto de vecindad amalgamó los derechos consuetudinarios, usos y costumbres con el derecho positivo, por ende con el principio liberal de igualdad ante la ley. Esta aportación es de suyo importante porque abre un fecundo campo de investigación a la ciudadanía y a las elecciones, desde el cual es posible visualizar varios procesos: la afirmación de derechos tanto individuales como colectivos y territoriales, que generaron nuevas demandas de representatividad y propiedad, y terminarían por modificar la forma de gobierno, las relaciones interétnicas y entre las clases sociales.

EL OTRO OCCIDENTE:
EL DESAFÍO DE LA HISTORIA MUNDIAL

Un continente pasivo, víctima de Europa y después de Estados Unidos, es la imagen contra la que se rebela Carmagnani en *El otro Occidente. América Latina desde la invasión europea hasta la globalización* (2000). Este prejuicio, que se expresa tanto en las sociologías como en las historias mundiales y nacionales,[60] representa a Iberoamérica con un papel subalterno, negándole la capacidad de hacer su propia historia. Las historiografías nacionales, además, dan "escasa importancia a la comunidad de intereses y problemas entre los hombres del mundo, a los paralelismos, a la simultaneidad o a la convergencia de los procesos históricos".[61] La respuesta de nuestro profesor a estas carencias fue reescribir la historia mundial para enfatizar las interacciones que América ha tenido con los otros continentes, ambicioso proyecto que se sostiene en sus estudios y reflexiones sobre la historia colonial y contemporánea latinoamericana, que se remontan al decenio de 1970.[62]

Tres elementos distinguen esta obra: la lograda intención de incluir al subcontinente en la historia mundial; su afán por trascender las estrechas fronteras nacionales para analizar los procesos históricos con una mirada extra territorial, la cual se coloca por encima de las naciones; la interpretación, que focaliza los procesos de convergencia entre Europa y el continente americano, sin negar los conflictos, los procesos de mediación y negociación.

Desde las primeras líneas nuestro historiador envuelve a sus lectores en este enfoque que privilegia la larga duración sobre los conflictos coyunturales. En el primer capítulo, "La inserción", Carmagnani explica que el periodo que va del descubrimiento de 1492 al último tercio del siglo XVI, puede verse como una violenta destrucción de las civilizaciones indígenas existentes. En cambio, propone que

> si se analiza un lapso de tiempo más prolongado que abarque desde el descubrimiento hasta el comienzo de la colonización en el primer tercio del siglo XVII, se le puede considerar como un proceso histórico en que, precisamente a causa de la rápida disminución de la población nativa, los ibéricos e indígenas estaban obligados a entablar una inédita forma de colaboración. Los conquistadores se ven conquistados por la pluralidad de formas indias, mientras que los

[60] Carmagnani destaca que reproducen estos prejuicios los enfoques estructuralistas, y en particular "la teoría de la dependencia". Asimismo debate con el entonces recién publicado *El moderno sistema mundial* de Immanuel Wallerstein. CARMAGNANI, *El otro,* p. 11-17.

[61] *Ibid.*

[62] CARMAGNANI afirma que las investigaciones previas que hicieron posible *El otro Occidente* son *El sistema feudal, La grande illusione, Anino,* CARMAGNANI *et al; America Latina: dallo stato;* con CASETTA, *America Latina: la grande transformazione;* con ROMANO, *Nova America*; con GIBSON y ODDUNE, *Storia dell' America;* con HERNÁNDEZ CHÁVEZ y ROMANO, *Para una historia.*

conquistadores impulsaron un movimiento de reconstrucción creativa que acabaría por acercarlos culturalmente a los ibéricos.[63]

El capítulo segundo, "El mundo iberoamericano", estudia la primera forma occidental que asume el subcontinente en los siglos XVII y XVIII, producto del mestizaje demográfico y cultural. La sociedad iberoamericana asumió rasgos específicos al adaptar las instituciones ibéricas a las particularidades regionales y al introducir su carácter pluriétnico a los criterios estamentales y corporativos metropolitanos. Claves que explican la larga gobernabilidad fueron la creciente autonomía que gozó Iberoamérica y el "pacto colonial", por el cual las altas esferas de la política, la administración y la justicia correspondieron a los funcionarios designados por el rey, mientras que la esfera local y regional recayó en los criollos e indígenas, quienes gobernaron por medio de las instituciones municipales.

Carmagnani subraya que uno de los logros más significativos del mundo euroamericano fue su capacidad para frenar las políticas absolutistas que impulsaron las metrópolis ibéricas en el siglo XVIII.[64]

El capítulo III, "La reactivación", estudia la formación de los nuevos estados latinoamericanos en un marco liberal. Las crisis de las monarquías ibéricas se expresa en una aceleración de la vida cotidiana: "Comenzaba a tambalearse el principio jerárquico, vacilaba el fundamento teológico del carácter sacro del rey, se ponía en tela de juicio los valores estamentales y corporativistas, estado de agitación que obedece a la rapidísima propagación de las ideas revolucionarias en ambas orillas del Atlántico".[65]

El núcleo de la explicación que propone Carmagnani es la siguiente: las áreas americanas y europeas experimentaron desafíos similares, que permitieron establecer los fundamentos de la civilización decimonónica: el orden liberal —con todas sus profundas diferencias regionales— y un sistema internacional, edificado sobre el principio de equilibrio entre las distintas soberanías nacionales.[66]

El tramo que estudia en el capítulo IV, "El mundo euroamericano", abarca de la segunda mitad del siglo XIX a la Primera Guerra Mundial.

63 CARMAGNANI, *El otro,* p. 27.
64 *Ibid.,* p. 404.
65 *Ibid.,* p. 130.
66 *Ibid.,* p. 131.

Caracteriza este periodo como de gran optimismo por "definir formas de convivencia entre las dos orillas del océano, de modo que la geografía no constituyera un obstáculo para la circulación de las personas, de las ideas, de la cultura, de las mercancías y las tecnologías".[67]

En este capítulo presenta de manera sintética y con un enfoque extraterritorial los problemas históricos que se han reseñado en estas páginas: la consolidación de las soberanías nacionales, que permitió en América Latina construir espacios económicos nacionales y establecer la supremacía del Estado sobre los intereses de caudillos y notables.[68] Profundiza en otro problema histórico que ha estudiado en otras publicaciones,[69] la manera en que instituciones políticas similares en Europa y América propiciaron la formación del "concierto internacional, en un equilibrio en que participan todos los estados soberanos, lo que se refuerza con la expansión del libre comercio y las relaciones multilaterales, a su vez favorecidas por la consolidación del patrón oro".[70]

El último capítulo, "La occidentalización", ofrece una polémica historia del siglo XX. Diferencia dos periodos: 1930-1970: se caracterizó por el reforzamiento de los estados nacionales, el nacionalismo y una economía populista. A partir de la década de 1960 advierte que el mundo latinoamericano ha vivido múltiples oscilaciones entre su proyección internacional y, periodos de aislamiento, que lo llevaron, incluso, hasta a negar "su matriz occidental".[71]

El carácter polémico de esta capítulo radica en que busca trascender el debate entre los opositores y partidarios de la globalización, por ello discute si ésta "es una recuperación de la internacionalización bloqueada por el desorden internacional acontecido entre las guerras mundiales, o si consiste en una nueva modalidad de participación de las áreas latinoamericanas en el sistema internacional".[72] Congruente con su propuesta inicial de devolver a las comunidades iberoamericanas su sitio como constructores de su propia historia, Carmagnani concluye que será responsabilidad de los

[67] *Ibid.*, p. 200.

[68] *Ibid.*, p. 407.

[69] Véase en particular CARMAGNANI, "Instituciones financieras" y "La economía pública".

[70] CARMAGNANI, *El otro*, p. 200.

[71] *Ibid.*, p. 274.

[72] *Ibid.*, p. 24.

latinoamericanos minimizar los costos y riesgos que conlleva esta nueva forma histórica.

Una década después revisó las tendencias que se comenzaban a expresar en 1998 cuando escribía *El otro Occidente*. Nuestro profesor coordinó el último volumen de la serie México en la historia contemporánea. Para historiar el presente en *La búsqueda de la democracia, 1960-2000* el profesor ensayó una nueva estrategia: la comprensión de la circunstancia actual para relacionarla con el análisis del pasado. En esta ocasión acudió a sociólogos, economistas y politólogos para que explicaran los cambios que se registraron en todos los órdenes. En un muy breve texto, "Las claves del periodo" brinda una profunda reflexión sobre la transformación global de la sociedad mexicana. La crisis del bipolarismo y del acuerdo nacional (que se había sustentado en el gobierno y en el PRI con los empresarios, clases medias y trabajadores sindicalizados) "permitió a México descubrir su importancia en los asuntos mundiales, y a nivel nacional favoreció que los actores sociales y políticos mexicanos reivindicaran la plena libertad de sus decisiones".[73] El presidencialismo y federalismo continúan en una acelerada transformación, mientras que la desigualdad social y la pobreza persisten en los mismos niveles que en 1980.

Este cuadro, me parece, debe leerse a la luz de los exhortos que Carmagnani hace a la ciudadanía y a la academia para ocuparse vitalmente del presente. En "Instituciones financieras nacionales e internacionales del orden liberal mexicano, 1868-1911" señaló:

> Ayer como hoy el cosmopolitismo económico exige instituciones capaces de adecuar los incentivos internacionales a las realidades nacionales y estatales. Este proceso de adecuación puede convertir los estímulos en formas dinámicas que permitan un nuevo horizonte de crecimiento económico y consolidar el orden liberal a condición de que los países perciban los estímulos como acicates para transformar e innovar la tecnología y enriquecer sus niveles intelectuales y culturales.[74]

Es así como en la obra de nuestro profesor también trasluce una dimensión ética en que compele a individuos y colectividades para responsabilizarse de su historia y también de sus posibles destinos.

[73] CARMAGNANI, "Las claves", p. 18.
[74] CARMAGNANI, "Instituciones financieras", p. 209.

Breves consideraciones finales

En estas páginas me he concentrado en la amplia producción de Marcello Carmagnani relativa a la historia mexicana. He tratado de reseñar cómo en los últimos veinte años consolidó un enfoque interpretativo que ha contribuido decisivamente a renovar la historiografía mexicana e iberoamericana.

En el decenio de 1990 su producción se concentró en el orden liberal, inauguró el federalismo y el presupuesto público como objetos de estudio, abrió nuevos campos para indagar en la representación política. Con el nuevo milenio inició un ciclo de elaboraciones de síntesis, dando así respuesta a la necesidad de nuevas historias generales, demanda presente en los círculos académicos desde el inicio del decenio de 1990. Este esfuerzo se manifiesta en una larga lista de artículos: "Élites políticas, sistemas de poder y gobernabilidad en América Latina" (1998), "Las formas del federalismo mexicano" (2005), "Los vectores de la cultura liberal" (2005), "La economía pública del liberalismo. Orígenes y consolidación del crédito público, 1857-1911" (2010). Pero, sin duda, su gran capacidad de síntesis es la que hizo posible que incursionara en la historia mundial con *El otro Occidente* (2000). Con una insaciable curiosidad intelectual en 2010 se orienta hacia una nueva área de interés, que indaga sobre el consumo y el nacimiento de la economía política como lo muestra en *Las islas del lujo.*

Los rasgos que definen su obra son su destreza para poner "en relieve los lazos que unen la dimensión histórica de la actividad humana con la economía, la política, la sociedad, las instituciones y la cultura",[75] se nutre de la reflexión en términos comparativos entre la historia americana y la europea, y escribe una historia conceptual.

Pensamiento vivo y en permanente búsqueda, el suyo no es un enfoque petrificado, sino que con cada investigación lo matiza y enriquece. Escribe una historia combativa que demuele lugares comunes y prejuicios que los estudios latinoamericanos habían repetido acríticamente. Con un análisis conceptual riguroso y una prosa concisa y sintética se rebela en contra de los diversos enfoques que han ideologizado el conocimiento histórico: el nacionalismo, la historiografía positivista, las interpretaciones simples de corte populista y los nuevos evangelizadores de la globalización.

[75] Carmagnani, *El otro Occidente,* p. 415.

Nuestro profesor en cada uno de sus textos ha desafiado las tradiciones historiográficas del Viejo y Nuevo Mundo, con lo que ha contribuido a la lenta pero continua modificación del horizonte de expectativas latinoamericano. Pruebas de ello son su enfoque, que he llamado "neoinstitucional", comienza a consolidar una escuela en ambos hemisferios y en ambas orillas del Atlántico y muchos de sus textos forman parte de los programas de estudios de licenciaturas y posgrados.

Reunidos sus alumnos en el auditorio "Alfonso Reyes" para dialogar con nuestro maestro, Carmagnani nos ofrece un nuevo regalo: las primicias de un nuevo libro que se ocupa del utilitarismo. Cuadernos abiertos y pluma en mano nos apresuramos a tomar nota.

BIBLIOGRAFÍA

ANINO, Antonio, Marcello CARMAGNANI *et al.*,
1987 *America Latina: dallo stato coloniale allo stato nazione*, Turín, Universidad de Turín, 2 vols.

BLÁZQUEZ DOMÍNGUEZ, Carmen
1989 "Los grupos empresariales y el proyecto de Estado-Nación 1867-1876. Esbozo de una perspectiva regional", en Anne Staples *et al.*, *El dominio de las minorías. República restaurada y porfiriato*, México, El Colegio de México.

BOBBIO, Norberto
1987 *La teoría de las formas de gobierno en la historia del pensamiento político,* México, Fondo de Cultura Económica.

BOTANA, Natalio R.
1979 *El orden conservador. La política argentina entre 1880 y 1916,* Buenos Aires, Sudamericana.
1979 *La tradición republicana: Alberdi, Sarmiento y las ideas políticas de su tiempo*, Buenos Aires, Sudamericana.

BRADING, David A.
1973 *Los orígenes del nacionalismo mexicano*, México, Secretaría de Educación Pública (SepSetentas, 82).
1976 *Mineros y comerciantes en el México borbónico (1763-1810),* México, Fondo de Cultura Económica.

CARMAGNANI, Marcello

1978 *Formación y crisis del sistema feudal. América Latina del siglo XVI a nuestros días,* México, Siglo XXI Editores.

1981 *La grande illusione delle oligarchie Stato e societá in America Latina,* Turín.

1984 "Territorialidad y federalismo en la formación del Estado mexicano", en Inge BUISSON *et al., Problemas de la formación del Estado y de la nación en Hispanoamericana,* Bonn, Inter Nationes, pp. 289-304.

1994 *Estado y mercado. La economía pública del liberalismo mexicano, 1850-1911,* México, Fideicomiso Historia de las Américas/El Colegio de México/Fondo de Cultura Económica.

2004 *El otro Occidente. América Latina desde la invasión europea hasta la globalización,* México, Fideicomiso Historia de las Américas/El Colegio de México/Fondo de Cultura Económica.

2009 "La tensión en libertad y poder en el constitucionalismo de 1850", en Cecilia NORIEGA y Alicia SALMERÓN, *México: un siglo de historia constitucional (1808-1917). Estudios y perspectivas,* México, Suprema Corte de Justicia/Instituto de investigaciones Dr. José María Luis Mora, pp. 287-294.

2011 "La economía pública del liberalismo. Orígenes y consolidación del crédito publico, 1857-1911", en Sandra KUNTZ FICKER (coord.), *Historia económica general de México. De la Colonia a nuestros días,* México, El Colegio de México/Secretaría de Economía, pp. 353-375.

2011 *Economía y política. México y América Latina en la contemporaneidad. Antología de textos,* México, El Colegio de México.

2011 "Del territorio a la región. Líneas de un proceso en la primera mitad del siglo XIX", en Marcello CARMAGNANI, *Economía y política. México y América Latina en la contemporaneidad. Antología de textos,* México, El Colegio de México, pp. 59-80.

2011 "El liberalismo, los impuestos internos y el Estado federal mexicano", en Marcello CARMAGNANI, *Economía y política. México y América Latina en la contemporaneidad. Antología de textos,* México, El Colegio de México, pp. 123-146.

2011 "Élites políticas, sistemas de poder y gobernabilidad en América Latina", en Marcello CARMAGNANI, *Economía y política. México y América Latina en la contemporaneidad. Antología de textos,* México, El Colegio de México, pp. 31-42.

2011 "Finanzas y Estado en México, 1820-1880", en Marcello CARMAGNANI, *Economía y política. México y América Latina en la contemporaneidad. Antología de textos,* México, El Colegio de México, pp. 81-122.

2011 "Iberoamérica y las revoluciones atlánticas", en Marcello CARMAGNANI, *Economía y política. México y América Latina en la contemporaneidad. Antología de textos,* México, El Colegio de México, pp. 13-30.

2011 "Instituciones financieras nacionales e internacionales del orden liberal mexicano, 1868-1911", en Marcello CARMAGNANI, *Economía y política. México y América Latina en la contemporaneidad. Antología de textos,* México, El Colegio de México, pp. 209-234.

2011 "Las finanzas de tres estados liberales: Argentina, Chile, México, 1868-1911, en Marcello CARMAGNANI, *Economía y política. México y América Latina en la contemporaneidad. Antología de textos,* México, El Colegio de México, pp. 197-208.

2011 "Las formas del federalismo mexicano", en Marcello CARMAGNANI, *Economía y política. México y América Latina en la contemporaneidad. Antología de textos,* México, El Colegio de México, pp. 43-58.

2011 "Los vectores de la cultura liberal", "La economía pública del liberalismo. Orígenes y consolidación del crédito publico, 1857-1911", en Marcello CARMAGNANI, *Economía y política. México y América Latina en la contemporaneidad. Antología de textos,* México, El Colegio de México, pp. 171-196.

2011 "Presentación", en Marcello CARMAGNANI, *Economía y política. México y América Latina en la contemporaneidad. Antología de textos,* México, El Colegio de México, pp. 9-12.

2011 Con la colaboración de Elisabetta BERTOLA y Paolo RIGUZZI, "Federación y estados: espacios políticos y relaciones de poder en México (siglo XIX)", en Marcello CARMAGNANI, *Economía y política. México y América Latina en la contemporaneidad. Antología de textos,* México, El Colegio de México, pp. 147-170.

2012 "Las claves del periodo", en Marcello CARMAGNANI (coord.*), México la búsqueda de la democracia. México en la historia contemporánea,* t. 5, colección dirigida por Alicia HERNÁNDEZ CHÁVEZ, Madrid, Mapfre Taurus, 2012, pp. 13-29.

CARMAGNANI Marcello y G. CASETTA

1989 *America Latina: la grande transformazione,* Turín.

CARMAGNANI, Marcello, C. G. GIBSON y J. A. ODDUNE

1976 *Stato dell' America Latina,* Turín.

1992 "Formas históricas del estado liberal latinoamericano. De la crisis del régimen colonial a la crisis del liberalismo notabiliario (siglos XVIII y XIX)", Programa del curso impartido por Marcello CARMAGNANI en El Colegio de México, enero, mecanuscrito.

CARMAGNANI, Marcello (coord.)
1993 *Federalismos latinoamericanos: México, Brasil y Argentina*, México, Fideicomiso Historia de las Américas/El Colegio de México/Fondo de Cultura Económica.

CARMAGNANI, Marcello y Alicia HERNÁNDEZ CHÁVEZ
1999 "La ciudadanía orgánica mexicana, 1850-1910", en Hilda SABATO (coord.), *Ciudadanía política y formación de las naciones. Perspectivas históricas de América Latina,* México, Fideicomiso Historia de las Américas/El Colegio de México-Fondo de Cultura Económica, pp. 371-404.

CARMAGNANI, Marcello, Alicia HERNÁNDEZ CHÁVEZ y Ruggiero ROMANO
1999 *Para una historia de América: Estructuras y nudos,* México, Fideicomiso Historia de las Américas/El Colegio de México/Fondo de Cultura Económica, 3 vols.

COSÍO VILLEGAS, Daniel
1995 "Llamada general", *Historia Mexicana,* vol. 4, núm. 3 (15) (ene-mar), pp. 317-336.

ESCALANTE GONZALBO, Fernando
1992 *Ciudadanos imaginarios,* México, El Colegio de México.

FALCÓN, Romana
1988 "La desaparición de jefes políticos en Coahuila: una paradoja porfirista", *Historia Mexicana*, vol. 37, núm. 3 (147) (ene-mar), pp. 423-467.

FLORESCANO, Enrique
1991 *El nuevo pasado mexicano*, México, Cal y Arena.

GONZÁLEZ, Luis
1971 "Microhistoria para multiMéxico", *Historia Mexicana,* vol. 21, núm. 2 (82) (oct-dic), pp. 225-241.

GUERRA, François-Xavier
1988 *Del Antiguo Régimen a la Revolución*, México, Fondo de Cultura Económica, 2 vols.

HALE, Charles
1972 *El liberalismo mexicano en la época de Mora (1821-1853),* México, Siglo XXI Editores.

1976 "El impulso liberal. Daniel Cosío Villegas y la Historia Moderna de México", *Historia Mexicana*, vol. 25, núm. 4 (100) (abr-jun), pp. 663-688.

1991 *La transformación del liberalismo en México a fines del siglo XIX*, México, Vuelta.

HERNÁNDEZ CHÁVEZ, Alicia

1984 "Militares y negocios en la Revolución Mexicana", *Historia Mexicana*, vol. 34, núm. 2 (134) (oct-dic), p. 181-212.

1989 "Origen y ocaso del ejército porfiriano", *Historia Mexicana*, vol. 39, núm. 1 (153) (jul-sep), pp. 257-296.

1996 "Las tensiones internas del federalismo mexicano", *¿Hacia un nuevo federalismo?*, México, Fidecomiso Historia de las Américas/El Colegio de México/Fondo de Cultura Económica, pp. 15- 33.

HERNÁNDEZ CHÁVEZ, Alicia y Manuel MIÑO GRIJALVA (coords.)

1991 *Cincuenta años de historia en México, en el cincuentenario del Centro de Estudios Históricos*, 2. vols., México, El Colegio de México.

HINTZE, Otto

1975 *The Historical Essays*, Oxford, University Press.

KICZA, John E.

1983 *Empresarios coloniales. Familias y negocios en la ciudad de México durante los Borbones*, México, Fondo de Cultura Económica.

KRAUZE, Enrique

1986 *Por una democracia sin adjetivos*, México, Joaquín Mortiz-Planeta.

LADD, Doris

1976 *La nobleza de México en la época de la independencia 1780-1826*, México, Fondo de Cultura Económica.

LAVRÍN, Asunción

1991 "Introducción", *Sexualidad y matrimonio en la América hispánica, siglos XVI-XVIII*, México, Grijalbo-Conaculta.

LIDA, Clara

1988 *La Casa de España en México*, en colaboración con José Antonio MATESANZ y la participación de Beatriz MORÁN GORTARI, México, El Colegio de México (Jornadas, 113).

LIDA, Clara y José Antonio MATESANZ

1990 *El Colegio de México: una hazaña cultural,* con la participación de Antonio ALATORRE, Francisco R. CALDERÓN y Moisés GONZÁLEZ NAVARRO, México, El Colegio de México (Jornadas, 117).

LOVE Joseph y N. JACOBSEN (comp.)

1988 *Guiding the invisible Hand, Economic Liberalism and the State in Latin American History,* Nueva York, Praeger.

LUNA ARGUDÍN, María

2013 "Examen de libros. Marcello Carmagnani Economía y política. México y América Latina en la contemporaneidad. Antología de textos", *Historia Mexicana,* vol. 63, núm. 2 (250) (oct-dic).

MURILO DE CARVALHO, José

1980 *A construção do orden: a élite imperial,* Río de Janeiro, Campus.

PERRY, Laurens B.

1979 *Juárez and Díaz: Machine Politics in Mexico*, De Kalb, Nothern, Illinois, University Press.

POGGI, Gianfranco

1978 *The Development of Modern State*, Standford, Standford University Press.

POLANYI, Karl

1987 *La gran transformación los orígenes políticos y económicos de nuestro tiempo,* México, Fondo de Cultura Económica.

TOPIK, Steven

1987 *The Political Economy of the Brazilian State 1889-1930*, Austin, University of Texas Press.

RABASA, Emilio

1989 *La constitución y la dictadura*, México, Porrúa.

1986 *La evolución histórica de México,* México, Coordinación de Humanidades/UNAM-Miguel Ángel Porrúa.

REYES HEROLES, Jesús

1994 *El liberalismo mexicano. III. La integración de las ideas*, México, Fondo de Cultura Económica.

ROSS, Stanley
1972 *¿Ha muerto la Revolución Mexicana?*, México, Secretaría de Educación Pública.

TOCQUEVILLE, Alexis de
2006 *Del Antiguo Régimen a la Revolución*, México, Fondo de Cultura Económica.

URICOECHEA, Fernando
1978 *O minotauro imperial. A burocratização do estado patrimonial brasileiro no século XIX*, Río de Janeiro, DIFEL.

VÁZQUEZ, Josefina Zoraida
1975 *Nacionalismo y educación*. México, El Colegio de México.
1990 *El Colegio de México, años de expansión y consolidación*, México, El Colegio de México (Jornadas, 118).

VELÁZQUEZ ALBO, Marco Antonio
1995 *La historiografía revisionista, parte 1: Crisis y los nuevos horizontes*, México, Universidad Autónoma Metropolitana-Unidad Azcapotzalco (Cuadernos de posgrado de la Maestría en Historiografía Mexicana).

VERDUZCO, Gustavo
1989 "Zamora en el porfiriato: una expresión liberal de los conservadores", en Anne Staples *et al.*, *El dominio de las minorías. República restaurada y porfiriato*, México, El Colegio de México, 1989.

VON GIERKE, Otto
1966 *The Development of Political Theory*, Nueva York, Ferig.

VOSS, Stuart F.
1982 *On the Periphery of Nineteenth Century. Mexico, Sonora y Sinaloa, 1810-1877*, Tucson, University of Arizona.

WASSERMAN, Mark
1980 "The social origins of 1910 Revolution in Chihuahua", *Latinoamerican Research Review* (1), pp. 15-37.

LAS FORMAS DE GOBIERNO EN LA HISTORIOGRAFÍA MEXICANA: FEDERALISMO Y CONFEDERALISMO EN LA OBRA DE CARMAGNANI

*Israel Arroyo**

La arquitectura del Estado mexicano del siglo XIX pasa, sin duda, por la definición de las formas de gobierno. Sorprende que la mayoría de los especialistas de la historiografía sobre América Latina, y en particular la de México, se hable escasamente del tópico; pero más sorprende que uno de los más grandes latinoamericanistas que ha dado el siglo XX, Marcello Carmagnani, sea poco estudiado en cuanto a sus principales aportaciones en la materia. Lo más grave es que este olvido o relativa indiferencia no sólo se circunscribe a la discusión de las formas de gobierno, sino que alude a una buena parte de su obra. El extraño silencio en cuanto a su labor como historiador es proporcional al tamaño e importancia de sus hallazgos académicos.

En la obra de Carmagnani es fácil advertir una revisión crítica a las formas "tradicionales" y localistas de hacer historia, una preocupación por abrir nuevos horizontes —imagen usual en su léxico narrativo— historiográficos y por ensayar una historia verdaderamente interdisciplinaria, que lo mismo incursiona en las querellas de la historia política y económica que en la órbita cultural, aunque con un ingrediente singular en la academia de nuestro tiempo: la apuesta por revelar los nudos e interacciones de dichas "subdisciplinas" y espacios históricos de América Latina —el otro Occidente— con Europa y Asia.[1]

Es probable que la escasa atención a los escritos de Carmagnani tenga que ver con esta perspectiva amplia de mirar a México (inserto en América

* Benemérita Universidad Autónoma de Puebla.

[1] Esta perspectiva histórica atraviesa casi toda su obra, pero es más visible en sus estudios más recientes; véase CARMAGNANI, *El otro Occidente* y *Las islas del lujo*.

Latina y en Occidente) frente a las visiones intimistas o parroquiales que imperan todavía en muchos historiadores de nuestro tiempo; importa, de igual modo, la gran extensión de su obra.[2] Se sabe que tanto las obras de Alfonso Reyes como la de Octavio Paz han sido exaltadas y reconocidas por casi todos, pero muy poco leídas; probablemente ello se explique, al menos en parte, por su monumentalidad. Guardadas las debidas proporciones (la artificial comparación de dos literatos y un académico), la obra de Carmagnani es enorme por la cantidad de libros y artículos producidos; pero también por su estilo de gran "síntesis narrativa", lo cual no admite una lectura fácil o descuidada de sus contenidos. La historia contemporánea, dice bien Luis Gerardo Morales, ha dado un giro lingüístico, un *giro cultural*.[3] Entre sus principales aportaciones subraya el rompimiento con las fórmulas binarias en la historia —hecho y ficción, descripción e interpretación, texto y contexto—, la superación de la verdad histórica del historicismo y el positivismo, y la recuperación de lo conceptual en la historia ("sustitución de una filosofía de la conciencia por una filosofía del lenguaje"). A esto habría que añadir —como lo ha desarrollado el discípulo más articulado de Gadamer, Reinhart, Koselleck— que la potencia de la historia conceptual tiene como virtudes la generalidad —no el establecimiento de leyes—, que reconoce el carácter polisémico de los conceptos —busca reconstruir mapas conceptuales en lugar de tomar como buena una sola voz—, que logra erigirse como un gran concentrador de contenidos, y que resume una pluralidad de experiencias históricas.[4]

En breve, la historia conceptual no sólo está provista de la flexibilidad e historicidad que le otorga el concurso del tiempo y el espacio, sino que

[2] La reciente antología de textos que preparó Carmagnani sobre su largo trayecto como investigador, seguramente, ayudará a acercar, en pocas páginas, al lector interesado en los problemas de la economía y la política de México y América Latina. La antología recorre los distintos momentos y preocupaciones temáticas de su pensamiento histórico ya publicados, con antelación, en revistas y libros colectivos; pero también contiene un texto inédito, "Iberoamérica y las revoluciones atlánticas", que es otro buen ejemplo de la mirada amplia con la que Carmagnani aborda los problemas históricos latinoamericanos. CARMAGNANI, *Economía y política*.

[3] MORALES, "Introducción", p. 9.

[4] Para profundizar en las conexiones y divergencias de Gaos, Gadamer y Koselleck sobre el tema que nos ocupa, consúltese el excelente estudio de TORRES, "De la historia de las ideas". Otro buen desarrollo de Koselleck en torno a los conceptos de crítica, crisis, experiencia y expectativas: ZERMEÑO, "Crítica y crisis".

extrae su fuerza del influjo de los actores y textos vivos de la realidad histórica que le toca estudiar. De nueva cuenta, la pregunta que se hace Morales Moreno me parece pertinente: ¿dónde queda México y América Latina en este debate?[5]

La obra de Carmagnani, antes o paralelamente a que se pusiera en boga la historia conceptual y de los lenguajes políticos que tanto pregona Elías Palti, tiene fuertes paralelismos con las escuelas inglesa y alemana a la que hemos aludido brevemente; pero hecha desde la realidad histórica de Hispanoamérica.[6] Aunque es posible que a él no le guste esta caracterización (personalmente se resiste a teorizar la historia o a ser clasificado historiográficamente), la simple asociación con las nuevas formas en que se hace la historia contemporánea de los últimos 30 años nos habla de una figura vanguardista tanto en su mirada histórica como en las novedades historiográficas que ha desarrollado a lo largo de más de cinco décadas que ha durado su producción académica (de 1963 a la fecha).

Por consiguiente, dividiré el ensayo en tres apartados. Uno que dé cuenta, precisamente, de cómo ha sido acogida la obra de Carmagnani en los balances historiográficos de la historia de México. Naturalmente no puedo ser exhaustivo en ello y tomaré sólo algunos ejemplos de los últimos 25 años, haciendo énfasis en la mirada historiografía de la historia política y, en específico, sobre las formas de gobierno en el siglo XIX. En segundo lugar, hablaré de lo que considero la principal novedad de Carmagnani en cuanto a las formas de gobierno, la diferenciación entre federalismo y confederalismo mexicanos. Y por último, terminaré con una breve revisión crítica de la visión panorámica del federalismo y el confederalismo proyectados en la obra Carmagnani.

La recepción historiográfica de Carmagnani

En 1991 Enrique Florescano publicó *El nuevo pasado mexicano*.[7] Su descripción sobre las formas de gobierno no escapa a la mirada "tradicional", visión que no se extiende a otros temas que no viene al caso discutir aquí.

[5] Morales, "Introducción", p. 17.
[6] Palti, *Invención*.
[7] Florescano, *El nuevo pasado*.

El tópico aparece ligado al estudio de los grupos liberales y conservadores, como si la disputa ideológica fuera determinante para erigir una forma de gobierno. De igual manera, la opción republicana se describe como un elemento subsidiario del federalismo y el centralismo. Las alternativas de monarquismos moderados y el confederalismo simplemente no se registran en el mapa político de su balance historiográfico. En pocas palabras, deja una imagen en donde el estudio de las formas de gobierno no tiene ninguna centralidad, pero lo más grave es que su catálogo de opciones es reducido al mínimo habitual, con lo que reproduce las formas tradicionales de enfrentar el asunto por la historiografía mexicanista. La mirada de Florescano es análoga a la de Robert Potash, quien asentó, hace más de medio siglo, que debía realizarse un mayor número de investigaciones de los grupos conservadores, para equilibrar los subsistentes sobre el liberalismo, y de historia regional; pero no prestó ninguna atención a fijar el tema de las formas de gobierno, salvo las referencias pasajeras al centralismo y federalismos mexicanos.[8] Algo parecido pasaría con el recuento emprendido por Miguel León-Portilla en 1978.[9]

Está claro que el balance historiográfico de Florescano responde a la circunstancia de que había muy pocos estudios contemporáneos, cuando escribió *El nuevo pasado mexicano*, sobre las formas de gobierno. Sería injusto pedirle peras al olmo (por ejemplo, la distinción entre federalismo y confederalismo que apenas se estaba desarrollando en la misma época); sin embargo, tampoco tomó en cuenta la necesidad de investigar acerca de las formas monárquicas —la iturbidista y la de Maximiliano de Hasburgo— que fueron formas de gobierno vigentes en México y que requerían una

[8] Robert Potash realizó, en 1861, uno de los balances historiográficos más ambiciosos de su época. Entre otras cosas, sostuvo que el periodo peor comprendido era el siglo XIX mexicano, en particular la etapa de 1821-1867. Recomendaba hacer más investigaciones de historia económica e historia social, del nacionalismo y el conservadurismo mexicanos. Después de la estrenada magna *Historia moderna de México* de Daniel Cosío Villegas, sugería realizar estudios regionales para la época de la República restaurada y el porfiriato, sobre todo de lo ocurrido con los jefes políticos y las coyunturas electorales de 1867 y 1871. Florescano cita explícitamente a Potash y coincide, en esto con justeza, que hacía falta hacer más prosopografía e historia social y económica, para entender a los grupos políticos regionales; y que deberían realizarse más análisis sobre el conservadurismo, pues era evidente que en 1991 no se contaba prácticamente con ningún estudio contemporáneo respecto al tema. POTASH, "Historiografía", pp. 396-397; FLORESCANO, *El nuevo pasado*, p. 67.

[9] LEÓN-PORTILLA, "Tendencias en las investigaciones", pp. 75-76.

actualización de nuevos estudios en 1991. Y a pesar de la existencia de buenas y novedosas investigaciones sobre el tema, todavía seguimos en deuda con este tópico.

En contraste, Florescano tuvo buen ojo para rescatar la centralidad del Estado como el principal sujeto de la modernización en la época del porfiriato y no como el referente de la dictadura o el simple contrapunto de la Revolución Mexicana. En su opinión, esta nueva visión fue la principal aportación de Cosío Villegas y los colaboradores que participaron en la *Historia moderna de México*. Asimismo, hace mención de otros nombres que ayudaron a cambiar la imagen de la República restaurada y del porfiriato; entre otros, cita a Chales Hale, Jan Bazant, Launrens B. Perry, Andrés Lira y Friedrich Katz, pero vale la pena detenerse en el "revisionista" —como él mismo lo califica— François-Xavier Guerra y sus dos tomos sobre el porfiriato.[10] Según Florescano, Guerra fortaleció la perspectiva de un porfiriato modernizador. La novedad radicó en su enfoque: el conflicto entre modernidad y tradicionalismo. La idea de que existía un inmenso foso entre constitucionalismo moderno y prácticas tradicionales y corporativas reales fue parte de su colofón. Eran los actores de élite los que promovían la modernización, pero las redes tradicionales —las sustentadas en lazos personales, de parentesco, entre otros elementos— configuraban un mundo tradicional que hacían del Estado moderno un mero formalismo. Nadie hubiera podido imaginar que este enfoque y la novedosa investigación de Guerra —que sigue siendo sugerente en el aspecto prosopográfico con una base de datos de ocho mil fichas, junto con la reconstrucción de las redes intermedias y las de élite del porfiriato— terminaría por impactar negativamente en el estudio de otros aspectos del Estado mexicano, como la valoración del constitucionalismo, la ciudadanía, la representación política, los procesos electorales y las formas de gobierno. Todos estos temas formaban parte de la *otra agenda académica*, en la que Carmagnani ya había hecho aportaciones relevantes tanto a la historia política y económica mexicana como a la de América Latina. La ausencia de un balance sobre su obra y sus enfoques, que en algunos tópicos habían anticipado al propio Guerra, fue el comienzo de una práctica constante en la historiografía mexicana.

[10] GUERRA, *México: del Antiguo Régimen*.

A Álvaro Matute se debe una gama diversa de antologías documentales y síntesis historiográficas de los siglos XIX y XX; también estamos en deuda con él en cuanto a sus evaluaciones institucionales e impactos de las revistas especializadas en historia.[11] Además, en 1999 hizo público que ya era momento de hacer una incursión de larga duración en lo que calificó como el pensamiento historiográfico mexicano del siglo XX.[12] El plan, advirtió en la introducción del primer tomo, era dar cuenta de los historiadores que emprendieron "la desintegración del positivismo" (1911-1935), de los que forjaron el "apogeo del historicismo" (1940-1968) y de lo que habría acontecido en las últimas tres décadas hasta su presente (1970-1999). El primer tomo ya salió a la luz pública, precisamente en 1999; los otros dos todavía siguen en preparación, pero está claro que la época de los historicistas, de la cual el mismo Matute recibió una clara influencia, ha sido ya revisada y estudiada en distintas obras suyas.[13] De la proyección del tercer tomo, que es el que más interesa a este ensayo, anticipó "apenas he reunido algunos materiales". Mientras seguimos a la espera de que culmine su plan original, Matute aglutinó en 2005, junto con Evelia Trejo, a treinta académicos contemporáneos que eligieron analizar una obra y a su autor respectivo.[14] Los coordinadores confiesan que este "producto" formaba parte de su proyecto referido sobre la historiografía mexicana del siglo XX y que no dudaban que la selección publicada contuviera algunas de las obras "más representativas del quehacer historiográfico mexicano del siglo pasado".

La compilación referida dedica una buena cantidad de voces al siglo XIX, pues poco más de una tercera parte de los autores seccionados conectaron sus investigaciones con la época decimonónica.[15] No obstante, llama

[11] MATUTE, *México en el siglo XIX*; MATUTE, *La teoría de la historia en México*; MATUTE, "Estudios de Historia Moderna".

[12] MATUTE, *Pensamiento historiográfico.*

[13] Véase, MATUTE, "La historiografía mexicana".

[14] TREJO y MATUTE, *Escribir la historia.*

[15] El listado específico es el siguiente: Evelia Trejo y Leonardo Lomelí los tres volúmenes relativos a la República restaurada y el porfiriato de la *Historia moderna de México* de Cosío Villegas (1955, 1970 y 1972); Renato González, *El arte del siglo XIX en México* de Justino Fernández (1967); Enrique Plasencia, los dos tomos sobre *El Porfiriato* de José C. Valdés (1941 y 1948); Cecilia Montiel, *Miramón el hombre* de José Fuentes Mares (1974); Lucrecia Infante, *El positivismo en México* de Leopoldo Zea (1943-1944); María José Garrido, *La revolución de la independencia. Ensayo de interpretación histórica* de Luis Villoro (1953); Laura Angélica Moya, los tres volúmenes de *El liberalismo mexicano* de Jesús Reyes Heroles (1957); Elisa Speckman, *Nacionalismo y educación en México* de Josefina

la atención que las fechas de edición de las obras elegidas fueran escritas entre los años 40 y 70 del siglo XX. La excepción estuvo a cargo de González Navarro que elaboró su trabajo a principios de los 90. Sabemos que la fecha de un estudio no determina la calidad y el carácter innovador o no de su progenitor. Que hay buenos libros antiguos —los clásicos no tienen pierde— y malos libros nuevos; pero también que existen buenos libros nuevos y libros viejos que tienden a perder actualidad con el paso del tiempo. De ahí que resulte interesante resaltar, desde luego a título de muestra, que en la selección referida no se notó muchos interés en lo que se ha producido en los últimos 30 años. No se optó por estudiar, siguiendo la misma asociación temporal del siglo XIX, alguna obra de François-Xavier Guerra, Brian R. Hamnett, Alan Knight, Guy Thomson, John Tutino, Florencia Mallon, Antonio Annino, Erik van Young, Elías Trabulse, Ernesto Meneses Morales, Pilar Gonzalbo, Carlos Marichal, Michael Costeloe, Peter Guardino, Charles Hale, Laurens B. Perry, Jaime Rodríguez, Richard S. Sinkin y, desde luego, Marcello Carmagnani. Cabe el consuelo de que el recuento elegido terminó por gestar una omisión general de algunos de los académicos de más alto impacto de la historiografía mexicana, pero no parece haber surgido de un acto deliberado contra alguien en particular.

En 2001, la revista *Iztapalapa* dedicó un número completo a la historiografía mexicana de los siglos XIX y XX. Su director de entonces, Daniel Toledo, dividió el número en diversas secciones con la intención de hacer una revisión de enfoques, hombres e ideas y tendencias.[16] Sin embargo, el simple examen del índice de autores y obras estudiadas —Francisco Bulnes, Andrés Molina Enríquez, Francisco Helguero Iturbide, Edmundo O'Gorman, el segundo imperio mexicano, marxismo, el historicismo en Vico, la cuestión obrera en los años 20 y los 30 del siglo XX, entre otros temas— nos lleva a concluir que no se prestó atención a discutir lo que ha ocurrido en el México de las últimas tres décadas del siglo XX, salvo el texto de Carlos Antonio Aguirre Rojas, que centró su artículos en los avances historiográficos de Francia, Gran Bretaña e Italia en la era contemporánea.[17] Sin embargo, este académico, como es usual, desplegó muchas re-

---

Vázquez (1970); Delia Zalazar, los tres volúmenes de *Los extranjeros en México y los mexicanos en el extranjero, 1821-1970* de Moisés González Navarro (1993 y 1994). *Ibidem.*

[16] TOLEDO, "Presentación", pp. 6-7.

[17] AGUIRRE, "Ocho lecciones de método".

flexiones sobre la importancia de la "historia social de las prácticas culturales", la microhistoria que practica Carlo Ginzburg, la recuperación de lo popular en los historiadores de la izquierda inglesa y su acostumbrado *menage* de Marx, Braudel y Wallerstein, con su "análisis de los sistemas mundo", pero nada dice de lo que ocurrió en México y América Latina en los años que prometió abarcar ("historiografía occidental" entre 1868 y 2001).

Conrado Hernández, en 2000, fue artífice de un encuentro para discutir las "tendencias y corrientes de la historiografía mexicana del siglo XX". En 2003 estaba listado el libro.[18] De nueva cuenta, hubo textos muy interesantes sobre la historiografía conservadora —como el de Jaime del Arenal— o acerca de la historia conceptual —el artículo ya citado de Luis Torres—, pero muy pocos análisis dedicados a la historiografía contemporánea. Únicamente María Fernanda de los Ríos incursionó en lo que considera cuáles han sido las innovaciones —interdisciplinariedad de las ciencias y los campos, la trascendencia de la ultraespecialización, el uso de las "analogías instructivas", la combinación de elementos cuantitativos y cualitativos, el recurso de la prosopografía en mandos altos, medios y bajos— de la "nueva historia política", aunque nunca aborda nombres u obras específicas sobre México y América Latina. Otra vez, se trata de un estudio que privilegia las inferencias abstractas.[19]

Luis Gerardo Morales preparó, en 2005, una espléndida compilación que tituló *Historia de la historiografía contemporánea (de 1968 a nuestros días)*.[20] A pesar de que la elección gira en torno a los desarrollos de la historiografía cultural —la complejidad narrativa, los diálogos de la historia, la filosofía y la semiótica, la interconexión de las disciplinas y la hermenéutica—, incluye una parte dedicada específicamente a los avances latinoamericanos. Ante la gran pregunta, ya referida al inicio del ensayo, sobre ¿dónde ha quedado México y América Latina en estos debates?, Morales responde pálidamente con una selección de José Aricó acerca de la importancia de Gramsci en los estudios latinoamericanos (los usos del marxismo flexible en conceptos como hegemonía, consenso y clases subalternas) y con la polémica ya conocida entre Tulio Halperin Donghi y Florencia Mallon sobre el libro de esta última autora, *Campesino y nación: la construcción de México y Perú poscolonia-*

[18] HERNÁNDEZ, *Tendencias y corrientes.*
[19] GARCÍA, "Metodología de la nueva historia".
[20] MORALES, *Historia de la historiografía.*

les.[21] Es decir, todo se reduce a la exaltación de un enfoque, el de la recuperación de los grupos subalternos o populares, postura que por relevante que haya sido en la renovación de los estudios latinoamericanos tiende a minimizar lo hecho en otros campos y con otras perspectivas en la historiografía contemporánea.[22] Tan consciente estaba el antalogista de esta debilidad que, en su introducción general, menciona a Guerra y Annino como dos autores que han innovado en la investigación histórica de América Latina. Carmagnani no aparece nombrado, ni mucho menos citado en las omisiones, que suele ser la retórica que justifica lo irremediable: en una compilación no cabe todo, porque tiene el límite inherente de ser una selección.

El páramo historiográfico sobre la obra de Carmagnani tuvo un paréntesis con el coloquio internacional de El Colegio de México (noviembre de 2003), el cual fue convocado por Guillermo Palacios y tuvo como llamado general *Los caminos de la democracia en América Latina, siglo XIX: revisión y balance de la "nueva" historia política*. Fruto de este coloquio, más la adición de algunos articulistas no presentes en el encuentro, se editó el libro *Ensayos sobre la nueva historia política de América Latina, siglo XIX* (2007).[23]

La suspensión del ayuno historiográfico de la obra de Carmagnani, quizá, se deba a la participación al encuentro del propio Carmagnani, pero también por la reflexión del estado del arte de la historia política mexicana del siglo XIX y la inclusión de estudios específicos que pudieran caber, aunque no todos, en las preocupaciones de la "nueva historia política". El libro compila a catorce académicos de diversas instituciones y generaciones, lo que da cierta garantía de heterogeneidad discursiva, y estuvo dividido en dos partes: una dedicada propiamente a la reflexión historiográfica y la otra concerniente a trabajos monográficos sobre la materia.[24]

21 ARICÓ, "¿Por qué Gramsci?"; HALPERIN, "Campesinado y nación"; MALLON, "En busca de una nueva historiografía".

22 Otra limitante de la referida exaltación radica en que la "historia desde abajo" que practica Mallon es distinta a la que realiza Guy Thomson, Antonio Annino o Erick van Young. Las diferencias no sólo son de matiz, sino en algunos casos se trata de visiones altamente contrastantes.

23 PALACIOS, *Ensayos sobre la nueva historia*.

24 Los autores que participaron en la reflexión historiográfica fueron Carlos Malamud, Marcello Carmagnani, Annick Lempérière, Érica Pani, Hilda Sabato, Virginia Guedea y Alfredo Ávila; los monográficos: Alicia Hernández Chávez, Brian Connaughton, Elisa Cárdenas Ayala, Carlos Forment, Carole Leal Curiel, Iara Lis Franco Schiavinatto e Hira de Gortari. PALACIOS, *Ensayos sobre la nueva historia*.

La introducción general de Palacios hace mención, sin referir su nombre explícitamente, a dos preocupaciones que han sido centrales en el pensamiento histórico de Marcello Carmagnani: el enfoque de rupturas y continuidades en América Latina, que ha circulado "por algunos corredores académicos" y la crítica a las visiones eurocentristas, en cuanto al desarrollo de la matriz liberal en América Latina (la idea de que el liberalismo latinoamericano no deja de ser liberalismo por haber tenido rutas distintas a Europa o Estados Unidos).[25]

En su colaboración, Carmagnani anticipó que no deseaba "trazar un balance historiográfico de esta renovada historia política" (el análisis que privilegia los "logros y déficits"), sino proyectar algunos de los derroteros que él ha ensayado a lo largo de su vida académica y poner en evidencia las prácticas historiográficas actuales, donde hace explícita su postura crítica tanto al enfoque posmodernista como al "localista".[26]

Respecto de lo primero, y a riesgo de ser esquemático, visualizo en su narrativa cinco condimentos que nutren parte de lo que podría representar la nueva historia política en México y América Latina. Uno, la necesidad de tomar en cuenta las interacciones entre doctrina, normas y prácticas políticas. Dos, la revelación de los nodos que ocurren entre lo social, lo económico y lo político (sí a interdisciplinariedad, pero con el entendimiento de sus conexiones e interacciones). Tres, rescatar el papel de América Latina, pero en su conexión temporal con la historia mundial (eje transversal que sostiene su libro *El otro Occidente*), esto con el fin de no sobredimensionar lo nacional y observar los "paralelismos, la simultaneidad y las convergencias con otros países del mundo". Cuatro, observar las interacciones en clave de larga duración, en donde el trayecto de las formas de gobierno (monarquías absolutas, monarquías constitucionales y los republicanismos del siglo XIX) sirva para articular una manera distinta de entender la historia de América Latina. Cinco, el entendimiento del liberalismo latinoamericano a partir de su famoso enfoque de las continuidades y discontinuidades de lo preexistente, en donde la dimensión cultural juega un papel central en su visión, es decir, la comprensión de que los nuevos valores del constitucionalismo liberal entraron en tensión con los valo-

[25] PALACIOS, "Introducción", pp. 16-17.
[26] CARMAGNANI, "Campos, prácticas y adquisiciones", p. 31.

res de "Antiguo Régimen" y, en dado caso, que la principal tarea del historiador consiste en revelar, vectorialmente, las resistencias y rupturas de dicha tensión.

En cuanto el segundo asunto, su posición crítica al posmodernismo tiene que ver con la pérdida de centralidad conceptual que han impulsado sus progenitores. Conceptos como nación o Estado tienden a desvanecerse en el aire, porque se consideran una ficción sustentada por una élite y lo que opera en realidad son muchos proyectos de nación alternos con su propia idea soberana. La idea de que todo es fragmentación lleva a alimentar la existencia de lo que hoy se denomina "Estados multiculturales informales". Desde este horizonte no hay posibilidad de hacer historia de los Estados —o lo que preocupa a este ensayo, historia de las formas de gobierno—, ni tampoco historias globales. Carmagnani se pregunta, "¿cómo podría existir una historia total si no existe una historia nacional y mucho menos una historia mundial?".[27] En su opinión, ciertas posiciones del deconstructivismo posmoderno promueven la historia parroquial, lo que vale para una parroquia no es válido para la otra (¿asistimos a una sinfonía contemporánea donde impera la sonoridad de un relativismo fundamentalista?). Aunque Carmagnani reconoce que los estudios de lo local han hecho importantes contribuciones a la historia, pues el nivel de detalle permite captar con toda viveza la dimensión cultural de la política, su debilidad mayor —sentencia— es que hace "imposible tanto la síntesis como la comparación". Hace, en breve, muy difícil el diálogo entre las diversas historiografías latinoamericanas y las que debieran realizarse con otros lugares del mundo.

El trabajo de Lempérière parte del diagnóstico de que la nueva historia política ha vuelto a recuperar la centralidad del Estado en los últimos 20 años, pero de forma transfigurada.[28] Se ha trascendido la visión primordialmente jurídica y ha cobrado nuevos bríos la perspectiva "desde abajo" en el que se recogen los temas de identidad, género, etnia, grupos subalternos, resistencia a la hegemonía; priva, en muchos casos, una especie de "militancia antiinstitucional", de predilección de local frente a lo global. Antes de adscribirse a esta moda, prefiere invitarnos a hacer una historia de

[27] *Ibid.*, p. 41.
[28] LEMPÉRIÈRE, "La historiografía del Estado", p. 45.

los Estados hispanoamericanos desde la administración pública. Nos exhorta a estudiar —idea sugerente, sin duda— la composición de los gabinetes, el número de dependientes, el tamaño de las oficinas y realizar más prosopografías de los cuadro intermedios, donde se rastreen sus sueldos, carreras, rotación o permanencia de los cargos. En pocas palabras, recomienda cuestionarse ¿cómo se representan estos cuadros a sí mismos y cómo los representan los otros actores en juego?

Asimismo, a Lempérière le parece que el enfoque de rupturas y continuidades es "bastante esterilizante", pues obliga al historiador a plantearse una disyuntiva: frente a qué se rompe o frente a qué se continúa ("con el Antiguo Régimen o con el Estado colonial"). No profundiza o da más pistas de su crítica implícita a Carmagnani. Luego indica que sería mejor partir del término "formas de transición", para finalmente plegarse a la concepción de su maestro Guerra: el conflicto entre tradición (concepción corporativa de la sociedad en el "antiguo marco monárquico") y modernidad en su organización política ("las pretensiones del Estado republicano, constitucional, representativo y popular").[29]

No es el lugar para detenerme en la valoración de los resabios eurocentristas e inflexibilidades del enfoque de Guerra (por cierto, menos acentuados a partir de los ensayos contenidos en *Modernidad e independencias*) y la ductibilidad e historicidad hispanoamericanista que nutren la perspectiva de Carmagnani, pero quisiera rescatar de Lampérière que no práctica la evasión historiográfica. Nada ha hecho más daño a los estudios históricos de América Latina del siglo XIX que la indiferencia académica.

El texto de Pani denota una cierta resistencia a las etiquetas que buscan sepultar a "la historiografía de antes". Prefiere describir que ha cambiado, en enfoques y temas, en la historia política que se práctica en las últimas de tres décadas de nuestro presente.[30] Subraya la necesidad de emprender más

[29] *Ibid.*, pp. 52-53. Es interesante que Lempérière acuda al concepto de "transición", pues como todos sabemos se trata de un término acuñado por la ciencia política contemporánea de los años 70 y 80 del siglo XX. Algunos de sus principales impulsores fueron Juan Linz, Philippe Schmitter, Guillermo O´Donnell, Arturo Valenzuela, entre otros. Las bondades y debilidades de este enfoque llevan ya varias vueltas de tuerca con los estudios de Scott Mainwaring, Matthew Soberg Shugart, Philip Norton y José Antonio Cheibud. De cualquier modo, el debate sobre las transiciones y la eficacia de las "formas de régimen" parece ser más adecuado para discutir los cambios políticos de América Latina durante las últimas dos décadas del siglo XX.

[30] PANI, "La nueva historia política".

investigaciones sobre el monarquismo —escenario que cabe en los estudios de las formas de gobierno— y el conservadurismo mexicanos, la opinión pública y las formas de sociabilidad (estos últimos temas atribuibles al influjo de Guerra). Se pregunta, en forma semejante a Morales Moreno, por qué ha seducido a tan pocos mexicanistas los avances historiográficos de la escuela de Cambridge y su propuesta de pensar la historia a través de los lenguajes políticos. El *liberalismo popular* de Florencia Mallon le "convence y preocupa". No acaba de comprender por qué si es un enfoque que critica la historia oficial, al mismo tiempo la refuerza. Tampoco como pueden convivir dos conceptos contradictorios: el liberalismo, que defiende valores individuales, y lo popular, con valores colectivos. La historia "desde debajo" de Thomson le seduce más, pues los pueblos solían hacer alianzas con los liberales por intercambio —tierras, por ejemplo— y no tanto por adscripciones ideológicas. Además, no elude, en su largo recuento de autores y obras, referirse a algunas de las aportaciones de Carmagnani. De los escritos de su juventud, rescata los trabajos sobre el asalariado minero colonial (1863) y los mecanismos de la vida económica chilenos (1973), de los que piensa que ayudaron a trascender la historia de las grandes individualidades para adentrarse en las estructuras profundas de la historia social y económica de América Latina. Del Carmagnani de finales de los años 80 y principios de los 90, el hecho de que planteó la problemática de la construcción del Estado desde una perspectiva amplia y comparada, lo que redundó en que los mexicanos y sus intérpretes de la historia del siglo XIX dejemos de vernos como el ombligo del mundo. Por último, rescata de su libro *Estado y mercado* (1994) una de las posibles explicaciones de cómo se estructuraron las lealtades, los mecanismos y las tensiones entre las dos esferas de autoridad pública, la de los estados y la del poder federal, a partir de 1857 hasta finales del porfiriato. Debe reconocerse el esfuerzo de Pani, viniendo de una historiadora que tuvo una empatía especial por Guerra, por partida doble: por un lado, por haber citado seis estudios de Carmagnani, lo que contrasta con el silencio historiográfico sobre su obra; y, por el otro, debido a que puso a dialogar parte de sus investigaciones con las de otros autores que, desde su punto de vista, han hecho aportes relevantes a la historiografía mexicanista del siglo decimonónico.

La colaboración de Sabato hace alusión a los nuevos paradigmas y tópicos que han caracterizado a las discusiones contemporáneas sobre el Estado y la nación en América Latina, particularmente de Argentina.[31] Su recuento es similar al de Pani, pero con matices distintos. Los grandes temas que nos ocupan: lo monárquico y la opción republicana; la soberanía, los parlamentos y la ciudadanía; las identidades, la sociedad civil y la construcción de la esfera pública. Los enfoques referidos: el rescate de lo popular y lo social, extraídos de la izquierda marxista inglesa de E P. Thompson y Raymond Williams; las búsquedas históricas de la sociedad civil y la esfera pública, desde sus fuentes teóricas primigenias como Jürgen Habermas y Hannah Arendt, y el aprecio por la historia intelectual y cultural, desarrollada por figuras como Quentin Skinner y J. G. A. Pockock. Cabe resaltar que en el arqueo de Sabato hay conciencia plena de la importancia del estudio de las formas de gobierno. De ahí que conceda un especial interés para que en el futuro se hagan más investigaciones sobre la transición de la monarquía a las independencias americanas, con acento en las diversas formas de republicanismo que se generaron en Argentina y América Latina en general.

Por último, Ávila coincide con la mayor parte de sus colegas en el libro reseñado, pues contrapone la idea de que existió un liberalismo europeo ideal, consolidado y bueno y otro distorsionado e imposible de arraigarse en América Latina.[32] Sintetiza el actual debate historiográfico sobre el siglo XIX con los impulsores del liberalismo popular y los proyectos alternativos de nación, la historia de la cultura política y la nueva historia intelectual. Respecto a lo primero, cita nombres como Mallon, Knight, Thomson y Guardino y critica, seguramente pensando en Mallon, que el aprecio por la autonomía de algunas comunidades no lleva en automático a la defensa de un "proyecto contra-hegemónico". Que el liberalismo para estos grupos comunitarios puede tener dos caras: el resguardo de su autogobierno o el impulso de los principios liberales, como elementos destructores de sus tradiciones y formas de propiedad ancestrales.

En cuanto a lo segundo, valora de Carmagnani y su perspectiva de analizar el liberalismo desde tres vertientes: la cultural, la institucional y la de la realidad social. Sin discutir los matices que informan la propuesta de Carmagnani, la parte que toma en cuenta lo cultural y lo social en lo po-

[31] SABATO, "La política argentina".
[32] ÁVILA, "Liberalismos decimonónicos".

lítico, suma diversos nombres (como el de Antonio Annino, Xiomara Avendaño, Claudia Guarisco, Gabriela Tío Vallejo, interlocutores directos o discípulos de Carmagnani; y el de Jaime Rodríguez, Juan Carlos Chiaramonte y José Antonio Serrano), con el fin de proyectar que se trata de una verdadera corriente historiográfica que ha sido sensible a los temas electorales y a las nuevas formas de sociabilidad política. La inclusión de las sociedades secretas y las políticas clandestinas, que practican Virginia Guedea como el propio Ávila, constituirían un nicho más de la misma preocupación.

Por último, en relación con la nueva historia intelectual, Ávila se concentra en el vuelco historiográfico que ha proporcionado la perspectiva de los lenguajes políticos. En su opinión, el giro lingüístico permite superar la vieja oposición entre discurso y práctica. Lo más interesante es que vincula esta novedosa vertiente de hacer historia a la necesidad de estudiar el republicanismo como una forma de gobierno específica. Cita a Luis Castro Leiva en cuanto al proyecto bolivariano; a Adolfo Bonilla Bonilla para Centroamérica; a Carmen McEvoy sobre Perú, y a Jorge Myers respecto del caso argentino.[33] Le faltó indicar, quizá por pudor histórico del cual confieso mi plena carencia, que la experiencia mexicana tiene en su persona a uno de sus cultivadores contemporáneos (2002 y 2004); pero la lista debe extenderse, entre otras voces, a Alicia Hernández (1993 y 2007), José Antonio Aguilar (2002), Tomás Pérez Vejo (2003), Carmagnani (2004), Rafael Rojas (2009), y al que esto escribe (2002 y 2011).[34] Ávila afirma que este tópico ha llegado a cobrar tal relevancia que "muchos historiadores" pretenden sustituir al liberalismo, como el centro del debate historiográfico, con el estudio del republicanismo. No ha sido la postura de Carmagnani, ni tampoco la mía. En mi opinión, de lo que se trata es de otorgarle autonomía analítica o centralidad al republicanismo, dado que todavía persiste —en diversos grupos académicos— como un concepto aledaño o subsidiario de las formas de gobierno federalistas o centralistas. Además, no podría sustituirse una cosa por otra, debido a que la república y el liberalis-

[33] *Ibid.*, pp. 131-132.

[34] ÁVILA, "Pensamiento republicano", y *Para la libertad*; HERNÁNDEZ, *La tradición republicana* y "Monarquía-república"; AGUILAR, "Dos conceptos"; PÉREZ, "La construcción de las naciones"; CARMAGNANI, *El otro Occidente*; ROJAS, *Las repúblicas de aire*, y ARROYO, "La República imaginada" y *La arquitectura del Estado mexicano*.

mo, en sus fundamentos, promueven valores —colectivos en el caso de la República, individualistas en el liberalismo— y formas de Estado distintas.

Me he detenido largo rato en la parte historiográfica de la compilación de Palacios, porque pienso que ha sido uno de los ejercicios colectivos más sobresalientes para acercarse a los temas y enfoques que han permeado el pensamiento histórico de las últimas tres décadas en México. La urgencia de rediscutir las formas de gobierno es un tópico transversal que ocupa a los autores comentados.

Destaca, asimismo, que no se elude criticar o dialogar con Carmagnani y su obra. Paradójicamente, los "observadores" historiográficos que colaboraron en el libro son, en su mayoría, los "productores" —en el sentido que Walter Benjamin ocupaba el término— de esta renovada historia política. Como no se puede eludir que el narrador aparezca en lo que narra, hace falta que los profesionales de la historiografía mexicanista se hagan cargo de "observar a los observadores". No es una misión secundaria, pues "la historiografía —como dice bien Alfonso Mendiola— orienta la investigación histórica gracias a la reconstrucción de su historia".[35] El rezago del observador tiende a confinar las oleadas que refrescan los nuevos horizontes historiográficos. El olvido o la indiferencia, los cancela.

En el año 2000 un grupo de académicos emprendieron la tarea de realizar un *Léxico de la política*.[36] A Evelia Trejo, reconocida especialista en el campo, le encomendaron desarrollar lo que ha sido la *historia mexicana* del siglo XX (replicó, en otra edición historiográfica, el mismo texto en 2010).[37] Su recuento de corrientes y autores es plasmado con solvencia; pero cuando le toca enumerar —no comentar la obra— de algunos de los mexicanistas "fuereños" más sobresalientes —24 nombres, para ser precisos— no aparece en su listado Carmagnani.[38] En 2008, Roberto Breña, historiador hispanista al que no se puede acusar de desactualizado, congregó a una serie de especialistas para discutir la importancia del bienio de 1808-1810 en la historia política del mundo hispánico. En 2010 estaba listo el libro.[39] En la introducción, efectúa un sugerente ejercicio historiográfico de los autores que han destaca-

[35] MENDIOLA, "El giro historiográfico", p. 524.
[36] BACA *et al.*, *Léxico de la política.*
[37] TREJO, "Historia mexicana".
[38] *Ibid.*, p. 168.
[39] BREÑA, *En el umbral.*

do en la materia. Proporciona un buen balance de Guerra y sus aportaciones al revisionismo histórico. Enfatiza la necesidad de hacer más historia de Hispanoamérica que continuar en la ruta de los nacionalismos parroquiales. Exalta las virtudes del análisis de las coyunturas frente al de las estructuras. Le emociona la historia "desde abajo" que practica Van Young. Resalta las figuras de Annino, Sabato y Eduardo Posada-Carbó como buenos ejemplos de historia electoral que no eluden las variables sociales y culturales en sus estudios históricos. Despliega cierto optimismo, al indicar que la historia política que se hace hoy en día no rehúye a la conceptualización y a lo interdisciplinario. Sin embargo, en su relato no corta una sola flor de Carmagnani. Se puede argumentar que una compilación que se centra en la coyuntura no requiere acudir a los estudios de Carmagnani, pues este historiador tiende a privilegiar las estructuras y la visión de largo aliento. No obstante, el caso es que en muchas de las investigaciones de Carmagnani se practica lo mismo el análisis de las estructuras y la larga duración que ponderan las coyunturas o momentos decisivos de las grandes rupturas históricas.

No tiene caso seguir ya por la misma ruta. Los ejemplos historiográficos que he presentado a lo largo de este apartado muestran, salvo contadas excepciones, que predomina un desinterés por acercarse a los estudios históricos de Carmagnani. El apartado que viene apenas es un atisbo de su obra, no menos original, sobre el debate de las formas de gobierno en el siglo XIX latinoamericano.

El tejedor de un nuevo horizonte historiográfico

La crisis imperial de 1808, el constitucionalismo gaditano de 1812 y movimientos como la ruptura realista, encabezada por Agustín de Iturbide, en la Nueva España modificaron abruptamente la relación de la Corona española y los territorios de ultramar. Estos tres momentos pueden considerarse como el comienzo del abandono de la forma absolutista de gobierno en casi toda la América hispánica, a pesar del efímero regreso del trienio liberal —1820-1823— en la metrópoli.[40]

[40] Para una mirada general de los procesos separatistas en la América hispánica, véase RODRÍGUEZ, *La independencia*; PÉREZ, "La construcción", y BREÑA, *El primer liberalismo*.

En particular, el proceso separatista de la Nueva España se ha visto como la consolidación de la "primera República federal" en México. Esta acepción esconde, por un lado, el paso del monarquismo constitucional gaditano al monarquismo moderado iturbidista; y, por el otro, elude la discusión de otras formas de gobierno que estuvieron en la palestra política, como la noción de confederalismo.[41]

Del primer asunto, todavía son pocas las voces que han trascendido la idea de que el monarquismo en México fue una presencia efímera, a la cual era necesario borrarla pronto de la memoria histórica. Desde luego, cabe hacer referencia a los viejos estudios de O'Gorman y Robertson sobre el tópico (por cierto, llama la atención que *Iturbide de México* haya sido finalmente traducido al español, después de 60 años de aparecida la primera versión en inglés); pero también a autores contemporáneos como Anna, Rodríguez, Arenal, Ferrer, Rojas y Landavazo, que han resaltado la importancia del primer monarquismo mexicano como un imaginario a seguir o como una forma de gobierno vigente.[42] Resalta, por polémica, la visión de Rodríguez, al caracterizar al Plan de Iguala, el Tratado de Córdoba y el iturbidismo como un movimiento autonomista —ligado al fernandismo— y no de corte separatista o independentista; también el libro de Landavazo, pues ha sido uno de las pocas investigaciones sobre la materia que han sostenido que el movimiento insurgente —sobre todo el de Hidalgo, Rayón y Mina, y no tanto el de Morelos— tuvo guiños fernandistas o autonomistas y que, por lo tanto, hay que trascender la perspectiva de que sólo fue una "mascarada" o estrategia de aglutinación social de los liderazgos insurgentes.

No es el lugar para agotar éstas y otras querellas historiográficas, lo relevante es que este conjunto de autores y sus estudios han permitido ver que el primer monarquismo en México no fue algo ajeno al imaginario político de los actores mexicanos de la época. Tampoco fue un ideal reaccionario de algunos o de muchos políticos del momento, por-

[41] Dejo de lado la discusión de la República, pues requiere, como se indicó en el anterior apartado, una valoración autónoma o de concentración analítica que rebasa las preocupaciones de este ensayo.

[42] ROBERTSON, *Iturbide de México*; O'GORMAN, *La supervivencia política*; ANNA, *El imperio*; ARENAL, *Un modo de ser libre*; FERRER, *La formación*; RODRÍGUEZ, *La independencia*; ROJAS, "El México de Iturbide", y LANDAVAZO, *La máscara*.

que su monarquismo fue constitucionalista —en este sentido estuvo más cerca de los ideales liberales más avanzados de la época— y casi nadie impulsó una forma de gobierno tiránica o quiso regresar a un tipo de monarquismo absolutista (los borbonistas novohispanos fueron partidarios de una monarquía moderada, con un príncipe extranjero, no serviles o absolutistas). Existen diversas explicaciones de por qué cayó el primer monarquismo mexicano —la misma literatura que he citado antes da su propia versión del asunto—, pero lo que más me interesa resaltar es que su resquebrajamiento abrió el camino a la discusión de las otras formas gobierno.

El segundo asunto, precisamente, tiene que ver con este último elemento. La noción de primera República federal borró del mapa historiográfico mexicano la posibilidad de que existieran elementos confederalistas.[43] De ahí que el debate se centrara en si el constitucionalismo mexicano había sido copia del estadounidense —gran parte de los estudiosos del derecho histórico repitieron esta premisa— o venía de elementos propios del constitucionalismo hispanoamericano (Benson). Este último enfoque, aunque refrescó la historiografía sobre el tema, se quedó en la era Cádiz —la creación de las diputaciones provinciales— y su conexión con los efectos del movimiento de Casa Mata y la sanción del segundo constituyente mexicano (el que dio origen a la Constitución de 1824). Muchos años después, otros historiadores se fueron más lejos: vieron en la instauración gradual y diferenciada del sistema de intendencias el germen del federalismo mexicano.[44] La división de la Nueva España en doce intendencias no lograría cumplir con el cometido superior de centralización política —otra cosa fue el "éxito" realista en materia fiscal— y terminó por fragmentar aún más el territorio novohispano. El proceso de independencia, primero, y luego la instauración del constitucionalismo de 1824 tendrían su explicación más profunda en esta fractura cocida lentamente en último tercio del siglo XVIII y la primera década del siglo XIX. Sin embargo, el resultado fue similar. El

[43] La mayor parte de la historiografía sobre la primera mitad del siglo XIX mexicana comparte esta visión; baste citar a los siguientes autores: BENSON, *La diputación provincial*; MACUNE, *El Estado de México*; VÁZQUEZ, *Dos décadas*; CALVILLO, *La República federal*, y TELLA, *Política nacional*.

[44] GUERRERO, *Raíces borbónicas*; PIETSCHMAN, *Las reformas borbónicas*, y JÁUREGUI, *La Real Hacienda*.

vínculo entre el sistema de intendencias y la separación de la Nueva España acabó en la constitución de una "República federalista".[45]

La obra de Marcello Carmagnani sobre las formas de gobierno rompió con esta inercia historiográfica. Hasta donde tengo entendido, él fue el primero en hablar de la posibilidad de que en México no se hubiera constituido una República federalista, sino otra de tipo confederalista. Su hallazgo estuvo inicialmente relacionado con el análisis de la dimensión financiera del Estado mexicano (sea dicho de paso, introducir esta dimensión en el estudio de los Estados latinoamericanos fue, y lo sigue siendo ahora, una novedad historiográfica).[46] El texto, originalmente publicado en *Nova Americana* en 1982, señala a propósito de las esferas de competencias generales y estatales:

> Me parece particularmente importante detenerme en esta diferenciación entre ingresos de la federación e ingresos de los estados por el significado que tiene en la conformación del Estado. La diferenciación de los ingresos establece la existencia de dos poderes, el federal y el de los estados de los cuales el primero goza de una supremacía formal, que le es reconocida por los estados con el *contingente*. Este reconocimiento formal permite a los estados autonominarse del poder federal, haciendo propios todos los impuestos exigibles en su territorio. Ello significa, en el nivel de las finanzas públicas, que no sé está en presencia de un verdadero régimen federal sino más bien de un *régimen confederal*. La relación que se establece entre federación y estados asume de esta manera la forma de un pacto, regulado jurídicamente, que parece sancionar el acuerdo de naturaleza social y política establecido entre los grupos regionales.[47]

A lo largo del artículo, Carmagnani añade un recuento cuantitativo del contingente (la cuota "real" y proporcional recabada por cada estado para sostener a los poderes generales), entre 1824 y 1857, y su conversión en contribución federal, entre 1867 y 1880; pero lo relevante no estriba en saber únicamente la eficiencia racaudatoria del gobierno general sobre los

[45] HAMNETT, "Factores regionales", p. 305.

[46] CARMAGNANI, "Finanzas y Estado en México". El texto original fue publicado en 1982. La primera versión en español es de 1983, en la revista *Ibero-Amerikanisches Archiv*; luego fue reeditado en MONTALVO, *El águila bifronte*; en JÁUREGUI y SERRANO, *Finanzas públicas*; y finalmente en la antología de CARMAGNANI, *Economía y política*. Aquí se utiliza la compilación de Jáuregui y Serrano (1998) para referencias concretas.

[47] *Ibid.*, p. 139.

estados, sino en conocer el tipo de relación tributaria que entablaron las partes.[48] La relación que emprendieron en 1824, no cabe duda, fue de tipo confederal, puesto que al Estado mexicano no se le dio la fuerza —ni constitucional, ni fáctica— para relacionarse con los individuos de la nación directamente. Los poderes públicos generales comenzaron relacionándose con colectivos —las entidades estatales— y no con tributarios individuales. Por mucho tiempo, no pudo instituirse el principio de *individuación tributaria*, que acompañaba —y aún caracteriza— a las formas federalistas de gobierno.

El siguiente paso de Carmagnani fue introducir la idea de que los Estados latinoamericanos no podían comprenderse a la luz del binomio Estado-nación, sino a través de la noción de territorialidad. En su estudio germinal, publicado en 1984, "Territorialidad y federalismo en México" dice:

> Estos estudios permiten por lo tanto pensar que la territorialidad constituyó no solamente uno de los elementos característicos del sistema político y financiero sino también uno de los fundamentos que asume el Estado independiente en México. Una hipótesis de este tipo, la territorialidad como fundamento de la forma estatal mexicana moderna, no ha sido hasta ahora formulada por la historiografía mexicana, que ha insistido más sobre el Estado como elemento de consolidación de los valores nacionales, reforzando así la ecuación Estado-nación. Esta tendencia también es observable en otras historiografías latinoamericanas —refiriéndose a Felipe Leal en México u Óscar Ószlak para el caso argentino—; tan sólo el estudio de Uricoechea para Brasil, partiendo de los conceptos politológicos de Weber, plantea parcialmente la cuestión de la territorialidad.[49]

Desde luego, el reclamo al término de territorialidad de Fernando Uricoechea venía, además de la carencia de centralidad conceptual, de su punto de partida weberiano: un tipo de arranque abstracto aplicado sobre realidades vivas en el continente americano. En cambio, Carmagnani se sumergió en el estudio de la mecánica de autogobierno "colonial" en la

[48] El estudio de Castañeda sobre la materia recaba importantes datos sobre la eficiencia recaudatoria del contingente, pero no se preocupa por reflexionar acerca de la naturaleza cualitativa de este impuesto y mucho menos sobre su relación con las formas de gobierno. CASTAÑEDA, "El Contingente fiscal". Para una revisión crítica de esta postura: ARROYO, "México: proporcionalidad en el contingente".

[49] CARMAGNANI, "Territorialidad y federalismo", p. 290.

época de los Hasburgo y el fenómeno de territorialización a que dieron origen las nuevas políticas de organización borbonista en la metrópoli y en ultramar; es decir, su punto de partida, como casi toda su obra, era ya "comprensivo" e histórico. José Gaos calificó a este proceso intelectual como de creación de categorías *surgentes* (las que son ideadas desde la historia y no tomadas de otros teóricos o disciplinas sociales). Seguramente, Gaos hubiera podido también afirmar que la capacidad de crear categorías surgentes es lo que distingue a los grandes pensadores —los clásicos— de los simples mortales.

El concepto histórico de territorialidad le sirvió a Carmagnani para proponer su idea de "desadministración territorial" colonial (una de las premisas más debatidas por la "nueva" historia económica). Esto es, que el cambio de dinastías entre los Hasburgo y los borbones no había implicado una ruptura sustancial en el control económico, fiscal y territorial de los espacios del ultramar, sino más bien una continuidad de la debilidad del Estado español. Pero lo que me interesa destacar es su señalamiento de que la fragmentación y falta de control colonial fue una herencia para el México independiente. De ahí su moción de que no debía verse el caso mexicano de la primera mitad del siglo XIX como un periodo de anarquía o de vacío de poder, sino como un proceso de reorganización política de tipo territorial. Más aún, primero el constitucionalismo gaditano, con las diputaciones provinciales y los ayuntamientos, y luego el constitucionalismo de 1824, la constitución general y las constituciones estatales, terminaron por institucionalizar la "voluntad policéntrica" de los territorios. La "independencia tributaria" —es decir, la dimensión financiera del Estado— se presenta como uno de los fundamentos del concepto de territorialidad. Nuevamente el contingente, ya subrayado en su artículo anterior, y la continuidad del impuesto por alcabalas aparecen como los elementos centrales que restringieron la institucionalización temprana de un verdadero Estado federal.

En suma, y sin que todavía fuera una afirmación categórica, la llamada voluntad policéntrica de los territorios perfilaba una forma de gobierno más acorde con el confederalismo. Mas la visión de territorialidad de Carmagnani, hasta este momento, estaba circunscrita a los ámbitos social y económico. Daba por sentado que el control territorial venía de las viejas oligarquías coloniales que habían mantenido una continuidad con los estamentos del México independiente. Esta perspectiva se transformaría pronto en sus estudios ulteriores sobre el tópico y, sobre todo, ensancharía su concepto de territorialidad con otros elementos de orden político.[50]

De este último aspecto, lo más sobresaliente en la década de 1980, es la relación entre territorialidad y soberanía. Carmagnani, en 1989, publicó un texto que hablaba sobre las dificultades que tuvo el Estado mexicano para crear una hacienda liberal y federal, aunque ubicado espacialmente en la segunda mitad del siglo XIX.[51] En su opinión, este paso habría sido impensable sin la preocupación de crearle una esfera fiscal propia a la federación. Para ello se tenía que conformar una burocracia federal —o al menos, mecanismos de control directo a las entidades federales—, para avanzar en la instauración y cobranza de los impuestos internos en los estados. Uno de los puntos nodales de este impulso pasaba por la sustitución de las alcabalas a cambio de la renta del timbre (la contribución federal era uno de los rubros que conformaba el impuesto del timbre). De nueva cuenta, Carmagnani fue el primero que advirtió que la oferta reformista tenía una doble pretensión: por una parte, de orden económico, pues la abolición de las alcabalas tenía la función directa de liberar la producción y la circulación de las mercancías, pero también la de afectar, indirectamente, el consumo de los diversos sectores sociales de la población; por la otra, de corte político, ya que la intención era acrecentar el poder del Estado central respecto de los poderes regionales y personales. A pesar de la contundencia cuantitativa del estudio de Carmagnani, debe asombrarnos su capacidad para pensar que detrás del proyecto de abolición de las alcabalas imperaba una disputa mayor al problema económico: la lucha entre la soberanía nacional —la representada por la federación— y la de los "poderes territoriales" —representada por los estados—. Nadie lo supo resumir mejor que

[50] El cambio de postura o flexibilización de las premisas oligárquicas que acompañaron a su trabajo *Estado y sociedad en América Latina* lo propició el mismo Carmagnani en la revista *Metapolítica* (1988). Allí reconoció que se había visto seducido por la historiografía positivista en este punto. En dicho ensayo, asimismo, se ratifican las nuevas rutas por las que estaba atravesando su pensamiento histórico y anuncia los nuevos horizontes que era necesario emprender hacia el futuro. El texto referido es de más fácil acceso en CARMAGNANI, "Élites políticas, sistemas de poder".

[51] CARMAGNANI, "El liberalismo, los impuestos internos", p. 485. Este estudio, sin duda, puede ubicarse como el lanzamiento condensado de las ideas generales que desarrollaría a profundidad en su libro sobre el Estado, el mercado y la economía política del liberalismo mexicano. Consúltese CARMAGNANI, *Estado y mercado*.

la propia Conferencia de 1883 entre el secretario de Hacienda y los representantes de los estados: las entidades de la república —destaca el propio Carmagnani— no aceptaban suprimir las alcabalas, porque lo consideraban una "nueva restricción a la soberanía natural de los estados".[52] Si esto sucedía en plena construcción del porfiriato, qué podría esperarse para la primera mitad del siglo XIX.

Carmagnani no se detuvo aquí. El refinamiento y ensanchamiento del concepto de territorialidad lo plasmó en su estudio "Del territorio a la región...", publicado originalmente en 1991.[53]Además de conservar los condimentos sociales y económicos, introdujo "criterios informativos" culturales y otros elementos políticos más a su noción de territorialidad.[54] El resultado fue la incursión de un conjunto de valores que se sintetizan en la idea de patria (asociado tanto a los asuntos de la geografía, clima, etnografía, bienes económicos y raciales como a los elementos intangibles del sentido de pertenencia) y los elementos culturales y sociales presentes en lo político y en lo institucional: la calidad de ser natural, la condición de vecindad y la definición de la ciudadanía, todos ellos inscritos en los articulados normativos de las constituciones estatales del México independiente.

De este modo, las dimensiones descritas anteriormente pueden agruparse en un solo término: el concepto histórico de *poderes territoriales*. Queda claro que éstos tenían un origen colonial; pero lo que más le importaba a Carmagnani era hallar las continuidades y las rupturas de dicho fenómeno tanto en Cádiz como en el primer constitucionalismo mexicano. En su opinión, la reorganización de estos elementos preexistentes fue uno de los rasgos definitorios del Estado mexicano. Los poderes territoriales,

[52] CARMAGNANI, "El liberalismo, los impuestos internos", p. 485. Carmagnani narra que en 1892 se volvió a convocar a otra Conferencia entre el secretario de Hacienda y los representantes de los estados. Allí el gobierno central ofreció la eliminación del impuesto federal sobre el consumo de las manufacturas, aunque aumentó el de la contribución federal del 25 (1875) al 30% (1880) de los ingresos de los estados y municipios. En 1896 se dio el acuerdo de abolición de las alcabalas. Para profundizar sobre el proceso de abolición y los argumentos que se dieron en las Conferencias referidas y los debates parlamentarios, consúltese mi estudio ARROYO, "El ocaso de las alcabalas". El libro más acabado sobre la primera mitad del siglo XIX: SÁNCHEZ, *Las alcabalas*.

[53] CARMAGNANI, "Del territorio a la región".

[54] En el coloquio que fue el precedente de este libro y de mi ensayo en particular, Carmagnani comentó que para la creación del concepto histórico de territorialidad tuvo en mente también las enseñanzas de la disciplina antropológica y de la historiografía francesa de los Anales de la primera generación.

primero, se articularon a las diputaciones provinciales y a los ayuntamientos constitucionales frente a la monarquía moderada gaditana; luego los estados y municipios republicanos a los poderes públicos generales. Sin embargo, y a diferencia de lo que pensó Benson en su momento, la articulación no fue automática. Ocurrieron rupturas visibles en la forma de organizar los poderes estatales. Carmagnani resalta la noción de vecino (que venía definiéndose desde último tercio del siglo XVIII) y su vínculo con la definición de ciudadanía del constitucionalismo liberal del siglo XIX y la confección de las nuevas formas de representación política en íntima relación con la cuestión de las continuidades y discontinuidades de los sistemas electorales indirectos respecto de la época gaditana.[55] La historiografía contemporánea anda todavía a la caza y profundización de muchas de las premisas proyectadas por Carmagnani en dicho estudio germinal.

El momento culminante de este largo recorrido sucedió en marzo de 1992. Carmagnani convocó a un cúmulo de estudiosos de los tres grandes países de América Latina —México, Brasil y Argentina—, para debatir en torno al federalismo. El objetivo era reflexionar sobre las formas históricas que los federalismos latinoamericanos habían tomado tanto en el siglo XIX como en el XX. Los estudiantes de historia en El Colegio de México de ese entonces fuimos "invitados cautivos" a seguir el coloquio que duró un par de días. Reconozco que asistí con un gran interés a las mesas de debate que se organizaron para la ocasión, pero al mismo tiempo con la ingenuidad del alumno que aprendía cosas sobre la historia de América Latina sin sospechar lo que estaba en juego. El profesor Carmagnani llevaba casi dos décadas estudiando las formas históricas de los Estados latinoamericanos, y con mayor profundidad el caso mexicano. Llevaba consigo, también, el recuento de textos que he citado aquí —más los no referidos, dado que escapan directamente al tema que nos ocupa— y sobre todo su tímida insinuación, basada fundamentalmente en la dimensión financiera de Estado, de que México había podido ensayar una República confederalista en 1824 y no una forma federalista. Y sobre todo, llevaba consigo su vigorosa

[55] Para profundizar sobre este tema, consúltese CARMAGNANI y HERNÁNDEZ, "La ciudadanía orgánica", y GUARISCO, *Los indios del valle de México*. No sobra resaltar que la idea de entender la ciudadanía en la era gaditana y en el México independiente mediante la vecindad fue una precepto postulado en el texto referido de 1991, "Del territorio a la región".

noción de poderes territoriales para analizar el tránsito del Estado español a los Estados independientes americanos.[56]

El resultado fue uno de los mejores libros colectivos que se hayan emprendido sobre las formas de gobierno en América Latina: *Federalismos latinoamericanos: México, Brasil y Argentina* (1993).[57] La vocación latinoamericanista de Carmagnani alentó una perspectiva comparada. Por consiguiente, no sólo pudieron mostrarse las diferencias y las convergencias entre las tres experiencias aludidas, sino se consiguió deliberar sobre su originalidad frente a otro tipo de federalismos como el de Estados Unidos o el de Canadá. Asimismo, fue posible destacar que los federalismos de los tres espacios latinoamericanos eran dinámicos; estaban hechos de tiempo, y adquirían características y fundamentos distintos según el momento y el espacio en que uno se ubicara. En breve, pudo observarse que el federalismo es una forma de gobierno histórica —no abstracta— en el que son los actores políticos concretos los que definen el estatus de soberanía y las funciones y esferas de competencia de las partes inherentes a su constitución. Carmagnani, además, alentó la idea de que no podía entenderse el federalismo únicamente mediante el estudio de sus constituciones. Era necesario ampliar el horizonte y analizar, por lo menos, tres dimensiones más: la institucional, la de cultura política y la de las prácticas políticas. No todos los participantes del libro acogieron la perspectiva sugerida, pero de una u otra manera se fueron tocando algunos de estos aspectos parcialmente.

Las aportaciones específicas de Carmagnani fueron recogidas en la introducción del libro, el desarrollo del caso mexicano —"El federalismo liberal mexicano"— y en un texto conclusivo de tipo comparativo. Los tres artículos deben mirarse como un todo orgánico en el que se condensan sus principales contribuciones sobre el tópico. En mi opinión, tres fueron sus hallazgos principales: la postulación, sin cortapisa alguna, de que México había transitado a una forma de gobierno confederalista en 1824, el desarrollo de una tipología histórica de los federalismos mexicanos y la idea,

[56] El artículo "Territorios, provincias y estados: las transformaciones de los espacios políticos en México, 1750-1850", compilado por VÁZQUEZ en *La fundación del Estado mexicano*, puede leerse como la gran síntesis del recorrido de artículos que se han citado en este ensayo. Véase CARMAGNANI, "Territorios, provincias y estados".

[57] CARMAGNANI, *Federalismos latinoamericanos*.

emanada del esfuerzo comparativo, de que la experiencia mexicana no era una soledad histórica en el tema del confederalismo; las otras dos experiencias discutidas habían, con sus singularidades, vivido una etapa análoga.

El primer asunto fue sustentado por Carmagnani mediante su concepto histórico de los poderes territoriales, los cuales habían sido fraguados en la Colonia y fueron reformulados en el constitucionalismo gaditano y en el constitucionalismo de 1824, y más que un primer federalismo, había dado vida a una forma confederalista.[58] En la parte de conclusiones sostiene:

> Una de las constantes que emergen de todos los estudios contenidos en este volumen es que el federalismo no es ni una copia del federalismo norteamericano ni un producto vernáculo. Más bien se podría caracterizar como un proceso interactivo según el cual las propuestas doctrinarias provenientes de otros contextos son reelaboradas a la luz de las necesidades y realidades mexicanas, brasileñas y argentinas [...]
>
> Los estudios nos muestran que la realidad preexistente en los tres países considerados en el momento en que se convierten en Estados independientes se caracteriza por una orientación de tipo confederal. En México, rastreamos sus primeros brotes en el fracaso de la centralización política y administrativa de las reformas borbónicas que llevó al virreinato de la Nueva España a una expansión de los ayuntamientos y la constitución de una pluralidad de poderes provinciales a partir de 1812. En el naciente Imperio de Brasil, la centralización política-administrativa realizada a partir de la segunda mitad del siglo XVIII y acelerada entre 1808 y 1815 por el traslado de la corte a Río de Janeiro en 1808, produjo la progresiva conformación de poderes regionales. En lo que será Argentina, a semejanza de lo que aconteció en México, se origina en la oposición a la centralización político-administrativa que se trató de implementar con la construcción del virreinato del Río de la Plata y en la imposibilidad de reorientar las tendencias autonomistas que se expresaban en los cabildos.[59]

Carmagnani, como puede observarse, había logrado diferenciar la forma de gobierno federalista de la confederalista. Su distinción tuvo como sustento el desarrollo de tres argumentos. En primer lugar, en el principio de individuación (la posibilidad de que el Estado pueda aplicar impuestos directamente sobre los individuos) que debe acompañar a la constitución

[58] CARMAGNANI, "El federalismo liberal mexicano", p. 144.
[59] CARMAGNANI, "Conclusión: historia de una forma de gobierno", pp. 398-399.

federalista frente a la relación de colectivos de la confederación (el contingente, la persistencia de las alcabalas y la ausencia de una verdadera hacienda pública liberal-federal del Estado central). En segundo lugar, el requerimiento federal de constituir una soberanía orgánica (principio de unidad que puede diferenciar competencias generales y estatales sin romper con la unicidad de la soberanía) frente a las soberanías fragmentadas (respaldada en la idea de preexistencia de la "soberanía natural de los estados" y en la noción de poderes territoriales extensamente desarrollada en este estudio). Y en tercer lugar, la necesidad de crear un ejército permanente y nacional de los federalismos frente al prurito superior de seguridad y defensa de las asociaciones confederalistas. Desde luego, este último argumento de Carmagnani fue extraído de Montesquieu y su presupuesto de que los gobiernos confederalistas se definían como una "sociedad de sociedades", pero también de la lectura atenta de Mariano Otero, que pretendía superar, desde principios de los años 40, los atavismos confederalistas de 1824.[60]

Este elemento, junto con otras indagaciones fácticas, le permitió a Carmagnani tejer una caracterización dinámica de los federalismos históricos de México. Menciona que hubo una primera etapa que se conoce como "primer federalismo", pero que él definió como confederalista (1824-1835); un segundo momento que denominó "federalismo ilustrado" (1840-1860), que vinculó a pensadores como Otero y una buena parte de los constituyentes de 1842 y de 1847; y una etapa de consolidación, que califica como el "triunfo del federalismo liberal" (1867-1911) en dos fases: el federalismo de colaboración (1867-1890) y el federalismo conciliatorio o concentrador (1890-1911).[61] El conjunto de desarrollos específicos de cada uno de estos periodos históricos pueden consultarse directamente en el texto citado de Carmagnani, pero a mí me interesa subrayar tres innovaciones historiográficas de su recorrido.

[60] Es común que muchos historiadores sigan pensando que Montesquieu fue un "teórico" del federalismo. La lectura directa de *Del espíritu de las leyes* indica que Montesquieu desarrolló algunos de los principios que fundamentaban a los viejos y nuevos confederalismos de su época. Pero si ello no bastara, Hamilton, en los artículos compilados en *El federalista*, entabló un debate explícito en contra de Montesquieu, precisamente porque el tratadista francés representaba lo que la Convención de 1787 deseaba trascender: la superación del confederalismo de 1776 por una República federalista. MONTESQUIEU, *Espíritu*; HAMILTON, MADISON y JAY, *El federalista*.

[61] Para el siglo XX, Carmagnani proyecta la construcción de un federalismo cooperativo, a partir del constituyente de 1917, CARMAGNANI, "El federalismo liberal", p. 174.

Antes que nada, la crítica a los cortes históricos tradicionales. La afirmación de Carmagnani de que México fue superando gradualmente su confederalismo a partir de la década de los 1940, presupone que el llamado "primer federalismo" de 1824-1835 no fue un verdadero federalismo, sino un constitucionalismo confederalista. Esto generó una doble novedad historiográfica. La primera consistió en que la historiografía sobre el tema tuvo que dar un viraje radical de cómo se había venido pensando el estudio de las formas de gobierno; simplemente no estaba en su radar la posibilidad de que existieran formas de Estado confederalistas. Las fechas son relevantes. Carmagnani planteó el asunto en 1982; pero en 1993 era ya una propuesta contundente y de un gran refinamiento conceptual e histórico. La segunda fue recuperar la originalidad de los constitucionalismos mexicanos de los años 40. Allí, con personajes vanguardistas como Otero, se asentaron no sólo las premisas doctrinarias para superar los condimentos confederalistas de su pasado, sino se trazó un horizonte federalista y liberal —el jusnaturalismo y el garantismo de los derechos individuales— constitucionalista, sobre todo en el Acta de Reformas de 1847. Las consecuencias para el constitucionalismo federalista de 1857 eran predecibles. Contuvo, sin duda, novedades y avances federalistas (la osada abolición constitucional, no fáctica, de las alcabalas fue una de ellas; el fortalecimiento de la justicia federal, otra). Sin embargo, también fue deudor en muchos sentidos de las reformas de 1847; en otros rubros, retrasó su consolidación (verbigracia, la desaparición del Senado de la República, no restituido hasta 1875).

La segunda novedad historiográfica aparece en la fase del federalismo de compromiso (1867-1890) y la revelación de sus mecanismos concretos de operación.[62] Además de delinear los rasgos de dicho federalismo (resumidos en la noción de poder compartido, los poderes residuales a los estados y la pretensión del gobierno federal de crear una esfera propia de sus

[62] En forma casi simultánea a lo expresado en su libro *Federalismos latinoamericanos*, Carmagnani había ensayado una crítica específica a la periodización del federalismo mexicano de la segunda mitad del siglo XIX. El estudio tiene como título "Federación y estados: espacios políticos y relaciones de poder en México (siglo XIX)", el cual fue publicado originalmente en el compendio de Jaime Rodríguez, *The Evolution of the Mexican Political System* en 1999; pero en la antología ya citada de Carmagnani se incluye este artículo en la compilación. En mi ensayo ocupo esta última reedición, véase CARMAGNANI, "Federación y estados".

finanzas públicas), Carmagnani destaca el sentido de colaboración de ambas instancias de poder político. Para desarrollar este argumento sostuvo que los estados habían asumido una doble representación de influencia: la local situada en los gobiernos y legislaturas locales) y la federal (primero con sus diputados generales y luego con la ambivalencia de los senadores, representantes que no siempre fueron favorables a los intereses territoriales). Encontró que la influencia de este último elemento se ejercía por medio del voto por diputaciones. El voto por diputaciones, explica Carmagnani, debía entenderse como un mecanismo legislativo que le permitió a los estados una igualación territorial, independientemente del peso diferenciado de los diputados federales que le tocaba a cada estado según su población. Así lo que operaba era el principio de un estado, un voto. Situaciones cruciales como la definición del presupuesto se definían mediante dicho mecanismo de representación. De ahí que Carmagnani afirmara que el uso del voto por diputaciones era una prueba viviente de que la federación y los estados habían entablado una política de compromiso y que, además, eran capaces de configurar coaliciones entre sus entidades sin romper el pacto federal.[63]

Aunque Carmagnani pensó —en esto equívocamente— que el voto por diputaciones se había originado por una emulación de la diputación permanente (representación que entraba en funciones en los recesos del Congreso de la Unión antes de la restauración del Senado), su hallazgo de esta institución y la develación de sus dispositivos concretos de funcionamiento constituyen una de las aportaciones más originales a la historiografía contemporánea sobre la relación entre la representación política y el federalismo. Hasta los años 90, no se registra estudio alguno que haya dado cuenta de este instrumento de representación política. El voto por diputaciones terminó por darle al federalismo mexicano un carácter singular, no sólo frente a experiencias federalistas como el tardío Brasil y el caso argentino, sino también frente a Estados Unidos.

La tercera novedad, tiene que ver con la perspectiva comparada. Su uso le permitió a Carmagnani mostrar que México no era una soledad histórica. Los diversos artículos contenidos en el libro mostraron que las tres experiencias históricas señaladas compartieron un horizonte confederalista

[63] *Ibidem*, p. 156.

en su primera etapa. En este sentido, México y Argentina no sólo no habían copiado el federalismo estadounidense de 1787, sino que pudieron estar más cercanos a la experiencia confederalista de 1776. El caso de Brasil, en el primer tercio de siglo XIX, fue excepcional, dado que se trataba de una forma de gobierno monárquica. Sin embargo, no existió contradicción alguna, pues las formas confederalistas eran y son perfectamente compatibles con las monarquías constitucionales. La explicación de fondo de esta similitud venía de la presencia histórica de los poderes territoriales y su reformulación en el siglo XIX. Asimismo, la perspectiva comparada hizo patente que la superación de confederalismo hacia un horizonte federalista fue un proceso gradual (más tardío en Brasil y Argentina que en México), pero que al final el federalismo centralizador (visto como una anomalía que coqueteaba con las formas "autoritarias") fue también común a las tres experiencias latinoamericanas. En Brasil, una centralización adelantada en los años 40; en México, a partir de los años 90 del porfiriato, y en Argentina, con el Unicato del último tercio del siglo XIX.

Breve revisión crítica

Hasta aquí he delineado algunas de las principales aportaciones de Carmagnani en cuanto a las formas de gobierno. Quisiera complementar el ensayo con una sucinta reflexión crítica acerca de su noción de confederalismo; y respecto del federalismo, polemizar sobre los alcances del voto por diputaciones. Me parece que un diálogo abierto con el profesor Carmagnani es el mejor homenaje que puede hacerse a su obra. Significa que está viva y que ha sembrado lo que todo gran maestro se propone en su vida académica. Formar espíritus independientes en lugar de exégetas de una cofradía seminarista.

Comienzo con el confederalismo. Está claro que las formas de gobierno históricas no suelen presentarse de forma pura, sino lo más común es que se constituyan de manera híbrida. En la caracterización del confederalismo mexicano de Carmagnani se vislumbra un cierto grado de generalización —quizá por la necesidad de abrir brecha en un tema absolutamente nuevo— que no siempre admitió matices. Así parece reconocerlo el propio Carmagnani en una conferencia que impartió en Zacatecas sobre las formas del federalismo mexicano (2005), donde mantiene su postura de que México dio vida a un pacto confederal en 1824, aunque subraya que las provincias tuvieron la voluntad de crear, al unísono, "un poder federal mínimo".[64] La moción de análisis vectorial —que el profesor Carmagnani utilizó para seguir los procesos de interiorización del liberalismo mexicano, pero que tiene la misma fuerza conceptual para estudiar las formas de gobierno— nos sugiere que tal vez valga la pena matizar la determinación de que el constitucionalismo de 1824 en México no sólo adoptó y adaptó elementos confederalistas, sino también contó con principios federalistas (el Senado de la República, por ejemplo). En dado caso, lo importante es sopesar qué elementos de una y otra forma de gobierno concurrieron en un determinado constitucionalismo y cómo fueron cambiando en el tiempo.[65] Algo parecido se puede señalar para los años 40. Los políticos de aquella época avanzaron en la doctrina y en el constitucionalismo de orden federalista, pero no pudieron eludir la conservación de elementos de tipo confederalista (alcabalas y contingente). El mismo carácter híbrido se observa cuando uno analiza la confección de los grupos parlamentarios (dicho sea de paso, que casi siempre fueron efímeros o cambiantes de acuerdo con el tema en discusión). Verbigracia, en el constituyente de 1824 hubo una coalición federalista (Mier, Bustamante, Espinosa de los Monteros, Cabrera, entre otros), pero compartía con los confederalistas la promoción del contingente y la conservación de las alcabalas para los estados. Y viceversa: la coalición confederalista (Rejón, Gómez Farías, Cañedo, etcétera) favorecía rubros claramente federalistas, aunque votaron a favor de la instauración del Senado como representación igualitaria.

Paralelamente, la distinción entre federalismo y confederalismo requiere la inclusión de dos elementos más para su cabal comprensión: el principio de uniformidad de las formas de gobierno (federalismo) frente a la admisión —no siempre presente en toda confederación— de formas de gobierno diversas en las partes y la noción de representación igualitaria, que acompaña a los federalismos en oposición a las representaciones generales ponderadas de las viejas y nuevas confederaciones.

[64] CARMAGNANI, "Las formas del federalismo mexicano", p. 45.

[65] En mi libro ya citado sobre *La arquitectura del Estado mexicano* intento desarrollar estas premisas que parten del pensamiento historiográfico de Carmagnani.

El primer elemento está presente en la caracterización que Carmagnani hizo del "federalismo centralizador" en la última etapa del porfiriato (reeleccionismo, verticalismo de los ejecutivos, exaltación de las prácticas informales, listas automáticas de los diputados federales y los diputados suplentes a los estados, el debilitamiento extremo del Congreso de la Unión, el ministerio público bajo el control del presidente de la República). Por lo tanto, se tiende a verlo —y en efecto lo fue— como una anomalía que afectó la "sana" institucionalidad de esta forma de gobierno. Sin embargo, su descripción habla más de las rutinas fácticas que caracterizaron a un periodo específico del Porfiriato y no tanto sobre los fundamentos del federalismo. De ahí que me interese resaltar que el federalismo, visto en su investidura institucional, demanda condimentos "centralizadores" y, sobre todo, de uniformidad que son inherentes a su constitucionalidad.[66] Le es inadmisible que alguna de las partes que entra al pacto federal mantenga una forma de gobierno republicana y otra monárquica, como era posible en las antiguas confederaciones. Lo mismo se puede decir sobre la necesaria uniformidad en la moneda o de la obligatoriedad de una cierta división de poderes públicos, aunque se consientan matices en sus diseños estatales. El enfoque vectorial de Carmagnani permite observar éstas y otras diferencias entre los federalismos y los confederalismos históricos de América Latina.

El segundo elemento se relaciona con mi reflexión sobre el voto por diputaciones. No es común que se visualice la conexión entre las formas de gobiernos y las representaciones políticas. Carmagnani develó algunos de los mecanismos concretos con los que funcionó el federalismo mexicano en la segunda mitad del siglo XIX: precisamente el uso del voto por diputaciones como "mecanismo legislativo" de los compromisos políticos hasta 1874, dado que la restauración del Senado en 1875 fungió como un contrapeso a los poderes territoriales en favor del poder ejecutivo general.[67] No obstante, no se ocupó de distinguir que así como el federalismo anteponía una representación igualitaria de las partes (el Senado), los antiguos confederalismos

[66] Carl Schmitt, a partir del análisis de la experiencia estadounidense, llega a la conclusión de que los federalismos no sólo son preservadores de diversidad, sino que el Estado central reclama para sí elementos comunes o de uniformidad en su constitución. Dos buenos ejemplos son la exigencia de uniformidad en la forma de gobierno de todas las partes y la obligatoriedad de que tanto los poderes generales como los estatales mantuvieran determinada división de poderes públicos. SCHMITT, *Teoría de la constitución.*

[67] LUNA, *El Congreso y la política mexicana.*

podían convenir una representación ponderada en una sola asamblea general. De este modo, cabía la posibilidad de que las partes del pacto confederal tuvieran una proporción de delegados diferenciada, según su poder militar, fuerza económica, ubicación geográfica y el tamaño de población; o bien, que tuvieran derecho a un representante por cada parte, pero que a la hora de tomar las decisiones su voto no valiera lo mismo: el famoso voto ponderado. Este rasgo inherente a las representaciones ponderadas, más la conservación de la soberanía casi absoluta de las partes, explican la precaria debilidad con la que solían funcionar los gobiernos generales en los antiguos Estados confederados europeos. En México no se dio este tipo de representación, pero es posible que en la experiencia Argentina de la primera mitad del siglo XIX hayan surgido conatos de esta naturaleza. Habrá que explorar en lo futuro, bajo dicha óptica, a los actores participantes, los rasgos específicos de su funcionamiento y la duración y alcances de sus ensayos de gobierno.

De igual manera, es necesario preguntarse cómo debemos caracterizar al tipo de representación política que se ejerció con el uso del voto por diputaciones: ¿tuvo un carácter confederalista o fue de cepa federalista? Confieso que este dilema me acompañó hasta el final de la construcción de mi tesis doctoral, cuya tutoría estaba en manos del profesor Carmagnani. Por consiguiente, lo que había sido una discusión privada, hoy en día pasa a ser un debate público. Espero que me perdone su publicidad sin su previo consentimiento.

Carmagnani siempre ha tendido a pensar que el voto por diputaciones, dado su naturaleza de representación territorial, fue un rasgo de persistencia confederalista; por mi parte, considero que fue un componente original del federalismo mexicano.

Pero antes de tomar partido, vayamos por partes. Ya señalé que Carmagnani no sólo descubrió, antes que nadie, la existencia del voto por diputaciones como un instrumento de negociación política y que, además, reveló su modo de operación concreto vinculado a la forma de gobierno "federalista". Sin embargo, su idea de que había servido primordialmente como un mecanismo legislativo para alcanzar acuerdos acotó los alcances de su verdadera investidura. Es conocido que su origen se remonta a los primeros constituyentes del México independiente y que su uso no se restringió a la toma de decisiones de gobierno. El voto por diputaciones fue utilizado como un verdadero instrumento alterno de representación política (como colegio electoral y como restaurador de la estabilidad y legitimidad políticas). Su importancia para el federalismo mexicano, sin nunca sustituir al esquema bicameral, fue equivalente a la creación del Senado estadounidense. De ahí que surja la siguiente pregunta: ¿por qué consideramos que el Senado estadounidense dio vida a una representación moderna, si se trata de una representación territorial? La respuesta inmediata es que dio cabida a una representación de carácter electiva y periódica que igualó a las partes del pacto federal, a diferencia de la cámara alta inglesa, con una naturaleza vitalicia y de defensa de los intereses estamentales. El voto por diputaciones que ejercieron los legisladores mexicanos, en forma análoga al Senado, hizo las veces de una representación territorial para igualar a los estados de la república; los diputados generales, que fueron los que detentaron la función adicional de representar estos intereses territoriales, fueron también electos popularmente y renovados periódicamente. Entonces, ¿por qué le exigimos al voto por diputaciones lo que no le pedimos al Senado estadounidense?

La moneda sigue en el aire. Ojalá un día de estos el profesor Carmagnani se anime a entablar su visión por escrito, pues está claro que ninguna de mis posturas y desarrollos que he planteado aquí hubieran sido posibles sin las premisas vanguardistas que asentaron sus estudios pioneros sobre el tema.

BIBLIOGRAFÍA

AGUILAR Rivera, José Antonio

2002 "Dos conceptos de República", en José Antonio AGUILAR RIVERA y Rafael ROJAS (coords.), *El republicanismo en Hispanoamérica. Ensayos de historia intelectual y política*, México, Fondo de Cultura Económica, pp. 57-85.

AGUIRRE ROJAS, Carlos Antonio

2001 "Ocho lecciones de método de la historiografía occidental entre 1968 y 2001", *Iztapalapa. Revista de Ciencias Sociales y Humanidades*, núm. 51, vol. 22, julio-diciembre, pp. 129-150.

ANNA, Timothy E.

1991 *El imperio de Iturbide*, México, Consejo Nacional para la Cultura y las Artes-Alianza Editorial.

ARICÓ, José

2005 "¿Por qué Gramsci en América Latina?", en Luis Gerardo MORALES MORENO (comp.), *Historia de la historiografía contemporánea (de 1968 a nuestros días)*, México, Instituto de Investigaciones Dr. José María Luis Mora, pp. 347-400.

ARENAL FENOCHIO, Jaime del

2002 *Un modo de ser libre*, Zamora, El Colegio de Michoacán.

ARROYO, Israel

2002 "La república imaginada", en José Antonio AGUILAR RIVERA y Rafael ROJAS (coords.), *El republicanismo en Hispanoamérica. Ensayos de historia intelectual y política*, México, Fondo de Cultura Económica, pp. 86-117.

2003 "El ocaso de las alcabalas: el porfiriato", *Investigación Económica,* núm. 226, vol. LVIII, octubre diciembre, pp. 131-163.

2006 "México: proporcionalidad en el contingente y formas de gobierno", en Luis JÁUREGUI (coord.), *De riqueza e inequidad. El problema de las contribuciones directas en América Latina, siglo XIX*, México, Instituto de Investigaciones Dr. José María Luis Mora.

2011 *La arquitectura del Estado mexicano: formas de gobierno, representación política y ciudadanía, 1821-1857*, México, Instituto de Investigaciones Dr. José María Luis Mora/Benemérita Universidad Autónoma de Puebla.

ÁVILA, Alfredo

2002 "Pensamiento republicano hasta 1823", en José Antonio AGUILAR RIVERA y Rafael ROJAS (coords.), *El republicanismo en Hispanoamérica. Ensayos de historia intelectual y política*, México, Fondo de Cultura Económica, pp. 313-350.

2004 *Para la libertad. Los republicanos en tiempos del Imperio 1821-1823*, México, Universidad Nacional Autónoma de México.

2007 "Liberalismos decimonónicos: de la historia de las ideas a la historia cultural e intelectual", en Guillermo PALACIOS (coord.), *Ensayos sobre la nueva historia política de América Latina, siglo XIX,* México, Siglo XXI Editores/El Colegio de México, 2007, pp. 111-145.

BACA OLAMENDI, Laura *et al.*

2000 *Léxico de la política*, México, Facultad Latinoamericana de Ciencias Sociales/Fondo de Cultura Económica.

BENSON, Nettie Lee
1984 *La diputación provincial y el federalismo mexicano*, México, El Colegio de México/Universidad Nacional Autónoma de México.

BREÑA, Roberto
2006 *El primer liberalismo español y los procesos de emancipación de América, 1808-1824*, México, El Colegio de México.
2010 (ed.), *En el umbral de las revoluciones hispánicas: el bienio 1808-1810*, México, El Colegio de México-Centro de Estudios Políticos y Constitucionales.

CALVILLO, Manuel
2003 *La república federal mexicana. Gestación y nacimiento*, México, El Colegio de México/El Colegio de San Luis.

CASTAÑEDA ZAVALA, Jorge
2001 "El contingente fiscal en la nueva nación mexicana, 1824-1861", en Carlos MARICHAL y Daniela MARINO (comps.), *De la colonia a la nación. Impuestos y política en México, 1750-1860*, México, El Colegio de México.

CARMAGNANI, Marcello
1984 "Territorialidad y federalismo en la formación del Estado mexicano", en Inge BUISSON (comp.), *Problemas de la formación del Estado y de la nación en Hispanoamérica*, Bon, Inter Naciones.
1989 "El liberalismo, los impuestos internos y el Estado federal mexicano, 1857-1911", *Historia Mexicana*, vol. XXXVIII, núm. 51, enero-marzo.
1993 "Del territorio a la región. Líneas de un proceso en la primera mitad del siglo XIX", en Alicia HERNÁNDEZ CHÁVEZ y Manuel MIÑO GRIJALVA (coords.), *Cincuenta años de historia en México*, México, El Colegio de México.
1993 "Introducción", en Marcello CARMAGNANI (coord.), *Federalismos latinoamericanos: México, Brasil, Argentina*, México, El Colegio de México/Fideicomiso Historia de las Américas/Fondo de Cultura Económica, pp. 9-11.
1993 "El federalismo liberal mexicano", en Marcello CARMAGNANI (coord.), *Federalismos latinoamericanos: México, Brasil, Argentina*, México, El Colegio de México/Fideicomiso Historia de las Américas/Fondo de Cultura Económica, pp. 135-179.
1993 "Conclusión: historia de una forma de gobierno", en Marcello CARMAGNANI (coord.), *Federalismos latinoamericanos: México, Brasil, Argentina*, México, El Colegio de México, Fideicomiso Historia de las Américas/Fondo de Cultura Económica, pp. 397-416.

1994 "Territorios, provincias y estados: las transformaciones de los espacios políticos en México, 1750-1850", en Josefina VÁZQUEZ (coord.), *La fundación del Estado mexicano*, México, Nueva Imagen, pp. 39-73.

1994 *Estado y mercado. La economía pública del liberalismo mexicano, 1850-1911*, México, El Colegio de México/Fideicomiso Historia de las Américas/Fondo de Cultura Económica.

1998 "Finanzas y Estado en México, 1820-1880", en Luis JÁUREGUI y José Antonio SERRANO ORTEGA (coords.), *Las finanzas públicas en los siglos XVIII y XIX*, México, Instituto de Investigaciones Dr. José María Luis Mora/El Colegio de Michoacán/El Colegio de México/Universidad Nacional Autónoma de México, pp. 131-177.

2004 *El otro Occidente. América Latina desde la invasión europea hasta la globalización*, México, El Colegio de México/Fideicomiso Historia de las Américas-Fondo de Cultura Económica.

2007 "Campos, prácticas y adquisiciones de la historia política latinoamericana", en Guillermo PALACIOS (coord.), *Ensayos sobre la nueva historia política de América Latina, siglo XIX*, México: Siglo XXI/El Colegio de México, pp. 31-43.

2011 *Economía y política. México y América Latina en la contemporaneidad. Antología de textos*, México, El Colegio de México.

2011 "Iberoamérica y las revoluciones atlánticas", en Marcello CARMAGNANI, *Economía y política. México y América Latina en la contemporaneidad. Antología de textos*, México, El Colegio de México, pp. 13-30.

2011 "Las formas del federalismo mexicano", en Marcello CARMAGNANI, *Economía y política. México y América Latina en la contemporaneidad. Antología de textos*, México, El Colegio de México, pp. 43-57.

2011 "Federación y estados: espacios políticos y relaciones de poder en México (siglo XIX)", en Marcello CARMAGNANI, *Economía y política. México y América Latina en la contemporaneidad. Antología de textos*, México, El Colegio de México, pp. 147-169.

2011 "Élites políticas, sistemas de poder y gobernabilidad en América Latina", en Marcello CARMAGNANI, *Economía y política. México y América Latina en la contemporaneidad. Antología de textos*, México, El Colegio de México, pp. 31-42.

2012 *Las islas del lujo. Productos exóticos, nuevos consumos y cultura económica europea, 1650-1800*, Madrid, El Colegio de México-Marcial Pons.

CARMAGNANI, Marcello y Alicia Hernández Chávez

1999 "La ciudadanía orgánica mexicana, 1850-1910", en Hilda SABATO (coord.), *Ciudadanía política y formación de las naciones. Perspectivas históricas de América Latina*, México, El Colegio de México/Fideicomiso Historia de las Américas/Fondo de Cultura Económica, pp. 371-404.

FERRER MUÑOZ, Manuel
1995 *La formación de un Estado nacional en México, El Imperio y la República federal: 1821-1835*, México, Universidad Nacional Autónoma de México.

FLORESCANO, Enrique
1994 *El nuevo pasado mexicano*, México, Cal y Arena.

GARCÍA DE LOS ARCOS, María Fernanda
2003 "Metodología de la nueva historia política", en Conrado HERNÁNDEZ (coord.), *Tendencias y corrientes de la historiografía mexicana del siglo XX*, México, El Colegio de Michoacán/Universidad Nacional Autónoma de México, pp. 201-222.

GUARISCO, Claudia
2003 *Los indios del Valle de México y la construcción de una nueva sociabilidad política, 1770-1835*, Estado de México, El Colegio Mexiquense.

GUERRERO, Omar
1994 *Raíces borbónicas del Estado mexicano*, México, Universidad Nacional Autónoma de México.

GUERRA, François-Xavier
1993 *Modernidad e independencias. Ensayos sobre las revoluciones hispánicas*, México, Fondo de Cultura Económica.
1998 *México: del Antiguo Régimen a la Revolución*, México, Fondo de Cultura Económica, tomos I-II.

HALPERIN DONGHI, Tulio
2005 "Campesinado y nación", en Luis Gerardo MORALES MORENO (comp.), *Historia de la historiografía contemporánea (de 1968 a nuestros días)*, México, Instituto de Investigaciones Dr. José María Luis Mora, pp. 401-424.

HAMILTON, A., J. MADISON y J. JAY
1994 *El federalista*, México, Fondo de Cultura Económica.

HAMNETT, Brian
1984 "Factores regionales en la desintegración del régimen colonial en la Nueva España: el federalismo de 1823-1824", en Inge BUISSON (comp.), *Problemas de la formación del Estado y de la nación en Hispanoamérica*, Bon, Inter Naciones, pp. 305-317.

HERNÁNDEZ CHÁVEZ, Alicia

1993 *La tradición republicana del buen gobierno*, México, El Colegio de México/Fideicomiso Historia de las Américas/Fondo de Cultura Económica.

2007 "Monarquía-república-nación-pueblo", en Guillermo PALACIOS (coord.), *Ensayos sobre la nueva historia política de América Latina, siglo XIX*, México, Siglo XXI Editores/El Colegio de México, pp. 147-170.

HERNÁNDEZ, Conrado (coord.)

2003 *Tendencias y corrientes de la historiografía mexicana del siglo XX*, México, El Colegio de Michoacán/Universidad Nacional Autónoma de México.

JÁUREGUI, Luis

1999 *La Real Hacienda de la Nueva España. Su administración en la época de los intendentes: 1786-1821*, México, Universidad Nacional Autónoma de México.

JÁUREGUI, Luis y José Antonio SERRANO ORTEGA (coords.)

1998 *Las finanzas públicas en los siglos XVIII y XIX*, México, Instituto de Investigaciones Dr. José María Luis Mora/El Colegio de Michoacán/El Colegio de México/Universidad Nacional Autónoma de México.

LEMPÉRIÈRE, Annick

2007 "La historiografía del Estado en Hispanoamérica. Algunas reflexiones", en Guillermo PALACIOS (coord.), *Ensayos sobre la nueva historia política de América Latina, siglo XIX*, México, Siglo XXI Editores/El Colegio de México, pp. 45-62.

LANDAVAZO, Marco Antonio

2001 *La máscara de Fernando VII. Discurso e imaginario monárquicos en una época de crisis. Nueva España, 1808-1822*, México, El Colegio de México/Universidad Michoacana de San Nicolás de Hidalgo/El Colegio de Michoacán.

LEÓN-PORTILLA, Miguel

2010 "Tendencias en las investigaciones históricas de México (1978)", en Evelia Trejo (introd. y comp.), *La historiografía del siglo XX en México. Recuentos, perspectivas teóricas y reflexiones*, México, Universidad Nacional Autónoma de México, pp. 61-122.

LUNA ARGUDÍN, María

2006 *El congreso y la política mexicana (1857-1911)*, México, El Colegio de México/Fideicomiso Historia de las Américas/Fondo de Cultura Económica.

MACUNE, Charle Jr.

1978 *El Estado de México y la federación mexicana*, México, Fondo de Cultura Económica.

MALLON, Florencia E.

2005 "En busca de una nueva historiografía latinoamericana: un diálogo con Tutino y Halperin", en Luis Gerardo MORALES MORENO (comp.), *Historia de la historiografía contemporánea (de 1968 a nuestros días)*, México, Instituto de Investigaciones Dr. José María Luis Mora, pp. 425-440.

MATUTE, Álvaro

1972 *México en el siglo XIX. Antología de fuentes e interpretaciones históricas*, México, Universidad Nacional Autónoma de México.

1974 *La teoría de la historia en México, 1940-1973*, México, Secretaría de Educación Pública.

1999 *Pensamiento historiográfico mexicano del siglo XX. La desintegración positivista (1911-1935)*, México, Fondo de Cultura Económica.

2001 "Estudios de Historia Moderna y Contemporánea de México", *Historia Mexicana*, vol. 50, núm. 4, pp. 779-789.

2010 "La historiografía mexicana contemporánea", en Evelia Trejo (introd. y comp.), *La historiografía del siglo XX en México. Recuentos, perspectivas teóricas y reflexiones*, México, Universidad Nacional Autónoma de México, pp. 123-135.

MENDIOLA, Alfonso

2005 "El giro historiográfico: la observación de observaciones del pasado", en Luis Gerardo MORALES MORENO (comp.), *Historia de la historiografía contemporánea (de 1968 a nuestros días)*, México, Instituto de Investigaciones Dr. José María Luis Mora, pp. 509-540.

MONTALVO ORTEGA, Enrique (coord.)

1995 *El águila bifronte: poder y liberalismo en México*, México, Instituto Nacional de Antropología e Historia.

MONTESQUIEU

1987 *Del espíritu de las leyes*, México, Porrúa.

MORALES MORENO, Luis Gerardo (comp.)
2005 *Historia de la historiografía contemporánea (de 1968 a nuestros días)*, México, Instituto de Investigaciones Dr. José María Luis Mora.

MORALES MORENO, Luis Gerardo
2005 "Introducción", en Luis Gerardo MORALES MORENO (comp.), *Historia de la historiografía contemporánea (de 1968 a nuestros días)*, México, Instituto de Investigaciones Dr. José María Luis Mora, pp. 9-44.

O'GORMAN, Edmundo
1969 *La supervivencia política novo-hispana. Reflexiones sobre el monarquismo mexicano*, México, Fundación Cultural Condumex.

PALACIOS, Guillermo
2007 "Introducción", en Guillermo PALACIOS (coord.), *Ensayos sobre la nueva historia política de América Latina, siglo XIX*, México, Siglo XXI Editores/El Colegio de México, pp. 9-18.

PALTI, ELÍAS José
2005 *La invención de una legitimidad: razón y retórica en el pensamiento mexicano del siglo XIX: un estudio sobre las formas del discurso político*, México, Fondo de Cultura Económica.

PANI, Érika
2007 "La nueva historia política mexicanista: no tan nueva, menos política, ¿mejor historia", en Guillermo PALACIOS (coord.), *Ensayos sobre la nueva historia política de América Latina, siglo XIX*, México, Siglo XXI Editores/El Colegio de México, pp. 63-82.

PÉREZ VEJO, Tomás
2003 "La construcción de las naciones como problema historiográfico: el caso del mundo hispánico", *Historia Mexicana*, vol. 53, núm. 210, octubre-diciembre, pp. 308-311.

PIETSCHMAN, Horst
1996 *Las reformas borbónicas y el sistema de intendencias en la Nueva España. Un estudio político administrativo*, México, Fondo de Cultura Económica.

POTASH, Robert A.
1961 "Historiografía del México independiente", *Historia Mexicana*, vol. 10, núm. 3, enero-marzo, pp. 398-412.

ROBERTSON, William Spence

2012 *Iturbide de México*, México, Fondo de Cultura Económica.

RODRÍGUEZ O., Jaime

1996 *La independencia de la América española,* México, El Colegio de México/Fideicomiso Historia de las Américas/Fondo de Cultura Económica.

ROJAS, Rafael

1999 "El México de Iturbide. Indicios de un imaginario imperial", *Política y Gobierno*, vol. VI, núm. 2, segundo semestre, pp. 479-497.

2009 *Las repúblicas de aire: utopía y desencanto en la revolución de Hispanoamérica*, Madrid, Taurus.

SABATO, Hilda

2007 "La política argentina en el siglo XIX: notas sobre una historia renovada", en Guillermo PALACIOS (coord.), *Ensayos sobre la nueva historia política de América Latina, siglo XIX,* México, Siglo XXI Editores/El Colegio de México, pp. 83-94.

SÁNCHEZ SANTIRÓ, Ernest

2009 *Las alcabalas mexicanas (1821-1857). Los dilemas en la construcción de la hacienda nacional*, México, Instituto de Investigaciones Dr. José María Luis Mora.

SCHMITT, Carl

1982 *Teoría de la constitución*, Madrid, Alianza Editorial.

TELLA, Torcuato S. di,

Política nacional y popular en México, 1820-1847, México, Fondo de Cultura Económica, 1994.

TOLEDO BELTRÁN, Daniel

2001 "Presentación. Historiografía: revisión de enfoques, ideas y tendencias", *Iztapalapa. Revista en Ciencias Sociales y Humanidades*, vol. 22, núm. 51, julio-diciembre, pp. 5-16.

TORRES Rojo, Luis A.

2003 "De la historia de las ideas a la historia conceptual: hacia una hermenéutica historiográfica posgaosiana", en Conrado HERNÁNDEZ (coord.), *Tendencias y corrientes de la historiografía mexicana del si-*

glo XX, México, El Colegio de Michoacán/Universidad Nacional Autónoma de México, pp. 223-263.

TREJO, Evelia y Álvaro MATUTE (eds.)
2009 *Escribir la historia en el siglo* XX. *Treinta lecturas*, México, Universidad Nacional Autónoma de México.

TREJO, Evelia (introd. y comp.)
2010 *La historiografía del siglo* XX *en México. Recuentos, perspectivas teóricas y reflexiones*, México, Universidad Nacional Autónoma de México.
2010 "Historia Mexicana", en Evelia TREJO (introd. y comp.), *La historiografía del siglo* XX *en México. Recuentos, perspectivas teóricas y reflexiones*, México, Universidad Nacional Autónoma de México, pp. 157-173.

VÁZQUEZ, Josefina Zoraida
2010 *Dos décadas de desilusiones. En busca de una fórmula adecuada de gobierno (1832-1854)*, México, El Colegio de México/Instituto de Investigaciones Dr. José María Luis Mora.

ZERMEÑO PADILLA, Guillermo
2010 "Crítica y crisis de la historiografía contemporánea: retos y posibilidades (1998)", en Evelia TREJO (introd. y comp.), *La historiografía del siglo* XX *en México. Recuentos, perspectivas teóricas y reflexiones*, México/ Universidad Nacional Autónoma de México, pp. 261-278.

A CONTRACORRIENTE. PROPUESTAS DE MARCELLO CARMAGNANI PARA LA HISTORIOGRAFÍA SOBRE AMÉRICA LATINA

*Saúl Jerónimo Romero**

> Afortunados los que hemos tenido el honor de participar en los seminarios y charlas del doctor Marcello Carmagnani, sin duda un pilar de la historiografía latinoamericana contemporánea

El objetivo de este breve ensayo es mostrar que los trabajos de Marcello Carmagnani constituyeron una tendencia historiográfica que permitió el planteamiento de problemas, desde una perspectiva compleja y transdisciplinaria. Las propuestas de las que me voy a ocupar se encuentran en dos obras: el volumen colectivo *Federalismos latinoamericanos: México/ Brasil/ Argentina,*[1] y *Estado y mercado. La economía del liberalismo mexicano, 1850-1911.*[2] Ambas fueron publicadas en los primeros años de la década de 1990, y parecían ir a contracorriente de la historia que se estaba escribiendo sobre América Latina y, en particular, en México. En términos generales, ésta había abandonado la historia política tradicional, pero tampoco se ocupaba de la complejidad de los actores políticos y del análisis de las ideologías o valores que soportaban sus acciones.

Con sus investigaciones, Carmagnani abrió una perspectiva distinta de observar el siglo XIX latinoamericano a partir de una historiografía política en la que se preocupaba por analizar inicialmente el constitucionalismo del orden liberal, a través de cinco aspectos: el orden federal que tomaba en cuenta las dimensiones espaciales, la estatal y la federal; el político, econó-

* Departamento de Humanidades, Universidad Autónoma Metropolitana, Azcapotzalco.

[1] CARMAGNANI (coord.), *Federalismos latinoamericanos.*

[2] CARMAGNANI, *Estado y mercado.*

mico, social e institucional. Mediante este enfoque multidimensional fue posible concebir la forma en que se fue constituyendo la cultura política en México, Brasil y Argentina.[3] Este enfoque sobre cultura política lo seguirá desarrollando en el libro *Constitucionalismo y orden liberal. América Latina, 1850-1920*, un corpus colectivo de reflexiones integradas por Carmagnani.[4] Sostengo como hipótesis que estas investigaciones se constituyeron en el soporte teórico empírico que permite hasta la fecha reflexionar sobre la constitución de la nación como un ente político; entender los procesos mediante los cuales se constituyeron las diversas culturas políticas y las formas en que fueron cambiando a través del tiempo. Son interpretaciones que ofrecen elementos para conocer la argamasa que unió a las diversas regiones, estados y localidades constituyentes de las naciones latinoamericanas. Ante la pregunta de qué había posibilitado la integración de una nación, las respuestas que aportaban la historia política tradicional, y los múltiples trabajos de la historia regional, social e incluso institucional que se estaba realizando en esos años, no eran suficientemente convincentes o integradoras de los múltiples factores que intervinieron en esos procesos.

Tendencias y balance de la historiografía

El Simposio de Historiografía Mexicanista, celebrado en Oaxtepec en 1988, sirve de corte y balance de los intereses de los historiadores mexicanistas del momento previo al surgimiento de las obras que se analizan en este texto. Las tendencias historiográficas registradas en la *Memoria* del evento son: las instituciones, la cultura, las mentalidades, la educación, la

[3] Carmagnani (coord.), *Federalismo*, p. 10.

[4] Carmagnani, *Constitucionalismo*, Me parece relevante citar la forma en que nuestro autor explicó el carácter de la llamada cultura política liberal, después de algunos años de investigación y reflexión: "... todo estudio del constitucionalismo y del orden liberal debe darse la debida importancia a la cultura política, las instituciones y a la sociedad".

"Estos tres aspectos se presentan relacionados y de su interacción resulta en la vida de las sociedades distintas manifestaciones: en el discurso cultural (programas, proyectos, ideologías), en la realidad institucional formal (leyes, reglamentos, normas) y en la realidad social (componentes sociales y económicas, mentalidad, costumbres) Gracias a la interacción de estas tres dimensiones es posible establecer la manera en que interactúan el nivel de los discursos y de las normas jurídicas con el nivel de las expresiones cotidianas, visibles en las prácticas y en aspectos específicos locales, regionales y nacionales", pp. 2-3.

historia social, la demografía, la mujer, el trabajo, la historia regional, la microhistoria, las fronteras norte y sur.[5]

Destaca la fuerte presencia de los trabajos que se hacían en los Centros de Investigación y Universidades estatales, para los que desde los años 70 la dimensión espacial de las regiones resultaba relevante. En los temas y proyectos de este Simposio era notable el surgimiento de propuestas que retomaban las tendencias de la historiografía francesa y los aportes de las ciencias sociales. En palabras de Enrique Florescano:

> El pasado adquirió una dinámica y una complejidad insospechadas. De pronto, la cronología política construida por los antiguos historiadores fue desafiada por los tiempos que registraban la lenta formación a lo largo de los siglos de las estructuras demográficas, agrícolas y comerciales, y por el tiempo fugaz de los acontecimientos cotidianos. Estos nuevos registros de la temporalidad arrojaron luz sobre otras contradicciones del desarrollo social. La dinámica histórica dejó de ser una trayectoria lineal ocasionalmente alterada por los cambios políticos y adquirió el perfil de un devenir desigual, continuamente interrumpido por las diferentes fuerzas que intervenían en la formación de la fábrica social.[6]

Efectivamente estaba ocurriendo un cambio importante en la historiografía; pero ni la dimensión latinoamericana, ni la nacional estaban incluidas en los trabajos que se estaban haciendo en estos días, más bien se percibe una fragmentación de los sujetos y objetos de estudio. Los textos de Carmagnani se pueden ubicar como un híbrido entre historia política y económica, asunto que más adelante se discutirá. Sin embargo, es necesario hacer algunas referencias a esos campos historiográficos, en los que estaban ocurriendo grandes cambios. La historia económica había dejado las periodizaciones políticas y atendía a las continuidades y los grandes procesos económicos, no del todo sujetos a los vaivenes políticos. Por ejemplo, los trabajos relativos a la primera mitad del siglo XIX planteaban las continuidades entre la colonia y el México independiente; los efectos de las reformas borbónicas y el surgimiento de grupos económicos en las postrimerías del siglo XVIII; empezaron a documentar los nuevos circuitos

[5] *Cfr.* "Anexo. Panorama de revisión de especialidades (1940-1988)" en TREJO (introducción y compilación), *La historiografía del siglo XX;* pp. 341-348.

[6] FLORESCANO, *Historia de las historias*, p. 434.

comerciales, explicaron los efectos del contrabando y la forma en que diversos grupos de interés aprovecharon el fin del control colonial, el surgimiento de nuevos espacios de poder y la estructura burocrática de la hacienda pública.

A fines de los años 80, la historiografía política relativa al siglo XIX sufría una fuerte transformación, prácticamente no se hacían ya estudios de dimensión nacional, ni de grandes personajes; en varias investigaciones se analizaban las continuidades entre la época colonial y el México independiente; nuevos actores y problemáticas se plantearon: el movimiento obrero, las rebeliones indígenas y las familias pasaron a constituirse en actores centrales de estas investigaciones. Al estudiar organizaciones y movimientos políticos se diversificaron las intenciones y las formas de analizar y comprender la acción gubernamental, dado que ya no era posible encajonarla en un esquema de Estado versus ciudadanos, como había ocurrido, por ejemplo, con una buena parte de la historiografía marxista, que tan en boga había estado en los años 70 y cuyas explicaciones que utilizaban como marco el materialismo histórico, ahora parecían poco convincentes.

Más bien se trataba de comprender y explicar los diversos niveles de interacción y medios de presión de los ciudadanos y del propio Estado. Asimismo, el centralismo historiográfico cedió ante la avalancha de estudios regionales, preocupados por mostrar las diferencias entre los procesos pensados desde la ciudad de México y puestos al servicio de lo que se había considerado como historia nacional por un lado, y los sucesos en las regiones, estados, municipios y localidades, por el otro. La historia social, por su parte, había trabajado en ubicar los procesos que permitieron a algunas familias, tanto de la época colonial como del siglo XIX acumular grandes fortunas. Otros estudios habían discutido en torno a la relación que había entre grandes fortunas y poder político. Un tema relevante era el origen del pensamiento político mexicano y los procesos de ruptura con la metrópoli; se discutía en torno a si las Reformas Borbónicas o las Cortes de Cádiz eran el origen de los procesos de independencia nacional.[7]

Los textos de Carmagnani se inscribían en varias de estas maneras de plantear problemas, aunque desde una perspectiva mucho más compleja,

[7] Para un recuento breve sobre estas tendencias consúltese JERÓNIMO, "La historiografía política retos y continuidades", 2005, pp. 91-116.

con una periodización planteada desde el objeto de estudio y no por una delimitación calendárica convencionalmente establecida, ni por un tipo de gobierno o una coyuntura, más bien se trataba de procesos como la implantación del liberalismo y la tensión y colaboración que había entre la esfera federal y estatal en Latinoamérica y el proceso de interacción entre Estado y mercado, por mencionar uno de los ámbitos de investigación más importantes. El fin era obtener una visión de conjunto de los procesos, tanto económicos como sociales, que hicieron posible la gobernabilidad, en los diversos espacios que llegaron a conformar cada una de las naciones independientes. La historiografía en torno al federalismo había ahondado en torno a los orígenes de esta forma de gobierno en el México independiente; numerosos trabajos se ocuparon de la perspectiva jurídica, pero pocos habían indagado sobre la aplicación concreta del federalismo.[8]

Las investigaciones de Carmagnani y el equipo de trabajo que elaboró este libro partieron de la idea de que el federalismo no fue una forma de gobierno inmutable, sino cambiante en el tiempo y de acuerdo con las circunstancias propias de cada espacio. Además, trataron de integrar las dimensiones económica y política para una mejor comprensión de cómo operó específicamente el federalismo.[9]

En suma, estas propuestas son un tipo de historia que atiende a muy diversas dimensiones, que no era posible clasificarla en las categorías que en ese momento servían para inscribir la producción historiográfica del momento; que permitía establecer conexiones y sacar conclusiones en torno a procesos que mezclan la estructura institucional, la ideología política, los procesos económicos, la dimensión social, todo lo cual explica las formas de entender y acceder a la política por la mayoría de los pueblos analizados en estos trabajos.

[8] En el artículo de VÁZQUEZ, "El Federalismo mexicano", con el que se inicia el libro de federalismo hace un breve recuento de autores y visiones de los estudios del federalismo, pp. 15-16.

[9] "...todos y cada uno de los autores convenimos [...] en que este volumen debería transmitir la idea de que el federalismo no fue ni es una forma de gobierno inmutable sino que, como toda forma estatal, sufrió importantes y significativas transformaciones a lo largo de siglo y medio." CARMAGNANI (coord.), *Federalismos*, p. 9.

La experiencia del federalismo en Argentina, Brasil y México

En el libro sobre los federalismos se constata la compleja interrelación entre las dimensiones institucional, política y social. En palabras de Marcello Carmagnani:

> La idea de fondo es que el federalismo es una forma de gobierno dinámica que presenta una fuerte capacidad de transformación y de adecuación al desenvolvimiento de las regiones y del país, visualizable tanto en la tensión como en la colaboración entre las dos esferas: la federal y la de los estados. De ahí que la dimensión institucional no pueda ser la única capaz de permitirnos comprender las diferencias y similitudes de las diferentes experiencias federales obligándonos, por lo tanto, a tratar de establecer una mejor correlación entre la dimensión institucional y la política y entre esta última y la social.[10]

El trabajo emprendido en este libro por Carmagnani y sus ocho colegas latinoamericanistas[11] abarcó desde los primeros años del siglo XIX (1823) hasta el momento en que se escribía el libro (1993). Ese espectro temporal permitió una perspectiva comparativa, pero sobre todo una visión de conjunto, en la que se evita juzgar el pasado desde la perspectiva política del presente y los procesos contemporáneos como si éstas fueran una mala copia del pasado. En este punto es muy enfático en mostrar que los procesos analizados en este libro muestran que los sistemas políticos contemporáneos han ido centralizando las funciones de los estados en el poder federal, lo que provoca la idea de que así siempre había funcionado esa forma de gobierno. Por otra parte también se había concluido que esta manera de aplicar el federalismo se debía a la idea errónea de que este sistema era una mala copia del modelo estadounidense, mal integrada con el centralismo del régimen colonial.[12]

En las conclusiones a través de una visión comparativa Carmagnani indica que los estudios realizados muestran que el federalismo es una forma de gobierno de ayer y hoy, en el que se muestra:

[10] *Ibid.*, p. 10.

[11] Los trabajos estuvieron a cargo de Josefina Zoraida Vázquez, José Murillo Carvalho, José Carlos Chiaramonte, Joseph, L. Love, Natalio Botana, Alicia Hernández Chávez, Aspásia Camargo, Germán J. Bidart Campos y el propio Carmagnani.

[12] CARMAGNANI (coord.), *Federalismos*, p. 397.

> [...] en primer lugar, la capacidad que presentan México, Brasil y Argentina de elaborar modelos doctrinarios e instituciones capaces de adecuar, reinventándolo, el federalismo; en segundo lugar ilustrando el papel que desempeñan los elementos de naturaleza social y económica en el desarrollo de las experiencias federales, y finalmente, destacando la evolución del principio federal como resultado de la transformación de la política y de la cultura política.[13]

Se trata de una perspectiva procesual, a partir de la cual se reconocen las tendencias autonomistas que había en Argentina, Brasil y México durante la época colonial, lo que explica la elección de determinado tipo de gobierno. Si bien los autores reconocen que las doctrinas políticas de la época fueron una importante contribución, argumentan que, sin duda, fue la práctica política la que permitió conjugar los procesos centrífugos de los pueblos y entidades y su integración en espacios nacionales, en el entendido de que tanto la esfera federal como la estatal se limitan y complementan mutuamente.[14] Asimismo destaca el papel tanto de lo social como de lo económico en el desarrollo de las experiencias federales y la transformación de la política y de la cultura política a lo largo del proceso.[15]

Otro aspecto relevante de estos estudios sobre el federalismo decimonónico es que tanto Argentina como Brasil y México, al momento de convertirse en Estados independientes, tienden a tener una organización confederal, situación que se generó en el proceso de crisis de las monarquías ibéricas, durante el siglo XVIII. Esto provocó una fuerte tensión entre la tradición centralista vigente de la época colonial y la posterior dispersión causada por los ayuntamientos. Los estudios de *Federalismos latinoamericanos* muestran soluciones a esta tensión mediante una concepción heterodoxa de doctrinas políticas. Pero ¿cómo se llegó al federalismo? ¿Cómo se resolvió el problema planteado entre centralismo y autonomismo? La respuesta según Carmagnani está en:

> El horizonte doctrinal mexicano, brasileño y argentino nos parece indicar que se activa a partir de un problema central y común a los tres países: la forma de gobierno existente no garantiza una adecuada gobernabilidad del país, pues no es capaz de proyectar a las provincias o estados hacia un horizonte más amplio

[13] *Ibid.*, p. 397.
[14] *Ibid.*, pp. 400-401.
[15] *Ibid.*, p. 397.

> ni de dar vida a mecanismos institucionales aptos para que las instancias del gobierno federal lleguen efectivamente a todos los puntos del estado y para que, viceversa, las instancias de las regiones o provincias sean adecuadamente representadas en el gobierno federal.[16]

La gobernabilidad, tiene diversas aristas. Una de ellas, de vital importancia, es la dimensión económica, que se resolvió de manera distinta en los tres espacios analizados: en Brasil el federalismo sirvió como necesidad de redistribuir los recursos a los subsidios a los estados más pobres, subordinarlos a los más poderosos y así se evitaron las tendencias centrífugas de los estados más débiles. En Argentina, en cambio, el crecimiento económico de Buenos Aires provocó que las otras provincias lo vieran como una amenaza y fue a través del federalismo que encontraron la forma de no quedar sojuzgadas, lo que dio lugar a una reorganización económica y social del espacio argentino. En cambio en México, a partir de la infraestructura que fue posible construir a finales del siglo XIX, los poderosos grupos regionales se beneficiaron y consideraron más rentable estar vinculados a la federación, pues sus intereses no se vieron vulnerados.[17]

LA CONSTITUCIÓN DEL ESTADO LIBERAL
UNA PROPUESTA TRANSDISCIPLINARIA

Un año después de la publicación de *Federalismos latinoamericanos*, Carmagnani publica *Estado y mercado*. El libro fue producto de diez años de investigación y en el que seguramente los debates y discusiones que se suscitaron en la obra colectiva sirvieron para redondear las ideas centrales. En él se muestra la imbricada relación entre economía, finanzas públicas, políticas económicas y la construcción de una nación. Tomando como punto de partida la gran transformación ocurrida en México en el siglo XIX, la Reforma liberal, proceso que dio vida a un nuevo orden económico, político, social e internacional; el instrumento que se utilizó para tal efecto

[16] *Ibid.*, "Conclusiones", p. 401.

[17] En este punto, habría que decir que no todos los grupos de interés regionales se vieron beneficiados y que incluso hubo fuerte resistencia para integrarse en esos grandes proyectos. Véase JERÓNIMO, "La frontera de la modernidad", pp. 351-369.

fue el presupuesto federal, de la misma manera como ocurrió en otras parte del mundo occidental.[18]

En el libro se analiza el presupuesto federal, porque según el autor, con su análisis es posible no sólo observar el funcionamiento de las finanzas federales sino de toda la economía pública y es, además, un instrumento que interconecta instancias financieras, económicas y políticas. La complejidad de este documento puede ser entendida si ubicamos las diferentes etapas en que se constituye y los actores que participan en su composición. Carmagnani propone las siguientes: *a)* momento desencadenante, la formulación de un proyecto de presupuesto por parte del gobierno federal, en el cual se interpretan las demandas de la ciudadanía y se ofrecen una serie de servicios públicos; *b)* el momento culminante: la interpretación que hace el Congreso de esas demandas y de la oferta de servicios, y asigna al gobierno los recursos para cubrirlos, y *c)* el momento efectivo cuando se implementan o se ofrecen los servicios públicos por parte del gobierno bajo la vigilancia del Congreso.[19]

El sustento teórico del libro *Estado y mercado*, proviene no sólo del pensamiento político, sino también de la integración de lecturas de los teóricos de las finanzas públicas, entre ellos, Antonio de Vitti de Marco (1858-1943);[20] Luigi Einaudi (1874-1961)[21] y Knut Wicksell.[22] En palabras de Carmagnani, estos autores y sus obras le permitieron comprender que:

[18] CARMAGNANI, *Estado y mercado*, p. 14.

[19] *Ibid.*, pp. 14-15.

[20] Su libro *Principios de economía financiera*, publicado en 1934 fue fundamental para comprender la función del Estado en los sistemas financieros.

[21] El libro *Principios de la hacienda pública* de Einaudi publicado en 1955 fue escrito desde una visión de Estado. Fue presidente de la República italiana de 1948 a 1957. En él propone considerar los precios de los servicios públicos desde una perspectiva económica en concordancia con el cobro de los impuestos, de tal suerte que debe haber un equilibrio entre lo recaudado y los servicios que el estado ponga a disposición de los ciudadanos. Es la lógica de la economía pública. Véase, LLOSAS, "Un grande de las Finanzas Públicas".

[22] En el libro de Wicksell *Saggi di finanza teorica*, se propone esencialmente que el Estado actúa como participante del proceso económico. El Estado es un proceso y un marco de reglas y procedimientos que gobiernan las relaciones humanas. El fenómeno fiscal no es un asunto de optimizar elecciones, más bien emerge a través de las interacciones entre los participantes. Finalmente, la actividad económica del Estado debe medirse en los mismos términos económicos que los otros actores, en términos de demanda, oferta, productividad, costo, en suma como un fenómeno de mercado. WARNER, *Knut Wicksell and Contemporary Political Economy*

> [...] la imposición fiscal y el gasto público plantean el problema del tipo de oferta de bienes públicos bajo una forma de gobierno federal, las formas que puede asumir la relación entre oferta del Estado y demanda de bienes públicos por la ciudadanía, la interpretación que dieron los representantes electos en los poderes constitucionales de la demanda de bienes públicos y asignación de recursos al Estado por parte de la representación política.[23]

La explicación del funcionamiento de la economía política liberal le permitió comprender la naturaleza del Estado y las diversas funciones que realiza en una sociedad liberal, en la cual el Estado es parte del proceso económico: lo orienta, es participante activo, discute las directrices generales con los poderes y su oferta de bienes influye directamente en la organización económica de las sociedades. El enfoque para abordar estos problemas es la conjunción de las finanzas y de la economía pública. La economía pública entendida como una oferta de bienes pública, elaborada a partir de un criterio diferente pero no del todo opuesto al de la empresa privada. La complejidad del concepto la explica de la siguiente manera el autor:

> El criterio principal de la economía pública es la economicidad de la acción del Estado, economicidad que, a diferencia de la del mercado, basada esencialmente en el criterio del beneficio privado, trata de conjugar el factor de igual tratamiento para todos los ciudadanos en el sentido de que un bien ofrecido a uno debe ser extendido a todos; el factor de eficiencia y calidad del servicio público, es decir a un costo igual se debe preferir la calidad superior, y el factor de difusión territorial, o sea que la oferta de servicio público debe ser uniforme para todas las regiones de la Federación. La conjunción de estos tres factores incide en la decisión de los ciudadanos de si es conveniente asignar a la Federación, a los estados o a los privados la oferta de bienes públicos.[24]

Así Estado y mercado son dos realidades en constante interacción, ambas realidades confluyen a partir de la segunda mitad del siglo XIX y esta confluencia es posible gracias a que la voluntad de los habitantes del país de "reivindicar una cosa simple y revolucionaria al mismo tiempo, los derechos civiles, políticos y económicos y que estos derechos fueran además

[23] CARMAGNANI, *Estado y mercado*, p. 14.
[24] *Ibid.*, p. 16.

para cada uno y para todos".[25] Así no sólo hubo una conjunción entre mercado y Estado, sino también de la sociedad civil, que entendió la oportunidad de garantizar estos derechos contribuyendo con el Estado.

El libro sobre *Estado y mercado* es una investigación que pasó de una investigación de "naturaleza exquisitamente financiera" sobre las finanzas públicas del porfiriato, a una propuesta de comprensión de la complejidad del fenómeno de la constitución de la economía política liberal. La apertura del enfoque teórico evitó limitarse a un trabajo economicista y reduccionista, y destacó entre una producción de historia económica que en esos años estaba ocupada fundamentalmente en investigaciones sobre los precios, la producción agropecuaria, minera y monetaria, los intercambios externos e internos, y la demografía.[26]

El trabajo de Carmagnani retoma los escasos avances de la historia cuantitativa y, de forma paralela, la nueva historia económica o cliometría. Construye sus explicaciones en torno a los orígenes del atraso, preguntas que en algún momento había planteado John Coatsworth.[27] Este autor utilizó como marco teórico el texto de Barrington Moore, *Social Origins of Democracy and Dictatorship: Lord and Peasant in the Making of Modern World*, Nueva York, 1966. Coatsworth explica que la estabilidad del Porfiriato y su relativa bonanza se debió a la llegada de capitales extranjeros, la construcción del ferrocarril y la comercialización de la agricultura, explicaciones que sin duda tienen cierto sustento, pero en las que no se hace ninguna relación directa con el sistema político o más bien este se explica por esas condiciones económicas.[28] A pesar de lo sugestivas que eran las propuestas de este autor norteamericano, Antonio Ibarra, en un recuento de 1997, señala que la propuestas de John Coatsworth, formuladas en su

[25] CARMAGNANI, *Estado y mercado*, p. 17.

[26] IBARRA, "Historia cuantitativa, serial y cliometría", pp. 98 y 99.

[27] COATSWORTH, *Los orígenes del atraso*, señalaba que había cuatro razones por las cuales no se había desarrollado esta rama de la historia económica: *1)* los economistas talentosos interesados en historia se especializan en problemas contemporáneos ; *2)* el aislamiento que en Estados Unidos tenía la economía con respecto a las ciencias sociales, sus preocupaciones estaban centradas en aplicar sus conocimientos más que en estudios de carácter social, antropológico o histórico; *3)* el escaso interés de los historiadores mexicanos por la historia de los Estados Unidos y menos por la historia cuantitativa y *4)* el giro en los programas de estudio de Estados Unidos en los que se redujo la orientación hacia estudios internacionales, justo cuando estaba el auge de la nueva historia económica, pp. 16-17.

[28] COATSWORTH, *Los orígenes del atraso*, pp. 221-226.

libro *Los orígenes del atraso*,[29] fue retomado en México más por los datos duros que aportaba, que por el método y la reflexión teórica.[30]

Los elementos que componen el enfoque propuesto en el libro *Estado y mercado* rebasan las fronteras disciplinares y ofrecen una explicación que aborda los aspectos políticos, institucionales, sociales, económicos, financieros e incluso culturales, por lo que el resultado es una visión comprensiva de la mayoría de los procesos que intervienen en este proceso histórico. Además, enmarca la Reforma liberal mexicana en los procesos que estaban ocurriendo en el mundo occidental. En otras palabras, no se trata de un proceso nacional, por lo que es fundamental entender la dinámica global. La preocupación de Carmagnani no partía de querer conocer únicamente el porfiriato, sino explicarse las raíces históricas del atraso económico en Latinoamérica, lo que lo llevó a estudios de historia comparada, estudios de esta índole tampoco se hacían en México. En una entrevista otorgada a Carlos Marichal, Carmagnani explica que:

> Pienso que el principal motivo que me empujó a este tipo de estudios fue mi inquietud por comprender las raíces históricas del atraso económico de las áreas latinoamericanas, en especial si el desfase entre las diferentes áreas tenía origen en la relación colonial. Este interés por la temática del desfase entre las diferentes regiones latinoamericanas y las europeas, con el pasar del tiempo ha ido sucesivamente cuestionando problemáticas de tipo social, político y cultural y me han permitido expandir mi interés hacia una historia comparada que parte de una concepción histórica, según la cual los problemas de América Latina deben ser comprendidos a la luz de las tendencias internacionales y de la capacidad de los actores históricos nacionales o regionales de dar respuestas, no necesariamente positivas, de tipo no sectorial sino global y que esta capacidad debe ser analizada a la luz de un análisis de tipo procesal.[31]

Tres elementos podemos destacar de la posición teórica de Carmagnani. El primero es el enfoque comparativo: entre naciones, regiones y la forma en que se procesaron las tendencias políticas e ideológicas que entonces se

[29] *Ibid.*, el ensayo "Los orígenes sociales del autoritarismo en México" con el que cierra el libro, en su versión original apareció publicado en *Foro Internacional*, 16:2, 1975, pp. 205-232.

[30] IBARRA, "Historia cuantitativa" p. 101.

[31] MARICHAL, "Entrevista con Marcello Carmagnani".

debatían en el mundo occidental. En segundo, la historicidad de cada uno de los procesos. No todas las naciones se integraron simultáneamente, ni se enfrentaron a los mismos problemas, ni se ofrecieron las mismas soluciones como se mostró con claridad en el caso de los federalismos y como se hace evidente en el texto de *Estado y mercado*. Tercero, la propuesta de incluir los diferentes aspectos que componen el mundo liberal, lo que necesariamente implica una propuesta si bien histórica, esencialmente transdisciplinaria, que conjuga teorías económicas, de gobierno, financieras, políticas, sociales y de cultura política, que evita los reduccionismos, o analizar únicamente un sector social o un ámbito económico o jurídico.

Contrasta esta investigación omnicomprensiva con los muchos trabajos de historia regional, que se estaban haciendo entonces, en los que era más importante destacar la diferencia que había entre el territorio estudiado, estado o región, respecto del gobierno nacional o "central", como algunos lo llamaban. En pocos de ellos había alguna hipótesis o explicación del porqué, a pesar de las diferencias entre las esferas políticas, esos espacios se habían mantenido unidos. También lo hace, con las investigaciones sobre las familias poderosas de los estados y regiones que parecían querer demostrar que todo el siglo XIX fue un mundo arbitrario, guiado únicamente por los pactos de las élites, que se repartían el botín político y económico de nación, en negociaciones de la mesa familiar.[32]

La propuesta de *Estado y mercado,* apunta a la idea de que las decisiones del Estado en materia de gasto e ingresos federales fueron decisiones individuales adoptadas colectivamente e implementadas por sus representantes a través de los poderes constitucionales del Estado.[33] En suma:

> El análisis histórico del presupuesto nos arroja también una nueva luz sobre un aspecto importante que se da entre el Estado y todos los ciudadanos considerados colectivamente, intercambio que beneficia mutuamente al Estado y a la colectividad. A través de este intercambio, los individuos pagan al Estado un

[32] CARMAGNANI, *Estado y Mercado*, p. 361. Contrasta esta posición con la historiografía de las élites tan en boga esos años, que planteaban en casos extremos que las familias poderosas tenían el control absoluto de la política, la sociedad y la economía del siglo XIX. Quizá el caso más extremo sea el de Stuart Voss, *On the Perphery of the Nineteenth Century*, 1982, quien explica el caso del desarrollo económico, político y social del noroeste a partir de tres generaciones de notables.

[33] CARMAGNANI, *Estado y mercado*, p. 369.

> monto de impuesto de valor similar para la ciudadanía al monto de servicios públicos que recibe. En esta forma se establece una primera relación de mercado entre el individuo y el Estado que es, a fin de cuentas, el real fundamento de la relación más general entre Estado y mercado. Dicho en otras palabras, esta primera relación entre Estado y mercado se establece porque a pesar de que el individuo vea reducir su ingreso de manera proporcional a los impuestos que paga, su ingreso real se verá incrementado por los beneficios que recibe a través de la oferta de bienes públicos puros e impuros por parte del Estado.[34]

El desequilibrio de esta relación es lo que explica el atraso económico y la ruptura política. Los sectores con mayores ingresos recibieron mayores beneficios, algunos de los servicios básicos dejaron de ofertarse a la mayoría de la población y sirvieron para la protección de algunos, para apoyarlos en los procesos de acumulación y para coartarles sus libertades a otros. Así, la dirección política, la defensa interna y externa, la administración y creación de infraestructura para el progreso económico y cultural, se concentró en una minoría. De ahí las rupturas, las inconformidades y más tarde la Revolución.

El liberalismo económico y político terminó imponiéndose y excluyó a importantes sectores que no encontraron beneficios suficientes o cuyas tradiciones históricas les impedían incorporarse a este proceso. Me refiero a las comunidades indígenas, a los desposeídos, a los opositores ideológicos, etcétera. Sobre ellos recayó la violencia del Estado, a veces para tratar de incorporarlos y otras para exterminarlos; recuérdese el caso de los yaquis, deportados de Sonora a Yucatán. De ellos no se ocupan las investigaciones emprendidas por Carmagnani porque su texto abunda sobre el proceso de integración de una cultura liberal, con todos sus componentes jurídicos, de planeación, organizativos, pero sí sugiere los elementos necesarios para su comprensión.

Es desde esta perspectiva transdisciplinaria, integradora, compleja, multidimensional que podemos entender los elementos que constituyen estos libros propositivos para la historiografía.

[34] *Idem.*

Consideraciones generales

Me parece importante destacar que los trabajos analizados evidencian la relevancia de las problemáticas que el doctor Marcello Carmagnani puso a discusión en la comunidad académica latinoamericanista: aplicación del liberalismo, federalismo, Estado y mercado, Estado y nación, integración nacional, organización política y gobernabilidad, naciones y globalidad, entre otros, con los cuales se abrieron importantes líneas de investigación.

La comprensión del procesos de implantación del liberalismo a través de las finanzas públicas permitió comprender los interacción entre las dimensiones locales, regionales, estatales, nacionales, en una lógica política, económica y social, lo que sin ser su objetivo expreso, sí brindó un marco explicativo para las investigaciones que en esos años estábamos elaborando desde los diversos espacios de América Latina, pues no era posible la comprensión de la región y el Estado sin la nación. Entendimos la diferencia y la unidad.

Los libros que han servido de hilo conductor de este análisis muestran la imposibilidad de investigador sobre estas problemáticas con un enfoque disciplinario. La conjunción de teorías, enfoques y preocupaciones hicieron posible un tipo de estudio comprensivo, complejo y que ofrece interpretaciones, que posibilita continuar reflexionando sobre el pasado, el presente y el futuro de la sociedad. Desde esta perspectiva considero que, efectivamente, los libros de Carmagnani abrieron nuevas directrices en la historiografía latinoamericana.

Bibliografía

CARMAGNANI, Marcello (coord.)
2000 *Constitucionalismo y orden liberal en América Latina, 1850-1920*, Torino, Italia, Otto Editore.

CARMAGNANI, Marcello
1994 *Estado y mercado. La economía del liberalismo mexicano, 1850-1911*, México, Fondo de Cultura Económica/El Colegio de México.

CARMAGNANI, Marcello (coord.)
1993 *Federalismos latinoamericanos: México/ Brasil/ Argentina*, México, Fondo de Cultura Económica/El Colegio de México.

COATSWORTH, John H.

1990 *Los orígenes del atraso. Nueve ensayos de la historia económica de México en los siglos XVIII y XIX*, México, Alianza Editorial Mexicana.

FLORESCANO, Enrique

2004 *Historia de las historias de la nación mexicana*, México, Taurus.

IBARRA, Antonio

1997 "Historia cuantitativa, serial y cliometría: una apreciación general de su impacto en la historiografía mexicanista reciente", en Saúl JERÓNIMO, y Carmen VALDEZ, *Memorias del Primer Encuentro de historiografía*, México, UAM.

JERÓNIMO ROMERO, Saúl

2005 "La historiografía política, retos y continuidades", *Fuentes humanísticas*, año 17, II semestre.

2003 "La frontera de la modernidad y la construcción del ferrocarril en Sonora" en Marco Antonio Landavazo, *Territorio, frontera y región en la historia de América. Siglos XVI al XX*, México, Editorial Porrúa/Instituto de Investigaciones Históricas de la Universidad Michoacana de San Nicolás de Hidalgo, pp. 351-369.

LLOSAS, Hernán Pablo

2006 Un grande de las finanzas públicas, Luigi Einaudi, documento de Trabajo, núm. 62, agosto, Universidad de la Plata en <http://www.depeco.econo.unlp.edu.ar/doctrab/doc62.pdf>, pp. 1-24.

MARICHAL, Carlos

1991 Entrevista con Marcello Carmagnani, celebrada el 12 de agosto de 1991 en El Colegio de México, publicada en el *Boletín de Fuentes para la Historia Económica de México*, núm. 4, mayo-agosto, Centro de Estudios Históricos-El Colegio de México. pp. 53-58, consulta electrónica en <http://www.economia.unam.mx/amhe/publi/entre03.html>.

TREJO, Evelia (introd. y comp.)

2010 *La historiografía del siglo XX en México. Recuentos, perspectivas teóricas y reflexiones*, México, UNAM.

VÁZQUEZ, Josefina Zoraida

1993 "El federalismo mexicano, 1823-1847", en CARMAGNANI, Marcello, *Federalismos latinoamericanos: México/Brasil/Argentina*, Fondo de Cultura Económica/El Colegio de México.

VOOS, Stuart
1982 *On the Perphery of the Nineteenth Century, México, Sonora and Sinaloa, 1810-1877*, Arizona, University Arizona Press.

WAGNER, Richard E.
2011 "Knut Wicksell and Contemporary Political Economy", Department of Economics, George Mason University, Fairfax, VA 22030, USA; <http://mason.gmu.edu/~rwagner/wicksell.pdf>.

PARA UNA "NUEVA" HISTORIA DE AMÉRICA: CULTURA POLÍTICA, MODERNIZACIÓN Y RELACIONES INTER-HEMISFÉRICAS

*Riccardo Forte**

Puedo decir, sin temor a exagerar, que mi carrera académica ha sido condicionada de manera casi permanente por la obra y la enseñanza de Marcello Carmagnani: desde el comienzo, como estudiante de ciencias políticas en la Universidad de Turín, lamentablemente ya muy atrás en el tiempo, hasta el final de la redacción de mi tesis de licenciatura, y, después, en la preparación de mis dos tesis de doctorado, en la Universidad de Genova y en El Colegio de México. Sus cursos y seminarios despertaron mi interés por la historia y fueron fundamentales en mi decisión final de dirigirme hacia la carrera académica y, en especial, hacia la historia de América Latina y del Hemisferio Occidental.

Durante los años de la licenciatura y a través de la lectura de trabajos ya clásicos como *America Latina dal '500 ad oggi* y *La grande illusione delle oligarchie*, pude confrontarme desde el comienzo con una visión y una metodología de la investigación diferente con respecto de la historia que había aprendido hasta entonces. El proceso histórico aparecía en estas obras como algo mucho más complejo e interesante que el de una simple sucesión de acontecimientos elegidos y ordenados de manera más o menos apropiada. La historia se configuraba como una perspectiva analítica capaz de aclarar de manera extraordinaria los procesos del pasado y de entender de manera acertada la realidad del presente.

En el desarrollo de una temática que ha acompañado una parte significativa de mi carrera como historiador, el autoritarismo militar y los orígenes del poder militar en América Latina, pude descubrir, bajo la atenta y severa dirección de Marcello Carmagnani en la realización de mis tesis,

* Library of Congress, Washington D. C.

otro aspecto fundamental para el desempeño de un valioso trabajo académico: la importancia de superar las simplificaciones de un análisis condicionado por esquemas rígidos, a menudo ideologizados, y, por ende, de renovarse y proponer interpretaciones novedosas, capaces de superar barreras y romper esquemas.

Este factor tuvo una especial importancia en el estudio de la temática militar. Mi interés hacia la misma empezó a mediados de los años 80, en un periodo particularmente interesante, caracterizado por la progresiva crisis y caída de los regímenes castrenses en América del Sur y por el comienzo de los primeros procesos de democratización en la región, procesos a menudo de ardua realización, que mostraban la dificultad de relegar las fuerzas armadas en su específica esfera profesional en una posición de subordinación constitucional a la autoridad civil. Muy pronto me di cuenta de que era imposible lograr una clara comprensión del papel y del significado histórico real de los militares en las distintas experiencias latinoamericanas si se seguía considerando la actuación castrense como inducida por otros actores, nacionales y/o internacionales, sin explorar los orígenes del poder de la oficialidad militar y la visión y los objetivos que habían empujado su decisión de participar activamente en los asuntos internos de sus propios países.

Otra vez, la contribución intelectual de Marcello Carmagnani fue fundamental al permitirme poner mi temática en la correcta perspectiva, en la formulación de las preguntas preliminares más adecuadas al respecto y en la individualización de las variables fundamentales. Durante los años del doctorado en El Colegio de México, tuve el privilegio de participar en dos seminarios dirigidos por él: el primero sobre la transición liberal en Europa y América Latina y el segundo, más específico, sobre el significado y la función del presupuesto público en la construcción del orden liberal y del Estado moderno. Ambos temas fueron enfrentados de manera original y novedosa y dieron paso poco después a dos importantes obras, publicadas por El Colegio de México: *Federalismos latinoamericanos*, coordinado por Marcello Carmagnani con la participación de importantes historiadores expertos en la temática de México, Argentina y Brasil, y *Estado y mercado*, dedicado por completo al estudio en perspectiva histórica del presupuesto público en México.

El seminario sobre la transición liberal y la lectura de las diferentes contribuciones del libro sobre los tres federalismos —en especial, el artículo del mismo Carmagnani sobre México y los trabajos de José Carlos Chiaramonte y Natalio Botana, sobre Argentina y de Murilo de Carvalho, sobre Brasil— me permitieron enfocar la configuración social, política y cultural de América Latina a mediados del siglo XIX, periodo en el que comienza mi investigación sobre los orígenes del poder militar en Argentina.[1] La precisa descripción de las características y del funcionamiento del orden corporativo preliberal —el llamado Antiguo Régimen— y el énfasis puesto por Marcello Carmagnani sobre la variable político-cultural fueron fundamentales en mi análisis sobre las transformaciones del cuerpo de oficiales y su papel interno entre la segunda mitad del siglo XIX y el comienzo del siglo XX.

Hasta entonces, un enfoque exageradamente economicista y dicotómico —los de arriba y los de abajo— de las transformaciones históricas, había proporcionado una visión demasiado simplificada e irreal del proceso de modernización latinoamericano, impidiendo focalizar los elementos culturales y constitucionales que estaban en la base de este proceso, del cual las fuerzas armadas fueron un actor importante y decisivo.

La imagen distorsionada de una oligarquía todopoderosa acababa disminuyendo la importancia de la función desarrollada por otros actores, entre ellos la oficialidad castrense, reducida en los análisis existentes a "perros guardianes" de las élites dominantes,[2] en el marco de una transición caracterizada únicamente por los intereses económicos y comerciales tanto nacionales como internacionales. Las aportaciones de Marcello Carmagnani y de otros estudiosos que colaboraban con él, mostraban, al contrario, la existencia de una realidad mucho más compleja, que sugería de manera contundente la necesidad de una revisión histórica del proceso de transición liberal y del papel de los actores que, de distinta manera, directa e indirectamente, habían participado en el mismo. Una obra muy ambiciosa en tres volúmenes, *Para una historia de América*, realizada por Marcello Carmagnani conjuntamente con Ruggiero Romano y Alicia Hernández

[1] CARMAGNANI, "El federalismo liberal mexicano", pp. 135-179; CHIARAMONTE, "El federalismo argentino", pp. 81-132; BOTANA, "El federalismo liberal en Argentina", pp. 224-259, y MURILO DE CARVALHO, "Federalismo y centralización en el imperio brasileño", pp. 51-80.

[2] Caracterización muy común, por ejemplo, en los discursos del general peruano Velasco Alvarado en los años 70. Véase, ROLDÁN, *Vargas Llosa entre el mito y la realidad*, p. 60 y COTLER, "De Velasco a Belaúnde", p. 353.

—y también publicada por El Colegio de México—, contribuyó de manera fundamental a evidenciar y entender dicha complejidad.

Quiero destacar aquí, en especial, los capítulos denominados "Componentes sociales" y "Componentes económicos," que representaron, en mi opinión, un avance extraordinario en la comprensión de la realidad social y territorial latinoamericana.[3] Haciendo énfasis en la dimensión corporativa a lo largo del periodo 1750-1850, los autores evidencian cómo el proceso de modernización en la región no se había llevado a cabo según un recorrido homogéneo y lineal. La misma periodización elegida nos muestra que este proceso pasó por encima de las declaraciones de independencia, consideradas erróneamente por la historiografía nacionalista como el momento de arranque de las historias nacionales y de la construcción de los Estados modernos en América Latina. *Para una historia de América* destaca, al contrario, la importancia que siguió teniendo el componente territorial corporativo, incluso después de las declaraciones de independencia. De esta manera, se sentaron las bases para una reinterpretación de la misma independencia en América Latina y para una revisión de los varios términos que aparecen en los documentos de la época, a veces utilizados erróneamente por la historiografía según su acepción moderna. Por ejemplo, se descubre que el término *patria*, que a menudo se encuentra en las fuentes documentales de la época, hace referencia no a una nación moderna, sino a la *patria chica*, es decir, al cuerpo territorial tradicional. Desde esta perspectiva, el uso de la palabra *patria* contribuía mucho mejor a aclarar la dimensión real de las fidelidades territoriales de los actores de la primera mitad del siglo XIX en América Latina, todavía vinculadas a las comunidades corporativas tradicionales y no a una realidad de un Estado y una sociedad nacionales, todavía *in fieri* hasta la segunda mitad del mismo siglo.

En mi experiencia como investigador, esta redefinición y reconceptualización del periodo 1750-1850 fue muy importante en el estudio de la temática militar. Desde esta nueva perspectiva, la experiencia del llamado caudillismo asumía una coloración distinta y la función de las fuerzas armadas federales después de 1850 aparecía delineada de manera más clara y

[3] CARMAGNANI, HERNÁNDEZ, ROMANO (coords.), *Para una historia de América*, pp. 160-403.

exhaustiva. Por un lado, el caudillo de la primera mitad del siglo XIX asumía no ya un papel de desarticulación y obstaculización de la consolidación nacional, sino más bien una función de catalizador en el interior de los cuerpos territoriales heredados de la época colonial las únicas realidades territoriales que habían sobrevivido después de la separación de América de la metrópoli ibérica.

Por el otro, a partir de esta caracterización, fue posible definir la ubicación y el papel real de las fuerzas armadas que, después de 1850, quedaron bajo el control todavía precario de la incipiente autoridad federal. Los oficiales del ejército, bien lejos de representar una simple extensión del orden caudillista, se estaban imponiendo como una importante ruptura con el mismo, dirigida a integrar políticamente un territorio más amplio y a modernizar el Estado, reduciendo la fragmentación del control de las armas y creando paulatinamente el monopolio de dicho control por parte de las autoridades constitucionales. La fragmentación territorial en sentido corporativo, todavía existente a mediados del siglo XIX, y el precario control del territorio por parte de la autoridad central que la misma implicaba, ponían en evidencia la amplitud de la acción que las fuerzas armadas fueron llamadas a cumplir y el carácter extraordinario de la función de la oficialidad militar en la construcción y consolidación del Estado moderno: desde un orden preliberal, caracterizado por un conjunto amplio de cuerpos territoriales, que reclamaban cada uno separadamente sus propios privilegios y prerrogativas, se buscaba transitar hacia un orden nuevo que se apoyara en una Constitución y unas leyes derivadas de la misma, aplicadas de manera homogénea a todo el territorio y a la población nacional.

Las aportaciones de las fuerzas armadas en este proceso no podían no tener relación alguna con el progresivo fortalecimiento del poder militar que había caracterizado varias experiencias nacionales de América Latina. Esta observación me convenció de la necesidad de mirar más *adentro* de las mismas organizaciones castrenses, en lugar de focalizar la atención sobre los objetivos de las élites civiles y de las fuerzas internacionales, como proponía la historiografía tradicional sobre el tema. El énfasis puesto en reiteradas ocasiones por Marcello Carmagnani sobre la oportunidad de explorar la cultura política y sus transformaciones a lo largo del proceso de transición hacia el orden liberal, me indujeron a considerar la importancia de esta variable también en relación con la oficialidad militar.

La importancia y la funcionalidad de este concepto entre los historiadores y los estudiosos de otras disciplinas han sido muy debatidas y siguen siendo actualmente muy controvertidas. La historia, en especial, parece —todavía hoy día— particularmente hostil al uso de la cultura política como herramienta analítica que tenga alguna utilidad explicativa. Al comienzo de los años 90, cuando empecé mis investigaciones para mis tesis doctorales, sólo pocos trabajos pioneros habían utilizado una perspectiva político-cultural en estudios históricos sobre la transición del llamado Antiguo Régimen al orden liberal y ninguno, que yo conozca, sobre América Latina. Sobre América del Norte dos notables excepciones eran las obras de Robert Kelley, *The Cultural Pattern in American Politics*, y Ronald Formisano, *The transformation of Political Culture: Massachusetts Parties, 1790s-1840s*. La convicción, muy consolidada, que la cultura política *era* un producto de la modernidad,[4] acababa negando la existencia de una cultura política premoderna o preliberal y, por ende, la posibilidad de analizar la modernización como un proceso complejo de transformación político-cultural con la participación determinante de amplios y heterogéneos componentes sociales. La Revolución francesa parecía representar el acontecimiento icónico que había determinado la aparición de la cultura política.[5] A finales de los años 80 apareció otra notable excepción: el libro de Nicola Matteucci, *La rivoluzione americana: una rivoluzione costituzionale*, aunque desde una perspectiva principalmente jurídico-constitucional —como el mismo título anuncia— recuperaba de manera lucida y sorprendente los aspectos político-culturales del proceso de independencia de Estados Unidos, a partir de un análisis de los estudios pioneros de Charles Howard McIlwain.[6]

Para mi acercamiento a la cultura política castrense, tuve el soporte de la definición propuesta por Marcello Carmagnani, que aparecerá impresa unos años después en una obra colectiva coordinada por Jaime E. Rodríguez. Según esta definición, la cultura política se caracteriza por un conjunto de códigos de comportamiento individual y colectivo construidos

[4] SILVA PRADA, "Historia cultural de las prácticas políticas".

[5] Entre los más significativos trabajos de la última década del siglo XX se encontraban los trabajos de Lynn Hunt, Keith Baker y Arlette Farge. Véase SILVA PRADA, "Historia cultural".

[6] MCILWAIN, *The American Revolution*.

por un número limitado de individuos con referentes intelectuales, sociales, económicos y políticos distintos y compartidos. Estos códigos son formalizados en el interior de un partido político, una asociación o un grupo de individuos y más tarde difundidos entre uno o más grupos sociales, sin necesariamente ser considerados importantes por toda la población de una comunidad.[7]

A partir de esta base, después de una investigación de cinco meses en las bibliotecas y en los archivos militares de Buenos Aires, revisando publicaciones y boletines castrenses del periodo 1850-1943, y de algunas entrevistas y charlas formales e informales con oficiales del ejército, logré poner al descubierto la existencia de una cultura política castrense peculiar, que se había ido formando ya en la segunda mitad del siglo XIX y que se había consolidado durante las primeras décadas del siglo siguiente. La misma era la expresión de un enfoque puntual acerca de la sociedad y de la economía, que sostenía un proyecto autoritario, jerárquico y nacionalista, pero que al mismo tiempo se caracterizaba por una fuerte visión modernizadora, separada y a menudo en conflicto, con la correspondiente cultura política de las élites tradicionales de orientación liberal.

El presupuesto federal argentino a lo largo de casi un siglo, atentamente analizado en los detalles de sus distintas partidas, según la metodología sugerida por Marcello Carmagnani, representó otro indicador fundamental del proceso de fortalecimiento del sector militar y de los objetivos perseguidos por los oficiales del ejército. Todos estos indicadores, a partir de datos e informaciones muy diferentes, coincidían en mostrar el crecimiento y la consolidación de un cuerpo de oficiales caracterizado por una cultura nacionalista y antiliberal que ponía limites estrechos y no predefinidos al control civil sobre la misma, y que, bien lejos de representar el "perro guardián de la oligarquía tradicional", tenía como objetivo principal el fortalecimiento y la autonomía de una corporación castrense moderna.

El resultado de esta larga investigación fue la realización de una tesis doctoral y la publicación del libro *Forze armate, cultura politica e sicurezza interna. Origini e consolidamento del potere militare in Argentina (1853-1943)*, cuya redacción pudo contar nuevamente con las fundamentales sugerencias y observaciones de Marcello Carmagnani y que fue actualizada

[7] CARMAGNANI, "Vectors of Liberal Economic Culture in Mexico", p. 285.

unos años después para una nueva edición en castellano, publicada por la Universidad Autónoma Metropolitana.[8]

Pero la importancia y el impacto de las obras y los estudios de Marcello Carmagnani sobresalen aún más si consideramos el peso que tuvieron también en relación con otras investigaciones, parcial o totalmente fuera de sus áreas de interés académico. Es en estos casos, creo yo, que emerge aún más la amplitud de las posibles aplicaciones de los conceptos, las perspectivas y la metodología propuestas en el ámbito de la investigación histórica. Ya durante la redacción de mi libro sobre el poder militar en Argentina, había desarrollado un interés especial hacia una nueva temática: la historia de las relaciones internacionales en el Hemisferio Occidental y la percepción de la política exterior de Estados Unidos en la región. Dicho interés había sido estimulado por la lectura paralela de dos obras de gran impacto político y académico, que habían sido publicadas en la segunda mitad de los 80, respectivamente en 1986 y 1987, y que proponían una nueva interpretación de las relaciones internacionales y del papel de las grandes potencias en el concierto internacional: *The Cycles of American History*, del historiador Arthur M. Schlesinger, y *Rise and Fall of the Great Powers*, del politólogo Paul Kennedy.

Aunque ambos trabajos cubrían un espectro de temáticas mucho más amplio que las relaciones interamericanas y la política exterior de Estados Unidos, ofrecían al mismo tiempo unas perspectivas de análisis muy interesantes para la revisión de ambos temas. Los autores sugerían, entre otras cosas, la importancia de superar, aquí también, las limitaciones de las interpretaciones economicistas que hasta entonces habían prevalecido tanto en Europa como en Estados Unidos.[9] Dichas obras fueron seguidas, a mediados de los 90, por otro excelente estudio sobre el significado de la acción internacional americana: *America's Mission. The United States and the Worldwide Struggle for Democracy*, realizado por el politólogo Tony Smith.

[8] Véase también la edición actualizada en castellano: FORTE, *Fuerzas armadas, cultura política y seguridad*.

[9] En Estados Unidos, esta escuela historiográfica tuvo un impacto notable, en la corriente denominada *Open Door School* —a partir de su específica interpretación de la política norteamericana de la "puerta abierta" hacia China entre finales del siglo XIX y el comienzo del XX—. En ella destacan autores como WILLIAMS, *The Tragedy of the American Diplomacy* y *The Roots of the Modern American Empire*; y LAFEBER, *The New Empire*. Para una crítica puntual sobre las tesis desarrolladas en estas obras y su falta de sustento documental véase SCHLESINGER, *The Cycles of American History*, cap. 7.

Adoptando metodologías y acercamientos muy diferentes y a través de investigaciones ampliamente documentadas, estos tres trabajos analizan bajo una nueva luz los objetivos de Estados Unidos en sus decisiones y estrategias de política exterior. Arthur M. Schlesinger y Tony Smith, en particular, examinan atentamente la tensión entre las prioridades norteamericanas en términos de valores y las exigencias que se presentan en distintos periodos históricos en términos de seguridad. Sobre esta base, analizan la lectura hecha en Washington de las distintas situaciones que se produjeron en el interior del sistema internacional durante los siglos XIX y XX y proponen una nueva interpretación del proceso de toma de decisiones y de la acción norteamericana en varias situaciones.[10]

Estas lecturas no hicieron más que confirmar algunas de las dudas que me habían surgido desde hacía tiempo acerca de las interpretaciones prevalecientes en el mundo académico acerca del papel internacional de Estados Unidos y, en especial, de la influencia y del impacto reales de su acción internacional en el Hemisferio Occidental. Yo veía una línea de continuidad sustancial entre esta temática y mis investigaciones anteriores. Tony Smith a lo largo de todo su estudio, resaltaba la difusión internacional de la democracia liberal como una prioridad de la acción internacional de Estados Unidos, y Arthur M. Schlesinger mostraba la escasa propensión de la sociedad norteamericana a la intervención en otros países, por lo menos como mecanismo permanente de política exterior.[11]

Estas interpretaciones y mi tesis de la relevancia de los elementos internos, políticos y culturales, evidenciada por los resultados del largo estudio acerca del poder militar en América del Sur, se reforzaban mutuamente. En 2003, un nuevo libro de Marcello Carmagnani, *El otro Occidente*, fue, otra vez, decisivo al permitirme enfocar ésta difícil y controvertida problemáti-

[10] Otra obra de Paul Kennedy había propuesto anteriormente una revisión radical de la estrategia y de los objetivos internacionales de Washington entre finales del siglo XIX y comienzos del siglo XX, cuestionando directamente, junto con Arthur Schlesinger, la interpretación del revisionismo norteamericano del imperialismo económico, propuesta por William Appleman Williams y Walter Lafeber. Véase KENNEDY, *The Samoan Tangle*.

[11] Esta tesis será retomada más tarde por otro autor de gran impacto, Joseph Nye: "A pesar de las afirmaciones de las extremas izquierda y derecha de todo el mundo, Estados Unidos no es una nación imperialista. La opinión pública del país apoyará el uso de la fuerza si el pueblo se siente amenazado o si cree que la causa es justa, pero los estadounidenses tienen poco interés en gobernar a otras naciones. Las apelaciones de los neoconservadores al ejemplo del Imperio Británico son un tanto forzadas...," NYE, "Irak, Katrina, Irak".

ca, aunque, en este caso, llegamos a conclusiones no siempre del todo coincidentes. El autor evidenciaba la autonomía adquirida por los países latinoamericanos en el concierto internacional a partir de finales del siglo XIX y su capacidad de formular y llevar a cabo iniciativas propias, desvinculadas y, en ocasiones, en oposición a las acciones de las potencias dominantes. Carmagnani muestra en su libro una trayectoria de autonomía creciente de las políticas exteriores de América Latina, según una acción que se configuraba a partir de los intereses geopolíticos de cada país y de los rasgos culturales de la región.

Esta visión remitía a una realidad muy distinta de la descrita por las corrientes historiográficas que dibujaban una situación de sustancial dependencia y pasividad latinoamericana ante los intereses y los humores de las potencias internacionales y, sobre todo, de las grandes corporaciones económicas. Como Schlesinger señalaba ya a finales de los años 80, había —y hay— que liberarse del dogma que asume "el papel todopoderoso de los mercados internacionales en determinar la política exterior norteamericana". Un dogma que, añade Schlesinger, sobrevivía incluso "ante la ausencia de una documentación capaz de comprobar que empresarios y financieros controlaban" el proceso norteamericano de toma de decisiones.

Existe un vínculo interesante entre los trabajos de Arthur M. Schlesinger y Tony Smith y la obra de Marcello Carmagnani: el énfasis sobre la cultura política como variable analítica fundamental, elemento totalmente descuidado por la historiografía revisionista en su afán de demostrar su tesis económico-determinista preconfeccionada. Además, si la cultura política podía ser útil para explicar la complejidad de los procesos políticos y sociales de América Latina, ¿por qué no podía ser utilizada para profundizar la política exterior de las grandes potencias y, más precisamente, la naturaleza y los resultados de las relaciones interamericanas? ¿Y si la cultura política prevaleciente en Estados Unidos se caracterizaba por la prioridad dada a los valores de libertad, democracia y autodeterminación en su interior y, según una perspectiva que había prevalecido desde Woodrow Wilson, consideraba la difusión a nivel global de la democracia liberal come un elemento esencial para la seguridad norteamericana, qué interés tenía Estados Unidos en promover formas autoritarias de gobierno en el exterior?

No es ésta, evidentemente, la sede adecuada para responder a estas grandes preguntas. Lo que quiero mostrar aquí es la importancia de las sugerencias que emergen de las obras de Marcello Carmagnani al poner en perspectiva también estas temáticas, así como algunas dudas y preguntas que quedan sin responder al respecto. En *El otro Occidente*, el capítulo dedicado al estudio del "mundo euroamericano" empieza evidenciando la tendencia a "describir la expansión del sistema internacional contemporáneo entre la segunda mitad del siglo XIX y la Primera Guerra Mundial reduciendo los distintos elementos históricos a uno solo, que es considerado como fundamental... por ejemplo la burguesía, las potencias imperialistas, la hegemonía europea, o la crisis de las potencias medianas". Se subraya en seguida como "este *modus operandi* concede poca relevancia a los procesos interactivos entre las áreas europeas mediterráneas y atlánticas y entre éstas y las áreas extraeuropeas", presentando las segundas como pasivas o incluso —diría yo, a menudo— como simples víctimas de las grandes potencias del momento.[12]

Aplicando estas importantes observaciones a otro contexto, se nota que un problema análogo se registra en los estudios de la llegada y la consolidación de las regímenes militares autoritarios a lo largo del siglo XX, en donde, por lo general, se suele considerar la intervención directa o indirecta de Estados Unidos como el elemento determinante de este fenómeno. Aquí también se acaba descuidando la importancia de los procesos interactivos, en este caso entre las distintas áreas y los distintos países del Hemisferio Occidental y entre América Latina y los países europeos que contribuyeron, entre finales del siglo XIX y el comienzo del siglo XX, a la modernización y profesionalización de la oficialidad militar en la región, como Alemania, Francia y, en menor medida, Italia.

Si se considera esencial —como hemos mostrado antes— el aspecto de la cultura política aplicado a las fuerzas armadas en distintos países de América Latina, los procesos interactivos señalados asumen una trascendencia notable para comprender la naturaleza real de los acontecimientos que llevaron a la afirmación del autoritarismo militar en la región. Pensamos, por ejemplo, a la cultura militarista prusiana o a la legitimación de la tortura como arma de combate en la doctrina militar francesa —único caso de reconocimiento oficial en la historia militar de Occidente—.[13] Sin

[12] CARMAGNANI, *El otro Occidente*, p. 188.

[13] DIMARCO, "Losing the Moral Compass", pp. 63-76; CHELALA, "The French Connection In the Export of Torture".

embargo, analizando estas interacciones no hay que subestimar la contribución y las características originales que asumió la cultura política castrense a partir de finales del siglo XIX, cultura que, bien lejos de ser siempre obstaculizada por la sociedad civil, encontraba a menudo apoyos significativos en el interior de la misma. Como bien señala Marcello Carmagnani, la generalización de una cultura política democrática en América Latina no se da antes de las últimas décadas del siglo XX. Antes, "la democracia no constituía un valor muy extendido y tendía a confundirse con los nacional-populismos y las tendencias insurreccionales izquierdistas".[14]

Marcello Carmagnani nos indica cómo los países de América Latina, desde el comienzo del siglo XX hasta la guerra fría, articularon respuestas propias a las acciones de las potencias europeas y de Estados Unidos, que no muestran en absoluto un papel pasivo y de subordinación de los primeros con respecto a los segundos. Todo lo contrario. La que se percibió —en mi opinión no siempre con razón— como la agresividad de varias fuerzas en el escenario internacional, generó el surgimiento y la consolidación de un "nacionalismo extremo", que asumió rápidamente características propias latinoamericanas y que se expresó también en la vertiente del nacionalismo y del autoritarismo militares, que hemos señalado antes. Sabemos que dicha vertiente y su contraparte civil se fortalecieron en el periodo entre las dos guerras mundiales, influenciados por la circulación de las ideas antidemocráticas y antiliberales que llegaban de Europa, pero —como otra vez sugiere Marcello Carmagnani— reelaborando según una visión propia "el fascismo, el nazismo y los corporativismos clérigo-totalitarios del franquismo español y del salazarismo portugués."[15] En *El otro Occidente* se evidencia con claridad cómo este fortalecimiento se produce en oposición a las grandes potencias y, en especial, a la que se percibe —o se quiere percibir— como la agresividad de Estados Unidos, y no gracias a la acción del mismo. En relación con los regímenes militares en América Latina, he mostrado en otros trabajos la inexistencia de una relación histórica directa entre el fortalecimiento del poder castrense y las intervenciones de Estados Unidos en la región.[16] En mu-

[14] CARMAGNANI, *El otro Occidente*, p. 303.

[15] *Ibid.*, p. 281.

[16] Véase, por ejemplo, FORTE, "Nacionalismo militar latinoamericano e internacionalismo liberal-democrático estadounidense" y FORTE, "América Latina: militares, política interna e interferencias internacionales en el siglo XX".

chos casos, el fortalecimiento de las tendencias nacionalistas autoritarias se produce más bien en oposición a la orientación prevaleciente en Estados Unidos del internacionalismo liberal democrático wilsoniano, que, aunque con modificaciones dictadas por las circunstancias internacionales y las experiencias anteriores, sigue prevaleciendo en la cultura norteamericana a lo largo de todo el siglo XX y en el siglo XXI hasta hoy día. Tony Smith ha mostrado con claridad esta línea de continuidad, aunque señala también las inevitables tensiones entre política ideal y política real, es decir entre la voluntad de perseguir objetivos ideales y la necesidad de enfrentarse a los temores y las amenazas internacionales —reales o supuestas— del siglo XX. Entonces, en los orígenes y el desarrollo del autoritarismo militar en América Latina, al nivel de las relaciones internacionales, no encontramos —como muestra otra vez Marcello Carmagnani— "la presencia de una única fuerza representada por los Estados Unidos, sino… una interacción entre las políticas estadounidenses orientadas a controlar las áreas latinoamericanas y las políticas nacionalistas apoyadas por la opinión pública de esos países".[17]

Estas cuestiones nos remiten a la importante y delicada problemática de las relaciones entre Estados Unidos y los países latinoamericanos durante el siglo XX, ampliamente examinadas por Marcello Carmagnani en *El otro Occidente*. Aquí también, los aspectos político-culturales juegan un papel decisivo en la comprensión de las acciones latinoamericanas en el concierto internacional. Sin embargo, la variable político-cultural tiene un peso mucho mayor en el análisis de los países de América Latina que en el examen de la política exterior y el *decision-making* norteamericanos. Este desequilibrio analítico, en mi opinión, no ayuda a poner en la correcta perspectiva la complejidad y la influencia real de Estados Unidos en el hemisferio occidental. De nuevo Tony Smith ha mostrado el peso relevante de valores e ideales en el proceso norteamericano de toma de decisiones. Otro estudioso de gran impacto y de orientación opuesta, Henry Kissinger, ha evidenciado la misma característica.[18] Ambos autores subrayan cómo en varias ocasiones, el exceso de importancia otorgado a cuestiones de principios e ideales llevó a Washington a desarrollar políticas no siempre adecuadas y frecuentemente en desventaja de sus mismos intereses.[19]

[17] CARMAGNANI, *El otro Occidente*, p. 284.

[18] SMITH, *America's Mission,* KISSINGER, *Diplomacy*, véase en especial los caps. 9, 10, 15 y 26.

[19] La conducta de la guerra en Vietnam durante la administración de Lindon B. John-

Una más amplia y homogénea utilización de la variable político-cultural —con razón tan enfatizada por Marcello Carmagnani— en el marco de las tensiones, los conflictos y los desafíos del contexto internacional, nos ayudaría a entender mejor el significado de lo que John L. Gaddis ha definido como la divergencia entre "intentos" y "resultados" en la política exterior, o, dicho de otra manera, entre "objetivos ideales" y "objetivos reales", según la propuesta de John Maynard Keynes y de Harold Nicolson.[20] Divergencias que frecuentemente han sido despachadas como simples contradicciones o producto de una actitud hipócrita, allá donde, en realidad, acciones motivadas por una específica visión político-cultural, en términos de valores y prioridades, encuentran en su camino obstáculos dictados por factores culturales diversos y a veces contrapuestos.

A partir de estas consideraciones, las distinciones antes citadas pueden ser refinadas con la introducción de otra distinción, entre los que definiría, por un lado, "objetivos generales" y, por el otro, "necesidades inmediatas". Así, un objetivo general e ideal de democratización universal, puede encontrar obstáculos específicos en la oposición cultural a la democracia de poderes fuertes en el interior de otras sociedades, como, entre otros, los militares en el Cono Sur. Y el intento de salvaguardar los equilibrios internacionales en sustento de la cultura y el orden democráticos en contra de las fuerzas que actúan en sentido contrario, tienen que transitar a menudo por decisiones que producen resultados opuestos, especialmente en momentos críticos y en coyunturas desfavorables. Además, los objetivos ideales de largo plazo pueden, en momento específico, no ser compatibles con las exigencias de seguridad en el corto y mediano plazo y aconsejar medidas de emergencia no coherentes con los objetivos ideales declarados. En este sentido, las políticas estadounidenses orientadas a controlar las áreas latinoamericanas señaladas por Marcello Carmagnani, pueden ser reinterpretadas como el intento norteamericano de contrastar los desafíos de otros actores internacionales en una región de interés estratégico en donde —como otra vez sugiere Carmagnani— la democracia no constituía un valor

son y la política de los derechos humanos de Jimmy Carter son dos ejemplos al respecto. Véase SMITH, cap. 9 y KISSINGER, caps. 26 y 27. Véase también GILDERHUS, *The Second Century*, pp. 207-208 y SMITH, *Morality, Reason, and Power*, pp. 129-131.

[20] KEYNES, *The Economic Consequences of the Peace*; NICOLSON, *Peacemaking*, pp. 38-44 y 195-207.

muy extendido. Estas contraposiciones no son contradictorias, sino parte normal de la dinámica de las relaciones internacionales y no quitan validez y coherencia a los objetivos ideales de largo plazo.

A estas consideraciones de carácter general, hay que añadir otro elemento esencial en el estudio de la conducta, tanto interna como externa de Estados Unidos, raramente tomado en cuenta: el importante y delicado equilibrio entre muchos poderes que influyen en el proceso de toma de decisiones y que se expresan a través de diferentes grupos y de complicados mecanismos, tanto en la esfera federal como estatal. La inclusión de todos estos elementos ayudaría a evitar simplificaciones arbitrarias y conclusiones superficiales, que acaban tergiversando las causas reales de las acciones de Estados Unidos y de otros actores en el contexto global e impiden entender el significado histórico de su presencia en el concierto internacional.

Esta cuestión nos lleva a otra importante temática, particularmente descuidada por el trabajo académico y en especial por los historiadores y que es parte de mis investigaciones actuales: el antiamericanismo cultural. *El otro Occidente*, junto con otros trabajos, ha sido una obra significativa en delinear el camino a seguir para el estudio de las percepciones y las actitudes hacia los Estados Unidos, tanto por sus referencias ocasionales hacia dichas percepciones, como por las preguntas que deja sin contestar. De hecho, Marcello Carmagnani no se enfrenta —ni quiere hacerlo— al tema del antiamericanismo, pero al tratar de las relaciones interhemisféricas sugiere algunos momentos y causas que él considera claves en el desarrollo de las actitudes hostiles hacia Estados Unidos desde América Latina.

Una de las preguntas más frecuentes acerca del antiamericanismo ha sido acerca de las causas del mismo. En *El otro Occidente* se sugiere que, en relación con las controversias de tipo financiero entre finales del siglo XIX y el comienzo del XX, "la oposición estadounidense y europea a las peticiones latinoamericanas acabó impidiendo de hecho la construcción de un orden basado en el derecho y *favoreció en el subcontinente el desarrollo de tendencias hostiles a los Estados Unidos, que prácticamente siguen vigentes hasta hoy día*".[21] Y, más adelante, se concluye que el fuerte resentimiento antiestadounidense en la opinión publica latinoamericana entre 1960 y 1980 fue el producto "*de las constantes interferencias ejercidas por la super-*

[21] CARMAGNANI, *El otro Occidente*, p. 280 (cursivas mías).

potencia en los asuntos internos latinoamericanos".[22] Sin querer negar la importancia de estos elementos, habría, creo yo, que profundizar más la cuestión tomando en cuenta, además de las interferencias y las políticas de Washington en sí mismas, también el uso instrumental hecho por algunos gobiernos y grupos de interés y de opinión latinoamericanos de las mismas, en algunos casos exagerando su alcance y su importancia reales.

La pregunta frecuente hacia las causas del antiamericanismo —resaltada tanto por los que lo justifican como por sus detractores—, ha ofuscado la importancia de establecer con mayor claridad los orígenes del mismo y, por ende, de otorgar a este fenómeno sus características reales y su correcta dimensión histórica. La relación antiamericanismo-política exterior ha sido la más utilizada hasta hoy día, en cuanto —creo yo— representa el aspecto más visible de este fenómeno y, por ende, la explicación más sencilla, aunque, al mismo tiempo, la más superficial. Paul Hollander, desde su trabajo pionero sobre la temática, publicado en su primera edición en 1992, hasta sus obras más recientes, fue el primer académico que buscó mostrar, desde una perspectiva sociológica y sobre la base de una excelente y amplísima documentación, la dimensión cultural del antiamericanismo.[23] Aunque, por un lado, su análisis resulta en general demasiado plano desde el punto de vista histórico, su trabajo, por el otro, es sumamente importante para mostrarnos los numerosos aspectos y matices del fenómeno llamado antiamericanismo. Brendon O'Connor y, de manera aún más amplia, Barry Rubin y Judith Colp, han intentado en sus investigaciones otorgar al antiamericanismo un dimensión histórica mucho más profunda.[24]

Todas estas obras tienen un mérito común. Sugieren que el fenómeno de la hostilidad hacia Estados Unidos tiene raíces en el significado histórico-cultural de los mismos Estados Unidos. Estas raíces van mucho más allá de las decisiones de política exterior y se remontan a los orígenes de la independencia estadounidense y a sus multíplices significados y consecuencias para los equilibrios internacionales y los equilibrios internos de otros

[22] *Ibid.*, p. 299.

[23] HOLLANDER, *Anti-Americanism: critiques at home and abroad*; HOLLANDER, *Anti-Americanism. Irrational and Rational.* Véase también HOLLANDER (ed.), *Understanding Anti-Americanism.*

[24] O'CONNOR y GRIFFITHS (eds.), *The Rise of Anti-Americanism*; RUBIN y COLP, *Hating America.*

países. Entonces, los orígenes del antiamericanismo se ubican más de un siglo antes de la llegada de Estados Unidos al escenario internacional como actor activo y significativo. Además, los autores citados indican en el antiamericanismo un fenómeno muy peculiar, no asimilable a la simple oposición histórica hacia las grandes potencias o los imperios del momento. Esta sugerente perspectiva tiene que ser ampliada y comprobada a través de ulteriores investigaciones. Mis propias investigaciones al respecto están todavía en fase de trabajo y elaboración. Sobre la base del estado actual de mis avances al respecto, un primer análisis de la amplísima documentación directa o indirectamente vinculada a esta temática muestra la existencia de una actitud antiamericana sistemática ya a partir de las primeras décadas del siglo XIX, por razones vinculadas a un conjunto heterogéneo de factores que, sin embargo, acaban reforzándose mutuamente a partir de una base consistente de tipo político-cultural. Las percepciones negativas y los análisis del continente americano antes y de Norteamérica y Estados Unidos después, que se producen en Europa ya a partir de finales del siglo XVIII, sobre todo en los ambientes intelectuales del romanticismo francés y alemán, tuvieron un notable impacto en la percepción de la América anglosajona de la que el mismo Marcello Carmagnani define como "el mundo euroamericano".

CONCLUSIONES

Debido a la amplitud y la heterogeneidad de las temáticas mencionadas en este artículo, resultaría imposible examinar las mismas de manera exhaustiva. Este análisis, además, está por completo afuera de los objetivos y el alcance de este trabajo. De manera mucho más modesta, se quiso hacer aquí una síntesis de las impresiones personales relativas al trabajo académico de Marcello Carmagnani en relación con mi experiencia académica.

De manera un poco más ambiciosa he buscado mostrar, siempre a partir de mi experiencia personal como historiador, la trascendencia del impacto de la obra y el trabajo académico de Marcello Carmagnani durante su larga carrera. Y, en especial, cómo dicho impacto haya contribuido de manera determinante en la delineación de mi perspectiva de análisis como historiador, cientista político y analista internacional. Las mismas diferencias que han surgido en el tiempo acerca de algunas temáticas y perspectivas no son nada más que el producto de una valiosa contribución formativa, dirigida a mostrar a sus estudiantes y colegas la importancia de conservar una visión analítica profunda e independiente, libre de los condicionamientos y de los lugares comunes del conformismo intelectual.

Ya desde mis primeros acercamientos a la historia de América Latina, que he descrito al comienzo de este ensayo, emergió una metodología y una conceptualización cuyo alcance iba mucho más allá de la aplicación a la historia de una región o un país especifico. A pesar de mi especial interés por el estudio de América Latina y del hemisferio occidental, que guió mis elecciones durante los primeros años de la carrera universitaria, sus cursos y seminarios despertaron muy pronto mi interés hacia otras regiones y otras temáticas vinculadas a la historia, así como una predisposición particular hacia los acercamientos pluridisciplinarios.

Creo que el impacto de un trabajo académico, entendido como el conjunto de obras y contribuciones que caracterizan la carrera de un estudioso, se tenga que medir desde una triple perspectiva. En primer lugar, las respuestas que las reflexiones y las investigaciones han logrado dar a preguntas clave para el aprendizaje en una determinada área de interés. En el caso de Marcello Carmagnani hemos mostrado cómo sus intuiciones y razonamientos han logrado otorgar una luz nueva y una mayor comprensión del proceso de modernización en América Latina, como fenómeno complejo en el que intervienen actores y variables en una proporción mucho mayor de lo que la historiografía anterior había sido capaz de mostrar.

En segundo lugar, el alcance de dichas contribuciones para estudios sucesivos, tanto adentro como afuera del área de interés de un específico trabajo académico. Marcello Carmagnani no sólo ha ampliado dicha área de interés en el tiempo y en el espacio mucho más de la mayoría de otros estudiosos de América Latina. Sus estudios han encontrado y encuentran también, en mi opinión, valiosas aplicaciones para los historiadores y para los académicos de otras disciplinas afines interesados tanto en la región latinoamericana como en otras regiones y países, así como para la investigación y la ampliación de temáticas no directamente analizadas por él. La valoración de la cultura política, por arriba de las simplificaciones economicistas; el énfasis sobre la importancia de los actores intermedios, por demasiado tiempo descuidados por completo; el reexamen bajo una nueva luz del significado y los alcances del presupuesto público; el énfasis sobre la importancia de no conformarse con las explicaciones directas y superficiales, sino, al contrario, de ir a las raíces de las problemáticas para descubrir el significado real de los documentos y la complejidad de los procesos: todas éstas son algunas de las importantes contribuciones que encuentran una aplicación general, que rebasa los límites de una región geográfica o de una disciplina académica.

Por último, la cantidad de cuestiones e inquietudes que un corpus de trabajos académicos es capaz de despertar, aunque sin contestarlas y resolverlas. Debido a que ninguna investigación puede ser considerada definitiva, la riqueza de un trabajo académico se mide principalmente, creo yo, por la cantidad de nuevas preguntas que logra estimular. He mencionado anteriormente el cuestionamiento de algunas afirmaciones acerca del papel de Estados Unidos en el ámbito internacional y de los orígenes del fenómeno llamado antiamericanismo.

Esta contribución fundamental me recuerda otro aspecto muy importante que aprendí de las clases de Marcello Carmagnani desde el comienzo de mi carrera, que quiero mencionar aquí como conclusión: el historiador empieza su trabajo por las preguntas y las problemáticas, no por las fuentes. Las fuentes sin preguntas preliminares son como un mapa de carreteras sin conocer el destino que se quiere alcanzar: totalmente inútiles.

BIBLIOGRAFÍA

BOTANA, Natalio R.

1993 "El federalismo liberal en Argentina: 1852-1930," en Marcello CARMAGNANI (coord.), *Federalismos latinoamericanos: México, Brasil, Argentina*, México, El Colegio de México/Fideicomiso Historia de las Américas/Fondo de Cultura Económica, pp. 224-259.

CARMAGNANI, Marcello

1975 *L'America latina dal '500 a oggi : nascita, espansione e crisi di un sistema feudale*, Milano, Feltrinelli, .

1981 *La grande illusione delle oligarchie. Stato e società in America latina (1850-1930)*, Torino, Loescher.

1993 (coord.), *Federalismos latinoamericanos: México, Brasil, Argentina*, México, El Colegio de México/Fideicomiso Historia de las Américas/ Fondo de Cultura Económica.

1993 "El federalismo liberal mexicano," en Marcello CARMAGNANI (coord.), *Federalismos latinoamericanos: México, Brasil, Argentina*, México, El Colegio de México/Fideicomiso Historia de las Américas/ Fondo de Cultura Económica, pp. 135-179.

1994 *Estado y mercado: la economía pública del liberalismo mexicano, 1850-1911*, México, El Colegio de México/Fondo de Cultura Económica.

2004 *El otro Occidente. América Latina desde la invasión europea hasta la globalización*, México, El Colegio de México/Fideicomiso Historia de las Américas/Fondo de Cultura Económica.

2005 "Vectors of Liberal Economic Culture in Mexico", en Jaime E. RODRÍGUEZ O. (ed.), *The Divine Charter. Constitutionalism and Liberalism in Nineteenth-Century Mexico*, Nueva York, Rowman and Littlefield Publishers.

CARMAGNANI, Marcello, Alicia HERNÁNDEZ CHÁVEZ y Ruggiero ROMANO (coords.)

1999 *Para una historia de América*, México, Colegio de México/Fideicomiso Historia de las Américas/Fondo de Cultura Económica.

CARMAGNANI, Marcello, CHIARAMONTE, José Carlos

1993 "El federalismo argentino en la primera mitad del siglo XIX," en Marcelo CARMAGNANI (coord.), *Federalismos latinoamericanos: México, Brasil, Argentina*, México, El Colegio de México/Fideicomiso Historia de las Américas/Fondo de Cultura Económica, pp. 81-132.

COTLER, Julio

1990 "De Velasco a Belaúnde: el problema de la construcción nacional y la democracia en Perú," en Pablo GONZÁLEZ CASANOVA (coord.), *El Estado en América Latina: teoría y práctica*, México, Siglo XXI Editores, pp. 349-366.

CHELALA, César

2001 "The French Connection In the Export of Torture," *The New York Times,* 22 de junio.

DIMARCO, Lou

2006 "Losing the Moral Compass: Torture and *Guerre Revolutionnaire* in the Algerian War", *Parameters*, Summer.

FORMISANO, Ronald

1983 *The Transformation of Political Culture: Massachusetts Parties, 1790s-1840s*, Nueva York, Oxford University Press.

FORTE, Riccardo

2001 *Forze armate, cultura política e sicurezza interna. Origini e consolidamento del potere militare in Argentina (1853-1943)*, Torino, Otto.

2003 *Fuerzas armadas, cultura política y seguridad interna: orígenes y fortalecimiento del poder militar en Argentina 1853-1943*, México, Universidad Autónoma Metropolitana/Otto Editore/Universitá degli Studi de Torino/Miguel Ángel Porrúa.

2006 "América Latina: militares, política interna e interferencias internacionales en el siglo XX", *Grafía*, Universidad Autónoma de Colombia, Bogotá, núm. 4, noviembre.

2010 "Nacionalismo militar latinoamericano e internacionalismo liberal-democrático estadounidense: contrastes político-culturales y consecuencias internas e internacionales", en Silvia SORIANO y Hernán G.H. TABOADA, *Visiones latinoamericanas de la nación*, Centro de Investigaciones sobre América Latina y el Caribe-Universidad Nacional Autónoma de México.

GILDERHUS, Mark T.

2000 *The Second Century. U.S.-Latin American Relations Since 1889*, Wilmington, SR Books.

HOLLANDER, Paul

1993 *Anti-Americanism: critiques at home and abroad, 1965-1990*, Nueva York, Oxford University Press.

1995 *Anti-Americanism. Irrational and Rational*, New Brunswick (EUA), Transaction Publisher.

2004 (ed.), *Understanding Anti-Americanism. Its Origins and Impact at Home and Abroad*, Chicago, Ivan R. Dee.

KELLEY, Robert

1979 *The Cultural Pattern in American Politics*, Nueva York, The First Century.

KENNEDY, Paul M.

1974 *The Samoan Tangle: A Study in Anglo-German-American Relations, 1878-1900*, St. Lucia, Q., University of Queensland Press.

1989 *The rise and fall of the great powers: economic change and military conflict from 1500 to 2000*, Nueva York, Vintage Books (1987).

KEYNES, John Maynard
1920 *The Economic Consequences of the Peace*, Harcourt, Brace.

KISSINGER, Henry
1994 *Diplomacy*, Nueva York, Simon & Schuster.

LAFEBER, Walter
1963 *The New Empire. An Interpretation of American Expansion, 1860-1898*, Ithaca, Nueva York, Cornell University Press.

MATTEUCCI, Nicola
1987 *La rivoluzione Americana: una rivoluzione costituzionale*, Bologna, Il Mulino.

MCILWAIN, Charles Howard
1923 *The American Revolution: A Constitutional Interpretation*, Nueva York.

MURILO DE CARVALHO, José
1993 "Federalismo y centralización en el imperio brasileño: historia y argumento," en CARMAGNANI (coord.), *Federalismos latinoamericanos: México, Brasil, Argentina*, México, El Colegio de México/Fideicomiso Historia de las Américas/Fondo de Cultura Económica, pp. 51-80.

NICOLSON, Harold
1945 *Peacemaking, 1919*, Londres: Constable & Co. ltd.

NYE, Joseph
2005 "Irak, Katrina, Irak," *El País*, 26 de septiembre.

O'CONNOR, Brendon, y Martin GRIFFITHS (eds.)
2006 *The Rise of Anti-Americanism*, Londres y Nueva York, Routledge.

ROLDÁN, Julio
2000 *Vargas Llosa entre el mito y la realidad: posibilidades y límites de un escritor latinoamericano comprometido*, Marburg, Tectum Verlag.

RUBIN, Barry, y Judith COLP
2004 *Hating America: a History*, Nueva York, Oxford University Press.

SCHLESINGER, Arthur M., Jr.
1986 *The Cycles of American History*, Boston, Houghton Mifflin Company.

SILVA PRADA, Natalia

2013 "Historia cultural de las prácticas políticas," en el blog *Los reinos de las indias en el Nuevo Mundo*, consultado el día 25 de febrero: <http://losreinosdelasindias.hypotheses.org/historia-cultural-de-las-practicas-politicas>.

SMITH, Gaddis

1986 *Morality, Reason, and Power: American Diplomacy during the Carter Years*, Nueva York, Hill and Wang.

SMITH, Tony

2012 *America's Mission. The United States and the Worldwide Struggle for Democracy*, Princeton y Oxford, Princeton University Press (1994).

WILLIAMS, William Appleman

1972 *The Tragedy of the American Diplomacy*, Nueva York, Dell Pub. Co. (1959).

1969 *The roots of the Modern American Empire; a Study of the Growth and Shaping of Social Consciousness in a Marketplace Society*, Nueva York, Random House.

VECINDAD Y TERRITORIO EN LA CONSTRUCCIÓN DE LO POLÍTICO ENTRE EL ANTIGUO RÉGIMEN COLONIAL Y LA CONSTRUCCIÓN DE UN ORDEN REPUBLICANO

*Gabriela Tío Vallejo**

Ingresé en la universidad durante el último año de los largos siete de la dictadura en Argentina, en una universidad que lentamente salía del letargo. Volvían algunos exiliados y los "cesanteados" se reincorporaban, las bibliotecas se recuperaban con lentitud de las "limpiezas" de la dictadura, se retomaban las discusiones interrumpidas en 1976. Entre las lecturas proscriptas volvieron también las de Chiaramonte, Assadourian, Laclau, Garavaglia y un largo etc., muchos de los cuales habían sido recibidos generosamente por México en sus exilios. Las obras de Carmagnani formaron parte también de este retorno.

De modo que cuando llegué a El Colegio de México a tomar clases con Carmagnani o Assadourian tenía un significado mucho más que historiográfico. Pensaba dedicarme a la demografía o a la hacienda y las formas de producción, una opción que estaba vinculada al momento político-ideológico de mi país. Sin embargo, el curso Formas históricas[1] que impartió Carmagnani en 1992, reveló una historia política que me permitía conectarme con aquella parte de mi formación que había podido salvarse de la dictadura, la tradición de Annales que se había refugiado en las cátedras de historia universal de nuestras pequeñas universidades. Así, por este camino casi inconsciente, logré engarzar mi interés por la historia europea con las formaciones históricas latinoamericanas en las que la complejidad del pasaje del Antiguo Régimen al orden liberal me atrapó para ya no soltarme.

* Universidad Nacional de Tucumán.

[1] "Formas históricas del Estado liberal latinoamericano. De la crisis del régimen colonial a la crisis del liberalismo notabiliario (siglos XVIII y XIX)".

A comienzo de los años 90, no se había generalizado en Latinoamérica la lectura de los historiadores ibéricos e italianos del derecho que tanto impacto tendrían luego sobre las lecturas del Antiguo Régimen colonial americano. Sin embargo, en las clases de Marcello Carmagnani en 1992 discutíamos las ideas de autores con las que poníamos en cuestión los supuestos historiográficos sobre el periodo tardo colonial y sobre el siglo XIX, entre ellos el paradigma estatalista. Tomamos allí contacto con las ideas de Brunner (1939), Hintze,[2] Von Gierke (1868), que habían provocado las primeras rupturas de aquel modelo. También contribuyeron a una comprensión del Antiguo Régimen estamental *La vizenda dello stato moderno* de Gianfranco Poggi,[3] pese a su formulación evolutiva, y una lectura del *Antiguo Régimen y la Revolución* de Tocqueville que develaba la fuerza del mundo corporativo y de los privilegios territoriales y estamentales.

Por aquellos años, las tesis que analizaban las últimas décadas del régimen colonial y en particular el impacto de las reformas borbónicas, debían luchar por no caer en la trampa del "fracaso del absolutismo", fantasma casi tan temible como lo sería para el XIX "el fracaso del liberalismo". Quienes navegábamos en las instituciones políticas del periodo tardo colonial e intentábamos comprender las transformaciones de las primeras décadas independientes, nos encontrábamos en las fuentes con procesos que no respondían necesariamente a los aires de centralización estatal que se suponía debían soplar por estas tierras.

La lectura de algunos estudiosos hispanoamericanos iluminaba el derecho indiano, entre ellos la mirada weberiana de Mario Góngora o el estudio de la sociedad aristocrática chilena de Meza Villalobos. El clásico libro de Góngora sobre el Estado en el derecho indiano llamaba nuestra atención sobre la epiqueya y el probabilismo. La influencia weberiana era fuerte también en algunos autores brasileños como Fernando Uricoechea y contribuía a consolidar una idea de Estado patrimonial en donde el poder doméstico local predominaba frente a la voluntad real contradiciendo la idea de un fuerte regalismo. Carmagnani nos acercó a la historiografía brasileña que por aquellos años tenía ya esclarecidos trabajos sobre redes políticas y de parentesco, estudios sobre la construcción de los estados y la relación con

[2] Utilizamos el texto editado por Felix Gilbert, *The Historical Essays of Otto Hintze.*
[3] Una traducción al español sería publicada en 1997 por la Universidad de Quilmes.

los poderes locales, estudios sobre mecanismos electorales y funcionariados (Murilo de Carlvalho, Joseph Love, Thomas Flory, Richard Graham). Allí me encontré por primera vez con los jueces territoriales.

Un conjunto de estudios sobre funcionarios coloniales y burocracia y sobre reformas borbónicas, había cuestionado desde los años 80, e incluso antes, la eficacia del poder real en América y las múltiples formas en que los "poderes locales" fagocitaban las reformas (para usar la expresión de Barbier), así como los periodos de "impotencia" del poder español.[4] Visiones que encontraban confirmación en las fuentes capitulares, en las genealogías y carreras de los magistrados, en los conflictos entre cabildos e intendentes y subdelegados y que tendrían mucho peso en la orientación de mi investigación. El contacto con especialistas invitados por El Colegio, Horst Pietschmann, David Brading, Jaime Rodríguez y la posibilidad de discutir con ellos sus avances en el momento mismo de la producción del conocimiento, fue un estímulo y un privilegio.

En las páginas que siguen me propongo hacer un recorrido por mis líneas de investigación desde 1993 hasta 2013, reflexionando acerca de la impronta de Marcello Carmagnani en nuestra generación.[5]

Los vecinos y la jurisdicción capitular de San Miguel en la periferia del imperio

En el contexto historiográfico que intenté bosquejar en los párrafos anteriores, comencé mis investigaciones acerca del proceso de conformación de un espacio político provincial del Río de la Plata a partir del estudio de la jurisdicción del Cabildo de San Miguel de Tucumán.[6]

Tomé como punto de partida la pregunta acerca de las consecuencias de las reformas borbónicas en los ámbitos locales y encontré que en el caso de Tucu-

[4] Chandler y Burkholder, *De la impotencia a la autoridad*; Pietschmann, 1992.

[5] La idea de esta contribución es discutir ciertos argumentos en el contexto historiográfico de su producción y en diálogo con la obra de Carmagnani. La economía del texto me impide aportar todas las evidencias de la investigación en la que se basan para las que remitiré en cada caso a trabajos particulares.

[6] La tesis de doctorado que realicé con la dirección de Marcello Carmagnani en el programa de Doctorado de El Colegio de México fue publicada como *Antiguo Régimen y Liberalismo, Tucumán 1770-1830,* 2001.

mán los cabildos se afirmaban frente a las intendencias. Estudié el ámbito del cabildo como expresión de una comunidad territorial que lucha por defender sus privilegios frente a un centro, sea éste la gobernación, la Intendencia o sus subdelegados, la metrópoli o el gobierno de Buenos Aires. Dirigí mi atención hacia el interior de ese espacio político para ver cómo se producía, primero, la consolidación de un espacio político tucumano frente al poder intendencial, y luego con la revolución, la escisión de la ciudad subordinada.

Mi tesis se estructuró en torno al estudio de dos coyunturas: las transformaciones sufridas por el espacio virreinal en el último tercio del siglo XVIII y la coyuntura de la crisis del imperio, la revolución y la guerra.

Una de mis preocupaciones fue definir la condición de vecino, lo que investigué a partir de conflictos por nombramientos y elecciones, padrones, listas de contribuyentes, diversas fuentes en las que podían percibirse jerarquizaciones sociales y argumentaciones en torno a ellas. Las calidades contenidas en el concepto de vecindad que se utilizaba en Tucumán en el siglo XVIII reflejaban las jerarquizaciones de una sociedad fronteriza y la definición de la misma por el grupo capitular condensaba la naturaleza corporativa de su representación.

Entre 1770 y 1810 el Cabildo de San Miguel se consolidó como institución que representa un territorio y como órgano de poder de los sectores principales. En tensión con la mayor presencia de la autoridad real personificada en el intendente con sede en Salta, la actividad municipal cobró vigor y logró una autonomía cada vez mayor utilizando un juego de contrapeso de poderes con la nueva capital virreinal en Buenos Aires. Un mayor número de sesiones y acuerdos que denotan una mayor actividad y una serie de litigios en los que el cabildo logra imponer sus jueces electivos frente a los comisionados y delegados de otras autoridades coloniales, evidencian este proceso.

Este diseño de las relaciones territoriales ya había tenido un antecedente en la expulsión de los jesuitas y el rol asignado a Bucareli, gobernador de Buenos Aires, en el asunto de la administración de las temporalidades. La actitud del Cabildo de San Miguel frente al gobernador y al asunto de la expulsión mostrará que la oposición pero también la obediencia estratégica hacia los nuevos espacios de poder serán vías alternativas.[7]

[7] Los conflictos ocasionados por la expulsión de los jesuitas han sido estudiados recientemente por LORANDI, *Poder central.*

Los "principales" que dominaban el cabildo aseguraron su poder a través de los mecanismos de selección puestos en práctica en la determinación de la condición de vecinos y en la reforma de la justicia rural que le permitió controlar mejor el nombramiento de jueces en la campaña. La reforma de la administración territorial de justicia en 1796 fue un momento clave del proceso de consolidación del poder capitular. Esta reforma implementada *motu proprio* por el cabildo sin intervención del Intendente, reveló todo un proceso por el cual el cabildo dio preeminencia a su componente electivo sobre el real y obtuvo un mejor control judicial de la campaña.

Lo que me llevó a prestar atención a los jueces pedáneos (para aquellos años prácticamente desconocidos en la historiografía argentina) fue la lectura de Thomas Flory que estudió el papel de los jueces en la trama electoral y judicial y en las relaciones entre poder local y poder central en el Brasil imperial. En la última década los estudios sobre jueces rurales se han multiplicado en Argentina a tal punto que tenemos hoy un panorama bastante completo de la justicia rural, pero en aquel momento la investigación contaba con pocos antecedentes.

Desde las primeras épocas de poblamiento español, el responsable de la justicia en la campaña era el titular de un oficio "venal", el alcalde provincial de la Santa Hermandad. El cabildo elegía además anualmente dos alcaldes de la Santa Hermandad; éstos dependían del cuerpo capitular y no del alcalde provincial, como sucedía en la península. Sin embargo, el alcalde provincial podía nombrar jueces cuadrilleros o comisionados sin intervención del cabildo. También el gobernador podía designar comisionados para determinadas tareas o con jurisdicción sobre un territorio en particular.

Año tras año, llegaban al cabildo las quejas de los vecinos rurales por la inseguridad y la incapacidad de los alcaldes de la hermandad para erradicar la delincuencia. Dos cabildos abiertos convocados en la década del 60 tuvieron como objetivo buscar una solución al control de la delincuencia y asegurar la oferta laboral. Fue bajo este signo que, hacia 1770, se nombraron los primeros jueces pedáneos o jueces territoriales que respondieron a peticiones de los vecinos de parajes rurales; los nombramientos eran irregulares en cuanto a frecuencia y duración y sin jurisdicciones fijas. Los jueces pedáneos eran comisionados nombrados por el cabildo. Ejercían atribuciones judiciales menores, en la práctica podían oír demandas de hasta 25 pesos. Realizaban los inventarios de bienes de difuntos, embargaban los bienes de los detenidos y los remitían a los alcaldes ordinarios. Al mismo tiempo, funcionaban como agentes del cabildo en la campaña. Debían garantizar el orden social en las áreas rurales: perseguían a los "vagos" obligándolos al conchabo o al trabajo en obras públicas, celaban las reuniones de juegos prohibidos, el uso de armas, intervenían en casos de fugas de esclavos. Controlaban el uso del ganado al mismo tiempo que aseguraban la disponibilidad de mano de obra para las estancias. Por ejemplo, debían impedir que se mantuvieran como arrendatarios personas que tuvieran menos de 25 cabezas, con ello buscaban reducir el ámbito de la economía campesina.[8] Los jueces cumplían además otras tareas como agentes del gobierno capitular, por ejemplo, levantaban censos y padrones. Sólo los asuntos de reales rentas o de milicias quedaban fuera de su esfera de acción. A partir de 1810 los jueces intervinieron también en los reclutamientos y en el cobro de contribuciones.

El cambio en la administración territorial de la justicia nada tuvo que ver con la Ordenanza de Intendentes de 1784 que seguía haciendo alusión a la vieja estructura de alcalde provincial, alcaldes de la Santa Hermandad, y cuadrilleros.[9] El concepto de territorio y de vecindad me permitió analizar la coyuntura no sólo desde el impacto de las reformas sino de las propias transformaciones acontecidas en ese espacio. A pesar de los primeros intentos por hacer más eficaz el control de la campaña, las jurisdicciones de distintos magistrados se superponían, ya que los jueces pedáneos se habían sumado a los funcionarios judiciales preexistentes. El nombramiento de jueces cuadrilleros por el alcalde provincial y de jueces comisionados por el gobernador, era una permanente fuente de conflictos. Todos ellos eran jueces territoriales y tenían similares atribuciones.

El proceso de afirmación del poder capitular en cuanto a la administración de Justicia y Policía se realizó por dos vías: la eliminación de funcionarios, cuyo poder se originaba en otras autoridades, el intendente o el alcalde provincial, y la organización de la justicia rural, lo que trajo aparejado

[8] Archivo Histórico de Tucumán (en adelante AHT), Actas Capitulares, vol. XII, fol. 106.

[9] AGN, "*Real ordenanza para el establecimiento e instrucción de Intendentes de Exercito y provincia en el Virreinato de Buenos Aires.*" 1782. En *Documentos referentes a la guerra de Independencia y emancipación política de la República Argentina*, vol. 1, art. 63.

un mayor control del cabildo del perfil social de los jueces. Se verificó así en el plano territorial, la consolidación del poder del cabildo frente a la Intendencia, y en el plano de la gobernabilidad, la concentración del poder judicial en un grupo de familias.

La reforma, propuesta por Salvador Alberdi, se llevó a cabo en 1796. Se instituyó como norma la elección anual de seis alcaldes, uno para cada partido de la campaña y dos para el curato rectoral (el que incluía la ciudad de San Miguel) en lugar de la multiplicidad de jueces que se nombraban irregularmente. El nuevo ordenamiento tomó como base las circunscripciones eclesiásticas. La reforma funciona como metáfora de los procesos de la coyuntura borbónica. Si, por una parte, muestra rasgos de racionalidad administrativa al generar un ordenamiento regular del territorio y concentrar el nombramiento de los jueces en el cuerpo capitular, por otro, reforzaba el principio electivo, consolidando el poder de los notables locales frente al poder del Intendente y de los representantes de Rey. De modo tal que los elementos ilustrados de la política de fines de XVIII no necesariamente están ligados al fortalecimiento del estado monárquico, sino al de los poderes locales que supondríamos del lado del Antiguo Régimen. Aquí la racionalidad administrativa va de la mano de poder notabiliar y local. Éstos son los deslizamientos de sentido que encontramos en el tiempo constitucional que transcurre entre la ilustración y el "triunfo del individuo". Dígase de paso para reforzar la metáfora que Salvador Alberdi, quien pergeña esta reforma, es el padre de Juan Bautista Alberdi, quien escribe las *Bases y puntos de partida para la organización política de la República Argentina*, fundamento de la Constitución Nacional de 1853.

La institución de los seis alcaldes por curato, se complementó con el proceso de paulatina extinción de los jueces cuadrilleros y comisionados. Un juez comisionado o cuadrillero podía haber sido elegido por el alcalde provincial o por el gobernador. En el primer caso el poder del cabildo se diluía tras las dependencias personales; en el segundo el cabildo perdía autoridad frente al poder regional. Los nuevos magistrados respondían al cabildo como cuerpo, y se establecían seis jurisdicciones territoriales permanentes, diríamos ordinarias. La reforma y la posterior desaparición de comisionados y cuadrilleros significó un recorte del poder del intendente a través del cuestionamiento de sus comisarios judiciales y en última instancia también del poder real, por la eliminación de los funcionarios dependientes del titular de un oficio vendible en favor de jueces electos por el cabildo.[10] Al mismo tiempo la reforma jerarquizaba internamente el territorio. Se dotaba a la campaña de una organización judicial. De hecho sobre la base de estas divisiones se fijaron las circunscripciones electorales después de 1810. La reforma permitía también a los notables asegurarse de que los jueces fueran sus pares; el cabildo controlaba mejor el nombramiento de estos jueces en cuanto a sus calidades sociales,

> el empleo de alcalde de la Santa Hermandad en estas partes entre la Gente de distinción y honor goza un lugar prominente y apreciable y entre los plebeyos impone el mayor respeto, por consiguiente cualquier vecino condecorado admite la nominación, ve este cargo como prueba compensativa de su verdadero mérito, y así para no desmerecerlo se aplica con el maior celo al desempeño cabal de las obligaciones que trae consigo.[11]

La expresión de deseos en la propuesta de Alberdi se ve corroborada por el estudio del perfil de los jueces tras la aplicación de la reforma. Mientras que en el sistema anterior, de nombramientos irregulares y a demanda de las quejas vecinales, un individuo de modesto origen social (diríamos de los bordes de la notabilidad) podía ejercer el cargo de juez de un pequeño paraje, después de la reforma, para los partidos más amplios coincidentes con los curatos, solían resultar elegidos notables, no sólo reconocidos en su partido sino también relacionados con la élite capitular.

Las reformas borbónicas habían provocado una cierta efervescencia política en el ámbito del cabildo que se manifestó en un aumento del número de sesiones y acuerdos, de representaciones del cuerpo ante el intendente y el virrey, lo que fortaleció la identidad territorial de la ciudad y su jurisdicción frente a otros espacios de poder y redundó, en una mejor organización de los recursos del cabildo y de la administración de justicia. Las reformas llevaron también a una mayor vinculación de San Miguel con la flamante

[10] En 1798 al cesar el gobierno del intendente García Pizarro expiraron los mandatos de los comisionados (AHT, A.C., XII, 345). En 1810, con la muerte del alcalde provincial, llegó la oportunidad del cabildo de eliminar para siempre a los comisionados de este funcionario; quedaron sin efecto los títulos de cuadrilleros que dependían de él y ya no hubo más nombramientos de este tipo. No se volvió a nombrar alcalde provincial a pesar de que el gobierno revolucionario mantuvo por más de una década al resto de los funcionarios capitulares.

[11] AHT, Sección administrativa (en adelante, SA), vol. XII, folios 74 a 76.

capital del virreinato como una estrategia para balancear el poder de la más cercana capital de la Intendencia. Claro está, la mayor vitalidad de la política vecinal se desempeñaba dentro de los marcos y pautas del Antiguo Régimen colonial: una sociedad estamental basada en el principio jerárquico y el privilegio, principio ordenador que era legitimado por el dominio colonial y con una soberanía que se reconocía porción subordinada del imperio.

Podría decirse que, tanto por su debilidad como por su fuerza, las reformas borbónicas favorecieron el proceso de identificación territorial, de construcción de un espacio político tucumano. El sentimiento de pertenencia a una entidad separada de la Gobernación, luego Intendencia, expresada en los alcances territoriales de la vecindad, se conjugó con un progresivo agotamiento de los esfuerzos del intendente y de la propia Corona por aplicar la Ordenanza, y con el recurso a las autoridades porteñas como elemento arbitral en las relaciones entre Salta y Tucumán. El cabildo utilizó como mecanismos de consolidación, el andamiaje administrativo borbónico y el rol mediador de la capital virreinal.[12]

Estos fueron los procesos centrales que trabajé para el periodo colonial. El entramado de las cuestiones políticas estuvo siempre engarzado en la realidad material del territorio en sus componentes demográficos y socioeconómicos. No para interpretar lo político como emanación de las condiciones materiales, sino para hacer una lectura cultural de lo político. Entender el territorio y la vecindad como categorías sintéticas de lo social me permitió buscar "los fundamentos sociales de las instituciones".[13]

La cuestión era, y lo sigue siendo, si las provincias fueron consecuencia de este largo proceso de construcción que se afirmó en el siglo XVIII o si eran fruto de la crisis revolucionaria. La pregunta, que la historiografía liberal había respondido con ligereza atando el nacimiento de la nación a la revolución, se presentaba con toda su fuerza en momentos que se cuestionaban los orígenes del Estado nación en 1810.

[12] No incluimos aquí los conflictos particulares en los que se basan estas conclusiones, los que pueden verse en TÍO VALLEJO, *Antiguo.*

[13] CARMAGNANI, "Del territorio".

Revolución y Guerra en Tucumán

Mi formación en El Colegio de México ofrecía a mi perspectiva un horizonte latinoamericano y la familiaridad del caso novohispano. La tensión entre la particularidad del caso argentino, un rasgo terco de la historiografía portuaria, y la presencia de la matriz latinoamericana común fue una constante en mis reflexiones sobre el periodo.

El primer hilo de la trama era el concepto de territorio. Carmagnani decía en *Del territorio a la región…*, que el territorio es el resultado de una nueva forma de vinculación entre la vieja organización administrativa colonial (subdelegaciones e intendencias) y las redes notabiliares preexistentes. En el Río de la Plata esos espacios podían asimilarse a los que vislumbraba Chiaramonte en *La cuestión regional.*[14] Pero en el caso rioplatense la separación de las ciudades subordinadas, y en particular de San Miguel, iba a discurrir ligada a la guerra y la desaparición del cabildo. Es entonces cuando se produce una cierta *individuación* de las ciudades subordinadas que terminará de afirmarse con el colapso del poder central que abre el periodo de las autonomías provinciales. Estrechamente ligada al "territorio" estaba la concepción jerárquica, corporativa, esencialmente estamental del sujeto político que se sintetiza en la palabra vecino. La cuestión era si este cambio significaba la transformación de este sujeto en un ciudadano.

Con estas herramientas conceptuales en mano me dediqué a investigar el paso de la revolución y la guerra por Tucumán. Me proponía seguir territorio y vecindad en la nueva coyuntura. Estudié con minuciosidad el papel del cabildo en el proceso revolucionario, las primeras elecciones, que reconstruí a partir de las reglamentaciones, las actas electorales y de padrones y listados de vecinos. Analicé el impacto de la guerra y la militarización en la ciudad y los cambios sociales y demográficos a partir de censos y padrones.

La primera novedad que trajo la crisis de la monarquía fue la tutela sustitutiva de Buenos Aires. Como vimos, la capital portuaria ya había ensayado el papel de árbitro cuando el gobernador Bucareli fue encargado de los asuntos relacionados con las Temporalidades de la Compañía de Jesús; pero cobra fuerza y se define con las invasiones británicas. La defensa

[14] CHIARAMONTE, "La cuestión".

de la ciudad no sólo da fuerza a las milicias criollas y moviliza a la plebe, sino que le da la oportunidad a la capital de liderar a las ciudades del virreinato ante la ausencia de autoridades. Al interior de las ciudades-repúblicas la revolución sacude el mundo político y social basado en el principio jerárquico. El privilegio de ser español o funcionario de la Corona recibe el cimbronazo de la crisis de la monarquía y, pronto, de la destitución de las autoridades españolas en la capital del virreinato.

Lo nuevo es, sin lugar a dudas, la aceptación del principio de soberanía popular y la consiguiente práctica de elecciones de representantes. El apoyo de las provincias, representadas por sus cabildos, tanto más urgente en la medida que la guerra se planteaba en sus territorios, requería de la participación de las mismas en los nuevos órganos de gobierno, las asambleas y congresos de la primera década independiente, para lo que tuvieron que elegir diputados. El nuevo gobierno reglamentó también la vida política interna: había que elegir a los miembros del cabildo y a las legislaturas provinciales. Los numerosos procesos electorales que se realizaron en la primera década revolucionaria fueron campos de experimentación de prácticas y principios políticos y en ellos podemos ver cómo confluían éstos con la cultura política colonial.

Me sirvió mucho para analizar este periodo la idea de "laboratorio político" de Carmagnani y las líneas que planteó en su artículo en *Metapolítica.*[15] En sus clases habíamos aprendido el uso plural del concepto de liberalismo, a partir del estudio comparado de liberalismos orgánicos cuyo único denominador común eran el jusnaturalismo y el contractualismo. Esta mirada hacia las "formas históricas del liberalismo", fueron fundamentales para esquivar los entonces frecuentes análisis basados en la aplicación o imitación de medidas, o en los dualismos entre sociedad y liberalismo o entre tradición y modernidad.

En la pequeña y mediterránea ciudad las primeras elecciones siguieron la costumbre colonial. La incorporación de las nuevas prácticas representativas tuvo un ritmo pausado en el que lo viejo y lo nuevo fueron encontrando múltiples fórmulas de combinación. Así, en las primeras elecciones se suma la vieja práctica de los cabildos abiertos a la representación elegida según las reglamentaciones enviadas por Buenos Aires. Esta primera fase

[15] CARMAGNANI, "Metapolítica".

agregativa devela las contradicciones entre la tradición corporativa estamental y territorial del cabildo y la naturaleza representativa de las juntas de electores formadas como consecuencia de las elecciones indirectas. Éstas se expresan en las discusiones acerca de la naturaleza de la representación del cabildo, y las quejas sobre la doble representación de los capitulares. Hacia 1815 las juntas de electores se vuelven autónomas del cabildo y también del gobernador. Sin embargo, el cabildo adquiere en estos años un papel protagónico en la organización de las elecciones y en el manejo de una ciudad en guerra.

En el estudio de los procesos electorales me guié siempre de la idea que Carmagnani nos había transmitido en sus clases y luego en las conversaciones que sostuvimos en el proceso de elaboración de la tesis, acerca de cómo las instituciones son siempre fruto de la interacción con los actores sociales. De tal modo que no di por sentado que los reglamentos y estatutos provisionales que se dieron entre 1811 y 1817 se aplicaban a una sociedad inmóvil, sino que pude ver cómo esas reglamentaciones eran discutidas, adaptadas e incluso ignoradas por las comunidades locales. De modo tal que, decir que a partir del Reglamento de 1811 los cabildos abiertos perdieron vigencia o que el Estatuto de 1815 inauguró la participación de la campaña en las elecciones en el Río de la Plata, es soslayar la riqueza de la vida política que se suscita en las comunidades locales a partir de la revolución.

El caso tucumano muestra la incorporación electoral de la campaña con anterioridad a las disposiciones reglamentarias de la dirigencia revolucionaria. Lo que muestra que vecindad y territorio respondían al concepto de república propio del Antiguo Régimen en donde la ciudad es sede del gobierno pero representa a la totalidad de la jurisdicción ciudad y campo. La extrañeza que suscita entre algunos actores el hecho de que los reglamentos circunscribieran la elección de diputados para la primera Asamblea Constituyente en 1813 al ámbito urbano refleja los contornos de la vecindad y el territorio internalizados en la comunidad local. Es la revolución la que pretende introducir la división ciudad-campo.

Si los cambios que las reglamentaciones del gobierno revolucionario aportaban a la representación política podían verse en los procesos de ajuste institucional, la propia práctica de las elecciones generaba transformaciones. Las elecciones traían consigo una mayor participación de los vecinos y una permanente actividad que rebasaba las rutinarias y acotadas, aunque a veces conflictivas, elecciones anuales de los cabildos. Las juntas electorales y su manejo de los requisitos de la votación, la manipulación de las candidaturas a través de intermediarios sociales convertidos ahora en agentes políticos que garantizan que la representación se mantenga dentro del estamento notabiliar, son rasgos que predominan en estas primeras elecciones.

Los procesos electorales originan una jerarquización política de la sociedad, la división de los vecinos en votantes, electores y representantes, el surgimiento de funciones nuevas que da lugar a la emergencia de "agentes intermedios", como los alcaldes de barrio y jueces rurales. Para ser elector o representante no basta con la riqueza, el prestigio o el honor, se requieren otras cualidades: un grado mayor de educación, una experiencia en la vida pública o capacidad oratoria. Ello explica el papel de sacerdotes y abogados como electores en la primera década independiente.

La resignificación del "territorio" resultaba entonces efectivamente de la articulación entre las redes notabiliares y los procesos electorales; sin embargo, hay aquí un elemento más. La suerte de la revolución quedó muy tempranamente ligada al éxito de la guerra. En Tucumán el cambio más notorio en la vida cotidiana de los habitantes lo provoca la llegada de ejércitos que marchan hacia el frente Norte de la Revolución. La ciudad se convierte sucesivamente en cuartel, campo de batalla y retaguardia de la campaña del ejército del Norte. En sociedades donde lo militar no había superado la ritualidad, la presencia cotidiana del ejército promueve nuevos vínculos, jerarquías y modos relacionales. Si bien las jerarquías sociales invaden los vínculos militares, la experiencia misma de la guerra convierte el valor, las condiciones de liderazgo, y hasta determinadas destrezas en nuevas calidades. El favor o la animosidad de un jefe sellan el destino de los subordinados, a veces más que la pertenencia a una familia. La guerra es también la propagadora de un discurso revolucionario que llega a todos y cohesiona tras un objetivo concreto y visible, más en los efectos adversos de su fracaso que en sus posibles logros.

Los jefes militares adquirieron un protagonismo sin precedentes. La militarización se convirtió en una vía alternativa de participación política que, hasta 1819, aparecía contenida por la unidad del ejército revolucionario y la vigencia de un objetivo común. Las solidaridades y relaciones entre soldados y jefes fueron sentando las bases de la faccionalización del ejército revolucionario. Con la crisis del gobierno y el ejército revolucionario se liberan estas fuerzas que dan lugar a la lucha de facciones que se involucran en la política interna de cada espacio provincial.

Fue la ductilidad del concepto de vecindad, aquel que definía Carmagnani en 1993, lo que le permitió ampliarse en los años de la revolución apropiándose de nuevos contenidos. Así, junto a los capitulares herederos de las viejas familias encomenderas se integran quienes, movilizados por la guerra de independencia, han logrado un hándicap militar que se traduce en jerarquía social y política. No sólo en los altos niveles, también sectores fronterizos de la élite adquieren nuevos roles políticos a través de su papel en los procesos electorales. Es el caso de los pulperos que a través de la función de alcaldes de barrio cumplen el papel de empadronadores, por ejemplo. También la adhesión a la revolución era un factor de rejerarquización, sobre todo en provincias que, muy cercanas al poder realista, todavía debían demostrar su afecto por el nuevo gobierno, provincias a las que la suerte de una batalla podía haber cambiado la lealtad de un día para el otro. La expansión del electorado y del cuerpo de vecinos en los años en que la ciudad de San Miguel es escenario de la guerra en el norte, muestra la voluntad de los revolucionarios de integrar a la revolución a los jefes de familia. La relación entre guerra, patriotismo y expansión de la vecindad se confirma con la reducción del electorado en los años de la posguerra.

La política que surge en los años 20 en los espacios provinciales se forja al calor de dos fuegos: la retroversión de la soberanía y las prácticas de representación y la militarización, esto al menos en las ciudades que son base de apoyo de acciones militares continentales, las del Norte y las de Cuyo. El liderazgo de Buenos Aires es una realidad incontestable para Tucumán, por lo menos hasta 1819 por la reunión en Tucumán del Congreso que declaró la independencia en 1816 y por la presencia del ejército de retaguardia y de su jefe, Belgrano. Sólo cuando esta estructura fuera desmontada volvería a aparecer en el horizonte la tensión autoridad-comunidad, pero esta vez con un polo extremadamente debilitado, con un poder porteño cuestionado por el conjunto de las provincias. Las comunidades territoriales del interior experimentan entonces los efectos de la doble crisis, la de la Corona española y la de Buenos Aires como capital del virreinato.

El principio de retroversión de la soberanía, que tan exitoso había sido para legitimar la escalada revolucionaria, probó ser más que un argumento jurídico esgrimido por la dirigencia portuaria. En los espacios provinciales la reasunción de la soberanía por parte de las comunidades o grupos se convirtió en la realidad cotidiana de la nueva política. El "pueblo" reasume la soberanía cada vez que una crisis política pone en cuestión al gobierno y entonces entran en función dos mecanismos de sustitución de autoridades. Por una parte, el pronunciamiento, es decir, el golpe de fuerza de uno o varios jefes militares seguidos más o menos espontáneamente por milicias de distinto tipo, a veces con apoyos civiles. Por otra parte, se reiteran los actos electorales con un sentido plebiscitario, de convalidación de hechos de fuerza. El mismo concepto de soberanía indelegable que contribuye a diseñar en los años 20 la imagen confederal del país, es el que se expresa al interior de la provincia.

EL PROTAGONISMO AGÓNICO DEL CABILDO EN LA COYUNTURA BÉLICA DE LA REVOLUCIÓN

Párrafos aparte merece la situación del Cabildo de San Miguel durante la guerra y su precipitada extinción. Un cabildo que había salido fortalecido de la puja con el intendente borbónico, acostumbrado a la distancia de la capital de la Intendencia, debió compartir el gobierno de la ciudad con las autoridades creadas por la revolución: con un gobernador residente que capitalizaba su condición de héroe de la batalla de Tucumán, con una efímera Junta Subordinada, con las juntas electorales y el Tribunal de Concordia,[16] con los jefes del ejército del Norte como Belgrano. Por otra parte, las atribuciones del cabildo se ensanchaban con su papel de árbitro y contralor de los procesos electorales y de administrador de una ciudad militarizada en el ojo de la tormenta.

[16] Las Juntas subordinadas fueron establecidas por el Reglamento de febrero de 1811 con el objetivo de "exportar la revolución a las provincias" y fueron disueltas en diciembre de ese año. Se integraban con el gobernador y dos vecinos nombrados por el pueblo. Aunque el reglamento decía que se abstuvieran de intervenir en asuntos judiciales, estaban en permanente conflicto con los cabildos, se ocupaban de temas de impuestos, levas militares y "seguridad" de la revolución. El Tribunal de Concordia fue establecido por el Reglamento de institución y administración de justicia dictado en enero de 1812. Establecía estos tribunales en cada ciudad, integrados por el Síndico Procurador y dos regidores del Ayuntamiento. Su objetivo era el de ser un "amigable componedor". Todo asunto judicial pasaría primero por el Tribunal que evaluaría si merecían iniciar litigio ante la justicia ordinaria.

Hacia el final de la década revolucionaria el alejamiento de Belgrano y del ejército y el traslado del Congreso a Buenos Aires, abandonan la ciudad a sus propios demonios. Entre 1819 y 1824 el cabildo tuvo un papel fundamental como legalizador y legitimador de los nuevos gobiernos. En él recaía el gobierno cada vez que se producía una revuelta. Este rol de depositario de la soberanía, que había inaugurado el Cabildo de Buenos Aires en la primera fase de la revolución, se reproducía ahora en las provincias.

El cabildo parecía ser la única institución capaz de mantener un grado mínimo de orden público y de continuidad administrativa. Mientras el apoyo del cabildo ordinario le daba a las autoridades, un marco de legalidad, los cabildos abiertos las legitimaban aun si se originaban en un pronunciamiento: el pueblo expresaba su voluntad en estas reuniones tanto como en las elecciones de representantes; seguían siendo consideradas por gobernantes y gobernados formas legítimas de representación popular. Los cabildos abiertos, cuya modalidad electiva se generalizó después de la revolución, *legitimaban* ahora las autoridades impuestas por la fuerza.

¿Por qué entonces se decidió la extinción del cabildo? En mi tesis de doctorado consideraba la extinción del cabildo como un fenómeno paradójico en tanto el cabildo se extinguía en un momento de protagonismo, y buscaba la explicación de su fin en la doble representación que significaba la existencia de la legislatura provincial y la introducción de las elecciones indirectas en ciudad y campo para elegir a los capitulares.

Marcela Ternavasio, también por aquellos años, cuestionaba la historiografía tradicional que veía a esta medida como parte del programa reformista de Rivadavia, afirmando que la medida había sido más bien coyuntural aunque sostenía también la idea de la contradicción de representaciones. En Buenos Aires, Rivadavia había fundamentado la medida en la incompatibilidad entre los viejos cabildos, propios de un "gobierno monárquico absoluto" y las instituciones que debían regir en un gobierno "representativo", en el que "la autoridad suprema ha retrovertido a la sociedad".[17] En Tucumán, con un argumento que soslayaba la importancia de la decisión, se consideró que "el cuerpo municipal era insignificante y sin objeto a

[17] Una transcripción del discurso de Rivadavia ante la Sala de Representantes de Buenos Aires fundamentando la necesidad de extinguir los cabildos puede verse en CHIARAMONTE, *Ciudades*, pp. 437-438. Véase también TERNAVASIO, "La supresión", pp. 33-73.

quien consagrar sus funciones por haberse el gobierno reasumido la baja y alta policía...".[18]

En un reciente artículo, Alejandro Agüero revisa la extinción de los cabildos en el Río de la Plata considerando en particular el caso cordobés. Sostiene que las contradicciones entre una justicia lega y letrada, "honoraria" y rentada, los problemas de la economía en general y del fisco provincial y la resistencia de los vecinos para ocupar estos cargos fueron las circunstancias desencadenantes de la extinción. Aunque en la declaración final de extinción del cabildo (que en el caso cordobés se plantea como circunstancial pero resulta definitiva) el discurso tiene cierto parentesco con las expresiones de Rivadavia para el caso de Buenos Aires,

También en el caso tucumano los cargos del cabildo habían dejado de ser apetecibles aunque en los años 20 la renuencia a ocupar cargos públicos es general. La resistencia a ocuparse de la justicia sin renta y descuidando los asuntos particulares en sociedades de comerciantes, no es un dato desdeñable. Y ciertamente en Córdoba debió haber una mayor oferta de letrados que podían ocupar los nuevos cargos republicanos a cambio de una renta.

Agüero señala que tras el discurso aparente de la contradicción de las representaciones, lo que hay es un acuerdo de la élite de continuar ocupando funciones, pero en el nuevo aparato provincial. No hay dos élites diferentes en el cabildo y las nuevas legislaturas o los nuevos cargos judiciales, es la misma élite provincial que busca identificarse en todo caso con las nuevas formas institucionales.[19]

En el caso de Buenos Aires, además de la mayor densidad que tuvo en todo el proceso revolucionario el discurso liberal de la élite portuaria, hay otra situación a considerar. El cabildo fue el eje de las expresiones populares en la primera década revolucionaria. Su extinción, al igual que el sufragio universal directo, le permitió a la dirigencia revolucionaria controlar la expansión participativa que los primeros tiempos de la revolución habían desencadenado.[20] La experiencia de los cabildos abiertos y sus prácticas cuasi asamblearias había mostrado que una facción con cien votos podía encaramarse en el poder. Más improbable era que esto pudiera suceder en

[18] Actas de la Sala de Representantes, 29 de marzo de 1824.

[19] AGÜERO, "La extinción".

[20] Algunos autores hablan de un ciclo tumultuario de la revolución. Véase, DI MEGLIO, *Viva el bajo pueblo*, HERRERO, *Movimientos,* FRADKIN, *Pueblo.*

las elecciones que, una vez establecido el sufragio directo y universal, llegaron a involucrar 3 000 votantes, considerando además que el gobierno controlaba las mesas electorales, agentes y padrones.[21]

La tesis que Agüero esgrime hoy, plantándose en la historia crítica del derecho y el estudio de las primeras instituciones republicanas, es que las familias que habían gobernado las ciudades-repúblicas habían encontrado la forma de reformular el vínculo de cara a los otros territorios, convirtiendo a la provincia en sujeto soberano pero sin alterar la estructura doméstica. Puede decirse que la élite tucumana que se había afianzado en torno al cabildo, ya en la época de las reformas borbónicas, encontró nueva expresión en la Sala de Representantes y esa doble representación, que sólo se vivió por unos años, reveló inútil la existencia del cabildo, habida cuenta además de la exigüidad de la élite y la escasez del fisco, dos rasgos siempre presentes en las fuentes.

Lo cierto es que la desaparición de la instancia municipal tiene consecuencias significativas para la deriva institucional de los espacios rioplatenses.

La divergencia rioplatense: la ausencia del Cabildo

En la primera década revolucionaria las ciudades subordinadas se separaron de las cabeceras. Tomando una perspectiva de larga duración, y considerando la afirmación política del Cabildo de San Miguel en la época borbónica, es posible ver que la formación de las provincias es tanto un punto de llegada del proceso de constitución de las identidades territoriales, cuyo centro eran las ciudades, como un efecto de la revolución y la guerra.

En las regiones que aplicaron la Constitución de Cádiz la crisis del imperio ocasionó un *big bang* de soberanías, lo que Annino llamó la revolución territorial de los pueblos. En el Río de la Plata, de la mano de la extinción de los cabildos y la militarización, y con el colapso del poder central rioplatense, el principio de retroversión de la soberanía se capilarizó. Pronunciamientos acompañados de elecciones plebiscitarias muestran una

[21] TERNAVASIO analiza la evolución de la representación política en Buenos Aires, principalmente en "Nuevo régimen".

especie de "liberalismo salvaje" basado en el sufragio universal y en una replicación extrema de la retroversión de la soberanía.

Esta divergencia del caso rioplatense tiene su origen en la precocidad de la ruptura del Río de la Plata con el gobierno español. Las provincias rioplatenses no participaron del proceso liberal español, no se aplicó allí la Constitución de Cádiz; y la militarización, heredada del rechazo a las invasiones británicas, fue alimentada por la guerra continental y perpetuada en un modo particular de convivencia política y social durante, por lo menos, cincuenta años.[22]

La desaparición de los cabildos frente a la efervescencia municipalista gaditana señaló un camino diferente para las relaciones territoriales de los espacios rioplatenses. Sin embargo, es posible encontrar un sustrato común de la cultura política. A pesar de las diferencias en los procesos de independencia, las comunidades locales resolvieron los problemas políticos básicos de la representación y la gobernabilidad con prácticas similares. Con o sin Cádiz, el sujeto político siguió siendo el vecino y la circunscripción territorial, la parroquia y la jurisdicción del cabildo, aun sin cabildo. Las elecciones indirectas predominaron en la primera década revolucionaria dando lugar al ensamblaje de la vieja jerarquización social con los nuevos principios liberales y convirtiendo a viejos intermediarios en nuevos agentes políticos.

Tanto en las «regiones gaditanas» como en las rioplatenses, un primer fervor de participación electoral e inclusión étnica coincidió con la guerra —fuera ésta insurgente, independentista o contrainsurgente—y cedió el paso, a partir de mediados de los años 20, a una restricción de la participación.

Los cabildos rioplatenses, incluso los que se consolidaron en la época borbónica y multiplicaron sus funciones durante la revolución y la guerra, desaparecieron para surgir sólo como municipios modernos con el orden constitucional del último tercio del siglo. Mientras en las regiones gadita-

[22] Hace veinte años Jaime Rodríguez, en un provocador ensayo, se preguntaba por las consecuencias de la militarización de los países de América del Sur y de sus campañas "napoleónicas". Aunque se refería más bien al área bolivariana, Rodríguez proponía un ejercicio comparativo considerando los caminos constitucionales que habían tomado los países que habían aplicado la constitución de Cádiz y los que no. RODRÍGUEZ, "La independencia". Mi preocupación por la "divergencia rioplatense" es deudora del diálogo que tuvimos la oportunidad de compartir con él en El Colegio de México.

nas la Constitución sirvió para reforzar las instituciones municipales, en el Río de la Plata el poder capitalizado por los cabildos fue subsumido en los ejecutivos provinciales fortalecidos por la guerra.

La temprana militarización, las campañas de características continentales, el liderazgo de sus jefes, las clientelas y facciones que surgieron de la guerra, la adaptación de los territorios a una situación de emergencia constante se perpetuaron en un modo de vida político que combinó los ensayos institucionales con una movilización permanente. La ausencia de los cabildos, como cabezas de las comunidades territoriales que las habían representado durante casi tres siglos, parece relacionarse con la consolidación de ejecutivos provinciales que tendían a ejercer un predominio al que la inexistencia de un poder superior no puso límites.

SOBRE LO EXTRAORDINARIO EN LAS INSTITUCIONES REPUBLICANAS

Al estudiar las instituciones provinciales después de la revolución caractericé la situación de Tucumán como la de una República extraordinaria. El concepto aludía a las estrategias institucionales que la situación de emergencia revolucionaria, bélica, de crisis de gobernabilidad iba planteando a los nuevos gobiernos.[23]

Como se ha visto en las páginas anteriores, en sus últimos años de vida el cabildo se convierte en el guardián del orden legal, mientras en su forma ampliada y extraordinaria —el cabildo abierto— legitima golpes de fuerza que se multiplican en la vida de la ciudad. Este carácter extraordinario de la convocatoria de vecinos en la figura del cabildo abierto, que formaba parte de la cultura política del Antiguo Régimen colonial, adquiere nuevos caracteres y se combina con los pronunciamientos militares. Si bien estos movimientos expresan la energía liberada en política facciosa por la desarticulación de los ejércitos independentistas, puede verse como telón de fondo en esta escena una concepción de comunidad política que se acerca mucho a la que ha descrito Antonio Annino para otras latitudes. Una sociedad natural de vecinos que reasume su soberanía en este caso con una

[23] TÍO VALLEJO, *La República.*

aplicación extrema del principio de retroversión. Una república polisémica que contiene la definición de la vieja república, entendida como el justo gobierno de muchas familias.

Las fuentes son esquivas en cuanto a la forma en que se producen los acuerdos iniciales de estos movimientos. Si la palabra debe darle entidad política ésta no siempre aparece, y si lo hace es sólo luego de triunfar cuando busca legitimarse reforzando un lenguaje de nuevos aires constitucionales.

La circunstancia de la guerra va a convertir la naturaleza extraordinaria de las instituciones en realidad permanente. Las atribuciones que, con frecuencia pero discontinuamente, la Sala había ido adjudicando al gobernador argumentando la necesidad y la emergencia se "ordinarizan" en los años 30.[24] Tanto Alejandro Heredia como Celedonio Gutiérrez, los dos gobernadores que rigen una etapa de cierta estabilidad de los gobiernos de la provincia entre 1832 y 1852, se transforman en las cabezas de una red de comandantes militares sujetos a ellos por el fuero que, si bien es privilegio entre pares y frente a los subordinados, implica un vínculo de obediencia rigurosa al jefe.

Durante décadas, la historiografía ha tratado el caudillismo, los pronunciamientos, las luchas facciosas como síntomas de una debilidad de las instituciones posrevolucionarias, como desviaciones de los modelos liberales, como disfunciones o ficciones de la cultura política decimonónica. Desde la renovación de la historia política, desde la nueva historia de los conceptos y lenguajes y desde la antropología jurídica, se ha buscado recuperar la especificidad de los procesos latinoamericanos sin invocar fracasos de modelos o debilidades intrínsecas.

Creo que la perspectiva que tuvimos hace veinte años en las clases de Carmagnani sobre estos temas hace que hoy nuestras tesis estén a tono con estas nuevas lecturas. El estudio de las formaciones históricas americanas a partir de liberalismo orgánico estudiado a partir de territorios que sintetizan procesos políticos, económicos y culturales, y la lectura de autores que cuestionaban tempranamente el paradigma estatalista, pero sobre todo, el estricto apego a las fuentes, nos puso a salvo de las interpretaciones teleológicas o mecanicistas.

[24] Este concepto está tomado de HESPANHA, *La gracia del derecho.*

La apelación a lo extraordinario encaja en ciertos caracteres de la tradición política española, tales como el casuismo, probabilismo y el concepto de epiqueya —enmienda de la ley en aquella parte en que es deficiente por ser universal—, conceptos que a la hora de escribir mi tesis había tomado de la lectura de Mario Góngora.[25]

Hoy la historia crítica del derecho se ha plantado con solvencia ante una historiografía proclive a encontrar modernidades en todas partes. De la mano del conocimiento del derecho medieval e indiano y de sus supervivencias en el mundo americano, hoy estamos familiarizados con un intercambio entre historia del derecho e historia política que ha enriquecido enormemente el debate sobre las instituciones iberoamericanas.[26]

Recientemente, Alejandro Agüero ha explorado el tema de lo ordinario/extraordinario en la cultura política de la primera década revolucionaria. Muestra la dinámica jurídica sostenida en dos rasgos esenciales del lenguaje jurídico de Antiguo Régimen:

> [...] el factualismo, esto es, la posibilidad de derivar argumentos normativos a partir de condiciones fácticas, o calificadas como fácticas; [...] y el particularismo, vale decir, la convicción de que cada comunidad humana, sea de base territorial o estamental, tenía derecho a un conjunto normativo especialmente vinculado a sus condiciones de existencia, siempre que esa particularidad no rompiera con la lealtad a las dos majestades ni con los elementos esenciales del orden. [De tal manera que] una tradición que, dada su naturaleza predominantemente tópica y factualista y su dinámica basada en el par ordinario extraordinario, era capaz de asimilar elementos de ese nuevo lenguaje neutralizando su sentido disruptivo.[27]

Aunque con unos orígenes remotos en las transformaciones sufridas por el concepto de iurisdictio del siglo XIII europeo, el concepto de lo extraordinario en la tradición jurídica puede servir para entender lo extraordinario en las normas de los nuevos gobiernos.[28]

[25] GÓNGORA, *Estado*. El autor toma aquí el concepto de epiqueya de Suárez, p. 239. Para probabilismo y casuismo véase también la relectura que hace para el Río de la Plata, CHIARAMONTE, *Ciudades*, p. 94.

[26] BARRIERA y TÍO VALLEJO (coords.), *Dossier*.

[27] Sobre estos caracteres en el derecho colonial, AGÜERO, "On Justice".

[28] Alejandro Agüero me hizo notar la relevancia de la cita de Hespanha sobre este concepto de las instituciones extraordinarias y está actualmente trabajando sobre este tema, sus aportes pueden leerse en AGÜERO, "Justice", 2012 y AGÜERO, "Extinción", 2013.

Al ampliarse las actividades del monarca más allá de la concepción dogmática del poder reducida a la iurisdictio, es decir, a la atribución de impartir justicia, todo ese rango de acciones del monarca, que con el tiempo se transformarían en lo administrativo, fue incorporándose a la dogmática jurídica a través de una serie de mecanismos. Magistraturas que en principio eran delegadas o de carácter comicial y que respondían al rey podían ser convertidas en ordinarias. Pensemos, tratando de abstraernos a los siglos de diferencia pero teniendo en cuenta la fuerza de la tradición jurídica en el mundo colonial, en el proceso de reemplazo de los jueces comisionados y delegados del intendente por los jueces pedáneos dependientes del cabildo. Quizá podría percibirse de la misma manera el cabildo abierto, extraordinario y de emergencia y su parentesco con las juntas electorales que se transforman en legislaturas, como un procedimiento que se tomó como completamente natural en la cultura jurídica de los espacios capitulares.

Hespanha habla de "un sector en ebullición el formado por las magistraturas delegadas y extraordinarias, de existencia azarosa, dependientes de la oportunidad del momento y de carácter temporal son sin embargo embriones y experimentos de futuras magistraturas ordinarias".[29]

Quizá pueda servirnos para entender cómo el ámbito de poder del cabildo en principio totalmente jurisdiccional comenzó a tomar en la coyuntura de la guerra una serie de atribuciones administrativas que luego se vertieron en los moldes de las nuevas instituciones gobernador y legislatura con un carácter extraordinario que dado que las circunstancias se perpetuaban, se "ordinarizaban".

También el otorgamiento de las facultades extraordinarias como un modo de resolver lo no establecido en las leyes en un caso de emergencia con una distensión de la norma. Los gobernadores de la década de 1830, que solían identificarse con el rosismo, no inauguran sus poderes extraordinarios. Durante toda la década del 1820 el gobernador va captando atribuciones de los otros poderes. No quiero con esto subsumir todas las novedades de la posrevolución en un marco de supervivencias de antiguo régimen; por el contrario cobra relevancia la idea de Carmagnani de unas

[29] Esta nueva administración encarga la realización de misiones ordinarias y extraordinarias-extraordinarias en razón de tiempo-no permanentes-y de la materia, *ratione tempori vel ratione subjecti*, pero lo hace en precario sin la observancia de las formas habituales (*cognitio extra ordinem*), HESPANHA, *La gracia del derecho.*

comunidades que son capaces de echar mano de su utillaje cultural para dar respuesta a las nuevas situaciones que se vivían.

Las formas que adquirió este recurso de lo extraordinario pueden verse con claridad en las transformaciones de la administración de justicia y el crecimiento del ámbito de poder de los gobernadores provinciales en las décadas siguientes a la independencia.

UNA JUSTICIA DE VECINOS EN LA REPÚBLICA ARMADA

En el siguiente acápite me gustaría mostrar algunas líneas de análisis que se desprendieron de la tesis de doctorado en las que puede verse una nueva resignificación de vecindad y territorio en el ámbito de la justicia.

Antonio Annino ha señalado la interrelación que se dio durante la crisis imperial entre soberanía, representación y justicia.[30] En el Río de la Plata, al no aplicarse la constitución de Cádiz, la continuidad de la justicia no fue de la mano del municipalismo. La doble crisis imperial y del poder central revolucionario en los años 20, plantea a la organización de la justicia a nivel provincial una serie de problemas: la carencia de instancias superiores de apelación, la escasez de personal preparado para las distintas funciones, la coexistencia de ordenamientos jurídicos, la adaptación forzada de los reglamentos constitucionales pensados para un gobierno central a la realidad de la provincia autónoma.

No hay grandes reformas en torno a la justicia en los primeros años que siguieron a la revolución[31] y, definitivamente, la reforma de la baja justicia no estaba en la agenda revolucionaria.[32] Aunque los primeros fervores revolucionarios rechazaron el orden jurídico de la monarquía, el nuevo régimen contempló la permanencia de anteriores leyes o disposiciones.[33] El re-

[30] ANNINO, "La Ciudadanía".

[31] En la disputa sobre los poderes, lo judicial tuvo un papel menor. Marcela Ternavasio habla de una "devaluación" de la justicia que no sólo tiene que ver con el predominio del racionalismo jurídico en los referentes doctrinales, sino que es consecuencia de las prácticas nacidas de la crisis revolucionaria. La urgencia está puesta en el problema de la legitimidad y básicamente en la disputa entre poder ejecutivo y legislativo. TERNAVASIO, *Gobernar* la revolución, pp. 77 y ss.

[32] AGÜERO, "La Justicia".

[33] TAU ANZOÁTEGUI, *Las ideas jurídicas.*

glamento del 17, la norma de mayor vigencia en estos años, adoptaba una posición moderada, manteniendo las antiguas leyes salvo en lo que pudiera contradecir la autonomía del nuevo régimen.

Una de las consecuencias de la transformación de las provincias en regímenes autónomos fue la inexistencia de un tribunal de apelación fuera de la provincia. La exigencia de las funciones de representación y de la administración judicial a una élite exigua y la escasez de letrados, no sólo obstaculizó la organización de la administración de justicia en sus diversas instancias y limitó las posibilidades de elección de tribunales y jueces para los ciudadanos, sino que atentó contra la división de los poderes acumulando funciones en las mismas personas. La pretensión de ir reemplazando la justicia lega por la letrada no pudo sostenerse. Las dificultades en torno al cargo de juez de alzadas y las marchas y retrocesos respecto de la obligación de emitir sentencia con dictamen de letrado son una muestra de ello. Otra de las novedades de la revolución, la prohibición de interpretar la ley, no parece haber hecho mella en las atribuciones tradicionales de los jueces, siendo evidente que también en este tema "el poder de la costumbre" fue crucial.[34]

Me referiré aquí a dos cuestiones relacionadas con la justicia que tienen que ver con proyecciones de problemas planteados en mi tesis de doctorado: la cuestión de los jueces territoriales y el crecimiento del poder del gobernador.

Los primeros pasos en la construcción del estado provincial se dan a partir del desmantelamiento del cabildo y la reasignación de sus funciones. La legislatura provincial que lleva el nombre de Sala de Representantes, heredera de la Junta de Electores de los primeros procesos electorales, reúne el Poder Legislativo y, en su versión ampliada, el Constituyente. Ejerce además atribuciones de distinto orden: crea y suprime empleos, fija sueldos, elige al gobernador, establece tribunales, interviene en las elecciones aprobando actas o estableciendo tachas en las elecciones de jueces, etcétera.

Las funciones del viejo cabildo se repartieron entre el poder judicial y el departamento de policía que se organizó también en estos años. Los alcaldes ordinarios renunciaron a sus empleos y fueron reemplazados por jueces en lo civil y criminal. Se mantuvo el cargo de procurador general con las atri-

[34] Sobre "la fuerza de la costumbre" en la cultura jurídica colonial, TAU ANZOÁTEGUI, *Poder,* 2001.

buciones de defensor de pobres y menores reuniendo además las que tenía el síndico del común. Los propios y arbitrios de la ciudad pasaron a la masa común de hacienda.[35]

El ordenamiento judicial se fijó entre 1825 y 1826. Reconocía tres instancias en las causas criminales y civiles. De la sentencia de los jueces de 1ª instancia se apelaría directamente al juez de alzadas.[36] Si fuera revocada la sentencia de 1ª instancia por el juzgado de alzadas, habrá lugar al recurso de súplica sólo cuando se trate de causas de más de cien pesos. El recurso de súplica se presentaría ante el mismo juez de alzadas, quien conocería en la causa asesorada por los jueces de 1ª nominación que no hayan intervenido en la causa y "dos vecinos honrados" nombrados por las partes. Se mandaría pedir asesoría dentro o fuera de la provincia sólo en las causas en que lo reclamen al menos dos de los conjueces. En todo juicio dos sentencias conformes harían cosa juzgada. Quedaban abolidos los casos de corte y las apelaciones por injusticia notoria.[37] Se establecía la vigencia de esta ley "hasta la designación de tribunales por la autoridad nacional" y quedaba por lo demás sujeto a lo que establece el Reglamento del 17.[38]

Toda tentativa de organización o de incipiente independencia del poder judicial se vio obstaculizada por la escasez de abogados y la necesidad de que el juzgado de apelación fuera ocupado por un letrado, los conflictos entre las provincias y los vaivenes del poder central dificultaban el establecimiento de una instancia de apelación supraprovincial.

Una resolución del 7 de enero de 1825 establecía que la Sala nombraría a pluralidad de sufragios a los jueces, entre ellos al síndico personero del

[35] AHT, Actas de la Sala de Representantes (en adelante ASR), 29/3/1824.

[36] Tras algunos intentos de establecer un tribunal de alzadas la dificultad para encontrar tres vecinos con el perfil necesario para cubrir el cargo llevaron a la eliminación del tribunal y al establecimiento en 1826 de un juez de alzadas letrado y nombrado por el gobernador. La figura del juez de alzadas aparecía ya en el Reglamento de 1817, pero en ese caso se establecía el nombramiento por el director supremo de un juez de alzadas para cada provincia, con sueldo y carácter de letrado. La evolución de las instituciones judiciales puede verse en TÍO VALLEJO, "Administración", 2009.

[37] Los "casos de corte" eran competencia originaria de las audiencias, se trataba de pleitos en que eran parte los cabildos, los alcaldes ordinarios, corregidores, oficiales reales y los procesos por delitos gravísimos como la falsificación de moneda. Tau ANZOÁTEGUI y MARTIRÉ, *Manual.* Al desaparecer con la revolución las instituciones de la monarquía y luego, con la caída del poder central, las de la nación, los poderes provinciales van absorbiendo todas estas instancias de poder.

[38] ASR, pp. 308 y ss.

común, que tendría particular intervención en el nombramiento de los jueces de la hermandad y de cuartel. El cuerpo de jueces nombraría a los alcaldes de la hermandad de los distintos partidos y a los alcaldes de barrio de la ciudad. La lista de individuos elegidos pasaba para su aprobación a la Sala de Representantes que podía rechazar y proponer otros nombres, el cuerpo judicial debía elegir entonces a otro candidato.[39]

En 1824 se habían reglamentado las atribuciones de los alcaldes de la hermandad de la campaña. Sus atribuciones específicamente judiciales aparecían limitadas por la naturaleza de delegación de su poder y por el nivel de causas que podían atender. Podían intervenir en casos de Real Hacienda de hasta 50 pesos y actuaban en las causas civiles y criminales sólo como delegados de los jueces ordinarios. La reglamentación ponía el acento en que "el conocimiento en causas civiles que tienen los alcaldes de hermandad no sea por ley sino por medio de derivación o delegación de las que tienen los alcaldes ordinarios".[40] A pesar de estas limitaciones, las atribuciones de los jueces seguirán siendo amplias y a sus tradicionales roles de funcionarios judiciales, vehículos de gobernabilidad, intermediarios sociales y territoriales sumaran ahora los de agentes electorales, policiales, militares.[41]

Los jueces, como los comisarios y comandantes militares que Halperin Donghi llamaba "autoridades locales de aplicación", extendieron sus atribuciones en la coyuntura de la revolución y la conflictiva década del 20. Los jueces rurales solían tener en las últimas décadas del régimen colonial una carrera política rural, estaban en contacto con los campesinos, jornaleros y agregados por un lado, y con sus pares hacendados y comerciantes por el otro. Solían ser tipos sociales intermedios que tienen contactos con todos los niveles de la jerarquización social; en ello residía su representatividad.[42]

En el caso de los alcaldes de barrio, una creación algo más reciente, de 1803, es más evidente la pertenencia a un estrato social intermedio entre la

[39] Las actas de la Sala muestran casos en que la Sala cuestionaba a algunos jueces electos.

[40] AHT, SA, XXX, 54, junio 11 de 1824.

[41] En los últimos años numerosas contribuciones de la historiografía argentina han mostrado la amplitud de atribuciones que adquieren en esta época.

[42] Hemos trabajado a los jueces de campaña desde 1770 siguiendo su carrera política y se ha reconstruido el perfil social y económico de una porción significativa de los mismos a partir de testamentos lo que nos permite establecer estas conclusiones. Los resultados de estas investigaciones han sido publicados en TÍO VALLEJO, "Buena", 1998, pp. 35-58.

capa superior de la élite y el común de los vecinos. Buena parte de ellos eran pulperos que habían adquirido un papel central en la sociabilidad urbana durante la guerra. A la tarea de organizar las elecciones se sumó la de levantar los padrones que servían de base para las votaciones, de modo que eran decisivos a la hora de definir el cuerpo electoral. Durante la revolución se habían convertido también en "celadores" de las actitudes y opiniones de los vecinos, sobre todo de los españoles que estaban en la mira de "la revolución". Esta función continuaría en los años 20 en el papel de vigilancia que adjudicarían los gobernadores de turno a los comandantes militares y jueces sobre la "necesaria uniformidad de opiniones".

Los tardíos 20 fueron años extremadamente convulsionados en la provincia: recurrentes escaramuzas con ejércitos de otras provincias, levantamientos que aprovechan la presencia de tropas nacionales y derrotas que acaban en ocupación militar de la ciudad, como el caso de las tres invasiones de Facundo Quiroga. Los gobernadores se concentraron en la organización de las milicias provinciales cuya subordinación era fundamental para sostenerse en el poder, pero también tuvieron que atender los reclutamientos para el auxilio a la guerra en el norte hasta 1825, y los requeridos por Buenos Aires para la guerra con el Brasil en 1828.

Muchos parecen ser los caminos por los que se fortaleció el papel del gobernador en Tucumán. El gobernador provincial rioplatense tiene su antecedente en la figura del gobernador intendente, sin embargo, San Miguel de Tucumán como ciudad subordinada sólo tuvo tenientes de gobernador o subdelegados. Aunque los primeros gobernadores de la provincia tuvieron las atribuciones de los gobernadores intendentes, el origen de muchos de los ingredientes de su autoridad debe buscarse en los tiempos de la guerra. El primer gobernador de la provincia de Tucumán, creada en 1814, fue Bernabé Aráoz, héroe de la guerra de Independencia, directamente relacionado con la organización de la batalla que en 1812 frenó la invasión realista en Tucumán, en contra de las directivas del gobierno central, y que otorgó a la ciudad un gran prestigio y cimentó en los vecinos el apoyo a la revolución. El gobernador tuvo junto con el cabildo un importante rol en el sostén del ejército destinado a combatir a los realistas en el norte, objetivo que se convirtió en el eje de las finanzas provinciales durante diez años.

A pesar de su protagonismo, el gobernador tuvo que compartir el gobierno con el cabildo y en cierto modo sufrió la competencia del jefe del

Ejército del Norte en los momentos en que estuvo en la ciudad. En unos años fueron desapareciendo casi todos los límites a su autoridad, al mismo tiempo que las circunstancias que habían contribuido a su fortalecimiento, se perpetuaban. El eclipse del poder central en 1820 y con él de una autoridad territorial superior y la extinción del Cabildo en 1824, reforzaron su posición, ahora solamente limitada por la Sala de Representantes.

El poder ejecutivo del gobernador se basaba en el control y apoyo de las fuerzas militares locales y la alianza efectiva o virtual con otra provincia. Durante la década del 20, nuevos mecanismos legales, como la concesión de facultades extraordinarias por parte de la legislatura provincial, y un "presupuesto" militar creciente, coadyuvaron a un mayor poder de los gobernadores. Ese fortalecimiento del poder ejecutivo en épocas de guerra fue una herencia que se capitalizó en los años 30, en los que encontramos un gobernador consolidado gracias a la alianza con el poder de Rosas y una mayor gobernabilidad del espacio provincial asentada en lealtades militares. Tras una breve primavera liberal, que puede verse tanto en el entusiasmo de los primeros años de actividad de la legislatura como en innovaciones en el sistema judicial, a partir de 1827 el estado de guerra va eclipsando a los otros poderes y engrandeciendo la figura del gobernador.[43]

La norma constitucional más regularmente vigente para las atribuciones del gobernador parece haber sido el Reglamento Provisorio de 1817, aunque se otorgó facultades extraordinarias en diversas oportunidades. Se alterna entre el Reglamento y la Ordenanza de Intendentes en los momentos de crisis institucional. La diferencia más importante entre las atribuciones que otorgaban ambos ordenamientos estaba en la autonomía del Poder Judicial y en el control sobre los cabildos. El Reglamento de 1817 eximía al gobernador de toda participación en causas civiles o criminales, mientras que el gobernador intendente borbónico tenía múltiples funciones judiciales. El asesor letrado de la Ordenanza tenía funciones judiciales. Es probable que la combinación de los dos ordenamientos en algunos de los gobiernos se haya hecho para conservar funciones judiciales en la esfera del gobernador, sin renunciar a la vigencia del Reglamento.

Las atribuciones judiciales del gobernador no harán sino crecer en estos años. Desde 1823 integraba el Tribunal Superior de la provincia. Actuaba

[43] TÍO VALLEJO, "La administración", 2009.

en primera instancia en casos de hacienda y, desde luego, era la cabeza de todos los asuntos militares. En 1826 se decidió que el juez de alzadas sería nombrado por el gobernador.

También el nombramiento de los jueces, que los reglamentos de las primeras legislaturas habían anudado tan claramente al Poder Legislativo, había pasado poco a poco a ser atribución de los gobernadores. Ya en 1828 la sala concedía al gobernador el nombramiento de jueces civiles, criminales en la ciudad y en la campaña. Si bien en los primeros años el gobernador encabezaba el nombramiento de jueces con la expresión "en virtud de la autorización de la Honorable junta de representantes", el procedimiento fue perdiendo esta referencia al origen de la atribución.

Las circunstancias extraordinarias o transitorias se hacen regulares y permanentes cuando varios años de guerra ininterrumpida han convertido la emergencia en situación cotidiana. En febrero de 1829 la Sala autoriza al gobernador a realizar las reformas que considerara necesarias en la administración pública. El gobierno dirige entonces a los jueces en lo civil y criminal un decreto con un nuevo orden a seguir en la administración de justicia.[44] Se ordenaba un tribunal de apelación que conocería el último recurso en todas las negociaciones contenciosas, tanto civiles como criminales, se suprimía el empleo de asesor de los juzgados y el de juez de alzadas, se exoneraba a los jueces del deber de despachar con asesor fuera de los casos en que las partes lo solicitaran. Se anunciaba la convocatoria a los jueces para conformar un tribunal de primera instancia. El reglamento lo firmaba Javier Paz como gobernador delegado de Xavier López. En diciembre de 1829 López vuelve de una campaña militar y nombra al cuerpo de jueces y a los alcaldes de la hermandad para el año siguiente. En los borradores de gobierno de 1829 puede verse que los comisarios y jueces le presentan acusaciones que el gobernador deriva al juez del crimen con aconsejamientos. De aquí en más no hay huellas en las fuentes de que los nombramientos volvieran a la Legislatura.

Gracias a un ecléctico uso de viejos y nuevos ordenamientos, y acicateadas las instituciones por las urgencias de la guerra, la esfera de poder del gobernador va creciendo. Lo que en los 20 era extraordinario, pasa a ser lo regular y a constituir un ordenamiento formal en la década del 30.

[44] AHT, SA, XXXV, 123.

La concentración de funciones en el ejecutivo provincial se hizo patente durante el gobierno de Alejandro Heredia, pero no se trata de algo nuevo. Las facultades extraordinarias de las que gozó Heredia durante buena parte de su gobierno habían sido inauguradas en momentos de crisis en los años anteriores.

Si en la década del 20 la justicia de campaña aparece muy ligada a la justicia ordinaria, el régimen de Heredia pretende que buena parte de los conflictos sean resueltos por las autoridades de campaña. Una evidencia de ello es también la fusión, en 1834, de los juzgados criminal y civil en uno solo, con el argumento de que son "muy pocas y raras las causas sometidas a esta jurisdicción por cuanto los primeros hechos se examinan por la policía que por su naturaleza no merecen un proceso formal".[45]

Para simplificar el control de la campaña Heredia eliminó a los comisarios de policía rurales y reasignó sus atribuciones a los jueces territoriales. Con esta medida vinculaba a los jueces al juez general de policía establecido en la ciudad, institucionalizándose, una vez más, la confusión de funciones que las primeras reglamentaciones sobre justicia y policía en 1824 y 1825, siguiendo los principios liberales, habían intentado vanamente separar. Comandantes militares y jueces se erigen en poderosos brazos del estado provincial y de los propietarios del campo, a partir del énfasis en el control de los delitos contra la propiedad ganadera.

Este proceso de cambio en la reglamentación de las atribuciones de los jueces va de la mano del traspaso del nombramiento del cuerpo judicial de la Sala de Representantes al gobernador, cuyos primeros signos habían aparecido ya en tiempos de gobierno de Xavier López. La enorme diversidad de funciones que Heredia les asignó no podía ser cumplida por los jueces en los vastos territorios a su cargo, de modo que conllevaba la autorización de que delegaran en otros, fueran individuos de las milicias o particulares, el ejercicio de sus funciones. Que los hacendados y sus peones, sobre todo los capataces de las casas principales del juez o de allegados se involucraran en el mantenimiento del orden como auxiliares de la justicia era algo usual en la campaña desde la época colonial. El ordenamiento de Heredia, en cierto sentido, significa "un sinceramiento legal" de esta práctica respecto de los pretendidos cambios de la revolución en materia de administración.

[45] Archivo de la Legislatura de Tucumán, año 1834, Caja 1, Legajo general 22.

La justicia tucumana del segundo cuarto del XIX es todavía una justicia de vecinos. Es la comunidad la que interviene para restaurar un orden social que se considera natural y que está aún impregnado de las viejas jerarquías y del poder normativo de la religión. Las fronteras entre delito y pecado son borrosas y se ve muy poco de igualdad y de ley. El texto expreso de la ley está ausente y los acusados son juzgados por los miembros de la comunidad, de los que sólo los vecinos gozan del privilegio de ser juzgados por sus pares. Los demás son calificados por quienes tienen un rango social superior. Los juicios a "ladrones incorregibles" muestran que se argumenta contra la forma de vida, la imagen social del reo más que contra el delito. Sin embargo, es evidente también que se castiga aquellas transgresiones que ponen en riesgo las principales actividades de los notables.[46]

Los cambios más significativos son quizás un cierto espíritu liberal y reformista en la década del 20 que queda apenas como discurso en Heredia, quien erige una trama de control social por medio de jueces y comandantes que luego será utilizada por Gutiérrez. Heredia vuelve a una serie de prácticas coloniales, pero ahora en un nuevo contexto en el que la concentración de poderes en el ejecutivo provincial como cabeza de una organización militar le da a estas prácticas un nuevo alcance. El gobernador acapara el poder de coacción erigiéndose en líder, pero también en árbitro de la prosperidad y la seguridad de los habitantes. Convierte en cómplices de este poder a grupos de vecinos que imparten justicia subsidiariamente a los jueces y comandantes actuando como agentes represores, testigos y acusadores.

El régimen de Gutiérrez en los años 40 pierde la máscara liberal y muestra el descarnado rostro de la intolerancia política. Si bien la violencia se atempera después de los primeros años vemos, por primera vez en los documentos, que el gobernador interviene aplicando penas de muerte registradas y declamadas. Algo que en años anteriores se circunscribía a los casos de rebelión.

Las tradicionales atribuciones del gobernador como instancia de apelación en un regreso al tiempo borbónico confluyen con la concentración de poderes, consecuencia del estado de guerra permanente.

[46] He trabajado los expedientes judiciales entre 1817 y 1845. Los resultados de estas investigaciones pueden verse en TÍO VALLEJO, "Papel y grillos", "La Justicia".

Las coyunturas de recurrente urgencia transforman lo extraordinario en cotidiano. Este proceso lleva a un poder ejecutivo provincial basado en la militarización, en la consolidación de un espacio provincial y en el paulatino manejo de autoridades intermedias, entre ellas los jueces, que funcionan como nodos de grupos de vecinos que intervienen en la aplicación de justicia hacia los inferiores.

Sin embargo, llegar a una conclusión, sobre todo en la época de los llamados "gobernadores rosistas", acerca del papel de los jueces frente al gobierno es bastante difícil. Si por un lado la justicia en sus formas y contenidos sigue siendo una justicia de vecinos, también es cierto que los jueces territoriales responden a un gobierno que tiene sus propios objetivos.

Quizá el camino que tomaron las judicaturas territoriales es el que muestra Luca Mannori para la periferia de los estados de antiguo régimen, en donde los jueces-administradores son agentes responsables de la ejecución de las distintas políticas centrales.[47] En una época de luchas facciosas, los miembros de la élite confiables y en condiciones de ejercer alguna función política eran escasos, de allí la acumulación de funciones militares judiciales y administrativas, "poder de juzgar y poder de mandar" siguen siendo inseparables. ¿Lo que hicieron los ejecutivos provinciales en los años treinta es utilizar las viejas instituciones judiciales de antiguo régimen para un nuevo poder, el de un estado provincial que tiene ya sus propios objetivos? Los jueces territoriales no son ya meros intermediarios sociales que componen entre partes y que responden a un cabildo, el también reflejo de una sociedad jerarquizada, sino que unen a su papel de control social y de árbitro, el de agentes de un gobierno.

¿Estamos ante una hibridación entre la permanencia de una administración de justicia de antiguo régimen con jueces-árbitro y el crecimiento del ámbito de poder estatal que juega a construir un estado soberano dentro de sus breves fronteras? ¿O es acaso el nuevo aparato estatal apenas un mediador entre intereses particulares?

En las últimas décadas hemos batallado contra las imágenes de una historiografía que buscaba en las décadas posrevolucionarias los rasgos liberales o modernos; hemos huido también de las lecturas que hablaban del fracaso del liberalismo o de las ficciones y dualismos entre antiguo régimen

[47] MANNORI, "Justicia y administración".

y modernidad. Finalmente el consenso bastante generalizado que ha tenido la crítica al paradigma estatalista en parte gracias al diálogo con la historia crítica del derecho, parece llevarnos a una comprensión de estas décadas desde su especificidad y con una mirada antropológica de lo político, que, dicho sea de paso, con otras herramientas conceptuales, adelantaba Carmagnani en *El regreso de los dioses.*

BIBLIOGRAFÍA

AGÜERO, Alejandro

2012 "La extinción del cabildo en la República de Córdoba, 1815-1824", *Boletín del Instituto de Historia Argentina y Americana "Dr. Emilio Ravignani"*, núm. 37, pp. 43-83.

2008 "La justicia penal en tiempos de transición. La República de Córdoba, 1785-1850", en Carlos GARRIGA (coord.), *Historia y constitución. Trayectos del constitucionalismo hispano*, México, Instituto Mora, pp. 267-305.

2012 "On Justice and "Home Rule" tradition in the Spanish Colonial order. Criminal Justice and self government in Córdoba del Tucumán", *Quaderni Fiorentini,* vol. XLI, pp. 173-221.

ANNINO, Antonio

2006 "La ciudadanía ruralizada. Una herencia de la crisis imperial", *Jornada Internacional de Debate. Los historiadores y la conmemoración del Bicentenario*, Rosario, octubre, inédita.

BARRIERA, Darío y Gabriela TÍO VALLEJO (coords.)

2010 *Dossier Historia Política e Historia del Derecho, confluencias, resistencias y divergencias,* en <http://historiapolitica.com/datos/boletin/PolHis%2010.pdf>.

BURKHOLDER, Mark A y Dewitt Samuel CHANDLER

1984 *De la impotencia a la authoridad: La Corona española y las Audiencias en América 1687-1808,* México, Fondo de Cultura Económica.

CARMAGNANI, Marcello

1993 "Del territorio a la región. Líneas de un proceso en la primera mitad del siglo XIX", en Alicia HERNÁNDEZ y Manuel MIÑO (coords.), *Cincuenta años de Historia en México*, vol. II, Colmex, pp. 221-239.

1998 "Élites políticas, sistemas de poder y gobernabilidad en América Latina", Metapolítica, *Revista trimestral de Teoría y Ciencia de la Política*, vol. 2, núm. 5, enero-marzo, pp. 7-16.

1988 *El regreso de los dioses. El proceso de reconstitución de la identidad étnica en Oaxaca. Siglos XVII y XVIII,* México, FCE.

CHIARAMONTE, José Carlos

1983 "La cuestión regional en el proceso de gestación del estado nacional argentino", en Marco PALACIOS (comp.), *La unidad nacional en América Latina, del regionalismo a la nacionalidad,* México, El Colegio de México, pp. 51-85.

1997 *Ciudades, provincias, Estados: orígenes de la Nación Argentina (1800-1846)*, Buenos Aires, Ariel.

DI MEGLIO, Gabriel

2007 *¡Viva el bajo pueblo! La plebe urbana de Buenos Aires y la política entre la Revolución de Mayo y el Rosismo*, Buenos Aires, Prometeo.

FRADKIN, Raúl

2008 *¿Y el pueblo dónde está? Contribuciones para una historia popular de la revolución de independencia en el Río de la Plata*, Buenos Aires, Prometeo.

GÓNGORA, Mario

1951 *El Estado en el derecho indiano*, Santiago de Chile, Universidad de Chile.

HERRERO, Fabiá

2007 *Movimientos de pueblo. La política en Buenos Aires luego de 1810*, Buenos Aires, Ediciones Cooperativas.

HESPANHA, Antonio M.

1993 *La gracia del derecho. Economía de la cultura en la edad moderna*, Madrid, Centro de Estudios Constitucionales.

LORANDI, Ana Marí

2008 *Poder central, poder local. Funcionarios borbónicos en el Tucumán colonial. Un estudio de antropología política,* Buenos Aires, Prometeo Libros.

MANNORI, Luca

2006 "Justicia y administración entre antiguo y nuevo régimen", *Revista Jurídica de la Universidad Autónoma de Madrid. RJUAM*, núm. 15, pp. 125-146.

RODRÍGUEZ, Jaime
1993 "La independencia de la América española: una reinterpretación", *Historia Mexicana*, vol. XLII, núm. 3, enero-marzo, pp. 571-620.

TAU ANZOÁTEGUI, Víctor
2001 *El poder de la costumbre*, Buenos Aires, Instituto de Investigaciones de Historia del Derecho.
1999 *Las ideas jurídicas en la Argentina, siglos XIX-XX*, 3a. ed., Buenos Aires, Abeledo-Perrot.

TAU ANZOÁTEGUI, Víctor y Eduardo MARTIRÉ
1975 *Manual de historia de las instituciones argentinas*, 4a. ed. Buenos Aires, Macchi.

TERNAVASIO, Marcela
1995 "Nuevo régimen representativo y expansión de la frontera política, Buenos Aires, 1820-1840", en A. ANNINO, *Historia de las elecciones en Iberoamérica, siglo XIX*, Buenos Aires, FCE, pp. 65-105.
2007 *Gobernar la Revolución. Poderes en disputa en el Río de la Plata, 1810-1816*, Buenos Aires, Siglo XXI Editores.
2000 "La supresión del cabildo de Buenos Aires: ¿crónica de una muerte anunciada?", *Boletín del Instituto de Historia Argentina y Americana "Dr. Emilio Ravignani"*, 3a. serie, núm. 21, 1er. semestre, pp. 33-73.

TÍO VALLEJO, Gabriela
1998 "La 'buena administración de justicia' y la autonomía del Cabildo. Tucumán, 1770-1820", *Boletín del Instituto de Historia Americana y Argentina "Dr. Emilio Ravignani"*, 3a. serie, núm. 18, 2do. semestre, pp. 35-58.
2001 *Antiguo Régimen y Liberalismo, Tucumán 1770-1830*, Tucumán, Universidad Nacional de Tucumán.
2009 "La administración de justicia y la experiencia de las autonomías provinciales en el Río de la Plata. El caso de Tucumán", *Revista de Historia del Derecho* INHIDE, núm. 36.
2010 "La administración de justicia y la experiencia de las autonomías provinciales en el Río de la Plata. El caso de Tucumán", en Ortiz ESCAMILLA e Ivana FRASGUET (ed.), *Jaque a la Corona. La cuestión política en las independencias iberoamericanas*, Castellón de la Plana, Universitat Jaume I, pp. 341.
2010 "Papel y grillos, los jueces y el gobierno en Tucumán, 1820-1840", *Nuevo Mundo Mundos Nuevos*, Debates, en línea desde el 23 marzo 2010: <http://nuevomundo.revues.org/59266>.

2011 (coord.), *La República extraordinaria. Tucumán en la primera mitad del siglo XIX,* Rosario, Prohistoria ediciones.

2011 "La justicia en la 'república armada'. Tucumán, 1820-1852", en Carolina Andrea PIAZZI (coord.), *Modos de hacer justicia: agentes, normas y prácticas: Buenos Aires, Tucumán y Santa Fe durante el siglo XIX,* 1a ed., Rosario, Prohistoria Ediciones, pp. 25-44.

VERDO, Geneviève

2006 *L'independence argentine entre cités et nation (1808-1821)*, París, Publications de la Sorbonne.

LA NORMA Y LA PRÁCTICA EN LA RECAUDACIÓN DE LA ALCABALA: POTESTAD FISCAL Y CONTRIBUYENTES EN EL SIGLO XVIII NOVOHISPANO

*Yovana Celaya Nández**

INTRODUCCIÓN

En 1754, después de un proceso deliberativo entre funcionarios locales y metropolitanos, la Hacienda regia tomó la decisión de no continuar con el sistema de encabezonamiento de rentas, que al momento se encontraba en manos de el Consulado de mercaderes, y poner bajo su administración la recaudación de la alcabala de la ciudad de México y sus jurisdicciones anexas. El virrey Revillagigedo daba el primer paso en el control de una de las rentas más importantes del fisco virreinal. La política de fortalecimiento del poder regio en la administración de rentas era una discusión que en la península se encontraba presente desde finales del siglo XVII y que se acentuó en el XVIII; se argumentaba que los escasos recursos que la Hacienda recaudaba se debían, no a una débil carga fiscal, sino a la fortaleza del sector recaudador (particulares o ciudades) que concentraban los ingresos. En este mismo tono, Miguel de Zavala en una publicación fechada en 1732 dirigida a Felipe V denunciaba que "los tributos exceden a la posibilidad de los vasallos y la Real Hacienda no percibe lo que necesita para satisfacer las obligaciones del Estado, es inexcusable aumentar las contribuciones, aunque sea con nombres de donativos, cuya infalible consecuencia es aniquilar a los vasallos".[1] Para Zavala, cualquier proyecto de fortalecimiento de la

* Facultad de economía, UNAM/Instituto Mora.

[1] Miguel de Zavala fue regidor perpetuo de Badajoz y ocupó diversos cargos como el de tesorero del ejército y del catastro, superintendente de la pagaduría de juros y miembros del Consejo de Castilla. La obra, *Representación al rey* expone su pensamiento en materia de economía política. ZAVALA y AUÑÓN, *Representación al rey*, p. 25.

potestad regia en materia fiscal debía transitar de un sistema de recaudación en manos de terceros a una administración directa por parte de la monarquía y en consecuencia buscar nuevos mecanismos para ejecutar dicha potestad sobre los contribuyentes.

La decisión de 1754 en el virreinato novohispano, en vista del poder político y económico del Consulado de México, administrador de manera ininterrumpida de la alcabala desde 1694, se ha interpretado como una medida para debilitar el poder de la corporación mercantil.[2] Pero esta discusión no limita las posibilidades de reflexionar en otras líneas en torno a la fiscalidad y situarlas más allá del espacio político y fiscal de la ciudad de México. El objetivo de este texto es atender a las transformaciones que tuvieron efecto después de 1754 en el impuesto de la alcabala, pero situarlas más allá de un voluntarismo administrativo del poder regio, sino en el marco de las transformaciones de la potestad fiscal del monarca y del ejercicio del poder político de éste en el virreinato.[3] Una reforma que no fue continua y que avanzó y retrocedió según la evaluación de funcionarios y virreyes. Para superar una discusión en términos de la reforma administrativa, la propuesta es reflexionar en la dirección que siguieron la norma —definida desde 1754 y adicionada en los años subsecuentes— y la práctica —desde la actuación de funcionarios y contribuyentes— de encuentros y desencuentros entorno al pago de la alcabala. El análisis permite seguir las interacciones entre los mecanismos de fortalecimiento institucional del cobro de un impuesto como la alcabala y la respuesta de funcionarios y contribuyentes a las nuevas regulaciones.

El siglo XVIII novohispano y el tan discutido proceso de reforma borbónica, especialmente la de carácter fiscal,[4] es un escenario propicio para

[2] Durante la guerra de sucesión, el Consulado sorteó la presión de Felipe V para bien aumentar el valor del cabezón y de préstamos y donativos para sostener los conflictos bélicos en Europa. Al respecto véase, VALLE, "Consulado".

[3] Para una lectura de las transformaciones administrativas de la hacienda virreinal puede verse JÁUREGUI, *La real hacienda*; SÁNCHEZ, "La hacienda".

[4] Del análisis de la fiscalidad novohispana, el siglo XVIII es el más explorado en los efectos administrativos y económicos que la reforma suscitó en las figuras más importantes de la hacienda virreinal. En los efectos económicos, la alcabala se convirtió en un registro pormenorizado de los intercambios mercantiles y permitió desarrollar una línea historiográfica en torno a mercados regionales. En los efectos administrativos, se ha destacado la fortaleza de un aparato de funcionarios desde la Dirección General de Alcabalas, los intendentes y sus subdelegados como los participantes en la recaudación. Una discusión historio-

plantear los cambios en la administración y cobro de la alcabala desde el encuentro y desencuentro de un proyecto político y fiscal de la monarquía y los múltiples significados de la reforma para todos los involucrados: monarquía, funcionarios y contribuyentes. Para el análisis de las realidades concretas, la queja, como recurso de contribuyentes y funcionarios, ofrece una riqueza documental para explorar los efectos de un proyecto político y fiscal en el pago de un impuesto, que hasta ese momento se había realizado con significativas diferencias determinadas por el recaudador y por el estamento del contribuyente, y no por la naturaleza de las transacciones. Es decir, nos situamos en una discusión que busca en la queja de contribuyentes y recaudadores, seguir los efectos de la transformación política y fiscal que la monarquía borbónica planteó para la hacienda novohispana.

El análisis sigue un planteamiento realizado por Marcello Carmagnani respecto de la importancia de atender a la dimensión doctrinaria en un diálogo con las trayectorias de las realidades políticas, económicas y sociales. Es decir, llamaba la atención a la importancia de una conexión entre el análisis de las ideas y su aplicación.[5] De tal manera que podamos discutir los procesos de reforma a la hacienda o de un impuesto, en el marco de las transformaciones doctrinarias y políticas de su tiempo y hacer tangible fenómenos como administración, impuesto e instituciones, todas ellas traducidas en las formas de ejercicio del cobro de impuestos, de la actuación de los funcionarios y de los montos de ingreso y gasto de las rentas. Una línea de discusión planteada por Marcello Carmagnani en sus estudios en torno a la hacienda liberal que puede ser pensada para la hacienda de Antiguo Régimen. Por otra parte, conviene tener en cuenta que la doctrina puede verse desde la literatura de la época, pero también la que se desprende de la normatividad y de la práctica. Es por ello que interesa mirar la normatividad que reguló el cobro del gravamen y la respuesta de funcionarios y contribuyentes para seguir a través de ellos las interacciones entre un proyecto y las realidades concretas y cómo éstas pudieron o no, incidir en el primero. Dada la naturaleza de un impuesto como la alcabala y el proyecto fiscal del siglo XVIII en la monarquía hispánica, se pone la debida atención a las trans-

gráfica de la historia económica en México y de la historia fiscal puede verse en, IBARRA, "A modo de presentación"; JÁUREGUI: "Vino viejo".

[5] Al respecto véase CARMAGNANI, "El liberalismo y los impuestos internos y el estado mexicano, 1857-1911", *Estado y mercado.*

formaciones de la potestad fiscal y su ejecución en la Nueva España, a las transformaciones administrativas e institucionales en el cobro de la alcabala y, por último, a la respuesta de contribuyentes y funcionarios.

LA POTESTAD FISCAL Y LA HACIENDA

Las figuras impositivas en la monarquía hispánica forman parte de un delicado equilibrio entre poder regio y representantes del reino. Un sistema que se configuró en respuesta a las necesidades de una monarquía con reinos integrados, pero también atendiendo las demandas de cada reino y que podemos situar su desarrollo en el periodo de 1504 a 1565 caracterizado por el asentamiento de un sistema político que incorporó bajo una misma Corona a señoríos con diferentes tradiciones.[6] Desde este periodo es visible la configuración de un poder fiscal con una jurisdicción regia y otra de carácter provincial y local, que si bien pudieron emanar de la primera, no por ello estaban en la misma sintonía. El resultado de ello será una fiscalidad que reconoce la existencia de haciendas separadas, derivadas de una integración que no llegó a la unificación administrativa y fiscal; la existencia de regímenes fiscales diferenciados y una pluralidad semántica y económica en las figuras fiscales distribuidas en todos los territorios que conformaron la monarquía. La fiscalidad de esta monarquía tuvo como características un sistema complejo, carente de equilibrios entre contribuyentes, deficiente y costoso para el fortalecimiento de una potestad fiscal articulada en torno a un principio rector: el sostenimiento del reino. En esta fiscalidad, cada una de la partes integrantes reconocía derechos y obligaciones en virtud de unos determinados esquemas políticos, sociales y culturales, cuya eficacia residía en la mayor o menor efectividad de la Corona para hacerse llegar recursos.

Es quizá la fiscalidad el elemento más sensible a los distintos equilibrios de poder en cada uno de los territorios integrantes. Un equilibrio que se sostenía en la voluntad del soberano que respetaba fueros y privilegios,

[6] Para José Javier Ruiz Ibáñez y Bernard Vincent se puede hablar casi de un modelo de potencia que consolida un poder político interior e inmediatamente busca desarrollar una hegemonía regional sobre espacios en los que ya contaba con presencia en la Baja Edad Media. RUIZ y VINCENT, *Los siglos XVI-XVII, política y sociedad.*

pero que se reservaba el derecho de interpretarlos ante las contingencias y necesidades de la monarquía. Además, debemos considerar el peso de las instituciones representativas del reino, las Cortes con la facultad para definir las figuras fiscales, aunque estos órganos representativos tuvieran más poder en uno u otro reino. Sin embargo, la potestad fiscal en la Monarquía hispánica reconocía el principio básico de la capacidad del monarca para imponer nuevos arbitrios en caso de extrema necesidad sin tener que recurrir al consentimiento en Cortes. Pero por otro lado, existía la convicción de la necesidad de que un nuevo gravamen y toda modificación de los existentes debían estar sujetos a la aprobación de las Cortes.[7] La contradicción es evidente y no estará exenta de conflictos entre poder regio y poderes locales, superado con éxito especialmente en el siglo XVII por una negociación constante entre ambos.

Dichos principios destacan los límites a un poder regio, que si bien pudo contar con la potestad para aumentar los gravámenes, carecía de la capacidad para recaudarlos. En este sentido, el papel de las Cortes se refuerza al constituirse en la instancia de negociación y mediación para la recaudación de gravámenes para las necesidades regias, pero también de un sector de intermediarios, élites (económicas y políticas), encargadas de participar en la recaudación de las rentas del rey o de satisfacer los recursos mediante el crédito a la monarquía. Esto sin duda se tradujo en una red cerrada de contraprestaciones entre el demandante del recurso y aquellos dispuestos a recaudarlo o prestarlo. Una cultura política que tuvo en el siglo XVII variadas y complejas formas de expresión en torno al negocio que representaba el fisco real.

El siglo XVIII en España se hizo presente en la monarquía con una guerra de sucesión que significó una pérdida de territorios en Bélgica y en

[7] Las Cortes, en su origen del antiguo *consilium*, eran el espacio convocado por la autoridad real para solicitar ayuda y consejo para el gobierno del rey, manifestación del pacto de ayuda mutua que conllevaba la relación entre rey y reino. Desde el gobierno de Carlos V, la convocatoria a Cortes sólo se hizo a representantes del tercer estado, es decir a ciudades, práctica que continuará hasta la llegada de la dinastía borbónica. Durante el siglo XVI el derecho de representación llegó a ser concentrado en 18 ciudades, con dos procuradores por cada una, y en la centuria siguiente se aumentó a 22. La expresión institucional del contrato celebrado entre ambos fue que las ciudades no podían ser privadas de sus bienes y derechos sin el consentimiento de las Cortes, de las que dependía la concesión de ayudas extraordinarias y, en general, negociar con la autoridad real el aumento de los ingresos fiscales.

Italia. La guerra también generó nuevos equilibrios entre los reinos, los llamados decretos de nueva planta parecían inaugurar un proyecto político distinto al seguido durante los Austrias.[8] El proceso, a veces con mayor o menor éxito, partió de lograr una transición de una concepción jurisdiccionalista a una patrimonialista del gobierno y el fortalecimiento de una potestad de carácter fiscal.[9] Dicha potestad se sostenía en la defensa de una soberanía absoluta, necesaria en palabras de Vicente Alcalá Galiano debido a que "el poder absoluto de que goza, es sólo para tener proporción y medios con que dirigir las acciones y voluntades de todos los miembros del cuerpo político al beneficio común".[10] Alcalá Galiano formaba parte de una amplia corriente de pensamiento que abogaba por el fortalecimiento de la potestad regia, Pedro Rodrigo de Campomanes, Gaspar Melchor de Jovellanos, Bernardo Ward y funcionarios como José de Gálvez, por mencionar los más representativos.[11]

En los intelectuales de la época era evidente la discusión de hasta dónde se ejercía dicha potestad y lo que representaba para el gobierno monárquico. Alcalá Galiano sostenía que en la monarquía, "la voluntad del soberano se considera como la voluntad positiva de todos", una potestad "tan grande" era necesaria para el bienestar y seguridad de todos los integrantes del reino.[12] La demanda de un poder regio fortalecido frente a los poderes locales y regionales es un planteamiento que también encontramos en Bernardo Ward, en Jacob Biefield y en el jesuita Andrés Marcos Burriel. Éste sostuvo en una publicación de 1758 la idea de una necesaria unidad de la monarquía por encima de diferenciaciones forales territoriales.[13] En palabras de José María Portillo, la monarquía española de finales del siglo XVIII sufre un proceso de transformación política que conlleva a una monarquía católica que apuesta por la reconstrucción de la idea de un príncipe católico centrada en su capacidad estatal, de centro exclusivo de la política. Este

[8] DEDIEU, "La nueva planta en su contexto".

[9] El fortalecimiento de la potestad fiscal fue una de las manifestaciones de la concepción patrimonialista de la monarquía en el siglo XVIII, pero no la única, las relaciones con la Iglesia fueron otras.

[10] ALCALÁ, "Sobre la economía política" p. 253.

[11] COVARRUBIAS, *En busca del hombre útil.*

[12] ALCALÁ, "Sobre la economía política", p. 231.

[13] Al respecto véase, PORTILLO VALDÉS José María, *Revolución de una nación. Orígenes de la cultura constitucional, 1780-1812,* p. 72.

proceso tuvo profundas implicaciones en el vasallo, pues a decir de Portillo, la comprensión del príncipe católico como acumulador de la capacidad de gestión de lo político implicó también una reconceptualización de un vasallo fiel sujeto de obligación y de obediencia religiosa y política, un tronco discursivo con diversos desarrollos y que llegará vigente a los debates de 1810-1812.[14]

Este proceso tendrá efectos en las formas de ejecución de la potestad fiscal por parte del monarca. Es decir, si la fiscalidad seguida por los Austrias —resultado de la propia configuración política tuvo como característica la distribución de ingresos y gastos en tantas haciendas como reinos integrantes tenía la monarquía— el proyecto borbónico entonces debía seguir una dirección contraria, tanto en lo político como en lo fiscal. Miguel de Zavala sostenía que en efecto, la debilidad de la monarquía y del reino se debía, entre otras cosas, a la "naturaleza y multitud de tributos que se comprenden en el nombre de rentas provinciales, como son alcabalas, cientos y millones y demás de esta naturaleza".[15] Además, todas las cargas recaían en los más pobres.[16] Explicaba a Felipe V que: "la riqueza de un Estado no se funda en la particular de uno u otro individuo, consiste en que los comunes puedan vivir sin necesidades: emplearse en sus trabajos con provecho y pagar sus tributos sin demora, de que se infiere que aquello que aniquila a estos comunes, es lo que inevitablemente empobrece a un reino". Zavala, además de apostar por la formación de una contribución única, defendía el argumento que la riqueza y fortaleza de la monarquía residía en sus contribuyentes y en consecuencia que todos sus súbditos se identificaran como tales.

El fortalecimiento de una hacienda central, capaz de controlar el ingreso y el gasto desde un órgano rector situado en Madrid, fue un esfuerzo presente desde el gobierno de Felipe V que se tradujo en un debilitamiento del poder de los Consejos, ejercido por la vía judicial y la mayor relevancia gubernativa conferida al régimen administrativo de las secretarías de despacho. Desde 1713, la tendencia era un reforzamiento del gobierno en

[14] PORTILLO, *Revolución de una nación,* p. 85.

[15] ZAVALA y AUÑÓN, *Representación al rey,* p. 7.

[16] "Uno de los mayores perjuicios que se originan de la multitud de los tributos y de la naturaleza y práctica de estas renta, es, que la mayor suma que de ellas se exige, la pagan los más pobres y más necesitados". ZAVALA y AUÑÓN, *Representación al rey,* p. 11.

manos del rey, el control de la Hacienda parecía el mejor instrumento de consolidación de la voluntad del monarca. A lo largo del siglo, esta política tendrá avances y retrocesos, pero sin duda será Carlos III el mejor representante de un proyecto de reformas que tuvo el objetivo de hacer funcionar a la monarquía como un sistema uniforme político y fiscal.

La Hacienda del siglo XVIII ya no puede sostenerse en una naturaleza jurisdiccional y limitada al poder de los órganos representativos de cada uno de los reinos. Por el contrario, la fiscalidad de la monarquía debía funcionar como un sistema unificado y superar el conglomerado territorial que le había dado origen. La Hacienda entonces se convertía en el instrumento para la ejecución de una potestad absoluta capaz de superar el derecho jurisdiccional. En palabras de Pedro Ruiz Torres, la identificación de una *potestas absoluta* del monarca se sostiene en que las razones de Estado difícilmente se distinguía de las razones de posesión y de los intereses dinásticos.[17] Es desde este principio, y frente a la multiplicidad de cargas, tanto locales como provinciales, que la mejor opción para el ejercicio de dicha potestad estuvo en reforzar las figuras bajo las facultades reales, alcabalas, pero también los estancos, dos ramos que serán objeto de un amplio proyecto de reformas en el mundo novohispano.[18]

UN IMPUESTO CON FACULTADES REALES: LA ALCABALA

En la trayectoria del fortalecimiento del poder regio en materia impositiva, la alcabala es quizá la figura que mejor representó una potestad fiscal bajo la jurisdicción del rey y en consecuencia con posibilidades de extenderse a cada uno de los reinos integrados. Sin embargo, como toda posibilidad estuvo determinada por el papel de los grupos de poder locales. En su origen, la alcabala fue un medio de pago para recaudar los servicios votados por las Cortes concedido a Alfonso XV. A pocos años de esta concesión, las Cortes otorgaron a perpetuidad su cobro, decisión que lo convirtió en un impuesto permanente y de libre disposición de la Corona y en consecuencia como parte del patrimonio regio. Pero su imposición estuvo condicio-

[17] RUIZ, *Reformismo e ilustración*, vol. 5, p. 66.

[18] Un análisis del proyecto de reformas fiscales de José de Gálvez para el virreinato puede verse en: CELAYA, "José de Gálvez: pensamiento, evaluaciones".

nada por la defensa del reino, por lo que su pago era una manifestación más de la relación contractual entre el monarca y su reino. En su definición teórica, la alcabala consistía en un porcentaje de todo lo que "se vende, trueca o cambia, y tantas cuantas veces se muda de mano en esta forma, otras tanta está obligado el vasallo a pagar lo mismo". [19] Es decir, la transacción de un mismo artículo podía pagar alcabala varias veces, ya que el hecho imponible se relacionaba con la permuta. Lo que se gravaba era el acto de comerciar. Esta condición hizo al gravamen de alcabala objeto de duras críticas desde el siglo XVI y de acuciosos tratados de economía política que la definieron como un impuesto costoso en su recaudación, con rendimientos decrecientes y que se identificó como inhibidor del desarrollo económico.[20]

El principio básico para la existencia de la alcabala, y que se usó como argumento para defender su continuidad, fue su capacidad para gravar a un extenso número de contribuyentes. Sin embargo, su definición teórica se vio limitada desde finales del siglo XV en la normativa de la *Nueva Recopilación* en la que se otorgaron un importante número de excepciones que redujeron sensiblemente la importancia de la contribución.[21] Además de las excepciones que la normatividad regia disponía para el cobro de la alcabala, la naturaleza de la recaudación alteró sensiblemente los mecanismos de pago de los contribuyentes debido, principalmente, a que la percepción directa del gravamen resultaba casi imposible para la hacienda. Por ello, la recaudación fue cedida a las ciudades mediante el llamado encabezamiento general, por el cual se convenía con el rey el pago de una tasa anual, esti-

[19] FONSECA y URRUTIA, *Historia*, vol. 2, pp. 5.

[20] En el siglo XVIII, la eliminación de la alcabala fue propuesta por Bernardo de Ulloa, Gerónimo de Uztáriz, Miguel de Zavala y Auñón, José del Campillo, Pedro Rodríguez Campomanes, Bernardo Ward y el Marqués de la Ensenada. Otro proyecto importante en el periodo fue aumentar la base de exenciones a rubros que se consideraran claves para la economía peninsular, por ejemplo a las fábricas en la primera venta de sus productos a mayorista, propuesto por Jovellanos.

[21] La obligación universal de tributar, formulada en el cuaderno de 1491, quedaba limitada en el mismo texto para el caso de que el vendedor fuese el rey, las casas de la moneda por los metales destinados a la acuñación, o los receptores de la bula de cruzada. A este grupo de exentos se añadieron, por privilegio real, nuevos beneficiarios: los eclesiásticos en la venta de los bienes y productos de su patrimonio, en el caso poco frecuente de que explotasen directamente sus tierras; ciertos empleados de la casa real, los vecinos de determinados territorios o ciertas poblaciones, y algunos conventos. ARTOLA, *La hacienda del Antiguo Régimen,* p. 38.

mada por el número de vecinos y nivel de transacciones, y quedaba bajo su escrutinio las formas de cobro a los contribuyentes. Esto sin duda marcó diferencias entre la figura impositiva y la práctica.[22]

Los súbditos americanos adquirieron los derechos y obligaciones fiscales de los castellanos y renovaron el pacto entre rey y reino. En las Indias, el pacto fiscal fue sostenido en modo estricto por las ciudades en similares circunstancias que las de los reinos de la Península. Los cabildos fueron los encargados de la renovación de dicho pacto y si bien no funcionaron al igual que las Cortes, fueron los espacios de intermediación entre las demandas fiscales del rey y los súbditos en las Indias. La alcabala es un buen ejemplo de ello. En 1571 Felipe II estableció el cobro de 2% por concepto de alcabala en las ciudades y villas de la Nueva España. El rey ejercía su potestad fiscal e imponía el cobro para sostener la defensa del reino. Al igual que sus pares castellanas, la hacienda virreinal buscó que los cabildos asumieran la recaudación del gravamen mediante el encabezonamiento de la renta y a lo largo del siglo XVII, este sistema se fortaleció a la par que los cabildos, encargados de la recaudación, como el espacio en el que se atendía las urgencias fiscales de la monarquía, por ejemplo, adelantos del pago de alcabala o aumentos de la misma.[23] En el caso de la ciudad de México, el cabildo y el consulado en distintos momentos, fueron las corporaciones encargadas de recaudar el gravamen.[24]

Entre 1631 y 1637, los contribuyentes novohispanos respondieron, no sin resistencia, a las urgencias fiscales de la monarquía con un aumento de 4%. Los nuevos dos derechos, 2% por concepto de Unión de Armas y 2% para la Armada de Barlovento, formaron parte de una política que demandaba una mayor participación de los reinos americanos en los gastos de la monarquía, sostenida por el Conde-duque de Olivares. El derecho de

[22] Al respecto puede verse, FORTEA, *Fiscalidad en Córdoba;* GELABERT, *La bolsa del rey,* y ZABALA, *Las alcabalas y la Hacienda.*

[23] En un primer momento se buscó que la Hacienda virreinal asumiera la recaudación del gravamen, pero en un informe de 1618 en el que se hacía relación de los sistemas de administración vigentes, la evaluación general era la necesidad de que las ciudades, a través de sus cabildos asumieran la recaudación por encabezonamientos. Entre 1612 y 1618, periodo del informe, las principales ciudades que recaudaban la alcabala bajo el sistema de cabezón eran: México, Puebla, Villa de Carrión, Antequera, Texcoco, Tlaxcala y Huejotzingo. Un análisis de ello puede verse en, CELAYA, "La recaudación de la alcabala novohispana durante los Austrias".

[24] Al respecto véase: VALLE, "Servicios fiscales".

Unión de armas fue concedido por los súbditos en primera instancia por 15 años, como un servicio extraordinario.[25] El derecho de Armada, si bien se buscó un consenso inicial especialmente en la capital del virreinato con el cabildo y el consulado de comerciantes como interlocutores frente a las demandas de la hacienda, no resultó lo deseado.[26] Después de tres años de negociación, la monarquía hizo uso de la alcabala como un impuesto de facultad regia y se impuso el nuevo 2% para sostener el gasto que representaba la escuadra del caribe. Por Cédula Real de abril de 1637 se estableció el acuerdo para la fundación de la Armada de Barlovento, cuyo costo sería cubierto por los ingresos del 2% que se habían aprobado para la Unión de Armas, que superaba así la barrera de los 15 años y por un nuevo 2% cobrables a partir de 1638. A partir de este fecha, la alcabala novohispana se integraría por los llamados tres derechos destinados a la defensa del reino.

De este proceso interesa destacar el ejercicio de una potestad fiscal y el papel del impuesto de la alcabala en la ejecución del poder regio, pero también los límites de la misma. El ejercicio de dicha potestad dependía de una élite, política y económica, para la recaudación del impuesto y en muchos casos para la satisfacción del gasto. Es un hecho que el segundo derecho de la alcabala fue una manifestación de la potestad fiscal del monarca, pero la hacienda de los Austrias resultaba débil política y administrativamente frente al poder de la élite local. Así, no obstante que se dispuso desde 1637 el citado aumento, este pudo hacerse efectivo entre 1638 y 1640 y no en todos los distritos fiscales, pues dependió del contrato de cabezón vigente y de la aceptación de los cabildos para cobrar el incremen-

[25] El monto del servicio solicitado por Felipe IV era de 250 000 ducados a los habitantes del reino para el proyecto de Unión de armas. En su carácter de servicio, y ante la carencia de Cortes, el virrey delegó en las ciudades, especialmente en el cabildo de México, la responsabilidad de sugerir las fuentes de ingreso más adecuadas para cubrir el citado servicio y se dispuso a la alcabala como el más idóneo en vista de la proporcionalidad que representaba para todos los contribuyentes.

[26] En 1635 se propuso la fundación de la Armada de Barlovento, destinada al resguardo de las costas del Caribe mexicano y de los circuitos mercantiles de la región. De nueva cuenta las negociaciones estuvieron lideradas por el cabildo de la ciudad de México, pero en esta ocasión antes de aprobar un nuevo gravamen, los capitulares solicitaron al rey, entre otras demandas, la derogación de la reciente prohibición del comercio entre el Perú y Nueva España por el mar del sur y contar con procuradores en las Cortes. Las solicitudes de la élite novohispana, a través de los capitulares de la ciudad de México, dan cuenta del poder político y económico de los demandantes y signo de las circunstancias históricas de coyuntura que la élite política y económica novohispana pensaba aprovechar.

to.[27] Es decir, la potestad fiscal estuvo mediada por la capacidad de negociación de los actores participantes en la recaudación del impuesto.

Para el siglo XVIII, la monarquía recurrió de nuevo a la potestad fiscal del rey para aumentar la alcabala novohispana a un 8% como recurso excepcional para el sostenimiento de la guerra con Inglaterra. La llamada guerra de la oreja de Jenkins, (1739-1747) debe ser repensaba en los efectos políticos y fiscales de la monarquía con sus territorios en América y Asia. Los efectos de esta conflagración obligaron a Felipe V a fortalecer un proyecto de reformas que permitiera reposicionar la monarquía hispánica en el contexto europeo.[28] Para ello, el rey debía fortalecer su noción de patrimonio, especialmente en el ámbito de los recursos fiscales que los súbditos americanos estaban obligados a aportar para la defensa de la monarquía española. En el aumento de alcabala a 8%, la trayectoria del ejercicio de la potestad fiscal fue distinta a la seguida en el siglo XVII. No fue convocado el cabildo de México u otros cabildos del virreinato en calidad de corporaciones representativas del gobierno de las ciudades o el consulado como entidad corporativa mercantil. Por el contrario, la potestad fiscal de aumentar de nuevo la alcabala fue sostenida en el cuerpo administrativo de la Hacienda virreinal, virrey, integrantes de la Junta de Hacienda y contadores, oficiales y la presencia de individuos de la ciudad de México, corregidores, regidores, priores y cónsules de la corporación mercantil de México que fueron invitados a la reunión en la que todos participaron de una decisión

[27] Por ejemplo, el ayuntamiento de Puebla se negó a cobrar el nuevo 2% y mantuvo su contrato de cabezón de alcabala por una tasa del 4%, por lo que la Real Hacienda tuvo que destinar a un oficial para cobrara el restante lo que se prestó a una infinidad de confusiones y de impagos por parte de los contribuyentes. La Real Hacienda tuvo que aceptar su incapacidad para el cobro y negociar con el cabildo poblano para que asumiera el cobro de los tres derechos de alcabala, sin que ésta aumentara el valor del cabezón. Es decir, en esta ciudad se reconocía el valor de un 6% por alcabala, pero el pago a la hacienda del rey se mantenía por un 4%. En los contratos firmados en el siglo XVIII, y después de la firma del tratado de Utretch y las ventajas comerciales que obtuvieron los ingleses, los contratos de encabezonamiento incluyeron la cláusula que los protegiera en contra de cualquier posible competencia desleal que a los ingleses los exentara del pago de alcabala. CELAYA, *Alcabalas y situados*.

[28] Las tensiones entre Inglaterra y España después de la guerra de sucesión que libró Felipe V reconfiguraron el espacio geopolítico en Europa, América y Asia. El siglo XVIII representó también que los conflictos en Europa tuvieran su manifestación en los territorios integrantes de las monarquías situados más allá del Atlántico. Al respecto el caso de San Agustín de la Florida ejemplifica muy bien los efectos de la tensión entre coronas en territorios periféricos, CELAYA, "San Agustín de la Florida".

de fortalecimiento de la potestad fiscal mediante un nuevo aumento al gravamen.

El incremento se justificaba por ser éste el único medio por el que "contribuían todos los vasallos en lo que comprasen y vendiesen, como porque era el ramo que más bien podía sufrirlo".[29] La participación de representantes de la corporación consular no supuso una aprobación por parte de los mercaderes de la ciudad de México. No obstante, el rey apelaba a la universalidad del gravamen, pero también a una renta que como parte de su patrimonio podía disponer un aumento. Esta primera solicitud estaría vigente por cinco años, contados a partir de 1744 y los contratos de cabezón vigentes se ajustarían al aumento, por ejemplo el Consulado de México pagaría además de los 280 000 pesos correspondientes al 6% del impuesto, otros 93 333 pesos, 2½ reales por el nuevo 2%, ejemplo que se seguiría en el resto de distritos alcabalatorios del reino.

El aumento del valor del cabezón en un contrato vigente, revela también el fortalecimiento de la Hacienda regia en el virreinato frente a los poderes locales. De nueva cuenta, desde una lectura de los contratos del siglo XVII, los aumentos del valor de la alcabala, por Unión de armas y Armada de Barlovento, se enfrentaron a la defensa jurisdiccional que amparaban a las corporaciones que disfrutaban de un contrato de cabezón, por lo que el aumento de la renta podía ejecutarse en el momento de la solicitud o hasta la firma de un nuevo contrato.[30] En el siglo XVIII la respuesta por parte de las corporaciones debió ser distinta y su ejecución responder a las necesidades del monarca, especialmente porque éste consideraba que el aumento atendía al principio de utilidad pública y bienestar del reino con el argumento que: "cedía en honor del real servicio y seguro de los intereses de los propios comerciantes, que navegarían libres de la opresión en que querían ponerlos los enemigos de la monarquía en tiempos de paz y de guerra, por dirigirse esta entre otros fines, a entablar unas condiciones favorables al mismo comercio".[31]

La demanda de mayores recursos para la defensa del virreinato formaba parte de un cambio en la política de defensa que se observa en el gobierno de Felipe V y bajo la égida del proyecto de José Patiño. La nueva política

[29] FONSECA y URRUTIA, *Historia*, vol. 2, p. 29.
[30] Al respecto véase el caso poblano, CELAYA, *Alcabalas y situados.*
[31] FONSECA y URRUTIA, *Historia*, vol. 2, p. 29.

de defensa requería que los recursos se concentraran en las nuevas secretarías lo que evitaría la duplicidad de gastos en las distintas cajas de los virreinatos. En este contexto, en 1748 se decretó la desarticulación de la Armada de Barlovento, no así la alcabala que mantenía dicho gasto en tanto que los recursos debían enviarse a la Península. Por otra parte, no obstante la solicitud por 5 años del cobro de 8% de alcabala, se mantuvo vigente hasta 1757, 10 años después de finalizado el estado de guerra

Interesa llamar la atención en los mecanismos utilizados por Felipe V para aumentar la participación de los novohispanos en el gasto de la Hacienda regia, pues si bien el consulado de México apoyó con donativos, adelantos de alcabala y préstamos durante el conflicto con Inglaterra,[32] el incremento de la alcabala incluía, a la larga, un aumento en el monto de los ingresos y fortalecía el poder regio más allá de la negociación con un interlocutor, en este caso el Consulado de México u otros cabildos que también hicieron donativos. El otro mecanismo fue que la Hacienda, a través de sus funcionarios, recaudase la alcabala en el virreinato para lo que fue necesario el fortalecimiento de la dimensión institucional para regular a funcionarios y contribuyentes. Desde ambas estrategias, las formas de ejercicio de la potestad fiscal se transformaban a la par que los mecanismos para hacer visible el poder regio también lo hacían. Es por ello que interesa una mirada a la trayectoria de la reforma administrativa en el impuesto y a los esfuerzos más o menos significativos por parte del poder regio para que la alcabala fuese cubierta por la mayor cantidad de géneros comercializados y contribuyentes participantes del comercio en el virreinato.

La reforma a la alcabala y la respuesta de los contribuyentes

La facultad de la hacienda virreinal para recaudar la alcabala en la ciudad de México y sus jurisdicciones anexas desde 1754 tuvo efectos políticos y administrativos en la fiscalidad novohispana. La primera medida del virrey Revillagigedo fue nombrar funcionarios capaces de controlar un distrito fiscal y cambiar la práctica del pago mediante repartimientos y negociacio-

[32] Al respecto véase el trabajo de VALLE, "Servicios fiscales".

nes entre recaudadores y contribuyentes. La segunda fue sostener el pago de alcabala de 8% en vista de que como decía la cédula real: "respecto a que los vasallos de Europa pagaban lo mismo sobre contribuir también los derechos de millones, sisa, cientos y otros muchos".[33]

Un requisito importante para ejecutar la recaudación del gravamen por parte de los funcionarios fue certificar los géneros que causaban los derechos de alcabala. Para ello, el contador de la hacienda evaluó los gravados durante el noveno cabezón a cargo del consulado y concluyó que todos los efectos ultramarinos de Europa, Filipinas, las ropas del país, cobre, estaño, añil, chile, cacao, pescado, azúcares, panochas y demás comestibles se encontraban sujetos al pago de los citados derechos. Pero de su evaluación conviene llamar la atención de la información respecto a las particularidades en el cobro que realizaba el consulado, pues aseguraba que la multiplicidad de facturas y la diversidad de los géneros gravados hacía difícil la deducción del gravamen: "esto se deduce del valor en que se estima, que una veces es más y otras es menos".[34] Insistía también que los exentos del pago eran los eclesiásticos, lo perteneciente a indios, los materiales consumidos en fábricas de templos, casas de religiosas, hospitales, colegios y por último aquellos efectos que por el moderado de sus precios, y con el aumento de la alcabala a 8%, el pago del impuesto superaba el valor de los géneros intercambiados. Las medidas tomadas en el suelo alcabalatorio de México le permitieron al virrey configurar una serie de ordenanzas integradas por 140 artículos que en su opinión: "comprenden todo lo que pueden tocar a esta materia" y que fueron promulgadas en 1754.[35]

La primera etapa en la ciudad de México permitió a las autoridades virreinales la definición de tareas por parte de los funcionarios encargados de recaudar el gravamen, la naturaleza de las transacciones causantes y el fraude. De la naturaleza de las transacciones gravadas quizá la que más conflicto llegó a ocasionar fue la llamada alcabala de reventa. El consulado fue el principal solicitante que se suspendiese su cobro a los géneros comerciados en los establecimientos al interior de la ciudad y solicitó también que se moderase el cobro de alcabala de gremios. La estrategia del virrey fue apoyar tales demandas y por instrucciones secretas ordenó al superintendente

[33] FONSECA y URRUTIA, *Historia* vol. 2, p. 33.
[34] *Ibid.*, pp. 37-38.
[35] *Ibid.*, vol. 2, p. 47.

de la aduana de México que se abstuviera de hacer novedades en el cobro y mantuviese lo acostumbrado por el consulado. La decisión tenía dos objetivos, calmar un posible descontento entre los contribuyentes por el cambio de administración y contar con mejor información, a lo largo del primer año, de los intercambios realizados por los mercaderes, del importe de las ventas, de los géneros introducidos y del número de "tiendas, mesilleros, baratilleros y demás para poder a su tiempo, con perfecto conocimiento, hacer las regulaciones de sus adeudos, pues con esto se desvanecería la aprensión que había concedido al público, y en los años siguientes podrá perfeccionarse la materia para reemplazar lo perdido". Y, finalmente, pedía a todos los funcionarios tuvieran presente que todo no se podía plantar de un golpe, que lidiar con un pueblo tan numeroso y en un asunto tan grave requería suavidad y paciencia en el proceder.[36]

La reforma administrativa en la alcabala novohispana y la búsqueda de un fortalecimiento de la hacienda requirió aumentar el número de funcionarios a su servicio, dependientes de la Contaduría de alcabalas. El recaudador de alcabalas es el agente ejecutor de la reforma, representante del rey y por lo tanto el defensor de los derechos fiscales de éste. En este sentido, Vicente Alcalá Galiano sostenía que cualquier proyecto de reforma que la monarquía buscase implementar tendría que descansar en "personas que cuiden con vigilancia de tan importante objeto".[37] Pero también, se necesitarían recursos constantes para pagar a tales funcionarios. José de Gálvez en su visita al virreinato también puso énfasis en la importancia de los funcionarios, de la correcta y puntual remuneración por su trabajo y del papel de éstos como agentes del poder regio.[38] Sin embargo, el ímpetu de la reforma se interrumpió con la llegada de José de Gálvez y su evaluación del trabajo de los oficiales en la recaudación de la alcabala. El visitador se mostró contrario a la reforma y entre 1766 y 1768 las aduanas de Guadalajara, Guanajuato, Celaya, Tlaxcala o Durango, que ya se encontraban bajo administración de la Hacienda, fueron encabezadas.[39] El argumento del visitador era que el cambio no representaba mayores ingresos, aunque si gastos para la Hacienda y mantuvo esta política hasta el final de su ges-

[36] *Ibid.*, pp. 54-55.
[37] ALCALÁ, "Sobre la economía política", p. 249.
[38] CELAYA, "José de Gálvez: pensamiento".
[39] Al respecto véase, SÁNCHEZ, "La Hacienda".

ción en el virreinato. Durante este periodo y hasta la llegada del nuevo virrey, la administración y recaudación de la alcabala se llevó a cabo por administración directa, arrendamiento y encabezamiento, lo que sin duda generó conflictos entre los contribuyentes y los funcionarios. [40]

El proyecto de incorporar la administración de la alcabala a la Real Hacienda se retomó bajo el mando del virrey Antonio María de Bucareli y en 1778 informaba que todos los distritos fiscales se encontraban bajo la administración de los oficiales de Hacienda.[41] Para fortalecer el proceso institucional de la recaudación del gravamen, se creo la Dirección General de Alcabalas y Pulques de la Nueva España que se integró por doce administraciones foráneas.[42] La creación de un organismo de administración central, independiente de la propia administración que ejercía la hacienda virreinal, requirió de un número creciente de funcionarios distribuidos en cada uno de los distritos alcabalatorios. Este proceso dio origen a una serie de decretos respecto al papel de los funcionarios encargados de la recaudación pero también en respuesta a las dudas surgidas por los géneros sujetos al gravamen.

Durante la década de 1770, los decretos buscaron dar respuesta a la especificidad de ejecutar un gravamen, cuyo principio es causado por toda transacción, a las variadas y complejas formas de comercialización que existían en el virreinato. El cobro de alcabala a rentas estancadas y a corpora-

[40] Entre 1764 y 1766, las aduanas de Guadalajara, Puebla, Veracruz, Guanajuato, Xalapa, Celaya, Tlaxcala y Cuernavaca se incorporaron a la administración de la Real Hacienda, en este periodo hubo un total de 40 aduanas en manos de hacienda. GÁLVEZ, *Informe.*

[41] "En instrucción que dio el virrey conde de Revillagigedo a su sucesor el marqués de las Amarillas a los 26 de septiembre de 55 y firmada de s. e. le informa que en el dilatado tiempo de su gobierno ningún asunto le fue tan molesto, ni ejerció mas su paciencia que el de establecer la administración real de alcabalas en México que continuarla sería uno de los más ventajosos para la Real Hacienda, por haberse hecho s. m. con este medio de un fondo de 800 mil pesos cada año, exequibles diariamente, en lugar de 373 333 pesos que pagaba por arrendamiento en consulado a plazos largos y con ridícula escasez en las anticipaciones, aun cuando las demandaban las estrecheces de la Corona." FONSECA y URRUTIA, *Historia*, vol. 2, p. 60. Para mayor detalle sobre el estado de la administración de alcabala a la llegada del virrey Bucareli, véase SÁNCHEZ, "La hacienda".

[42] Las administraciones foráneas coincidieron casi siempre con los límites de las intendencias y se subdividieron en receptorías, en 1801 se integraban por: Durango con dos receptorías; Guadalajara con siete; Guanajuato con seis; México con 21, sin la ciudad de México que pertenecía a la aduana; Oaxaca con ocho; Sonora con nueve; Valladolid con diez; Veracruz con ocho, sin el puerto que estuvo bajo el control de la Aduana del puerto; Yucatán con una y Zacatecas con ocho. GARAVAGLIA y GROSSO, *Las alcabalas,* pp. 209-210.

ciones (religiosas o civiles) fue un tema recurrente en las dudas de los recaudadores. Es por ello que desde 1773 se dispuso que la renta del correo, tabaco y naipes, pero también cofradías, juntas, colegios o cabildos de españoles, indios, negros, mulatos debían causar el gravamen, "como cualquier contribuyente". El proyecto de la monarquía será utilizar la alcabala como el mecanismo de fortalecimiento de su potestad fiscal en el virreinato novohispano y para ello deberá reiterar continuamente que "ninguna persona ha de estar ni considerarse excepta de contribuir lo que corresponda al real derecho de alcabala y que cuanto se introduzca en las poblaciones debe indispensablemente llevarse a las reales aduanas, para que se reconozcan y afore al tenor de las órdenes generales de la materia".[43]

No obstante lo dispuesto por la legislación, la ejecución de la potestad regia para cobrar la alcabala a todos los súbditos dependió del reconocimiento que de dicha potestad y autoridad hicieran los causantes. Por otra parte, la duplicidad de funciones fiscales en los representantes del rey generó confusiones en los contribuyentes, que no dudaron en aprovechar para eludir el pago del gravamen. Desde la creación de la Dirección General de Alcabala, las tareas de los funcionarios en la recaudación se limitaron a una facultad coactiva y jurisdiccional en primera instancia en la persecución del fraude. Sin embargo, con la promulgación de la Ordenanza de intendentes se trasladó dicha jurisdicción a los intendentes y sus subdelegados, proceso que no estuvo exento de conflictos. Es por ello que una vez promulgada la Ordenanza, los administradores de la renta de alcabala mantuvieron sus facultades para la recaudación, pero quedaron limitados al ejercicio de jurisdicción contenciosa solo cuando no hubiese intendente o subdelegado en el suelo alcabalatorio que actuasen.

Los contribuyentes quedaron amparados en la legislación de las Indias, pero sujetos a las modificaciones que la reforma administrativa hubiese ejecutado después de 1750. Es decir, no podemos olvidar que la Recopilación de Leyes de las Indias es un cuerpo normativo de gobierno y como tal se ejecutó en la Nueva España. Por el contrario, la potestad fiscal no está regulada por dicha normatividad, sino sancionada por el pacto entre rey y reino y por la naturaleza de un gravamen de facultades regias. Es por ello que las ordenanzas que se emiten después de la década de 1770, para la

[43] Cédula Real de 30 de agosto de 1778, en FONSECA y URRUTIA, *Historia*, vol. 2, p. 89.

recaudación del gravamen, responden a cómo ejecutar la potestad regia y en este caso cómo cobrar la alcabala a las múltiples transacciones mercantiles realizadas en cada uno de los distritos fiscales de la Nueva España. La respuesta de los contribuyentes podemos analizarla en tres categorías; *1)* las quejas frente a la actuación de funcionarios; *2)* las quejas formuladas como contribuyentes individuales, y *3)* las controversias seguidas por corporaciones. La división no es excluyente, permitirá mirar las múltiples esferas en la que los contribuyentes manifestaron su oposición a la reforma en el cobro del gravamen.

En el ámbito de las quejas a la actuación de los funcionarios, las constantes se encuentran en la interpretación que estos hicieron de los actos mercantiles que realizaban los contribuyentes. La doctrina y la normatividad sostenían que la naturaleza de la alcabala era su capacidad de sujetar a todos los súbditos a su pago. Sin embargo, la práctica revelaba, no la evasión, sino las múltiples lecturas que funcionarios, apoyados en la normatividad, y contribuyentes, apoyados en privilegios de jerarquía social u oficio, podían realizar del reconocimiento de la potestad fiscal regia para demandar el cobro del gravamen. Una frontera de interpretaciones y apelaciones que no siempre fue clara.

En 1789, el administrador de alcabalas en la receptoría de Guadalajara enfrentó dicho problema con el oidor Francisco Monserrate, quien alegaba que la introducción de géneros, por parte de funcionarios, se encontraba exenta del pago cuando se destinasen al consumo personal. El oidor, no obstante conocer que el pago lo exentaba porque los géneros estaban destinados para su consumo, hizo valer ante el recaudador del gravamen su condición de funcionario del rey, pues sostenía: "en caso de los ministros del rey que tenemos tan distinguida y alta representación", no debía someterse al escrutinio del recaudador ni registrar la introducción de bienes en la aduana.[44] El recaudador alegaba que la introducción de los bienes se había hecho durante la gestión de su antecesor y que al revisar la documentación y las respectivas guías de géneros, había localizado solo "un papel del oidor", sin que hubiese constancia que el administrador registrara la procedencia y la cantidad de los géneros introducidos por el miembro de la Audiencia.

[44] La alcabala se cobraba por la introducción de seis zurrones de cacao. Archivo General de la Nación, alcabalas AGN, vol. 91, exp. 4.

El denunciante ponía en evidencia el fraude que el oidor realizaba abusando de su calidad de funcionario del rey y supeditando al administrador de alcabalas a la jurisdicción de la Audiencia. Para el quejoso, esta práctica era común en el distrito de Guadalajara, lo que sin duda contravenía toda legislación fiscal que la Dirección General de Alcabalas y el propio virrey emitiesen en contra del fraude a las rentas reales. El funcionario de alcabalas sostenía que no había justificación para la evasión debido a que:

> Los ministros de la Audiencia señor excelentísimo no se desnudan como tales del carácter de vasallos del rey y en este concepto ni deben dejar de satisfacer los derechos debidos a su majestad ni se exceptúan de las leyes y disposiciones con que se manejan los ramos, y antes si deben dar buen ejemplo con la prontitud de sus contribuciones para que el pueblo, a quien rigen, entre gustoso a la paga de los derechos tanto duros como justos para la subsistencia del estado.[45]

La queja del recaudador se justificaba en la naturaleza de un gravamen de absoluta necesidad para el rey, por lo que no había súbdito que escapase al pago de la alcabala y para cumplir dicho pago se había nombrado un recaudador en la receptoría de Guadalajara. En esta misma lógica de fraude, un año después, el administrador de alcabalas inició otra querella en contra del fiscal de lo civil, encargado de obras del real palacio en Guadalajara, por la evasión de alcabala de los materiales que se introducían para la citada obra. El administrador de alcabalas exponía un argumento similar al caso anterior. El fiscal de lo civil desconocía la autoridad del recaudador e incluso llegaba a fiscalizar la actuación de éste, pues antes de reconocer el adeudo "pide cuenta y fiscaliza la conducta de esta aduana".[46] El quejoso concluía su alegato de nueva cuenta frente al virrey: "la alcabala se paga por las entradas, que la satisfacen los que venden [...] y que últimamente la satisface el comprador, cuando por contrato se obliga a hacerlo por el vendedor. No ignora y no puede ignorar de la obligación de la paga".[47]

En ambos casos, el administrador de Guadalajara no está gravando la comercialización de los géneros, pues de esto no tiene constancia en ninguno de los casos, pero sí está gravando la introducción de los mismos. El

[45] AGN, Alcabala, vol. 91, exp. 24.
[46] *Ibid.*, exp. 23.
[47] *Idem.*

administrador consciente de su incapacidad frente a las variadas transacciones mercantiles que se realizaban en la jurisdicción urbana, acataba la reforma administrativa con énfasis en el cobro de los géneros a su paso por las aduanas fiscales. Ésta era la demanda que expresaba, no al intendente, sino al virrey para que apoyara la jurisdicción contenciosa que el administrador de alcabalas quería ejecutar en el oidor y en el fiscal.[48]

La sanción judicial del fraude en el marco de la reforma administrativa del siglo XVIII fue objeto de continuas ordenanzas por parte de la hacienda regia.[49] El fraude y aquellos que lo practicaran debían ser considerados "enemigos usurpadores de las dotaciones del estado, que ceden en beneficio, utilidad y defensa de mis vasallos".[50] Es por ello, que la Ordenanza ratificó en los intendentes y subdelegados facultades para perseguir y sancionar el fraude, apoyando las gestiones que realizaran para el mismo efecto los recaudadores de alcabala. En vista de la naturaleza del gravamen y el énfasis en que se causaba el impuesto por el tráfico de géneros, los indios y los eclesiásticos fueron en varias ocasiones objeto de escrutinio por la posible comisión de fraude.

La sospecha de comercialización de bienes transitados por parte de los indios fue motivo de discusión del recaudador Mariano de Ortuño de la receptoría de Pachuca. En 1801, el subdelegado denunciaba que Otuño había tomado la decisión de cobrar alcabala al comercio de "algunos géneros" a los indios. El cobro que realizaba Ortuño se hacía por la circulación

[48] La razón de que el administrador no recurriese al intendente de Nueva Galicia se debió a la particularidad que el funcionario borbónico asumió en dicha jurisdicción. A partir de la ejecución de la Ordenanza de Intendentes, éstos asumieron el cargo de regente y presidente de la audiencia, gobernador e intendente de la provincia, comandante general de las armas, subdelegado de la renta de correos, vicepatrono propietario y subdelegado de penas de cámara. Este cúmulo de cargos fue una singular característica de la intendencia de Nueva Galicia, pues al cargo de intendente se mantuvo ligado el de la Audiencia, como lo había sido el presidente-gobernador desde el siglo XVI, de tal manera que la Audiencia tenía injerencia, como tribunal colegiado y como parte de la nueva estructura de funcionarios borbónicos.

[49] Las discusiones sobre el fraude estuvieron presentes en Castilla especialmente en el siglo XVII. El fraude en el Antiguo Régimen debe entenderse a la luz de sus conexiones de privilegio. Para Beatriz Cárceles, el privilegio fue utilizado para cometer delitos de fraude, evitando así que se generalizase un sistema de contribución. En tanto que el fraude se transforma en una cuestión de privilegio fiscal, y éste, a su vez, en poder, era la condición de poderoso la que garantizaba situaciones de inmunidad en el terreno jurídico. CÁRCELES, *Fraude y administración*, p. 15.

[50] FONSECA y URRUTIA, *Historia*, vol. 2, p. 80.

o venta de mercancías, aunque los citados indios fuesen tributarios. La queja del subdelegado evidencia las posibles interpretaciones que los funcionarios realizaban en materia fiscal, pues la legislación de Indias, la Ordenanza y los variados decretos que se emitieron después de 1750, amparaban a los indios estar exentos de pago de alcabala. El subdelegado de Pachuca sostenía que para estar exento del pago del gravamen, además de la calidad de indio, se debía comprobar su calidad de tributario. Ortuño ponía como condición, para estar exento de alcabala, el pago del tributo. De lo contrario decía: "ya sabré yo lo que debo ejecutar en los comercios que tengan".[51] Para ambos funcionarios, el súbdito es ante todo un sujeto fiscal que no puede estar exento de sus obligaciones para con el Monarca. El subdelegado alegaba que aquellos que habían sido fiscalizados por Ortuño ya habían pagado el tributo correspondiente. En consecuencia debían estar exentos del pago de alcabala. Ortuño por su parte, aceptaba el error en su procedimiento, pero pedía que los indios mostraran la certificación de tributarios.

El conflicto en el distrito de Pachuca y la resolución favorable que la Dirección General de Alcabalas dio al subdelegado, con una recomendación a Ortuño para atender a la calidad de tributarios de los indios, permite observar la importancia de distinguir una reconceptualización del contribuyente del siglo XVIII. El pago de impuestos, tributos, alcabalas, peajes y las distintas figuras existentes, no es ya resultado de un pacto entre rey y reino, que justifica el pago para la defensa del segundo, es un reconocimiento de la potestad regia de demandar el pago de un impuesto, de no escapar de la obligación fiscal que se tiene con la monarquía. Es por ello que tanto el subdelegado como el administrador de alcabalas reconocían que si los indios cumplían con el tributo, entonces podía justificarse que al traficar con géneros de su propiedad, fuesen exentos del pago de alcabala. El conflicto también destaca porque el subdelegado no esgrimió las Leyes de Indias o la condición de indio para mantenerse exento de la alcabala. La defensa se sostuvo en que el contribuyente cumplía con el tributo y como tal reconocía la potestad fiscal del monarca, es decir, en la normatividad del siglo XVIII.

La fiscalización a la comunidad eclesiástica, de sus bienes y géneros que circulaban por el virreinato novohispano, enfrentó a dos jurisdicciones, la

[51] AGN, Alcabala, vol. 360, exp. 25.

civil y eclesiástica, y puso en conflicto a más de un administrador. En 1791, Alonso de Rivera, recaudador del diezmo en la jurisdicción de Cosamaloapan, solicitaba apoyo de la potestad eclesiástica y del fiscal del Obispado para defenderse del administrador de alcabalas que pretendía cobrarle alcabala por los géneros de diezmo que movilizaba en la jurisdicción. El fiscal del Obispado preparó la defensa de Rivera y argumentó en la Dirección General de Alcabalas que el cobro del administrador era indebido e injusto. Primero porque la legislación sostenía que el pago de alcabala por diezmo sólo se efectuaría cuando se pagase en reales; segundo porque si el recaudador del diezmo vendiese los géneros en la jurisdicción que los recaudó, entonces sí pagaba alcabala, porque realizaba una venta, pero no por diezmos, sino como particular. Por último, porque el administrador de alcabalas pretendía cobrarle a Rivera la alcabala de 250 cabezas de ganado, que según decía habían quedado en manos de Rivera, por lo que el fiscal argumentaba que dicho cobro representaría que: "una misma persona es vendedor y comprador, cuyo absurdo jurídico jamás se ha visto ni oído en tribunal alguno".

El fiscal del Obispado reconocía que "como cristiano y fiel vasallo su deber con el soberano es pagar lo que fuere justo", y en el caso de la alcabala se causaba por la venta, misma que Rivera no realizaba en la jurisdicción de Cosamaloapan pero sí en los pueblos vecinos de Tlacotalpan y Alvarado. La conclusión del fiscal reconocía el derecho del rey para pedir el gravamen, pero esto no significaba que: "así como el soberano no quiere que se aminore la satisfacción de sus reales derechos, tampoco pretende el que para exigirse éstos se honere a los contribuyentes en excesivos costos ni menos en pérdida de tiempo".[52] La resolución de la Dirección General de Alcabalas fue apoyar los argumentos del fiscal y de Rivera, no sin recordar a ambos que se debía comprobar ante el recaudador de alcabalas que las citadas 250 cabezas de ganado hubiesen salido de la jurisdicción de Cosamaloapan. De lo contrario, Rivera sí podía actuar como vendedor y comprador, en tanto que adquiría géneros producto del diezmo y en lugar de venderlos a un tercero decidía comprarlos el propio Rivera. La Dirección General de Alcabalas se cuidó bien de realizar la distinción del diezmo y rescatar la naturaleza que dichos bienes adquirían al participar en el mer-

[52] AGN, Alcabala, vol. 204, exp. 2.

cado. Es decir, el diezmo no pagaba alcabala, pero la venta que al final realizaban los recaudadores sí estaba sujeta a dicho impuesto, si lo pagaba el comprador o el vendedor era un acuerdo entre los participantes de la transacción que no importaba a la Dirección General de Alcabalas. Si bien se reconocía las distintas transacciones mercantiles que se efectuaban en la Nueva España y las complejidades, administrativas, jurisdiccionales, fiscales y hasta políticas que el pago de la alcabala conllevaba, esto no era motivo para su evasión.

Las quejas presentadas por comunidades mercantiles también fueron una constante, como un mecanismo para defenderse frente a la actuación de los recaudadores de alcabala, pero también para exponer el nivel de afectación que los funcionarios realizaban a la actividad económica de una región. En 1782, los diputados del comercio de Huejotzingo[53] se dirigieron a la Dirección de Alcabalas para denunciar las prácticas arbitrarias del administrador de alcabalas, Leonardo Temblador. Los quejosos argumentaban que Temblador no se ajustaba a la tasa correspondiente de alcabala por el tráfico de algodón en la jurisdicción, pues comparaban la contribución que a ellos se les exigía de 4 pesos, ½ real por sebo y 2 pesos, 2 reales por algodón, con lo pagado por contribuyentes de Puebla, Tlaxcala, Cholula y Atlixco que por el primer género pagaban 2 pesos, 7 reales, y por algodón 1 peso, 4 reales. Los quejosos sostenían que el cobro realizado por Temblador era arbitrario y afectaba la economía de Huejotzingo, pues desde que había llegado a la provincia se había abandonado el trabajo de hilar y tejer mantas, por ser más barato comprarlas en las jurisdicciones vecinas. Los diputados, en defensa del resto de vecinos, explicaban a la Dirección de alcabalas que "están dispuestos a pagar si fuera igual la exacción del real derecho que recauda Temblador, pero siendo tan excesiva como se ha ad-

[53] La figura de diputados es un recurso de representación de intereses que hemos ubicado también en la ciudad de Puebla. En ambos casos, actúan como entidad corporada para defensa de sus derechos frente a las autoridades virreinales o frente a otros grupos de la misma comunidad. En principio, la figura de diputados se asoció como representantes del consulado y con jurisdicción mercantil. Sin embargo, en el caso poblano y en el de Huejotzingo no actúan como representantes del consulado, sino en representación de intereses comunes frente al exterior. La figura de diputados del comercio merece una exploración como un fenómeno de defensa de intereses, pero también de formación de comunidades mercantiles, ocasionales en razón de un conflicto, o permanentes, en espacios mercantiles de la Nueva España y sus efectos en la defensa de sus derechos y representación frente al poder regio. Para el caso poblano véase CELAYA, "Los diputados".

vertido no se debe pagar".[54] Es evidente el significado de dicha declaración frente a las autoridades fiscales del virreinato, los quejosos reconocen la potestad fiscal y el pago de la alcabala, pero desconocen la actuación del funcionario a quien identifican como un actor individual ligado a los intereses de comercialización de algodón y sebo en Cholula, donde favorece un pago menor de alcabala.

Para los diputados de Huejotzingo si la causa del problema era el funcionario, la solución era cambiar el sistema de recaudación. La propuesta que realizaron al intendente y a la Dirección General de Alcabalas fue pagar el gravamen por el tráfico mercantil de sebo y algodón como se tasaba durante los arriendos. Es decir, un monto fijo no determinado por el precio de venta de los géneros ni por la cantidad introducida a la provincia de Huejotzingo. La respuesta del intendente y de la Dirección General de Alcabalas fue negar toda pretensión de esta naturaleza, pues decía el intendente: "cuando el rey dispone se administre alguno de los ramos de su erario no está en obligación de pasar por los ajustes convenidos o transacciones que hubieren hecho los asentistas".[55] Por su parte, la Dirección de Alcabalas sostuvo que Temblador se ajustaba a lo dictado por la legislación y el monto a pagar de gravamen en función del costo de los géneros. Esto es una discusión que en su momento explicó el contador en la ciudad de México, cuando se le pidió comparar los ingresos por gravamen que recaudaba el consulado con lo que recaudaría la hacienda, el problema residía en

[54] AGN, Alcabalas, vol. 227, exp. 5.

[55] *Idem.* La práctica de pago de impuestos mediada por acuerdos y negociaciones con los administradores fue una práctica denunciada por Miguel de Zavala y Auñón, quien sostenía que la administración por particulares y el encabezamiento de rentas favorecía este tipo acuerdos, pero sólo aquellos con el poder suficiente para realizar tales acuerdos: "y los que pueden surtirse por mayor los géneros que consumen, disfrutan toda la gracia que puede caber en los términos de la administración, porque o se ajustan en particular con el administrador en una cosa moderada, por todos los derechos que puedan causar o la representación de sus personas y de su poder, facilita alguna franqueza o se valen para estos fines de los muchos defraudadores que hay o ellos mismos a titulo más autorizados y respetables, son los que defraudan, pero el pobre en quien no concurren estas circunstancias y ha de surtirse por menor de todo lo que gasta y lo que consume, es el que paga rigurosamente todos los tributos [...] pero el pobre a quien no le asisten estos motivos ni puede tener valor para quejarse sin contraerse el odio de las justicias, que entonces son y en adelante lo serán y también el de los ricos, con quienes se había de comparar para hacer justa su queja, se le carga rigurosamente mucho más de lo que puede contribuir ". ZAVALA y AUÑON, *Representación al rey*, p. 12-13.

el precio de los productos tasados al introducirse en una jurisdicción o en otra y en consecuencia determinar el valor de la alcabala.

Los comerciantes de Huejotzingo no fueron los únicos que manifestaron su desacuerdo a las modificaciones en el cobro de la alcabala por parte de los nuevos funcionarios. En el mismo año, la comunidad de mercaderes-viandantes de la jurisdicción de Cosamaloapan también manifestó su descontento con la actuación del recaudador que les exigía una doble tributación por el mismo acto.[56] Los quejosos argumentaron que adquirían sus mercancías en Veracruz, donde pagaban los derechos de avería y muralla, luego las trasladaban a Tlacotalpan en cuya aduana pagaban la alcabala y obtenían la guía para su traslado a la jurisdicción de Cosamaloapan, ya libres de todo derecho. El tráfico hasta Cosamaloapan era de cabotaje, por mar de Veracruz a Tlacotalpan y por río de éste a su destino final, de tal manera que en ningún momento se llevaba a cabo transacción mercantil, sólo tránsito, según argumentaban los quejosos. La arbitrariedad que se cometía en contra de los comerciantes los hacía demandar "a la piadosa benignidad de v. exa. los grandes excesos que comete el administrador de alcabala de la jurisdicción de Cosamaloapan a la memoria remitida de facturas con los mismos precios que cuestan en Veracruz, quien le quiere cargar sobre aquel principal un 50% que es contra Dios y de la real hacienda". Por el contrario, el recaudador sostenía que no obstante la inspección en la aduana de Tlacotalpan los comerciantes debían registrar sus mercancías en la aduana de Cosamaloapan, abrir la carga y poder así corroborar que en efecto no hubiesen realizado intercambios mercantiles a lo largo del río. Esta práctica había demostrado al recaudador de alcabalas que después de registrarse en la aduana de Tlacotalpan los comerciantes realizaban transacciones a lo largo del río.[57]

La queja de la comunidad de comerciantes no prosperó en vista de que se presentó con el Intendente, en vez de dirigirla a la Dirección de Alcabalas. Otra razón para no proceder fue la ausencia de un procurador o agente de negocios que los representase para llevar el juicio. Por último, el Intendente sentenciaba, "se quita indebidamente el tiempo a v. exa. y a otros empleados siendo tan precioso y necesitándose para otros asuntos de

[56] Los firmantes eran: don Francisco de Rivera, don Pedro Alonso, don Josef García de Dossal y don Antonio de la Torre.

[57] AGN, Alcabalas, vol. 297, exp. 4.

gravedad".[58] No hemos ubicado una segunda queja o respuesta del administrador de alcabalas de Cosamaloapan a la queja de los comerciantes. Es posible que en vista que no se admitió el recurso en la Dirección General de Alcabalas, no hubiese necesidad de respuesta. De la queja de los comerciantes de Cosamaloapan interesa destacar el papel de los nuevos funcionarios, y los límites de una potestad fiscal, la que representaban y debían ejecutar, frente a los contribuyentes que tenían como práctica no precisamente la evasión, sino acuerdos para pagar un monto fijo de alcabala antes que el escrutinio de las mercancías. Es decir, no es que antes de la reforma de 1754 los contribuyentes tuvieran como práctica el fraude a la Hacienda, lo que acontece después de la reforma es que hubo esfuerzos por fortalecer la dimensión institucional de la recaudación de la alcabala. Es decir, la formulación de un código de normas que definían a contribuyente y géneros gravados y cuyos encargados de ejecutar dicho código eran los administradores de alcabalas distribuidos en los distritos fiscales del virreinato. Pero dichos esfuerzos no representaron del todo un éxito para la institucionalidad del cobro del impuesto.

El papel de los funcionarios encargados de la recaudación siempre estuvo sujeto a escrutinio, por parte de subdelegados, intendentes u otros funcionarios y por los contribuyentes. El recaudador es el objeto primario de la queja en contra de la reforma, de los nuevos mecanismos de fiscalización a contribuyentes y de la demanda de un pago al momento del tránsito por las aduanas. En 1782, el recaudador de alcabalas y pulques en el real de Zacualpan, Francisco de Estrada, denunció los atropellos que el teniente de justicia Juan Joseph de Sevilla cometía en su persona y que le impedía realizar sus tareas. Argumentaba que Sevilla lo había encarcelado para evitar que cobrara la alcabala en la feria de Teleoloapan, en tanto que dicho justicia controlaba el comercio en la citada feria y fomentaba la evasión de alcabala de todas las transacciones realizadas. El recaudador le recordaba que por este tipo de acciones "el rey perdió sus derechos" y fomentaba al resto de contribuyentes a la evasión pues "los pueblos todos están renuentes a pagar las alcabalas de ropa y pulques que causan y con la ocasión tan fea de ponerme en la cárcel han cogido más alas por no pagar nada y dicen

[58] *Idem.*

que la justicia no les obliga y que por esto no pagan". [59] Por último concluía que además de agraviarse a su persona se había agraviado la renta, por lo que solicitaba un castigo al teniente de justicia que sirviera de ejemplo al resto de funcionarios y a los contribuyentes.

El conflicto llegó hasta el fiscal de Real Hacienda, quien debió emitir una opinión respecto a las acciones del teniente de justicia, Juan Joseph Sevilla. El fiscal además de apoyar al recaudador expuso ante el virrey los efectos nocivos de estos conflictos pues, "imprimen unas ideas muy perjudiciales en los contribuyentes de los derechos de alcabalas y pulques que en este reino componen casi una tercera parte de los fondos del erario y mayor es el daño cuando los mismos contribuyentes notan que el exceso proviene del que debía dar ejemplos en contrario".[60] La reforma a la administración de la alcabala supeditaba a la fiscalización a todos los funcionarios, en tanto no perdían su calidad de súbditos y en consecuencia de contribuyentes. Este hecho dio paso a innumerables conflictos entre funcionarios, especialmente porque no siempre fue la alcabala la razón principal de la queja.

En 1784 Francisco de la Mora regidor en la villa de San Carlos, capital del Nuevo Santander y al mismo tiempo administrador de la real renta de tabacos denunció ante la Dirección General de Alcabalas los excesos que el administrador de la alcabala ejercía en su persona, tratándolo de usurpador y ladrón de la Real Hacienda.[61] El motivo de la denuncia, argumentaba De la Mora, era el tráfico de recursos entre su persona y un comerciante para negocios particulares. José Morales, el administrador de alcabalas, consideró que los recursos enviados por De la Mora al comerciante se ajustaban a la categoría de depósito de capitales y en consecuencia debía estar sujeto al pago de alcabala. De lo contrario, De la Mora debía comprobar si el recurso pertenecía a la renta del tabaco por qué se había enviado a un comerciante. Si bien Morales no fue explícito en denunciar al regidor y administrador de la renta del tabaco de usurpación de recursos de la Hacienda, puso en evidencia la libertad con la que el funcionario actuaba, pero también la delgada línea que existía en los negocios particulares y los negocios realizados en el marco de las tareas del funcionario. El gravamen de alcabala a los depósitos afectó a los comerciantes que controlaban el crédito en la

[59] AGN, Alcabalas, vol. 257, exp. 2.
[60] *Idem.*
[61] AGN, Provincias internas, vol. 147, exp. 35, foja 270-283.

Nueva España y que tenían por costumbre disponer de cantidades a rédito.[62] José de Gálvez inició las gestiones para que dichos capitales estuvieran supeditados al pago de alcabala, pero en 1771 se suspendió el cobro a los depósitos irregulares.[63] El intento de cobrar alcabala a capitales por parte de José Morales se suscitó en 1784, por lo que la queja de Francisco De la Mora por las acciones del recaudador tuvieron validez frente a la Dirección General de Alcabalas. Sin embargo, ésta recordó al quejoso que sus negocios como particular estaban sometidos a la jurisdicción del recaudador de alcabalas, una línea delgada que parecía difícil de distinguir.

El proyecto de fortalecer la alcabala con el apoyo de funcionarios, de la definición de contribuyentes y de géneros también afectó a las rentas estancadas, naipes, tabaco, correos, fierro y acero.[64] En el caso de estas rentas, el pago de alcabala se sujetaba a todos aquellos géneros se destinasen a una u otra renta. Antes de la reforma, fue una constante que los particulares que administraban los estancos evadieran el pago de alcabala en vista de que se decía que era cobrarle al rey el citado impuesto. Sin embargo, como explicaba el fiscal de la Real aduana: "no porque se exijan recíprocamente los que se adeudan se perjudica en manera alguna al soberano, cuando lo que supongo deja de percibir en una arca se le entera en otra, lográndose con este método el que cada una tenga positiva constancia de los productos que le corresponde, de lo que carece esta que diariamente se disminuye con las excepciones permitidas a aquella aumentándose sus valores en la parte que dejan de satisfacer a ésta".[65] La opinión del fiscal buscaba terminar con las dudas de particulares respecto a las nuevas ordenanzas que los sujetaban al pago de alcabalas, no obstante participasen de una renta estancada. El fiscal

[62] Al respecto véase VALLE PAVÓN, *Finanzas*, p. 78.

[63] "Por real orden de 21 de julio de 1771, se previno se suspendiese la alcabala de depósitos irregulares y se instruyese del asunto". FONSECA y URRUTIA, *Historia,* vol. 2, p. 69.

[64] "En virtud de real orden de 11 de noviembre de 1773 se halla declarado que la real renta del correo y las del tabaco y naipes, deben satisfacer íntegramente los derechos reales de alcabalas y demás establecidos, como lo hace cualquier tratante particular del fierro y acero, y cualquier otra cosa que transporta la primera en sus buques , y de los efectos que introducen en el reino las del tabaco y naipes, tanto con el objeto de evitar fraudes como con el de que sean constantes los legítimos valores de cada renta; cuya soberana providencia se puso en ejecución por el virrey D. Antonio Bucareli en 16 de febrero de 1774", en FONSECA y URRUTIA, *Historia*, vol. 2, p. 69.

[65] Archivo General de Indias (AGI), correos, 430, A, "Sobre alcabala del fierro y acero que introduce la renta en el reino de la Nueva España y han resuelto se pague, 1772-1774".

argumentaba que al vender o comprar géneros a un estanco, lo hacían en calidad de particulares y en consecuencia estaban sujetos a la contribución. Las dudas por parte de los contribuyentes y de funcionarios respecto al pago de alcabala de rentas estancadas continuaron llegando a la Dirección de Alcabalas y al virrey. La información del fiscal, si bien dejaba en claro que todos estaban sujetos al pago de alcabala, el administrador de Correos de Veracruz consideró que las nuevas disposiciones eran confusas respecto a rentas como la que él administraba que podían verse doblemente gravadas.

En el caso de la acabala por introducción de fierro, el administrador de correos explicó al virrey Antonio María de Bucareli que la renta bajo su administración ya asumía altos costos con la Real Hacienda, por ejemplo el 7% por concepto de entradas a Veracruz, por lo que debía exentarse de pagar alcabala por la introducción al citado puerto.[66] El mismo administrador de correos consultó con "los comerciantes más calificados" que introducían fierro a la Nueva España acerca de los efectos nocivos que la alcabala produciría en el costo del género en el virreinato. La conclusión de todos, y la razón por la que el administrador de correos se dirigía al virrey era que la introducción de fierro por el puerto de Veracruz sólo estaba supeditado al 3% de alcabala, debido a que su consignación era del puerto de la Coruña y no el de la Habana como argumentaba el recaudador de alcabala. El último argumento para exentar del citado impuesto a la renta de correos era que el fierro que se transportaba en las embarcaciones del correo, las embarcaciones eran propiedad del rey, por lo que a éste le correspondía el pago del citado impuesto.[67]

La respuesta al quejoso, en la que coincidieron el fiscal de Real Hacienda, la Dirección de Alcabalas y el virrey fue confirmar que el fierro que transportaban las embarcaciones del correo debía estar sujeto al gravamen, como el resto de géneros. Sin embargo, el cobro se ejecutaría de las introducciones provenientes de la Coruña y se exentaría a las partidas de fierro que ya se encontraban en el puerto de Veracruz y en la ciudad de Puebla. El expediente del administrador de correos cobra relevancia porque su que-

[66] AGI, Correos, 430, A, "Copia de la Carta escrita al excmo. Sr. Virrey de este reino por el administrador de Correos de Veracruz en asunto de la satisfacción de los derechos de alcabala del fierro de la renta".

[67] Las embarcaciones de la renta de correos también cubrían el derecho de anclaje 11 pesos y 4 reales cada una y la media annata.

ja es en calidad de contribuyente en tanto que era arrendador de una renta, y como tal se debía sujetar a las nuevas disposiciones en materia de alcabala. Por otra parte, el argumento de exentar a las rentas reales de un gravamen como la alcabala dejó de tener validez en vista de los cambios registrados en la recaudación, pero también por la queja constante que las embarcaciones que transportaban el correo, en vista de la inmunidad fiscal en materia de alcabala, daban ocasión para el transporte de otras mercancías. La persecución y sanción del fraude fue un signo de la reforma y además de los funcionarios, la monarquía buscó mecanismos institucionales para evitar la evasión del pago de la alcabala, aunque la excepción a la norma se mantuvo.

Los expedientes revelan las tensiones generadas entre funcionarios y contribuyentes y cómo se resolvieron dichas tensiones. Debemos considerar también que el interés del funcionario en el escrutinio de la recaudación estuvo mediado por el porcentaje que del total recaudado conservaban como parte de su estipendio. Una práctica criticada por José de Gálvez pues podía dar pie a negociaciones particulares entre recaudador y contribuyentes y en consecuencia evadir la normatividad dictada. No obstante los esfuerzos por definir un estipendio anual para los recaudadores, no fue posible y se mantuvo el pago al funcionario a partir de los montos de recaudación en sus respectivos distritos fiscales.

Conclusión

El peso de los ingresos de la Hacienda por concepto de alcabala en la monarquía hispánica es innegable tanto en la península como en América. La alcabala como parte del patrimonio regio defendió siempre su carácter universal, aunque en la práctica el privilegio se utilizó como un mecanismo para evadirla. En el siglo XVIII, el proyecto borbónico de una demanda creciente de recursos fiscales de los territorios americanos fue ocasión para que en las haciendas virreinales se ejecutaran nuevos proyectos que permitieran disminuir costos de transacción en la recaudación en la transferencia de recursos a la metrópoli y aumentar el número de contribuyentes. El análisis de la reforma a la recaudación de la alcabala permitió explorar la actuación de funcionarios y contribuyentes y repensar el marco en el que se situaron las quejas de ambos actores, en la dimensión doctrinaria (reglamento y legislación) o en la casuística e interpretación que funcionarios y contribuyentes hicieron de la normatividad.

Los casos reseñados permiten señalar que la constante fue una tensión entre la doctrina y la práctica y desde el diálogo entre ambas se construyó una casuística que reguló la actuación de contribuyentes y recaudadores, ejecutada por los funcionarios de la Dirección General de Alcabalas. Así, la tensión entre las dos dimensiones se resolvió por parte de los funcionarios apelando a las disposiciones emanadas de la potestad regia y los contribuyentes, reconociendo las nuevas disposiciones, situaron su conflicto en las interpretaciones de los funcionarios. Es de destacar, que en los casos reseñados los quejosos no apelaron a las Leyes de Indias, que constituían el cuerpo normativo más importante para el virreinato, sino que se ajustaron a la nueva normatividad dictada en materia del pago del gravamen. Y esto representó un reconocimiento de la nueva potestad fiscal de los borbones, el proyecto entonces parecía ajustarse a lo sostenido por Vicente Alcalá Galiano.

Lo que interesa destacar es que la doctrina dictaba que la institucionalización del cobro de gravámenes, reglamentos, funcionarios y universalizar el pago de la alcabala, eran condiciones necesarias para el fortalecimiento de la potestad regia en el control de las rentas y en consecuencia para aumentar los montos de ingreso fiscales. Y en efecto, el ingreso por concepto de alcabala aumentó, aunque no fue constante, por su parte el número de funcionarios creció y se tuvo mayor injerencia en el cobro en distritos lejanos y en el caso de los contribuyentes hubo un proceso sistemático por disminuir el privilegio como recurso para la evasión y aumentar el número de sujetos al pago del gravamen.

La práctica reveló que la norma funcionó como un marco general pero que fue incapaz de controlar a los actores económicos, lo que dio ocasión para la constante demanda de los contribuyentes apelando a las interpretaciones que de la normatividad hacían los recaudadores. Es evidente, que los casos reseñados constituyen un minúsculo universo de los contribuyentes de alcabala en la Nueva España. Sin embargo, invitan a reflexionar en la existencia de espacios de interlocución entre súbditos y rey, pero también en la importancia de explorar más allá de la normatividad —signada por los funcionarios borbónicos, el virrey, la contaduría— en las formas de ejecución de la misma y la respuesta de los contribuyentes. Es decir, lograr traducir la dimensión doctrinaria y normativa con las realidades concretas. La queja entonces, de funcionarios y contribuyentes, constituye un referente de un lenguaje político y fiscal que los sujetos construyen, definen y defienden frente a una potestad fiscal que demanda que los súbditos paguen el impuesto. En este sentido, la dimensión doctrinaria, normativa y la práctica, confluyen en un reconocimiento de dicha potestad para la demanda del pago de alcabala, pero al mismo tiempo existe un reconocimiento de la excepción o de nuevos mecanismos para aliviar la presión fiscal. La queja permitió identificar la transformación de un súbdito con obligaciones fiscales. Los contribuyentes y los funcionarios no identifican más el pago del impuesto como parte de un pacto entre rey y reino, por el contrario es visto como una obligación que los súbditos tienen frente a la monarquía, como lo expresó el mismo Vicente Alcalá Galiano y el funcionario cuando discutía con el oidor que no había ningún privilegio que pudiese ostentar para someterse al escrutinio de funcionarios o evadir el pago del impuesto.

De nueva cuenta, es evidente que sólo hemos expuesto pocos estudios de caso, y no se niegan las rebeliones que en Guanajuato, Puebla y San Luis Potosí se registraron, y que si bien no fue el único factor de revuelta, si hubo acusaciones a los nuevos recaudadores.[68] El mismo José de Gálvez expuso los problemas que la recaudación directa podía ocasionar en los contribuyentes. No obstante dichas interrupciones en el proyecto, la monarquía mantuvo el avance de la reforma y un proceso paulatino de integrar la mayor cantidad de bienes y transacciones al pago de alcabala. Es decir, es posible identificar que la reforma administrativa, en el marco de la nueva potestad fiscal, representó también una nueva conceptualización del papel del súbdito contribuyente. En el reforzamiento de la potestad fiscal, la presencia de funcionarios distribuidos en los distintos distritos fiscales, permitió que la potestad dejara de ser algo ausente, una demanda abstracta y a su vez la Dirección General de Alcabala, reforzó una estructura administrativa capaz de ejecutar, con independencia de los poderes locales, la potestad regia. La reforma a la hacienda virreinal y la fortaleza de la administración directa de las múltiples rentas que la componen, resultan exce-

[68] Al respecto véase, VELÁZQUEZ, *El estado.*

lentes indicadores para medir la transformación de la monarquía hispánica en el siglo XVIII y la relación con sus territorios en América. Y al mismo tiempo, la respuesta de los contribuyentes, pacífica o violenta, resulta también un indicador de la fortaleza de una monarquía cada más demandante de recursos fiscales. La tensión será más que evidente.

BIBLIOGRAFÍA

Archivo General de la Nación

Archivo General de Indias

ALCALÁ GALIANO, Vicente
1992 "Sobre la economía política (1783)", en Vicente ALCALÁ GALIANO, *Sobre la economía política y los impuestos, Segovia 1781-1788.* Estudio preliminar de José Manuel Valler Garrido, Segovia, Academia de Artillería de Segovia, pp. 221-267.

ALONSO GARCÍA, David
2007 *El erario del reino. Fiscalidad en Castilla a principios de la Edad Moderna, 1504-1525,* España, Junta de Castilla y León, Consejería de Cultura y Turismo.

ANDRÉS UCENDO, José Ignacio
1999 *La fiscalidad en Castilla en el siglo XVII: los servicios de Millones, 1601-1700,* Bilbao, Servicio Editorial, Universidad del País Vasco.

ARTOLA Miguel
1982 *La Hacienda de Antiguo Régimen,* Madrid, Alianza Editorial.

CÁRCELES DE GEA, Beatriz
1994 "Fraude y administración fiscal en Castilla. La comisión de Millones (1632-1658): poder fiscal y privilegio jurídico-político", *Estudios de Historia Económica*, núm. 28, España, Banco de España, Servicio de Estudios.

CARMAGNANI, Marcello
1989 "El liberalismo, los impuestos internos y el Estado federal mexicano, 1857-1911", *Historia Mexicana*, vol. XXXVIII, núm. 3, pp. 471-496.

1994 *Estado y mercado. La economía pública del liberalismo mexicano, 1850-1911,* México, El Colegio de México/Fondo de Cultura Económica/Fideicomiso Historia de las Américas.

CELAYA NÁNDEZ, Yovana
2010 *Alcabalas y situados. Puebla en el sistema fiscal imperial, 1638-1742,* México, El Colegio de México/Fideicomiso Historia de las Américas.
2012 "La recaudación de la alcabala novohispana durante los Austrias: cabildos, comerciantes y alcaldes mayores", en Óscar MAZÍN GÓMEZ, Ana DÍAZ SERRANO y José Javier RUIZ IBAÑEZ (eds.), *Permanencias y huellas. Comprender un mundo global en la identificación del patrimonio novohispano,* España, Universidad de Murcia, pp. 167-183.
en prensa "José de Gálvez: pensamiento, evaluaciones y proyectos en la hacienda novohispana, 1765-1786", en Ernest SÁNCHEZ SANTIRÓ (coord.), *Pensar la hacienda pública. Proyectos, ideas y contextos en torno a la hacienda pública de México (siglos XVIII-XX),* Instituto Mora.
en prensa "San Agustín de la Florida: de punto de avanzada a frontera estratégica en el gobierno de Felipe V", en Guadalupe PINZÓN y Flor TREJO (coord.), *El mar: percepciones, lecturas y contextos,* Instituto de Investigaciones Históricas-UNAM/INAH.
2012 "Los diputados de la Junta de comercio de Puebla: estrategias de negociación y representación de intereses en el siglo XVIII", ponencia presentada en CLADHE, Bariloche Argentina, octubre.

COVARRUBIAS, José Enrique
2005 *En busca del hombre útil. Un estudio comparativo del utilitarismo neomercantilista en México y Europa, 1748-1833,* México, UNAM.

DEDIEU, Jean Pierre
2000 "La nueva planta en su contexto. Las reformas del aparato del Estado en el reinado de Felipe V", manuscrito, 18, pp. 113-139.

FONSECA, Fabián y Carlos de URRUTIA
1849 *Historia general de la Real Hacienda,* México, Imprenta de Vicente García Torres.

FORTEA PÉREZ, José Ignacio
1986 *Fiscalidad en Córdoba. Fisco, economía y sociedad: alcabalas y encabezamiento en tierras de Córdoba, 1513-1619,* España, Universidad de Córdoba.

GÁLVEZ, José

2002 *Informe general que en virtud de Real Orden instruyó y entregó el excelentísimo señor marqués de Sonora siendo visitador general de este reino, al excelentísimo señor virrey don Antonio Bucarely y Ursúa con fecha 31 de diciembre de 1771*, estudio introductorio Clara Elena SUÁREZ ARGÜELLO, México, CIESAS, Miguel Ángel Porrúa.

GARAVAGLIA, Juan Carlos y Juan Carlos GROSSO

1987 *Las alcabalas novohispanas, 1776-1821,* México, Archivo General de la Nación.

GELABERT, Juan

1997 *La bolsa del rey. Rey, reino y fisco en Castilla, 1598-1648,* Barcelona, Crítica.

IBARRA, Antonio

2003 "A modo de presentación: la historia económica mexicana de los noventa; una apreciación general", *Historia Mexicana,* vol. LII, núm. 3, pp. 613-647.

JÁUREGUI, Luis

1999 *La Real Hacienda de Nueva España. Su administración en la época de los intendentes, 1786-1821,* México, UNAM-Facultad de Economía.

2003 "Vino viejo y odres nuevos: la historia fiscal en México", *Historia Mexicana,* vol. LII, núm. 3, *pp.* 725-771.

PIEPER, Renate

1992 *La Real Hacienda bajo Fernando VI y Carlos III, 1753-1788,* Madrid, Ministerio de Economía y Hacienda/Instituto de Estudios Fiscales.

PORTILLO, José María

2000 *Revolución de una nación: orígenes de la cultura constitucional en España, 1780-1812,* Madrid, Boletín Oficial del Estado: Centro de Estudios Políticos y Constitucionales.

RODRÍGUEZ GARCÍA, Vicente

1985 *El fiscal de Real Hacienda en la Nueva España (Don Ramón de Posada y Soto, 1781-1793),* Oviedo, Universidad de Oviedo, Servicio de Publicaciones.

RUIZ IBAÑEZ, José Javier y Bernard VINCENT

2007 *Los siglos XVI-XVII. Política y sociedad,* Madrid, Editorial Síntesis.

RUIZ TORRES, Pedro

2008 *Reformismo e ilustración, volumen 5 Historia de España,* Madrid, Crítica/Marcial Pons.

SÁNCHEZ SANTIRÓ, Ernest

2001 "La Hacienda reformada: la centralización de la renta de alcabalas en la Nueva España (1754-1781)", en Ernest SÁNCHEZ SANTIRÓ, Luis JÁUREGUI y Antonio IBARRA (coords.), *Finanzas y política en el mundo iberoamericano. Del antiguo régimen a las naciones independientes,* México, UAEM/Instituto Mora/Facultad de Economía-UNAM, pp. 143-177.

SLICHER van BATH

1989 "Real Hacienda y economía en Hispanoamérica, 1541-1820", *Latin American Studies*, 49, Ámsterdam, CEDLA.

VALLE PAVÓN, Guillermina del

1997 "El Consulado de Comerciantes de la Ciudad de México y las Finanzas novohispanas, 1592-1827", tesis, Centro de Estudios Históricos-El Colegio de México, México.

2009 "Servicios fiscales y financieros del consulado de comerciantes de la ciudad de México en los siglos XVII y XVIII", en Gustavo GARZA y Jaime SOBRINO (coords.), *Evolución del sector servicios en ciudades y regiones de México*, México, El Colegio de México, pp. 95-117.

2012 *Finanzas piadosas y redes de negocios. Los mercaderes de la ciudad de México ante la crisis de la Nueva España, 1804-1808,* México, Instituto Mora.

VELÁZQUEZ, María del Carmen

1997 *El estado de guerra en la Nueva España, 1760-1808,* 2a. ed., México, El Colegio de México.

ZABALA, Pilar

2000 *Las alcabalas y la Hacienda Real en Castilla, siglo XVI,* Santander, Universidad de Cantabria.

ZAVALA y AUÑÓN Miguel

1732 *Representación al rey nuestro señor Don Felipe V (que Dios guarde) al más seguro aumento del real erario y conseguir la felicidad, mayor alivio, riqueza y abundancia de su monarquía. Que distribuidos los tributos proporcionalmente sea menos la paga de sus vasallos, resultando mucho más crecido el fondo de la Real Hacienda. Que restableciéndose las labores y demás ejercicios del campo, se repares las carestías que los años estériles ocasionan, haciéndose útil las muchas tierras incultas que se hallan en todo el reino. Que florezca en nuestros dominios un comercio superior al de las demás naciones de Europa, con permanente seguridad en el establecimiento de fábricas de todos géneros. Que solos nuestros españoles hagan el comercio de la América, trayéndose a España y circulando en solo ella, los inmensos tesoros que producen aquellos riquísimos reinos*

HACIA UNA HACIENDA LIBERAL. UNA INTERPRETACIÓN SOBRE LAS ÉLITES, LOS PRESUPUESTOS Y LA REFORMA LIBERAL EN EL CHILE DEL SIGLO XIX[1]

*Juan Cáceres**

Es indudable que la historia de la fiscalidad ha venido desarrollándose ampliamente en cada uno de los países de América Latina desde varias décadas atrás.[2] Ciertamente, una larga y nutrida historiografía da cuenta de esta realidad ligada principalmente al nacimiento de un nuevo orden estatal en el siglo XIX y a las formas como estos nuevos países, nacidos postindependencia, construyeron (o reconstruyeron) sus economías y finanzas, especialmente desde la óptica liberal.[3] En Chile, se puede argumentar que, a diferencia de otras realidades, pocos han sido los historiadores que se han preocupado por estas temáticas.[4] En este contexto de carencias de estudios,

* Pontificia Universidad Católica de Valparaíso.

[1] Este artículo forma parte del Proyecto Regular Fondecyt 1120012 titulado Élites regionales, elecciones y sociabilidad política. (La Serena, Valparaíso y Concepción y sus referentes en Santiago), 1770-1900.

[2] Este trabajo tiene como base la aplicación de las ideas y conceptos planteados por el profesor Marcello Carmagnani en sus seminarios *Formas históricas del Estado liberal latinoamericano. De la crisis del régimen colonial a la crisis del liberalismo notabiliario (siglos XVIII y XIX)*, 1992, y *Los instrumentos de la economía liberal. Presupuestos y Hacienda pública (1860-1920)*, 1992-1993, ambos impartidos en el Doctorado de Historia de El Colegio de México.

[3] Sobre la hacienda pública liberal en América Latina, véase, entre muchos otros, los siguientes ejemplos: CARMAGNANI, *Economía y política;* del mismo autor, *Estado y mercado*; HABER, Stephen, *Industria y subdesarrollo, la industrialización de México, 1890-1940*; MARICHAL, *Nueva Historia de las Grandes Crisis Financieras*; del mismo autor, *La Bancarrota del Virreinato: 1780-1810; Historia de la Deuda Externa de América Latina*; CORTÉS, *Dinero, deuda y crisis*; CONTRERAS y otros, *Guerra, finanzas y regiones en la historia económica del Perú.*

[4] Llama la atención que, al contrario de lo que sucede en otras realidades de América Latina donde se ha desarrollado esta larga y nutrida historiografía, los estudios sobre la fiscalidad en Chile sean prácticamente pocos, situación que ha incidido en el desconocimiento de la verdadera dimensión de sus finanzas y economía en los siglos pasados. Salvo los trabajos pioneros de Marcello Carmagnani y de Eduardo Cavieres y Rafael Sagredo, estos dos últimos más bien ligados a una historia institucional del liberalismo y de la economía a

una forma de contribuir a su desarrollo y de acercarse a la realidad vivida por la economía chilena del siglo XIX puede ser, sin duda, a través de un estudio que considere la articulación de las distintas dimensiones que componen la vida de una sociedad, es decir, la economía, la política y lo propiamente social. Y en ese nivel de análisis, resulta valioso saber cómo las élites chilenas abordaron las crisis, a veces crónicas, de las finanzas públicas. En específico, un problema que los historiadores nacionales no han discutido tiene relación con la aparición de una Hacienda pública distinta a aquella que dominó en la época colonial, una Hacienda liberal que, por principios teóricos, debía propiciar y tender al equilibrio fiscal y a una mayor preocupación por los aspectos sociales: ¿en qué momento se prescindió de políticas impositivas y de gastos propios del Antiguo Régimen?, ¿qué condiciones o situaciones económicas, políticas y sociales permitieron el surgimiento de una Hacienda pública liberal?[5] Saber el instante y los contextos en que se implementa una Hacienda de corte liberal es clave para entender mejor la trama, la discusión y las tensiones que las élites tuvieron que enfrentar respecto del sistema económico y político; en otras palabras, del tipo de liberalismo que finalmente se impondría.[6] Son esos contextos históricos, sobre todo el desarrollo de las finanzas, los que ha mostrado Marcello Carmagnani en sus trabajos además de un camino metodológico e interpretativo de cómo analizar la vida económica de los países del siglo XIX en América Latina.[7] Así, un punto importante que mostraría el naci-

---

comienzos del siglo XIX, escasos han sido los aportes provenientes del gremio de los historiadores que consideren la perspectiva de la historia de la fiscalidad. Al respecto, véase los trabajos de CARMAGNANI, *Los mecanismos de la vida económica*; también del mismo autor, *Desarrollo industrial y subdesarrollo económico*; CAVIERES, "La organización de la Hacienda pública chilena: 1817-1822"; SAGREDO, "Chile 1823-1831. El desafío de la administración y organización de la Hacienda pública".

[5] Sobre los aspectos teóricos de la Hacienda pública liberal, véase en EINAUDI, *Principios de Hacienda*; sobre historia de la Hacienda pública, véase en ARTOLA, *La hacienda del siglo XIX.*

[6] Sobre el liberalismo en América Latina, véase, entre muchos otros, a CARMAGNANI, *El otro Occidente*; del mismo autor, *Federalismos latinoamericanos*; CHEVALIER, *América Latina. De la independencia a nuestros días*; ANNINO, *Historia de las elecciones*; ESCALANTE, *Ciudadanos imaginarios*; SABATO (coord.), *Ciudadanía política.*

[7] Importante para el desarrollo de este artículo fueron los seminarios dictados por Marcello Carmagnani en el Colegio de México. Uno de ellos fue *Formas históricas del estado liberal latinoamericano. De la crisis del régimen colonial a la crisis del liberalismo notabiliario (siglos XVIII y XIX)*, 1992; y el otro se tituló *Los instrumentos de la economía liberal. Presupuestos y Hacienda pública (1860-1920)*, 1992-1993. Sobre su historiografía, véase: *El otro Oc-*

miento de lo liberal sería la existencia de dos hechos históricos unidos uno al otro, como es la presencia de una crisis hacendaria y consiguiente reforma —una reforma liberal— que, como se señaló antes, tendiese a corregir y terminar con los deficits presupuestarios a la vez que optimizara las ganancias. Ciertamente, no todos los países pudieron sanear sus economías: la mayoría ocultó sus problemas optando por el préstamo y la deuda interna y externa.

En el caso chileno, algunos autores han señalado que las medidas hacendarias impulsadas por el ministro Manuel Rengifo en la década de 1830, habría ya sentado las bases de un reformismo liberal y que su ideario político y económico habría estado imbuido de esos principios liberales.[8] Rengifo en el Ministerio de Hacienda y Diego Portales en el Ministerio del Interior habrían sido las caras visibles del nuevo orden que se estaba instalando en Chile, un orden conservador y autoritario que duraría hasta la década de 1870. Paradójicamente, tanto en materia política como en la economía, ese orden nuevo se alimentó de lo viejo, manteniendo características, estructuras, estilos y ritmos coloniales. En lo político, se recuperaba la figura de los capitanes generales que se encarnaba ahora en el presidente de la República. En adelante, el presidencialismo chileno se mantendría presente hasta 1891, cuando el sistema político dio un brusco giro hacia el parlamentarismo que duró hasta la crisis siguiente en 1920, año de retorno del presidencialismo. Pero, en la dimensión económica, en especifico en lo que se refiere a la Hacienda pública, la reforma del ministro Rengifo siguió componiéndose de elementos viejos como, por ejemplo, la conservación de las alcabalas, los diezmos y los derechos de portazgos, entre otros, y algunos nuevos como el intento fallido de gravar la riqueza de los individuos a través del impuesto de catastro agrícola. Más allá de esas connotaciones que tuvieron las medidas tomadas por Rengifo, resulta evidente que él era *hijo de la Ilustración*, un prohombre con espíritu ilustrado que buscaba y propiciaba, como ideal de sociedad, la felicidad de los pueblos. En este sentido, su mentada

cidente; *Federalismos latinoamericanos*; *Los mecanismos de la vida económica; Desarrollo industrial y subdesarrollo económico; Economía y política.*

[8] Fundamentalmente se trata de una historiografía, apegada a un análisis jurídico, que predominó hasta la década de los 80. Al respecto, véase, entre otros, VIAL, *Historia de Chile*; HEISE, *150 años de evolución institucional*; CAMPOS, *Historia constitucional de Chile.*

reforma respondía más bien a ese espíritu ilustrado que a uno propiamente liberal.[9]

La presencia de una Hacienda liberal presupone en este trabajo el análisis de variables que puedan definir la existencia de lo propiamente liberal. Por un lado, presupone la búsqueda de un proyecto de reforma genuinamente liberal que resulta de una crisis mayor. Ciertamente, las disposiciones del ministro Rengifo se pueden explicar por la debilidad de una estructura hacendaria heredada del tiempo del imperio español, por las carencias técnicas y humanas de los patriotas chilenos en las década siguiente de finalizada la lucha por la independencia para resolver los déficits y, sobre todo, por un actuar político que aspiraba a desacreditar el pasado colonial en favor del nuevo orden que se quería imponer. En esa nueva visión, tanto de los políticos proportalianos como los intelectuales liberales de fines del siglo XIX, el país resurgía desde las cenizas del pasado colonial y anárquico de los pipiolos (los primeros liberales) de las primeras décadas.[10] En segundo término, considera la búsqueda de evidencias empíricas en materia de ingresos y gastos que permitan mostrar las características liberales de esa Hacienda pública. En ese tenor, los presupuestos son documentos históricos vitales para que el historiador acceda a la realidad económica del pasado. En verdad y en términos de la construcción de una historia de este tipo —más que la historiografía y la teoría que pueda ser usada como apoyo—, resulta mucho más valioso y necesario volver a los datos para construir nuevas interpretaciones sobre la Hacienda pública chilena. Y en tercer lugar, la búsqueda de lo liberal supone el estudio de la existencia, por ejemplo, de ingresos e impuestos —sobre todo impuestos directos— y ver la estructura y el tipo de gastos que se efectuaban en los gobiernos de la época. Según la teoría, el mayor porcentaje de los recursos de un país debían ser destinados a cubrir necesidades sociales.

En esa línea de investigación, la hipótesis que se sustenta en este artículo establece que la mentada reforma liberal estuvo ausente durante el siglo XIX y que ésta sólo habría llegado en la segunda década del siglo XX, atraso debido principalmente a la mantención de viejas estructuras hacendísticas como ha demostrado el propio Carmagnani, y al papel relevante que juga-

[9] Sobre lo liberal y lo ilustrado, véase en LASKI, *El liberalismo europeo*; RUGGIERO, *Historia del liberalismo europeo*; JARDÍN, *Historia del liberalismo político.*

[10] Al respecto véase SALAZAR, *Construcción de Estado en Chile (1760-1837)*, p. 240 y ss.

ron los ingresos provenientes del salitre tras el triunfo en la llamada Guerra del Pacífico. Esa riqueza enceguecío a una élite habituada a comportamientos señoriales usándola, en adelante, para eludir el pago de "cualquier impuesto de tipo directo".[11] En fin, esta decisión postergó el establecimiento de una reforma genuinamente liberal y sólo en 1924, como resultado del declive de las finanzas, el Estado chileno se dio a la tarea de sanear y equilibrar sus finanzas mediante el establecimiento del llamado impuesto a la renta. Aunque en el transcurso del siglo XX, la tributación directa se duplicó respecto de la del siglo XIX, ésta, sin embargo, nunca llegó a sobrepasar, en promedio, el 30 por ciento.

La validez del presupuesto como análisis de la realidad financiera liberal

El problema histórico es poder saber en qué momento se está en presencia de una hacienda de estilo liberal, qué la caracteriza y qué la hace diferente respecto de una hacienda de Antiguo Régimen.[12] Y, en este sentido, el presupuesto, como documento histórico, ha sido considerado por los historiadores de la fiscalidad como un excelente instrumento que, pese a su origen y carácter técnico, permite visualizar y deducir los problemas sociales, económicos y políticos de una sociedad determinada.[13] Permite también comprobar si hubo cambios y/o permanencias en esas distintas dimensiones. Después de todo, no es objeto de la historia preguntarse, por ejemplo, qué tanto se ha progresado en materia de educación o en obras públicas, o cuánto dinero se ha invertido en viviendas o, algo tan distinto, como la compra de uniformes militares.

Un presupuesto no es una simple estimación de los ingresos y gastos para el año siguiente de su aprobación. Para el gobierno en turno que elabora el proyecto de presupuesto es, sin duda, la definición de una política

[11] Véase en CARMAGNANI, "Las finanzas de tres estados liberales", pp. 202-203.

[12] Sobre la hacienda de Antiguo Régimen, sugiero leer el trabajo de ARTOLA, *Antiguo Régimen y revolución liberal.*

[13] Para explicar la validez de los presupuestos para el estudio de la hacienda liberal se usaron para este artículo las ideas y apuntes de clases del curso *Los instrumentos de la economía liberal. Presupuestos y Hacienda pública (1860-1920),* dictado por Marcello Carmagnani en El Colegio de México durante el semestre 1992-1993.

económica que implica, además, la petición de los recursos necesarios para su realización. En esa dinámica y discusión, para los congresos que deben aprobarlo, este documento se transforma en un medio que orienta la gestión gubernamental y, en caso de necesidad, un medio de presión capaz de obligar al Ejecutivo, dado que el proyecto rechazado provoca la ilegalidad de todo acto destinado a recaudar las contribuciones.[14] El presupuesto, por lo tanto, no pudo aparecer en la historia antes de la división de poderes y, cuando ésta fue promulgada, la representación nacional se erigió en la instancia que tenía que otorgar su consentimiento tanto para recaudar como para gastar.[15]

Pero también en este nivel de análisis, cabe preguntarse ¿en qué medida el presupuesto sirve de control del Estado tanto a nivel de los ingresos y gastos? Está claro que él regula las tensiones y relaciones entre el Congreso y el Ejecutivo. Pero, además, es un medio que sirve para controlar a representantes y representados. Los ciudadanos expresan una serie de necesida-

[14] Ejemplos de tensiones entre el Ejecutivo y el poder legislativo por la aprobación del presupuesto hay bastantes en la historia de Chile. Uno de los casos más emblemático fue el acontecido al presidente José Manuel Balmaceda, quien al asumir su cargo en el año 1886, promovió un amplio programa de gobierno en el que sobresalían un conjunto de medidas relativas a obras de infraestructura pública, una sustancial mejora al sistema educativo y, en el ámbito político, la unión bajo un solo referente del liberalismo. No obstante, esas intenciones chocaron con la actitud del Parlamento que criticó las ingentes sumas de dinero que el gobierno de Balmaceda requería para su programa de obras públicas. Los roces mayores se produjeron por las intenciones del presidente de nacionalizar las oficinas salitreras del norte. Las tensas relaciones llegaron a su máximo nivel de animosidad a medida que el Congreso rechazaba a los sucesivos gabinetes que el Ejecutivo presentaba al Congreso para su aprobación, llegándose a una dinámica conocida como "rotativa ministerial": 14 gabinetes de distinta conformación tuvo que conformar el presidente para poder gobernar. Pero la principal estrategia utilizada por el Parlamento para ejercer presión sobre las decisiones del Ejecutivo fue el rechazo de las denominadas "leyes periódicas", como la Ley de Presupuesto, la Ley de Contribuciones y la Ley de las Fuerzas Armadas. El mecanismo usado era bastante simple y se limitaba a la no aprobación de leyes que tenían duración periódica (12 o 18 meses), ya que según lo señalado en la Constitución, los proyectos de ley rechazados no podían volver a tramitarse hasta un año después de ser presentados originalmente. Por ello, si bien la facultad de designar a los ministros era competencia exclusiva del presidente, cuando el Parlamento no aprobaba a los ministros elegidos por Balmaceda procedía al bloqueo de las iniciativas de ley de carácter periódico. Enfrentado a este panorama, el presidente la mayoría de las ocasiones, optaba por retirar a los ministros cuestionados y proponía a un candidato afín a la mayoría parlamentaria. Sobre esa realidad, véase SAN FRANCISCO, "La deliberación política de los militares chilenos"; GARCÍA DE LA HUERTA, *Chile 1891: La gran crisis y su historiografía* .

[15] ARTOLA, *Antiguo Régimen y revolución liberal*, p. 42.

des pero, en definitiva, resultan ser los representantes los que precisan la cantidad de recursos para satisfacer los fines de una sociedad. Por lo tanto, en la discusión del presupuesto está en juego la ingobernabilidad. De allí que los que deciden sean los parlamentarios.

En este contexto, la discusión política de los presupuestos apunta también, y directamente, al tema de las crisis económicas, las cuales pueden ser vistas como mecanismos de adecuación entre necesidades postergadas y que son tomadas y discutidas por representantes del gobierno y del Congreso. En esa lógica, los actores del presupuesto son los gobiernos, los congresos (organizados en grupos de intereses y que expresan necesidades que emergen de la ciudadanía) y, por cierto, la propia ciudadanía. Por medio del presupuesto se llega a comprender un espacio reservado autónomamente a actores sociales que conforman grupos de interés. A través del presupuesto, se miden las finalidades que el Estado persigue para su continuación; las finalidades de la política económica y, por último, las demandas de los actores económico-sociales. En definitiva, con ello, se mide principalmente el real impacto de lo liberal, es decir, la efectividad del proyecto y la coherencia entre la doctrina política y el consenso real.

En consecuencia, el presupuesto puede ser un gran instrumento de gobernabilidad para juzgar el liberalismo del siglo XIX y ver, a través de él, si se lograron las finalidades políticas, económicas y sociales que propugnaba. Preguntas, por ejemplo: ¿cómo puede el hacendado, a través del presupuesto, impedir rebeliones?; ¿cómo lograr la paz social en sus zonas? Y la respuesta puede ser casi simple: a través de los dineros que el Estado otorgaba para mantener el orden y la estabilidad social. En este caso, y a través del gasto provincial y del ramo de fomento o de obras públicas, podemos vislumbrar, por ejemplo, si aplicando recursos, la élite pudo evitar levantamientos armados, movimientos sociales, conflictos entre autoridades locales y el poder central y la crítica ácida al centralismo.[16] La inquietud también es observar cómo actuaron los grupos de interés. En el fondo ¿cómo los comerciantes, los mineros, los hacendados eran representados en el Congreso?, situación que obliga a conocer y entender la organización política del Estado. También es claro que en una organización liberal no existen clases hegemónicas

[16] Precisamente sobre las inquietudes de las regiones y/o provincias, véase para América Latina, los siguientes trabajos: ILLANES, *Chile des-centrado*; VÉLIZ, *La tradición centralista de América Latina*.

que pudieran dominar en el Congreso y que, por el contrario, se tiende a la coaligación; por lo tanto, las políticas económicas resultan ser cambiantes como asimismo ellas responden a los ciclos económicos por las cuales transitan los países.

LOS CONTEXTOS Y LOS ACTORES DE LA TRAMA LIBERAL EN CHILE: ¿DE ÉLITE ILUSTRADA A ÉLITE LIBERAL Y LIBRECAMBISTA?

En Chile, el liberalismo como corriente de pensamiento político y económico se ha venido estudiando desde mucho tiempo atrás.[17] No obstante esa fructifera producción pareciera que se ha hecho de manera más ensayistica que apegada al método histórico, sin una investigación empírica básica que dé cuenta de las características que asumió el liberalismo, situación que ha incidido en uniformar para todo el país y para todo el siglo XIX la existencia de un liberalismo doctrinario. Con ello, las especificidades de las culturas políticas locales han quedado invisibilizadas, como también los cambios y permanencias y, sobre todo, las diferencias entre lo que pudo haber sido el liberalismo en su dimensión política y económica.

En ese contexto, hay que entender que hasta 1860 aproximadamente, la herencia ilustrada europea y, ciertamente, la colonial, hicieron Chile. Personajes emblemáticos como Juan Egaña y su hijo Mariano, Bernardo O'Higgins y el mismo Diego Portales, entre otros, representaron la permanencia en el poder de una élite colonial triunfante tras la lucha por la independencia. Esos personajes representaron, si bien lograron la separación de España, la inercia política. En efecto, viejas formas políticas fueron recuperadas por Portales en 1833 para conseguir la estabilidad, el orden y el control de una población renuente al autoritarismo.[18] En el fondo, ello correspondía al triunfo de una élite que basaba su poder principalmente en el parentesco familiar y en rasgos típicos del liberalismo notabiliar, ligados a

[17] Respecto del liberalismo en Chile: CAVIERES, "Anverso y reverso del liberalismo en Chile"; COLLIER, Simón, *Ideas y política de la independencia chilena*; VILLALOBOS, *Origen y ascenso de la burguesía*; SALAZAR, *La construcción de Estado en Chile (1760-1837).*

[18] Sobre Portales y el autoritarismo portaliano, véase en GÓNGORA, *Ensayo histórico*; VILLALOBOS, *Portales, una falsificación histórica*.

la condición de riqueza, prestigio y honor.[19] Esas condiciones crearon en la vida diaria chilena un imaginario político respecto de quién debía tener el poder. El peso de la tradición fue claro: blancos, católicos y con fortuna fueron requisitos que no cumplía más del 90% de una población excluida de la política.[20]

El predominio de los privilegios sociales de esa élite no varió mayormente en el transcurso del siglo XIX pero, en la política formal, el desgaste de los gobiernos proportaliano dio el triunfo a los liberales en la década de 1860. La vuelta del *pipiolismo,* movimiento liberal que imperó entre 1823 y 1830, significó el regreso a posturas anticlericales y a defender la tolerancia religiosa.[21] Junto con ello, y en la dimensión de lo jurídico y de las creencias políticas, los liberales propiciaron el principio de la igualdad ante la ley para todas las personas, protegiendo en teoría las libertades civiles y los derechos ciudadanos. Como corolario de ese sentimiento, fueron también acérrimos opositores a todo tipo de autoritarismo que, en esencia, se encarnaba en los gobiernos conservadores.[22]

En materia económica, la élite chilena optó por participar de la economía capitalista mundial con la aplicación del modelo librecambista. En el siglo XIX, librecambio era sinónimo de monopolio y desarrollo industrial para Inglaterra. Pero mientras allá se continuaba con su desarrollo interno,

[19] Sobre la perspectiva familiar de las élites latinoamericanas véase, entre otros, los siguientes trabajos: METCALF, *Family and Frontier*; HORA, *Los terratenientes de la pampa argentina*; BRADING, *Mineros y comerciantes*; CÁCERES, *Poder rural y estructura social Colchagua, 1760-1860.*

[20] CÁCERES, *Poder rural y estructura social Colchagua*; del mismo autor, "Apuntes para una historia de las elecciones"; SERRANO, *¿Qué hacer con Dios en la República?*

[21] El nacimiento del pipiolismo debe ser entendido como el resultado del quiebre político de la élite después de lograda la independencia. Mientras un sector principalmente conservador propiciaba el statu quo, una parte de la élite chilena creía sinceramente en los postulados ilustrados que la Revolución francesa y la de Estados Unidos. Sin embargo, en su proyecto político, si bien amparaba los derechos civiles, no extendía con claridad los derechos políticos a los otros sectores sociales de la población. En este contexto, el siglo XIX chileno fue el siglo de esa élite (fuera ésta liberal o conservadora); pero además, fue el siglo de la exclusión. En la segunda mitad del siglo, la presión política de los sectores medios y populares era evidente. El Partido Radical fue la expresión de ese descontento. Más tarde, a fines del XIX, los trabajadores empezaban a demandar un nuevo orden político. Sobre estas realidades, véase en SALAZAR, *La Construcción de Estado en Chile*; también en GREZ, *De la regeneración del pueblo a la huelga general.*

[22] Sobre el conservatismo, véase en BRAHM, "La crisis del conservantismo"; también SERRANO, "La estrategia conservadora".

países como el propio Chile vivían de la exportación de sus materias primas. En todo caso, la discusión sobre liberalismo y librecambismo involucró a todo el mundo. Así, por ejemplo, el Encargado de Negocios de Inglaterra en Chile, escribió la siguiente nota a su gobierno en 1853:

> El gobierno chileno puede estar seguro de que una política comercial liberal producirá en Chile los mismos resultados que en Inglaterra, es decir, el aumento de las rentas del gobierno y la elevación de las comodidades y de la moral del pueblo. Este sistema, que en el Reino Unido ha sido aceptado después de larga consideración y que tras haber sido probado en la experiencia ha logrado triunfos que superan las expectaciones más optimistas, merece —si bien se considera— la pena de ser ensayado por el gobierno de Chile.[23]

La tendencia al librecambismo se mantuvo vigente durante toda la segunda mitad del siglo XIX y comienzos del XX. El predominio británico en la industria minera era un hecho comprobado pero también la actividad mercantil, a través de las grandes casas comerciales extranjeras inglesas, desempeñaron un significativo papel en la vida financiera del país, otorgando créditos, emitiendo vales y billetes. En la realidad, funcionaban como verdaderas instituciones bancarias. Y esa presencia británica siguió acrecentándose con la creación de los ferrocarriles ingleses que recorrían el norte minero, con una alta dependencia del comercio interno respecto de las casas mayoristas inglesas y con la participación británica en la Marina

[23] Aparte de propiciar el librecambismo, Inglaterra defendía obviamente sus intereses. En 1853, por ejemplo, el Ministro de Relaciones Exteriores inglés reclamó ante las autoridades chilenas por el establecimiento de los derecho de exportación al cobre. En esa nota se señala: "Tengo que informar a Ud. que el gobierno de S.M. no puede mirar esta medida sino como perjudicial a la navegación de retornos de las cosas occidentales de América que ahora encuentra fletes en la traída de minerales de esa región para el tratamiento metalúrgico en este país. Este comercio es de considerable valor, y seguramente se incrementará pues Gran Bretaña actualmente importa minerales de cobre para ser fundidos [...] se han erigido molinos para moler y trabajar esos productos de Chile, y el negocio tiende a crecer, pero la ley chilena del 21 de octubre último no puede sino desanimar estas empresas en este país, y privar a Chile de la ventaja de extraer y exportar sus propios productos minerales [...]. Exprese la esperanza del gobierno de S.M. que la ley en cuestión será anulada, como que está calculada para restringir el intercambio comercial entre los dos países y para limitar los beneficios que Chile ahora deriva de la extracción y embarque de minerales". Al respecto, véase esa cita y nota de las Instrucciones del encargado de negocios de Inglaterra en Chile, 23 de septiembre de 1853, en RAMÍREZ, *Historia del imperialismo*, pp. 64, 67 y 68; también véase el trabajo de SALAZAR, *Historia de la acumulación*; del mismo autor, M*ercaderes, empresarios y capitalistas.*

Mercante chilena, donde una gran proporción de barcos ingleses navegaba con la bandera de Chile.[24]

Ésa fue también la época en que la élite chilena decidió la contratación como asesor oficial de gobierno a Jean Gustave Courcelle-Seneuil, un economista librecambista de la época mundialmente conocido. Su visión social y de la economía del país fue negativa. Reconocía el crecimiento económico propiciado por el modelo económico, pero socialmente lo consideraba un país de derroche:

> Gran parte de las nuevas ganancias han sido empleadas en dar ensanche a los goces de los propietarios; el mayor número de éstos se han puesto a consentir soberbias casas y comprar suntuosos mobiliarios, y el lujo de los trajes de las señoras que ha hecho en pocos años progresos increíbles... Se puede decir que mientras los labradores gastaban en locas diversiones los aumentos de sus entradas, los propietarios empleaban las suyas en aumentar goces más durables, pero unos y otros han capitalizado muy poco.[25]

La tendencia a la concentración de la riqueza, a la ostentación del lujo y al consumo que Eduardo Cavieres vio como aspectos negativos en la élite chilena colonial se mantenía en el siglo XIX: una élite que, hacia el interior, mantuvo rasgos y comportamientos sociales señoriales y que, hacia el exterior, establecía mercantilmente relaciones capitalistas con las élites foráneas.[26]

¿CÓMO DEFINIR LO LIBERAL EN LA HACIENDA PÚBLICA CHILENA Y EN QUÉ MOMENTO TENEMOS HACIENDA LIBERAL?

En términos impositivos, la Hacienda liberal se caracteriza principalmente por la existencia e introducción de tres tipos de impuestos: el impuesto sobre el consumo, el impuesto sobre la capitación y el impuesto sobre la tierra. Ya, en la Inglaterra del siglo XVII, esos impuestos existían e, incluso, estaban incorporando un impuesto a la vivienda. Sin embargo, en la reali-

[24] RAMÍREZ, *Historia del imperialismo en Chile*, pp. 73-75.
[25] Citado en SEPÚLVEDA, *El trigo chileno en el mercado mundial*, p. 51.
[26] CAVIERES, *Servir al soberano sin detrimento del vasallo*, p. 292.

dad española y, en específico en sus colonias, en lugar de haber un impuesto directo hubo sólo impuestos indirectos: la alcabala y la sisa, éste último un impuesto sobre el consumo que se agregó posteriormente. Pero, en lo esencial, si algo caracterizó a la economía española y colonial fue claramente su debilidad fiscal con impuestos que no eran lo suficiente para cubrir las necesidades del Estado.[27] Fue esa situación deficitaria la que llevó a las autoridades españolas a estar constantemente acudiendo al préstamo particular que podía proporcionarle una élite de comerciantes, mineros y hacendados adinerados.[28] Pero, por otro lado, esa debilidad fue también la exteriorización de la incapacidad de crear una administración racionalizada que supervisara las finanzas públicas.[29]

En esos contextos, llegada la independencia y en los años siguientes, la hacienda pública chilena adolecía de un claro desorden y anacronismo doctrinal y administrativo. Junto con ello, los recursos no guardaban ninguna proporción con la riqueza nacional pasando el país por situaciones financieras difíciles. En el fondo, el sistema fiscal estaba caracterizado por un conjunto de figuras tributarias heredadas de la Colonia y que, en su mayor parte, proporcionaban gastos irrelevantes. Esos ingresos, que eran clasificados con el rótulo de *ramos de hacienda*, no correspondían a la lógica de los nuevos tiempos. Ítems relativos a la administración de la hacienda y el pago de sus funcionarios, ramos de particulares que correspondía a productos de la Iglesia como Bulas de cruzadas, novenos, correos, ramo "ajenos" que incluía hospitales, chicha de Valdivia y nuevos arbitrios —que comprendía impuestos al jabón, transacciones de Mendoza— constituían la masa de los impuestos que seguían recaudándose como si se estuviese aún bajo la égida del imperio español.[30]

El impuesto principal era la alcabala, impuesto de un 10% que recaía sobre el consumo y cuyo importe se extraía de lo que pagaban las tiendas públicas, las pulperías, bodegones y carnicerías, como también de los arbi-

[27] Para una buena síntesis sobre los problemas de fiscalidad del imperio español en América, véase el trabajo de GARAVAGLIA y MARCHENA, *América Latina,* p. 45 y siguientes.

[28] Al respecto véase el trabajo clásico para la realidad mexicana de BRADING, *Mineros y comerciantes*; también en CÁCERES, *Poder rural y estructura social Colchagua.*

[29] Sobre la hacienda pública en la época colonial, véase en CRUCHAGA, *Estudio sobre la organización económica*, pp. 18-23.

[30] *Ibid.*, pp. 24 y ss.

trios municipales. Además, formando parte de esos ingresos, se sumaban los derechos aduaneros y aquellos procedentes del estanco del tabaco, la sal, el papel sellado y la lotería. Por último, también estaban los ingresos relacionados con la Iglesia —los llamados impuestos eclesiásticos—, es decir, las rentas decimales y la bula de cruzada que era un beneficio para aquellos feligreses adinerados que pagaban para reducir los días de ayuno y abstinencia.[31] A esa multitud de impuestos existía además una igual profusión de gastos que —como resultado de la guerra por la independencia, la consiguiente derrota de los patriotas en Rancagua y la restauración de las autoridades monárquicas— continuaron funcionando como en la época colonial. No obstante, tanto en el breve periodo patriota (1810-1814), como en el de los realistas (1814-1818), el financiamiento de las actividades del país se concentró en cancelar los sueldos a la burocracia y sostener la acción militar, es decir, los ítems típicos y determinantes en una estructura de gastos de Antiguo Régimen.

Ciertamente que la llegada de Bernardo O'Higgins al gobierno después del triunfo patriota en 1818 significó el inicio de un nuevo camino político pero éste, en materia hacendística, no se alejó demasiado de los viejos comportamientos de recaudación de ingresos, como tampoco de cómo se gastaban los recursos. Así, los gastos militares y los de una burocracia patriota fueron esenciales para afianzar la independencia. Sin embargo, pese al secuestro de bienes de los adherentes a la causa del rey, así como también los de sus enemigos internos, principalmente ligados a la figura de José Miguel Carrera, el gobierno de O'Higgins fracasó en su intento de crear una nueva fiscalidad. Tal vez lo más significativo fue tratar de aumentar los ingresos fiscales evitando, a través de la abolición de los mayorazgos, la reproducción de las fortunas familiares de una élite. Pero dicha medida tampoco dio mayores resultados por la rebelión de una élite conservadora que finalmente decidió su destitución: su misión había sido ya cumplida; ahora ya no era necesario.[32]

En esos contextos previos se inscriben las reformas de Manuel Rengifo en la década de 1930. Conservador como Portales, el ministro de Hacienda del

[31] Véase CRUCHAGA, *Estudio sobre la organización económica*, pp. 24 y ss., HUMUD, *El sector público chileno entre 1830 y 1930.*

[32] Sobre la actuación de O'Higgins, véase en JAKSIC y SERRANO, "El gobierno y las libertades", p. 73.

gobierno de José Joaquín Prieto estimaba que la crisis hacendaria era el resultado de la guerra por la independencia que había destruido las fortunas familiares y trasladado la mano de obra campesina y minera a los campos de batalla, decisiones que impactaron en la economía disminuyendo la actividad general del país y reduciendo sus ingresos fiscales. Pero también, en su análisis, ello era consecuencia de la inexistencia de un sistema financiero ordenado que impidiera la malversación de los dineros públicos por acreedores inescrupulosos. Así, según él, las deudas, por ejemplo, debían clasificarse en *atrasadas*, es decir, las existentes hasta antes de julio de 1830, y las *corrientes*, que eran las contraídas con posterioridad a esa fecha. Con ello combatía además el problema de los déficits presupuestarios, resultado de un país inestable dejado por O'Higgins en donde la asonada, los motines y las revueltas militares eran frecuentes. En sus palabras, señalaba:

> Mientras tanto la dirección de las rentas corría igualmente que el orden político de la república, sujeto a perpetuos vaivenes bajo gobiernos precarios y sin consistencia. Los ministros que se sucedían unos a otros rápidamente, apenas lograban desembarazarse de los apuros del momento, recurriendo muchas veces a árbitros ruinosos; y nadie con justicia puede imputarle los males que no tuvieron tiempo ni oportunidad de remediar.[33]

Esa dedicación del ministro por sanear las finanzas públicas, sin embargo, no puede ser vista como una transformación genuinamente liberal. Más bien, fueron medidas mediáticas, necesarias y oportunas que apuntaban a resolver un problema coyuntural que se le presentaba al gobierno de Prieto: el déficit de las arcas fiscales. No estaba visualizado aún un cambio profundo de la estructura hacendística del país y menos todavía el término liberal, es decir, lo liberal entendido como una fiscalidad nueva y centrada en la idea universal de que todas las personas de una sociedad están obligados a contribuir en proporción de sus ingresos o riqueza. En definitiva, en el pago de un impuesto directo que gravase las rentas personales, principalmente de aquellos personajes y familias adineradas sobre los que debía recaer las mayores cargas.[34] Esos intentos modernizadores de Rengifo solo se

[33] Chile, Ministerio de Hacienda, *Memoria de Hacienda. Año 1834*, p. 237.

[34] En teoría, la hacienda liberal propicia esa idea. Sin embargo, la historia de América Latina y Chile, en particular, ha mostrado las dificultades para imponer un impuesto de ese tipo.

entienden en el contexto de una época de formación de un Estado nuevo y despersonalizado donde lo ilustrado, en su ala más conservadora, trata de poner fin a toda forma corporativa, pero sin tener aún éxito por las resistencias al interior de sus propios partidarios, situación que quedó manifestada cuando se intentó imponer un impuesto de capitación que a la postre terminó siendo pagado por los jornaleros. Mientras eso acontecía, la élite compuesta por hacendados, comerciantes y mineros siguió disfrutando de sus privilegios, exentos del pago del impuesto a la riqueza. Así, la confección del llamado *Catastro Agrícola* de 1833 y 1834, que debía servir de base para gravar la riqueza, fue burlado por los dueños de fundos y los siguientes, el de 1855 y 1865, tuvieron la misma suerte. Con ello, una estructura hacendística de tinte liberal fue postergada para otra ocasión.

El análisis de los presupuestos de la década de 1830, época de los gobiernos conservadores, muestran indiscutiblemente *formas liberales* en ellos, pero estas formas emergen mezcladas con viejas figuras impositivas y de gastos propios del mundo colonial español. Por un lado, impuestos que no gravaban directamente a las personas y, por otro, gastos que tampoco tenían un carácter claramente liberal en cuanto a su destino como gastos reproductivos que sirvieran para cubrir las necesidades sociales de la población que bordeaba 1 010 336 personas.[35] Por ello, como muestra la gráfica 1, la preocupación del Estado fue principalmente evitar el desorden y la ingobernabilidad.[36] Como en otros países de América Latina y en el mundo occidental, la necesidad de garantizar el nuevo orden político y el control social de la población llevó a la élite chilena triunfante a destinar el total de los recursos para fortalecer la burocracia del Estado (62.7%) y su aparato militar (37.5%).[37] Sin embargo y pese a esos gastos, la historia de Chile ha mostrado que, de todos modos, el periodo conservador estuvo caracterizado por asonadas, motines, conspiraciones, guerras civiles (1851 y 1859) y guerras externas (contra la Confederación Peruano-Boliviana).

[35] Véase las cifras de población en PINTO, *Los censos chilenos del siglo XX*, p. 141.

[36] Es importante destacar que durante el periodo 1810-1830 hubo 28 gobiernos nacionales más dos españoles. Véase en BARROS, *Historia General de Chile.*

[37] Sobre el proceso de conformación del Estado en el mundo occidental, véase en LAGROYÉ, *Sociología política*; ANDERSON, *El Estado absolutista.*

GRÁFICA 1. Gastos, 1835
(porcentajes)

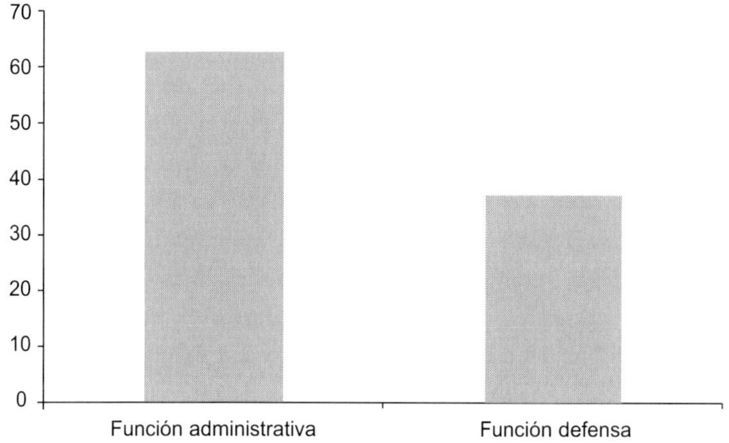

FUENTE: elaborada por el autor con datos tomados de Carlos Humud, *El sector público chileno,* cuadro B-27.

LA HACIENDA LIBERAL EN EL CHILE DE LA SEGUNDA MITAD DEL SIGLO XIX

Luigi Einaudi, en su trabajo *Principios de Hacienda pública* sostiene que, junto a la naturaleza de los impuestos recaudados, la estructura y composición de los gastos es lo que más puede definir la existencia de una hacienda de corte liberal. Según él, la característica básica de los gastos liberales tiene relación con el destino que se le da a los recursos recaudados.[38] En consecuencia, mientras que en una hacienda de Antiguo Régimen el acento está puesto en lo militar (en los fines de potencia), en la dimensión jurídica (en los de derecho) y en lo burocrático (de dirección central), en una hacienda liberal esas dimensiones quedan subordinadas a objetivos tendientes a cubrir necesidades de prosperidad, educación y cultura; en definitiva, los aspectos sociales de un país. Bajo esas premisas, se debiera suponer, por lo tanto, que la élite chilena triunfante destinó sus energías,

[38] Einaudi, *Principios de hacienda pública;* sobre historia de la hacienda pública; véase el capítulo IV, "Principales tipos históricos de repartimientos de impuestos", p. 135 y ss.

durante la primera mitad del siglo XIX, en conformar el Estado y garantizar la tranquilidad política y social, requisito *sine qua non* para el buen funcionamiento de una economía anexada al mundo capitalista.[39] Así, después de conformado el Estado, se instaló el liberalismo político propiamente como tal.

Los historiadores chilenos y extranjeros que se dedican a estudiar la realidad política y la economía del Chile del siglo XIX, concuerdan que desde 1860 —es decir, desde la época del gobierno del presidente José Joaquín Pérez— el liberalismo surgió como tal y distinto respecto de la República conservadora y portaliana.[40] En adelante, las libertades civiles, la ampliación del derecho a sufragio y la lucha contra la Iglesia, entre muchos otros aspectos políticos, serían la bandera de lucha por democratizar la nación. En ese contexto, el liberalismo chileno volcó mayormente sus esfuerzos en arrancarle privilegios a la Iglesia católica. Así, en la década de 1880 y a través de las llamadas leyes laicas, el Estado le quitó a la Iglesia católica la vieja facultad de consagrar y registrar legalmente los matrimonios, los nacimientos y las defunciones y, por otro lado, asumió las funciones de entierro de la población, terminando con la discriminación por credo religioso. Ese proceso de laicización tensionó las relaciones Iglesia-Estado, lo que concluyó finalmente con la separación oficial en 1925.[41]

Los historiadores también coinciden que esos gobiernos liberales se abocaron en este periodo al fomento de las obras públicas: empedrados e iluminación de las calles de las ciudades importantes, creación de escuelas, de cárceles y de hospitales, de infraestructura vial, modernización del transporte, entre otros aspectos. La expansión de los ferrocarriles habría sido el signo evidente de esta modernidad liberal. Construidos con aportes de la empresa privada y del Estado, hacia 1914 ya se contaba con una red que cubría 8 147 kilometros de vías férreas, una red que había empezado por una necesidad

[39] Sobre esta articulación del nacimiento entre el Estado moderno y la economía capitalista, véase en TILLY, *Coerción, capital y Estados europeos*; WALLERSTEIN, *El moderno sistema mundial*; ANDERSON, *El Estado absolutista*. Para Chile, véase el trabajo de CAVIERES, *El comercio chileno en la economía mundo,* donde entrega antecedentes coloniales de esa articulación y para el siglo XIX véase en SALAZAR, *Mercaderes, empresarios y capitalistas (Chile, siglo XIX).*

[40] Sobre el liberalismo chileno, véase los siguientes trabajos, entre otros: ILLANES, *Chile des-centrado. Formación socio-cultural republicana y transición capitalista (1810-1910),* JAKSIC y SERRANO, "El gobierno y las libertades. La ruta del liberalismo chileno en el siglo XIX; CAVIERES, "Anverso y reverso del liberalismo en Chile, 1840-1930".

[41] Al respecto véase SERRANO, *¿Qué hacer con Dios en la República?,* y BRAHM, "La crisis del conservantismo chileno".

particular de los empresarios del norte minero para llevar el mineral (oro, plata, cobre y salitre) a los puertos de embarque y que, paulatinamente, fue incorporando a los hacendados de los valles centrales y sur que deseaban también enviar al exterior (Australia, California) e interior (ciudades como Santiago y Concepción) su producción agrícola, principalmente trigo.[42]

No obstante esos logros no pueden ser atribuidos a la existencia de una estructura hacendaria moderna y liberal. Como en el pasado, el país seguía dependiendo principalmente de las entradas ordinarias provenientes de las rentas aduaneras, de los ingresos originados en la explotación de las empresas y servicios públicos y en la recaudación de diferentes clases de impuestos.[43] Como muestra la gráfica 2, si en la década de 1830 estos ingresos bordeaban el 50%, hacia fines del siglo aproximadamente eran el 80% del total recolectado, situación que evidencia la dependencia del sector fiscal respecto de la evolución del comercio exterior.[44]

Pero las entradas que mayormente impactaron las finanzas chilenas provinieron de la incorporación de las rentas que generaba la venta del salitre. En 1880, en pleno conflicto con Perú y Bolivia, se estableció el derecho a la exportación de salitre, medida que trajo consigo, por un lado, un alto crecimiento de las rentas aduaneras y, por otro lado, significó el fin del cobro de la alcabala en 1884, un impuesto colonial establecido en el siglo XVII por el rey Felipe IV y restablecido en 1835 por Rengifo después de haber sido eliminado por los patriotas en 1811.[45] En adelante, y como efecto directo de esos ingresos, el Estado chileno debió enfrentar la escasa voluntad de tributación de los particulares, en especial de aquellos que realmente podían pagar.

Ciertamente y de acuerdo con lo que señala la historia de la evasión tributaria, las triquiñuelas de las clases altas chilenas de fines del siglo XIX para evitar la cancelación de los impuestos iban desde las excusas domésticas de

[42] Sobre la extensión de la red ferroviaria, véase Chile, Dirección de Estadística y Censos, *Sinopsis estadística. Año 1929*, p. 106; también en HUMUD, *El sector público chileno*, p. 63 y ss., también en SEPÚLVEDA, *El trigo chileno en el mercado mundial: ensayo de geografía histórica.*

[43] HUMUD, *El sector público chileno entre 1830 y 1930*, pp. 110-111.

[44] *Ibid.*, p. 111.

[45] Cabe agregar que, como resultado de estas transformaciones, aquellos ingresos provenientes de las empresas y servicios públicos, que ocupaban un segundo lugar de importancia, experimentaron fluctuaciones dispares pasando de un 27% en 1835 a un 18% en la década de los 80. Véase CRUCHAGA, *Estudio sobre la organización económica,* pp. 217-218.

GRÁFICA 2. Ingresos, Chile
1835-1895

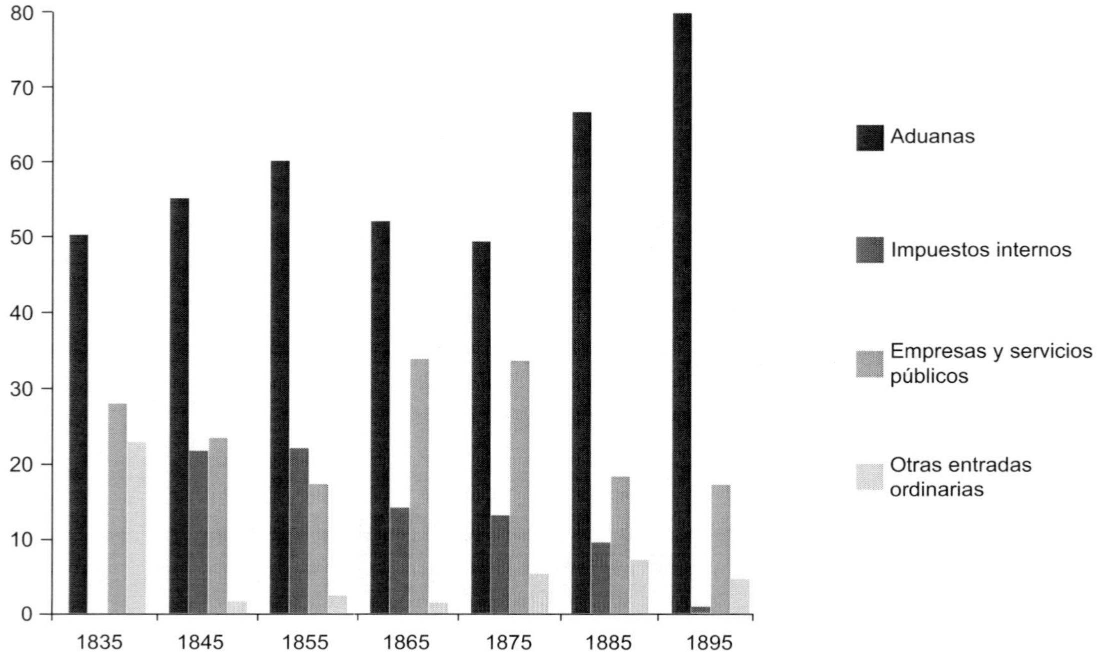

FUENTE: elaborada por el autor con datos tomados de Carlos Humud, *El sector público chileno entre 1830 y 1930*, cuadro A-7.

haber pasado por una crisis de sequía o inundación en sus campos, hasta simplemente eludir su pago. Como se observa en la gráfica 3, si en promedio se recaudaba en impuestos directos un 15%, en las décadas siguientes éstos prácticamente desaparecen. La historiografía chilena admite que tal situación se debió al "espejismo" que creaba la exportación de la riqueza salitrera sobre las perspectivas fiscales. Se creía, sobre todo en la élite y en los intelectuales de la época, que las entradas que se obtendrían de la exportación del salitre serían de carácter permanente y estable. En este sentido, la riqueza salitrera mareó a la población chilena, pero principalmente a su élite dirigente que, aprovechándose de la "danza de los millones", presionaron al Estado para no contribuir y los indujo a desprenderse de una serie de impuestos que traspasó a las municipalidades, las cuales a partir de esa fecha los recaudaban en su propio beneficio.[46] A fines del siglo XIX la tributación directa era un 0.5%, situación que se mantuvo hasta la crisis del salitre en la década de 1910. Con seguridad, esos fueron los momentos que dieron inicios al estudio de una reforma hacendaria liberal.[47]

Impuestos sobre alcoholes (1902), sobre las compañías de seguros (1905), al tabaco y barajas (1910), sobre los bancos (1912), a las apuestas y espectáculos públicos (1920), sobre el papel sellado, timbres y estampillas y el restablecimiento de los impuestos a las herencias y donaciones marcaron esta nueva realidad hacendaria, una realidad marcada por la crisis del salitre y el fin de la bonanza fiscal.[48] La nueva situación significó además la reorganización administrativa de la vieja oficina de recaudación que, en adelante y por ley del 28 de enero de 1913, recaería en la nueva Dirección de Impuestos Internos, organismo que centralizó las funciones que antes eran realizadas por diferentes entidades.[49]

[46] Sobre la recaudación municipal, el ministro de Hacienda en 1894 era enfático cuando señalaba que: "Como las contribuciones agrícolas mobiliaria y de patente son hoy municipales no figuran ya en el cuadro de los ingresos generales de la nación; de manera que los impuestos propiamente fiscales están reducidos a las contribuciones de aduanas, papel sellado y estampillas y otros de menor cuantía". Véase Chile, Ministerio de Hacienda, *Memoria de Hacienda. Año 1894,* p. XXVI.

[47] HUMUD, *El sector público chileno entre 1830 y 1930,* p. 112; sobre el despilfarro oligárquico véase también PORTALES, *Los mitos de la democracia Chilena,* vol. 1, p. 227.

[48] Los impuestos sobre las herencias y aquel relativo a los bienes mobiliarios, establecidos en 1878 y 1879 respectivamente, fueron eliminados en la década de 1880 tras el triunfo en la guerra del Pacífico y los consiguientes recursos obtenidos de la venta del salitre.

[49] HUMUD, *El sector público chileno entre 1830 y 1930,* p. 153.

GRÁFICA 3. Impuestos directos e indirectos (1835-1965)
(porcentajes)

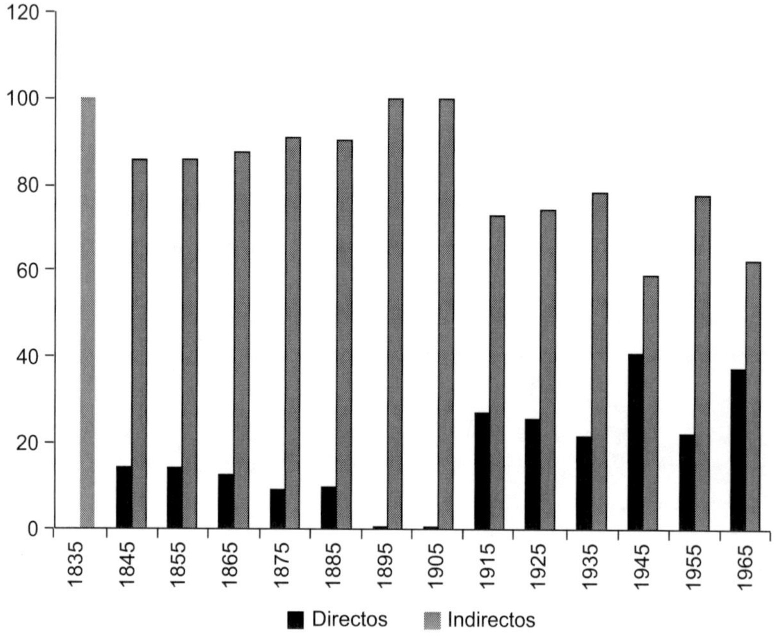

FUENTE: elaborada por el autor con datos tomados de Juan Braun Llona, y otros, *Economía chilena 1810-1995.*

Como corolario de estas transformaciones de la hacienda, la promulgación en 1924 del impuesto a la renta fue, sin duda, la *guinda que adornó la torta.* En adelante, la ley dividiría la renta para efecto de la aplicación del impuesto en seis categorías: bienes raíces; renta de capitales mobiliarios; beneficios de la industria y el comercio; beneficios de la explotación minera o metalúrgica; sueldos públicos y privados, pensiones y montepíos, y renta de profesionales. Según los cálculos hechos, de 8 592 dólares en 1920 se pasó, en 1930, a tener cerca de 46 912 dólares, pasando a ser la segunda fuente de captación de ingresos más importante del país.[50] No obstante duplicarse la tributación directa respecto de la del siglo XIX, ésta nunca lo-

[50] *Ibid.*, p. 154.

gró sobrepasar, en promedio, el 30% del total de los impuestos recaudados, como puede verse en la gráfica 3.

Por otra parte, y como resultado del aplazamiento de una hacienda ordenada, las consiguientes concreciones sociales que suponía el discurso liberal fueron también continuamente postergadas. Pero esa postergación debe ser también entendida en términos de la voluntad política de quienes dirigían el país en esos momentos: una élite que vivía para reproducirse social, económica y políticamente. En la práctica, la preocupación por lo social fue inexistente en el siglo XIX, dejando su solución a la caridad particular y al asistencialismo de señoras ligadas a la Iglesia que, según los imaginarios de la época, se decía: *mirar al pobre era ver el rostro de cristo.* Ciertamente, los niveles de gastos fueron creciendo en el siglo XIX, pero sus beneficios no llegaban a la población en general. Una masa de pobres, analfabetos y desempleados estaban muy lejos de la modernización, realidad que da cuenta una amplia historiografía social.[51]

Solamente a fines del siglo XIX, en la época de Balmaceda, se empieza a ver una mayor preocupación por los temas sociales, situación que coincide con la época de la llamada cuestión social, como puede apreciarse en la gráfica 4. Como se muestra, sólo a fines del siglo XIX hubo una preocupación por invertir en lo social y en obras públicas, lo que coincide con la presión de los sectores sociales no privilegiados y la importancia que un presidente como Balmaceda le otorgó a la paz social. Esa preocupación, sin embargo, le costó su vida y contrasta con las épocas pasadas donde, repetimos, el orden y la tranquilidad fue la consigna de la élite.[52]

No obstante esta nueva realidad, el interés por lo social se debió principalmente a las presiones que ejerció un sector medio organizado políticamente en torno a un partido nuevo y distinto a los conservadores y liberales: el Partido Radical. Este nuevo partido tendió a agrupar a esos sectores medios, principalmente provincianos, postergados de la participación política. Se trataba de intelectuales y profesionales egresados de la Universidad de Chile que, en la segunda mitad del siglo XIX, comenzaron a retornar a sus ciudades de origen dedicándose en adelante a denunciar la miseria y el atra-

[51] ROMERO, *¿Qué hacer con los pobres?;* GREZ, *De la "regeneración del pueblo" a la huelga general, 1810-1900.*

[52] Una buena discusión sobre el significado de la época del presidente José Manuel Balmaceda se encuentra en GARCÍA DE LA HUERTA, *Chile 1891.*

GRÁFICA 4. Gastos 1835-1895

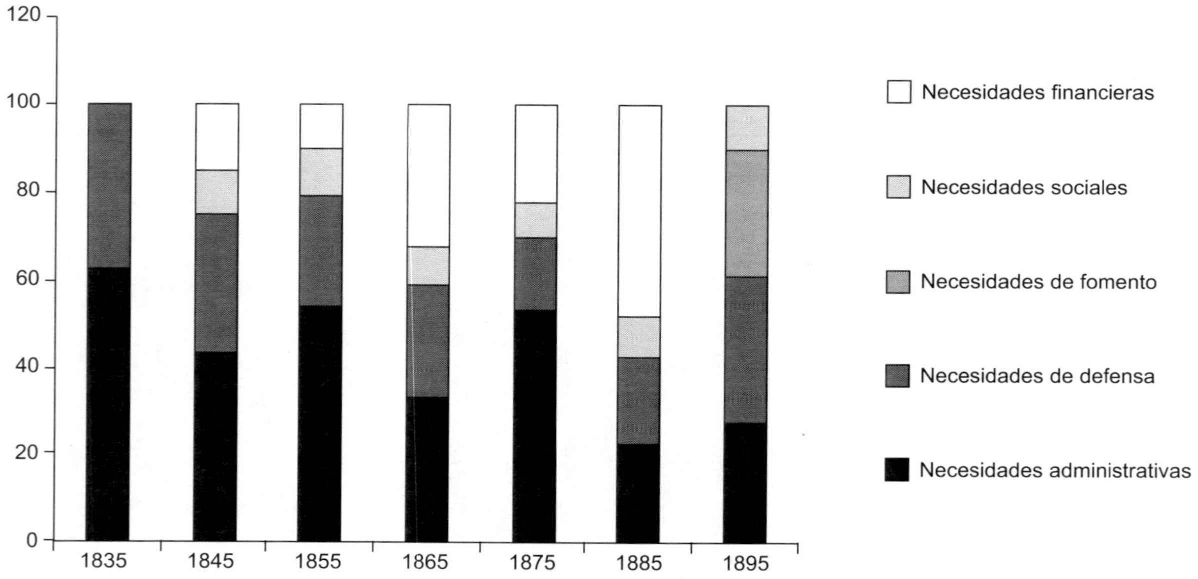

FUENTE: elaborada por el autor con datos tomados de Carlos Humud, *El sector público chileno entre 1830 y 1930*, cuadro B-27.

so en que vivían las localidades y los campesinos. En sus visiones, la modernización propugnada por la élite liberal sólo llegaba a un grupo: a la misma élite, en especial a los de Santiago y Valparaíso. Ignorancia, supersticiones, viejos comportamientos, subordinación de los campesinos y resistencia a cambiar dichas realidades, eran mostradas como los principales enemigos del progreso social. Paralelamente, en el norte minero y en las grandes ciudades, los pobres empezaban a organizarse en torno a mutuales y mancomunales que fueron las primeras formas del sindicalismo chileno. Asimismo, en términos políticos aparecía el Partido Demócrata, antecedente del Partido Obrero, Socialista fundado por Emilio Recabarren en 1912.[53]

Conclusiones

Varias reflexiones emergen de la elaboración de este artículo. En primer término, reiterar la relevancia que han tenido para la historia económica latinoamericana los trabajos de Marcello Carmagnani y, en especial, para los historiadores económicos chilenos, los que difícilmente pueden omitir las interesantes ideas y sugerentes interpretaciones que él ha aportado en sus distintos estudios sobre la realidad hacendaria del país. Prácticamente, y en la búsqueda de nuevas explicaciones del pasado hacendario y financiero, la mayoría de las investigaciones de los historiadores nacionales trasuntan el pensamiento de Carmagnani. En este contexto, este artículo —como se dijo al comienzo— es también fruto de la influencia de sus ideas entregadas en sus cursos, seminarios y publicaciones.

En segundo término y ciñéndonos al estudio aquí presentado, queda claro que la demora en la instalación en Chile de una Hacienda pública genuinamente liberal fue el resultado de la continuidad de comportamientos hacendarios y políticos de una élite renuente a aceptar que el mundo estaba en plena transformación. En una época de despersonalización del Estado, las reformas propiciadas por el ministro Rengifo muestran la cara ilustrada de un personaje que mantuvo, sin embargo, un estilo económico que mediaba entre lo colonial y lo liberal. Durante el transcurso del siglo

[53] Véase al respecto GREZ, *La cuestión social en Chile. Ideas y debates precursores (1804-1904).*

XIX y pese a la deficitaria situación de las arcas fiscales, en Chile no existió nunca la posibilidad de una reforma liberal que modernizara la Hacienda pública. La prueba de ello radica en presupuestos desequilibrados y en la mantención de estructura de ingresos y gastos de Antiguo Régimen.

Asimismo, los efectos económicos de la guerra del Pacífico, si bien fueron una nueva fuente de ingreso para el país, significaron también —como demostró Carmagnani— detener la mentada reforma en instantes en que la mayoría de los países de América Latina estaban enfrascados en cambiar el curso de sus finanzas. Las entradas provenientes de la venta del salitre enceguecieron a una élite habituada a comportamientos señoriales y, en adelante, la usaron para eludir el pago de impuestos directos, situación que perduró hasta 1924. Ese año, y por efecto del declive de las finanzas, el Estado chileno se dio a la tarea de sanear y equilibrar sus finanzas mediante el establecimiento del impuesto a la renta, aumentando la tributación de las personas en un porcentaje promedio del 30% en el transcurso del siglo XX.

Por último, señalar que esos cambios incidieron también en la estructura de los gastos, los que evidenciaron la preocupación social de los gobiernos. Los temas relativos a la educación, la salud, la vivienda y la modernización de las obras públicas pasaron a ser prioridades, pero ello debe ser entendido como el resultado de una población empoderada que en sucesivos movimientos sociales le arrancaron a la élite esas mejoras para sus vidas.

BIBLIOGRAFÍA

ANDERSON, Perry

1979 *El Estado absolutista*, México, Siglo XXI Editores.

ANNINO, Antonio

1995 *Historia de las elecciones en Iberoamérica, siglo XIX*, México, Fondo de Cultura Económica, México.

ARTOLA, Miguel

1986 *La Hacienda del siglo XIX: progresistas y moderados*, Alianza, Banco de España.

1978 *Antiguo Régimen y revolución liberal*, Barcelona, Ariel Historia.

Barros Arana, Diego
2005 *Historia General de Chile*, t. XIII, Santiago, Editorial Universitaria/Dibam.

Brading, David
1975 *Mineros y comerciantes en el México borbónico (1763-1810),* México, Fondo de Cultura Económica.

Brahm, Enrique
1992 "La crisis del conservantismo chileno en la segunda mitad del siglo XIX", *Revista Chilena del Derecho*, vol. 19, pp. 7-33.

Braun Llona, Juan *et al.*
1998 *Economía chilena 1810-1995. Estadísticas Históricas*, núm. 187, edición electrónica <www.economia.puc.cl>.

Cáceres Muñoz, Juan
2010 "Apuntes para una historia de las elecciones en América Latina. Continuidad y cambios, 1750-1850", *Espacio Regional. Revista de Estudios Sociales*, vol. 2, Universidad de Los Lagos.
2007 *Poder rural y estructura social Colchagua, 1760-1860. La Construcción del Estado y la ciudadanía desde la región,* Ediciones Universitarias de Valparaíso, Pontificia Universidad Católica de Valparaíso, Valparaíso.

Campos Harriet, Fernando
1983 *Historia constitucional de Chile*, Santiago, Editorial Jurídica.

Carmagnani, Marcello
2011 *Economía y política. México y América Latina en la contemporaneidad. Antología de Textos,* México, El Colegio de México.
2011 "Las finanzas de tres estados liberales: Argentina, Chile y México, 1860-1910", en *Economía y política. México y América Latina en la contemporaneidad. Antología de Textos,* México, El Colegio de México.
2004 *El otro Occidente. América Latina desde la invasión europea hasta la globalización*, México, Fondo de Cultura Económica.
2000 *Los mecanismos de la vida económica en una sociedad colonial, 1680-1833*, Santiago, Dibam.
1998 *Desarrollo industrial y subdesarrollo económico, El caso chileno (1860-1920),* Santiago, Dibam.
1994 *Estado y mercado. La economía pública del liberalismo mexicano, 1857-1911*, Fondo de Cultura Económica.
1993 *Federalismos latinoamericanos: México, Brasil, Argentina*, México, Fondo de Cultura Económica.

CAVIERES, Eduardo

2003 *Servir al soberano sin detrimento del vasallo. El comercio hispano colonial y el sector mercantil de Santiago de Chile en el siglo XVIII*, Ediciones Universitarias de Valparaíso de la Universidad Católica de Valparaíso.

2001 "Anverso y reverso del liberalismo en Chile, 1840-1930", *Historia*, vol. 34.

2000 "La organización de la Hacienda pública chilena: 1817-1822. Las bases de una experiencia exitosa. ¿Ideas o decisiones?", *Boletín de Fuentes. América Latina en la Historia Económica*, Instituto Mora, enero-diciembre, núms. 13-14, pp. 33-50.

1996 *El comercio chileno en la economía mundo colonial*, Ediciones Universitarias de Valparaíso de la Universidad Católica de Valparaíso.

COLLIER, Simon

1976 *Ideas y política de la independencia chilena, 1808-1833*, Santiago, Editorial Andrés Bello.

CONTRERAS, Carlos *et al.*

2010 *Guerra, finanzas y regiones en la historia económica del Perú*, IEP, Lima.

CORTÉS Conde, Roberto

1989 *Dinero, deuda y crisis*, Buenos Aires.

CRUCHAGA, Miguel

1878 *Estudio sobre la organización económica y la Hacienda pública de Chile*, Santiago, Imprenta de "Los tiempos".

CHEVALIER, François

2000 *América Latina. De la independencia a nuestros días*, México, Fondo de Cultura Económica.

Chile, Dirección de Estadística y Censos

1930 *Sinopsis estadística. Año 1929*, Santiago, Imprenta y Litografía Universo.

Chile, Ministerio de Hacienda

1835 *Memoria de Hacienda. Año 1834*, Santiago, Imprenta Nacional.

EINAUDI, Luigi

1948 *Principios de Hacienda Pública*, México, M. Aguilar (ed.).

ESCALANTE, Fernando

1992 *Ciudadanos imaginarios*, México, El Colegio de México.

GARAVAGLIA, Juan Carlos y Juan MARCHENA
2005 *América Latina. De los orígenes a la Independencia,* vol. II, Barcelona, Editorial Crítica.

GARCÍA DE LA HUERTA, Marcos
1981 *Chile 1891: La gran crisis y su historiografía. Los lugares comunes de nuestra conciencia histórica,* Santiago, Centro de Estudios Humanísticos de la Universidad de Chile.

GÓNGORA, Mario
1986 *Ensayo histórico sobre la noción de Estado en Chile en los siglos XIX y XX,* Santiago, Editorial Universitaria.

GREZ, Sergio
1998 *De la "regeneración del pueblo" a la huelga general, 1810-1900,* Santiago, Dibam.
1995 *La cuestión social en Chile. Ideas y debates precursores (1804-1904),* Santiago, Centro de Investigaciones Diego Barros Arana Dibam.

HABER, Stephen
1992 *Industria y subdesarrollo, la industrialización de México, 1890-1940,* México, Alianza editorial.

HEISE, Julio
1984 *150 años de evolución institucional,* Santiago, Andrés Bello.

HORA, Roy
2003 *Los terratenientes de la pampa argentina. Una historia social y política 1860-1945,* Buenos Aires, Siglo XXI Editores.

HUMUD, Carlos
1969 El sector público chileno entre 1830 y 1930, *Memoria de prueba para optar al grado de Licenciado en Ciencias Económicas y al título de Ingeniero Comercial,* Facultad de Ciencias Económicas-Universidad de Chile.

ILLANES, María Angélica
2003 *Chile des-centrado. Formación socio-cultural republicana y transición capitalista (1810-1910),* Santiago, LOM Ediciones.

JAKSIC, Iván y Sol SERRANO
2010 "El gobierno y las libertades. La ruta del liberalismo chileno en el siglo XIX", *Estudios Públicos,* núm. 118, otoño.

JARDÍN, André
2005 *Historia del liberalismo político*, México, Fondo de Cultura Económica.

LAGROYÉ, Jacques
1994 *Sociología política*, Buenos Aires, Fondo de Cultura Económica.

LASKI, Harold
1969 *El liberalismo europeo*, México, Fondo de Cultura Económica.

MARICHAL, Carlos
2010 *Nueva Historia de las Grandes Crisis Financieras. Una perspectiva global, 1873-2008*, Madrid/México/Buenos Aires/Debate.
1999 *La Bancarrota del Virreinato: 1780-1810: La Nueva España y las Finanzas del Imperio Español, 1780-1810,* México, Fondo de Cultura Económica/El Colegio de México.
1989-1992 *Historia de la Deuda Externa de América Latina,* Madrid, Alianza Editorial.

METCALF, Alida C.
2005 *Family and Frontier in Colonial Brazil: Santana de Parnaiba, 1580-1822*, University of Texas Press, Austin.

PINTO, Jorge
2010 *Los censos chilenos del siglo XX*, Osorno, Universidad de Los Lagos.

RAMÍREZ NECOCHEA, Hernán
1959 *Historia del imperialismo en Chile*, Santiago.

RUGGIERO, Guido
1944 *Historia del liberalismo europeo*, Madrid, Pegaso.

SABATO, Hilda (coord.)
1999 *Ciudadanía política y formación de las naciones. Perspectivas históricas de América Latina*, México, Fondo de Cultura Económica/El Colegio de México/Fideicomiso Historia de las Américas.

SAGREDO, Rafael
1997 "Chile 1823-1831. El desafío de la administración y organización de la Hacienda pública", *Historia*, Universidad Católica de Chile, vol. 30, pp. 287-312.

SALAZAR, Gabriel

2009 *Mercaderes, empresarios y capitalistas (Chile, siglo XIX)*, Santiago, Editorial Sudamericana.

2005 *Construcción de Estado en Chile (1760-1837). Democracia de los "pueblos". Militarismo ciudadano. Golpismo oligárquico*, Santiago, Editorial Sudamericana.

2003 *Historia de la acumulación capitalista en Chile* , Santiago, LOM Ediciones.

SAN FRANCISCO, Alejandro

2005 "La deliberación política de los militares chilenos en el preludio de la guerra civil de 1891", *Historia* 38, enero-junio.

SEPÚLVEDA, Sergio

1959 *El trigo chileno en el mercado mundial: ensayo de geografía histórica*, Editorial Universitaria.

SERRANO, Sol

2008 *¿Qué hacer con Dios en la República? Política y secularización en Chile (1845-1885)*. Santiago, Fondo de Cultura Económica.

2000 "La estrategia conservadora y la consolidación del orden liberal en Chile", en Marcello CARMAGNANI (coord.), *Constitucionalismo y orden liberal, 1860-1890*, Italia, Otto editore.

TILLY, Charles

1992 *Coerción, capital y Estados europeos*, Alianza Editorial.

VÉLIZ, Claudio

1985 *La tradición centralista de América Latina*, Ariel.

VIAL, Gonzalo

1981 *Historia de Chile, 1891-1973*, varios volúmenes, Santiago, Santillana del Pacífico.

VILLALOBOS, Sergio

1989 *Portales, una falsificación histórica*, Santiago, Editorial Universitaria.

1987 *Origen y ascenso de la burguesía chilena*, Santiago, Editorial Universitaria.

WALLERSTEIN, Immanuel

1999 *El moderno sistema mundial*, Madrid, Siglo XXI Editores.

LA CONFIGURACIÓN DEL GASTO PÚBLICO EN YUCATÁN, 1821-1915

*Elda Moreno Acevedo**

Hasta hace treinta años la historiografía sobre las finanzas del Estado mexicano centraba su preocupación en el estudio del ingreso público. Su insuficiencia frente al gasto, su contraparte, era la razón de los constantes déficits y procesos de endeudamiento identificados como problemas financieros centrales y descifrados como un claro reflejo de la incapacidad del Estado. A partir de 1983 Marcello Carmagnani dio un giro a las interpretaciones habituales de las finanzas públicas con una serie de investigaciones que sentaron las bases de una nueva perspectiva analítica para abordar el proceso formativo del Estado, donde elementos como el ejercicio de la territorialidad, la consolidación de la economía y la transformación político-institucional hacia una hacienda pública moderna emergieron como vectores explicativos cruciales.[1] Así, desde la dimensión nacional Carmagnani se aproximó al fenómeno financiero en su totalidad a través de sus dos componentes, el ingreso y el egreso. Este último cobró importancia en el análisis histórico al trascender su papel cuantitativo y erigirse como una expresión del Estado y de la forma de gobierno que posibilita conocer cómo y en qué grado se vinculó la economía y el proyecto político estatal.

El interés de Carmagnani por recuperar la dimensión histórica de las finanzas del Estado mexicano se consolidó en 1994 con su obra *Estado y mercado,* donde abordó las transformaciones liberales de la segunda mitad del siglo XIX a través del estudio de la economía pública, entendida como la economicidad de la acción del Estado bajo los supuestos de igualdad, eficiencia, calidad y difusión territorial. Desde esta perspectiva, al gestarse

* Universidad Autónoma de Yucatán.

[1] CARMAGNANI, "Finanzas y Estado en México 1820-1880", "Territorialidad y federalismo en la formación del Estado Mexicano", "El liberalismo, los impuestos internos y el Estado federal mexicano, 1857-1911".

el sector público, el gasto gradualmente se convirtió en un elemento público que debía solventarse con los recursos del Estado, cuyo monto, asignación y control eran resultado de un nuevo orden económico, político y administrativo. Así, constituir la oferta de bienes públicos orientados a la ciudadanía se convirtió en la tarea esencial del Estado liberal.[2]

Este trabajo retoma la propuesta de Carmagnani y la traslada a la dimensión regional, con un análisis del gasto público en Yucatán entre 1821 y 1915. A partir de los registros de egresos recopilados de diversas fuentes oficiales, en especial las *Memorias de Gobierno,* se propone una clasificación por rubros del gasto yucateco con la finalidad de conocer su evolución y explicar sus transformaciones en el contexto del proceso de conformación y consolidación del Estado mexicano. Metodológicamente la propuesta se inscribe en el principio de que las finanzas públicas deben estudiarse a partir de sus componentes principales, los ingresos y los egresos, toda vez que cada uno explica diferentes fenómenos. Así, los primeros remiten a las fuentes de los recursos y los segundos a sus formas de distribución entre los diversos grupos de una sociedad. El gasto público delinea la dimensión social del Estado porque permite entender cómo funcionó la territorialidad y el control de los recursos fiscales asociados al territorio como un elemento en pugna entre las élites locales y la consolidación de una forma estatal específica en consonancia con el desarrollo socioeconómico de una región.[3] Por lo tanto para comprender la configuración del gasto público el punto de partida es la comprensión de las formas del Estado, las cuales son cambiantes en el tiempo.[4]

Para el análisis del gasto yucateco se presenta un enfoque de larga duración toda vez que las transformaciones en el ámbito de las finanzas públicas

[2] CARMAGNANI, *Estado y mercado. La economía pública del liberalismo mexicano, 1850-1911.*

[3] Al respecto CARMAGNANI en "Territorialidad y federalismo en la formación del Estado mexicano" estudió la formación del estado mexicano y su territorialidad, a partir del análisis de larga duración del gasto público del virreinato al porfiriato. Su objetivo fue comprender el control del territorio por parte del Estado, así como las tensiones derivadas de la acción estatal. El análisis lo realizó en dos etapas, de 1576 a 1815 y de 1821 a 1870. En la primera etapa estudió los gastos registrados en la Caja Real de México, es decir, se trata del análisis de un estado de carácter premoderno. En la segunda etapa aborda el gasto como un indicador de la progresiva institucionalización de México como estado independiente.

[4] HINTZE, *Historia de las formas políticas,* p. 17 señala que "la configuración de los estados crea el terreno firmemente delimitado sobre el cual puede desplegarse el desarrollo social y pone los cimientos para la vida estatal y para la forma de gobierno".

sólo son visibles en amplios periodos. Las coyunturas elegidas son de naturaleza político-económica, el punto de partida es 1821, cuando el cambio político da pie al surgimiento del Estado independiente y a un conjunto de transformaciones derivadas de la ruptura del orden económico colonial.[5] El punto final es 1915, cuando en el ámbito yucateco convergieron dos acontecimientos, en el orden político la llegada de Salvador Alvarado y las fuerzas revolucionarias y, en la economía, el punto máximo del auge derivado del henequén.

Las finanzas yucatecas, durante los primeros diez años del México independiente fueron saludables y, según los registros posteriores a 1824 el estado tuvo un saldo a favor en los pagos a la Federación, al punto que se le calificó como "el mejor pagador del contingente". Hacia 1835 los recursos yucatecos continuaron con una sólida reputación pues el erario estatal otorgó un crédito a la Federación por 141 095 pesos.[6] El panorama cambió profundamente en julio de 1847 cuando estalló en Tepich la violencia que se extendió en gran parte de la península y que la historiografía conoce como la Guerra de Castas. El 18 de abril de 1848, Miguel Barbachano, entonces gobernador del estado solicitó al presidente de la República, Manuel de la Peña y Peña, ayuda para solventar la deplorable situación. El panorama descrito por el gobernador era desalentador: "ya no existe en Yucatán industria, comercio ni giro de ninguna clase: las fortunas particulares han desaparecido: las rentas, arbitrios y demás recursos del Gobierno se han agotado enteramente [...]".[7] Barbachano fue concluyente en su petición de ayuda económica al señalar que sin la misma no existían esperanzas de ganar la guerra y, por lo tanto, el destino de Yucatán sería "desaparecer del número de los pueblos cultos del mundo".[8]

Las palabras de Barbachano remiten a un problema central en la historia de todos los estados, la obtención de recursos para costear la guerra, con el fin de garantizar la supervivencia del Estado mismo.[9] En la historia de la

[5] Al respecto véase MORENO, "De la Independencia a la Constitución, El tránsito de Yucatán de provincia a entidad federativa (1821-1825)", pp. 351-370.

[6] CASTAÑEDA, "El contingente fiscal", p. 159.

[7] *Documentos relativos a los créditos de Yucatán...*, p. 93.

[8] *Idem.*

[9] Esta problemática es tan antigua que Tácito en su *Historiarum*, al describir la situación del Imperio romano señaló que la tranquilidad de las naciones es imposible sin ejércitos (*Nec quies gentium sine armis, nec arma sine stipendiis, nec stipendia sine tributis haberi queunt*),

construcción de los estados modernos este rasgo predomina pues "el Estado moderno se funda en la coerción y ésta [...] se basa sobre todo en la acción de la Policía y el Ejército".[10] Ahora bien, el problema que el gobierno de Yucatán afrontaba en 1848 no sólo era la carencia de recursos para la guerra, sino una escasez completa en su erario y en consecuencia la dificultad de solventar el amplio abanico del gasto. El propio gobernador Barbachano, tres meses después de su carta al presidente de la República, en julio de 1848, llamaba la atención sobre las carencias de dinero que habían obligado a su gobierno a suspender el pago de los sueldos de los empleados civiles, de hacienda y del ramo judicial, los cuales continuaron "desempeñando sin embargo, con el mayor sufrimiento sus destinos".[11]

Por lo tanto, al conocer la situación económica del gobierno yucateco en 1848 surgen interrogantes sobre ¿cuáles fueron las causas que drenaron los recursos del estado? Si bien resulta obvio que la guerra afectó las finanzas, interesa saber por qué el erario estatal no logró solventar por sí solo o por otros medios los gastos, orillando a Yucatán a un colapso económico general. Finalmente poco se sabe sobre qué sucedió con el estado después de la guerra de castas, ¿cómo reestructuró su gasto público y cuál fue su tendencia hasta la llegada del auge henequenero?

Como señalamos líneas arriba en el análisis histórico de las finanzas públicas los estudiosos han priorizado las formas de recaudación del Estado, y han marginado el gasto.[12] La escasez que caracteriza a la historiografía internacional sobre el tema incluye a México. En efecto, la investigación histórica del gasto público en relación con su volumen, estructura, crecimiento y fluctuaciones aún es un tema pendiente en este país, lo que se agudiza en cuanto a la perspectiva regional y en el análisis comparado.[13]

---

citado en MOLHO, "The State and Public Finance...", p. 97. Cicerón, por su parte planteó la importancia del flujo constante de recursos para sostener una guerra al decir que el vigor bélico surge del dinero ilimitado, *"Nervos belli, pecuniam infinitam"*, Quinta Filípica, citado en FERGUSON, *Dinero y poder en el mundo moderno, 1700-2000*, p. 41.

[10] HALPERIN, *Guerra y finanzas en los orígenes del Estado argentino (1791-1850)*, p. 13.

[11] "Contestación del Gobernador a los comisionados", p. 281.

[12] En el ámbito internacional de la historiografía sobre el gasto público destacan PEACOCK y WISEMAN, *The Growth of Public Expenditure in the United Kindom*, de igual modo BARBIER y KLEIN con "Las prioridades de un monarca ilustrado: El gasto público bajo el reinado de Carlos III", así como el estudio sobre el gasto público en Europa de KÖRNER en Richard BONNEY (ed.), *Economic Systems and State Finances*, pp. 393-422.

[13] MARICHAL, "La hacienda pública...", p. 102 explora desde la perspectiva regional el

Esta investigación propone el análisis del gasto público de Yucatán a lo largo de 95 años, a partir de una categorización de los egresos, construida bajo fundamentos teóricos e históricos considerados esenciales para explicar las transformaciones que se llevaron a cabo durante la época estudiada. Así, por medio del conocimiento de las tendencias generales y particulares del gasto es posible obtener una completa radiografía de la acción del Estado durante el surgimiento y consolidación del ámbito de la economía pública.[14]

Gobierno y gasto público en Yucatán, 1821-1915

Durante la mayor parte del siglo XIX el gasto público en Yucatán mostró una tendencia ascendente, al pasar de 1.8 millones de pesos corrientes en el quinquenio 1821-1825 a 16.8 millones de pesos en el quinquenio 1911-1915, lo que significó un crecimiento del 9.3 veces a lo largo del periodo, (véase gráfica 1). Sin embargo, este comportamiento general puede ser examinado con mayor detalle al subdividir el periodo en dos etapas que evidencian trayectorias diferenciadas: 1821-1865 y 1866-1915.

Si entendemos el gasto público como una expresión económica del Estado y de la forma de gobierno, para realizar un primer acercamiento general al de Yucatán es necesario revisar la tendencia global y sus fluctuaciones en el contexto de los cambios políticos, institucionales y coyunturales que tuvieron lugar en los años estudiados. Conocer la trayectoria política y constitucional que el estado yucateco recorrió es primordial, pues como señala Otto Hintze: "determinados tipos de configuración de Estados se encuentran ligados históricamente con determinadas formas constitucionales".[15]

---

proceso de creación y organización de la fiscalidad en el Estado de México de 1824 a 1870. En lo referente al gasto identificó que el rasgo de continuidad más notable fue el predominio del gasto administrativo. También mostró que el gasto de gobierno en obras públicas —instrucción pública, salud y aspectos sociales— fue escaso y el que menos desarrollo alcanzó en el Estado de México.

[14] Sobre los aspectos teóricos de la economía pública y su trayectoria histórica en México véase CARMAGNANI, *Estado y mercado. La economía pública del liberalismo mexicano, 1850-1911*, pp. 16, 191-200.

[15] HINTZE, *Historia de las formas políticas*, p. 17. Entre 1821 y 1915 en Yucatán rigieron cuatro constituciones, promulgadas en 1825, 1841, 1850 y 1862. La primera Carta Magna, de abril de 1825 sentó precedente como uno de los primeros textos constitucionales de una antigua provincia novohispana. Las dos constituciones posteriores, promulgadas en los man-

El análisis de la primera etapa —de 1821 a 1865— revela dos aspectos sobresalientes (véase gráfica 2). El primero es que Yucatán en términos políticos durante estos primeros 45 años se caracterizó por su inestabilidad y el gasto público refleja las convulsiones que afrontó el estado en tres rachas alcistas de 1821-1825, 1835-1845 y 1851-1855 y tres rachas en las que los egresos se contraen en 1826-1830, 1846-1850 y 1856-1865. Al respecto podemos entender las etapas de crecimiento de gasto a partir del fortalecimiento de Yucatán, pues a partir de haberse constituido como estado en 1823 y declarada su forma de gobierno con la puesta en vigor en abril de 1825 del primer texto constitucional yucateco, se sucedieron numerosos problemas de naturaleza política. La población y las élites locales se pronunciaron a favor de sus intereses y apoyaron a la causa centralista con golpes de Estado en contra del gobierno federal en 1829-1831 y en 1834-1840.[16] En 1840 el estado, organizado bajo los principios federalistas entró en conflicto con el gobierno nacional y se separó de la Primera República Central. Un año después, el congreso yucateco promulgó una nueva constitución local de corte federalista y entre 1842 y 1843 el gobierno nacional le declaró la guerra a Yucatán y ordenó que el ejército mexicano invadiera. Finalmente las tropas yucatecas, conformadas en su mayoría por contingentes de mayas, derrotaron al ejército nacional, lo que significó un incremento en los gastos del estado que se reflejó al menos hasta 1845. Hacia 1844 el gobierno yucateco reconoció a la Segunda República Central, renunció a la Constitución de 1841 y estableció su Asamblea Departamental. Un año después, la Asamblea desconoció al Supremo Gobierno Nacional y Yucatán se separó por segunda ocasión de la República.

El segundo aspecto que arroja el análisis de los egresos públicos es que las contracciones del gasto dan cuenta de la mala situación económica del

---

datos de Santiago Méndez y Miguel Barbachano, respectivamente, respondieron a coyunturas políticas específicas y reflejan los conflictos entre Yucatán y el gobierno nacional. En 1862, con el gobernador Liborio Irigoyen, Yucatán formuló una nueva constitución en concordancia con las bases establecidas en el pacto federal de los Estados Unidos Mexicanos. Así el estado se sujetó a los principios del pacto federal de la República mexicana y estableció una forma de gobierno republicana, popular y representativa. Sobre el constitucionalismo yucateco véase MORENO, "De la Independencia a la Constitución", pp. 351-370; FERRER, "Un cuarto de siglo de constitucionalismo en Yucatán (1825-1850)", pp. 7-88.

[16] La exposición de los hechos y el análisis de las facciones y los procesos políticos yucateco en esos años convulsos se encuentran en la obra de FLORES, *Entre el centralismo y el federalismo. Proyectos de gobierno en la península de Yucatán 1829-1839*.

GRÁFICA 1. Gasto público de Yucatán, 1821-1915
(pesos corrientes)

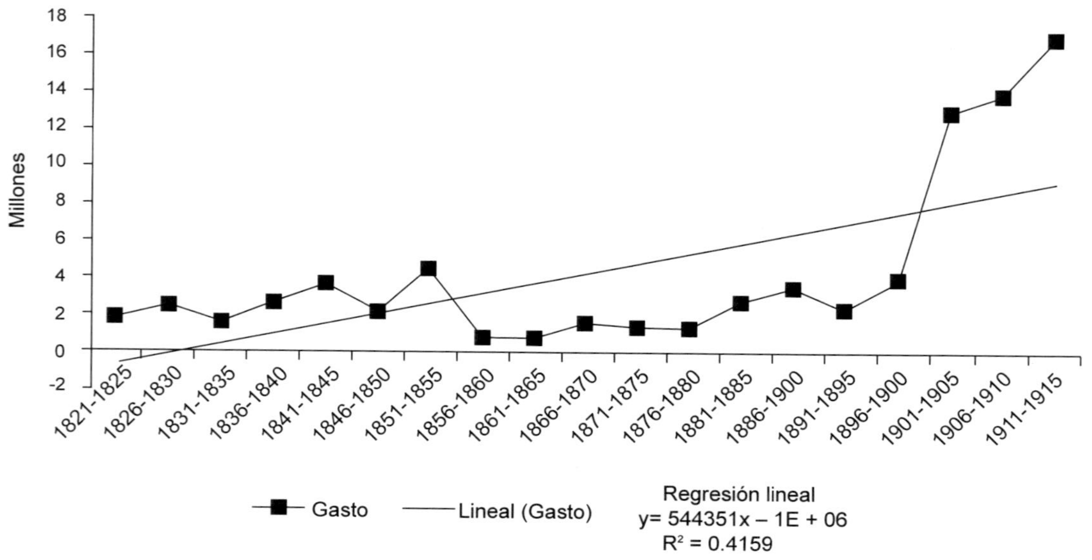

GRÁFICA 2. Gasto público de Yucatán, 1821-1865
(pesos corrientes)

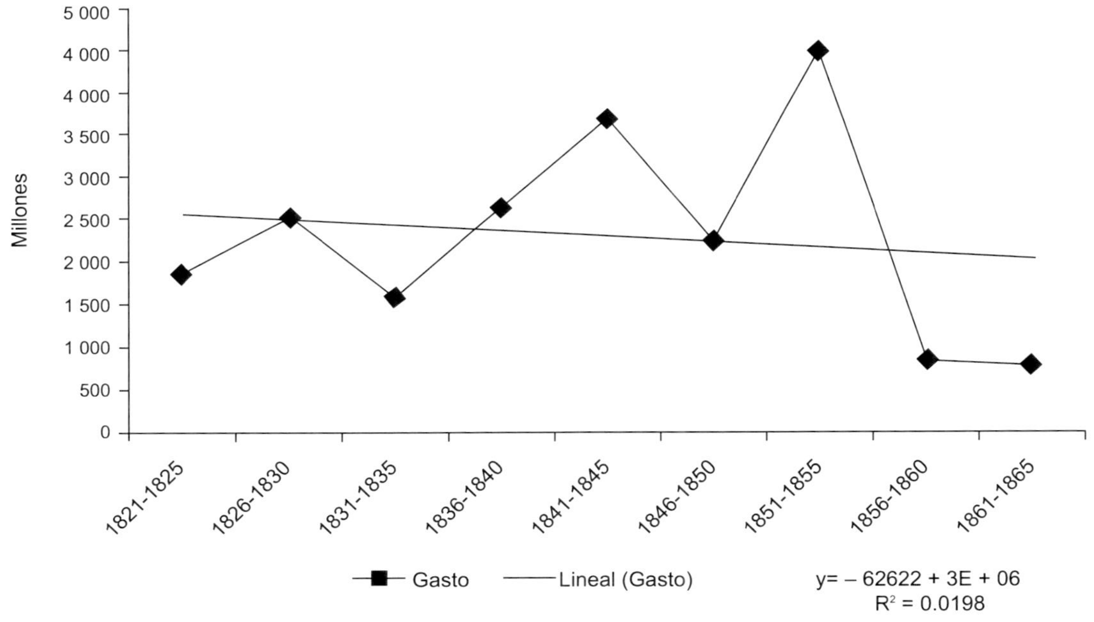

estado. De tal suerte que 1847 es un año coyuntural en la historia de Yucatán, con el inicio de la guerra entre indígenas y blancos el estado atravesó grandes urgencias de dinero que apresuraron su reincorporación definitiva a la nación en 1848, pero en las cuentas oficiales esos años no registran un incremento del gasto, por el contrario, el gasto disminuye a un ritmo acelerado (véase gráfica 2). El comportamiento de esta variable también permite inferir que los gastos de guerra y de movilización social —al menos en el caso yucateco— no se reflejaron de inmediato en las cuentas de Hacienda. Transcurrió casi un lustro para que los efectos de la guerra de castas se tradujeran en cifras crecientes del gasto, invertidas en las campañas de pacificación contra los indígenas sublevados. Si bien los conflictos sociales continuaron, el proceso de institucionalización se reafirmó en 1850 con la promulgación de la tercera carta magna yucateca y se tradujo en un incremento del gasto público entre 1851-1855. En este quinquenio el estado erogó casi 4.5 millones, lo cual fue el máximo alcanzado en la etapa 1821-1865 (véase tabla 1).

Una segunda caída del gasto yucateco tuvo su origen en la separación de Campeche en 1858. Ese año la antigua San Francisco de Campeche y su región de influencia fue declarada estado mexicano y Yucatán sufrió una división política y territorial que se reflejó en la contracción de los egresos públicos (véase gráfica 2). Hacia 1861, la forma de gobierno y la situación política tendieron a la estabilidad con la promulgación de la cuarta constitución local, que es vista por los estudiosos del constitucionalismo como un esfuerzo por armonizar las líneas principales del estado con los planteamientos de la Constitución general de 1857. Dos años después, en 1864 las fuerzas francesas ocuparon Yucatán, pero este cambio en la forma de gobierno fue casi imperceptible en el gasto público. Si evaluamos esta etapa completa se encuentra que hacia 1865 los egresos del estado se redujeron paulatinamente de modo que si comparamos la cifra de ese quinquenio con la del inicio del periodo, vemos que de 1.8 descendió a 0.78 millones de pesos, lo que significó una caída de 56% (véase la tabla 1).

La segunda etapa de análisis —de 1865 a 1915— muestra una tendencia alcista que se mantuvo durante casi 50 años, con excepción del quinquenio 1891-1895 (véase gráfica 3). Después de que el monto del gasto público cayó a su nivel más bajo en el quinquenio 1861-1865, inició una recuperación rápida a un ritmo de 100%, tasa que subraya el bajísimo ni-

TABLA 1. Gasto público del estado de Yucatán 1821-1915

Quinquenios	*Gasto*	*Tasa de crecimiento quinquenal*	*Tasa de crecimiento anual*
21-25	1 857 425		
26-30	2 493 188	34	7
31-35	1 593 440	–36	–7
36-40	2 627 453	65	13
41-45	3 661 465	39	8
46-50	2 250 297	–39	–13
51-55	4 494 955	100	46
56-60	862 293	–81	–16
61-65	784 800	–9	–2
66-70	1 567 957	100	20
71-75	1 418 022	–10	–2
76-80	1 311 016	–8	–2
81-85	2 723 317	108	22
86-90	3 519 562	29	6
91-95	2 340 360	–34	–7
96-1900	3 861 594	65	13
1901-1905	12 931 835	235	47
1906-1910	13 822 627	7	4
1911-1915	16 813 710	22	4

FUENTE: elaborada a partir de las *Memorias e Informes de Gobierno del Estado de Yucatán 1821-1917*

vel del que partió el gasto al comienzo de la segunda etapa. La recuperación no se sostuvo, por lo que durante la década de 1870 nuevamente el gasto decreció, aunque a un ritmo menor en comparación con las caídas registradas durante la primera etapa. Así, la pendiente negativa que mostró la curva durante los años 70 fue la más suave del periodo de estudio.

En el ámbito político desde 1865, con la puesta en marcha del gobierno imperial de Maximiliano de Habsburgo, Yucatán se convirtió en el primero de los 50 departamentos en los que se dividió el territorio mexicano, bajo las órdenes del Comisario imperial José Salazar Ilarregui. En junio de

Gráfica 3. Gasto público de Yucatán, 1866-1915
(pesos corrientes)

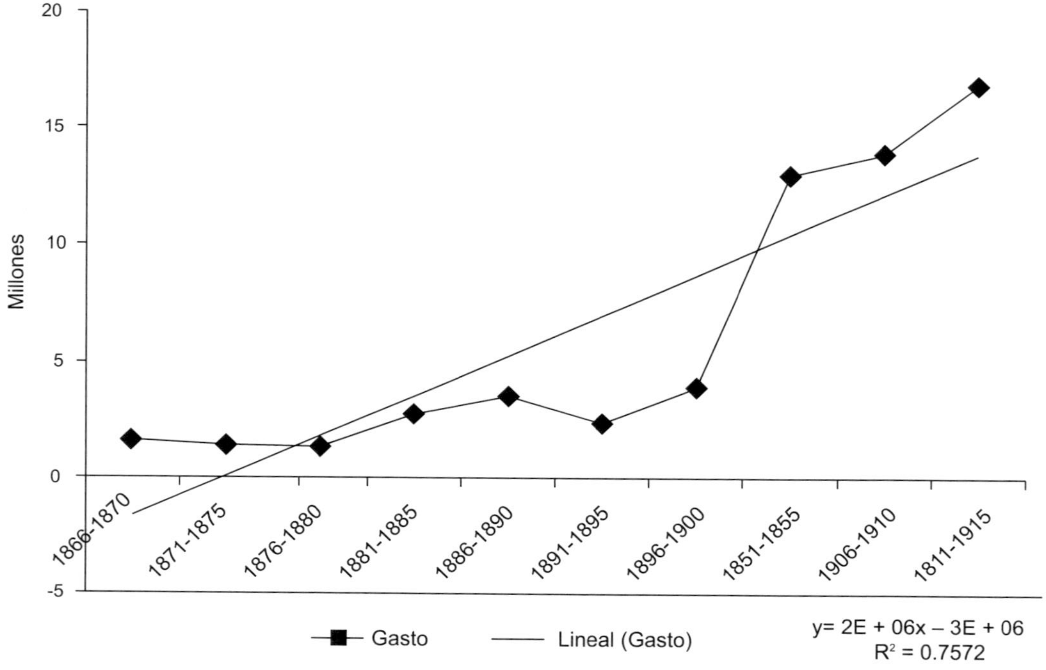

1867, con la llegada de Manuel Cepeda Peraza y el ejército federalista a Mérida, inició una nueva etapa que se caracterizó por su inestabilidad política, la cual se prolongó al menos hasta la proclama del Plan de Tuxtepec en 1876. En el ámbito de gobierno, en un lapso de diez años, en la silla del gobernador alternaron al menos 40 personas.[17]

Hacia 1880 el gasto público comenzó a aumentar (véase gráfica 3), a la par que la economía yucateca inició su consolidación empujada por la industria henequenera.[18] A partir de 1881 se retomó la trayectoria de recuperación, especialmente durante el quinquenio 1881-1885, cuando tuvo lugar una tasa de crecimiento alta (108%), tendencia que continuó en el quinquenio siguiente, aunque a un ritmo menor. Sin embargo entre 1891 y 1895 las cifras de egresos dan cuenta de una desaceleración y una caída del 34% (tabla 1). Este descenso del gasto es un paréntesis del que poco se sabe, pues la historiografía de la época explica esos años como un constante ascenso y crecimiento derivado del auge del "oro verde". Las evidencias, por el contrario, señalan que desde 1891 el gobierno, presidido por el coronel Daniel Traconis y, luego, por Manuel Dondé Cámara, se encontraba "debilísimo" debido una crisis económica y administrativa, el descenso en los recursos públicos originado por la caída de los ingresos de la Aduana de Progreso y, por si fuera poco, en septiembre de 1892 estalló un levantamiento indígena en Maxcanú que con grandes esfuerzos y el apoyo de las tropas federales finalmente fue disuelto.[19]

El crecimiento acelerado del gasto público yucateco detonó hacia 1896 (véase gráfica 3) y se sostuvo al doblar la centuria. Así al iniciar el siglo XX el panorama económico yucateco era inmejorable y en consecuencia el gobierno presidido por el poderoso hacendado convertido en político Olegario Molina[20] invirtió cantidades nunca antes vistas en diversas obras públicas —entre 1901 y 1905 el gasto creció en un abrumador 235% respecto al quinquenio anterior— (véase tabla 1) y también en finiquitar los conflictos con los mayas rebeldes de la península. El 22 de marzo de 1901

[17] En QUEZADA, *Breve historia de Yucatán*, p. 155.

[18] Para un profundo análisis de la fiscalidad en esos años véase ZULETA, "Hacienda Pública y exportación henequenera en Yucatán, 1880-1910", pp. 179-247.

[19] SOLER, "El levantamiento indígena de Maxcanú, Yucatán 1891-1892", pp. 194-195.

[20] Una magnífica caracterización de la oligarquía porfiriana yucateca se encuentra en SABIDO, *Los hombres del poder*, pp. 26-34; un análisis específico de Olegario Molina lo presentan PÉREZ y SAVARINO en *El cultivo de las élites*, pp. 74-89.

tropas federales llegaron a Bacalar y el 3 de mayo el Gral. Ignacio A. Bravo ocupó la emblemática Chan Santa Cruz, centro político y militar de los mayas insurrectos o *cruzoob*.[21] El gobierno federal, encabezado por Porfirio Díaz, apoyó la creación del Territorio Federal de Quintana Roo en la región oriental de la península de Yucatán. Finalmente, el 24 de noviembre de 1902, mediante un decreto, se erigió formalmente el territorio.[22]

Entre 1906 y 1915 el gasto público continuó en ascenso, aunque su ritmo comenzó a disminuir (véase tabla 1) En el contexto político y económico la situación, tanto en el ámbito local como en el nacional, entró en ebullición y pronto se detonaron crisis y conflictos que, como evidencian las cifras de los egresos del estado, no hicieron demasiada mella en la cuenta pública que entre 1911 y 1915 registró el nivel más alto de gasto público en todo los 95 años estudiados, con 16.8 millones de pesos. Para los habitantes de Yucatán, el 19 de marzo de 1915, con la entrada del Gral. Salvador Alvarado a Mérida se materializó la Revolución Mexicana y, en el aspecto económico ese año fue crucial pues el henequén alcanzó su volumen máximo de producción y hacia 1917 gradualmente comenzó a decaer, lo cual significó el fin de una era en la historia de Yucatán.

En síntesis, el gasto público en Yucatán de 1821 a 1915 mostró una tendencia general creciente, pero con un comportamiento diferenciado en dos etapas. La primera etapa —1821 a 1865— fue más inestable, pues se alcanzaron niveles extremos. El monto absoluto de gasto público más elevado del periodo, durante el quinquenio 1851-1855, y el monto más bajo durante el quinquenio 1861-1865. En cambio, la segunda etapa —1866-1915— se caracterizó por un comportamiento alcista más consistente, con una caída suave en la década de 1870 y un ascenso acelerado en el quinquenio 1901-1905, que se prolongó al menos hasta 1915.

[21] REED, *La guerra de castas de Yucatán*, pp. 230-237.

[22] *Diario Oficial del Supremo Gobierno de los Estados Unidos Mexicanos* del 24 de noviembre de 1902, t. LXIII, núm. 20.

La guerra y la paz. Las prioridades del estado yucateco entre 1821 y 1915

Una vez descrito el comportamiento general del gasto es necesario afinar el análisis para determinar qué es lo que explica dicha trayectoria. Es decir, ¿cuáles fueron los tipos de egresos en cada una de las etapas descritas? ¿Existió algún gasto que ejerciera una influencia determinante en la inestabilidad que caracterizó a la primera etapa? ¿Cómo reflejan las categorías del gasto la tendencia alcista de la segunda etapa? ¿El crecimiento del gasto implicó únicamente cambios cuantitativos o también significó transformaciones cualitativas en cuanto a su composición? [23]

Para poder abordar el análisis de las erogaciones del estado fue necesario organizar y proponer una clasificación para el conjunto de egresos de la Hacienda pública de Yucatán en 6 categorías, a saber: *a)* Fuerzas Armadas, *b)* Poderes Constitucionales, *c)* Dirección política y administrativa, *d)* Servicios públicos, *e)* Pagos atrasados y, *f)* Gastos extraordinarios (véanse tablas 2 y 4)

La clasificación del gasto yucateco está construida con fundamentos teóricos de la ciencia de las finanzas, la economía clásica y la historia económica. Por lo tanto los egresos del estado durante 95 años se organizaron bajo tres grandes líneas de interpretación. El primer referente es Adam Smith, quien entendió el gasto público como un acto derivado del cumplimiento de las obligaciones del Estado, las cuales eran básicamente tres: defensa, justicia y establecimiento de instituciones y obras públicas. Desde la vertiente de la ciencia de las finanzas Luigi Einaudi concibió el gasto como un fenómeno financiero derivado de las funciones públicas de naturaleza política asumidas por un Estado. Así, define al gasto público como el conjunto de medios que el Estado otorga para satisfacer las diversas necesidades sociales. Además, Einaudi propone esquematizar los hechos fiscales del día a día —lo que denomina hacienda cotidiana— a partir de los principios teóricos de la hacienda ideal. La tercera línea interpretativa es la

[23] SMITH, *Investigación sobre la naturaleza y causas de la riqueza de las naciones*, véase capítulo 1, parte I, p. 614; EINAUDI, *Principios de Hacienda Pública*, pp. 6-9 y "Esquemas históricos y esquemas ideales", *Mitos y paradojas de la justicia tributaria*, p. 358, 398; BRAUDEL, *Civilización material, economía y capitalismo*, t. II, pp. 448-451.

propuesta por Braudel, quien entendió el gasto público estrechamente ligado con lo que señaló como las tres tareas del Estado: el orden social, el control de la vida económica y la participación en la vida espiritual y cultural. Estas "tareas" no sufrían muchas variaciones con el paso del tiempo, los cambios eran más notorios en los medios para acometerlas. Al conjugar estas propuestas en los seis rubros yucatecos se posibilitó entender el papel del estado frente a las condiciones de inestabilidad regional, nacional e internacional, así como evaluar el grado de fortaleza del estado a través de su estructura institucional y su nivel de legitimidad en los poderes de gobierno. De igual modo a través de la evolución del rubro *Servicios públicos* es posible acercarse a la gradual ampliación de la oferta de bienes públicos por parte del estado que caracterizó las transformaciones liberales de la segunda mitad del siglo XIX.

Los años del estado militar, 1821-1857

Entre 1821 y 1857 el gobierno de Yucatán orientó sus esfuerzos a fortalecer su poderío militar y su estructura institucional. 1821, el año de la Independencia se vivió en la península con una gran preocupación por la situación política, lo cual explica que el 68% del gasto público se destinara a las fuerzas armadas (véase tabla 2). La estructura del estado se fortaleció entre 1826 y 1832, en medio de los problemas políticos que enfrentó el gobierno. Las cifras del gasto público dan cuenta de cómo los dineros se dirigieron, casi en su totalidad —80% y 86% respectivamente— al rubro que denominamos *Poderes Constitucionales*, que incluye 4 apartados: Poder Ejecutivo, Poder Legislativo, Poder Judicial y Contingente.[24] El componente más representativo es el gasto del Poder Legislativo, compuesto por las Dietas y viáticos de ambas cámaras y los gastos de la Secretaría. Por su parte en la sección del Poder Judicial contabilizamos los sueldos del Poder Judicial y su Secretaría y a Jueces de Primera Instancia, Juzgados de Paz,

[24] El Poder Ejecutivo son todos los gastos inherentes al gobernador del estado, es decir el sueldo del gobernador, gastos secretos, secretaría general de Gobierno y gastos de escritorio e imprenta. También se incluyeron los gastos del Excelentísimo Consejo de Estado, —sueldos del gobernador suplente, de sus vocales, su secretaría y sus gastos generales.

Médicos legistas, Ministerio Público, Defensoría de presos y reos y las gratificaciones de letrados.[25]

En octubre de 1828 el temor de una invasión española a las costas yucatecas detonó un incremento en los gastos militares y el proceso de organizar la defensa confrontó a los poderes de gobierno y desató un golpe de Estado en 1829.[26] Así, inició una época que se caracterizó por sucesivos regímenes que alcanzaron el poder por la vía de las armas.[27] De este modo, durante el mandato del coronel José Segundo Carvajal (1829-1831) y el gobierno centralista impulsado por el general Francisco de Paula Toro (1834-1840) el gasto destinado a los *Poderes Constitucionales* se tornó primordial debido al pragmatismo derivado de la forma de gobierno centralizada (véase tabla 4).

Entre 1841 y 1851 el erario destinó más de la mitad de sus egresos al rubro *Fuerzas Armadas*, que es la suma de todos los dineros erogados para sostener la defensa del estado, representada principalmente por la milicia local, la marina y los vigías. También comprende los recursos derivados de la Secretaría de inspección de milicia local, Secretaría de guerra, los sueldos de los generales de Brigada, los de Jefes y oficiales sueltos, los oficiales capitulados, la tropa suelta de infantería permanente, los Guarda-almacenes de pólvora, Instructores de milicia local, Hospitalidades militares y fortificación.[28] La importancia del gasto en las *Fuerzas Armadas* es evidente en los años 1841, 1844 y 1845 pues el estado destinó entre el 53 y el 34% de sus recursos para fortalecerse militarmente en estos años signados por la separación de la nación debido a desacuerdos respecto a la forma de gobierno

[25] Dentro de esta categoría se incluyó el gasto del contingente, debido a que era una cantidad que el Estado debía destinar por ley a la Federación. Aunque el contingente dejó de pagarse hacia 1830, posteriormente surgió una contribución federal que también se ha incluido en la categoría Poderes Constitucionales.

[26] QUEZADA, *Formas de gobierno y élites peninsulares. Federalismo y centralismo en Yucatán, 1825-1835*, p. 231.

[27] HEREDIA, en "Gasto público y gobierno. Yucatán 1824-1848", denominó el periodo 1829-1839 la "década de los comandantes" y explicó la situación política en vinculación con las medidas institucionales y las decisiones tomadas para reformar la Hacienda pública local, pp. 51-97.

[28] Debido a las fluctuaciones en los registros resulta difícil precisar cuáles eran los más importantes, pues en algunas memorias estos gastos no se desglosaron y fueron registrados como un total denominado *Gastos generales militares*. Sin embargo, las evidencias documentales existentes sugieren que la cifra más alta correspondió al pago de sueldos de las brigadas, batallones y compañías de infantería permanentes.

(1840-1844), la guerra con el ejército mexicano que invadió la península de Yucatán (1842-1843) y el posterior proceso de negociación política y reincorporación del estado a México.[29] A partir de 1847, con el inicio de la guerra de Castas, el rubro militar se convierte en la prioridad del erario yucateco.[30] Si bien existen numerosos testimonios sobre el incremento del gasto del estado para poder enfrentar a los mayas rebeldes, en términos fiscales y cuantitativos las evidencias son escasas y en su mayoría, confusas.[31]

En agosto de 1849, Francisco Martínez de Arredondo, secretario general del Gobierno de Yucatán dio cuenta de las cantidades de dinero erogadas en víveres, sueldos y pertrechos militares desde el inicio del conflicto en 1847 hasta esos días. Si bien las cuentas no son detalladas, el funcionario aporta las cifras globales que se destinaron a la guerra de castas y su procedencia extraordinaria, debido a que los ingresos del erario no resultaron un "recurso suficiente para cubrir los gastos que de preferencia demandaba la guerra que a pasos agitados progresaba por parte de los sublevados".[32] El gobierno yucateco recurrió a todo tipo de estrategias para reunir la mayor cantidad de dinero posible y así enfrentar la situación de emergencia. En primera instancia limpió las arcas locales y dispuso de todo lo recaudado por la Hacienda. También se apropió de los dineros correspondientes a la Hacienda federal y de todo lo proveniente de las aduanas peninsulares. Pero estas medidas no resultaron suficientes y Yucatán solicitó recursos y ayuda al gobierno nacional y también, como medida desesperada se incau-

[29] Una detallada descripción de la "guerra de Yucatán contra México" se encuentra en BAQUEIRO, *Ensayo histórico de las revoluciones de Yucatán desde el año de 1840 hasta 1864*, vol. 1, pp. 77-118.

[30] En un reciente trabajo RUGELEY, *Rebellion Now and Forever. Mayas, Hispanics, and Caste War Violence in Yucatan, 1800-1880*, pp. 92-100, desentraña cómo la población maya evadió la aplastante presión fiscal que instrumentó el gobierno yucateco durante los años más severos del conflicto con los mayas sublevados.

[31] Para los años comprendidos entre 1847 y 1857, solamente se han localizado tres memorias de gobierno que corresponden a 1849, 1851 y 1857. La de 1849 puede ser vista como el testimonio crucial de los años más difíciles de la guerra de castas, sin embargo la información que contiene reviste dos particularidades. La primera es que no contiene el estado de egresos ejercidos, sólo presenta un estado con cantidades presupuestadas. En segundo lugar las cantidades registradas como gastos para costear la guerra de castas no se encuentran desglosadas; sólo se hace referencia al origen y no al destino, lo cual no esclarece la forma en que se gastó el dinero y tampoco se incluye en el presupuesto contemplado por el estado. Por lo tanto todo el gasto de guerra es visto como un ingreso extrafiscal y en consecuencia tampoco está incluido en el gasto que contabilicé para ese año (véase tabla 2).

[32] *Memoria leída ante el Augusto Congreso del Estado de Yucatán, 1849*, p. 18.

TABLA 2. El gasto público en Yucatán, 1821-1915
(pesos corrientes)

Años	*Fuerzas Armadas*	*Poderes Constitucionales*	*Dirección política y administrativa*	*Servicios públicos*	*Pagos atrasados*	*Gastos extraordinarios*	*Total*
1821	252 687	14 388	28 000	35 136	41 274		371 485
1826		172 206	22 369	11 678		10 220	216 473
1832	1 276	274 797	12 438	24 856		5 321	318 688
1841	285 607	60 013	50 840	96 913		47 975	541 348
1844	331 159	56 449	60 736	134 582	49 280	336 790	968 996
1845	366 083	320 452					686 535
1849		134 748	26 480	81 377		28 600	271 205
1851	577 775	195 118	70 233	55 865			898 991
1857	227	48 496	13 538	18 160	8 271	107 558	196 250
1858		109 005	15 890	32 679		4 000	161 574
1886		219 440	104 376	143 999	52 242	56 652	576 709
1887		237 936	122 795	198 583	1 189	108 021	668 524
1888		249 866	109 507	270 157	361	109 278	739 169
1889		252 905	104 163	219 778	407	97 481	674 734
1890		257 184	126 092	344 428	21 935	110 787	860 426
1902-1903	232 051			2 728 442	944 927		3 905 420
1915	77 162	1 055 894	214 817	2 014 870			3 362 742

FUENTE: elaborada a partir de las *Memorias e Informes de Gobierno del Estado de Yucatán 1821-1917.*

taron las reliquias y joyas de valor de las iglesias. Lo que se obtuvo por su venta ingresó como un recurso extrafiscal para costear la guerra. Una idea específica de los recursos que se erogaron durante los tres primeros años del conflicto con los mayas sublevados se encuentra en la tabla 3.

TABLA 3. Gasto extraordinario por la Guerra de Castas
abril 1847-agosto 1849

Remesas del Supremo Gobierno	119 289
Producto de las rentas del Estado	152 264
Producto de las rentas de la Federación	134 513
Rentas del Estado en la Aduana de Campeche	28 197
Rentas de la Federación en la Aduana de Campeche	100 930
Rentas del Estado en la Aduana de Sisal	9 351
Rentas de la Federación en la Aduana de Sisal	21 181
Rentas del Estado en la Aduana del Carmen	13 045
Alhajas de los templos remitidas a Nueva Orleáns	19 238
Alhajas de los templos remitidas a La Habana	30 907
Total	628 915

FUENTE: elaborada a partir de la *Memoria leída ante el Augusto Congreso del Estado de Yucatán, 1849.*

Los gastos por "sostener el estado bajo la actitud de defensa" comprendían, según los reportes de la Comandancia General y la de los batallones de milicia local, costear y armar cerca de 18 000 hombres divididos en 16 batallones y organizados en los cantones y guarniciones, además de los cuerpos, compañías y piquetes de la denominada Seguridad Pública que se crearon en los pueblos que no fueron ocupados por los sublevados. A esta erogación se le sumó el sostén de un amplio número de indígenas a quienes se les otorgó el título de hidalgos a cambio de prestar servicio en las divisiones y cantones. Además de avituallar las tropas, el estado destinó raciones de maíz y carne para evitar que las familias de los soldados "perezcan de necesidad".[33]

[33] Los cálculos de la época señalan que sostener a un soldado, entre su paga y la ración familiar costaba cerca de real y medio diario, lo cual para el estado significaba un gasto diario que se aproximaba a los 3 000 pesos y a los 110 000 pesos mensuales, cantidad que

Los daños de la guerra pronto se sintieron en la península y si bien la Memoria de 1849 no contiene cifras de bajas y de los movimientos demográficos derivados de la inestabilidad social, proporciona otro tipo de información que permite suponer que la sublevación indígena tuvo graves consecuencias para los habitantes de los pueblos y ciudades yucatecos. Por ejemplo, en junio de 1849, Diego Larena, oficial mayor de la secretaría de Gobierno señaló que la situación de los curatos de la diócesis de Yucatán era preocupante. De los 93 curatos existentes, según los reportes de las parroquias, 40 estaban en estado de completa destrucción y 4 estaban "casi destruidos".[34] A partir de esta información es posible suponer que una parte importante de los pueblos del estado habían sido arrasados o al menos ocupados por los sublevados y por lo tanto su población ya había resentido los efectos de la violencia. El gobierno del estado, mencionó que apenas fuera posible trabajaría para lograr un "empadronamiento exacto, para calcular las bajas que ha tenido la población y arreglar nuevamente el importante ramo del censo general, bien que este trabajo jamás puede tener perfección sino en plena paz y quietud".[35]

Entre 1850 y 1853 el gobierno peninsular inició sucesivas campañas militares para pacificar a los indios sublevados.[36] El pago de las mismas explica por qué en 1851 el 64% del gasto público se destinó a las fuerzas armadas y registra el mayor porcentaje dedicado a este rubro en el total de los 95 años estudiados (véase tabla 3). Hasta 1857 no se dispone de información sobre los egresos del estado, pero en este año es notable que no existan dineros destinados al rubro *Fuerza militar*. Lo anterior puede expli-

esa época fue calificada de "monstruosa y que era imposible pudiese el pobre erario de Yucatán hacerse de ella". En cuanto a la compra de víveres, las cuentas de la Proveduría General en Mérida reportaban que en 1849 se distribuyeron en los cantones y entre las familias de la tropa 111 071 cargas maíz, 43 318 arrobas de carne, 855 arrobas de tasajo y 169 cargas frijol. *Texto de la Memoria leída ante el Augusto Congreso,* 849, pp. 19-20.

[34] Véase el Anexo núm. 47 del *Texto de la Memoria leída ante el Augusto Congreso,* 849.

[35] *Texto de la Memoria leída ante el Augusto Congreso,* 1849, p. 8.

[36] Entre 1849 y 1853 se realizaron diversas campañas contra los indígenas sublevados, entre las cuales destacan las lideradas en el sur por el coronel Pren, en el oriente por el mayor Andrés Romero y en los Chenes por Pedro Alcocer y Romualdo Baqueiro. También destaca la expedición del coronel Pablo Antonio González. Asimismo en esos años se llevaron a cabo fallidos intentos de mediación por parte de los ingleses, representados por el superintendente de Belice y también intentos de mediación eclesiástica. El objetivo era deponer las armas a cambio de una amnistía ofrecida por el gobierno. ANCONA, Eligio, *Historia de Yucatán*, vol. 4, pp. 275-321.

carse a partir de una estrategia contable, pues la Memoria de ese año registra como *Gastos extraordinarios* una importante erogación que probablemente corresponda a este tipo de egresos. Es importante señalar que en esta categoría se incluyeron todos aquellos registros cuya periodicidad era impredecible o extraordinaria en los informes anuales. Por tratarse de gastos no específicos desde la documentación de origen, es difícil describir sus componentes, sin embargo algunos son identificables como los gastos de comisos o de terrenos baldíos. Este rubro tiene una raigambre colonial, pues la naturaleza "extraordinaria" fue una estrategia que solventada en principios contables y administrativos sirvió para resguardar recursos que no se detallaban por motivos políticos o que eran parte de movimientos contables dudosos. Asimismo, los gastos de guerra inicialmente también tenían una naturaleza extraordinaria y, en consecuencia, es posible que en ocasiones se registraran bajo esa denominación.

El surgimiento de la burocracia estatal, 1858-1889

A partir de 1858 el gobierno de Yucatán orientó su gasto tanto al fortalecimiento de sus *Poderes Constitucionales* —Ejecutivo, Legislativo y Judicial—, como a crear una administración eficiente y que tuviera presencia en todo el territorio peninsular. Entre 1858 y 1889 la importancia de este rubro es tal que en términos porcentuales representó entre el 68% y el 37% del gasto total. Es importante señalar que, en términos fiscales, la década de 1860-1870 tiene un vacío de información oficial que dificulta el análisis desglosado del gasto. El paréntesis que significó el Segundo Imperio (1863-1867) en Yucatán también dejó su impronta tanto en el aspecto institucional como en el social. La trayectoria monárquica en el estado inició el 21 de febrero de 1864, cuando el coronel Felipe Navarrete proclamó la monarquía y aceptó el gobierno de la Regencia presidido por el archiduque Maximiliano.[37] En las tierras yucatecas el gobierno imperial se materializó en la figura del comisario José Salazar Ilarregui y las funciones administrativas recayeron en una estructura de prefectos y subprefectos.[38] Durante esos años la Hacienda

[37] SÁNCHEZ, *Yucatán durante la intervención francesa (1863-1867)*, pp. 43-60.

[38] Carta pública de José Salazar Ilarregui, comunica de su nombramiento como comisario imperial de Yucatán. CAIHY, *Impresos*, XII-1864, 003.

pública en Yucatán sufrió transformaciones derivadas del nuevo orden departamental. Si bien no disponemos de información sobre la cuenta pública entre 1864 y 1867, se sabe que entre las preocupaciones del emperador, para las cuales dispuso se gastaran parte de los recursos del erario yucateco, estuvieron la creación del Banco de Avío en septiembre de 1864, la inversión en la construcción de vías férreas que conectaran Mérida con los puertos de Progreso y Celestún, la construcción de la Casa de Inválidos de Sargento, cementerios en los pueblos y el tendido de líneas telegráficas. De igual forma durante estos años el gobierno incrementó su control y generó una vinculación al apoyar a los sectores marginados de la sociedad al decretar y convertir en obligación la agrimensura, el registro civil, las pensiones militares y la protección de las causas de los indígenas, a cuenta de una defensoría pública dirigida por un abogado defensor.[39]

A partir de 1858 es notoria la preocupación del gobierno por dotar a la población de *Servicios públicos,* los cuales para esos años básicamente comprendían los gastos de sostener la instrucción pública, los hospitales y pagar montepíos y pensiones. A lo largo del periodo las cantidades que se dedicaron a estos menesteres se incrementaron del 20% al 37% y 33% del gasto total (véase tabla 4). La estructura institucional del estado también se fortaleció en el periodo 1858-1889. El rubro denominado *Dirección política y administrativa* —conglomera los gastos de administración, recaudación, y los de índole municipal que representaban el control del estado en los pueblos— se incrementó gradualmente del 10% en 1858 y a partir de 1886 se estabilizó entre el 18% y el 15% del egreso total. Algunos de los registros incluidos son el pago de elaboración de matrículas, premios de cobranza, los sueldos de la Tesorería General y los pagos de las administraciones subalternas de Campeche y otros pueblos, los sueldos del resguardo y el papel sellado. Esta categoría comprende también los gastos de las 4 aduanas que existieron en el territorio yucateco, es decir Campeche, El Carmen, Sisal y Bacalar.[40]

[39] Decretos de José Salazar Ilarregui, CAIHY, *Impresos*, XII-1864, vols. 006, 008, 011, 012, 018, 019, 030.

[40] En las *Memorias* de Yucatán a menudo los registros de estos gastos no se desglosaban y se asentaban bajo denominaciones como Recaudación y administración, o Administración y resguardo. En consecuencia, más que fiarnos de la exactitud en el detalle de las cifras, es importante conocer la tendencia de esta categoría en el periodo estudiado.

TABLA 4. El gasto público en Yucatán, 1821-1915
(porcentajes)

Años	*Fuerzas Armadas*	*Poderes Constitucionales*	*Dirección política y administrativa*	*Servicios públicos*	*Pagos atrasados*	*Gastos extraordinarios*
1821	68	4	8	9	11	
1826		80	10	5		5
1832		86	4	8		2
1841	53	11	9	18		9
1844	34	6	6	14	5	35
1845	53	47				
1849		50	10	30		11
1851	64	22	8	6		
1857		25	7	9	4	55
1858		68	10	20		2
1886		38	18	25	9	10
1887		36	18	30		16
1888		34	15	37		15
1889		37	15	33		14
1890		30	15	40	3	13
1902-1903	6			70	24	
1915	2	31	6	60		

FUENTE: elaborada a partir de las *Memorias e Informes de Gobierno del Estado de Yucatán 1821-1917*

Bonanza y desarrollo en Yucatán, 1890-1915

A partir de 1890 la bonanza económica que vivió Yucatán gracias al henequén se reflejó en el gasto del estado. El incremento en la recaudación impactó en forma positiva y los dineros se dirigieron a la educación, el alumbrado, la pavimentación y diversas preocupaciones de orden público. En ese año el rubro *Servicios públicos* amplió su cobertura en Educación, Montepíos y pensiones y los registros señalan fuertes erogaciones destinadas a Gastos eclesiásticos, Fomento y Otros gastos. Ese año dicho rubro representó el 40% del gasto público yucateco (véase tabla 4).[41]

El crecimiento económico se dirigió a los diversos sectores de la sociedad. El impacto del gasto público resultó visible en el paisaje urbano de la capital yucateca, el Paseo de Montejo, cuya construcción inició en 1888, hacia 1906 ya estaba concluido. También el cementerio general fue ampliado y hacia 1889 se concluyó la construcción de un mausoleo para los hombres ilustres del Estado.[42] La riqueza y la opulencia económica también se reflejó en el ámbito privado, pues las casas de los hacendados henequeneros fueron obras arquitectónicas que, en conjunto con las emprendidas por el gobierno, transformaron Mérida en un proceso que los estudiosos de los patrones urbanos denominan el "modelo porfiriano".[43]

Al iniciar el siglo XX los *Servicios públicos* no sólo eran una prioridad para el gobierno yucateco, sino que se convirtieron en el único objetivo al cual encaminar los dineros del estado. Para 1902 representó el 70% del

[41] En el subrubro Educación y otros servicios públicos se incluyeron todos los gastos realizados en el área conocida durante el siglo XIX como Instrucción Pública, es decir pago de estipendios de los profesores de las escuelas primarias, catedráticos de la Universidad y asignaciones a los Colegios de Mérida. También bajo la denominación de Otros servicios públicos se entienden los gastos derivados de la salud pública, es decir, asignaciones a hospitales y a estancias, compra de vacunas, asignaciones a los propagadores de vacunas, médicos de salubridad pública, los gastos de manutención del Hospital O'Horán de Mérida y el pago de sus residentes, entre otros gastos similares. Asimismo este subrubro comprende las obras públicas como caminos, el fondo de construcción y mantenimiento de caminos, los portes de correos y a partir de 1886 el gasto de Telégrafos del Estado.

[42] En marzo de 1887 la legislatura de Yucatán dispuso mediante decreto que se levantara un mausoleo para resguardar los restos del coronel Sebastián Molas y de otros yucatecos ilustres y bienhechores de la patria. Para tal fin facultó al gobernador Guillermo Palomino para utilizar de los recursos del estado "la cantidad que juzgue necesaria". Decreto de 31 de marzo de 1887.

[43] LARA, *Huellas de Mérida. Transcursos y patrones urbanos,* pp. 29-40.

gasto total y era notorio como el ramo de pensiones y pensionistas amplió su abanico —Montepíos y pensiones, Cesantes y jubilados, Pensiones sobre vacantes y de Hacienda, Pensiones de tropa y Oficiales retirados e inválidos—. De igual modo, la bonanza se expandió al ámbito religioso, pues el estado comenzó a pagar puntualmente los gastos eclesiásticos como la congrua del reverendo obispo y las congruas de los curas párrocos. Además, se incluyeron los gastos generales del culto y los gastos del culto de la Sta. Iglesia Catedral de Mérida. Entre 1902 y 1903 el erario también dedicó una importante cantidad —el 24% del gasto total— a solventar los pagos atrasados de la deuda, lo cual fue señal de buena salud financiera.[44]

En el ámbito del desarrollo económico a partir de 1886 durante el gobierno del Gral. Octavio Rosado comenzó a destinarse una parte importante del gasto público al rubro conocido como Fomento, es decir, todo el recurso dirigido hacia el impulso de las actividades productivas. Este tipo de gasto es identificable en Yucatán a partir de la penúltima década del siglo XIX y se expresó en un conjunto de asignaciones para el auxilio de establecimientos comerciales, manufactureros y bancarios. Así, para 1890 se registran asignaciones a buques y vapores que transportaban henequén y asignaciones a fábricas locales como La Constancia. También se registran movimientos de dinero destinados a las nacientes instituciones bancarias de la región como el Banco Yucateco y el Banco Mercantil de Yucatán. Por último el rubro "Otros gastos" comprende gastos corrientes cuya aparición en los estados anuales fue esporádica. Además, los montos de estos registros no fueron de importancia respecto del gasto total. Algunos ejemplos son los gastos de imprenta, el Museo Yucateco y los periódicos oficiales, entre otros.

El inicio del movimiento revolucionario en 1910 y las convulsiones sociales y políticas que trajo consigo la lucha armada tardaron en hacer eco

[44] La categoría Pagos atrasados abarca el conjunto de gastos derivados de los pagos atrasados de la tesorería del estado de Yucatán. Algunos eran de raigambre colonial, como los réditos de consolidación y las deudas de encomiendas. Exceptuando estos registros, los restantes se caracterizan por denominaciones poco específicas, pues no remiten a algún gasto en concreto, como es el caso de los reintegros o las devoluciones, cuyo origen no se señala en las cuentas anuales. Mención especial merecen los pagos atrasados de préstamos, pues usualmente eran denominados con el año y fecha específica del préstamo en cuestión, por ejemplo, el pago del préstamo del 2 octubre de 1885 o pagos por préstamo de pronto reintegro.

en Yucatán. Los gobiernos de Enrique Muñoz Aristegui (1910) y José María Pino Suárez (1911) si bien enfrentaron el inicio de un camino ineludible, dejaron poca constancia del manejo y control de los dineros del estado. De esta forma, cuando el Gral. Salvador Alvarado llegó a Mérida en 1915 con las tropas constitucionalistas y asumió la gubernatura y la comandancia militar del estado de Yucatán, encontró vacías las arcas de la Tesorería general pues Abel Ortiz Argumedo y sus correligionarios huyeron del estado llevando todos los dineros existentes. Así, "para subsanar los primeros gastos del gobierno constitucional varios comerciantes facilitaron, en calidad de préstamo las cantidades necesarias, las mismas que poco después, fueron devueltas".[45] El gobierno de Alvarado se prolongó hasta 1918 y se caracterizó por reformar y dotar de un nuevo marco legal que fortaleciera el desempeño de las tareas del estado: trabajo, educación, leyes agrarias, etc. En el ámbito de la Hacienda pública reorganizó y regularizó el funcionamiento del erario y en el ámbito de los egresos, creó la Mesa de Revisión y Glosa cuya tarea central era "exigir a los responsables la comprobación exacta de las cantidades gastadas por las Oficinas respectivas o por las Comisiones nombradas por el Gobierno".[46] En otras palabras puso en marcha un mecanismo de estricto control y vigilancia para el uso de los recursos públicos. En términos generales durante el gobierno de Alvarado la orientación del gasto no cambió respecto de los años previos a su gestión. El gasto público yucateco, al menos hasta 1915, se dirigió a los *Servicios públicos* (60%) y al fortalecimiento de la institucionalización de la forma de gobierno, con el gasto en *Poderes Constitucionales* (31%).

CONCLUSIONES

El análisis del gasto público de Yucatán entre 1821 y 1915 nos muestra cómo el estado intentó dar cumplimiento a sus tareas esenciales, las cuales derivaron de la naturaleza del estado mismo y del proceso de consolidación de la economía y del poder estatal. Las cifras oficiales revelan aspectos des-

[45] *Informe que el Gral. Salvador Alvarado, gobernador y comandante militar del estado de Yucatán rinde al primer jefe del ejército constitucionalista*..., mayo de 1915 a febrero de 1917, pp. 45-46.

[46] *Ibid.*, p. 49.

conocidos de la historia de Yucatán y cuestionan la tradicional perspectiva del crecimiento desmesurado del gasto debido a la Guerra de Castas.

Una primera lectura sobre la dimensión y magnitud del gasto arroja dos etapas diferenciadas, la primera entre 1821 y 1865, y la segunda de 1866 hasta 1915. Hasta 1865 los egresos dan cuenta de un estado incipiente y débil cuya capacidad fiscal era mínima, con gastos estancados o decrecientes. Si bien a partir de 1842 el gobierno yucateco debió responder al imperativo fiscal de costear la guerra, primero contra México y después de 1847 contra los mayas sublevados, en las cifras el quinquenio 1846-1850 registró un gasto decreciente de casi el 40%. Lo anterior explica el testimonio que planteamos al inicio del artículo, al citar la desesperación del gobernador Barbachano en 1848, cuando escribe pidiendo ayuda al presidente de la República. Es probable que las gestiones del gobernador tuvieran efectos positivos, pues entre 1851 y 1855 el gasto aumentó de forma acelerada (100%). Sin embargo fue una recuperación efímera y lo peor estaba todavía por venir, lo cual muestra que para Yucatán el impacto de la guerra no fue inmediato y si fue intenso y de larga duración, pues afectó directamente la dimensión y la capacidad del estado con una contracción del gasto en un 87% que se prolongó al menos hasta 1865. El desplome de los egresos alcanzó su peor nivel en el quinquenio 1861-1865, lo cual implicó una reducción en todos los rubros. Las tasas negativas más altas correspondieron a los rubros asociados con la guerra (*Fuerzas armadas* y *Gastos extraordinarios)*, mientras que los que muestran una mayor resistencia a la tendencia decreciente son *Servicios públicos y Poderes Constitucionales*, aunque con marcadas oscilaciones, lo cual indica los esfuerzos que el estado realizó por solventar su legitimidad mediante la manutención de la estructura burocrática y la oferta raquítica de un conjunto de bienes públicos. La falta de consolidación de los aspectos cruciales del estado, expresados en el ámbito político como momentos de escisión de la nación son evidentes en el ámbito financiero al revisar la trayectoria del rubro *Poderes Constitucionales*, que es el más inestable de todos los componentes del gasto público de Yucatán durante la primera etapa (véase tabla 4).

La segunda etapa —1866-1915— se caracteriza por una tendencia creciente cada vez más acelerada de modo tal que el gasto de 1.5 millones al iniciar el periodo alcanzó los 16.8 millones hacia 1915. El incremento en la magnitud del gasto se explica a partir de tres razones principales. La primera es el paulatino crecimiento de la economía a partir de la explotación del henequén. La segunda razón es un fortalecimiento del estado expresado en un mayor control institucional y administrativo. Y la tercera razón, derivada de las dos primeras —círculo virtuoso— es la consolidación de una base fiscal con mayores recursos gravables que permitió ampliar la recaudación y por lo tanto extender el abanico del gasto público.

En lo referente a las transformaciones en el gasto público a lo largo de los 95 años estudiados es indudable que el gasto militar fue un componente predominante durante la primera mitad del siglo XIX, lo cual no es novedad en lo referente a la historiografía de Yucatán. Lo novedoso que arroja el estudio del gasto es que a la par del gasto militar el gobierno estaba preocupado por fortalecerse, lo cual es evidente en las cifras del rubro *Poderes Constitucionales,* el cual entre 1821 y 1857 representó en promedio el 37% de los egresos. Como evidencian los registros de la cuenta pública, a partir de 1858 los dineros dejaron de destinarse al gasto militar, lo que se tradujo en una virtual desaparición del rubro *Fuerzas armadas* y en el inicio de una trayectoria de fortalecimiento del estado a través del crecimiento de la *Dirección Política y Administrativa*, que se consolidó hacia 1890, cuando la rama *Servicios públicos* inició su predominio, el cual prevaleció hasta 1915.

En suma la trayectoria del gasto yucateco evidencia el proceso de conformación de un estado que pagó un alto costo económico para consolidarse. La inestabilidad política y los años de guerra originados por las discordancias con el proyecto nacional y posteriormente por la guerra de castas acarrearon grandes costos para el erario que imposibilitaron el fortalecimiento del estado. Además, la pérdida territorial de Campeche mutiló una parte de los recursos y contrajo el egreso estatal. Las vías para afianzar la estructura institucional del estado y paulatinamente ampliar la dotación y asignación del bien público se abrieron hasta el último tercio del siglo XIX, con el auge económico generado por la explotación del henequén y el incremento en la recaudación sobre esta nueva fuente de recursos. Fue hasta ese momento que Yucatán, en estrecha vinculación con la economía internacional, se insertó en la dinámica del liberalismo y se arraigó como parte del Estado mexicano.

BIBLIOGRAFÍA

Siglas

CAIHY Centro de Apoyo a la Investigación Histórica de Yucatán, Biblioteca Yucatanense-*Fondo Reservado,* Mérida Yucatán.

Referencias

BAQUEIRO, Serapio

1990 *Ensayo histórico sobre las revoluciones de Yucatán desde el año de 1840 hasta 1864*, vol. 3, Mérida, Ediciones de la Universidad Autónoma de Yucatán.

BARBIER, Jacques A. y Herbert S. KLEIN

1985 "Las prioridades de un monarca ilustrado: El gasto público bajo el reinado de Carlos III", *Revista de Historia Económica*, año III, núm. 3.

BRAUDEL, Fernand

1984 *Civilización material, economía y capitalismo, siglos XV-XVIII*, t. II, *Los juegos de intercambio*, Madrid, Alianza Editorial.

CARMAGNANI, Marcello

1983 "Finanzas y Estado en México 1820-1880", *Ibero-Amerikanisches Archiv*, vol. 9, núm. IV, pp. 279-313.

1984 "Territorialidad y federalismo en la formación del estado mexicano", en Inge BUISSON *et al.* (eds.), *Problemas de la formación del Estado y de la nación en Hispanoamérica*, Bonn, Inter Nationes, pp. 289-304.

1989 "El liberalismo, los impuestos internos y el Estado federal mexicano, 1857-1911", *Historia Mexicana,* vol. 38, núm. 3, enero-marzo, pp. 471-496.

1994 *Estado y mercado. La economía pública del liberalismo mexicano, 1850-1911*, México, El Colegio de México/Fondo de Cultura Económica.

CASTAÑEDA, Jorge,

2001 "El contingente fiscal", en Carlos MARICHAL y Daniela MARINO (eds.), *De colonia a nación. Impuestos y política en México, 1750-1860,* México, El Colegio de México.

Diario Oficial
1902 *Diario Oficial del Supremo Gobierno de los Estados Unidos Mexicanos* del 24 de noviembre, t. 0, núm. 20.

Documentos relativos
1868 *Documentos relativos a los créditos de Yucatán a cargo del gobierno federal*, Mérida, Imprenta de J. D. Espinosa e Hijos.

EINAUDI, Luigi
1959 "Esquemas históricos y esquemas ideales", en Luigi EINAUDI, *Mitos y paradojas de la justicia tributaria*, Barcelona, Ediciones Ariel, pp. 358-403.
1962 *Principios de Hacienda Pública* (traducción de la edición italiana por Jaime Algarra y Miguel Paredes), Madrid, Editorial Aguilar.

FERGUSON, Niall
2001 *Dinero y poder en el mundo moderno, 1700-2000*, trad. de Silvina Marí, Madrid, Taurus Historia.

FERRER MUÑOZ, Manuel
2002 "Un cuarto de siglo de constitucionalismo en Yucatán (1825-1850)", *Anuario Mexicano de Historia del Derecho*, vol. XIV, pp. 101-127.

FLORES ESCALANTE, Justo
Entre el centralismo y el federalismo. Proyectos de gobierno en la península de Yucatán 1829-1839, Campeche, Colección Bicentenario, 2010.

HALPERIN DONGHI, Tulio
2005 *Guerra y finanzas en los orígenes del Estado argentino (1791-1850)*, Buenos Aires, Prometeo Libros.

HEREDIA, Emmanuel
2013 "Gasto público y gobierno. Yucatán 1824-1848", tesis de licenciatura en historia, Facultad de Ciencias Antropológicas, Universidad Autónoma de Yucatán.

HINTZE, Otto
1968 *Historia de las formas políticas*, Madrid, Ediciones de la Revista de Occidente, Biblioteca de Política y Sociología.

Informe
1917 *Informe que el Gral. Salvador Alvarado, gobernador y comandante militar del estado de Yucatán rinde al primer jefe del ejército constitucionalis-*

ta encargado del poder ejecutivo de la Nación, C. Venustiano Carranza. Comprende su gestión administrativa desde el 19 de mayo de 1915 al 28 de febrero de 1917, Mérida, Imprenta del Gobierno Constitucionalista.

KÖRNER, Martin
1995 "Expenditure", en Richard BONNEY (ed.), *Economic Systems and State Finances,* Nueva York, Oxford University Press, pp. 393-422.

LARA NAVARRETE, Ileana
2011 *Huellas de Mérida. Transcursos y patrones urbanos,* Mérida, Gobierno del Estado de Yucatán/Secretaría de Educación.

MARICHAL, Carlos
1994 "La Hacienda Pública del Estado de México desde la Independencia hasta la República Restaurada, 1824-1870", en Carlos MARICHAL, Manuel MIÑO y Paolo RIGUZZI, *El primer siglo de Hacienda Pública del Estado de México 1824-1923,* t. I, México, El Colegio Mexiquense, Gobierno del Estado de México, pp. 101-190.

Memorias de Gobierno
1826 *Memorias de Estadística remitidas por el gobierno de Yucatán a la Cámara de Senadores del Soberano Congreso General con arreglo al artículo 161 número 8º de la Constitución Federal de los Estados Unidos Mexicanos el año de 1826.* Imprenta de la Federación Mexicana, en Palacio.
1827 *Memorias de Estadística, remitidas por el gobierno de Yucatán a la Cámara de Senadores del Soberano Congreso General con arreglo al artículo 161 número 8º de la Constitución Federal de los Estados Unidos Mexicanos para el año de 1827.* Imprenta del Gobierno.
1831 *Memoria que el excelentísimo Sr. D. José Segundo Carvajal leyó el día 31 de septiembre de 1831 en el seno de la soberana convención al hacer dimisión del cargo de jefe de superior de Yucatán.* Mérida, Imprenta de Lorenzo Seguí.
1841 *Memoria presentada al Augusto Congreso del Estado de Yucatán por el secretario general de gobierno en 29 y 30 de septiembre de 1841.* Mérida, Imprenta de José Dolores Espinosa.
1845 *Memoria leída ante la Excma. Asamblea del departamento de Yucatán por el secretario general de gobierno el día 7 de mayo de 1845,* Mérida, Imprenta de Castillo y Compañía.
1849 *Texto de la Memoria leída ante el Augusto Congreso del Estado de Yucatán por el Secretario General de Gobierno el día 29 de agosto de 1849,* Mérida, Imprenta a dirección de Nazario Novelo.

1851 *Memoria presentada por el Secretario de Gobierno de Yucatán a las Cámaras del H. Congreso, en los días 10 y 11 de enero de 1851,* Mérida, Tipografía de Rafael Pedrera.

1857 *Memoria leída ante el Honorable Congreso del estado libre de Yucatán por el Secretario de Gobierno en 20 de julio de 1857,* Mérida, Tipografía de Mariano Guzmán.

1862 *Memoria del Estado que guarda la administración pública de Yucatán escrita por el Secretario General de Gobierno, C. Antonio G. Rejón y leída por el mismo ante la legislatura constitucional, en la sesión del día 8 de septiembre de 1862,* Mérida, Imprenta de José Dolores Espinosa.

1885 *Memoria leída por el C. Gobernador del Estado Libre y Soberano de Yucatán, General Octavio Rosado en la Solemne Instalación de la Undécima Legislatura Constitucional verificada el 1 de enero de 1886.* Mérida, Imprenta de El Eco del Comercio.

MOLHO, Anthony

1995 "The State and Public Finance: A Hypothesis Based on the History of Late Medieval Florence", *The Journal of Modern History,* núm. 67, pp. 97-135.

MORENO, Elda

2006 "De la Independencia a la Constitución, El tránsito de Yucatán de provincia a entidad federativa (1821-1825)", *Jarbuch Für Geschichte Lateinamerikas,* Band 43, pp. 351-370.

PEACOCK, Alan y Jack WISEMAN

1961 *The Growth of Public Expenditure in the United Kingdom,* NBER 72, Princeton University Press.

PÉREZ DE SARMIENTO, Marisa y Franco SAVARINO

2001 *El cultivo de las élites. Grupos económicos y políticos en Yucatán en los siglos XIX y XX,* Conaculta, México.

QUEZADA, Sergio

2012 "Formas de gobierno y élites peninsulares. Federalismo y centralismo en Yucatán", *1825-1835,* en Josefina Zoraida VÁZQUEZ y José Antonio SERRANO ORTEGA (coords.), *"Práctica y fracaso del primer federalismo mexicano (1824-1835)",* México, El Colegio de México, pp. 229-257.

REED, Nelson

1976 *La guerra de castas de Yucatán,* México, Editorial Era.

RUGELEY, Terry
2009 *Rebellion Now and Forever. Mayas, Hispanics, and Caste War Violence in Yucatan, 1800-1880*, Stanford, Stanford University Press.

SABIDO MÉNDEZ, Arcadio
1995 *Los hombres del poder: monopolios, oligarquía y riqueza en Yucatán 1880-1990*, Mérida, Universidad Autónoma de Yucatán.

SÁNCHEZ NOVELO, Faulo
1983 *Yucatán durante la intervención francesa, 1863-1867*, Mérida, Maldonado Editores.

SMITH, Adam
2006 *Investigación sobre la naturaleza y causas de la riqueza de las naciones*, México, Fondo de Cultura Económica.

SOLER DOS SANTOS, Leticia
1986 "El levantamiento indígena de Maxcanú, Yucatán 1891-1892", en Jane DALE LLOYD (coord.), *Porfirio Díaz frente al descontento popular regional 1891-1893: antología documental*, México, Universidad Iberoamericana.

Yucatán
Yucatán a través de sus constituciones 1923-1918, LI Legislatura del H. Congreso del Estado de Yucatán, Mérida.

ZULETA, María Cecilia
2004 "Hacienda Pública y exportación henequenera en Yucatán, 1880-1910", *Historia Mexicana*, vol. 54, núm. 1, pp. 179-247.

LA CORONACIÓN PONTIFICIA DE LAS IMÁGENES MARIANAS EN MÉXICO Y LA AFIRMACIÓN DE LA SOBERANÍA SOCIAL DE LA IGLESIA CATÓLICA DURANTE EL PORFIRIATO.

*Cecilia A. Bautista García**

"Porque venir debías cual Reina y cual Señora,
espejo de justicia del árbitro eternal;
porque venir debías, terrible y vengadora,
a derribar las sombras de negra inequidad.
Terrible como ejército en forma de batalla,
Cual te miró el profeta de la visión surgir;
Para decirle al trueno del cataclismo: "¡Calla!"
"¡Alienta y vive!" a un mundo; y a las sombras "¡Huid!"

TRINIDAD SÁNCHEZ SANTOS

Poema en honor a la Coronación de la Virgen de Ocotlán, Tlaxcala, mayo de 1907

A MANERA DE INTRODUCCIÓN

Desde mi etapa como tesista de doctorado, se me ha planteado una pregunta de forma recurrente: ¿por qué el profesor Carmagnani dirigía una tesis sobre un tema eclesiástico? A pesar de que para mí la respuesta era clara, la frecuencia de esta interrogante me llevó a reflexionar la decisión, del profesor y mía, de emprender un camino conjunto para explorar aspectos que tenían como uno de los protagonistas centrales a la Iglesia católica. En principio, había que inquirir el porqué de la pregunta: la contestación tenía referentes importantes en la forma en que había sido abordada la trayectoria de la Iglesia católica a partir de la Reforma liberal. Y es que durante varias décadas, la historiografía marcó un quiebre importante en-

* Universidad Michoacana de San Nicolás de Hidalgo.

tre el Estado y la Iglesia, destacando la serie de conflictos que enfrentaron. Sin embargo, la perspectiva del doctor Carmagnani intuía un desarrollo más complejo de la relación. Como estudioso de la Historia Política de México y América Latina, el profesor Carmagnani ha insistido en que los proyectos de Estado en los siglos XIX y XX no pueden entenderse desvinculados de los procesos eclesiásticos. A través de su dirección pude plantear reflexiones sobre la interacción de ambas entidades que me acercaron a la complejidad de la relación Estado-Iglesia, más allá de la tradicional dicotomía planteada por buena parte de la historiografía mexicanista, para proyectar una relación que no podía explicarse sólo a través del conflicto y las posturas irreconciliables, pero tampoco por la simple conciliación caracterizada por la suspensión informal de las Leyes de Reforma en el periodo de Porfirio Díaz. Parto de la premisa de que los proyectos de formación del Estado liberal no pueden entenderse al margen de la Iglesia católica. La historia de México evidencia que la trayectoria imbricada de ambas entidades está estrechamente ligada, no solamente en el periodo novohispano, sino también en la etapa independiente, siendo de interés establecer la manera en que se ha dado ese itinerario conjunto.

Propongo que entrada la segunda mitad del siglo XIX, se logró construir una relación concertada entre el Estado y la Iglesia que contribuyó a reforzar la nueva forma estatal. Ello fue posible porque "el liberalismo, una vez alcanzado su objetivo de abolir los fueros y privilegios eclesiásticos, buscó el entendimiento con la Iglesia, bajo el supuesto que la gran mayoría de los mexicanos del siglo XIX consideraban la religión católica un aspecto significativo de su identidad".[1]

El siglo XIX marcó el ascenso y consolidación de los Estados nacionales, la expansión del liberalismo y la secularización del poder político en el mundo católico occidental. Hacia la segunda mitad de esa centuria, el papado introdujo un proyecto de reforma eclesiástica orientado a hacer frente a los embates de los gobiernos civiles y al avance de la secularización. Uno de sus rasgos centrales fue la búsqueda de la "revitalización" del catolicismo.[2] La propuesta tuvo una recepción particular en cada país y permitió la formación de proyectos eclesiásticos locales que lo hicieron específico.

[1] CARMAGNANI, "Prólogo".
[2] CEBALLOS, *El catolicismo,* pp. 23-24.

En México, hacia las dos últimas décadas del siglo XIX, se puede hablar de una activa participación de la Iglesia católica en diversos aspectos de la vida pública y social, no como una institución aislada, que haya funcionado al margen del Estado, sino como una institución que logró reordenar importantes elementos de su administración interna y su vinculación social, a partir del espacio trazado por el marco jurídico liberal. En muchos sentidos, la Iglesia católica afirmó postulados como la libertad de asociación, de reunión, de opinión, desde los cuales emprendió una animada acción, particularmente protagonizada por los católicos quienes, inspirados en los dictados de la Santa Sede, buscaron con éxito restaurar las bases sociales del catolicismo, a través del activismo de los seglares y de la extensión de lo que se conoció como catolicismo social. Esta renovada fuerza, le permitió a importantes grupos de católicos actuar, no al margen del Estado, sino "a favor" del mismo, desde un proyecto que pretendía afirmar a la Iglesia como una institución necesaria para lograr la consolidación de la nación, en tanto se promovía capaz de cooperar con el Estado en el mantenimiento del orden social.

A fines de siglo XIX y principios el XX, tuvo lugar un cambio generacional en el episcopado mexicano que afianzó la reorganización eclesiástica interna, por medio de la reforma educativa de los seminarios, de las órdenes religiosas, la creación de nuevos institutos religiosos, la formación de concilios y sínodos diocesanos, y la consolidación de una nueva distribución territorial de las diócesis. La reorganización también operó en el campo religioso: si bien la Santa Sede promovió la expansión de devociones universales, al mismo tiempo apoyó el culto a las diversas advocaciones marianas regionales.

Las coronaciones pontificias de varias imágenes marianas celebradas durante el porfiriato, más allá de implicar actos de exclusiva piedad religiosa dentro de la historia de la Iglesia, fueron episodios significativos ligados al contexto de su concertación con el Estado, y a los proyectos de reforma eclesiástica promovidos desde Roma. Este trabajo expone la expansión del privilegio de la coronación pontificia a las imágenes marianas en México, a través de siete imágenes coronadas entre 1886 y 1909: La Virgen de la Raíz de Jacona, Michoacán en 1885; la Virgen de Guadalupe en 1895; la Virgen de la Salud, Pátzcuaro Michoacán, en 1899; la Virgen de la Luz de León Guanajuato, en 1902; la Virgen de San Juan de los Lagos, Jalisco en 1904; la Virgen de

Ocotlán de Tlaxcala, Tlaxcala en 1907, y la Virgen de la Soledad de Oaxaca, 1909. Ésta es una aproximación inicial a las fuentes primarias que dan cuenta de la transformación de las devociones marianas en ese periodo.

La propuesta es revisar dos momentos clave de las imágenes marianas como tradiciones religiosas que, nacidas entre los siglos XVI y XVII, han tenido cambios significativos en épocas posteriores, destacándose su coronación pontificia como uno de esos momentos emblemáticos. Las coronaciones marianas fueron la expresión simbólica del fortalecimiento que alcanzó el catolicismo en los distintos obispados mexicanos y, al mismo tiempo, formaron parte de un discurso político que hizo públicas las aspiraciones seculares de la Iglesia, en el contexto de los proyectos estatales de los últimos años del porfiriato. El tema no se plantea desde el problema de la religiosidad, sino que pone énfasis en la historia política e institucional eclesiástica, en lo que resulta una aproximación al tema de las coronaciones marianas, con base en documentos generados por la jerarquía.

LAS ADVOCACIONES CORONADAS: BREVE RESEÑA HISTÓRICA DE SU ORIGEN

La religión es un fenómeno social que sólo puede ser entendido en el *contexto sociocultural* en el cual se desarrolla. Las dimensiones del catolicismo (las creencias y las prácticas) son producto de procesos sociales, de estructuras culturales amplias y de contextos específicos. Como fenómeno social, las dimensiones del catolicismo están vinculadas a problemáticas como el género, las identidades, la economía, la política, la salud, la geografía, etc., mismas que hacen complejo su estudio, pues lo sitúan más allá de los planos exclusivamente religiosos.[3]

[3] Brian Morris apunta que los enfoques antropológicos y sociológicos definen la religión como "una institución social, un sistema sociológico" y, por lo tanto, no puede ser reducido a una mera ideología o sistema de creencias. De igual manera, señala que la religión "influye también en la vida social y los significados culturales en diversos grados, sea como ideología legitimadora de la opresión clasista (Marx), favoreciendo el mantenimiento de modelos perdurables de vida social (Durkheim) o como factor importante en el mantenimiento del capitalismo (Weber). MORRIS, *Religión y antropología,* p. 9 y 16. Varios autores destacan las definiciones de la religión como un "conjunto de dogmas", DOMÍNGUEZ, "Bases metodológicas" p. 147.

A partir de su elaboración social, la religión es un fenómeno dinámico que contempla "dimensiones" de expresión: prácticas rituales, códigos éticos; corpus de doctrinas, creencias, escrituras o tradiciones orales; modelos de relaciones sociales centradas en torno a una congregación ritual, iglesia o comunidad moral; una jerarquía de especialistas, de rituales, una visión de lo sagrado y lo profano, experiencias de carácter emocional o místico.[4] En ese sentido, el catolicismo se constituyó históricamente a través de estas dimensiones, desde las cuales se moldeó el culto a María, la madre de Jesús.

El culto mariano ha sido el resultado de un proceso histórico de formulación teológica y pastoral que da cuenta de momentos históricos precisos, mismos que han nutrido la formación de diversas tradiciones religiosas de carácter local. La expansión del culto mariano fue de la mano con la formación de distintas *advocaciones*.[5] En la Nueva España los conquistadores españoles se acogieron a la protección de María, a quien adjudicaron muchos de sus triunfos. En la labor de los frailes para la adaptación de los indígenas al orden hispano, el marianismo fue importante elemento de cohesión y evangelización.[6]

Las vírgenes coronadas en el siglo XIX son un ejemplo de la amplia geografía y del complejo contexto sociocultural en que se dio el culto mariano en el periodo novohispano. El origen y la expansión del culto de las advocaciones que nos ocupan tuvieron lugar, según sus narraciones, en el orden que sigue: Virgen de Guadalupe, México 1532; Virgen de la Salud, Pátzcuaro Michoacán, 1538; Virgen de Ocotlán, Tlaxcala 1541; Virgen de la Soledad, Oaxaca, 1543; Virgen de San Juan de los Lagos, Jalisco, 1623-1630; Virgen de la Raíz, Jacona 1685; Virgen de la Luz, León, 1723.

Si bien, no interesa aquí profundizar en el tema del origen de las advocaciones, referiré algunos aspectos que nos ayudan a situar la trayectoria histórica de cada una, con el interés de destacar el arraigo social, geográficamente diferenciado, que las caracterizó, así como la manera en que pudieron transformarse con el paso del tiempo. Diversas fuentes han creado y recrea-

[4] MORRIS, *Religión y antropología,* p. 10.

[5] La palabra advocación en el culto mariano refiere la invocación a la Virgen María que, en distintos contextos históricos, le dan una forma y representación distinta, pero que afirma una misma esencia. De esa manera, se han generado una gran cantidad de advocaciones marianas, donde los procesos de identidad ligados al territorio han tenido un papel fundamental.

[6] Véase MARTÍNEZ BARACS, "Tepeyac en la Conquista".

do el origen de estas advocaciones hasta formar una experiencia de tradición local no sólo religiosa, sino secular, ligada al pasado histórico, y a los elementos identitarios y de cohesión social de las poblaciones que las sostuvieron, en una polisémica representación de las advocaciones marianas.[7]

Varios autores señalan que por diversas regiones se propagaron iconos marianos que incorporaron las concepciones religiosas y los valores estéticos del mundo prehispánico, dando lugar a una mezcla de mundos simbólicos disímiles en imágenes que fueron capaces de transmitir mensajes en diferentes planos.[8] La Virgen, en sus diferentes advocaciones, se constituyó en el elemento simbólico protector que legitimó la apropiación del espacio físico de los pueblos indígenas por parte de los conquistadores, y que sostuvo la construcción de un nuevo ordenamiento económico, jurídico, político, social y religioso.

El tipo de origen que les fue reconocido a las advocaciones coronadas respondió a cuatro categorías: la aparición, el hallazgo, la donación y la "voluntad" divina expresa. Las "apariciones" marianas se consideraron manifestaciones sobrenaturales de la divinidad, que afirmaba la predilección de un lugar sobre otro. Tales son los casos de la Virgen de Guadalupe y la Virgen de Ocotlán. Ambas apariciones se produjeron en el siglo XVI, a indios elegidos por ser los pobladores originarios de condición humilde. La Virgen de Ocotlán apareció en medio de una epidemia, en una región cuyos habitantes habían ayudado a llevar el Evangelio, apoyando a los conquistadores. A pesar de no existir testimonios escritos de la época, se acepta la tradición oral válida y antigua de la aparición de la imagen de la Virgen. La eficacia del prodigio se evidenció en la riqueza del culto, además de "las frecuentes romerías, principalmente de los naturales que no sólo de

[7] Las referencias que tenemos sobre los orígenes de las representaciones marianas se extraen de las crónicas religiosas, los memoriales de los arreglos de iglesias, las consagraciones de los espacios sagrados, los devocionarios, las obras poéticas de fieles, los documentos pastorales de obispos y las crónicas de las coronaciones.

[8] Una línea de estudios sobre el marianismo en el siglo XVI se enfoca a revisar la manera en que varias advocaciones marianas muestran la fusión de los arquetipos religiosos prehispánicos y occidentales en imágenes que afirmaron un carácter propiamente novohispano, dando lugar a una *lógica sincrética*. HOYT, *La Virgen de Plata leyendas*, QUIROZ, *Fiestas, peregrinaciones y santuarios;* BÁEZ-JORGE, *La parentela de María*; GRUZINSKI, *La guerra de las imágenes*, p. 12. FUENTE GARCÍA, "La Virgen de la Caridad del Cobre"; PALAZÓN, "Dos vírgenes en guerra"; LORANDI y SCHAPOSCHNIK, "Los milagros de la Virgen del Valle; AGUILERA, "Las deidades prehispánicas".

las cortas distancias de las provincias, sino de otras mayores, se emprenden en memoria de este beneficio, principio u origen de otros muchos, principalmente en materia del restablecimiento de la salud".[9]

Las narraciones novohispanas exponen que la Virgen de Guadalupe se apareció cuatro veces a un indio llamado Juan Diego, natural chichimeca del pueblo de Cuautitlán, la mayoría de ellas en el cerro del Tepeyac, situado aproximadamente a una legua al norte de la ciudad de México. Recién evangelizado, Juan Diego acudía regularmente a recibir los sacramentos a la doctrina de los padres franciscanos. Se narra que un sábado 9 de diciembre de 1531 ocurrió la primera manifestación de la Virgen, la cual pidió, la erección de un templo para su devoción.[10] La última aparición tuvo lugar el 12 de diciembre, cuando en presencia del obispo Juan de Zumárraga, se produjo el milagro de las rosas y se plasma la imagen de la Virgen en el ayate de Juan Diego. Los numerosos estudios sobre la Virgen de Guadalupe exponen la forma en que, a través de este culto, se unieron las revelacio-

[9] Los cronistas de la imagen en el siglo XIX afirman que no hay un testimonio, pues no hubo el tiempo o el cuidado de dejarlo, ni siquiera de los franciscanos ocupados con la gran labor evangelizadora. Se cuenta que durante la peste de viruelas, un indio tlaxcalteca llamado Juan Diego, servía en un convento de religiosas, pero se le permitía ir con frecuencia a su casa por el apego que tenía a su familia. Camino de su casa pasaba por el río de Zahuapam, y llevaba agua y medicina a su casa para las viruelas. Cuando atravesaba una loma se le apareció la Virgen. La Virgen le enseña un manantial que le promete curará a todo aquel que acuda para aliviarse de la peste. Además le dice al indio que avise a los religiosos que en ese sitio encontrará una imagen "no sólo que represente mis peticiones, sino por el que prodigare mis piedades y clemencia, el que hallado, quiero que se coloque en la capilla de S. Lorenzo." Juan Diego llevó el agua curativa, y su familia sanó. Después avisa a los religiosos que no le creen y van al lugar donde señaló la Virgen que dejaría evidencias: "palpan por primer milagro, que ardían los ocotes y pinos sin consumirse o marchitarse sus hojas, llevada por la identidad o similitud su imaginación hasta la zarza de Hored, luego se pronostican unos sucesos, los más favorables ruidosos". Ahí descubren unos troncos, los ocotes ardiendo y uno particular en tamaño que estaba hueco. Al día siguiente, acudieron con hachas para descubrir lo que había y descubrieron la imagen de la Virgen en el corazón del ocote en el misterio de la Inmaculada Concepción. *La estrella más hermosa o aparición de Nuestra señora de Ocotlán, en la ciudad de Tlaxcala, escrita por su humilde autor Fr. Vicente del Niño de Jesús Suárez de Peredo, religioso laico de la Provincia del Santo Evangelio de México, y morador del Convento de Sta. Recolección de N.S.P.S. Francisco de Topoyanco todo lo que hasta el día se ha escrito sobre esta materia*, Puebla, reimpreso por Isidro Moreno, 1880. FLORENCIA Y OVIEDO, *Zodiaco Mariano,* pp. 256-259.

[10] "Parte segunda. De los santuarios más célebres que tiene la Santísima virgen en la ciudad metrópoli de la Nueva España. De la prodigiosa imagen de la Santísima Virgen de Guadalupe", FLORENCIA Y OVIEDO, *Zodiaco Mariano*, pp. 32-67. La primera narración de la virgen de Guadalupe data de la publicación de 1649, titulada *Nican mopohua*, atribuida al indígena Antonio Valeriano.

nes apocalípticas de los Evangelios con la historia indiana, al tiempo que se proyectó un futuro promisorio para la Nueva España que, a partir de entonces, adquirió el carácter de "escenario providencial".[11] Con el paso del tiempo, la Virgen de Guadalupe fue incorporada a proyectos más amplios enfocados a moldear una conciencia patriótica, como lo muestra Jaques Lafaye y David Brading.[12]

Esa misma tónica que remite al protagonismo de los grupos indígenas en el contexto de la expansión de la fe, la tenemos en el "hallazgo milagroso" de la Virgen de la Raíz por un indio pobre, llamado Juan, originario del pueblo de Jacona en el obispado de Michoacán. El hallazgo tuvo lugar en un lago donde se encontró la imagen que a primera vista parecía un madero. El icono de la Virgen de la Raíz, al igual que la Virgen de Ocotlán, se afirmaba pertenecía a la raíz de un árbol.[13] Esta representación, coincidió con la antigua tradición occidental, que también tuvo un significado en las culturas prehispánicas vinculada a la tierra, donde el árbol era venerado como morada de seres sobrenaturales, de dioses y de espíritus elementales.[14] Dentro de la tradición cristiana, el árbol se ha considerado como símbolo de la vida, la muerte y la resurrección al representar a la Cruz de madera en donde Cristo murió para redimir al mundo.[15] La Virgen María también fue vinculada a este símbolo como el nuevo árbol de vida o como la "divina parra o vid" que, bendita por el Espíritu Santo, había dado como fruto al Hijo de Dios.[16]

[11] Para un análisis de la simbología bíblica guadalupana véase: OLIMÓN, "El vidente del Tepeyac"; CUADRIELLO, "Mirada apocalíptica"; véase también estudios sobre el marianismo: PASTOR, "El marianismo en México".

[12] Lafaye muestra cómo la Virgen de Guadalupe respondió a la necesidad de una imagen singular en la cual confluyeran una serie de elementos con cuyo significado estuviera acorde a la realidad híbrida de la Nueva España. LAFAYE, *Quetzalcóatl y Guadalupe*; BRADING, *Los orígenes del nacionalismo mexicano*. BRADING, *Siete sermones guadalupanos*; MAYER, "El culto de Guadalupe", BAUTISTA, "Dos momentos en la historia de un culto".

[13] ESCOBAR, *Americana Thebaida*, pp. 466-467.

[14] Como árbol de la vida fue venerado el dios sumerio de la vegetación Damuzi (Tamuz) La China antigua veneraba el melocotonero y la morera, los druidas célticos la *encina*, en que también fue atribuida como árbol sagrado al germánico del *trueno* y entre los griegos al rey de los dioses, Zeus. BIEDERMAN, *Diccionario de los símbolos*, p. 41.

[15] El árbol se convirtió entonces en "símbolo consolador del reverdecer y del renacer." BIEDERMAN, *Diccionario de los símbolos*, p. 42. MORALES Y MARÍN, *Diccionario de iconología*, p. 51.

[16] Se tiene noticia de la construcción de antiguos santuarios en donde se vinculaba a los antiguos árboles sagrados con la tradición mariana: María Tres Encinas, María Verde, María Tilo. BIEDERMAN, *Diccionario de los símbolos*, p. 42.

Las tres advocaciones mencionadas tuvieron como protagonista a un indio llamado Juan, nombre de uno de los evangelistas que anunció el nacimiento de la Virgen. El caso de la Virgen de la Salud de Pátzcuaro, en el obispado de Michoacán, también está ligado a la población indígena en proceso de evangelización. Su origen remite a la donación que hizo su primer obispo, Vasco de Quiroga, quien expresamente buscó a un indio en uno de los pueblos recién evangelizados, quien anteriormente elaboraba "ídolos" de una técnica conocida como pasta de caña de maíz batida. Se cuenta que un franciscano escultor le enseñó la técnica para moldear imágenes religiosas y Quiroga le mandó realizar la imagen de la Virgen de la Asunción, "sin duda la primera que recibió culto público entre los Tarascos".[17] Quiroga estableció a la imagen como la patrona del hospital de Santa Marta, una de sus tantas fundaciones para congregar y evangelizar a los indígenas, en un altar dedicado a la *Salus Enfirmorum* (Salud de los enfermos), bajo la advocación de la Inmaculada Concepción.[18] Así, la imagen fue reconocida por sus cualidades taumaturgas, con una fama que poco a poco se fue extendiendo y que justificó la creación de un santuario al cual fue trasladada en 1714.

Otra donación fue la Virgen de San Juan de los Lagos, también conocida por sus cualidades taumaturgas. Su origen todavía es debatible en cuanto a las fechas, pero la versión más difundida es que la imagen de la Inmaculada Concepción, hecha de la técnica pasta de caña de maíz, fue llevada en 1526 a la pequeña población indígena de San Juan Mesquititlán, ubicada en la zona conocida como los Altos de Jalisco, por el religioso franciscano fray Antonio de Segovia.[19] Se refiere que la imagen no tuvo una difusión hasta en 1623, cuando se ubica su primer milagro. En ese año se le atribuyó haber resucitado a una niña, hija de unos viajeros quienes habían colocado el cuerpo de la fallecida frente a imagen de la Virgen. A pesar de las discrepancias de la narración, se le reconoció el milagro y el efecto que tuvo

[17] *Crónica de la solemne*, p. 8.

[18] *Salus infirmorum* es el título con que los cristianos enfermos "invocan a la Santísima Virgen María depositando en su maternal amor, y poderosa intercesión, sus esperanzas de salud y de vida". La Virgen María es considerada como "el manantial de donde salió la Salud eterna para todos los hombres". OROZCO, *María Santísima de la Salud*, p. 13.

[19] MÁRQUEZ, *Nuestra Señora de San Juan.*

para extender la fama de la Virgen, pues el milagro de la resurrección de la muerte se considera excepcional.[20]

Otro caso de una donación es la imagen de la Virgen de la Luz de León, que data de 1722, cuando en Italia, el jesuita Juan Antonio Genovesi, fervoroso devoto de la Virgen de la Inmaculada, le pidió a un pintor plasmase una visión de la Virgen. La narración señala que la imagen dispuso llamarse Madre Santísima de la Luz, cuya devoción fue extendida en distintas partes de Europa, a través de diversas copias de la imagen. Se afirma que la imagen original llegó a León en 1729, donada por el padre José Genovese para ser colocada en la iglesia de un nuevo colegio jesuita en León.[21]

Las narraciones sobre el origen de la Virgen de la Soledad de Oaxaca refieren a los casos en que las imágenes "han elegido" un espacio para quedarse. Aunque con variaciones, los testimonios refieren que la imagen apareció en la carga que un arriero trasladaba a Guatemala. De paso por la ciudad de Oaxaca, al cruzar por la ermita de San Sebastián, la mula que llevaba la carga cayó al suelo, tras lo cual fue descubierta la imagen religiosa. Después de numerosos intentos, no fue posible mover a la imagen del lugar, hecho que fue considerado una señal de que la Virgen quería establecerse ahí, donde tiempo después le fue construido un templo.[22]

Este tipo de narraciones se nutrieron del imaginario popular y ligaron la expansión del culto mariano a las identidades locales de la amplia geografía que dominaron, sustentada por distintos grupos sociales que supieron ligar las devociones con sus diversas aspiraciones, seculares y espirituales, a través de distintas prácticas: rezos, peregrinaciones, exvotos, como una forma de propiciar y agradecer la protección e intercesión de la Virgen en los contextos cotidianos de las necesidades individuales (mal matrimonio, alivio a ciegos, paralíticos, desarrollo de vocaciones, etc.), pero también sociales (pestes, sequías, inundaciones, etc.). Esta protección pudo organizarse de forma colectiva por medio de las cofradías y asociaciones religiosas.

La mayoría de estas advocaciones se relacionaron en su origen con la propagación de las órdenes religiosas, haciendo parte importante del proceso de evangelización y consolidación del catolicismo, que fue capaz de vincularse a las identidades locales. En buena medida, estas advocaciones

[20] FERNÁNDEZ, "Tradición y modernidad".

[21] Véase ACEVEDO, *La maravillosa imagen.*

[22] CHÁVEZ, *Visita a la Santísima Virgen de la Soledad.*

estuvieron ligadas al proceso de fundación y re-fundación de la amplia geografía novohispana, como parte del proceso de colonización diferenciado del que participaron las órdenes religiosas, y a la formación de nuevas identidades en dichos espacios geográficos.[23] A ello contribuyó la formación de santuarios, como lugares sagrados donde se rindió culto a la madre de Dios. A través de estos espacios sagrados, los pueblos de indios fueron capaces de reapropiarse y, en ese sentido, refundar el espacio que habitaban y que había sido demonizado por los evangelizadores.[24]

Empero, varios de estas devociones experimentaron cambios en el siglo XVIII, ligados a su expansión, que generó la apropiación de estos cultos por parte de las elites criollas. En esos casos, las devociones populares que se habían dejado al cuidado de los pueblos de indios, no sólo son apropiadas simbólicamente en sermones y obras literarias, sino que la imagen sagrada es extraída de los espacios indígenas, para ser colocada en nuevos espacios sagrados controlados por los criollos. El caso de la Virgen de la Salud de Pátzcuaro, ejemplifica muy bien este proceso. La imagen de la Virgen de la Salud fue venerada más de 150 años en la capilla del hospital de Santa Marta, donde se dice, "venció a la idolatría". El párroco Juan Meléndez Carreño inició, en 1693, la construcción de un nuevo santuario más "apropiado" para venerar la imagen, a donde fue trasladada el 8 de diciembre de 1714. Con la fundación del nuevo Santuario

> empezó a borrarse la memoria del Hospital de Santa Marta, en cuyo recinto los indios tenían sus asambleas y sus distribuciones y habiendo seguido en aumento el culto y el decoro de la Santísima Virgen [...] ha venido a considerarse dicho templo, como cosa independiente y separada del hospital de los

[23] BARABAS, Alicia, "El aparicionismo en América Latina"; KELKHEIM, *Santuarios marianos mexicanos.*

[24] Los análisis de las crónicas religiosas evidencian la creación de un discurso que construyó la idea de la presencia del demonio en las tierras americanas, que sólo el catolicismo a través de los religiosos podían desterrar. ROZAT, *América imperio del demonio;* Otros estudios dan otros ejemplos para otras latitudes, como el de Moreno Navarro para Andalucía, nos muestran que el catolicismo de la Península Ibérica incorporó, a través de diversas asociaciones y rituales colectivos, una variedad de "personas y grupos sociales cuyas convicciones y antecedentes podrían resultar sospechosos a los poderes dominantes", quienes lograron ser aceptados "como parte integrante del conjunto de la sociedad e incluso entrar en competición simbólica con los grupos dominantes a través de la emulación de los rituales". MORENO, "Niveles de significación de los iconos religiosos", p. 92.

> indios, sin embargo de que ellos lo reconocen todavía, para algunas funciones que allí hacen.[25]

Quedan pendientes estudios que nos aproximen a los cambios que sufrieron los cultos con la integración de distintos sectores a la devoción, y al impacto de estos procesos en los pueblos de indios.[26] Lo que se hace más evidente es el efecto de las devociones populares tienen en la consolidación de identidades culturales y políticas de dichas élites, una vez transcurrido el llamado siglo de la integración. El caso de la Virgen de Guadalupe es particularmente emblemático en ese sentido.

Los escasos trabajos que han abordado los temas marianos en el siglo XIX, proponen la idea de que la Iglesia católica reorientó el sentido de los cultos que intentaron ser desplazados por "otro de carácter nacional a través del fomento a la devoción guadalupana".[27] No obstante, a lo largo del siglo XIX y XX observamos el fortalecimiento de las advocaciones marianas regionales, en un contexto mundial que favoreció el culto a María. Entonces, surgen al menos, dos preguntas: ¿cuál fue la estrategia de la Iglesia católica en torno a los cultos marianos en el siglo XIX, en el contexto de la secularización del poder político?, y ¿qué papel tienen las coronaciones marianas en ello?

La crisis de la Iglesia en el siglo XIX y el dogma de la Inmaculada Concepción de María

La Reforma liberal y el proyecto de nación impulsado por los gobiernos independientes, afectaron de manera singular la disposición geográfica, los recursos económicos y la influencia política y social que la Iglesia había

[25] *Crónica de la solemne coronación,* p. 13.

[26] En el caso de la Virgen de San Juan de los Lagos, esta apropiación ocurre relativamente pronto. A partir de que la imagen cobró una fama enorme, siendo visitada también por criollos de muy lejanas tierras, y de que comenzó a recibir muchas visitas y regalos, velas, dinero y exvotos en cera, plata y oro, se pidió permiso a la Real Audiencia en 1633, para que los criollos, españoles y mestizos pudieran habitar en el pueblo de indios de San Juan donde se resguardaba la imagen. El permiso fue otorgado y los españoles empezaron a adquirir propiedades cerca del pueblo. MÁRQUEZ, *Nuestra Señora de San Juan de los Lagos.*

[27] FERNÁNDEZ, "De los cultos locales al culto nacional".

detentado hasta ese momento.[28] Los gobiernos liberales se pronunciaron a favor de una secularización de las instituciones sociales que garantizara la supresión de la influencia de las corporaciones eclesiásticas en la vida pública del México independiente.

La expansión de las teorías, liberales, positivistas y racionalistas afectó la unidad ideológica y espiritual de los países católicos. Los progresos científicos de la época ofrecieron un ambiente propicio para la crítica de la fe religiosa que resultó en un conflicto entre ciencia y creencia.[29]

El papado, desde la gestión de Pío IX (1846-1878) y posteriormente de León XIII (1878-1903), cerró sus filas en torno a un proyecto de reorganización eclesiástica enfocado a lograr la recuperación de los espacios sociales que había perdido con la secularización de la vida social. Dicho proyecto estuvo marcado por los intentos de romanización de la Iglesia católica, entendida como la búsqueda de la paulatina centralización de la autoridad pontificia frente a las iglesias nacionales.[30]

Sin el apoyo de las instituciones políticas los dirigentes de la Iglesia plantearon la recuperación de una representatividad a través del aumento del respaldo de la feligresía. Por ello, uno de los ejes principales de esta reforma se basó en el aspecto devocional que situaba en primer término los ejercicios externos y "la rigurosa observancia de los preceptos de la Iglesia"[31]. A partir de 1868 se incrementaron notablemente las devociones dedicadas a María y al Sagrado Corazón de Jesús. En las iglesias locales se promovió la celebración de las festividades religiosas y la formación de hermandades y asociaciones piadosas.[32]

Esta coyuntura favoreció una nueva época de "apariciones" marianas, como la Virgen de Lourdes en 1858 y la Virgen de la Esperanza en Pontmain, Francia en 1871.[33] El culto mariano cobró mayor fuerza al ser incor-

[28] La reforma liberal promulgó la separación de la Iglesia y el Estado, la supresión de las corporaciones eclesiásticas, la nacionalización de sus bienes, la secularización de los actos del gobierno civil y la transformación de los sistemas educativos.

[29] LORTZ, *Historia de la Iglesia,* p. 375.

[30] BAUTISTA, "Hacia la romanización de la Iglesia mexicana".

[31] MARTÍNEZ DE CODES, *La Iglesia Católica,* p. 265.

[32] LORTZ, *Historia de la Iglesia,* pp. 466-467.

[33] A la que se suma el patronazgo de la Inmaculada Concepción para América Latina en 1899. La coronación de Nuestra Señora de la Salud de Pátzcuaro en 1899. Coronación de Nuestra Señora de Monguí, como Reina de Boyacá, Colombia el 8 de septiembre de 1929. Coronación de la imagen de Ntra. Sra. de Zapopan, en enero de 1921. Coronación de la

porado al proyecto institucional de la Iglesia católica, como la expresión devocional de la nueva reforma eclesiástica que el catolicismo demandaba para "recuperar" los espacios sociales que habían dejado de estar garantizados a la Iglesia a partir de su separación del Estado.

Así, la Virgen María se erigió como el principal símbolo de la reforma eclesial decimonónica promovida por la Santa Sede, que se formalizó con la proclamación del dogma de la Inmaculada Concepción en 1854, por el papa Pío IX en la encíclica *Ineffabilis Deus*. La Carta afirmaba como principio innegable la doctrina de la concepción de la Virgen María, sin "mancha" del pecado original, transmitido a la humanidad como efecto de la caída de Adán y Eva.

La doctrina de la inmaculada concepción de la Virgen María había sido muy debatida, por siglos, al interior de la Iglesia. Difundida durante el Antiguo Régimen como la Purísima Concepción, esta doctrina había generado polémicas en torno a si María había tenido la gracia de ser concebida en el estado de santidad y de pureza, libre del pecado original. Los jesuitas habían sido los principales propagadores de la doctrina: como poetas, escritores, directores espirituales, en el púlpito, a través de lecciones y disputas.[34] En el siglo XIX, varios teólogos habían retomado esta doctrina que intentaba cerrar cualquier duda de que la Encarnación de Cristo hubiera sido de carácter humano. De esta manera no sólo Cristo era excepcional sino también su madre, quien adquiría un carácter de perfección sobrenatural —que sólo era superado por Jesucristo—, lejos de la corruptibilidad humana, dado que estaba imposibilitada para pecar. La proclamación del dogma afirma la divinidad de Cristo y de la Virgen María, a la vez que impedía que fueran incluidos en cualquier discusión sobre el género humano y su evolución. La proclamación fue realizada sólo por el pontífice bajo el supuesto de una infalibilidad con que Jesucristo había investido al papa-

imagen jurada de la Ciudad de Rosario, Argentina, 5 de octubre de 1941, la Virgen de Cocharca, de Perú en 1946. La coronación canónica de la venerabilísima imagen de Nuestra Señora de la Caridad de San Sebastián de los Reyes de Aragua, Venezuela, el 22 de enero de 1960.

[34] La tradición católica reconoció en San Ignacio de Loyola a uno de los principales propagadores de la devoción a la Inmaculada, la cual se afirma en numerosas representaciones pictóricas. La difusión del culto había sido apoyada por la iconografía, que logró mezclar los elementos que distinguirían a María como *Tota pulchra*: vestida de sol, con la luna, coronada estrellas y venciendo al dragón. HERAS y NÚÑEZ, "La Virgen Tota Pulchra en el arte riojano del siglo XVI", p. 36.

do, lo cual fue una demostración de su autoridad soberana en materia de doctrina. Esta advocación formó parte del discurso de la jerarquía tendiente a afianzar la centralización romana y el poder del Papa "como dominador de los corazones y las mentes cristianas, lo mismo a un nivel secular que espiritual".[35] El propósito fue que la Inmaculada adquiriera un carácter universal como emblema de la unidad católica.

La aparición de la Virgen María a sor Catalina Labouré, hermana de la Caridad, el día 27 de noviembre de 1830, influyó en la futura definición dogmática: "en esa visión a Santa Catalina se apareció la Virgen bajo la advocación de la Inmaculada Concepción: la figura de María estaba rodeada por una leyenda en la que se leía: "Oh María sin pecado concebida, rogad por nosotros que recurrimos a vos".[36] El 8 de diciembre de 1854, Pío IX declaró el dogma de la Inmaculada Concepción de la Virgen María:

> Declaramos, proclamamos y definimos que la doctrina que sostiene que la bienaventurada Virgen María fue preservada inmune de toda mancha de la culpa original en el primer instante de su concepción por singular gracia y privilegio de Dios omnipotente, en atención a los méritos de Cristo Jesús salvador del género humano, está revelada por Dios y debe ser, por tanto, firme y constantemente creída por todos los fieles".[37]

La definición dio un nuevo impulso al culto mariano, que nuevamente vivió en otra aparición en Lourdes en 1858. El Concilio Vaticano I en 1870, fue convocado bajo el auspicio de la Inmaculada, donde se planteó la proclamación dogmática de la Asunción de María en cuerpo y alma al cielo, la cual no se llegó a proclamar en ese momento. De esta manera, esta advocación formó parte del discurso de la jerarquía tendiente a afianzar la centralización romana y el poder del Papa "como dominador de los corazones y las mentes cristianas, lo mismo a un nivel secular que espiritual".[38] El propósito fue que la Inmaculada adquiriera un carácter universal como emblema de la unidad católica.

[35] WARNER, *Tú sola entre las mujeres*, p. 157.

[36] En esta aparición la Virgen dispuso la acuñación de una medalla autorizada en 1832, a la que se dio el nombre de "Medalla Milagrosa". En pocos años se alcanzó la cifra de producción de 36 millones de medallas que contribuyeron a difundir la devoción y piedad hacia la Inmaculada Concepción. BASTERO, "La Inmaculada Concepción".

[37] *Letras Apostólicas.*

[38] WARNER, *Tú sola entre las mujeres*, p. 157.

Esa perspectiva global que adquirió el catolicismo en el siglo XIX, con Roma a la cabeza, hizo parte del proyecto de renovación de la Iglesia católica que atendió a la reforma educativa de los seminarios; la elaboración de nuevas estrategias para lograr un acercamiento con la feligresía; una renovada religiosidad, y la formulación de una nueva relación Estado-Iglesia.[39] Para entender la resignificación del culto mariano y su impacto en la Iglesia mexicana, es necesario repasar la situación que la institución vivía en ese momento y la forma en que asimiló el llamado de la Santa Sede a renovarse.

La reorganización de la Iglesia católica mexicana durante el Porifiato

Después del triunfo liberal y del fallido intento de instaurar una monarquía europea en México, la jerarquía eclesiástica se dio el tiempo de diseñar una nueva estrategia que respondiera más a la recomposición eclesiástica que se trazaba desde la Santa Sede. Aun cuando para esos sectores, todavía la fortaleza eclesiástica dependiera de la reversión de varios decretos de las Leyes de Reforma, la convivencia con el régimen liberal había obligado a la jerarquía a limitar su crítica a aspectos específicos: el indiferentismo religioso, la laxitud moral, la desamortización y nacionalización de bienes, el exacerbado materialismo y el sufragio universal, que dejan de lado las condenas a las libertades individuales, el progreso material y, en menor medida, la igualdad legal, pues ésta es criticada y defendida al mismo tiempo.

La condena a la separación Estado-Iglesia del episcopado mexicano a mediados de la década de 1870 se convirtió, en términos más precisos, en una resistencia a la organización formal del Estado mexicano del cual se omitían los principios del catolicismo y se acentuaba un marcado racionalismo, materialismo e indiferentismo religioso. La condena que hacen varios obispos a la separación Estado-Iglesia para este tiempo ya no debe ser entendida como una negación a la ruptura, pues varios de sus efectos son, para ese entonces, plenamente defendidos por el clero. La separación es condenada por los efectos negativos que tenia para el catolicismo, deriva-

[39] Bautista, *Las disyuntivas de la Iglesia.*

dos de la supresión del privilegio de exclusividad religiosa y de la exclusión de la Iglesia institucional en el ordenamiento político, jurídico, económico y social del país.[40]

Nada expuso mejor ese cambio, que la pastoral colectiva publicada por los arzobispos mexicanos en 1875, pues diseñó formalmente los elementos sociales de la recomposición eclesiástica al amparo de los derechos otorgados por el régimen liberal. En principio, el documento era una respuesta a los decretos de 1874 que adicionaron una serie de decretos a la Constitución, entre ellos la separación Estado-Iglesia, y decretaron la expulsión de las Hermanas de la Caridad y demás religiosos extranjeros, además de que vigorizaron las prohibiciones para que el clero pudiera estar al frente de escuelas, institutos de salud, de caridad y cualquier otro tipo de organizaciones, fuera de sus labores estrictamente ministeriales.

El documento firmado por los arzobispos de México, Michoacán y Guadalajara, reafirmaba la vigencia de las disposiciones condenatorias del episcopado con motivo de la Constitución de 1857, sobre el juramento constitucional, matrimonio civil, etc. A pesar de que otros miembros del episcopado condenaron las adiciones constitucionales como un ataque a la libertad de la Iglesia,[41] abandonaron la confrontación frontal de la década anterior, por un tono moderado que instó a los fieles a mostrar una actitud mesurada frente a las autoridades, para evitar posiciones que pudieran considerarse reaccionarias, irracionales y opuestas "al Gobierno que nos rige". Aun cuando se opusieran a las leyes sancionadas por el Congreso, el episcopado negó la validez de la rebelión y condenó cualquier incitación por parte del clero a la violencia. En su lugar, exhortaron a los católicos a mostrar una actitud civilizada, pacífica y resignada frente a la legislación adversa, pero también activa, evitando las manifestaciones injuriosas, sarcásticas y coléricas hacia los gobiernos civiles.

[40] Hacia 1872, el obispo de León mencionaba que el Estado había despreciado a la Iglesia, diciéndole: "eres para mí como si no existieras". *Undécima Pastoral del obispo de León*, 1872. Para el obispo de León, la separación Iglesia-Estado significa la falta de protección gubernamental a los principios del catolicismo. La misma idea fue reproducida por Roma: "así como no es lícito descuidar los propios deberes para con Dios, el primero de los cuales es profesar de palabra y de obra, no la religión que a cada uno acomode, sino la que Dios manda, y consta por argumentos ciertos e irrecusables ser la única verdadera, de la misma suerte no pueden las sociedades políticas obrar en conciencia, como si Dios no existiese", *Inmortale Dei Carta encíclica.*

[41] *Quinta Carta Pastoral*, p. 40.

La jerarquía convocó a una gran movilización social sin precedentes, amparada en las disposiciones constitucionales sobre las garantías individuales. El llamado era a los católicos para que, en el uso pleno de sus derechos individuales, emprendiesen una serie de acciones encaminadas a tomar las riendas de aquéllas obras anteriormente fundadas y dirigidas por las órdenes religiosas y el clero, que por sus principios, recursos y reglamentos, buscarían afirmar la presencia del catolicismo en la sociedad secular.[42] De esta manera, la pastoral colectiva propuso la acción de los católicos, en torno a cuatro puntos: la educación religiosa impartida en las escuelas; la renovación de la religiosidad; el activismo católico y la colecta de limosnas fuera de los templos.

Debe reiterarse que la pastoral colectiva representó la aceptación formal de buena parte de la jerarquía a los mecanismos legales trazados por el régimen federal, no sólo para estructurar su funcionamiento, sino también para zanjar las diferencias Estado-Iglesia. La disputa, por tantos años violenta, adquiría un carácter racional con miras a una convivencia pacífica. Desde esa perspectiva, se abría la necesidad de no combatir al Estado, sino de catolizarlo, introduciendo fundamentos religiosos en sus principios políticos, moralizando —en un sentido católico— su economía, sus leyes y la aplicación de la justicia, por lo que suma a la defensa de la libertad de la Iglesia ante los "poderes nuevos", su lucha por "santificarlos". El proyecto de formar una "sociedad católica" vigente en el porfiriato, hizo referencia a la creación de las condiciones para que el catolicismo se constituyera en la base de la relación moral entre los individuos y, al tiempo, consolidase al catolicismo como la religión hegemónica de la sociedad mexicana. Para ello, era necesario que los gobiernos reconocieran un margen de acción de la Iglesia en la vida pública. Es a través de ese camino que, entrado el porfiriato, el poder civil pactó una alianza extralegal con un sector de la jerarquía.[43]

La feligresía supo responder al llamado del episcopado y contribuir a la recomposición eclesiástica evidente a fines del siglo XIX, cuando se observó el aumento de asociaciones católicas, de escuelas, periódicos, asilos, hospitales, etc. Sobre la base de esa organización social, pudo diseñarse el proyecto del catolicismo social en México. Como parte de la renovación cató-

[42] *Idem.*
[43] BAUTISTA, *Las disyuntivas,* capítulo III.

lica, el episcopado mexicano apoyó el resurgimiento devocional mariano impulsado por la Santa Sede, instando a los fieles al fervor religioso y a la extensión del culto a la Inmaculada en sus territorios, instituyendo una serie de incentivos que concedían "gracias espirituales a efecto de excitar la devoción de los fieles en la solemnización [sic] de la fiesta... en honor de la Inmaculada y siempre virgen María Madre de Dios".[44] La promoción de la devoción mariana tuvo un efecto en distintos espacios de la Iglesia católica institucional: por un lado, motivó la creación de diversas congregaciones masculinas y femeninas bajo la advocación de la Inmaculada, que tenían como misión promover un nuevo proceso de evangelización que reforzara la enseñanza del catolicismo en la sociedad. Por otra parte, animó la acción de distintos pastores de la Iglesia a favor de un renacimiento de las devociones marianas en sus respectivas diócesis.

¿En qué medida la declaración dogmática "institucional" de la Inmaculada Concepción afectó el desarrollo de los cultos marianos regionales? Las advocaciones marianas en México lograron incorporar el dogma de la Inmaculada. Así, por ejemplo, la guadalupana, que alcanzó en este tiempo el carácter de una devoción nacional, tuvo el título de la Inmaculada Virgen María de Guadalupe, y la Virgen de la Salud de Pátzcuaro se llamó Inmaculada Virgen de la Salud, etc. El dogma pretendía marcar la esencia de la devoción mariana por encima de las particulares advocaciones: destacando que la Virgen ocupaba "un lugar preeminente en el plan divino de la redención del humano linaje", como una mediadora entre el cielo y la tierra, por lo que se reconocía el pasado histórico de la presencia mariana en todas las naciones que la habían "aclamado Señora y árbitra de sus destinos".[45]

La promoción del patronazgo nacional de la Virgen de Guadalupe no contuvo el impulso de los cultos marianos locales, cuya difusión también fue respaldada por la jerarquía eclesiástica. Uno de los momentos clave de la reafirmación al culto mariano se vivió con las coronaciones pontificias. Si bien la más conocida en la coronación de la Virgen de Guadalupe en 1895, el episcopado mexicano vive la coronación de, al menos, otras 6 coronaciones pontificias antes del estallido de la Revolución.

[44] Pátzcuaro, 1880, Archivo Histórico Manuel Castañeda Ramírez, Casa de Morelos, Fondo Diocesano, sección gobierno, serie correspondencia, subserie obispo, 1880-1887 caja 79 exp. 538.

[45] *América mariana o sea historia.*

Entonces, conviene preguntar ¿cuál es el significado de la coronación pontificia?

Las coronaciones marianas en México

La coronación de las imágenes fue un acto simbólico que afirmaba la majestad de María, como madre del rey salvador de los hombres. La imagen de la Virgen como reina de los cielos "revela la más profunda ambición de la Iglesia para ella misma, bien en vida futura... bien sobre la tierra, donde espera gobernar con plenitud del poder espiritual".[46] Las representaciones pictóricas o de bulto de la Virgen que datan del siglo VI muestran una gran cantidad de imágenes coronadas o en la entronización.[47] Marina Warner considera que la imagen de María como reina del cielo ha sido una especie de "espejo de la Iglesia",[48] ligada a la expansión del poder de los papas. Esta pretensión fue plasmada en las representaciones de la Virgen coronada madre del Dios-Emperador, como un símbolo "central y vigoroso, del poder, que podía ser usado, y lo era de hecho, para reforzar la autoridad de la Iglesia en la tierra".[49] Los jerarcas de la Iglesia acudieron a este concepto visual en sus luchas por la reafirmación del poder temporal y la hegemonía de la Santa Sede.[50]

La coronación fue un privilegio formal concedido de manera particular a una devoción a partir del siglo XVIII. La ceremonia de coronación era un ritual que llevaba implícito un mensaje de triunfo y de reafirmación de la soberanía espiritual y temporal de la Iglesia. El Cabildo Vaticano fue el encargado de expedir las autorizaciones para lo cual exigía al menos tres requisitos: la antigüedad en la veneración de la imagen, una popularidad extendida y los milagros logrados por su intercesión.[51]

La corona, como distintivo de un monarca secular, condensa de manera visual, el concepto de una Iglesia teocrática cuya máxima autoridad es el

[46] Warner, *Tú sola entre las mujeres,* p. 150.

[47] "La Virgen Reina tiene una dimensión espiritual en la Edad Media, que se expresó más elocuentemente en los himnos que en las pinturas, que comenzaron a circular ampliamente en el siglo XII." Warner, 1991, p. 165.

[48] Warner, *Tú sola entre las mujeres,* p. 150.

[49] *Ibid.,* p. 153.

[50] *Ibid.,* p. 159.

[51] *Coronación de la Virgen de la Esperanza,* p. 21.

papa.[52] Es además, "el símbolo del grado más elevado de la evolución espiritual".[53] María como madre del *Rey de los Siglos* gozaba también de majestad y de una posición privilegiada después de Dios, como lo muestran los títulos que le eran atribuidos y que la reconocían como *Reina* de los cielos, de los ángeles, de los apóstoles, de los profetas, de los santos, etc.[54] En México, uno de los puntos que resalta en el discurso de las coronaciones es la afirmación de la soberanía social de la Iglesia católica.

Las coronaciones de las imágenes marianas

En el contexto de la crisis de la Iglesia católica en el mundo en el siglo XIX, el papado retomó el privilegio de la concesión de las coronaciones pontificias a los cultos marianos. Resulta interesante que el privilegio de la primera coronación en México se haya concretado en una devoción local. La idea de la primera coronación surgió en Roma, cuando un seminarista mexicano que se encontraba estudiando en el Colegio Pío Latinoamericano de Roma, Miguel Plancarte, acudió a la coronación de la Virgen de la Strada en 1885. Plancarte, originario de la población de Jacona, pensó pedir este privilegio para la Virgen de la Raíz, de su pueblo.

Apoyado por su tío, Antonio Plancarte futuro Abad de la Basílica de Guadalupe, Miguel Plancarte logró obtener, en diciembre de 1885, el Breve en el que León XIII otorgaba, por primera vez, este privilegio para una imagen en América Latina. Ésta era también la primera ocasión en que el papa y no el Cabildo Vaticano, concedía directamente este honor.[55] La singularidad de esta coronación radicó en que el nombre de la imagen fue cambiado en un acto que evidenció las transformaciones que se estaban operando en el plano de la religiosidad a partir de la romanización. La idea de cambiar el título se formalizó en 1877, en una entrevista que Antonio Plancarte sostuvo con Pío IX, donde convinieron llamar a la Virgen de la Raíz, Nuestra Señora de la Esperanza. La sustitución pretendía quitar los elementos heterodoxos a la devoción, quitando las alusiones "paganas" a la

[52] WARNER, *Tú sola entre las mujeres,* p. 151.
[53] ZERÓN-MEDINA, *Felicidad de México,* p. 81.
[54] *Ibid.*, pp. 78-80.
[55] BAUTISTA, "Dos momentos en la historia".

naturaleza, a través de una advocación que respondía más a la situación crítica que atravesaba la Iglesia católica. Para el padre Plancarte, la disminución del poder temporal del papado y el caos general que enfrentaba la Iglesia católica en todo el mundo, eran el preludio de una época de redención que anunciaba la Virgen de la Esperanza.

Contraviniendo lo dispuesto en las leyes liberales, la ceremonia de coronación de la imagen mariana se proyectaba como un acto público que buscaba reunir a la mayor cantidad de fieles posible, para atestiguar el acontecimiento, hasta entonces, único en toda la historia de la Iglesia de América Latina.[56] Para ello se pidió la licencia tanto del gobierno eclesiástico local, como de las autoridades estatales. Tal y como lo prescribía el ritual romano, se organizaron en Jacona una serie de procesiones y solemnidades religiosas, funciones literarias y musicales, fuegos artificiales, representaciones teatrales y danzas. En el antiguo pueblo de indios de Jacona, se congregaron varios miembros de la jerarquía clerical mexicana encabezados por el arzobispo de México. Los principales vecinos del pueblo se comprometieron por medio de un juramento, a custodiar debidamente la imagen y su templo. Finalmente en la tarde del domingo 14 de febrero de 1886, en medio de un gran entusiasmo popular, se realizó la ceremonia de coronación: "...la imagen y la corona fueron conducidas en solemne procesión a un tablado erigido en el atrio del Santuario. Allí el Illmo. Sr. Arzobispo de México Dr. Don Pelagio Antonio de Labastida y Dávalos, coronó a la Virgen de la Esperanza con las preces, cantos y ceremonias mandadas…".[57]

Después de la ceremonia los prelados y algunos de los principales vecinos de Jacona se reunieron en una cena que culminó con las palabras del arzobispo Labastida: "Éste ha sido el ensayo para la Coronación de la Santísima Virgen de Guadalupe." Lo cual fue seguido del aplauso general de los asistentes. Fray Teófilo Sánchez de la arquidiócesis de Guadalajara agregó: "y coronaremos también a mi Madre Santísima de Zapopan".[58]

[56] Sol Serrano ha expuesto la problemática y diferenciada definición del espacio público, que hicieron tanto el Estado como la Iglesia. SERRANO, "Espacio público y espacio religioso".

[57] *Coronación de la Virgen de la Esperanza*, p. 19. Las advocaciones mexicanas incorporaron a sus títulos el dogma de la Inmaculada Concepción promovido por el papado. Nuestra Señora de la Inmaculada Concepción de Pátzcuaro y María Inmaculada de Guadalupe.

[58] *Coronación de la Virgen de la Esperanza*.

En efecto, el arzobispo de México dispuso una serie de preparativos para que la coronación se convirtiera en una verdadera fiesta nacional, mismos que incluyeron los arreglos materiales en el altar del santuario de Guadalupe y así como los actos religiosos de consagración del nuevo altar y del traslado de la imagen. Empero, desde su inicio el proyecto se enfrentó con la oposición que no sólo incluyó a los sectores anticlericales, sino al propio cabildo guadalupano, encargado del culto y cuidado de la imagen.[59] Los cuestionamientos y conflictos fueron numerosos, pero no hicieron sino consolidar el discurso del guadalupanismo en su carga política, como fundamento de la nación mexicana y de la independencia que hacían del catolicismo un factor indispensable en la proyección de las aspiraciones seculares del Estado mexicano.[60]

Los deseos de impulsar a la devoción guadalupana como el fundamento religioso del Estado mexicano en la segunda mitad del siglo XIX, se reconocieron en los sermones guadalupanos del primer arzobispo michoacano, Clemente de Jesús Murguía, y en los esfuerzos de Labastida por dar al culto un alcance nacional, al menos desde 1880, cuando logró la autorización de Roma para destinar el 3% de los diezmos de las jurisdicciones eclesiásticas mexicanas, a la colegiata de Guadalupe. Estos esfuerzos tuvieron continuidad en la gestión del sucesor de Labastida, Próspero María Alarcón.

Tras 7 años de controversias, Pelagio Labastida no viviría para ver concretado su proyecto de la coronación guadalupana, la cual pudo llevarse cuando Roma respaldó la devoción en 1894.[61] La coronación pudo efectuarse el 12 de octubre de 1895 y se convirtió en un verdadero fenómeno social de movilización nacional de un buen número de fieles católicos en el país, los cuales participaron en la gran colecta para el remozamiento del santuario y en las peregrinaciones al mismo. La coronación guadalupana se realizó en medio de una serie de festividades organizadas por un lapso de 20 días,

[59] Carta pastoral en que el Ilustrísimo Señor Arzobispo de México dicta algunas providencias para concluir las obras de ampliación y reparación de la colegiata de Nuestra Señora de Guadalupe (1890), Tipografía de Ángel Bassols y Hermanos, México. Para ver el detalle de los arreglos en la decoración y arquitectura de la que después sería basílica de Guadalupe, véase CUADRIELLO, "Mirada apocalíptica". Para una perspectiva general de los conflictos en torno al tema de la coronación véase BAUTISTA, "Como fuego semejante al de Lutero".

[60] Sobre el detalle de la polémica véase O'GORMAN, *Destierro de sombras*; CEBALLOS, "Siglo XIX y guadalupanismo".

[61] *Decreto de la Sagrada Congregación*, p. 408.

iniciadas desde el 1 de octubre, que incluyeron romerías y peregrinaciones provenientes de todas las diócesis mexicanas al santuario de Guadalupe, lo que afirmó el carácter nacional de la devoción. Cada diócesis tuvo la oportunidad de tener una función religiosa, en un día específico, donde el obispo fue el encargado de oficiar y predicar.[62] A pesar de que no estaban anunciadas en los programas oficiales, se produjeron grandes peregrinaciones nacionales que movilizaron a cientos de católicos a la capital de la República. Los cantos, los poemas, las ofrendas, los sermones de unidad y las misas solemnes que celebraban a la Virgen coronada, parecieron colocar en el olvido las antiguas rencillas clericales. Los actos colectivos en torno a la coronación tuvieron como objetivo afirmar los lazos de unidad entre los católicos mexicanos en torno a la figura del papa, como jefe del catolicismo mundial, y del arzobispo de México como cabeza de la Iglesia mexicana.

Las coronaciones posteriores tuvieron el siguiente orden cronológico: la Virgen de la Salud de Pátzcuaro, 1899; la Virgen de la Luz de León, 1902; la Virgen de San Juan de los Lagos, 1904; la Virgen de Ocotlán de Tlaxcala 1907 y, en 1909, la Virgen de la Soledad de Oaxaca. Estas coronaciones fueron promovidas por los obispos de la jurisdicción a la que pertenecían las devociones. El privilegio implicó una serie de preparativos que iniciaron con la petición a Roma. Después era preciso dar un nuevo impulso a la devoción, con la formación de nuevas asociaciones o revitalizando las ya existentes. La organización de los católicos en torno a estas asociaciones tuvo un gran impulso a fines del siglo XIX y principios del XX. En el caso de la Virgen de la Salud de Pátzcuaro, por ejemplo, el párroco Ignacio María Torres, se encargó de la reorganización de la Asociación de Caballeros y Damas en Honor a la Santísima Virgen de la Salud, dedicada a la atención del culto y conservación del Santuario. Las obligaciones de los asociados en torno a una devoción, iban desde la recaudación de recursos para el mantenimiento de la imagen, la organización de eventos y festividades, así como la disposición diaria del culto. Las asociaciones se comprometían a velar por el decoro de la devoción y la práctica continua de su

[62] Desde el 3 de octubre, el orden fue el siguiente: San Luis Potosí, Chiapas, Yucatán, Puebla, Durango, Antequera (Oaxaca), Linares, Guadalajara y Michoacán. Después de la coronación el 12 de octubre, se realizó un novenario de misas pontificiales por parte de los obispos de Querétaro, León, Tulancingo, Veracruz, Chilapa, Cuernavaca y Tehuantepec. Véase *Álbum de la Coronación de la Santísima Virgen de Guadalupe.*

culto. Los miembros buscaban el espacio de sociabilidad que representaba la asociación, donde podían recrearse las identidades de grupo y el estatus social que otorgaba, además de las gracias espirituales que eran "verdaderos tesoros" y "premios de la Iglesia a sus hijos".[63]

La coronación contempló una serie de actividades previas y posteriores a la propia ceremonia. La ceremonia de coronación incluyó: el despliegue de procesiones con la imagen al interior de los templos, la entonación de diversos cantos alusivos a la virginidad, majestad e inmaculada concepción de María; la bendición, jura y recepción de la corona, la coronación de la imagen por el obispo, y la celebración de una misa por el obispo con sus insignias, que incluyó la prédica de sermones por los obispos y dignidades invitadas. Los prelados convocaron a toda la población a asistir a una serie de eventos "públicos", más allá de las puertas de las iglesias. En los días previos y posteriores a las coronaciones debían celebrarse diversas actividades devocionales que incluían peregrinaciones, misas, veladas poéticas, concursos artísticos y literarios, disertaciones históricas y teológicas en torno a la Inmaculada Concepción, a Pío IX, etcétera.[64]

"María soberana de todas las naciones": la afirmación de la soberanía social de la Iglesia

El significado de las coronaciones pontificias tuvo, al menos, cuatro niveles: el primero, la afirmación de la soberanía social de la Iglesia; el segundo, se relacionó con el proceso de romanización de las Iglesias latinoamericanas y su proyección del culto mariano a través del dogma de la Inmaculada Concepción; el tercero, vinculó las coronaciones con la gestión episcopal de los propios prelados que la promovieron ante Roma, y el cuarto, con la afirmación de la identidad católica de las distintas regiones a las que pertenecían las devociones a partir de este reconocimiento por Roma.

[63] *Crónica de la solemne coronación.*

[64] *Coronación de la Virgen de la Esperanza*, *Álbum de la Coronación de Nuestra Señora de Guadalupe*, *Reseña del suceso más notable acaecido en el Nuevo Mundo*. *Crónica de la Solemne Coronación de la imagen de Ntra. Señora de la Salud de Pátzcuaro*, MÁRQUEZ, *Nuestra Señora de San Juan;* GUTIÉRREZ, *Historia de la aparición*, *Álbum de la Coronación de Nuestra Señora de La Luz*. "La coronación de la Virgen de la Soledad. Programa General de las Fiestas", *El Tiempo*, 9 de enero de enero de 1909.

El punto destacado de los discursos de coronación fue el reinado social que la Iglesia católica ejercía. La historia mexicana y el progreso al que aspiraba la nación no podían darse sin el símbolo de unidad nacional que proporcionaba el catolicismo, a través de los cultos marianos.[65] Las coronaciones fueron actos públicos que afirmaron el dominio social de la Iglesia católica en la nación mexicana, y evidenciaron el alcance que estaba teniendo la organización social católica a través de numerosas fundaciones en la República mexicana. Esto significaba proclamar el espacio social como un espacio católico, logrado a través de la fundación de escuelas, hospitales, clubes, sindicatos y distintas organizaciones. Por medio de estas instituciones y de la nueva organización de los católicos en asociaciones de distinto tipo, la Iglesia era capaz de regir las relaciones entre individuos, a través de principios morales que fomentaban distintos valores necesarios para la formación de los ciudadanos. Así, espacios como el educativo, debían ser exclusivos de su competencia. Fungir como una institución de orden era uno de los papeles centrales que la Iglesia afirmaba cumplir en la constitución de la nación mexicana. Por ello, más allá del acto religioso y de las demostraciones de piedad suscitadas, el mensaje político no escapaba de las reflexiones de los católicos: "coronarla por Reina, es declarar a Jesús su Hijo, Rey, y afirmar su reinado social, hoy tan combatido por los gobiernos y los masones; por lo cual la corona fue el blanco de la saña de los sectarios y de las burlas de los impíos que lograron al principio impedirla, aunque Dios hizo que ello tornase en mayor gloria de su Madre, y mayor entusiasmo de su pueblo fiel y de sus hijos".[66]

Para la prensa crítica, las ceremonias eran el pretexto para la intervención política de la Santa Sede en México: "Por su puesto, que en el fondo de esta coronación, no hay un fin religioso, sino político. Este fin es el mismo que en las anteriores: restablecer el poder y la influencia del clericalismo en la política, dar un golpe de muerte a la Reforma, con la que Juárez escribió la página más sublime de la historia de México y preparar las cosas para que la Iglesia recobre su domino sobre el Estado".[67]

[65] *Sermón que en la Insigne y Nacional Colegiata de Nuestra Señora de Guadalupe. Edicto del Ilmo. Y Rmo. Sr. Arzobispo de México. Carta Pastoral del Ilmo. Y Rmo. Sr. Arzobispo de México.* Para un estudio sobre los sermones guadalupanos en el periodo véase TRASLOSHEROS, "Señora de la historia.

[66] *Celestre o terrestre*, p. 27.

[67] "La coronación de la Virgen de Guadalupe", *El Diario del Hogar,* México, D. F., 6 de agosto de 1887.

La romanización fue un proceso apoyado por algunos grupos de eclesiásticos mexicanos, pero también impugnado por otros. No obstante, la romanización en México había vivido su primer impulso con el exilio de una parte de la jerarquía mexicana en Roma, a medidos del siglo XIX, y con la fundación del Colegio Pío Latinoamericano en 1858. A fines de la centuria, la Santa Sede dispuso en las visitas apostólicas un mecanismo más para intervenir en el ordenamiento de las Iglesias latinoamericanas. Entre 1896 y 1899 permaneció en México un visitador apostólico enviado por la Santa Sede, cuya tarea, a pesar de que se afirmó exclusivamente en el campo de la disciplina y la administración eclesiásticas, se proyectó al plano político. Sin pretender abordar este punto, interesa destacar que las coronaciones marianas se producen en un contexto en el que la Santa Sede está operando una serie de acciones para disciplinar, uniformar y reformar la Iglesia mexicana bajo sus lineamientos.[68]

La religiosidad quedó incluida en el proceso de romanización, pues la Santa Sede trazó nuevas directrices religiosas para operar la nueva evangelización, que buscó acoplarse a los tiempos modernos, abandonando las viejas prácticas de la religiosidad popular (aspiración largamente acariciada), que diera lugar a la formación de una espiritualidad interiorizada. Desde Roma se lleva a cabo el impulso de devociones específicas, como a San José y al Sagrado Corazón de Jesús, con la declaración de su patronazgo en 1870. La devoción al Sagrado Corazón encabezó la oposición simbólica al materialismo, destacando la dimensión humana, doliente y viva del sacrificio de Dios, cercana al sufrimiento de la humanidad. Varias diócesis mexicanas se consagraron particularmente a esa devoción. La Inmaculada Concepción formó parte de este nuevo impulso promovido por la Santa Sede.

Los privilegios de las coronaciones reforzaron la autoridad de Roma como cabeza de la Iglesia universal en espacios lejanos. La corona se convirtió en la expresión de una Iglesia que no se dejaba vencer. Ignacio Montes de Oca, reconocido escritor y orador de su tiempo, fue el encargado de pronunciar el sermón oficial de las coronaciones de la Virgen de Jacona, San Juan de los Lagos y la Salud de Pátzcuaro. Su discurso afirmó el carácter romano de la ceremonia al unir la figura de María Soberana con la del poder temporal y espiritual de la Iglesia y del pontífice:

[68] BAUTISTA, "Hacia la modernización de la Iglesia".

> María es reina de los ángeles y de los Santos; en la tierra es reina de todos los reinos, emperatriz de todos los imperios, soberana de todas las naciones. Todas la creaturas, enseña San Bernardo, sea cual fuera su naturaleza y su rango en la creación, ya sean puros espíritus como los ángeles, ya sean entes racionales como los hombres, ya sean seres materiales como los elementos y los cielos, tienen que obedecer a la gloriosa Virgen. Sí, cuanto está sujeto a la dominación de Dios, está igualmente sujeto a la dominación de María. El Sumo Pontífice, al decretar los honores de la coronación a su sagrada efigie, hace, por decirlo así, las veces del Señor, que la coronó en los cielos el día de su Asunción, y por medio de ritos y ceremonias visibles, nos recuerda la sumisión y agradecimiento, la obediencia y veneración que debemos a tan augusta Señora.[69]

Montes de Oca enfatizaba que la Corona era el símbolo de la victoria que la religión católica había logrado sobre el liberalismo. Cristo *Rey de reyes* salía triunfante de las batallas contra la secularización, como "un verdadero lidiador, un guerrero triunfante, un conquistador invicto, que venció al demonio, al mundo, al pecado, a la muerte y al infierno".[70]

El mensaje que encierra la coronación guadalupana retoma estos elementos para unirlos con el discurso de la identidad nacional, que proyecta dar cuerpo a la identidad católica latinoamericana, cuando el obispo de Nueva York propuso su declaración como Emperatriz de las Américas. La promoción de los cultos universales por parte de Roma no desplazó a los cultos locales. Entonces, surge la necesidad de reflexionar en torno a cómo se logró el fortalecimiento de los cultos promovidos desde Roma, con los cultos pretendidamente nacionales, como el caso de la Virgen de Guadalupe, frente a las devociones locales. El posicionamiento de la Virgen de Guadalupe como una devoción con alcances latinoamericanistas, no necesariamente implicó la disminución de la diversidad de cultos marianos locales existentes en México. Por el contrario, en muchos sentidos, las devociones marianas pudieron fortalecerse frente a los procesos de secularización del espacio público ayudados por el nuevo impulso operado desde la Santa Sede. Así, el elemento que articuló la enorme variedad de devociones fue el dogma de la Inmaculada Concepción, a través del cual la jerarquía logró la apropiación de las devociones en torno a un discurso caracterizado por

[69] *Coronación de la Virgen,* pp. 20-21.
[70] *Ibid.,* p. 20

la vinculación entre asuntos políticos y espirituales. El dogma de la Inmaculada permeó las devociones locales incorporando las identidades territoriales diversas al plan de reconquista espiritual con Roma a la cabeza. Esto puede verse en el título con que se presentaron las devociones: la Inmaculada Virgen María de Guadalupe, la Inmaculada Virgen de la Salud, la Inmaculada Virgen de la Esperanza, etcétera.

Frente a los embates seculares, el dogma se había convertido en "el único programa que la Iglesia opone a los utópicos planes de sus enemigos. Desde luego comprenderéis que la declaración dogmática fue una especie de declaración de guerra a cuantos combaten contra la justicia o contra la pureza...".[71] El cuerpo inmaculado de María se convertía en el símbolo perfecto de la Iglesia: la incorruptibilidad de María era el espejo de la incorruptibilidad e inmortalidad de la Iglesia. La corona de María se convirtió en el símbolo del poder pontificio: "la corona que el Padre le dio a María es una corona de poder. El poder de la Iglesia vino simbolizado en ella. El poder fue dado a María, pero su poder simboliza el poder de la Iglesia".[72]

El episcopado mexicano consideró al privilegio de la coronación el premio a aquellas carreras episcopales dedicadas a "levantar" a la Iglesia de sus cenizas. A pesar de que no alcanzó a presenciar la coronación de Guadalupe, Pelagio Labastida fue reconocido en su larga lucha contra el liberalismo, alcanzando una corona triunfal. Lo mismo sucedió con la coronación de la Virgen de la Soledad, promovida por Eulogio Gillow y de la Virgen de la Salud, por Ignacio Árciga, quien falleció a los pocos meses del suceso; la Virgen de Ocotlán, coronada por Ramón Ibarra González, la Virgen de San Juan de los Lagos promovida por los arzobispos Jacinto López y José de Jesús Ortiz y la Virgen de la Luz, coronada por el obispo Leopoldo Ruiz y Flores.

Las coronaciones no sólo potenciaron el contenido político del proyecto de restauración pontificio, sino que también afirmaron las tradiciones locales de culto popular mariano. Los poblaciones identificadas vieron en el privilegio mariano el reconocimiento de la predilección de María a su territorio, que había sido "elegido y santificado" a través de su culto.[73]

[71] *Las dos inmaculadas o sea tratado de las analogías*, p. 16.
[72] *Ibid.*, pp. 192, 211-230.
[73] *Coronación de la Virgen de la Esperanza*, p. 21.

A manera de conclusión

Quizá una parte de la respuesta a la pregunta planteada al inicio del texto, del interés del profesor Carmagnani en temas eclesiásticos, la haya dado el propio profesor en una de nuestras charlas de asesoría, cuando reflexionaba: "¿Por qué dirijo ciertos temas de investigación? Porque me interesa conocer de esos temas". En ese comentario pude reconocer no sólo el interés del historiador por el conocimiento, sino del maestro que proyectaba la asesoría como un diálogo generoso y necesario a la construcción de una historia significativa. Entendí que el interés del profesor Carmagnani por los procesos políticos del siglo XIX y XX, buscaba engarzar la compleja problemática de la formación del Estado con la trayectoria de la Iglesia católica.

Inspirada en estas reflexiones he intentado dibujar algunas líneas de una investigación en proceso que destaca la transformación del culto mariano a partir de que se intentó secularizar el poder político. Desde la perspectiva que vincula los procesos eclesiásticos con los del Estado, no resulta extraño plantear un tema como la dimensión política de los actos religiosos.

Las advocaciones marianas coronadas entre 1886 y 1909, fueron cultos de larga duración que se remontan al proceso de evangelización. Su tradición en estos siglos evidencia las distintas formas de adaptación de las mismas como expresiones religiosas vinculadas a amplios proyectos seculares, tanto de la Iglesia católica, como del poder civil. Estas devociones alcanzaron su consolidación a través de una compleja organización social, ritual y económica que, con el tiempo, se arraigó como parte de las identidades locales con un alcance diferenciado.

Las coronaciones marianas expresaron la apropiación política de las devociones por parte de la jerarquía eclesiástica, en el contexto de la romanización eclesiástica de la Iglesia mexicana. Ello no anuló las creencias y las prácticas de devoción popular, que fueron asimiladas a través del dogma de la Inmaculada Concepción de 1858. A través de las coronaciones, el espacio devocional se volvió un espacio político. Para los promotores de las coronaciones, éstas eran la demostración del triunfo del catolicismo sobre las conciencias de la población. En efecto, el triunfo aludido tenía lugar en el espacio público y pretendidamente secular, del que se había intentado sustraer al catolicismo. Las organizaciones que dieron impulso al catolicismo social en los años finales del porfiriato, sostuvieron las pretensiones del catolicismo en el espacio social.

Las coronaciones fueron la expresión simbólica del discurso religioso que vinculó las aspiraciones políticas de la Iglesia, donde el clero proclamó la necesaria presencia del catolicismo para lograr la gobernabilidad y pacificación del país, lo cual pretendió abrir un espacio para la acción de la Iglesia y dirigirla a una nueva alianza con el Estado.

Documentos

Álbum de la Coronación de Nuestra Señora de La Luz, Salvatierra, Guanajuato, Tipografía Artística, 1939.

Álbum de la Coronación de la Santísima Virgen de Guadalupe, México, Imprenta del periódico *El Tiempo*, 1895.

Álbum de la Coronación de Nuestra Señora de Guadalupe. Reseña del suceso más notable acaecido en el Nuevo Mundo. Noticia histórica de la milagrosa aparición y del Santuario de Guadalupe desde la primera ermita hasta la dedicación de la suntuosa, México, Imprenta del periódico *El Tiempo*, 1895.

América mariana o sea historia comprendida de las imágenes de la santísima virgen más veneradas en el nuevo mundo, por el R.P. Félix Alejandro Cepeda, Misionero Hijo del Inmaculado Corazón de María, t. I, México-Barcelona, 1905.

Carta Pastoral del Ilmo. y Rmo. Sr. Arzobispo de México Doctor Don Próspero M. Alarcón y Sánchez de la Barquera a sus diocesanos con motivo del establecimiento de una misa y canto de la Salve Regina y Letanía Lauterana que se han de celebrar en la Insigne y Nacional Colegiata de Santa María de Guadalupe, en el último domingo del mes de diciembre, cada año, por la paz y prosperidad de las naciones del continente Americano, México, Imprenta de la Santa Cruz, 1902.

Celestre o terrestre o, las dos coronas guadalupanas, reflexiones acerca de la desaparición de la corona en la Imagen de Nuestra Señora de Guadalupe, México, Guillermo Herrero y Compañía, 1895.

Decreto de la sagrada Congregación de Ritos en Decimosexta carta pastoral sobre el nuevo oficio guadalupano que incluye y autoriza la verdad histórica de la milagrosa aparición (folleto sin referencia) p. 408.

Coronación de la Virgen de la Esperanza, México, sin pie de imprenta, 1886.

Crónica de la solemne coronación de la imagen de Ntra. Sra. de la Salud de Pátzcuaro, Morelia, Imprenta y Liberaría de Agustín Martínez Mier, 1900.

Edicto del Ilmo. Y Rmo. Sr. Arzobispo de México Doctor Don Próspero M. Alarcón y Sánchez de la Barquera reiterando su mandato sobre el canto de la "Salve" en la I. Colegiata de Santa María de Guadalupe y en las demás Iglesias del Arzobispado, México, Imprenta de la Santa Cruz, 1900.

Inmortale Dei Carta encíclica de S.S. León XIII sobre la constitución cristiana de los estados, 1 de noviembre de 1885.

Las dos inmaculadas o sea tratado de las analogías entre la Santísima Virgen y la Silla Apostólica, en su destino, concepción, virginidad, maternidad, constancia, triunfos, poder, reino, popularidad e indefectibilidad. Conferencias habidas en los templos antiguo de San Miguel y parroquial de Pino de Barcelona de la Concepción de María en el primero, y de su triunfante asunción en el segundo, por el R.D. Eduardo María Vilarrasa, Pbro. Cura párroco de Mollet, Barcelona, Librería Religiosa, 1865 .

Letras Apostólicas de Nuestro Santísimo Padre el Señor Pío IX, acerca de la definición dogmática de la Inmaculada Concepción de la Virgen María, 8 de diciembre, 1854.

Quinta Carta Pastoral que el Ilmo. Sr. Dr. D. José María del Refugio Guerra y Alva, dignísimo Obispo de Zacatecas, dirige a todos sus diocesanos y contiene la Instrucción Pastoral que los Ilmos. Sres. Arzobispos de México, Michoacán y Guadalajara han dado con motivo de la Ley Orgánica de las Adiciones y Reformas Constitucionales, Zacatecas, Imprenta Económica de Mariano R. de Esparza, 1875.

Sermón que en la Insigne y Nacional colegiata de Nuestra Señora de Guadalupe, predicó el Ilmo. Sr. Dr. D. Clemente de Jesús Munguía, obispo de Michoacán, el 29 de agosto de 1860, último día del solemne triduo que se hizo, implorando por la intercesión de la Santísima Virgen el socorro del Señor en las necesidades presentes México, Imprenta de V. Segura, 1860.

BIBLIOGRAFÍA

ACEVEDO, Laureano

1901 *La maravillosa imagen de la Madre Santísima de la Luz. Su origen y su título, cultos que se le han venido tributando hasta la época de su solemne coronación,* México, Tipografía y Litografía La Europea.

AGUILERA, Carmen
2000 "Las deidades prehispánicas en el Tepeyac", en Carmen AGUILERA e Ismael Arturo MONTERO (coords.), *Tepeyac,* México, Universidad del Tepeyac, pp. 31-42.

BÁEZ-JORGE, Félix
1994 *La parentela de María cultos marianos, sincretismo e identidades nacionales en Latinoamérica,* México, Universidad Veracruzana.

BARABAS, Alicia
1995 "El aparicionismo en América Latina: religión, territorio e identidad", en Ana Bella PÉREZ CASTRO (coord.), *La identidad: Imaginación, recuerdos y olvidos*, México, UNAM.

BASTERO DE ELIZALDE, José Luis
2004 "La Inmaculada Concepción en los siglos XIX y XX", *Anuario de Historia de la Iglesia*, núm. 1, Pamplona, Universidad de Navarra, pp. 79-102.

BAUTISTA GARCÍA, Cecilia A.
2006 "Dos momentos en la historia de un culto: el origen y la coronación de la Virgen de Jacona (siglos XVII-XIX)", *Tzintzun,* núm. 43, Instituto de Investigaciones Históricas de la Universidad Michoacana de San Nicolás de Hidalgo, enero-junio, pp. 11-48.
2005 "Hacia la romanización de la Iglesia mexicana a fines del siglo XIX", *Historia Mexicana*, vol. 55, núm. 1, julio-septiembre.
2012 *Las disyuntivas de la Iglesia y el Estado en la consolidación del orden liberal. México 1856-1910*, México, El Colegio de México/Universidad Michoacana de San Nicolás de Hidalgo/Fideicomiso Historia de las Américas.
2012 "Como fuego semejante al de Lutero: la rebeldía de un obispo mexicano frente a la Iglesia de Roma a fines del siglo XIX", *Diálogo Andino*, Universidad de Tarapacá, Chile, núm. 40, pp. 59-70.

BIEDERMAN, Hans
1993 *Diccionario de los símbolos,* Madrid, Paidós.

BRADING, David
1983 *Los orígenes del nacionalismo mexicano México*, Era.
2002 *Siete sermones guadalupanos, 1709-1765*, México, Centro de Estudios de Historia de México, Condumex, 1994.

CARMAGNANI, Marcello

2012a "Prólogo", en Cecilia BAUTISTA GARCÍA, *Las disyuntivas de la Iglesia y el Estado en la consolidación del orden liberal. México 1856-1910*, México, El Colegio de México/Universidad Michoacana de San Nicolás de Hidalgo/Fideicomiso Historia de las Américas.

CEBALLOS RAMÍREZ, Manuel

1991 *El catolicismo social: un tercero en discordia Rerum Novarum, la "cuestión social" y la movilización de los católicos mexicanos (1891-1911)*, México, El Colegio de México.

1998 "Siglo XIX y guadalupanismo: de la polémica de la coronación y de la devoción a la política", en Manuel RAMOS MEDINA (comp.), *Memoria del I Coloquio Historia de la Iglesia en el siglo XIX*, México, El Colegio de México/Condumex, pp. 317-332.

CHÁVEZ, Gabino

1891 *Visita a la Santísima Virgen de la Soledad propia para practicarse los sábados en su templo y especialmente el Sábado Santo*, Irapuato, Reimpreso por Vicente Cervantes.

CUADRIELLO, Jaime

1995 "Mirada apocalíptica: visiones en Patmos Tenochtitlan; la mujer águila", en *Artes de México*, núm. 29, marzo-abril, México, pp. 10-23.

DOMÍNGUEZ LEÓN, José

1989 "Bases metodológicas para el estudio de la religiosidad popular andaluza", en María de Jesús Buxo ÁLVAREZ SANTALÓ y Salvador RODRÍGUEZ BECERRA (coords.), *La religiosidad popular*, Barcelona, Anthropos, vol. 1, pp. 143-146.

ESCOBAR, Matías de

1970 *Americana Thebaida*, Morelia, Balsals Editores.

FERNÁNDEZ PONCELA, Ana María

2007 "Tradición y modernidad: la virgen de San Juan de los Lagos", *Boletín Americanista*, núm. 57, Barcelona, pp. 159-178.

FERNÁNDEZ Repetto, Francisco y Genny M. NEGROE SIERRA

2003 "De los cultos locales al culto nacional. Estrategias de vigencia de la Iglesia católica en Yucatán", *Estudio*, Revista de la Facultad de Filosofía y Letras Benemérita Universidad Autónoma de Puebla, pp. 69-76.

FLORENCIA, Francisco y Juan Antonio de OVIEDO
1995 *Zodiaco Mariano,* México, CNCA.

FUENTE GARCÍA, José de la
1999 "La Virgen de la Caridad del Cobre: estudio de la imagen y el mito de su aparición", *Revista de Ciencias Sociales,* Puerto Rico, núm. 6, Nueva Época, enero, pp. 99-122.

GUTIÉRREZ QUIROZ Nicanor
1940 *Historia de la aparición de Nuestra Señora de Ocotlán y de su culto en cuatro siglos (1541-1941),* Puebla.

GRUZINSKI, Serge
1994 *La guerra de las imágenes de Cristóbal Colón a "Blade Runner",* México, FCE.

HERAS Y NÚÑEZ DE LAS, María de los Ángeles
1994 "La Virgen Tota Pulchra en el arte riojano del siglo XVI", *Berceo,* Logroño, núm. 126, pp. 35-44.

HOYT, Edith
1963 *La Virgen de Plata leyendas de santuarios de México y Guatemala,* México, Letras.

KELKHEIM, Rita
2002 *Santuarios marianos mexicanos,* Madrid, Noriega Editores.

LAFAYE, Jacques
1977 *Quetzalcóatl y Guadalupe. La formación de la conciencia nacional en México,* México, Fondo de Cultura Económica.

LORANDI, Ana María y Ana Edith SCHAPOSCHNIK
1990 "Los milagros de la Virgen del Valle y la colonización de la ciudad de Catamarca", *Journal de la Société des Américanistes,* núm. 76, pp. 177-198.

LORTZ, Joseph
1982 *Historia de la Iglesia en la perspectiva de la Historia del pensamiento,* t. II, Madrid, Ediciones Cristiandad, p. 375.

MÁRQUEZ, Pedro María
1944 *Nuestra Señora de San Juan de los Lagos y del culto de esta milagrosa imagen,* Guadalajara Jalisco, Linotipografía Guadalajara.

MARTÍNEZ BARACS, Rodrigo
2000 "Tepeyac en la Conquista de México: problemas historiográficos", en Carmen AGUILERA e Ismael Arturo MONTERO (coords.), *Tepeyac*, México, Universidad del Tepeyac, pp. 55-118.

MARTÍNEZ DE CODES, Rosa María
1992 *La Iglesia católica en la América independiente siglo XIX*, Madrid, Mapfre.

MAYER, Alicia
2002 "El culto de Guadalupe y el proyecto Tridentino en la Nueva España", *Estudios de Historia Novohispana*, núm. 26, enero-junio, pp. 17-49.

MORALES Y MARÍN, José Luis
1984 *Diccionario de iconología y simbología*, Madrid, España, Taurus.

MORENO NAVARRO, Isidoro
1990 "Niveles de significación de los iconos religiosos y rituales de reproducción de identidad en Andalucía", en Pierre, CÓRDOBA y Jean-Pierre ÉTIENVRE, *La fiesta la ceremonia y el rito, Actas del Coloquio Internacional Granada*, Universidad de Granada, pp. 91-103.

MORRIS, Brian
2009 *Religión y antropología. Una introducción crítica*, Madrid, Akal.

O'GORMAN, Edmundo
1986 *Destierro de sombras*, México, Instituto de Investigaciones Históricas/ Universidad Nacional Autónoma de México.

OLIMÓN NOLASCO, Manuel
2000 "El vidente del Tepeyac y los videntes bíblicos en el arte guadalupano virreinal", en Carmen AGUILERA e Ismael Arturo MONTERO (coords.), *Tepeyac*, México, Universidad del Tepeyac, pp. 139-150.

OROZCO, Luis Enrique
1984 *María Santísima de la Salud, venerada en sus imágenes e Italia, España y América*, Ediciones del Templo de San Pío X, Guadalajara Jalisco.

PALAZÓN MAYORAL, María Rosa
1996 "Dos vírgenes en guerra: Lizardi y la defensa nacional", *Latinoamérica*, núm. 29, pp. 61-71.

PASTOR, Marialba

"El marianismo en México, una mirada a su larga duración", en *Cuicuilco*, núm. 48, enero-junio de 2010, pp. 258-277.

QUIROZ, Haydée

2000 *Fiestas, peregrinaciones y santuarios en México los viajes para el pago de las mandas*, México, Consejo Nacional para la Cultura y las Artes.

ROZAT, Guy

1995 *América imperio del demonio,* México, Universidad Iberoamericana.

SERRANO, Sol

2003 "Espacio público y espacio religioso en el Chile republicano", *Teología y Vida*, vol. XLIV, pp. 346-355.

TRASLOSHEROS, Jorge

2002 "Señora de la historia, Madre mestiza, Reina de México. La coronación de la Virgen de Guadalupe y su actualización como mito fundacional de la patria, 1895", *Signos históricos*, núm. 7, enero-junio, Departamento de Filosofía, Universidad Autónoma Metropolitana Unidad Iztapalapa, México, pp. 105-130.

WARNER, Marina

1991 *Tú sola entre las mujeres*, Madrid, Taurus.

ZERÓN-MEDINA, Fausto

1995 *Felicidad de México,* México, Clío.

EL EJE SAN FRANCISCO-PANAMÁ Y LA FORMACIÓN DE UN SISTEMA PORTUARIO EN EL PACÍFICO 1848-1927[1]

*Karina Busto**

INTRODUCCIÓN

La segunda mitad del siglo XIX representa una nueva fase de desarrollo para los puertos del océano Pacífico. El auge de San Francisco tras el descubrimiento de oro en California en 1848 dio como resultado un patrón comercial distinto al anterior, que propició una reconfiguración en las relaciones internacionales.

Hacia 1848 los recién adquiridos territorios de la costa oeste de Estados Unidos, entre ellos Oregon y California, se encontraban prácticamente incomunicados.[2] No existían medios de transporte que acortaran la enorme distancia que separaba a esta zona del resto del país. Se requerían inmensos esfuerzos y más de seis meses para atravesar las grandes planicies dentro de la extensión territorial estadounidense, por lo que en ese entonces la ruta más común para trasladarse del Atlántico al Pacífico era la del Cabo de Hornos, que consistía en una travesía marítima larga y costosa.

La fiebre del oro californiano aceleró el proceso de búsqueda de nuevas alternativas de comunicación, sobre todo para los viajeros que deseaban probar fortuna en la nueva región aurífera. Pronto surgió la necesidad de utilizar los pasos interoceánicos como Panamá, Nicaragua, Tehuantepec,

* El Colegio de México.

[1] Las ideas centrales de este trabajo fueron planteadas en mi tesis de doctorado, BUSTO IBARRA, "El espacio del Pacífico mexicano". Agradezco a Yovana Celaya su invitación a participar en este homenaje dedicado a nuestro profesor.

[2] El territorio de Oregon fue obtenido mediante un tratado entre Estados Unidos y Gran Bretaña en 1846; California fue cedido por México tras la guerra México-Estados Unidos en 1848.

entre otros, con el fin de reducir los tiempos de recorrido.[3] El istmo de Panamá se convirtió en la ruta más adecuada y utilizada a partir del establecimiento del itinerario San Francisco-Panamá, inaugurado con el primer viaje de la compañía naviera Pacific Mail Steamship Company (PMSC) en enero de 1849.[4]

Este evento de carácter internacional tuvo importantes repercusiones en los puertos del Pacífico. Uno de los efectos casi inmediato fue la formación de un sistema de navegación y comercio, definido por la conexión entre el puerto californiano y el panameño, al cual he denominado eje San Francisco-Panamá. En dicho sistema participaron los puertos mexicanos, que a partir de entonces experimentaron una nueva etapa de desarrollo.

En el proceso de estudio del Pacífico mexicano, las discusiones con Marcello Carmagnani han sido cruciales. Uno de los principales problemas que presentaba esta investigación era la magnitud del espacio ¿cómo analizar un complejo entramado de puertos, localizados en diferentes estados y países, con sus propias realidades económicas, políticas y sociales? Sólo a partir del diálogo y la reflexión conjunta fue posible determinar algunas ideas centrales. En primer lugar, para entender las transformaciones del Pacífico en el siglo XIX había que partir de un análisis espacial y diacrónico que permitiera comprender el desarrollo de cada uno de los puertos a lo largo del tiempo. La entrada en escena de nuevas rutas marítimas, alentada por la apertura de nuevas regiones y por las transformaciones tecnológicas en medios de comunicación y transporte, eran aspectos importantes para entender el auge y decadencia de los puertos.

Por otro lado, con el fin de detectar jerarquías portuarias, era imprescindible definir nodos de articulación marítima y terrestre que actuaran como pivotes de un sistema de navegación y comercio. En la medida en que fuera posible explicar las características de los nodos, así como sus transformaciones espaciales y su participación en los ámbitos nacional e internacional, podía tener éxito el análisis de un espacio dinámico. Por último, debía considerarse el componente estratégico y geopolítico de los puertos del Pacífico. San Francisco, Panamá y algunos puertos mexicanos jugaron

[3] Véase BUSTO IBARRA, "El espacio del Pacífico mexicano", p. 84-109.

[4] Los pasajeros provenientes de la costa atlántica del istmo eran transportados al puerto de Panamá en el Pacífico, y desde este punto seguían la travesía a San Francisco en los vapores de la PMSC. KEMBLE, "The Panama Route", pp. 1-5.

un papel preponderante en los intereses expansivos de Estados Unidos hacia el resto de América del Sur y luego hacia China, Nueva Zelanda y Australia durante la segunda mitad del siglo XIX.

En resumen, puedo afirmar que el diálogo y la guía académica del profesor Carmagnani fueron decisivos para trazar el rumbo de la investigación. Tras diversas discusiones, el estudio se basó en un análisis espacial, diacrónico y de larga duración, considerando elementos de cambio tecnológico, tales como la transición de barcos de vela a barcos de vapor o la incorporación de líneas ferroviarias para conectar regiones distantes.

A partir de la idea de nodos que sirvieron para conectar espacios internacionales a través de redes marítimas, el objetivo de este trabajo es examinar la formación de un sistema portuario definido por el eje San Francisco-Panamá a partir de 1848. En este trabajo se analiza el concepto de sistema portuario y el caso específico del sistema portuario del Pacífico durante el siglo XIX; se elabora también una propuesta de un modelo de desarrollo portuario, así como un esquema de clasificación portuaria que reafirma las jerarquías existentes entre los nodos de articulación.

APROXIMACIÓN AL CONCEPTO DE SISTEMA PORTUARIO

Un puerto es un sitio de contacto donde bienes, personas y culturas se transfieren entre los espacios marítimos y terrestres. Es un nudo donde convergen las líneas de transporte de mar y tierra. El tráfico significa prosperidad no sólo para el puerto sino también para la ciudad y la región adyacente.[5]

Una característica de los puertos, así como de las ciudades en general, es su condición cambiante y su continuo dinamismo. Una ciudad portuaria refleja en su naturaleza un amplio rango de factores relacionados con el transporte en muchas escalas, desde locales hasta globales, así como influencias urbanas que contraen, estimulan o diversifican su crecimiento. Generalmente los puertos funcionan como punto de entrada y salida o como nodo dentro de una red marítima de transporte, de tal forma que se encuentran vinculados con otros puertos, ciudades y regiones.[6]

[5] WEIGEND, "Some Elements in the Study of Port Geography".
[6] HOYLE, *Ports, Port Cities and Coastal Zones*, pp. 8-9.

Así, ningún puerto es un fenómeno aislado, sino que pertenece a un grupo de puertos, jerarquía o complejo que está funcionalmente relacionado con una escala local, nacional o internacional. Un puerto es también un fenómeno dinámico, que a lo largo del tiempo cambia en su morfología, funciones y estatus,[7] y suele formar parte de un sistema de transportes integrado. En dicho sistema puede ocurrir una concentración portuaria, que significa que la estructura de los puertos surge como resultado del aumento de su importancia en un tiempo dado. También existen centros portuarios de dominio sostenido, que son aquellos que logran mantener su liderazgo dentro del sistema a lo largo de una extensa temporalidad.[8]

El concepto de sistema portuario se ha aplicado a diferentes casos de estudio en diversas regiones del mundo. Existen trabajos donde se considera la participación de un conjunto de puertos que pertenecen a países diferentes y que, sin embargo, tienen una estrecha relación entre sí; pertenecen a un mismo sistema ya sea por razones históricas, geográficas o económicas. Ejemplo de ello son los estudios de los puertos del este de África,[9] o de las investigaciones sobre la región del Caribe, donde se integran localidades de varias naciones.

En un estudio de Brian Hoyle sobre el sistema portuario del este de África se demuestra el desarrollo, la competencia y la interdependencia entre puertos de distintos países que se relacionan entre sí. El autor considera la calidad del transporte entre los puertos y sus zonas de influencia, en directa relación con el aumento del tráfico marítimo. Mediante el análisis de varios puertos llega a distinguir la función de cada uno de ellos dentro del sistema. El autor observa la relación dinámica que conecta a puertos, hinterland y áreas de economías nacionales, partiendo de la premisa de que la concentración portuaria es, en primer lugar, resultado de una inversión en facilidades portuarias y su relación con la infraestructura de transporte; segundo, que la posición competitiva de un puerto es crítica para que sobreviva comercialmente; tercero, que hay un grado considerable de continuidad entre pasado y presente en términos de factores, procesos e interrelaciones.[10]

[7] *Ibid.*, p. 34.
[8] Así lo propone HOYLE, *Ports, Port Cities and Coastal Zones*, pp. 34-35.
[9] *Ibid.*, pp. 34-35.
[10] *Ibid.*, p. 58.

El otro caso es el del mundo portuario del Gran Caribe, formado por las Antillas mayores y menores y las costas continentales del Golfo de México y el mar Caribe. Este espacio es concebido como una subregión del Atlántico, cuyos puertos comparten elementos geográficos, económicos y culturales específicos.[11]

Por otra parte, existen estudios sobre regiones aún más extensas en las que se incorporan puertos de grandes sistemas oceánicos. Entre ellos, encontramos los trabajos sobre el mar Mediterráneo,[12] los mares Asiáticos,[13] el sistema Atlántico o el sistema del Pacífico. En algunos casos estos conceptos no se refieren sólo a cuestiones portuarias, sino a relaciones políticas, económicas y sociales mucho más complejas que no necesariamente se limitan a los centros costeros.

El concepto de sistema atlántico es complejo por la serie de temáticas y regiones geográficas que pueden abordarse desde distintos ángulos. El estudio de los imperios coloniales, la expansión europea, el comercio atlántico de esclavos, entre otros temas de magnitud global, pueden insertarse dentro de esta definición. Sin embargo, el término sistema se ha separado en subáreas, en el sentido de que existen varios sistemas atlánticos paralelamente.[14]

Un sistema debe tener elementos en común que unifican las partes que lo componen. Por ejemplo: comunicaciones, intercambio de bienes, gente e ideas, intereses comunes, reciprocidad que subsiste incluso si existen estructuras de poder políticas diferentes. Esto quiere decir que un sistema de redes requiere cierto grado de apertura y policentrismo para que exista como tal.[15] Se trata, pues, de una región organizada con distintos centros políticos, sociales y financieros que forman parte de un mismo sistema.

El Pacífico también ha recibido cierta atención. Dennis O. Flynn y Arturo Giráldez han propuesto el concepto de mundo del Pacífico *(Pacific World)* y editado varios libros en los que se incorporan artículos relaciona-

[11] VON GRAFENSTEIN, *El Golfo-Caribe y sus puertos*; GARCÍA y GUERRA, *Habana/Veracruz.*

[12] BRAUDEL, *El Mediterráneo y el mundo mediterráneo*, 1997.

[13] BROEZE, *Brides of the Sea*; BROEZE, "The Ports and Ports Systems of the Asian Seas".

[14] PIETSCHMANN, *Atlantic History*, p. 38. Para un análisis metodológico sobre el concepto de "historia atlántica", véase también BAILYN, *Atlantic History* y KNIGHT y LISS, *Atlantic Port Cities*, 1991.

[15] PIETSCHMANN, *Atlantic History*, p. 40.

dos con la expansión en este mar desde la época colonial hasta el siglo XX.[16] Por su parte, Matt Matsuda sugiere que la complejidad de la historia del Pacífico deriva de la cantidad de pequeñas islas, grandes mares, y múltiples tránsitos. También considera que la historia del Pacífico se compone de historias que se forman desde la producción académica, pero también del activismo político, las artes y la literatura, todo esto en referencia a los estudios de las islas oceánicas y su desarrollo histórico a partir de los viajes de James Cook a Australia y Nueva Zelanda en el siglo XVIII.[17]

Además de los estudios que se ocupan de sistemas portuarios internacionales, algunos autores se han encargado de examinar casos específicos dentro de un mismo país. Son destacados los trabajos sobre España, Inglaterra, India y Estados Unidos, que se verán a continuación.

En los estudios sobre España, Agustín Guimerá distingue dos etapas de desarrollo portuario: el Antiguo Régimen y el Estado liberal de los siglos XIX y XX, en cuyo análisis deben intervenir factores de tipo geográfico, institucional, económico, técnico y sociocultural. A partir de estos elementos es posible detectar los grados de integración y cambios en los puertos que forman parte de la Península Ibérica.[18]

Para el caso británico, Gordon Jackson ha distinguido tres fases del sistema portuario. La primera de ellas la ubica en un largo periodo desde 1066 hasta 1600, en el cual Londres tuvo una participación predominante. La segunda va de c. 1690 a 1840 y se distingue por la construcción de infraestructura portuaria y de puertos artificiales necesarios para tipos específicos de embarcaciones o de comercio. La última fase va de 1870 a 1913, caracterizada por el incremento en el volumen de una gran variedad de artículos de importación y exportación, del aumento en las embarcaciones para transportarlos y del suministro de facilidades portuarias para albergar barcos. Esta fase es la de los vapores y los ferrocarriles, que se distingue por dos cambios sustanciales: *1)* Una dramática transformación en la composición del comercio y en el tipo de embarcaciones que tendieron a la concentración del tráfico en los puertos principales con ventajas competitivas. *2)* Dichas ventajas surgieron no sólo del desarrollo del hinterland o de las

[16] FLYNN y GIRÁLDEZ, *The Pacific World*; FLYNN, FROST y LATHAM, *Pacific Centuries*, 1999.

[17] MATSUDA, "AHR Forum", The Pacific.

[18] GUIMERÁ, "El sistema portuario español", pp. 125-130.

conexiones con el exterior, sino de cambios en el sistema de transporte interno y en las propias características físicas de los puertos.[19]

En India, a su vez, Atiya Habeeb Kidwai ha estudiado el sistema portuario, en donde la configuración del sistema ha experimentado a través de su historia cambios importantes que van de la costa oeste a la del sur y después a la del este. Para medir este comportamiento, el autor calcula el tonelaje de los puertos y la carga manejada por cada uno de ellos; concluye que cada puerto experimenta periodos de crecimiento y recesión, determinados por su propio devenir, por lo que deben ser estudiados de manera individual.[20]

Los puertos de la costa atlántica de Estados Unidos durante el siglo XVIII han sido estudiados por Jacob Price. Su análisis contempla a las principales ciudades con 8 000 o más habitantes, según el censo de 1790. Entre ellas destacan Filadelfia, Nueva York, Boston, Charleston, Baltimore, New Port, Rhode Island, Norfolk, Virginia y algunos puertos costeros de Nueva Inglaterra. Para este estudio el autor consideró la función de cada ciudad en su propia región económica, en términos de la estructura habitacional de sus pobladores y los factores comerciales que influyeron en el crecimiento o estancamiento de los puertos.[21]

Dentro de los trabajos sobre sistemas portuarios destacan dos ejemplos de análisis funcional de los puertos. Uno de ellos es de Jacob Price sobre el sistema británico. Price examina la situación privilegiada de Londres como capital del país, ciudad más grande y con más movimiento, así como el nodo central de comunicaciones, el centro financiero y el principal mercado de dinero. Pese a esto, Londres experimentó competencia con otros puertos en los siglos XVII y XVIII, la cual puede estudiarse a partir del tonelaje de registro y de la entrada y salida de embarcaciones, y también a partir del tipo y volumen de mercancías. Liverpool dominó en el comercio de esclavos; en Glasgow se encontraban las principales firmas importadoras de tabaco, y Bristol era el segundo puerto en importancia. El siglo XIX traería modificaciones importantes en los intercambios, con la entrada en el mercado de la extracción y venta de carbón, que condujo a una especia-

[19] JACKSON, "The British Port System", pp. 76-88.
[20] KIDWAI, "Conceptual and Methodological Issues", pp. 34-43.
[21] PRICE, "Economic Function and the Growth of American Port Towns", p. 126.

lización de puertos menores y a la transformación de Liverpool como la mayor fuerza marítima.[22]

El otro estudio de tipo funcional es el propuesto por Brian Hoyle para el caso africano, quien observa a las ciudades portuarias con el fin de explicar el desarrollo entre un grupo de asentamientos costeros vinculados entre sí mediante la competencia o la complementariedad. Tanto Hoyle como Price, favorecen un acercamiento particular y a la vez global de un sistema portuario, donde cada centro cumple un papel específico.

En general, las investigaciones mencionadas proponen una visión de conjunto para explicar la articulación de un sistema de enlaces e integración regional a través de los puertos, tomando en consideración aspectos geográficos, económicos, políticos, sociales y culturales, o bien favoreciendo algunos de estos elementos. La visión de larga duración de estos fenómenos y el periodo que corresponde a la era de la navegación de vela y su transición a buques de vapor son algunas formas de adentrarse al tema.

El Pacífico y sus distintos sistemas portuarios

La apertura del Pacífico en el siglo XIX ocurrió principalmente a través del puerto de San Francisco, que se consolidó como el núcleo más destacado de las comunicaciones y comercio entre los distintos centros urbanos localizados hacia el norte y sur del continente americano. Hacia el norte, se enlazaba con otros puertos de California, Oregon, Washington y Alaska; hacia el sur, con otros puertos del sur de California, México, Centroamérica y Sudamérica. De igual forma, se convirtió en el principal centro de conexiones entre la costa oeste de Estados Unidos y los puertos de China y Oriente en general, así como para las islas oceánicas.

Por su parte, en las comunicaciones del Pacífico, Panamá se convirtió en el istmo más utilizado para acortar distancias entre los océanos Atlántico y Pacífico. Con ello llegó a tener una gran importancia en los intercambios y vínculos intercontinentales.

A pesar de que aquí el interés primordial es analizar el eje San Francisco-Panamá, es preciso destacar que en el océano Pacífico existieron otros ejes

[22] Price, "Competition Between Ports", pp. 30-32.

de navegación y comercio, desde Alaska hasta Chile en el continente americano, y hacia el continente asiático. Aquí propongo que dichos ejes contaron con distintos nodos de articulación que determinaron su participación en redes más amplias. Por ejemplo, se puede distinguir un sistema entre los puertos de la costa del llamado Pacífico norte, con vínculos entre localidades de los estados de California, Oregon, Washington y Alaska, donde San Francisco jugó un papel central como centro financiero y nodo de conexión marítima.[23]

Otro sistema que se desprende de la expansión marítima del Pacífico puede delinearse a partir de las rutas de la PMSC. En enero de 1867 se estableció la "línea de China", con el fin de conectar los puertos de San Francisco con Yokohama (Japón), Hong Kong y Shanghae (China) en seis semanas, con escala en las islas Sandwich (Hawai). Así, un pasajero en tránsito de Asia a San Francisco podía realizar su viaje en los barcos de la línea de Panamá y de ahí conectarse con otras embarcaciones con destino a Nueva York o Europa.[24] Con base en lo anterior, es posible afirmar que existió un eje entre los puertos de la costa oeste de Estados Unidos y puertos asiáticos, donde San Francisco cumplió un papel preponderante.

También se puede hablar de otro sistema en las costas de América del Sur, donde San Francisco tenía poca influencia, pero aún así conservaba ciertos vínculos comerciales. En este caso, Valparaíso se puede considerar como el nodo más importante entre los puertos chilenos y como punto de conexión con los demás puertos hacia el norte, hasta Panamá, eje directamente relacionado con el comercio del guano hacia fines del siglo XIX.

La compañía inglesa Pacific Steam Navigation Company (PSNC), realizaba la navegación costera entre Panamá y el sur de Chile, tocando puertos grandes y pequeños de diferentes países, entre ellos, San José en Guatemala, Buenaventura y Manta en Colombia, Guayaquil en Ecuador, Callao y Paita en Perú, Iquique, Talcahuano, Valparaíso y Chiloe en Chile.[25]

[23] Para una mayor comprensión de las rutas de navegación y las interconexiones entre San Francisco y otros puertos del Pacífico Norte véase BEST, *Ships and Narrow Gauge Rails*.

[24] HL, Rare Books Collection, No. 232513, Pacific Mail Steamship Company, *Report of the President to the Stockholders*, febrero de 1868.

[25] *State, Territorial and Ocean Guide Book of the Pacific*, p. 28.

La principal ruta de comunicación de esta empresa con Europa era justamente a través de Panamá. Los vapores de la PSNC se encontraban en conexión con los de la Mala Real Inglesa, cuyas operaciones se centraban en Aspinwall, del lado del Atlántico panameño.[26] Los lazos entre el Pacífico americano y Europa se daban entonces a través de Panamá, que cumplía una función de eslabón en los intercambios intercontinentales.

Así, en el ámbito mundial, los puertos San Francisco y Panamá fueron los puntos de enlace más destacados en el Pacífico. El primero hacia el Norte, Sur y Oriente; el segundo hacia el Norte, Sur, Oriente y Europa, a través de la comunicación interoceánica. En este contexto, las costas mexicanas se integraron en un sistema de navegación y comercio donde cada puerto tuvo una función específica que favorecía la articulación de un extenso tejido de comunicaciones y nexos comerciales. En este sistema, San Francisco y Panamá se convirtieron, a partir de 1848, en los extremos del eje que incorporó a diversas ciudades portuarias de México.

Modelo de desarrollo portuario en el eje San Francisco-Panamá

La temporalidad y desarrollo de los sistemas portuarios mencionados no fue igual en todos los casos, aunque algunos estuvieron interconectados. Sin embargo, el sistema portuario que aquí nos ocupa es el que estuvo determinado por el eje San Francisco-Panamá. Con el fin de analizar las transformaciones espaciales en el largo plazo, se ha elaborado un modelo de desarrollo portuario, de tipo funcional, donde se distinguen periodos de crecimiento y decadencia de los puertos y se determina su jerarquía en el funcionamiento del sistema como tal.

En dicho modelo se consideran cinco cortes temporales que corresponden a las fases de cambio tecnológico que se experimentaron en México durante la segunda mitad del siglo XIX, con la introducción de comunicaciones marítimas y terrestres, tales como las diligencias, los telégrafos, el cable submarino, los ferrocarriles y los barcos de vapor.[27]

[26] VÉLIZ, *Historia de la marina mercante de Chile*, p. 158.
[27] BUSTO IBARRA, "El espacio del Pacífico mexicano", pp. 20-26.

En la figura 1 se observa la situación de los puertos en 1848 (inicio del periodo de estudio), en 1874 (año representativo del incipiente desarrollo de infraestructura e innovaciones tecnológicas), en 1887 (un primer momento de auge económico del régimen porfirista), en 1907 (un segundo momento del periodo porfirista) y finalmente en 1927 (año en que culmina el presente estudio).

A grandes rasgos, con base en este modelo podemos observar las transformaciones de los puertos mexicanos a lo largo del periodo y notar cómo fue su evolución con respecto al sistema general. En este proceso se distinguen nodos primarios, secundarios y estratégicos, así como sitios que sólo sirvieron de escala en la navegación pero que no lograron convertirse en núcleos de articulación regional.

De la figura 1 se desprende que el año de 1848 es la fecha de inicio de funcionamiento del eje San Francisco-Panamá. Para entonces ninguno de los puertos entre ambos sitios había definido su función, pues apenas comenzaba el tránsito marítimo en mayor escala.

Dos décadas más adelante, hacia 1874, se aprecian claramente cuatro nodos indispensables en la articulación del sistema. San Francisco y Mazatlán, definidos como primarios, y Panamá y Acapulco, con una función estratégica. También surgen Guaymas y La Paz como nodos secundarios, y Altata, San José del Cabo, Yuma y Bahía Magdalena como puertos de escala. En este año se observa que tanto San Francisco como Panamá cuentan ya con una línea de ferrocarril, la del puerto californiano culminada en 1869 al conectarse con la línea transcontinental de Estados Unidos; la de Panamá, construida en 1855.[28]

Las etapas de la República Restaurada y del porfiriato en México desataron una serie de transformaciones políticas, económicas y sociales. Hacia mediados de la década de 1880, es evidente un cambio en la dinámica del Pacífico. La llegada de compañías mineras, empresas colonizadoras y explotadoras de recursos naturales vinieron a modificar el panorama. En algunos casos se reactivaron centros portuarios ya existentes, pero otros lugares surgieron a raíz de la introducción de capitales extranjeros, como la minería en Santa Rosalía,[29] o

[28] KEMBLE, *The Panama Route.*

[29] La empresa francesa El Boleo se estableció en Santa Rosalía en 1885. Su llegada propició cambios importantes en la región central de la península de Baja California. Sobre este tema véase el trabajo de ROMERO GIL, *El Boleo, Santa Rosalía.*

FIGURA 1. Modelo de desarrollo portuario en el eje San Francisco-Panamá, 1848-1927

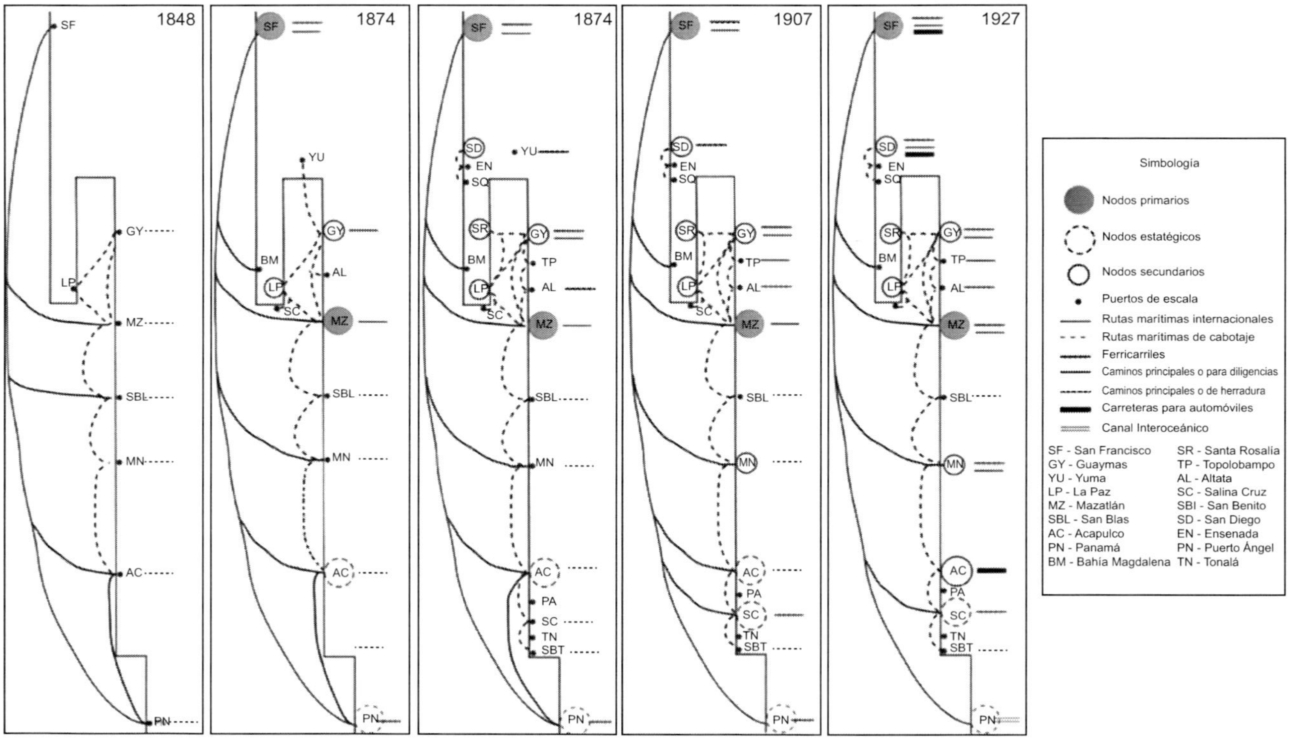

proyectos colonizadores en Ensenada y San Quintín en Baja California y en Topolobampo, Sinaloa.[30]

En la década de 1880 algunos puertos que habían permanecido al margen del sistema internacional de navegación, tales como San Diego, Salina Cruz, Puerto Ángel, Tonalá y San Benito, empezaron a figurar dentro del eje San Francisco-Panamá.[31] En esta fase Yuma dejó de ser un sitio importante dentro del sistema del Pacífico, pues con la llegada del ferrocarril transcontinental, se detuvo la navegación a través del Golfo de California que había servido para comunicar a San Francisco con otras regiones del suroeste de Estados Unidos.

Al analizar la primera década del siglo XX es indudable que este patrón se modificó de nuevo al desarrollarse puertos que antes habían cumplido una función irrelevante. Los más notables en este sentido son Manzanillo y Salina Cruz que hacia 1907 habían recibido un impulso para la construcción de infraestructura ferroviaria y naviera, y comenzaron a tener una participación en los mercados nacional e internacional.[32] Entonces es posible distinguir que Manzanillo adoptaría una función de nodo secundario, mientras que Salina Cruz la de puerto estratégico. Con su ferrocarril interoceánico, Salina Cruz logró arrebatar a Acapulco su función y compitió con el istmo de Panamá en las transacciones internacionales.

Finalmente, en 1927 se cierra el ciclo de desarrollo portuario. Los puertos del sistema se complementan con una serie de transportes terrestres que empiezan a ser cada vez más dominantes. En el plano internacional, San Francisco y San Diego cuentan ya con una carretera para automóviles, mientras que en Panamá ha entrado en funciones el canal interoceánico.[33] En México se terminó de construir el ferrocarril Sud-Pacífico en 1927,

[30] La concesión para la colonización de Ensenada se otorgó a Luis Hüller y compañía en 1887, MEADE, "Establecimiento del puerto de Ensenada", p. 87. El caso particular de Topolobampo ha llamado la atención de diversos autores, entre ellos, KERR, *Destination Topolobampo*; LOWENTHAL, *Topolobampo: An American Socialist Colony in Sinaloa* y ORTEGA NORIEGA, El edén subvertido: la colonización de Topolobampo.

[31] El desarrollo de estos puertos mexicanos a fines del siglo XIX tiene que ver con la producción y comercialización del café y otros productos naturales de interés en el mercado internacional. BUSTO IBARRA, "El espacio del Pacífico mexicano", pp. 397-408.

[32] *Ibid.*, pp. 442-450.

[33] El 15 de agosto de 1914 el Ancón se convirtió en el primer barco en navegar el canal de Panamá. CONNIFF, "Panamá durante la época de construcción del canal norteamericano".

mismo que conectó a prácticamente todo el noroeste del país, desde Nogales hasta Guadalajara.[34]

Cinco puertos mexicanos del Pacífico contaban para entonces con una terminal ferroviaria y modernas instalaciones portuarias para buques de mayor calado: Guaymas, Altata, Mazatlán, Manzanillo y Salina Cruz. Por último, en ese mismo año de 1927 se terminó la construcción de la carretera para automóviles de México a Acapulco. Gracias al cambio tecnológico en comunicaciones y transportes estas regiones quedaron ligadas al resto del país, con lo que finalmente se daba la integración del Pacífico al territorio nacional.

ELEMENTOS DE CLASIFICACIÓN PORTUARIA

Definir las transformaciones del espacio del Pacífico mexicano a través de las jerarquías de las ciudades portuarias no ha sido tarea fácil. Como se ha visto, en ello intervienen diversos factores que componen un complejo esquema de relaciones. La dificultad para clasificar los puertos se agudiza al comprender que éstos, aunque sean pequeños, generalmente tienen un papel central para el área que sirven.[35]

De cualquier manera, es posible explicar la dinámica portuaria que se observa en el modelo propuesto a partir de la clasificación de los componentes del sistema. Es decir, mediante el uso de criterios geográficos, de infraestructura, económicos, sociales y demográficos, ha sido posible corroborar la función primaria, secundaria, estratégica o de escala de cada uno de los puertos que participaron en el eje San Francisco-Panamá durante el periodo de estudio.

En primer lugar, debemos considerar el componente de tipo geográfico. La ubicación del puerto respecto de su entorno inmediato y lejano, y si su localización geográfica es política o comercialmente estratégica; las condiciones naturales de su bahía, si cuenta con protección natural de los vientos y corrientes marinas o si tiene suficiente profundidad para recibir embarcaciones de cualquier calado. Entre estos elementos geográficos también se deben considerar las condiciones sanitarias del lugar, pues si el puerto es

[34] Sobre la historia de esta línea ferroviaria, véase LEWIS, "The Empire Strikes Out".
[35] JACKSON, "The Significance of Unimportant Ports", p. 4.

insalubre y vulnerable a ciertas enfermedades es probable que esto sean factores limitantes para su desarrollo.

Ligado a lo anterior está la existencia de infraestructura apropiada para dar servicio a las embarcaciones que realizan el comercio marítimo. Aquí debemos considerar si el lugar cuenta con un muelle o una organización de embarcaciones menores que cumpla con los requerimientos necesarios para las operaciones de carga y descarga de los buques. También es importante saber si en el puerto existen facilidades para la reparación de barcos, si es posible conseguir combustible para abastecerlos y si existe un faro para la navegación. Además de lo anterior, es imprescindible averiguar si el puerto posee una aduana marítima que proporcione el servicio adecuado al tráfico marítimo.

Entre los factores económicos es primordial determinar el volumen del comercio en el puerto y su importancia como centro de depósito y de distribución de mercancías, así como cuál es el alcance de su influencia económica al interior y exterior de su espacio urbano. Para esto es imprescindible analizar las facilidades de comunicación y transporte del puerto con su entorno, pero también su papel en el desarrollo económico regional. Otros aspectos económicos tienen que ver con los sistemas de crédito y las transacciones comerciales realizadas por mercaderes locales, así como la existencia de industrias u otras actividades económicas. El volumen y tipo de navegación, el tonelaje de las embarcaciones, las redes de comunicación y transporte, los mercados, las redes clientelares, son también algunos aspectos económicos que deben tomarse en cuenta.

Entre los componentes sociales y demográficos debemos considerar el crecimiento poblacional a lo largo del periodo, así como la diversificación de actividades a las que se dedican los habitantes del lugar y, en última instancia, las razones del aumento o disminución de población. Esto, a su vez, se traduce en la necesidad de contar con servicios urbanos, como el agua potable, la luz, los caminos, los lugares públicos que dan lugar a la organización del espacio urbano. Al mismo tiempo, debe considerarse el hinterland, que consiste en el espacio terrestre organizado y desarrollado, que está conectado con el puerto a través de líneas de transporte y que recibe o envía mercancías de o hacia otros lugares. Es decir, se trata del área de influencia del puerto.[36]

[36] WEIGEND, "Some Elements in the Study of Port Geography", pp. 193-195.

Considerando lo anterior, se ha elaborado una propuesta de clasificación portuaria que permite examinar la participación de los puertos del Pacífico en el sistema de navegación internacional (figura 2).[37]

Con base en esta clasificación, encontramos que San Francisco y Mazatlán son los únicos que cumplen con las características de nodo primarios, debido a su localización estratégica, su carácter salubre, y a que en ellos convergen diversidad de rutas marítimas. Tienen además un alto movimiento de altura y de cabotaje, un alto volumen de comercio exterior y diversificación en artículos de importación y exportación, cuentan con un desarrollo industrial extenso, tienen una alta concentración de población con respecto a los demás puertos del Pacífico y, finalmente, su hinterland se extiende a una amplia zona de influencia.[38]

Panamá, Acapulco y Salina Cruz son sitios estratégicos por su relevancia en las comunicaciones internacionales. Panamá se convirtió en un sitio clave para el desarrollo de toda la costa del Pacífico durante el siglo XIX. Por su parte, Acapulco desde 1850 se transformó en un sitio de aprovisionamiento para las embarcaciones en su travesía por el Pacífico, mientras que Salina Cruz llegó a ser un paso interoceánico en las primeras décadas del siglo XX, compitiendo así con otras rutas de comercio. Estos puertos tienen una mayor confluencia de rutas globales, cuentan con un movimiento marítimo de altura y cabotaje mediano y un volumen y diversidad de exportaciones bajo, con importación variable. El desarrollo industrial es escaso o nulo, cuentan con una población baja y su infraestructura urbana es tardía, así como su hinterland reducido.

Con respecto a los nodos secundarios es posible advertir que éstos son los puertos de mayor relevancia en el comercio costero o de cabotaje. Estos sitios tienen una participación limitada en el sistema de navegación internacional, aunque forman parte él. Su movimiento de altura es mediano y

[37] El análisis sobre el comercio exterior y la navegación de altura y cabotaje en cada uno de los puertos mexicanos que se realiza en BUSTO IBARRA, "El espacio del Pacífico mexicano", pp. 339-421, dan fundamento a la jerarquía portuaria aquí propuesta.

[38] Si bien se han considerado San Francisco y Mazatlán como nodos primarios, es preciso aclarar que su desarrollo debe analizarse en su propio contexto. Es decir, no cabe hacer una comparación entre ambos puertos ya que los resultados serían sumamente dispares. El carácter de Mazatlán se ha determinado según su función entre los puertos mexicanos, mientras que San Francisco fue el mayor y más importante de toda la costa del Pacífico. En los capítulos 5 y 6 de BUSTO IBARRA, "Espacio del Pacífico mexicano", se analizan con detalle los puertos de San Francisco y Mazatlán.

el de cabotaje es alto. El volumen de exportaciones es variable y la diversidad es reducida; la importación también es limitada y el desarrollo industrial es escaso o nulo. Estos nodos son centros medianos de población y su hinterland es variable, en algunos casos es más extenso que en otros, pero generalmente sus conexiones se dan más por la vía marítima que por la terrestre. Los principales nodos secundarios que se han detectado son Guaymas, La Paz, Manzanillo, San Blas y Santa Rosalía.

Por último, los puertos de escala son aquéllos que tienen una posición estratégica neutral o nula. Los niveles de salubridad son variables, existe una diversidad de rutas marítimas nacionales y escasas rutas internacionales. No cuentan con una infraestructura portuaria y el movimiento de altura y cabotaje está determinado por el tipo de productos que ofrecen al mercado internacional. No existe un desarrollo industrial, su población e infraestructura urbana son escasas y su hinterland es pequeño. En este grupo se ha considerado a Altata, Bahía Magdalena, Ensenada, Topolobampo, Puerto Ángel, Tonalá y San Benito.

Esta clasificación portuaria sirve como base para comprender las características de cada uno de los puertos del sistema y al mismo tiempo determinar las jerarquías entre ellos.

Conclusiones

Los puertos del Pacífico mexicano durante la segunda mitad del siglo XIX deben estudiarse desde la perspectiva internacional. La apertura de nuevas rutas marítimas en el Pacífico, en particular la de San Francisco-Panamá, propició que los puertos mexicanos se ligaran a los patrones de desarrollo marítimo comercial que dieron inicio en 1848, después del descubrimiento de oro en California.

Una de las principales propuestas de este trabajo es la formación de un sistema de navegación determinado por el eje San Francisco-Panamá, al cual se integraron los puertos mexicanos. En el modelo de desarrollo portuario se plantea que el surgimiento, auge o decadencia de los puertos ocurre en momentos específicos que sólo son evidentes si se consideran en su conjunto y en un periodo de largo plazo. Es decir, el análisis de los puertos dentro del sistema permite corroborar que el desarrollo portuario no es estático ni constante, sino dinámico y variable.

FIGURA 2. Clasificación de los puertos en el eje San Francisco-Panamá

Nodo	*Localización geográfica*	*Salubridad*	*Comunicaciones e infraestructura portuaria*	*Comercio*	*Desarrollo industrial*	*Población y hinterland*	*Puerto*
Primario	Estratégica	Salubre	Diversidad de rutas marítimas internacionales. Muelle o sistema de desembarque apropiado. Alto movimiento marítimo de altura y cabotaje.	Alto volumen de exportación y diversidad de productos. Importación variada. Sistema bancario.	Variado o extensivo	Concentración de población alta. Hinterland extenso.	San Francisco Mazatlán
Estratégico	Estratégica	Niveles de salubridad variable	Diversidad de rutas marítimas internacionales. Muelle o sistema de desembarque apropiado. Mediano movimiento marítimo de altura y cabotaje.	Volumen bajo de exportaciones y diversidad limitada. Importación variable.	Escaso o nulo	Población baja o mediana. Hinterland reducido.	Panamá Acapulco Salina Cruz
Secundario	Neutral	Niveles de salubridad variable	Diversidad de rutas marítimas nacionales. Muelle o sistema de desembarque apropiado. Mediano movimiento marítimo de altura y alto movimiento de cabotaje.	Volumen variable de exportaciones y diversidad limitada. Importación limitada	Escaso o nulo	Concentración de población mediana. Hinterland variable.	Guaymas La Paz Manzanillo San Blas Santa Rosalía

Puerto de escala	No estratégica o neutral	Niveles de salubridad variable	Diversidad de rutas marítimas nacionales. Escasas rutas marítimas internacionales. Muelle o sistema de embarque apropiado. Movimiento marítimo reducido	Volumen variable y diversidad muy limitada.	Nulo	Población variable. Hinterland reducido.	Altata Bahía Magdalena Ensenada Topolobampo Puerto Ángel Tonalá San Benito

FUENTE: elaboración propia, tomando como ejemplo el modelo portuario de Hoyle, *Ports*, 1997, p. 59.

Por lo anterior, el estudio de los puertos dentro del sistema debe realizarse tomando en cuenta la función de cada uno de ellos en su propio contexto, pero también considerando los elementos que unifican sus partes, como las redes de intercambios, las comunicaciones y la reciprocidad existente entre ellos.

Tanto el modelo explicativo como los elementos de clasificación portuaria del sistema, permitieron revelar las jerarquías entre puertos primarios, secundarios, estratégicos y de escala. San Francisco y Mazatlán, por ejemplo, mantuvieron su primacía durante el periodo de 1848 a 1927. Acapulco, en cambio, perdió su condición estratégica dentro del sistema una vez que Salina Cruz se abrió al comercio internacional con moderna infraestructura portuaria y ferroviaria a principios del siglo XX. Es posible afirmar, entonces, que los cambios particulares en los puertos originaron también transformaciones espaciales en general, con frecuencia determinadas por factores tecnológicos.

Los puertos son nodos de articulación que conectan espacios nacionales e internacionales a través de redes marítimas y terrestres. Es por ello que los puertos mexicanos, cuyo crecimiento estuvo inicialmente impulsado por un factor externo, experimentaron un desarrollo importante con la apertura de nuevas regiones que, con el paso del tiempo, terminaron por integrarse al territorio nacional.

SIGLAS

HL Huntington Library, San Marino, California

BIBLIOGRAFÍA

BAILYN, Bernard
2005 *Atlantic History. Concept and Contours,* Massachusetts, Harvard University Press.

BANGA, Indu
1992 *Ports and Their Hinterlands in India (1700-1950)*, Nueva Delhi, Manohar.

BEST, Gerald M.
1964 *Ships and Narrow Gauge Rails. The Story of the Pacific Coast Company,* Berkeley, Howell-North Books.

BRAUDEL, Fernand
1997 *El Mediterráneo y el mundo mediterráneo en la época de Felipe II*, 2 vols, México, Fondo de Cultura Económica.

BROEZE, Frank
1989 *Brides of the Sea. Port Cities of Asia from the 16th-20th Centuries*, Honolulu, University of Hawaii Press.
1996 "The Ports and Ports Systems of the Asian Seas: An Overview with Historical Perspective from c. 1750", en GUIMERÁ y ROMERO, *Puertos y sistemas portuarios (siglos XVI- XX): Actas del Coloquio Internacional el sistema portuario español, Madrid, 19-21 octubre, 1995*, Madrid, Ministerio de Fomento, pp. 99-121.

BUSTO IBARRA, Karina
2008 "El espacio del Pacífico mexicano: puertos, rutas, navegación y redes comerciales, 1848-1927", tesis de doctorado en Historia, México, El Colegio de México.

CASTILLERO CALVO, Alfredo (ed.)
2004 *Historia general de Panamá*, Panamá, Comité Nacional del Centenario de la República.

CONNIFF, Michael L.
2004 "Panamá durante la época de construcción del canal norteamericano", en CASTILLERO, *Historia general de Panamá*, Panamá, Comité Nacional del Centenario de la República, pp. 24-33.

FLYNN, Dennis O., Lionel FROST y A.J.H. LATHAM (eds.)
1999 *Pacific Centuries. Pacific and Pacific Rim History since the Sixteenth Century*, Londres y Nueva York, Routledge.

FLYNN, Dennis O. y Arturo GIRÁLDEZ (eds.)
The Pacific World: Lands, Peoples and History of the Pacific, 1500-1900, 17 vols., Ashgate Publishing, 2001-2005.

GARCÍA DÍAZ, Bernardo y Sergio GUERRA VILABOY
2002 *La Habana/Veracruz, Veracruz/La Habana*, México, Universidad Veracruzana/Universidad de la Habana.

GUIMERÁ, Agustín
1996 "El sistema portuario español (siglos XVI-XX): perspectivas de investigación", en GUIMERÁ y ROMERO, *Puertos y sistemas portuarios (siglos*

XVI- XX): Actas del Coloquio Internacional el Sistema Portuario Español, Madrid, 19-21 octubre, 1995, Madrid, Ministerio de Fomento, pp. 125-141.

GUIMERÁ, Agustín y Dolores ROMERO (eds.)
Puertos y sistemas portuarios (siglos XVI- XX): Actas del Coloquio Internacional el Sistema Portuario español, Madrid, 19-21 octubre, 1995, Madrid, Ministerio de Fomento, 1996.

HOYLE, Brian
1997 *Ports, Port Cities and Coastal Zones: Development, Interdependence and Competition in East Africa*, Bruselas, Academie royale des sciences d'outre-mer.

JACKSON, Gordon
1996 "The British Port System, c. 1850-1913", en GUIMERÁ y ROMERO, *Puertos y sistemas portuarios (siglos XVI- XX): Actas del Coloquio Internacional el Sistema Portuario Español, Madrid, 19-21 octubre, 1995*, Madrid, Ministerio de Fomento, pp. 77-97.
2001 "The Significance of Unimportant Ports", *International Journal of Maritime History*, 13:1, pp. 1-17.

KEMBLE, John H.
1938 "The Panama Route to the Pacific Coast, 1848-1869", *The Pacific Historical Review*, vol. 7, núm. 1, pp. 1-13.
1990 *The Panama Route, 1848-1869*, Columbia, University of South Carolina.

KERR, John Leeds
1968 *Destination Topolobampo. The Kansas City, Mexico & Orient Railway*, San Marino, California, Golden West Books.

KIDWAI, Atiya Habeeb
1992 "Conceptual and Methodological Issues: Ports, Port Cities and Port-hinterlands", en Indu BANGA (ed.), *Ports and Their Hinterlands in India (1700-1950)*, Nueva Delhi, Manohar, pp. 7-43.

KNIGHT, Franklin W. y Peggy K. LISS (eds.)
1991 *Atlantic Port Cities. Economy, Culture, and Society in the Atlantic World, 1650-1850*, Knoxville, The University of Tennessee Press.

LEWIS, Daniel
1997 "The Empire Strikes Out: Mexican Nationbuilding and the Ferrocarril Sud-Pacifico of Mexico, 1880-1951", tesis de doctorado, Riverside, University of California Riverside.

LOWENTHAL, Bennett Young
1986 "Topolobampo: An American Socialist Colony in Sinaloa, Mexico", tesis de maestría en geografía, Los Ángeles, University of California.

MATHES, Miguel (comp.)
1988 *Baja California. Textos de su historia*, México, Instituto de Investigaciones Dr. José María Luis Mora/Secretaría de Educación Pública/Programa Cultural de las Fronteras, Gobierno del Estado de Baja California.

MATSUDA, Matt K.
2006 "AHR Forum: The Pacific", *The American Historical Review*, vol. 111, núm. 3, pp. 758 80.

MEADE, Adalberto W.
1988 "Establecimiento del puerto de Ensenada, 1882", en Miguel MATHES, *Baja California. Textos de su historia*, México, Instituto de Investigaciones Dr. José María Luis Mora/Secretaría de Educación Pública/Programa Cultural de las Fronteras, Gobierno del Estado de Baja California, pp. 84-93.

ORTEGA NORIEGA, Sergio
1978 *El edén subvertido. La colonización de Topolobampo, 1886-1896*, México, Secretaría de Educación Pública/Instituto Nacional de Arqueología e Historia.

PIETSCHMANN, Horst
2002 *Atlantic History: History of the Atlantic System, 1580-1830*, Göttingen, Vandenhoeck & Ruprecht.

PRICE, Jacob M.
1974 "Economic Function and the Growth of American Port Towns in the Eighteenth Century", *Perspectives in American History*, vol. VIII, pp. 123-186.
1996 "Competition between Ports in British Long Distance Trade, c.1660-1800", en GUIMERÁ y ROMERO, *Puertos y sistemas portuarios (siglos*

XVI- XX): Actas del Coloquio Internacional el Sistema Portuario Español, Madrid, 19-21 octubre, 1995, Madrid, Ministerio de Fomento, pp. 19-36.

ROMERO GIL, Juan Manuel
1991 *El Boleo, Santa Rosalía, Baja California Sur: un pueblo que se negó a morir, 1885-1954*, Hermosillo, Editorial Unísono.

State, Territorial and Ocean Guide Book of the Pacific
1865 *State, Territorial and Ocean Guide Book of the Pacific*, San Francisco, Sterling M. Holdredge.

VÉLIZ, Claudio
1961 *Historia de la Marina Mercante de Chile*, Santiago de Chile, Universidad de Chile.

VON GRAFENSTEIN (coord.)
2006 *El Golfo-Caribe y sus puertos*, México, Instituto de Investigaciones Dr. José María Luis Mora.

WEIGEND, Guido D.
1958 "Some Elements in the Study of Port Geography", *Geographical Review*, vol. 48, núm. 2, pp. 185-200.

EL COMERCIO Y LOS EJES GEOHISTÓRICOS EN LA ÉPOCA COLONIAL. LA CENTRALIDAD DE LA NUEVA ESPAÑA

*Mariano Bonialian**

No encuentro homenaje más honesto para con el profesor Marcello Carmagnani que poner en práctica algunas variables analíticas que me dio a conocer en nuestras conversaciones. Carmagnani nos demostraba la necesidad de reflexionar en procesos de larga duración. También en el obligado estudio de las coyunturas pero siempre dentro de las estructuras; plataforma que sale a la luz cuando los agentes activan estrategias dotadas de capacidad creativa. Nos alentó a la historia comparativa; perspectiva de estudio que nos amplía el horizonte de la mirada histórica. Pero, por sobre todo, Carmagnani compartió sus descubrimientos recientes sobre los ejes espaciales o, como los conceptualiza, ejes geohistóricos; procesos invisibles en los documentos, pero que toda dinámica política y socioeconómica arrastra.[1] Este texto debe mucho a sus enseñanzas.

UN ENFOQUE AL ESTUDIO DE LA CENTRALIDAD MERCANTIL NOVOHISPANA

El ensayo analiza un modelo comercial de alcance imperial y mundial cuyo polo concéntrico se encuentra en el virreinato de la Nueva España. Para captar la naturaleza y el verdadero sentido del modelo nos resulta necesario despojarnos de los marcos interpretativos que sólo colocan al eje atlántico-peninsular como punto nodal para comprender cualquier fenómeno que sucede dentro de las fronteras de la monarquía hispánica. El complejo mer-

* Universidad Nacional de San Martín-Conicet.

[1] CARMAGNANI, "La organización", pp. 331-356.

cantil que presentamos requiere un cambio de eje geoimperial, porque sitúa a la Nueva España como "corazón" del imperio, considerando al Pacífico como un espacio económico tan importante como el Atlántico. El papel central de la Nueva España, particularmente a la ciudad de México, se debe al notable dinamismo que presentan los caminos "de Castilla" y "China". El modelo funciona durante gran parte del periodo colonial y, con efectos de contracción o de complementariedad, se aprovecha y se desarrolla en simultaneidad con el régimen oficial de la "carrera de Indias". Su existencia se comprueba en tres periodos históricos concretos: 1580-1620, 1680-1740 y en los breves años de 1779 a 1784. Esto no quiere decir que la red comercial no esté funcionando en otros tiempos, pero en esas precisas coyunturas alcanza una sistematicidad que incide profundamente en el conjunto de la economía imperial.

Estamos en presencia de un sistema económico coherente, con sentido propio y que se manifiesta en las prácticas de los agentes. Los circuitos comerciales que, en un primer momento, aparecen como inconexos son un "todo económico" con gran sentido de articulación. Una articulación en donde la ciudad de México, con sus rutas hacia Acapulco y Veracruz, es el centro del tejido. Por ambos puntos costeros novohispanos confluyen los dos flujos interoceánicos que son, quizá, los que mayor repercusión generan en el escenario mercantil hispanoamericano. Nos referimos a la flota de Veracruz que une Sevilla/Cádiz con Veracruz y las navegaciones del galeón de Manila que conectan a Filipinas con el puerto de Acapulco. A pesar de las regulaciones legales, estos circuitos que promueven el ingreso a la Nueva España de mercadería castellana, europea y asiática funcionan con notable dinámica y asiduidad, hasta el punto de lograr comercializar mercadería "fuera de registro". Si bien son conductos autorizados por España, los cargamentos superan los topes dictados por la legislación, alcanzando formas de lo que podemos llamar como "contrabando interno".[2]

¿El virreinato de la Nueva España, como principal mercado consumidor en Hispanoamérica, vive una relación de complementariedad, o más bien estamos en presencia de una competencia entre estos dos circuitos de importación interoceánicos? Existe una arraigada interpretación historiográ-

[2] ROMANO, *Mecanismos*, p. 280.

fica, la cual compartimos en su momento,[3] que sostiene la permanente rivalidad entre las rutas del Pacífico y del Atlántico por ver cuál de las dos logra imponerse sobre las plazas consumidoras de la Nueva España.[4] Los informes de virreyes, del Consulado de Sevilla y de Cádiz (1717), así como la correspondencia entre mercaderes son la prueba documental utilizada por los historiadores al momento de justificar la exitosa circulación y el consumo de la mercadería china en detrimento de los artículos europeos que llegan por el Atlántico.[5] Según estos relatos, la disputa mercantil se daría principalmente alrededor de los bienes importados de carácter suntuario, y habrían sido los artículos chinos los que se imponen en el campo del consumo refinado. Sin desacreditar el posible foco de conflicto que se suscita en esta reducida esfera social consumidora, el caso parece ser más complejo. A lo largo del trabajo ofrecemos pruebas que señalan la vulgaridad, la breve duración y el bajo precio de uno de los rubros dominantes de importación por la vía transpacífica: el textil chino. Esos documentos nos señalan que los productos europeos son más exquisitos, de mayor calidad y, por ende, más costosos. A la ventaja de tener un menor costo de producción y de comercialización con respecto a los tejidos europeos se debe tener en cuenta que las telas y tejidos chinos que ingresan a América son de primera, segunda y tercera calidad. Podríamos aceptar el concepto de telas asiáticas para el consumo de lujo, pero al tener calidades diferenciadas y brindar múltiples precios logra ser un producto accesible para varias capas sociales. Lo que habría que responder ya no es a la pregunta si los bienes asiáticos serían o no de élite. El problema ya lo advierte Carmagnani cuando nos afirma que a partir de la segunda mitad del siglo XVII, cuando la producción textil europea comienza una crisis y se despenaliza el consumo de élite, un arco social mucho más amplio se integra a una cultura del consumo que antes se reservaba a círculos selectos.[6] La premisa de Carmagnani ya nos aclara el panorama al deducir que el consumo del tejido chino no tiene esa forma de consumo jerárquica y estamental, que sí presentan los bienes europeos. Aquellos atributos que presenta la oferta de los bienes

[3] BONIALIAN, *El Pacífico*, pp. 175-198.

[4] Entre una abundante cantidad de trabajos citemos a YUSTE, *Emporios*; BERNAL, "La carrera", 2004, pp. 485-525.

[5] ABREU, *Extracto historial.*

[6] CARMAGNANI, *Las islas*, p. 122-138.

chinos facilitan la expansión de su consumo por toda la América colonial, superando la barrera legal del mapa novohispano. Hay gran parte del cargamento de la Nao de China dirigida a un consumo masivo, considerando diversas clases sociales. Es bien diferente al exclusivo mercado suntuario y de élite que se nutre de bienes occidentales, más onerosos, traídos por la flota española de Veracruz. Y aquí comenzamos a dilucidar aquel interrogante mencionado en las primeras líneas. Nuestra respuesta es que ambos flujos funcionarían simultáneamente y con una dinámica aceptable porque son complementarios, es decir, responden a dos tipos diferentes de mercados de consumo: lo asiático para un consumo social ampliado y lo europeo para una reducida capa social de españoles. Esto lo vamos a fundamentar a lo largo del trabajo.

Retomemos el hilo principal de nuestra propuesta. La complementariedad, más punzante que el principio de la competencia o la dicotomía, promueve por ambos flujos niveles de comercialización que están por encima de los límites estipulados por la legislación. Ello genera un escenario de saturación en la circulación de bienes que excede la capacidad de consumo de los mercados internos novohispanos. La ciudad de México es el punto de almacenamiento para las mercancías extranjeras. Es sabido que durante el siglo XVIII el centro urbano novohispano consume un mayor número de artículos extranjeros que "de la tierra".[7] Pero hay que recordar que sus flujos importadores contemplan un número de productos superior a su "digestión" interna. El desequilibrio entre la oferta y demanda de mercancías europeas y asiáticas produce particulares situaciones: *a)* una oferta que supera la demanda de artículos importados por las tiendas callejeras para el consumo de élite y masivo; *b)* el almacenamiento de los *rezagos*, en los depósitos de las casas de los mercaderes, y *c)* por las situaciones *a*) y *b*), una tendencia recurrente a la caída de sus precios

Ahora bien, en estas lógicas de intercambio, donde la oferta supera una demanda poco monetizada, la Nueva España decide abrir una puerta compensadora: se trata de un tercer circuito que se dirige hacia los puertos secundarios y principales del espacio peruano. El brazo comercial del sur es estimulado por todos los actores comerciales del Imperio: en mayor medida por los limeños, pero también por los novohispanos y aun por los peninsu-

[7] ROMANO, *Mecanismos*, p. 318.

lares que depositan sus intereses en las flotas de Veracruz. A través de negociaciones y redes con los novohispanos, comerciantes limeños llegan a las costas de la Nueva España para reexpedir las importaciones novohispanas hacia diferentes puertos de Ecuador, Perú y Chile. Los navíos del Perú no sólo buscan los géneros chinos que se intercambian en la feria de Acapulco, sino también para alcanzar aquellas mercaderías europeas que se encuentran en los depósitos de los *almaceneros* novohispanos con precios realmente accesibles; lo que serían las *sobras* luego de responder al consumo interno del virreinato. Las razones peruanas en desviar capitales comerciales hacia la Nueva España en perjuicio del centro oficial de Portobelo se repiten en el tiempo:

a) El desabastecimiento de artículos extranjeros para el consumo masivo y de élite en los mercados interiores del espacio peruano, pues la vía oficial de Portobelo es incapaz de cubrir las necesidades de artículos extranjeros en el Perú.[8]

b) Los bajos costos de comercialización y de flete en la ruta del mar del Sur frente a los elevados gravámenes de la vía de *Tierra Firme*. No debemos olvidar que estamos en presencia de un movimiento comercial con poco o nulo control político y muy flexible para esquivar sanciones. En gran parte del periodo está prohibido el contacto con la Nueva España, por lo que el pago de impuestos es una utopía.

c) La posibilidad de que las familias de diferentes niveles sociales accedan a los artículos orientales que de otra manera no podrían llegar al Perú.

Vale a esta altura de la exposición hacer una mención a la fluctuación de los precios de los productos asiáticos y europeos en suelo novohispano. Es evidente que una introducción superior a lo que pueden digerir los mercados provoca la baja de los precios. Otra variable que contribuye aún más a la disminución de los valores es la lentitud de las compras de los artículos traídos por la flota por parte del comerciante novohispano. Éstos especulan con las urgencias del retorno de los flotistas que intentan disminuir los gastos con estancias cortas. La voluntaria pasividad de los novohispanos para la celebración de las ferias obliga a que los peninsulares disminuyan los precios de sus productos y a obtener capital para su vuelta.

[8] En este punto se encontraría la razón fundamental del surgimiento del contrabando.

Luego de responder al consumo local, la mercadería que no logra venderse en suelo novohispano será adquirida por el *perulero*. Su presencia ocurre en los puertos de la franja occidental de la Nueva España. El despacho hacia el Perú de los géneros de Castilla, de Europa y de China será monitoreado por los comerciantes y las autoridades novohispanas. Cuando la misma vía de reexportación desde la Nueva España hacia Perú sea intensa y desmedida generando un nuevo (y opuesto) escenario mercantil signado por la escasez y el encarecimiento de los artículos en el espacio novohispano, los *almaceneros* sacarán provecho con mejores y más rentables ventas en su espacio y, al mismo tiempo, denunciarán formalmente la presencia ilegal de los peruanos. Así, el *perulero* deberá esperar un nuevo "guiño" de los *almaceneros* de la ciudad de México para volver a operar; esto se dará en un contexto de abundancia de mercaderías. En resumidas cuentas, el comerciante mexicano continuará poniendo en marcha el complejo comercial a escala imperial siempre y cuando controle (y equilibre) la relación de oferta-demanda de mercancías o ese juego de saturación-carestía que condiciona la variable precios.

Sin embargo, hasta aquí sólo nos aproximamos parcialmente al modelo. Para percibir el mecanismo completo del tejido hispanoamericano debemos atender su perfil exportador; esto es, los caminos de salida de la plata peruana y mexicana hacia el exterior. Luego de llegar al virreinato novohispano por las aguas del mar del Sur, el metálico del Perú ya sea en moneda, en pasta o en barra, escala en las costas occidentales novohispanas para saldar el pago de las mercaderías extranjeras. Así, la plata peruana pasa a manos del comerciante novohispano y luego de su desplazamiento por las plazas interiores, inicia, junto con la plata mexicana, dos posibles travesías: se reexpide hacia España por vía de la flota de Veracruz o se embarca en el galeón de Manila para su viaje hacia Filipinas/China. Ya podemos suponer que el camino oficial de la plata peruana desde El Callao, vía Portobelo hacia España, vigente hasta 1740, sufre consecuencias nefastas con el escape de metálico a través del mar del Sur. Los peruleros ofrecen a la Nueva España plata (amonedada, barra o en pasta), cacao de Guayaquil, azogue de Huancavelica, vino y aceite. El flujo de metálico peruano por la vía del mar del sur y que luego se reexpide hacia España por Veracruz y hacia China por Acapulco resulta ser más intenso en la primera coyuntura (1580-1620) que en los dos periodos posteriores de funcionamiento del modelo. Ello se debe al notable crecimiento de la producción de plata potosina y a la necesidad novohispana, escasa en plata en esos tempranos tiempos de la colonia, de monetizar sus mercados. En el periodo siguiente (1680-1740) el panorama es diferente. En un contexto de estancamiento de la producción minera peruana y cuando recién en las primeras décadas del siglo XVIII comienza a repuntar la producción de plata mexicana, la exportación hacia la del excedente de cacao de Guayaquil y de azogue de Huancavelica se convierten en medios de cambio fundamentales para que los peruanos logren adquirir los géneros extranjeros existentes en el espacio novohispano. Por lo tanto, el modelo no siempre requiere de plata; puede haber intercambios de productos sin la necesidad de un proceso de monetización.

Dichas estas generalizaciones, analicemos los procesos y actores concretos que dan vida al modelo mercantil en cada una de aquellas tres coyunturas históricas.

1580-1620: La Nueva España y el auge de la plata potosina

La línea comercial regular entre la Nueva España y Filipinas inicia su actividad formal a partir de 1573. La seducción por contar con una amplia puerta hacia los bienes de China y del Oriente motiva que pocos años después, el 14 de abril de 1579, la Corona española autorice el tráfico directo del archipiélago oriental con la Nueva España, Guatemala, Tierra Firme y el Perú. Se abren así unas relaciones económicas entre China con toda la América hispana que no tienen limitaciones. Un mundo mercantil con una notable riqueza de productos y metales comienza a encandilar a los hombres de negocios de la Nueva España y del Perú. Enseguida, se empiezan a sentir coletazos que el flamante triángulo comercial entre Filipinas, la Nueva España y Perú provoca sobre la "joven" arquitectura marítima española del Atlántico. La Corona española y los comerciantes sevillanos notan que la libertad mercantil por el área del Pacífico produce, al menos, dos problemas fundamentales: que los desvíos de plata potosina por el Pacífico ponen en peligro el foco oficial de intercambio por Portobelo y que los artículos chinos se van desplazando de los mercados americanos a los europeos.

La política comercial toma un curso restrictivo al ver los peligros de un libre tráfico por el Pacífico. En 1582, apenas cinco años después de esa "anacrónica" medida de libre comercio, Felipe II dicta una real cédula en la que prohíbe no sólo la navegación entre las Filipinas y el Perú sino también la reexportación hacia el espacio sudamericano de los artículos chinos que llegan a Acapulco con la Nao de China.[9] En esos 25 años que van desde la autorización para un libre tráfico entre América y China (1579) hasta la prohibición definitiva para que el Perú se mantenga marginado de cualquier contacto con el extremo Oriente (1604), la élite mercantil limeña se dedica a invertir de manera sistemática el abundante capital de metálico que le ofrecen sus minas para la compra de bienes chinos. El extraordinario auge que vive por estos tiempos la producción de plata en Potosí, la moneda de cambio más estimada en el mundo asiático, convierte a los peruanos en los principales impulsores para motorizar el comercio intercontinental por el Pacífico, ya sea escalando en Acapulco o navegando directamente hacia Cantón y Filipinas.

El esplendor de las minas de Potosí permite que los peruanos alcancen una movilidad inigualable. Ante un escenario de escasez de mercancías extranjeras en sus mercados y el aumento de la producción de plata en el complejo potosino por la introducción del método de amalgama, los peruleros, ricos en dinero, se deciden por salir de su espacio y generar, o al menos ser protagonistas, de varias vías mercantiles que se hilvanan por el Atlántico y el Pacífico. Según García Fuentes, desde 1580 hasta 1630 los peruanos se embarcan en el galeón de Tierra Firme rumbo a España cargados de plata para adquirir las manufacturas europeas. Saltean así la mediación de los cargadores sevillanos y ponen en duda el control absoluto que, hasta entonces, los sevillanos tienen sobre la ruta que va hacia la plaza de Portobelo.[10] Por otro lado, como de manera excelente lo demuestran los trabajos de Iwasaki Cuati, los mercaderes de Lima abren por estas décadas un camino directo hacia China, eludiendo el foco portuario de Acapulco. Es un derrotero que si tomamos en cuenta el caso del navío Nuestra Señora de la Cinta de 1583 podemos percatar el enorme movimiento de riqueza en plata y bienes orientales que circulan por esta ruta directa con Oriente.[11] Los peruanos —con sus capitales— realizan viajes transcontinentales hacia Oriente y Europa.

[9] AGI, *Filipinas*, 6, s/n fs.
[10] GARCÍA FUENTES, *Los peruleros.*
[11] IWASAKI CAUTI, *Extremo Oriente.*

En este contexto de movilidad, los peruanos tejen una tercera vía de apertura que es la que aquí más nos interesa: la navegación hacia Acapulco. Una importante cantidad de trabajos brindan pruebas de cómo los mercaderes y consignatarios de Lima adquieren en Acapulco los artículos orientales traídos por el galeón de Manila.[12] Pero concebir este particular flujo sólo como una suerte de brazo extendido del "comercio de China" sería de una lectura parcial e incompleta. Si nuestra meta es armar el rompecabezas del modelo comercial, es necesario partir de la premisa que las navegaciones peruanas hacia la Nueva España por el Pacífico tienen un doble propósito: adquirir los bienes chinos que son baratos dirigidos a sectores de condición social media y baja, pero también alcanzar gran parte de los productos castellanos y europeos reservados para un mercado más distinguido. Pasemos a desarrollar el problema considerando, en primer lugar, qué tipo de género chino se envía al Perú para luego entrever cómo los peruleros se la rebuscan para acceder a los artículos europeos que se encuentran en la Nueva España. No cabe duda de que uno de los grupos que mayor indiferencia sufre en este giro mercantil son los oficiales reales de Panamá. En 1591, ellos informan que:

> [...] las mercaderías de China que vienen a estos reinos y al Perú entendemos que causan mucho daño a los reales derechos porque como de allí se traen especial cosas de seda a muy baratos precios y se visten y remedian con ellos gente pobre porque es más barato con lo de Castilla pero no tan buena ni con mucho.[13]

Casi veinte años después, en 1610, el "joven" virrey novohispano Luis de Velasco, envía una carta al Consejo de Indias resaltando similares características de la ropa china que ingresa a la Nueva España y al Perú y el fuerte efecto de arrastre que genera en el mercado laboral novohispano:

> [...] la ropa que viene de la china, los lienzos, son convenientes para la gente de servicio y pobre de ambos reinos por ser baratos y de tanto provecho como los que de ahí se traen que cuestan tres doblados. También viene cantidad de seda en mazo que aquí se beneficia en que se ocupa y gana la comida gran suma de

[12] SCHURZ, "Mexico, Perú", pp. 389-402; BORAH, *Comercio*; RAMOS, *Minería*; VALLE PAVÓN, "Los mercaderes", pp. 213-240; FLORES, "El secreto", pp. 377-409.

[13] AGI, *Panamá*, 33, núm. 146, f. 3.

> gente de españoles, indios, mujeres y muchachos pobres que faltándole este subsidio han de morir de hambre.[14]

En la Nueva España hay interés del flujo importador de materia prima textil asiática porque al ser intervenido para su elaboración contribuye a satisfacer mucha mano de obra. La alta rentabilidad del comercio asiático recae en el factor precio y en la posibilidad de abastecer un mercado amplio en el Perú. En 1594, el virrey del Perú, Hurtado de Mendoza no se asombra de la avalancha de tejidos chinos que llegan desde la Nueva España porque "[...] un hombre puede vestir a su mujer con sedas chinas por doscientos reales [25 pesos] mientras que no podría proporcionarle vestidos con seda española por doscientos pesos".[15] La baja calidad de los productos, su precio barato y su consumo en grupos sociales que no pueden acceder al vestido europeo es lo que le permite al presidente de la Audiencia de Panamá, Valverde de Mercado, percibir en 1610 su distribución por cada puerto del Perú:

> [...] la ciudad de Lima como las demás partes están llenas de mercaderías de China en tiendas públicas con harta publicidad y unas naos las fueron dejando por todos los valles de donde se distribuye al distrito y ciudad de Quito, a la gobernación de Popayán, Yagualsongo, Piura, Saña y Trujillo.[16]

Hasta aquí Valverde de Mercado notifica lo que todos ya saben. Pero las líneas siguientes dirigidas al Consejo de Indias dan cuenta de un dato revelador:

> [...] es verdad asentada y que no tiene razón de dudar ninguna que los que van a emplear a la Nueva España no podían sanear sus caudales sino trajesen la mitad de su empleo en cosas de China con lo cual viene a crecer de manera que ganan aventajadamente de los que vienen a emplear en las flotas de las mercaderías de España.[17]

No puede ser más clara la premisa de Valverde. Los cargamentos de los navíos peruanos que salen desde la Nueva España se dividen en partes

[14] AGI, *México*, 27, N. 66, f. 7.
[15] AGI, *Lima*, 33, f. 43. También BORAH, *Comercio*, p. 122.
[16] *Ibid.*, f. 11.
[17] *Ibid.*, f. 14.

prácticamente exactas de géneros de China y de efectos de Castilla (o europeos). Más aún, Valverde está seguro de que el principal objetivo del intercambio perulero son los bienes castellanos y que el empleo de lo chino es para saldar los costos de comercialización. El tráfico desde la Nueva España hacia el Perú por el mar del Sur genera réditos para quienes invierten en la compra de mercaderías europeas importadas por la flota de Veracruz. No resulta casual entonces que tres años antes de esta importante carta, en 1607, Francisco Valverde le recomiende al Consejo de Indias que para cortar de tajo la contratación de la Nueva España con el Perú: "la Nueva España debe contentarse con las que puede gastar porque la contratación reducida a una honesta limitación dará lugar a que los vasallos que viven en Lima vuelvan a encaminar sus contrataciones con seguras ganancias por el camino ordinario".[18]

Cuando Valverde se refiere a una "honesta limitación" en la contratación está pensando en que se cumplan el permiso de comercio impuestos por la legislación de los flujos transpacífico y trasatlántico. Mientras se importe más de lo que necesita la Nueva España se convertirá en punto de redistribución continental y los peruanos no sólo irán a los puertos occidentales de la Nueva España sino que intentarán internarse en el virreinato en busca de artículos con precios convenientes.

Retrocedamos un poco en el tiempo. En 1589, el cabildo de la ciudad de México le dirige una carta al virrey Manrique de Zuñiga, primer marqués de Villamanrique, en donde le informa la internación de un grupo de mercaderes limeños para realizar grandes compras de partidas llegadas en las flotas españolas. El hecho es un suceso que se viene repitiendo desde años atrás, en los tiempos que el comercio está autorizado (1579). Pero la denuncia de 1589 se torna oficial en la Nueva España porque la aparición de los peruanos en el territorio novohispano está provocando un alza en la demanda de los artículos europeos antes que los propios almaceneros logren fijar los precios a su conveniencia.[19] A pesar de la prohibición impuesta desde 1582, los barcos del Perú continúan arribando al puerto de Acapulco con la consecuente internación de los consignatarios y mercaderes sudamericanos. El virrey del Perú, García Hurtado de Mendoza, informa

[18] AGI, *Panamá*, 15, R.8, núm. 87, f. 1.

[19] NAVARRO, "El comercio interamericano", p. 19.

que entre 1593 y los primeros tres meses de 1594 "una docena de barcos habían zarpado rumbo a la Nueva España, dejando esta colonia limpia de plata".[20]

Las autoridades y los comerciantes de la Nueva España aceptan la presencia perulera siempre y cuando haya sobra de bienes en el virreinato y estén en su poder. Así, en 1606, el consulado obtiene el respaldo del cabildo para pedir que se revocara de la normatividad expedida en 1604 la prohibición de comerciar la plata andina. La corporación mercantil sostiene que el metal blanco es el único producto del que disponen los peruanos para pagar las mercaderías europeas importadas, obteniendo España el beneficio de que la plata andina se cargue en las flotas rumbo a Castilla.[21] El consulado le demuestra al Consejo de Indias que si bien la plata andina transita por caminos que no están permitidos, al fin de cuentas llega con las flotas mexicanas que salen desde Veracruz. Ya nos ocuparemos del flujo metalífero. Por ahora, retengamos la solicitud de la corporación sobre el ingreso de plata peruana, ya que existe mucha mercadería extranjera que el mercado novohispano no puede digerir, mientras que en el virreinato andino se necesita de ella.

Uno de los pocos testimonios institucionales donde se explicita la problemática es en la Real Cédula del 9 de marzo de 1607:

> […] por cuanto he sido informado que de las provincias de la Nueva España se navegan y llevan a las del Perú muchas mercaderías de las que van a la Nueva España en las flotas y a vueltas de las otras de las de China con que se hinche la tierra de aquellos géneros y no tienen salida las que se llevan en las flotas de la provincia de Tierra firme y con que se dificulta el despacho de las dichas flotas.[22]

La Nueva España se "hincha de géneros" y logra reexpedirlos al Perú, cuestionando el esquema bipolar de la Carrera de Indias española apoyada en las escuadras de Veracruz y en los galeones de Tierra Firme. En 1609, dos años después de aquella Real Cédula, cuando el mercado mexicano se encuentra nuevamente saturado de mercancías, los comerciantes sevillanos que han invertido en las flotas destinadas a la Nueva España a cargo del

[20] VALLE PAVÓN, "Los mercaderes", pp. 227.
[21] HOBERMAN, *Mexico's merchant*, pp. 216-219.
[22] AGN, *Reales Cédulas Duplicado*, vol. 80, núm. 88, s/n fs.

general Gutiérrez Garibay se lamentan de que estando "cerrada la puerta de Acapulco por el Perú por donde había mucho consumo las ventas serían muy inferiores a lo común".[23]

En el mismo año una similar interpretación ofrece el virrey de la Nueva España, Velasco, para quien "con ser ya partida de flota está todo tan quieto por no haber venido este año la del Perú ni los mercaderes de allí".[24] La breve cita recuperada por Chaunu y el parecer del virrey son de enorme importancia porque dan cuenta del conocimiento que tienen los cargadores sevillanos del flujo reexportador al Perú. Nos brinda señales de que los *gachupines* apuestan a la inversión en las flotas menospreciando los galeones de Portobelo. Queda el interrogante de si el lamento de los cargadores sevillanos se explica por no poder realizar el trato directo con supuestos peruleros que están internados en la Nueva España, o por el simple hecho de verse reducidas las compras y los tratos con los almaceneros novohispanos que son, sin duda, los que deciden cuándo hacer circular las mercaderías por el interior del virreinato y en qué momento (si es que sobran) reexpedirlas hacia el Perú.

Ahora bien, todo hace suponer que el flujo de mercaderías extranjeras desde la Nueva España al Perú continúa hasta 1634, año en que una nueva Real Cédula suspende cualquier tipo de contacto mercantil entre ambos espacios. Habíamos afirmado que la disposición de 1604 prohíbe el envío de artículos chinos y europeos desde Acapulco al Perú, pero permite que tres naves hagan el viaje cada año para comercializar sólo productos de fabricación local. En 1609, el permiso se reduce a dos navíos de 200 toneladas cada uno, con la posibilidad de enviar a Acapulco 200 mil ducados en plata (unos 300 mil pesos). Once años después, en 1620, por las presiones de los mercaderes sevillanos, el permiso es un hilo fino: un solo navío de 200 toneladas que debe navegar de Acapulco hacia El Callao sin escalas ni arribadas intermedias. Idéntica navegación de sur a norte y con sólo 200 mil ducados en forma de pago.[25] Los reducidos márgenes de flexibilidad que contiene la cascada legislativa en 30 años (1604-1634) permiten, no obstante, el envío de manera oculta de los artículos castellanos, europeos y chinos o bien etiquetarlos a éstos como de producción originaria ante cual-

[23] CHAUNU, *Seville et Atlantique*, t. V, pp. 291-292.
[24] AGI, *México*, 27, N. 66, f. 6.
[25] AGN, *Reales Cédulas*, vol. 1, exp. 120, fs. 225-226.

quier mínima reelaboración a los que son sometidos.[26] En 1604, el virrey novohispano marqués de Montesclaros le informa al Consejo de Indias que "han llegado al puerto de Acapulco del Perú dos naos con plata que traen desde El Callao para este reino que ha sido provechoso porque había sobras de mercaderías".[27]

Aquí se encuentra la lógica de intercambio entre la plata andina por mercancías extranjeras. Sin dudas el funcionamiento del modelo en esta primera coyuntura está dado por la plata del Perú, región que se convierte, hasta la primera mitad del siglo XVII, en la principal productora de plata del mundo.[28] Desde 1605 se prohíben los envíos de plata peruana hacia la Nueva España que superen esos 200 mil ducados para utilizar en el intercambio de los "efectos de la tierra".[29] Pero es tan intenso e íntegro el abastecimiento de los artículos asiáticos y europeos llegados desde la Nueva España por todos los mercados regionales del Perú, que bajo la sombra de los 200 mil pesos en plata autorizados para enviar a la Nueva España van de "millón y medio según las cartas de todos los mercaderes, arruinándose así la contratación y flota de Portobelo".[30] Woodrow Borah sostiene que en los últimos años del siglo XVI la plata peruana que fluye hacia Acapulco ronda los tres millones de pesos y que en 1597 llegan a Acapulco 8 millones de pesos para cargarse en el galeón de Manila y que junto con 4 millones de pesos novohispanos salen hacia Filipinas unos 12 millones.[31] Lo ocurrido en 1597 parece ser excepcional. Los estudios acuerdan que regularmente se exportan desde El Callao hacia Acapulco entre 1.5 millones a 3 millones de pesos por año. Estos números se corresponden bastante bien si consideramos que regularmente salen 10 o 15 barcos cada año desde El Callao o Guayaquil hacia la Nueva España con cargamentos de plata que rondan entre los 100 mil y 200 mil pesos.[32] Una gran porción de la plata peruana que alcanza Acapulco se reembarca en el galeón de Manila. El esplendor que por estas décadas registran las minas de Potosí convierte a la moneda de plata peruana en la mercancía dominante en la "carrera Acapulco-Manila". En 1604, el cabil-

[26] GRAU, *Justificación*, pp. 75-85.
[27] AGI, *México*, 26, N. 11, fs. 4-5.
[28] TEPASKE, "New World", pp. 425-445.
[29] AGNM, *Indiferente virreinal*, caja 6697, exp. 78, fs. 1-3.
[30] AGI, *Panamá*, 16, R. 2, núm. 23, f. 12.
[31] BORAH, *Comercio y navegación*, pp. 227-236.
[32] AGI, *Panamá*, 33, núm. 146, f. 3; VALLE PAVÓN, "Los mercaderes", pp. 227.

do de la ciudad de la Nueva España denuncia que entre la plata potosina y la novohispana salen unos 5 millones de pesos anuales,[33] cifra que se mantiene para los años 1610-1620.[34] Recordemos que desde 1593 el límite de exportación de numerario se fija en los 500 mil pesos.[35]

Ahora bien, hay un problema histórico que aún no se ha explorado para develar la monetización por Europa y China. ¿A qué nos estamos refiriendo? No toda la plata andina importada a la Nueva España parte hacia China. Una considerable porción de ella se interna en el virreinato para reexportarse hacia España por el canal trasatlántico de las flotas. Sabiendo que existen escasísimas fuentes al respecto, el testimonio de 1609 que brinda el virrey novohispano, Luis de Velasco, nos puede ayudar a aproximarnos al problema. En defensa de la reapertura al comercio la Nueva España-Perú, el virrey se refiere a la internación de la plata peruana en la Nueva España para su intercambio, una problemática que ya venimos analizado en páginas anteriores del trabajo. "[...] vienen cada año en barras y monedas con que esta plaza de la Nueva España se hinche de plata y los emplean los que los traen en los géneros que esta tierra lleva de cosecha y en mercaderías de Castilla si las hay de sobra como algunas veces acaece y en ropa de china".[36]

El segundo aspecto que menciona el "joven" virrey Velasco es el tipo de plata peruana que parte hacia China y la que se escapa hacia España.

> [...] las barras de plata venden aquí los del Perú parte a los que labran moneda en esta casa donde pagan sus derechos y parte a mercaderes de esta ciudad que las envían por granjería a España para sus empleos, que les es mejor que no enviar Reales [...] por lo que cesa lo que algunos han querido decir que muchas de ellas se envían a las islas Filipinas que no es así que aquí hay barras de plata en la tierra que poder enviar si conviniese. Pero mejor se hallan y se entienden con reales los chinos que no con plata en pasta.[37]

Interesante descubrimiento. Los barcos del Perú importan hacia la Nueva España distintos tipos de plata: en barra, en pasta sin labrar y amonedada. Vendría a ser un elemento fundamental en el proceso de monetización

[33] BORAH, *Comercio y navegación*, pp. 235-236.
[34] HOBERMAN, *Mexico's merchant*, pp. 216-219.
[35] ABREU, *Extracto historial*, t. I, pp. 106-187.
[36] AGI, *México*, 27, N. 66, f. 5.
[37] *Ibidem*, f. 6.

de la Nueva España. La barra y la pasta de metálico estarían quedándose en la Nueva España para ser labrada por los ensayadores y fundidores de la Casa de la Moneda, pagando los derechos correspondientes. La amonedada o los reales peruanos se envían hacia China, para ser utilizada en sus mercados internos. Pensamos en dos razones totalmente comprensibles para explicar el silencio que muestran los documentos sobre este flujo de plata peruana hacia España por la vía de las flotas mexicanas. En primer lugar, la plata peruana se termina de labrar o amonedar en la ciudad novohispana por lo que pasaría desapercibida en los enormes cargamentos de metálico de las escuadras españolas que arriban a Sevilla.[38] En segundo lugar, quizás más gravitante, es que España no tiene por qué denunciar el cauce ilegal que toma el metálico peruano, puesto que aún sin canalizarse por los galeones de Portobelo finaliza, mal que bien, en la península ibérica.

Vila Vilar ha demostrado que desde finales del siglo XVI hasta las primeras décadas de la centuria siguiente el comercio peruano es menos dependiente de los galeones españoles. Entre los cauces comerciales alternativos que contrarrestan al flujo oficial, Vila Vilar no duda en otorgar un papel protagónico a la conexión triangular Perú-Nueva España-Filipinas. El desvío de plata hacia China con la correspondiente importación de tejidos asiáticos a precios muy baratos en comparación con los de Castilla se habría convertido en las chispas explosivas para iniciar la decadencia de Portobelo.[39] Entre los numerosos testimonios sobre el problema, citemos las palabras del cabildo de Panamá en 1610:

> [...] dos navíos que salieron de la ciudad de los reyes para la de Acapulco llevaron más plata que la que tuvo la Real Armada que vino a este reino de que ha resultado no haber plata para el despacho de la ropa que vino en esta flota [...] y se detuvo toda la feria de la ciudad de Puertobello y se perderá toda sino es que V.M. mande se cierre toda la puerta para que no vaya más plata al puerto de Acapulco.[40]

La gran estructura mercantil americana cuyo tronco comercial se concentra en El Callao-Acapulco con su doble ramificación Acapulco-Manila

[38] AGN, *Real Hacienda*, vol. 143, exp. 25, 1737, fs. 180-191 y vol. 392, exp. 3, 1652, fs. 121-194.

[39] VILA VILAR, "Las ferias", p. 294-295.

[40] AGI, *Panamá*, 30, N. 48, fs. 2-3.

y Acapulco-Veracruz parece ser la responsable de la crisis de Portobelo. En términos más precisos, no es sólo el ingreso de bienes chinos desde la Nueva España lo que genera la indiferencia peruana hacia Portobelo, sino el interés de sus mercaderes por adquirir los rezagos castellanos almacenados en la Nueva España. Considerar como responsable al eje Veracruz-ciudad de México no es un dato menor para quienes buscan ampliar la perspectiva de análisis sobre procesos imperiales. Al momento en que la Nueva España se convierte en el corazón comercial del imperio, muta la geopolítica imperial pues la bipolaridad trasatlántica del régimen comercial se ve seriamente cuestionada. Los cargadores peninsulares también son responsables de que el régimen comercial de Tierra Firme ingrese en una crisis. Veamos el parecer del virrey Velasco en 1609:

> [...] los mercaderes del Perú envían ahora hombres propios a Sevilla con sus haciendas a emplearlos que de ordinario llevan toda la gruesa de aquel reino con que los de Sevilla ya no cargan para Tierra Firme ni pueden hacer las gruesas ganancias que hacían en años pasados siendo ellos los señores de cuanto se cargaba para aquél reino y esto era lo que tenía rica de dinero y llena de gente a Panamá.[41]

Velasco relata un proceso ampliamente desarrollado en el texto de García Fuentes.[42] La gran producción de las minas de Potosí da lugar a que los peruanos realicen empleos directos y de "pura negociación" viajando ellos o sus comisionistas en el galeón de Portobelo rumbo a España y salteando la mediación de los cargadores sevillanos. Éstos, al ver disminuir su control en la relación con el Perú, deciden "no cargar para Tierra Firme". Portobelo se encuentra pobre y arruinado no sólo por los desvíos de capitales peruanos hacia Acapulco, sino porque los mercaderes sevillanos abandonan el galeón de Tierra Firme que ya no ofrece garantías para las ventas. De tal manera que comienzan a concentrar sus intereses en las flotas de la Nueva España porque se aseguran el despacho de bienes y la succión de metálico del mercado novohispano y, gracias a la vía del mar del Sur, del mercado peruano. Entonces, parecería que todos los actores y corporaciones mercantiles son responsables del funcionamiento del modelo mercantil; un

[41] AGI, *México*, 27, N. 66, f. 4.
[42] GARCÍA FUENTES, *Los peruleros*.

esquema que lleva, entre otras razones, a la crisis de los galeones y ferias de Portobelo. No cabe duda de que otro de los motivos de peso que explican la preferencia de los peruanos por comerciar por la vía de Acapulco está en los menores costos de comercialización y la ausencia de "riesgo de mar"; atributos que la ruta Sevilla-Panamá carece por completo. Nuevamente, es el virrey Velasco el que subraya la cuestión:

> [...] siguen los del Perú esta contratación con la Nueva España no tanto porque sean muy gruesos los intereses cuanto porque cada año van y vienen con sus caudales sin riesgos de mar y de corsarios que les es de mucho más provecho que el trato de Castilla, que en idas y vueltas cuentas al fiado y cobranzas dilatadas se les pasan cuatro y cinco años primero que vuelvan a su poder las haciendas y reguladas las ganancias con dilación del tiempo fletes de mar y tierra averías riesgos pérdidas y derechos afirman que no les rinde su dinero un año con otro a siete por ciento, ésta es la causa de continuarse entre estos dos reinos el trato.[43]

Para los comerciantes de Lima los costos de comercialización por la vía mexicana son menores y más accesibles que la ruta España-Portobelo. La mención del virrey es confirmada por estudios históricos, donde se fundamenta que mientras la canasta de gastos que acarrea el flete, impuestos y comisiones en el circuito Nueva España-Perú difícilmente supera el 50% del valor del producto, los cargos por la vía monopólica El Callao-Sevilla se encarecen en un 90%.[44] A eso habría que sumarle que las ganancias de una inversión mercantil por el mar del Sur se obtienen rápidamente. Panorama opuesto sucede en Portobelo que, sin garantías de rentabilidad y seguridad contra los corsarios, hay que esperar varios años para conocer los resultados de las operaciones comerciales emprendidas.

1680-1740. La Nueva España y la crisis de Portobelo

No encontramos pruebas contundentes que nos indiquen el funcionamiento del modelo semiclandestino para el periodo 1634-1680. Por el

[43] AGI, *México*, 27, N. 66, fs. 6-7.
[44] FLORES, "El secreto", pp. 393-397, y SUÁREZ, *Desafíos transatlánticos*, pp. 239-241.

contrario, lo que sí se percibe son señales opuestas: *a)* decaimiento del tráfico del galeón de Manila; *b)* notoria disminución del tráfico de bienes extranjeros desde la Nueva España hacia el Perú por el mar del Sur con el correspondiente descenso en el reflujo de plata peruana hacia Acapulco y *c)* una estabilidad comercial del régimen trasatlántico monopólico asentado en los galeones de Tierra Firme y en las ferias de Portobelo. Es en el último cuarto del siglo XVII cuando reaparecen las variables y los procesos históricos del modelo. Ya hemos presentado en otro ensayo las características más sobresalientes de cómo funciona el modelo entre 1680 y 1740. Es por ello que aquí seremos más breves y sintéticos.[45]

A partir de 1680 hay claros indicios de un aumento del comercio transpacífico y trasatlántico hacia y desde la Nueva España. Se reaviva el circuito del movimiento de bienes chinos y europeos desde la Nueva España hacia el Perú por el mar del Sur y el drenaje de metálico peruano en dirección inversa. Como consecuencia de estos dos procesos vuelve a entrar en crisis, —hasta el definitivo colapso en 1740—, el eje España-Portobelo-El Callao. A partir del último cuarto del siglo XVII el régimen monopólico de comercio resulta incapaz de responder al notable crecimiento del consumo que viven los mercados hispanoamericanos. El apetito por consumir alienta no sólo el fraude y el contrabando extranjero, sino la gestación de nuevos cauces comerciales a nivel intercontinental e intercolonial.

En las últimas décadas del siglo XVII el mercado novohispano reinicia un proceso de sobreabastecimiento de géneros extranjeros por la vía transpacífica y trasatlántica.[46] En 1711, el Consejo de Indias está convencido que “los cargazones de China son tan considerables que no las pudiendo consumir la Nueva España es preciso la saca de transporte al Perú”.[47] Entre las primeras cuatro décadas del siglo, las cargas del galeón de Manila ingresan con una puntualidad anual perfecta y de enorme volumen, llegando en algunos años a superar las 5 mil piezas.[48] No resulta casual que en 1720 apareciera una disposición real fijando el permiso de comercio a 4 mil piezas para intentar reducir las importaciones asiáticas.[49]

[45] BONIALIAN, “México”, pp. 7-28.
[46] GARCÍA FUENTES, *El comercio*, pp. 65-77.
[47] AGI, *Lima*, vol. 480, f. 7.
[48] AGI, *Filipinas*, 208, s/n de fs.; YUSTE, *Emporios*, pp. 384-385.
[49] AGNM, *Reales Cédulas*, vol. 41, s/n de fs.

Los ingresos de mercadería castellana y europea por Veracruz también son muy considerables. En gran medida, el aumento del comercio trasatlántico se expresa en los ritmos, en el número de barcos y viajes que se hacen por la ruta. A partir del último cuarto del siglo XVII las flotas españolas que van hacia Veracruz comienzan a ser más periódicas y numerosas que décadas anteriores. Entre 1680 a 1700 se envían 9 flotas a la Nueva España y tan sólo 4 galeones a Portobelo.[50] Seguramente algo de cierto hay en los cuestionamientos de los cargadores sevillanos y gaditanos acerca de lo difícil que es vender sus productos por la competencia de lo chino.[51] Pero el conflicto no debe distraernos de lo que, en última instancia, ocurre en el espacio novohispano: los convoyes españoles de Veracruz funcionan con una dinámica sorprendente y, a pesar de la fuerza del galeón de Manila, sus productos son adquiridos, vendidos o almacenados por los propios mercaderes de México. Si bien no alcanza la regularidad anual del galeón de Manila, las flotas llegan regularmente al atlántico mexicano y ello se debe a la insistencia de los cargadores españoles. En 1705, el Consulado de Sevilla expone abiertamente al Consejo de Indias que: "[...] el común del comercio tiende a interesarse en el de la Nueva España que no en el de Tierra Firme".[52] En 1733, tiempos muy conflictivos entre los grupos mercantiles del imperio a raíz de la entrada desmedida de productos chinos a Nueva España, los mercaderes de las Filipinas no dudan en denunciar a sus pares sevillanos de que:

> [...] como es notorio, no logran mejores ferias los comerciantes de Cádiz en el reino del Perú que en el de la Nueva España, antes bien, en éste son mayores las utilidades [...] y así quéjense los comerciantes de Cádiz de la copiosa introducción de géneros que hacen aquéllos en estos reinos y que a la Nueva España envían más de lo que puede consumirse.[53]

Estamos en presencia de una situación muy similar a la que vimos para la primera coyuntura histórica del funcionamiento del modelo. A pesar de la advertencia que realizan en 1712 los comerciantes novohispano para que

[50] FERNÁNDEZ DE PINEDO, "Comercio colonial", pp. 121-131; GARCÍA FUENTES, *El comercio*, pp. 164-215.

[51] ABREU, *Extracto historial (1736)*, 1977.

[52] PÉREZ-MALLAINA, *Política*, p. 52.

[53] ABREU, *Extracto historial (1736)*, 1977, t. I, p. 145.

las flotas sean bianuales y no anuales,[54] las escuadras españolas arriban a Veracruz cada 3 o 4 años con cargamentos tan elevados que supera la capacidad de consumo del mercado novohispano. El sobreabasto de mercaderías provoca el descenso de los precios; un escenario que beneficiará al novohispano y perjudicará al *gachupín* que estará obligado a desplazarse hacia el interior para obtener mejores ventas. El problema viene arrastrándose desde 1672. Cuando en el mes de mayo una nueva flota se prepara para partir rumbo a Veracruz, los comerciantes de la ciudad de México advierten a sus colegas sevillanos de las lamentables consecuencias que les esperan. Les advierten que los comerciantes que compraron mercancías de la flota anterior todavía no pueden venderlas:

> [...] aun con notable pérdida, con que para los comerciantes de esta la Nueva España ha sido grande ruina y lo mismo es para los de España, que con la continuación de las flotas han bajado los géneros a tan ínfimos precios que ninguno dejará de perder mucha parte de su caudal.[55]

Situación repetida: abundancia de mercaderías extranjeras; caída de sus precios. Veamos un caso concreto. En enero de 1700 y ya internado en la ciudad de México, el flotista Pedro Chapore les comunica a sus socios ubicados en España sobre el notorio descenso de los precios que se está viviendo en la urbe:

> [...] en cuanto a el estado de la feria de esta ciudad vamos bien a Dios gracias, menos los lienzos y hilos, picotes y lamparillas, que los ruanes no quieren llegar a seis reales, bretañas buenas menudeadas apenas llegan a treinta reales, holanes no pasan de catorce pesos contrahechos, ni estopillas ni encajes trenzilla ni agujero no ay quien los pida, y aseguraba que no se ofrecía otra cosa "más que vender y arrepentirse"[56]

Semanas después, Chapore se siente desilusionado porque la llegada de la Nao de China paraliza todo el intercambio, "de forma que no ay hombre que entre por puerta de nadie". La única esperanza a la que se aferra el flotista es a la noticia del apresto de tres navíos peruanos de gran porte que

[54] AGI, *México,* 2501, s/n de fs.
[55] LAMIKIZ, "Flotistas", p. 9.
[56] *Ibidem*, p. 23.

se preparan en el Perú rumbo a Acapulco interesados en adquirir los bienes de flotas que no pueden ubicarse en el mercado novohispano.[57]

Los casos abundan. Pascual de Agesta, un consignatario del flotista Munárriz, se encuentra por el año 1700 en la ciudad de México. Es uno de los tantos flotistas que se desplazan hacia el virreinato para intentar dar salida a sus bienes. Es de notar lo difícil que resulta cualquier operación mercantil, decide viajar hacia el norte. Llega a San Luis de Potosí, donde encuentra un panorama decepcionante "por causa de haber en la dicha ciudad muchos mercaderes con ropa y hallarse muy corto de plata y no haber salida de cosa ninguna y por estar los géneros muy en bajos precios".[58] En febrero de 1701 Agesta, aún con las mercaderías de Munárriz, se dirige al puerto de Acapulco con el propósito de emplear el dinero conseguido por algunas ventas previas en mercancías de China. La entrada de los *gachupines* al puerto de Acapulco no es un fenómeno circunstancial; al menos la práctica peninsular es denunciada desde 1725. En ese año, el Consulado de la ciudad de México acusa a sus pares españoles de que "como si nunca se hubieran de irse los *gachupines* quieren emplear en Acapulco en géneros de china y en cacao y meterse en otras dependencias que por postre no pueden ser sino dañosas".[59]

El sobreabastecimiento de mercancías con la consecuente caída de sus precios hace que el cargador sevillano supere la frontera de la feria de la ciudad de México, Jalapa u Orizaba para internarse por los mercados internos del espacio colonial. La internación española es tan punzante que llega incluso a Acapulco, con la estrategia de adquirir los tan rentables bienes chinos. La presencia de los comisionistas o flotistas españoles por los circuitos internos provoca la denuncia de los almaceneros al ver en jaque su monopolio de circulación por el reino. En este gran contexto aparecen los barcos de los peruleros por el Pacífico mexicano que logran descomprimir la tensión mercantil por el imperio. El informe más que interesante que ofrece el Consulado de Lima en 1706 nos ahorra muchas palabras:

> Desde el año referido [1692] empezó a viciarse la contratación con el reino de la Nueva España introduciéndose en éste sin limitación, considerables cargazo-

[57] *Ibidem,* p. 23.
[58] *Ibidem,* p. 18.
[59] AGNM, *Consulado,* 269, exp. 2, f. 9-10.

nes de ropa así de Castilla como de la China que han remitido los vecinos de aquélla [...] pero menos carga para abastecer a la Nueva España era suficiente y se tiene por cierto que de las memorias que compraren los mercaderes de aquel reino y de las que no vendieron los cargadores de España pasarán a éste la mayor parte. De suerte que cuando se supone que habría de volver este comercio de celebrar la feria de Portobelo hallaría sin duda en esta costa o navegando para ella cargazones igual a la de Tierra Firme.[60]

Los vecinos de la ciudad de México remiten hacia el Perú ropa de China y de Castilla "sin limitación". Hay tanta ropa española y de china en los depósitos y almacenes de los comerciantes de la urbe que ven con buenos ojos los pedidos que realizan los peruanos por el Pacífico. Éstos son bienvenidos siempre y cuando no cuestionen, como sí lo hacen los flotistas, el monopolio que detentan sobre la circulación de bienes y monedas por el espacio interno virreinal. De hecho, en el preciso año de 1692 un número importante de peruleros logran penetrar en suelo mexicano, pero el inmediato freno impuesto por los mercaderes y los funcionarios novohispanos hacen que el hecho se repita.[61] Ahora bien, otra de las corporaciones mercantiles que comparte el parecer de Lima sobre la función de almacén imperial que cumple México es la de Cádiz. En 1714 le comunica al Consejo de Indias que:

> [...] el reino de la Nueva España abunda de ropas de Castilla que conducen las flotas, de ropa que les llevan los extranjeros y de todas cuantas sedas llegan todo los años del Asia y las Filipinas y así es menester tomar el juicio sobre la forma en que se hallará aquel reino porque consumirlo todo es imposible y no hay sustancia anualmente para poder digerirlo y así perdiendo con la poca reputación de los precios para deshacerse de tanta carga les es preciso introducir gran parte de ella en todo el reino y las costas del Perú.[62]

Resulta curioso que la corporación gaditana reconozca que en la Nueva España "abunda ropa de Castilla"; un fenómeno que, en parte, ellos mismos son responsables de generar al ser indiferentes a la vía legal de Portobelo. A partir de los expedientes de comiso, en un estudio anterior logramos

[60] PAZ SOLDÁN, *El Tribunal*, pp. 14-21.
[61] AGNM, *Indiferente virreinal*, caja 187, exp. 9, fs. 1-132.
[62] AGI, *México*, 2501, s/n de exp.

contabilizar un total de 25 navíos peruanos procedentes de la costa novohispana que ingresan a diferentes puntos costeros del Ecuador y del Perú, con enormes cargamentos de efectos castellanos, europeos y chinos. En estas décadas, el drenaje de plata andina hacia la Nueva España no parece ser tan notable como lo habría sido en la primera coyuntura. Esto no resulta casual si tomamos en cuenta que en estas décadas la producción de plata novohispana comienza a superar los niveles de producción de metálico del Perú. Más bien, como forma de pago, sobresalen el cacao, el azogue, el vino y el aceite que vienen a responder al mercado consumidor novohispano.[63] Entre 1680 y 1740 el circuito la Nueva España-Perú se encuentra totalmente prohibido por la legislación española. Por lo tanto, son las coimas que reciben los agentes aduaneros y autoridades de los mercaderes de la ciudad de México y de Lima lo que permite que el movimiento de bienes y metales evada cualquier tipo de control fiscal.

Ya podemos suponer lo que pasa con la plata peruana. Considerables sumas de plata se envían hacia la Nueva España para comprar mercancía europea y castellana que desembarca la flota por Veracruz y comprar los géneros asiáticos que llegan a Acapulco a través del galeón de Manila. Uno de los pocos testimonios de la época que reconoce la salida de plata peruana hacia España vía México es el de Alcedo y Herrera. Se identifica las consecuencias que genera las reexpediciones de *rezagos* de flotas desde Acapulco hacia el Perú con el consiguiente drenaje de metálico peruano, Alcedo sintetiza los problemas que afronta el capitán López Pintado en Portobelo con los últimos galeones que llegan a Tierra Firme en 1731:

> [...] con la ocasión de no haber concurrido el comercio del Perú por la banda del sur, con la gruesa de caudales que había ofrecido, por haberse convertido en el largo intermedio de los segundos a éstos una gran parte al trato de los puertos de la Nueva España, Realejo, Sonsonate y Acapulco, que llaman de la otra costa, faltó aquella crecida porción para efecto de la feria de Portobelo. Así lo atestiguó judicialmente el general comandante de los galeones y lo comprobó en Cádiz, con la diferencia en la copiosa cantidad de monedas del Perú que condujo aquel mismo año la flota de la Nueva España.[64]

[63] BONIALIAN, *El Pacífico*, pp. 274-274 y 302-303.
[64] ALCEDO, *Piraterías*, 515.

Los mercados peruanos buscan obtener las mercaderías de Castilla y China que se encuentran en la Nueva España por la insuficiencia de abasto que genera la plaza de Portobelo. Ya hemos advertido que Portobelo opera con bastante ineficiencia, no sólo por la decisión de los limeños de invertir en la ruta mexicana, sino por el desinterés propiamente peninsular que concentra sus inversiones en la flota de Veracruz. Estas dos razones, entre varias que han sido consideradas, deberían atenderse con especial cuidado pues estaríamos en presencia de uno de los motivos de base por el cual entran en definitivo colapso las ferias de Portobelo en 1740.[65]

1779-1784. La Nueva España y el comercio permitido por el mar del Sur

Llegamos a la tercera coyuntura histórica del complejo mercantil imperial en donde la Nueva España se ubica como su corazón. Mucho más breve que las dos primeras fases, esta coyuntura presenta una gran diferencia: surge en un contexto de "libre comercio", de aperturas portuarias y de nuevos derroteros comerciales. El conflicto bélico que se genera entre Gran Bretaña y España a partir de 1779, en el marco de la independencia estadounidense, provoca serias contracciones en el flujo trasatlántico peninsular, particularmente en las relaciones con el Perú. Ante el temor de ver bloqueadas sus relaciones con sus espacios coloniales, la Corona española se decide por autorizar un esquema de intercambio mercantil a nivel imperial que logre garantizar el abastecimiento de productos en los mercados consumidores de la Nueva España y del Perú. En esos años bélicos, el Perú denota una escasez de mercaderías europeas que la Corona intenta paliar con diferentes políticas comerciales.[66] En 1779 Carlos III emite una Real Cédula en la que autoriza la plena libertad para que los navíos americanos puedan comerciar entre "la América septentrional y meridional en derechura por la mar del Sur".[67]

[65] Las permisiones españolas y el contrabando cada vez más intenso por Buenos Aires, el comercio ilegal de holandeses e ingleses por zonas cercanas a Portobelo, el comercio intérlope francés por el Cabo de Hornos de los años 1700-1720 son factores que ya han sido subrayados por los estudios. BONIALIAN, "México", pp. 7-28.

[66] PARRÓN SALAS, *De las Reformas*, p. 375.

[67] AGNM, *Correspondencia de Virreyes*, vol. 127, fs. 117 r-v.

Se da vía libre al comercio del galeón de Manila y a cualquier embarcación de compañía o particular española que quiera abastecer a los mercados hispanoamericanos de "todas las ropas y mercaderías de China que fuesen posible".[68] Es un retorno al escenario legislativo de finales del siglo XVI, cuando toda la América hispana gozaba del permiso para traficar sin límites con las Filipinas.

Al mismo tiempo, desde la península ibérica se promueve que el volumen de las importaciones en artículos europeos y castellanos por el puerto de Veracruz sea superior a la capacidad de consumo de los mercados internos. La Corona estimula, ahora de manera oficial, que los mercaderes de la ciudad de México compren más de lo que necesitan las plazas del virreinato y así lograr almacenar en sus depósitos la mercadería venida en la flota y en los navíos de registro para posibles reexportaciones hacia Guatemala y el Perú. En 1782, el tribunal de consulado novohispano dirá que "[...] a este comercio le tiene mucho en cuenta vender lo existente y darle salida por todos los rumbos".[69] De tal manera que: "[...] lo que ahora se reexpide hacia el Perú se reduce a lo que abunda y sobra en este reino y a lo que es de difícil despacho. Las mercaderías y sus precios bajos son muy cómodos para los peruanos a lo que debían valer en las circunstancias de la actual guerra".[70]

Habría que aclarar que desde el año 1774 la ruta entre Nueva España y el Perú por el Pacífico se legaliza, pero sólo para el tráfico de efectos de la tierra. El flujo de plata y de bienes extranjeros sigue cerrada por el área. Será recién en 1779, a partir de este contexto bélico y de serios problemas en el tráfico trasatlántico de los navíos de registro que se dirigen hacia el Perú por el Cabo de Hornos, que el poder español se decide en permitir la reexpedición de los artículos europeos y orientales desde la Nueva España hacia el Perú.[71] Naturalmente, con la autorización de 1779, con el escenario de abundancia de géneros extranjeros en el espacio novohispano, con sus precios bajos y muy accesibles, la ruta de bienes desde sus puertos occidentales hacia el Perú se reactiva notablemente. Al institucionalizar el conducto, la Corona no duda en gravar los productos en un 7 y 2% de salida

68 AGNM, *Reales Cédulas*, vol. 117, exp. 96, f. 1.
69 AGNM, *Archivo Histórico de Hacienda*, caja 18, exp. 2, f. 31.
70 *Ibidem*, fs. 30-31.
71 AGNM, *Tribunal de Cuentas*, vol. 12, exp. 35, f. 57.

de Acapulco y 5% en la entrada por el puerto de El Callao.[72] Pero ni el gravamen impositivo ayuda a regular el flujo. Los precios de los artículos chinos y europeos se encuentran tan bajos en la Nueva España y su escasez es tan notoria en el Perú (particularmente los orientales) que la ruta por el mar del Sur alcanza niveles espectaculares. Si bien existe la posibilidad de una conexión directa entre el Perú y las islas Filipinas —y de hecho algunos comerciantes de Lima solicitan permiso para navegar directamente hacia el Oriente—,[73] la gran mayoría de ellos prefieren escalar en Acapulco. Lo reconoce el propio virrey novohispano Martín de Mayorga en marzo de 1782 al afirmar de "lo imposible de conducir efectos desde Filipinas al Perú sin reconocer Acapulco".[74]

Entre los años 1779 y 1783 identificamos más de 20 barcos pertenecientes a compañías españolas y a mercaderes peruanos que navegan hacia Acapulco con enormes cargas de cacao y plata. A muchos de estos navíos los vemos retornar haciendo escala o arribando de forma definitiva en los puntos costeros de El Callao, Paita, Valparaíso y Coquimbo. En esos mismos años computamos 13 naves de gran porte que logran importar un total de 1 428 853 pesos en valor de géneros extranjeros.[75] Pero esos 13 barcos no deben utilizarse como una expresión cuantificable del flujo; es tan sólo representativo. El propio Tribunal del Consulado de México informa que desde el 27 de abril de 1782 hasta febrero de 1783 —sólo en diez meses— se exportan hacia el Perú más de 3 mil piezas en artículos extranjeros.[76]

Al revisar minuciosamente algunos de estos cargamentos que llegan al Perú podemos ver la típica composición que asumen los cargamentos del circuito por el mar del Sur en tiempos de funcionamiento del modelo. El embarque equitativo de bienes europeos y asiáticos, sin olvidar, claro está, la existencia de una porción menor de "efectos de la tierra".[77] El movimiento de artículos orientales y europeos por el mar del Sur alcanza tal magnitud que pone en alarma a los propios comerciantes de la ciudad de México. A principios de 1783 el consulado nota que las reexpediciones hacia el Perú

[72] AGNM, *Indiferente virreinal*, caja 4972, exp. 9, fs. 7-11.
[73] PARRÓN SALAS, *De las Reformas*, p. 197.
[74] AGNM, *Filipinas*, vol. 17, exp. 7, f. 284.
[75] BONIALIAN, *El Pacífico*, pp. 430-431.
[76] AGNM, *Indiferente virreinal*, caja 4972, exp. 8, f. 13.
[77] Véanse los casos *Nuestra Señora de Loreto* y *Santa Ana*: ANL, *Aduana*, Paita, C 16, 1193-92, s/n de fs.

adquieren un nivel tan elevado que hace difícil su control. Una verdadera "multitud de pretendientes" del Perú, españoles, pero fundamentalmente de la ciudad novohispana, acude al Tribunal para solicitar los permisos de comerciar con el Perú. En tan sólo cinco meses, desde octubre de 1782 a febrero de 1783, llegan al despacho del Tribunal 18 licencias de permisos.[78]

Y aquí presenciamos otra de las lógicas estructurales que se activan cuando el modelo con epicentro en la Nueva España llega a su cota máxima. El drenaje en exceso de los productos extranjeros desde este espacio hacia el Perú provoca la escasez y el correspondiente aumento de los precios en el propio suelo novohispano. A primera vista, el aumento de los precios podría ser visto como beneficioso para el principal oferente: el almacenero. Pero no olvidemos que si la escasez se transforma en una situación regular el propio flotista o comerciante peninsular toma una posición más ventajosa para las negociaciones. El comerciante de la ciudad de México siempre busca el equilibrio entre la abundancia y la carestía lo que implica apartar de su propio espacio tanto al peninsular como al perulero. De tal manera que la vía libre por el mar del Sur comienza a causarles perjuicios a los novohispanos, porque la exportación sin control, desregulada, no hace más que generar el mismo escenario de encarecimiento de productos que se vive por el Perú. No resulta casual que ante esta situación, el Consulado de la ciudad de México eleve un informe a Carlos III solicitando la suspensión definitiva del tráfico por el mar del Sur. En septiembre de 1783 el Consejo de Indias acepta la petición y revalida la legislación de 1774, por la cual la circulación entre ambos espacios coloniales queda limitada exclusivamente a los géneros de producción local.[79]

Tenemos dificultades para ofrecer un panorama claro sobre las exportaciones de plata realizadas en este corto periodo. Disponemos de datos certeros sobre dos años precisos de esa coyuntura bélica. Evidentemente, los cargamentos del galeón de Manila vienen llenos en estos años de permisión, por lo que la plata americana que fluye hacia el Oriente supera con creces el permiso del millón y medio de pesos dictado por la reglamentación peninsular. Los documentos de los registros de capitales novohispanos ingresados a Acapulco para celebrar la feria son bastante confiables. En tan

[78] AGNM, *Indiferente virreinal*, caja 4972, exp. 8, fs. 28-144.
[79] AGNM, *Archivo Histórico de Hacienda*, caja 18, exp. 2, fs. 117-129.

sólo 30 días del mes de febrero de 1779 ingresan al puerto 2 071 118 pesos para invertir en géneros chinos.[80] En 1784 la plata que sale de Acapulco es sorprendente. Desde el 25 de enero hasta el 16 marzo de ese año entraron al puerto occidental 4 207 918 pesos.[81]

En conclusión, todas las variables analíticas e históricas que, en un primer momento, parecerían inconexas logran configurarse en un modelo de desarrollo mercantil a escala hispanoamericana y mundial que corre a la par del régimen monopólico comercial. Todos los flujos comerciales del Atlántico y del Pacífico se encuentran interconectados, promoviéndose o condicionándose unos a otros. Los flujos interoceánicos por ambos océanos le otorgan un sentido global a redes económicas y a prácticas de connivencia entre novohispanos, peninsulares, peruanos y filipinos. Al mismo tiempo, existe un complejo mercantil integrado, un "todo económico" con movimientos de personas y bienes que opera a la par de la estructura oficial de comercio. Podríamos estar en presencia de un factor central que explicaría la persistencia por más de tres siglos de la "carrera de Indias", ya que el propio modelo de comercio con epicentro en México la promueve y estimula, aún con los significativos cambios que provoca en el comercio del Perú hacia mitad del siglo XVIII.

Decíamos que todos los agentes económicos del imperio reconocen el tejido. Valdría subrayar el papel de los cargadores peninsulares frente al modelo, particularmente su conducta pasiva con los galeones de Portobelo. Ofrecimos argumentos para sostener que los *gachupines* llegan a valorizar más a las flotas de Veracruz que a los galeones de Tierra Firme; no sólo por el efecto de arrastre que genera el mercado novohispano, sino también por la circulación de bienes que se extiende desde allí por el mar del sur hacia el espacio de Centroamérica y Perú. La indiferencia peninsular y la poca intensidad de los galeones de Portobelo promueven que el fenómeno de contrabando alcance mayor regularidad en el caso sudamericano que en el novohispano. En este marco interpretativo es que también deberíamos repensar el crecimiento informal de Buenos Aires durante los siglos XVII y primera mitad del XVIII.

[80] AGNM, *Indiferente virreinal*, caja 4301, exp. 58, fs. 3.
[81] AGNM, *Indiferente virreinal*, caja 5584, exp. 65, fs. 48 y 63.

Por otra parte, las relaciones de poder y los posicionamientos geopolíticos en el imperio español se ven profundamente transformados. La Nueva España logra posicionarse en el espacio concéntrico del comercio ultramarino arrastrando hacia sí e impulsando un fuerte efecto de arrastre sobre las economías asiáticas y europeas. Se erige como el más importante centro importador de productos extranjeros por la América española lo que a su vez le permite ser el principal almacén de bienes para su redistribución en Centroamérica y el Perú. Es la pieza que conecta ambas "carreras" interoceánicas permitiendo así una inédita red de intercambios planetaria que interrelaciona las economías de tres continentes.

La Nueva España establece una relación de dominio mercantil con el espacio peruano. La relación de dependencia que Perú tiene con aquel espacio se consolida/profundiza gracias al proceso de crisis que de la relación entre España y Portobelo enlazados de forma directa hasta 1740 por los famosos galeones de Tierra Firme. La Península ibérica sólo mantiene una regular y estable vinculación con la Nueva España a través de las flotas de Veracruz, pero ve debilitado su control mercantil con el espacio peruano. Por lo tanto, en tiempos en que esta estructura comercial funciona, España sufre la pérdida de su "natural" rol centralizador del imperio. Se convierte en una especie de "colonia", o isla en tanto espacio marginal del esquema general de intercambios ultramarinos.

ARCHIVOS

AGI Archivo General de Indias, Sevilla
AGNM Archivo General de la Nación de México
ANL Archivo Nacional de Lima

BIBLIOGRAFÍA

ABREU, ÁLVAREZ de
1977 *Extracto historial del comercio entre China, Filipinas y México (1736)*, 2 tomos, Carmen Yuste (comp.), México, Instituto Mexicano de Comercio Exterior.

ALCEDO y HERRERA, Dionisio
1883 *Piraterías y agresiones de los ingleses y de otros pueblos de Europa en la América española. Desde el siglo XVI al XVIII*, Madrid, Manuel Hernández.

BERNAL, Antonio Miguel
2004 "La carrera del Pacífico: Filipinas en el sistema colonial de la carrera de Indias", en Leoncio CABRERO (coord.), *España y el Pacífico, Legaspi*, t. I, Madrid, Sociedad Estatal de Conmemoraciones Culturales, pp. 485-525.

BONIALIAN, Mariano
2012 *El Pacífico hispanoamericano. Política y comercio asiático en el imperio español (1680-1784)*, México, El Colegio de México.
2011 "México, epicentro semi-informal del comercio hispanoamericano (1680-1740)", *América Latina en la Historia Económica*, México, núm. 35, pp. 5-28.

BORAH, Woodrow
1975 *Comercio y navegación entre México y Perú en el siglo XVI*, Nueva España, Instituto Mexicano de Comercio Exterior.

CARMAGNANI, Marcello
2012 "La organización de los espacios americanos en la monarquía española (siglos XVI-XVIII)", en Óscar MAZÍN y José Javier RUIZ IBÁÑEZ (eds.), *Las Indias Occidentales. Procesos de incorporación territorial a las Monarquías Ibéricas*, México, El Colegio de México, pp. 331-356.
2012 *Las islas de lujo. Productos exóticos, nuevos consumos y cultura económica europea, 1650-1800*, México, El Colegio de México/Marcial Pons Historia.

CHAUNU, Pierre
1960 *Les Philippines et le Pacifique des Ibériques (XVI, XVII, XVIII). Introduction Méthodologique et Indices d'activité*, París, Sevpen.

FERNÁNDEZ DE PINEDO, Emiliano
1986 "Comercio colonial y semiperiferización de la Monarquía Hispánica", *Áreas, desigualdad y dependencia*, Murcia, pp. 121-131.

FLORES, Ramiro
1995 "El secreto encanto de Oriente. Comerciantes peruanos en la ruta transpacífica (1590-1610)", en O'Phelan GODOY y SALAZAR SOLER (eds,*),*

Passeurs, mediadores culturales y agentes de la primera globalización en el mundo ibérico, siglos XVI-XIX, Perú, Pontificia Universidad Católica del Perú, pp. 377-409.

GARCÍA FUENTES, Lutgardo
1980 *El comercio español con América, 1650-1700*, Sevilla, Escuela de Estudios Hispanoamericanos de Sevilla.
1997 *Los peruleros y el comercio de Sevilla con las Indias, 1580-1630*, Sevilla, Universidad de Sevilla.

GRAU y MONFALCÓN
1640 *Justificación de la conservación y comercio de las Islas Filipinas*, Madrid.

HOBERMAN, L.
1991 *Mexico's Merchant Élite. 1590-1660. Silver, State and Society*, Durham, Duke University Press.

IWASAKI CAUTI, Fernando
1992 *Extremo Oriente y Perú en el siglo XVI*, Madrid, MaPfRe.

LAMIKIZ, Xavier
2011 "Flotistas en Nueva España: diseminación espacial y negocios de los intermediarios del comercio trasatlántico, 1670-1702", *Colonial Latin American Review*, vol. 20, núm. 1, pp. 9-33.

NAVARRO GARCÍA, Luis
1965 "El comercio interamericano por la Mar del Sur en la Edad Moderna", *Revista de Historia*, Caracas, núm. 23, pp. 11-55.

PARRÓN SALAS, Carmen
1995 *De las Reformas borbónicas a la República: El Consulado y el comercio marítimo de Lima, 1778-1821*, Murcia, Imprenta de la Academia General del Aire.

PAZ-SOLDÁN, Moreyra (comp.)
1956 El Tribunal *del Consulado de Lima, Cuadernos de Juntas (1706-1720)*, Documentos para la historia económica del Virreinato del Perú, Lima, Lumen.

PÉREZ-MALLAINA, Pablo
1982 *Política naval española en el Atlántico 1700-1715*, Sevilla Escuela de

Estudios Hispanoamericanos de Sevilla/Consejo Superior de Investigaciones Científicas.

RAMOS, Demetrio
1970 *Minería y comercio interprovincial en Hispanoamérica (siglos XVI, XVII y XVIII)*, Madrid, Universidad de Valladolid.

ROMANO, Ruggiero
2004 *Mecanismos y elementos del sistema económico colonial americano, siglos XVI-XVIII*, México, Fondo de Cultura Económica.

SCHURZ, WILLIAM Lytle
1918 "Mexico, Peru and the Manila Galleon", *Hispanic American Historical Review*, vol. 1, núm. 4, pp. 389-402.

SUÁREZ, Margarita
2001 *Desafíos transatlánticos. Mercaderes, banqueros y el estado en el Perú virreinal, 1600-1700*, Lima, Fondo de Cultura Económica.

TEPASKE, John
1983 "New World Silver, Castile y Philippines 1590-1800", en RICHARDS (ed.), *Precious Metals in the Later Medieval and Early Modern World*, Durham, Carolina Academic Press, pp. 425-445.

VALLE PAVÓN, Guillermina del
2005 "Los mercaderes de Nueva España y la transgresión de los límites al comercio Pacífico en México, 1550-1620", *Revista de Historia Económica, La Economía en tiempos del Quijote*, vol. XXIII, número extraordinario, Madrid, pp. 213-240.

VILA VILAR, Enriqueta
1982 "Las ferias de Portobelo: apariencia y realidad del comercio con Indias", *Anuario de Estudios Americanos*, t. XXXIX, pp. 275-340.

YUSTE, Carmen
2007 *Emporios transpacíficos. Comerciantes novohispanos en Manila 1710-1815*, México, UNAM.

LOS ALBORES DEL CONSUMO MODERNO EN LA CIUDAD DE MÉXICO (1909-1910)

*Lilia Esthela Bayardo Rodríguez**

PREÁMBULO

Hasta hace poco tiempo nunca pensé que nuestra forma de consumir tuviera una historia: las marcas, las modas, la vertiginosidad con que nuestros aparatos tecnológicos quedan obsoletos hoy día, las tiendas departamentales y todo lo relacionado con el consumo ahora sé que es susceptible de ser historiado gracias a los diálogos iniciados desde hace varios años con el profesor Marcello Carmagnani, quien, a su vez, había emprendido un intercambio intelectual con sus colegas de los países industrializados donde, al igual que el desarrollo de la sociedad industrializada y el consumo de masas, nació el interés por explicar el fenómeno desde la perspectiva de las ciencias sociales, concretamente de la historia. En México son pocos los estudios históricos sobre el consumo, aunque se pueden citar al respecto los trabajos hechos por Enriqueta Quiroz[1] y los realizados en universidades canadienses y estadounidenses.[2] Además, tengo conocimiento de que actualmente se realizan algunas tesis con temas relacionados.[3]

* El Colegio de Jalisco.

[1] QUIROZ, *El consumo* y *Consumo e historia.*

[2] Me refiero a los capítulos realizados por BUNKER y MACÍAS-GONZÁLEZ, "Consumption and Material Culture from Pre-contact through the Porfitiato", y BUNKER y MACÍAS-GONZÁLEZ, "Consumption and Material Culture in the Twentieth Century". Asimismo, la tesis doctoral de BUNKER, *Creating Mexican Consumer Culture.*

[3] De este modo, Karina Mora realiza su tesis de licenciatura en la Universidad Michoacana de San Nicolás de Hidalgo sobre la historia del consumo, Claudia Tania Mendoza Rivera realiza su tesis doctoral en la Universidad Nacional Autónoma de México con el tema de historia del consumo de indumentaria y Andrés Calderón realiza una investigación doctoral en la Universidad Iberoamericana sobre consumo y niveles de vida en la ciudad de México en el siglo XVIII.

En el caso del capítulo que aquí presento, también es parte de mi tesis doctoral realizada en El Colegio de México bajo la dirección del profesor Carmagnani. Dicha investigación comenzó a gestarse en el seminario titulado "Historia mundial de la internacionalización", que impartió el profesor en el segundo semestre del año 2007 y en el cual tuve la fortuna de participar. Así, dado que inicialmente mis inclinaciones académicas iban principalmente hacia la historia cultural, Carmagnani me invitó a hacer lecturas sobre temas donde se conjuntaran aspectos culturales y económicos, o dicho de otra manera, donde se pudieran observar las "dimensiones" material e inmaterial de un hecho histórico.[4] Concretamente comencé a leer la historia del azúcar en el mundo moderno escrita por el antropólogo Sidney Mintz.[5] En ese entonces, la discusión de ésta y otras lecturas fueron acrecentando mi interés en la historia del consumo del azúcar en México, al empezarla a concebir como un fenómeno inscrito dentro de la historia mundial (la cual era el eje principal del seminario), pero que tomaba tintes particulares como consecuencia de la cultura y de factores económicos como la oferta y los precios. Así, originalmente mi propuesta fue hacer la historia del consumo del azúcar en México; sin embargo, la casi ausencia de estudios sobre "el consumo" en un sentido general y no de un producto en particular hacía más atractivo el ampliar la visión y plantear una historia del consumo en México.

UN PRIMER ACERCAMIENTO A LAS FUENTES

La cuestión ahora, sería el determinar a través de qué información podía ser reconstruida la historia del consumo en México. Así fue como el profesor Carmagnani me mostró una investigación publicada en 1931 por la Oficina de Estudios Económicos de Ferrocarriles Nacionales de México de México que se titulaba *Un estudio del costo de la vida en México* y que firmaba como autor Jesús Silva Herzog. En dicho texto se mostraban los gastos hechos por burócratas de la Secretaría de Hacienda en los siguientes rubros: alimentación, vestido, casa, servicios, empleados domésticos, trans-

[4] El concepto de "dimensión material" y "dimensión inmaterial" es usado y definido ampliamente por Carmagnani en su último libro. CARMAGNANI, *Las islas del lujo.*

[5] MINTZ, *Dulzura y poder.*

porte, combustibles e iluminación, educación, cultura, recreación, médico y medicinas, etc. El estudio mostraba los resultados resumidos de una encuesta realizada entre un grupo de trabajadores de la Secretaría de Hacienda de diversas partes de la República y que incluía diversos rangos de ingresos, todos incluidos —según Silva Herzog— dentro de la clase media mexicana. La observación del profesor Carmagnani respecto a que seguramente habían más estudios de ese tipo me dio la pauta para emprender una búsqueda que duraría varios meses en diferentes acervos históricos: desde el Archivo General de la Nación, la Facultad de Economía de la UNAM, de la Secretaría de Hacienda y Crédito Público y finalmente de la Dirección General de Estadística, hoy Instituto Nacional de Estadística y Geografía (INEGI). La búsqueda si bien larga y engorrosa fue fructífera pues encontré once encuestas y cuestionarios que medían el nivel de vida de los mexicanos en los siguientes años: 1909, 1914, 1921, 1930, 1934, 1935, 1941, 1956, 1958, 1960, 1969-1970 y que se convertirían en "la columna vertebral" de la investigación, pues me permitieron, por un lado, proponer una periodización para el estudio del consumo moderno y para realizar la reconstrucción de lo consumido por las familias mexicanas de "clases populares", las que ganaban un salario mínimo, así como de las que aun siendo consideradas todavía dentro del rango de "clases medias" eran las que tenían mejores ingresos, a la vez que me sirvieron de punto de partida para la investigación respecto a la "dimensión inmaterial" del consumo, de la cual hablaré en otra parte.

A través del análisis de dichos estudios se ha podido observar la evolución de los niveles de vida entre los mexicanos partiendo de la "ley de Engel" que sostiene que el grado de bienestar de un pueblo se mide por los porcentajes del gasto familiar destinado a la alimentación, de tal forma que a mayor porcentaje del gasto destinado a la alimentación menor sería el gasto destinado a cubrir otras necesidades tales como: educación, cultura, entretenimiento, vivienda, vestido y por lo tanto mayor el grado de pobreza y menor grado de bienestar. Además de la evolución de los niveles de vida en la ciudad de México las encuestas de gastos familiares permiten detectar los momentos en que se han integrado al listado de productos de consumo básico nuevos artículos y servicios, es decir, el objetivo indirecto del estudio ha sido el conocer la evolución del concepto de lujo en la sociedad urbana mexicana durante el siglo XX,[6] ya que algunos artículos consumidos inicialmente como objetos de lujo o intermedios se fueron incorporando al consumo básico y a la inversa también: productos inicialmente de consumo básico, al final de la centuria son de lujo.[7]

El proceso al que aludo en el párrafo anterior podría denominarse del nacimiento y desarrollo del "consumo moderno" en México. Es preciso enfatizar el uso del concepto "consumo moderno" y, dado el periodo de mi estudio, descartar el de "sociedad de consumo". Finalmente la reflexión y el cuidado en el uso de los conceptos también ha sido consecuencia de largos diálogos con Marcello Carmagnani, de tal manera que he podido definir el "consumo moderno" como el tipo de consumo que se da en sociedades con economías monetizadas, industrializadas y urbanizadas, y que consiste en la masificación de la producción y consumo de bienes industrializados, transformación de los espacios de consumo y aparición de nuevos espacios, tales como las tiendas departamentales, cafés y cines; incluye la modificación de las relaciones sociales y culturales generadas a través de esas nuevas formas de consumo y la aparición de la publicidad como una actividad profesional. En contrapartida, la "sociedad de consumo" es el tipo de organización social, política y económica donde el consumo es el centro y objetivo de la vida y que, al igual que el "consumo moderno", se presenta en países con economías monetizadas, industrializadas, urbanizadas pero además (y a diferencia del primero) absolutamente globalizadas y con acceso al crédito.

[6] El tema de la transformación del concepto de lujo partiendo de la obra de los grandes teóricos de la economía ha sido trabajado magistralmente en: CARMAGNANI, *Las islas del lujo*. Las inquietudes intelectuales del profesor, pero principalmente, su generosidad al compartir conmigo sus reflexiones durante la preparación de su libro me han permitido a su vez hacer esta interpretación de las transformaciones en el consumo de los mexicanos del siglo XX en mi investigación, la cual tiene un carácter meramente empírico, aunque me ha surgido la inquietud por plantear para un futuro el estudio del sustento teórico y político de esas transformaciones en el consumo moderno mexicano.

[7] Como ejemplos del proceso anterior pienso en el consumo de energía eléctrica, en principio utilizada por una élite pero que al final del siglo XX su consumo se generalizó entre la población urbana de la ciudad de México, es decir, pasó de ser un consumo de lujo a ser un consumo básico. Del otro lado, tenemos por ejemplo el consumo de tortillas hechas a mano y de animales criados domésticamente que al inicio del siglo XX era un consumo básico en la ciudad de México, pero al final, ante el avance de la industrialización y con ello de un "estilo de vida urbano" en el que hay poco tiempo y espacio para cocinar y criar animales, encontramos que el consumo de este tipo de alimentos denominados en algunos casos "orgánicos" se ha convertido en un consumo de lujo.

CONTEXTO HISTÓRICO
EN LOS ALBORES DEL CONSUMO MODERNO EN MÉXICO

Partiendo de lo anterior cabría el cuestionamiento ¿era México una sociedad industrializada, monetizada, urbana y moderna en 1909 que es cuando comienza este análisis? La respuesta es no. México empezó el siglo XX teniendo una población mayoritariamente rural, pues de los 13 607 272 habitantes que tenía el país, sólo el 10.5% vivía en localidades mayores a los 15 000 habitantes,[8] los cuales se concentraban principalmente en las siguientes ciudades: Aguascalientes, Distrito Federal, Guadalajara, Mérida, Monterrey y Veracruz.[9] A pesar de que para entonces la mayoría de la población mexicana habitaba en el campo, la tendencia hacia el crecimiento de las metrópolis ya estaba presente, pues las ciudades mencionadas crecieron constantemente durante todo el siglo XX, aunque la urbanización se notó con una mayor intensidad a partir de los años 40. Las mencionadas urbes vieron nacer la actividad publicitaria con carácter profesional, las tiendas departamentales con sus atractivos aparadores, pero también el hacinamiento y malas condiciones de vida de las clases trabajadoras, que muchas veces migraban del campo a la ciudad buscando un mejor salario empleándose como obreros, maquiladores de ropa, empleados comerciales o domésticos. Ellos eran la base *de facto* del consumo moderno que se estaba gestando.

Dicho en otras palabras: al finalizar el siglo XIX y principiar el XX, la mayoría de la población mexicana era "rural y pobre",[10] de tal forma que el grueso de los habitantes se distribuía de la siguiente forma: 90% de trabajadores empobrecidos (ya fueran urbanos o rurales), 8% de clases medias compuestas por burócratas, profesionistas y administradores, que igualmente vivían en la ciudad o en el campo, mientras que sólo el 2% restante se conformaba por "financieros, grandes comerciantes y hacendados, es decir, los dueños del dinero y del poder adquisitivo".[11] El consumo dependía de las buenas cosechas y el campo permanecía parcialmente al margen de la economía monetarizada por el hecho de que parte del jornal era pa-

[8] ALBA, "Evolución demográfica de México", México (enero-febrero de 1973), p. 71.

[9] Página oficial del INEGI: <http://www.inegi.org.mx/geo/contenidos/geoestadistica/ArchivoHistLoc.aspx>.

[10] HABER, "Mercado interno", p. 412.

[11] ORTIZ, *Imágenes del deseo,* p. 277.

gado en las tiendas de raya. Mientras tanto en la ciudad los salarios de los obreros y sirvientes eran raquíticos, sólo los trabajadores de los ferrocarriles estaban un poco mejor pagados que el resto.[12] Esto se traduce en que hasta antes del periodo revolucionario los únicos bienes industrializados a los que tenía acceso el 90% de la población mexicana eran: "unos cuantos artículos baratos no duraderos, como tela burda de algodón, cigarros, jabón, si acaso cerveza y otros productos de bajo costo".[13] Mientras tanto, la alimentación del sector mayoritario de la población mexicana se basaba en maíz, chile y frijoles, lo cual provocaba que el consumo del algodón fuera "muy sensible" al precio del maíz, es decir, si este cereal que era el principal alimento de la clase trabajadora se encarecía, las familias pobres debían recortar sus gastos en otros rubros, por ejemplo en el vestido.[14]

Como sabemos, en una sociedad moderna el desarrollo de la industria depende del nivel de consumo del grueso de la población. En nuestro caso de estudio esta capacidad de consumo entre los trabajadores del campo y la ciudad era casi nula, razón por la cual, el consumo de los pocos bienes industrializados que producía el país y de algunos bienes de lujo importados recaía principalmente en el 8% que conformaba las clases medias de entonces y, en menor medida, en el 2% que conformaban las élites. Éstas consumían en mucho menor medida las mercancías producidas en México porque podían acudir directamente al extranjero a hacer sus compras. El bajo desarrollo del consumo de bienes industrializados hacía que la fabricación de los bienes intermedios, es decir, de aquellos necesarios para la maquinaria destinada a la producción de bienes de consumo, fuera casi nula.[15]

En ese sentido, lo que existía en 1909 en México eran "representaciones" del consumo moderno y de la Modernidad, así como la intuición de ciertos sectores de la élite de que había que expandir el consumo entre las clases populares si en verdad se quería llegar a ser una sociedad moderna e industrializada. En ese tenor se publicó en 1909 un cuadro con los porcentajes del gasto de una familia de "clase popular" [16] enfocándose en comida,

[12] *Ibid.*, p. 277 y "Nivel de vida en relación con los trabajadores", México, agosto 1938, p. 135.

[13] HABER, "Mercado interno", p. 423.

[14] *Idem.*

[15] *Idem.*

[16] "Memoria de Hacienda", p. 731. El documento no especifica a qué se refiere con "clases populares", sólo que se refiere a la ciudad de México, suponemos que con "clases

casa, vestido y otros gastos. Posiblemente ese resumen fue el resultado de una encuesta al estilo de las que se estaban realizando en Europa. Al ser ese documento generado por la Secretaría de Hacienda, el estudio más antiguo que he encontrado hasta el momento sobre el costo de la vida en la ciudad de México, me ha servido de punto de partida en mi investigación y el cual he decidido retomar para desarrollar en este capítulo, pues considero que esos primeros ensayos por conocer el consumo de las clases populares realizados entre 1909-1910 muestran los albores del consumo moderno en México. De este modo, la investigación partió de la reconstrucción de lo que el profesor Carmagnani denomina "dimensión material" del consumo, ya que comencé por el análisis de los porcentajes del gasto familiar destinados a los diferentes rubros de consumo entre los años 1909-1970. Partiendo de ello, en una segunda parte del trabajo reflexioné sobre la "dimensión inmaterial" del consumo. A continuación presento algunos de los resultados referentes a los años 1909-1910 que corresponden a la primera etapa del consumo moderno en México, empezando por lo referente a la "dimensión material", pasando después a una propuesta para el estudio de la "dimensión inmaterial" del consumo.

EL SURGIMIENTO DEL CONSUMO MODERNO EN MÉXICO Y EL PRIMER ESTUDIO DE GASTOS FAMILIARES

El estudio se enfoca en 1909-1910 porque fue el primer periodo en que tenemos datos sobre la distribución del gasto de las familias pertenecientes a las "clases populares". En ese entonces fue la Secretaría de Hacienda la que publicó dicho estudio, del cual tenemos sólo los resultados, no las encuestas originales.[17] La Secretaría de Hacienda y Crédito Público enlistó en sus memorias los productos considerados "artículos de primera necesidad" los cuales eran: manteca, carne de cerdo, carne de res, trigo, harina, maíz, papa, azúcar, café, sal, pulque, manta, percales, casimires corrientes, cober-

populares" se refieren al 90% de trabajadores que sobrevivían con lo mínimo y al que hacíamos alusión en el apartado anterior.

[17] Quiero agradecer a la doctora Graciela Márquez por haberme dado la referencia de este documento.

tores y cigarros.[18] Esta era la "canasta básica" de esa época, la cual, se ha ido transformando e incorporando otros productos con el avance de la industrialización y el incremento del poder adquisitivo de los trabajadores. Es por esa razón que en la canasta básica de 1909-1910 no aparecieron productos como la leche, los huevos, la tortilla, el pollo, porque en esos años existía una dinámica de "autoconsumo" aun en los medios urbanos, de tal forma que las familias de esa época tenían aves de corral que ellas mismas consumían, adquirían leche fresca entregada a domicilio y fabricaban a mano sus propias tortillas. De ahí que sólo se menciona el "maíz" y no las tortillas, cuya fabricación se empezó a industrializar hasta los años 20 del siglo XX, como consecuencia de la invención del molino de nixtamal en esos años y posteriormente, en 1954 a la invención de la máquina tortilladora por Alfonso Gándara.[19]

La poca gama de productos considerados de consumo básico nos habla de una sociedad con un grado de industrialización todavía incipiente y de formas de consumo muy diferentes a las que conocemos actualmente pues la gente solía producir y autoconsumir gran parte de sus alimentos o adquirirlos en los mercados y tianguis, a los cuales asistían sólo las clases populares, pues las damas pudientes, si bien adquirían sus alimentos en los mercados, enviaban a las sirvientas a comprarlos.

De tal forma, según la Secretaría de Hacienda, unos meses antes de que estallara la Revolución Mexicana la distribución del gasto mensual en una familia de la clase popular era el siguiente: alimentación 60%, ropa y calzado 13.33%, combustibles e iluminación 5%, renta 16.66%, cigarros 5% (véase cuadro 1). El gobierno porfirista intentó medir el consumo de bienes de primera necesidad entre las clases populares para incentivar o proteger el consumo de productos que eran fabricados por ciertas empresas porque deseaba incentivar y/o proteger algunas industrias que apuntalaban al régimen. Este fenómeno se observa claramente en el hecho de que el gasto mensual en pulque representaba un 16.6% del presupuesto, lo mismo que

[18] Desgraciadamente, la *Memoria de la Secretaría de Hacienda y Crédito Público* no nos dicen más acerca de la fuente y metodología para obtener los datos y porcentajes que manejan. Tampoco se especifica lo que están entendiendo por familias de las "clases populares". A pesar de esas carencias, la aparición de este tipo de información nos parece un indicador de la importancia que empezó a cobrar el consumo para el gobierno de México.

[19] BAUER, *Somos lo que compramos*, pp. 250-251.

el gasto destinado a renta y más del porcentaje del gasto en carne de res o en ropa y calzado (véase cuadro 1). Recordemos que la élite fabricante del pulque fue ampliamente favorecida por el gobierno porfirista, así observamos una doble moral en cuanto a que por un lado se condenaba la embria-

CUADRO 1. Distribución del gasto familiar entre las clases populares en 1909-1910

Producto	*Porcentaje del gasto familiar destinado mensualmente*
Casa	16.66
Carne de res	8.33
Carne de cerdo	1.66
Carne de (retazos)	1.66
Manteca	5
Trigo	1.66
Harina	1.66
Maíz	8.33
Papa	1.66
Frijol	6.66
Chile	3.33
Sal	0.66
Café	1.66
Azúcar	1
Pulque	16.66
Carbón	3.33
Petróleo	1.66
Cigarros	5
Manta	2.5
Percales	2.5
Casimir	2.5
Cobertores	1.66
Sombreros	2.5
Zapatos	1.66

FUENTE: *Memoria de la Secretaría de Hacienda y Crédito Público 1909-1910*, p. 731.

guez, pero por otro se toleraba el consumo de bebidas embriagantes porque los empresarios fabricantes de las mismas formaban parte de la élite económica que apoyaba al gobierno de Porfirio Díaz. Por su parte, el gasto en cigarros representó el 5% del presupuesto familiar popular. Ambos casos: el del pulque y el cigarro son ejemplos emblemáticos de empresas exitosas en el periodo en cuestión.

Otro asunto que llama la atención es que en el listado no se menciona la ropa ya hecha, sino sólo telas de baja calidad, lo cual nos habla de un bajo consumo de ropa manufacturada, pues frecuentemente la ropa era fabricada en casa. Podemos decir, que cualquier producto no mencionado en el cuadro 1 era considerado de lujo, es decir, todo consumo por encima de dicho listado salía del consumo cotidiano del grueso de la población mexicana, aunque también intuyo que la mayoría de los que conformaban las clases populares citadinas, ni siquiera podían aspirar a consumir los productos de consumo básico. De esta forma, la observación de estos rubros nos permiten reflexionar acerca de la formación, y posteriormente de la consolidación, del consumo moderno en México, ya que los datos sobre gastos familiares de 1909 marcan el inicio de una serie de estudios que llegan hasta nuestros días y que desgraciadamente, hasta el momento sólo hemos podido reconstruir la serie para la capital del país. Es por ello que el caso de la ciudad de México nos puede arrojar una muestra representativa de la evolución del consumo moderno porque fue en las grandes urbes donde se concentró la producción de bienes y consumidores, pero también donde se inventan y asimilan nuevos modelos de consumo basados en un "estilo de vida" que generalmente se imitaba de Francia y Estados Unidos, como lo veremos a continuación.

DE LO LOCAL A LO GLOBAL: LOS VALORES DEL CONSUMO MODERNO A TRAVÉS DE LA PUBLICIDAD

Una de las preocupaciones intelectuales del profesor Carmagnani en su seminario "Historia mundial de la internacionalización" fue que sus alumnos planteáramos preguntas desde la historia mundial, es decir, que pensáramos los hechos históricos plasmados en nuestros temas de investigación como parte de una "red humana" global y muy densa, al menos a partir de 1750.[20] Así, en la propuesta teórica de la historia mundial, "lo local" es importante pero se enfatiza en sus interconexiones con otros sitios del globo. Evidentemente, el consumo resulta ser uno de los ejemplos más emblemáticos de la historia de la globalización, es decir, de la forma en que un fenómeno global se puede palpar a nivel local, de modo que esta dimensión de lo local tiene un particular interés en tanto que conserva peculiaridades, a pesar de la adopción de elementos globales. En los siguientes párrafos reflexionaré en ese "vaivén" de lo global a lo local, retomando algunos casos referentes a la publicidad.

Las élites mexicanas de fines del siglo XIX y principios del XX eran afrancesadas en el sentido de que el modelo cultural de refinamiento al que aspiraban era francés, aunque el estilo de vida estadounidense e inglés también figuraban como modelos a seguir según lo muestran algunos anuncios de la época. Con ello, podemos observar que los grandes centros económicos e industriales del mundo eran también las grandes capitales culturales, o en otras palabras: la moda y los modelos de refinamiento y consumo eran dictados en los grandes centros de producción porque evidentemente, los productores industriales debían encontrar mercado para sus productos. De ahí que lo vertiginoso de los cambios en la moda vaya de la mano del desarrollo del capitalismo.

La "sociedad de consumo" surgió en las sociedades industrializadas como Francia, Inglaterra y Estados Unidos durante la segunda mitad del siglo XIX, como consecuencia de la difusión del consumo de algunos productos de lujo entre las clases medias y populares. Sin embargo, los cambios en el consumo no fueron resultado solamente de una mayor producción y accesibilidad de los productos entre todas las clases, sino que lo más importante de la revolución del consumo fue la resignificación del acto de consumir en el sentido de que "se funda una nueva ética de orientación de las conductas centrada en el consumo",[21] lo cual quiere decir que el consumo se convirtió en un objetivo de vida en las sociedades industrializadas.

[20] MCNEILL, *Las redes humanas,* pp. 239-300.

[21] MOEBUS, *Sociedade de consumo,* p. 49. Para el caso de estudio de México he decidido ser más conservadora y evitar el uso del concepto "sociedad de consumo" para una etapa tan temprana como lo es el primer tercio del siglo XX.

En este contexto, la publicidad contribuyó a difundir el consumo como una actividad deseable y moralmente legítima.[22] Asimismo, la publicidad ayuda a crear y difundir nuevas necesidades, antaño desconocidas para el consumidor; la producción en masa necesitaba que sus artículos encontraran compradores, de modo que la publicidad se convirtió en un "traductor" de lo que se estaba produciendo, creando un lenguaje para inducir la necesidad de dichos productos en el posible comprador. Claro que para que esas necesidades pudieran existir y ser cubiertas debía de haber un incremento en el poder adquisitivo de la sociedad. De este modo, existe una relación simbiótica y cíclica entre necesidad y publicidad en tanto que las necesidades en la sociedad de consumo no son "naturales", sino que son inducidas por la publicidad. Por su parte, la publicidad nace por la necesidad de dar a conocer los productos de la industria y colocarlos en el mercado.[23] De esta forma el consumo es creado, opuesto a la naturaleza, es decir, el consumo es un fenómeno cultural de modo que conocer el consumo de una sociedad es conocer su cultura. En este sentido resulta de utilidad el análisis de los anuncios, ya que la publicidad se produce para un contexto en que pueda ser entendida. Sus códigos son entendibles en la sociedad donde es producida, de lo contrario no cumple su objetivo.[24]

En el caso de Brasil, el arribo de las empresas transnacionales como la Nestlé a finales del siglo XIX marcó una revolución en la forma de hacer publicidad y de atraer al consumidor.[25] En México Julieta Ortiz Gaitán ubicó también una "revolución consumista" durante el Porfiriato, es decir a finales del siglo XIX.[26] Fue durante esa etapa histórica cuando comenzó a

[22] MOEBUS, *Sociedade de consumo,* p. 51.

[23] VOLPI, *A história do consumo no Brasil,* p. 56.

[24] ROCHA, *Representaçoes do consumo*, p. 42.

[25] VOLPI, *A história do consumo no Brasil,* p. 62.

[26] ORTIZ, "Casa, vestido y sustento", p. 119. Esta autora propone las siguientes etapas: *1)* el proceso de industrialización del porfiriato, entre 1890 y 1910, se dio la transición del taller artesanal a la fábrica y surgieron otras industrias, como la cervecera y la tabacalera, que cobraron auge en la época, lo cual es patente en la publicidad, ya que los anuncios son más numerosos y de mayor calidad corresponden a esas industrias. *2)* La gestión presidencial de Plutarco Elías Calles se preocupó por construir e implementar una infraestructura en buena medida destinada a la planta industrial, a las comunicaciones y a la producción agropecuaria. *3)* La siguiente etapa de expansión de la planta industrial se inició a partir de los años cuarenta, cuando la bonanza en la economía, el crecimiento sostenido y el fortalecimiento del poder adquisitivo dieron como resultado un periodo de auge, llamado el "milagro mexicano".

gestarse una "cultura del consumo" en México, la cual es el resultado del conjunto de varios factores como: el incremento de la diversidad cultural, el crecimiento demográfico, una mayor urbanización, aumento del mercado interno, así como de los estímulos consumistas o estimulación del deseo de consumir.[27] En la "cultura del consumo" se sobrepasa lo estrictamente necesario para vivir y las clases sociales se delimitan por el poder de compra y los hábitos de consumo,[28] los cuales, en gran parte, son fabricados y difundidos por medio de la publicidad.

Por otro lado, durante el periodo tratado en este capítulo creció la fe en el progreso y la ciencia, actividades que fueron relacionadas con lo moderno. En el caso del consumo el discurso respecto del progreso y la ciencia se palpaban a través de los anuncios sobre la invención y consumo de medicinas, aparatos domésticos, instalaciones sanitarias y automóviles.[29] El vehículo principal con el cual se dieron a conocer dichos productos fue la prensa ilustrada,[30] de forma que la publicidad traduce y difunde entre la sociedad de posibles consumidores la producción que se lleva a cabo en las fábricas de modo que

> este momento se tornará decisivo, en este caso, exactamente por producir una especie de simbiosis entre la "economía" y la "cultura", redefiniendo el propio campo del consumo como campo donde la praxis social entre cultura y mercado se realizará plenamente".[31] El papel de la publicidad es fundamental por ser el instrumento principal que redefine el campo del consumo "a través de la fusión de su reclamo económico con su reclamo simbólico, funcionando como péndulo entre estos dos campos de la actividad social.[32]

La publicidad reflejó valores culturales en torno al consumo, pero también es un termómetro de las empresas que estaban teniendo éxito, tales como las cigarreras, las cerveceras y los productos relacionados con la salud. Así, la publicidad evidencia la producción industrial que se estaba dando en el México porfiriano así como el discurso cultural y social en torno a dichos productos: "la publicidad traduce la producción para que se

[27] VOLPI, *A história do consumo no Brasil,* p. 50.
[28] *Ibid.*, p. 44.
[29] ORTIZ, "Casa, vestido y sustento", p. 130.
[30] *Ibid.*, p. 119.
[31] MOEBUS, *Sociedade de consumo,* p. 51.
[32] *Ibid.,* p. 52.

convierta en consumo pero también enseña modos de sociabilidad porque explica qué, dónde y cuándo consumir".[33] Lo dicho en párrafos anteriores, me sirve para fundamentar el uso de la publicidad como una fuente para reconstruir la otra dimensión del consumo, la que el profesor Carmagnani ha denominado "dimensión inmaterial" y que está directamente relacionada con los elementos culturales que influyen en el consumo.

EL "CONSUMO MODERNO" A TRAVÉS DE LA PUBLICIDAD EN *EL OBRERO MEXICANO*, 1909-1910

Mi propuesta ha sido tener un primer acercamiento con la "dimensión inmaterial" a través de los anuncios en la prensa, ya que éstos nos dan información sobre los códigos culturales manejados y aceptados en una sociedad. En este apartado mostraré algunos de los resultados encontrados en prensa obrera, concretamente en el periódico *El Obrero Mexicano* publicado en los últimos años del porfiriato, es decir, entre 1909-1910.

El Obrero Mexicano fue un periódico destinado a un sector de élite de la clase obrera capitalina, puesto que de entrada era para los trabajadores que sabían leer y también para aquellos organizados en sociedades mutualistas. A través de esta publicación se intentó moralizar y educar a este sector de la población mexicana y en ella se expusieron una serie de referencias al modelo de consumo propuesto por las élites modernas y civilizadas, no sólo a través de la publicidad, sino también de secciones como la de "Modas femeninas" donde se puede observar un intento por "civilizar" a las clases populares por medio del consumo de ciertos objetos.

Así, durante el mes de diciembre de 1909 aparecieron en *El Obrero Mexicano* algunas imágenes de "elegantes blusas" donde se explicaba a las obreras de qué tipo y cuánto material necesitaban para confeccionarse una blusa similar.[34] Las sugerencias a las obreras acerca del uso y consumo de ciertos artículos no se limitaba a la moda de ropa, sino que se le invitaba a cuidar su salud y con ello su buen humor y se les presentaban las mejores opciones para el consumo de ciertos artículos como la vajilla, la cual era definida

[33] ROCHA, *Representaçoes do consumo,* p. 11.

[34] *El Obrero Mexicano,* México, D. F., 3 de diciembre de 1909, p. 2 y *El Obrero Mexicano,* México, D. F, 10 de diciembre de 1909, p. 3.

IMAGEN 1. "Modas femeninas. Una elegante blusa", en *El Obrero Mexicano,* México, D. F., 10 de diciembre de 1909, p. 3.

como el "conjunto de utensilios que sirven para el comedor y la cocina", lo cual nos hace pensar que las obreras no necesariamente sabían qué era una vajilla. Aquí se les explicaba y se les recomendaba que sus instrumentos de cocina fueran de barro o de hierro, dándoseles una serie de consejos para que su uso fuera óptimo.[35] Por otro lado, los consejos también podían ir dirigidos a los hombres, pues en otras secciones se ofrecía orientación a los varones sobre la utilización y optimización de materiales relacionados con la carpintería, la herrería, etc., es decir, con actividades relacionadas con su papel de género y que podían aplicar no sólo en el hogar sino en sus oficios.

Algunos anuncios iban dirigidos a los trabajadores. Como ejemplo podemos citar un anuncio donde se compraba "plomo y casquillos ya usados de plomo para botellas".[36] Otros en cambio estaban enfocados a los gerentes de las fábricas y talleres;[37] en uno de ellos se ofrecía insertar gratuitamente anuncios de vacantes en sus empresas. Lo anterior nos habla de que este periódico era leído por patrones y trabajadores.

[35] *El Obrero Mexicano,* México, D. F. 17 de diciembre de 1909, p. 3.
[36] *Ibid.*, p. 7, 24 de diciembre de 1909, p. 4.
[37] *El Obrero Mexicano,* México, D. F., 6 de mayo de 1910, p. 1.

Por otro lado, independientemente de a quién iban dirigidos, agrupé los anuncios en *El Obrero Mexicano* para su análisis en rubros de consumo, los cuales se enumeran a continuación en orden de su importancia (véase gráfica 1):

- Consumo para cubrir necesidades culturales, de descanso, recreación y confort cuya publicidad alcanzó el 45% de los anuncios expuestos en el periódico.
- Consumo para cubrir necesidades básicas con un 41%.
- Aseo y belleza corporal con un 7% de presencia publicitaria.
- Otros, con un 7% de presencia publicitaria.

Una de las preguntas que surgen al ver estos datos es: ¿los productos que más se anunciaban eran los que más se consumían?, o ¿los productos que más se anunciaban eran los que se pretendía que se consumieran aunque no necesariamente eran los más adquiridos por el consumidor? Para el caso de este periodo parece haber sido una mezcla de ambas situaciones: es decir, los cigarros, uno de los productos más publicitados eran también de los más consumidos; sin embargo, recordemos que para ese período se destinaba un 95% del gasto familiar al consumo para cubrir necesidades básicas (gráfica 2). En el

GRÁFICA 1. Presencia de anuncios en la prensa obrera oficial 1909-1910 (porcentajes)

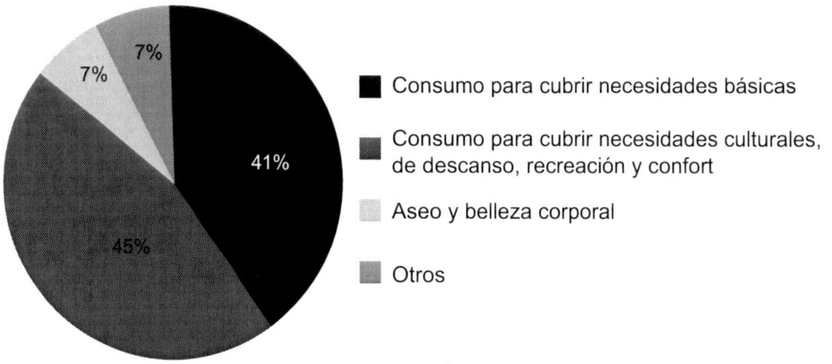

FUENTE: *El Obrero Mexicano,* México, D. F., mayo y diciembre 1909-1910.

GRÁFICA 2. Porcentaje del gasto popular familiar en una familia de "clase popular", 1909-1910

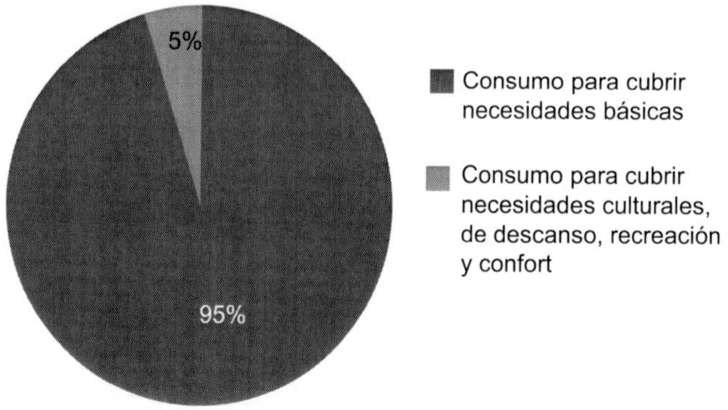

FUENTE: *Memoria de la Secretaría de Hacienda y Crédito Público*, p. 723.

caso de la publicidad, este rubro ocupa un segundo lugar en presencia con un 41% de los anuncios, principalmente de carnes POPO, que no necesariamente eran consumidas masivamente por los trabajadores, sino que más bien las estaban presentando en este segmento del mercado.

Consumo para cubrir necesidades culturales, de descanso, recreación y confort

Los cigarros fueron el anuncio más recurrente durante el periodo en cuestión, concretamente los de la fábrica El Buen Tono, quienes utilizaron innovadoras técnicas publicitarias. La Tabacalera Mexicana también tuvo presencia publicitaria. Observamos la estrecha relación entre producción y publicidad, pues recordemos que la industria tabacalera fue de las pocas exitosas y modernizadas en esta época.

En general, los anuncios del "Buen Tono" estuvieron conformados en su mayoría sólo por texto.[38] En principio utilizaron la técnica de realizar lote-

[38] Julieta Ortiz Gaitán en su libro *Imágenes del deseo* hizo una clasificación del tipo de anuncios de modo que un primer grupo entraba en el período 1894-1914, en el cual ya se encuentra una prensa moderna en México; sin embargo, lo característico de los anuncios en dicha etapa es que se incluía gran cantidad de texto, poca imagen, generalmente predomi-

IMAGEN 2. "Obsequio de El Buen Tono", en *El Obrero Mexicano,* México, D. F., 13 de mayo de 1910, p. 3.

rías o rifas de dinero entre sus clientes. En 1909 la cantidad que se rifó fue de 40 000 pesos, aunque más interesantes resultan los anuncios donde se obsequiaban objetos como plumas fuente y ceniceros con relojes. En el caso de estos anuncios, sí se incluía un dibujo del regalo canjeable a cambio de cupones marcados, obtenidos en la compra de los cigarros Alfonso XII y Reina Victoria.[39] Se trataba de plumas fuente de oro de 14 quilates que no utilizaban tintero, ideales para "comerciantes y literatos", evidentemente, estas plumas eran inaccesibles para el común de los obreros. Sin embargo, estos productos de lujo podían ser conocidos por el pueblo gracias a estas promociones. Otro obsequio para los consumidores de cigarros de El Buen Tono era el "reloj-cenicero, de metal pavonado, muy elegante para un

naba un estilo de noticia en la publicidad. La segunda etapa que fue de 1914-1939 inicia con el fin de la prensa porfiriana marcado por el cierre del periódico *El Mundo Ilustrado.* Este periodo se caracteriza por un notable uso de grabados y dibujos artísticos en la publicidad. En ambos períodos el uso de la tecnología permitió los avances en la publicidad. Por mi parte, considero que después de 1939 se dio una masificación de los anuncios que redundó en que sus ilustraciones no tuvieron la misma calidad que en etapas anteriores.

[39] El sólo nombre de la marca de cigarros ya nos habla de un referente o modelo cultural europeo.

escritorio".[40] El anuncio también incluía un grabado del objeto. El discurso de estos dos anuncios nos hace pensar en que los destinatarios de la publicidad de este periódico no necesariamente eran obreros, sino tal vez profesionistas, burócratas y oficinistas en general. Notablemente menores en importancia, tanto por el tamaño del texto como por no contener ninguna imagen, fueron los cigarros marca Flor Chica, elaborados especialmente por la "Tabacalera Mexicana para los obreros del Distrito Federal".[41]

Por otro lado, en esos años comienzan a publicarse anuncios en un formato de cómic, donde se anunciaban al mismo tiempo los cigarros de "El Buen Tono" y la cerveza Moctezuma de Orizaba, lo cual nos habla de que culturalmente se pensaba que el consumo de dichos productos podía hacerse simultáneamente.[42] Debido a la cantidad de mensajes visuales y discursivos que maneja este anuncio, es preciso detenerse en su descripción: la historieta trata de un anciano, veterano de la Guerra de Independencia que decide ir a la capital a ver los festejos del centenario. Ahí queda maravillado con un globo aerostático patrocinado por "El Buen Tono", el cual de entrada piensa que es el cometa Halley cuya visualización en la Tierra causó gran expectación por aquellas fechas. El anciano, nombrado Hermógenes, después de pasar un gran susto, se sube en el globo aerostático y queda tan maravillado que decide construir uno usando como materiales, entre otras cosas, el humo de una "cajetilla de los nuevos y ya famosos cigarros CENTENARIO". Su invento es todo un éxito y para festejarlo toman él y sus espectadores Cerveza Moctezuma. Así, esta imagen nos permite señalar una serie de elementos: por un lado, el notable contraste existente entre la vestimenta del anciano cuando estaba representado en un entorno rural y cuando estaba en el medio urbano: en el primer caso viste como cualquier trabajador de campo con pantalón, chaqueta y sombrero de ala ancha, pero al llegar a la ciudad su vestimenta se transforma en un traje estilo *frac* y el gran sombrero ranchero en un gorro. El detalle no es menor si lo interpretamos como una conceptualización de un consumo diferenciado en el campo y la ciudad. Además, en ésta encuentra un globo aerostático que es un símbolo de modernidad, a su vez, el anuncio nos habla de eventos importantes de la época, como por ejemplo, los festejos del centenario —por

[40] *El Obrero Mexicano,* México, D. F., 13 de mayo de 1910, p. 3.
[41] *Ibid.*, 6 de mayo de 1910, p. 1.
[42] *Ibid.*, 20 de mayo de 1910, p. 3.

IMAGEN 3. "El Buen Tono, S. A.", en *El Obrero Mexicano,* México, D. F., 20 de mayo de 1910, p. 3.

lo visto concentrados en las grandes ciudades— y el paso del cometa Halley, sucesos que fueron aprovechados publicitariamente.[43] El consumo de cerveza, por su parte, se asocia con el éxito y con el festejo. Por otro lado, los productos, aunque eran de origen mexicano, hacen alusión a premios obtenidos en las exposiciones de Londres, Búfalo y Guatemala.

Después de los anuncios de cigarros, la publicidad más recurrente fue la de fiestas dedicadas a los obreros, patrocinadas por ciertas marcas. En esos mensajes se incluían cupones para asistir a funciones de teatro en el Rosa Fuertes y al cine con rebajas en los precios de entrada. Sobresalen también

[43] Cabe mencionar que Denise Hellion Puga realizó una tesis doctoral en la Universidad Autónoma Metropolitana donde hizo todo un análisis de la publicidad de "El Buen Tono".

los festivales populares dedicados "a la simpática clase obrera de la capital",[44] patrocinados por carnes POPO y cigarros El Buen Tono.[45] Uno de ellos se llevó a cabo en el Parque Luna el domingo 5 de diciembre de 1909, y en él se repartieron raciones de carne POPO y tortas de pan y cigarros de "El Buen Tono". Además, hubo banda militar, montaña rusa, función de circo y rifas de máquinas de coser POPO. La entrada fue gratis.[46]

Consumo para cubrir necesidades básicas

Así, otro de los productos más anunciados fueron las carnes industrializadas POPO, las cuales, a pesar de ser comida, pudieron haber sido un lujo para ciertos sectores. A nivel discursivo sobresale la mención de que la empresa había invertido millones de pesos en carros y almacenes refrigeradores, casas distribuidoras y automóviles para entrega. La finalidad de ello era "ministrar los alimentos a una nación honradamente y de la mejor manera posible y a precios que estén al alcance de todas las fortunas",[47] además, las carnes eran inspeccionadas por el gobierno. Otro anuncio del año de 1909 equipara a carnes POPO con un monumento "dedicado a servir a la nación con las únicas carnes sanas obtenibles en el país",[48] es decir, en esta ocasión se hizo énfasis no sólo a la utilización de tecnología avanzada, sino de la higiene: las carnes POPO eran fabricadas por la Empacadora Nacional Mexicana, "Propietaria del rastro de la ciudad de México".[49]

En cuanto a herramientas publicitarias una de las más utilizadas fue la rifa de máquinas de coser. Para participar en ellas había que pedir cupones al carnicero. El 5 de mayo de 1910 apareció un anuncio de POPO BRAND, que resulta novedoso no sólo porque es de los pocos que incorporó imágenes, sino porque nos da un listado de los productos POPO, así como los posibles usos del producto al afirmar: "viajeros, excursionistas, cazadores. Deben siempre llevar nuestras exquisitas carnes conservadas POPO. Jamón

[44] *El Obrero Mexicano,* México, D. F., 3 de diciembre de 1909, p. 8.
[45] *Idem.*
[46] *Idem.*
[47] *El Obrero Mexicano,* México, D. F., 17 de diciembre de 1909, p. 6.
[48] *Idem.*
[49] *Idem.*

IMAGEN 4. "Compañía Empacadora Nacional Mexicana Popo Brand", en *El Obrero Mexicano,* México, D. F., 6 de mayo de 1910, p. 4.

endiablado, carne asada, jamón cocido, salchichas de varias clases, chorizos, frijoles con tocino, etc."[50] El dibujo, que ocupa más de dos tercios del anuncio, es de una mujer con la cabeza cubierta, con la mano derecha señalando al logo de la Compañía Empacadora Nacional Mexicana. Popo Brand, que hace las funciones de un sol que emana rayos. La mujer sostiene con la mano izquierda un paquete presumiblemente de carnes POPO. Finalmente, otro de los anuncios hace alusión a que peritos en Londres certificaron que no hay en ninguna parte del mundo "jamones o tocino de clase superior" a los de POPO.[51]

Por otro lado, dentro de las necesidades básicas se cuentan el médico y las medicinas, siendo recurrentes en este periodo los anuncios de libros que prometían curar las enfermedades. Algunos de esas mercancías provenían de Estados Unidos y hacían alusión al modelo racial y familiar de aquel país.

Los anuncios de bebidas alcohólicas ya se hacen presentes, aunque de manera reducida, pues sólo aparecieron dos: uno de Cerveza Toluca y otro

[50] *El Obrero Mexicano,* México, D. F., 6 de mayo de 1910, p. 4.

[51] *Ibid.*, 20 de mayo de 1910, p. 4.

de Cerveza Carta Blanca, donde sobresale su alusión a la "pureza" de esta bebida.[52]

Los anuncios de combustibles y artículos para la iluminación tuvieron poca presencia a través de los anuncios de petróleo Aurora. Uno de ellos tiene el elemento nacionalista del águila mexicana. Respecto a ropa y calzado, apareció un anuncio de zapatos Excélsior, del cual resalta el lema: "este calzado es mexicano y muy mexicano pero supremo", que implícitamente nos informa que lo mexicano era considerado de inferior calidad al afirmar que aunque mexicano era supremo.[53]

Aseo y belleza corporal

Este rubro está presente en el periodo con tres anuncios de peines para teñir el cabello con sólo peinarse; había para todos los tonos, no manchaba el cuero cabelludo, era limpio e inofensivo. El país de origen de este producto era Alemania.[54]

Otros

Finalmente se encuentran los anuncios de compra de plomo de cañería y de casquillos de plomo, así como la invitación a los gerentes para que anunciaran sus vacantes en *El Obrero Mexicano.* Para los años que trata este artículo no se había presentado una difusión del consumo entre todas las clases sociales. Por ello resulta interesante hacer una comparación entre los artículos consumidos por las clases populares con el consumo de las clases medias, las cuales, tendrían un papel importantísimo como difusoras de

[52] Las he incluido en este rubro por ser parte de la alimentación y porque se pretendía que este producto fuera la competencia directa del pulque, el cual era considerado producto de necesidad básica entre las clases populares.

[53] *El Obrero Mexicano,* México, D. F., 3 de diciembre de 1909, p. 8. Me llama la atención que a pesar de que Alemania era uno de las principales potencias industriales de la época y de que había alguna presencia de anuncios de productos fabricados allá, como en el caso de este peine y los anuncios de "Casa Bucker", la aspiración, el deseo era vestir al estilo de la moda inglesa o francesa, lo cual se infiere de los anuncios de *El Imparcial,* es decir, de la prensa dedicada a la clase media y alta pues en el caso de la prensa obrera sólo se hace alusión a los premios conseguidos en Inglaterra, Estados Unidos y Guatemala.

[54] *Ibid.*, 6 de mayo de 1909, p. 2 y 2 de mayo de 1910, p. 2.

los patrones de consumo moderno. En el siguiente apartado haré un ejercicio al respecto.

BREVE COMPARACIÓN CON LOS ANUNCIOS EN UN PERIÓDICO DESTINADO A LAS CLASES MEDIA Y ALTA

La diferente conceptualización del posible consumidor se hace evidente con el conteo y análisis rápido de la publicidad de *El Imparcial,* diario que estuvo en concordancia con los intereses del gobierno porfirista (al igual que *El Obrero Mexicano*), pero que estuvo dirigido a sectores medios y altos de la sociedad. Los hallazgos en esta publicación fueron los siguientes: tan sólo en una muestra aleatoria del mes de diciembre hubo 186 anuncios (200% más que en el *Obrero Mexicano* en un periodo más largo), los cuales agrupé en 30 categorías de las que quisiera resaltar las 10 más frecuentes:

1) Médico y medicinas: concretamente de tónicos, Pulfosfol, Hematógeno Dr. Hommel, Agua Chatel Guyon, leche malteada de Horlick, vino fortificante Saint-Raphael, productos para las enfermedades del hombre y de la mujer, entre muchos otros.
2) Herramientas de trabajo: tales como carretillas tubulares, máquinas de escribir, maquinaria, bombas para minas, máquinas de coser, trilladoras, etcétera.
3) Vestido y accesorios: es decir, patrones de "El Heraldo", sombreros, ropa interior "Dermophile", corsets "Bon Ton", etcétera.
4) Diversiones, vacaciones y esparcimiento: como por ejemplo, mesas de billar con barandas Monarch, Fonógrafos Víctor, Edison y Columbia, viajes a Europa, accesorios para posadas.
5) Combustibles e iluminación: lámparas de "alto rendimiento", petróleo de la Water Pierce Oil Company, petróleo La Aurora marca El Águila, calefacción por electricidad, lámparas de filamento metálico Schondube y Negebauer", gasolina Neftolina.
6) Cuerpo y Belleza: por ejemplo, Poudre, Savon & Creme Simon, Perfume Divinia, Agua de Colonia 4711, Creme Floreine, "Polvos de talco Boratado de Mennen para el tocador", postizos franceses R. Pokorny, navaja de afeitar "Ever Ready".

7) Cigarros: "Flor de Lis", Compañía Cigarrera Mexicana, Supremos, El Buen Tono (concretamente las marcas Reina Victoria, Alfonso XIII).
8) Regalos: tarjetas de felicitación por año nuevo, "Regalos caprichosos y positivamente baratos para Conchas y Lupes".[55] En la joyería "La Acacia", regalos para Noche Buena y Año Nuevo en Loeb Cristalería.
9) Otros: plumas fuente Waterman's Ideal, Pianos Huntington y de otras marcas.
10) Alimentos industrializados: carnes POPO, Chocolates Cailler, Bombones Jacquin.

De este modo, sobresale que el producto que fuera el más anunciado en la prensa obrera (es decir, los cigarros), en esta lista ocupa el séptimo lugar, en tanto que los alimentos industrializados —segundo más anunciado en *El Obrero Mexicano*— en esta lista se encuentra en último lugar. Destaca, asimismo que en *El Imparcial* aparecieron anuncios de la categoría de "vestido y accesorios", así como de "regalos" totalmente ausentes en la prensa obrera, seguramente porque los anunciantes obviaban que este sector social no tendría la capacidad económica de adquirir este tipo de artículos. Partiendo de este listado se pueden hacer algunas reflexiones, por ejemplo: que se concibió un consumo diferenciado para las clases medias y altas y otro para las clases populares, ya que prácticamente los únicos artículos que se anuncian en ambos periódicos fueron los cigarros y las carnes industrializadas POPO —de producción nacional, por cierto—. El resto de los anuncios aparecen sólo en el periódico dirigido a las clases media y alta.

Partiendo de lo anterior, podemos concluir que hubo una escasa democratización del consumo en la primer década del siglo XX. A continuación analizaremos otros indicadores aparte de la publicidad.

[55] Esto hace referencia a los anuncios aparecidos en el mes de diciembre mes en que se celebraba el santo de las mujeres nombradas Concepción y Guadalupe.

Otros indicadores de la aparición del consumo moderno en la ciudad de México

Los espacios del consumo

Hemos visto que dos de los factores que apuntalaron al consumo moderno fueron la actividad publicitaria y las tiendas departamentales. Ambas prácticas: la de publicitar los objetos que las industrias estaban produciendo y la de comprar en tiendas departamentales, contribuyeron a despertar el deseo por consumir objetos, antaño considerados de lujo, entre todas las clases sociales, sólo que los pobres en muchas de las ocasiones sólo podían aspirar a consumir imitaciones de los objetos expuestos en la publicidad o en los aparadores de las grandes tiendas departamentales. Por ello, para esta época no podemos hablar de una "sociedad de consumo" en México, ya que en ésta la idea es "democratizar" el consumo de los productos industrializados. En esta época lo único que era accesible a todas las clases sociales era la "imagen" de los productos y un ideal de consumo gestado en las grandes potencias industriales de la época: Francia, Inglaterra y Estados Unidos.[56]

Dicho ideal era expuesto en espacios, como tiendas departamentales, y en el caso de los alimentos, en restaurantes y salones a los que acudían los integrantes de la élite. Los cafés, salones (nombre que las clases altas daban a las cantinas), restaurantes y hoteles preferidos de la élite estuvieron localizados en las calles de Refugio, Palma, Espíritu Santo, Coliseo Viejo, Colegio de Niñas y 16 de Septiembre-Independencia.[57] La gente de sociedad de la época acudió a los cafés Bella Unión, Inglés y Café del Progreso, ubicados en las mencionadas calles.[58]

La distribución de los espacios de consumo de ropa y novedades tampoco fue democrática, pues hubo zonas en la ciudad donde se ubicaron las grandes tiendas departamentales y los lugares a donde acudía la élite. A la vez que existieron otras zonas más "populares".[59] En el caso de la ciudad de México, la zona preferida de las clases altas comprendió las calles de Plate-

[56] Ortiz, *Imágenes del deseo,* p. 281.
[57] Nava, "Entre muebles y telones", s. p.
[58] *Idem.*
[59] *Idem.*

ros, la Monterilla, el Empedradillo, el Relox, de Porta Coelli, la Profesa, San Francisco, el Refugio, el Portal de las Flores y San Bernardo donde se ubicaron los joyeros, restaurantes, modistas, sastres, confiteros, etc.[60] En el mismo cuadro que comprendieron esas calles estuvieron las tiendas departamentales más importantes, las cuales en la última década del siglo XIX eran: el Puerto de Liverpool, el Palacio de Hierro, Ciudad de Londres, el Nuevo Mundo, El Puerto de Veracruz, El Centro Mercantil y París–Londres.[61]

Antes de la aparición de estas grandes tiendas los capitalinos solían comprar su ropa y novedades a buhoneros y en cajones de ropa. Éstos fueron el antecedente de las tiendas departamentales y consistieron en "amplios" locales con ropa, divididos en dos áreas por un mostrador, atendido por empleados y por el propietario de la tienda, quienes se encargaban de enseñar la mercancía que solicitaban los posibles consumidores. En estos sitios era común el "regateo", es decir, no existían precios fijos, pues éstos eran establecidos al momento de la compra.[62] El Puerto de Liverpool tiene su origen en este tipo de establecimientos, de modo que para finales del siglo XIX este cajón de ropa ya se había convertido en una tienda departamental. En este tipo de tienda se pusieron en marcha las siguientes prácticas novedosas: poner precios fijos a las mercancías con una etiqueta, tener la mercancía ordenada por departamentos y, a diferencia de los "cajones de ropa", las tiendas departamentales ya no eran atendidas directamente por sus dueños, sino sólo por empleados, de modo que las grandes tiendas departamentales también fueron fuentes de trabajo, principalmente para mujeres, quienes a su vez podían fungir como consumidoras en dichas tiendas. Otra novedad de las tiendas departamentales es que fueron sitios de esparcimiento: la gente podía entrar sólo a ver, no necesariamente a comprar, práctica que se veía fortalecida por el hecho de que algunas tiendas como el Palacio de Hierro contaron con cafetería, baños y coches para trasladar a la clientela.

Por su parte, el aprovisionamiento de alimentos y de objetos de consumo cotidiano seguía haciéndose en tianguis y mercados. Éstos estuvieron distribuidos en los cuatro puntos cardinales de la ciudad, alejados de la plaza central. Los siete más importantes se ubicaron en las siguientes pla-

60 ORTIZ, *Imágenes del deseo,* p. 308.
61 NAVA, "Entre muebles y telones", s. p.
62 ORTIZ, *Imágenes del deseo,* p. 287.

zas: el Volador, Iturbide, Jesús, Santa Catarina, Ataranzas, Baratillo y Guerrero. A ellos sólo acudían las clases bajas y peligrosas, al grado de que por ejemplo, el ubicado en la Plaza del Volador era considerado como "el mercado de los ladrones".[63]

Empero, en general, no podemos considerar tan rígidamente la división entre zonas ricas y pobres. Esto porque inevitablemente, todas las clases sociales tuvieron contacto entre sí debido a la llegada de migrantes y al auge de los medios de transporte ligados con la modernidad como el tranvía eléctrico, lo cual hizo que ricos y pobres coincidieran en algún momento en los espacios de la ciudad, sin que las autoridades pudieran evitarlo.[64] Esta situación de contacto entre ricos y pobres facilitó el hecho de que en etapas posteriores todas las clases sociales se incorporaran al consumo moderno.

Dicho lo anterior, podemos concluir el capítulo afirmando que el inicio del consumo moderno estuvo ligado a fenómenos económicos y culturales como la difusión de las vías de ferrocarril, tranvías, teléfonos, telégrafos, profesionalización de la actividad publicitaria y la aparición de tiendas departamentales, entre otras cosas.

No obstante, a pesar de que aparentemente la modernidad había llegado al país, fueron pocas las industrias mexicanas exitosas, entre las que podemos mencionar las fábricas de cigarros El Buen Tono. En ellas se pusieron las bases del consumo moderno y posteriormente, de la sociedad de consumo que tendría un pleno desarrollo durante la última parte del siglo XX. Así, la población mexicana durante ese primer periodo del consumo moderno era mayoritariamente rural y/o pobre y sólo consumió los pocos productos de la industria nacional tales como: cigarros, telas burdas de algodón y pulque, de modo que la gran mayoría seguramente no pudo consumir en las grandes tiendas departamentales. Empero, el *deseo* de consumir ya se estaba sembrando a través de las imágenes publicitarias, a las cuales tenían acceso todas las clases sociales —analfabetas o no— por medio de los carteles colocados en lugares especiales o bien, gracias a las mercancías mostradas en los aparadores. Asimismo, existieron otras prácticas publicitarias que mostraron a toda la población los objetos de última

[63] NAVA, "Entre muebles y telones", s. p.
[64] PICCATO, *City of Suspects*, citado por NAVA, "Entre muebles y telones", s. p.

moda. Entre dichas prácticas podemos mencionar los recorridos de los "buhoneros", personajes que recorrían las zonas lejanas a la capital "cantando" las novedades que se podían encontrar en las grandes tiendas departamentales, o bien, los "jingles" cantados en cantinas y otros lugares, que promocionaban artículos novedosos entre las clases populares.

Así, los "ingredientes" del consumo moderno ya estaban presentes en el México al momento del estallido de la Revolución, de tal forma que el desarrollo del consumo moderno y posteriormente de la "sociedad de consumo" se puede observar con una cronología distinta a la propuesta por la historiografía tradicional, pues el curso de estos fenómenos de la sociedad moderna poco o nada tienen que ver con los cortes políticos, de tal manera que el consumo moderno seguiría su curso a pesar de los cambios políticos que se avecindaban, aunque, con el paso del tiempo, el fortalecimiento del consumo moderno sería apuntalado por medidas políticas que redundaron en cambios económicos.

EPÍLOGO

La aportación más reciente del Profesor Carmagnani a la historiografía mundial es su libro *Las islas del lujo.*[65] Durante la etapa de preparación del mismo, el profesor compartió generosamente las ideas que estaba desarrollando conmigo y con sus demás alumnos de El Colegio de México en el último seminario que ha impartido hasta el momento en dicha institución y en México.

Por ello sé de primera mano que el modelo académico y el método adoptado por Marcello Carmagnani privilegia la gestación y desarrollo de las ideas a través de las lecturas y de la reflexión resultante del contacto con la realidad social y, sobre todo, a través del diálogo con sus colegas y la discusión en las aulas universitarias, poniendo atención a las ideas e inquietudes de sus estudiantes. En este sentido, la aportación historiográfica del profesor va más allá de sus publicaciones, sino que también abarca el apoyo y el impulso a los jóvenes historiadores para que desarrollen temas originales y significativos para la historiografía actual. Sin duda, mis "diálogos"

[65] Al menos respecto a lo publicado en el idioma castellano

emprendidos con el profesor en 2007 y muchos de sus conceptos tales como: "dimensión material del consumo", "dimensión inmaterial del consumo" y "consumo moderno", han sido la columna vertebral en la construcción de mi propia investigación, de la cual he presentado una pequeña muestra en párrafos anteriores. Por ello, siento una enorme gratitud con el profesor Carmagnani, y en especial, me siento honrada de haber podido participar en este homenaje a su trayectoria intelectual.

BIBLIOGRAFÍA

ALBA, Francisco *et al.*

1973 "Evolución demográfica de México y políticas de población", *Salud pública de México,* vol. XV, núm. 1, pp. 67-78, enero–febrero.

BAUER, Arnold

2002 *Somos lo que compramos. Historia de la cultura material en América Latina,* trad. Eunice Cortés Gutiérrez, México (Colección pasado y presente).

BEEZLEY, William (ed.)

2011 *A Companion to Mexican History and Culture,* Chichester, West Sussex England, Wiley, Blackwell (Blackwell Companions to World History).

BUNKER Steven y Víctor MACÍAS-GONZÁLEZ

2011 "Consumption and Material Culture from Pre-contact through the Porfiriato" y "Consumption and Material Culture in the Twentieth Century", en BEEZLEY, William (ed.), *A Companion to Mexican History and Culture,* Chichester, West Sussex England, Wiley, Blackwell (Blackwell Companions to World History), pp. 54-82 y 84-118

BUNKER, Steven Blair

2006 *Creating Mexican Consumer Culture in the Age of Porfirio Díaz, 1876-1911,* tesis de doctorado, AddRan College of Humanities and Social Sciences Texas Christian University.

CARMAGNANI, Marcello

2012 *Las islas del lujo. Productos exóticos, nuevos consumos y cultura económica europea, 1650-1800,* trad. Vitto Ciao y Esther Llorente Isidro, México, El Colegio de México/Marcial Pons.

El Imparcial
1909 XXVII: 4822-4849, diciembre.

El Obrero Mexicano
1909-1910 1-35, diciembre 1909 y mayo 1910.

Estadísticas históricas
en <http://www.inegi.org.mx/geo/contenidos/geoestadistica/ArchivoHistLoc.aspx>.

GONZALBO AIZPURO, Pilar (dir.)
2006 *Historia de la vida cotidiana en México, t. V. vol. 2. Siglo XX. La imagen, ¿espejo de la vida?*, México, Fondo de Cultura Económica/El Colegio de México.

HABER, Stephen
2010 "Mercado interno, industrialización y banca, 1890-1929", en *Historia económica general de México*, pp. 411-436.
2010 *Historia económica general de México. De la colonia a nuestros días,* México, El Colegio de México/Secretaría de Economía.

MCNEILL, J.R. y William H. MCNEILL
2004 *Las redes humanas. Una historia global del mundo,* trad. Jordi Beltrán, Barcelona, Serie Mayor.

MOEBUS RETONDAR, Anderson
2007 *Sociedade de consumo, modernidade e globalizaçao,* Sao Paulo, Annablume, Campina Grande, EDUFCG.

Memoria de la Secretaría de Hacienda y Crédito Público 1909-1910
1911 *Memoria de la Secretaría de Hacienda y Crédito Público 1909-1910 correspondiente al año económico de 1º de julio de 1909 a 30 de junio de 1910 presentada por el Secretario de Hacienda al Congreso de la Unión,* México, Tipografía de la Oficina Impresora de Estampillas, Palacio Nacional.

MINTZ, Sidney
1996 *Dulzura y poder: el lugar del azúcar en la historia moderna,* trad. Laura Moles Fanjul, México, Siglo XXI Editores.

NAVA SÁNCHEZ, Alfredo
s/p "Entre muebles y telones: la calle de Donceles, (1886-1920)".

1938 "Nivel de vida en relación con los trabajadores", *Revista del trabajo,* vol. II, núm. 7, agosto, pp. 127-156.

ORTIZ GAITÁN, Julieta

2006 "Casa, vestido y sustento. Cultura material en anuncios de la prensa ilustrada (1894-1939)", en GONZALBO AIZPURO, *Historia de la vida cotidiana en México, t. V. vol. 2. Siglo XX. La imagen, ¿espejo de la vida?*, México, Fondo de Cultura Económica / El Colegio de México pp. 117-156.

2003 *Imágenes del deseo: arte y publicidad en la prensa ilustrada mexicana, 1894-1939,* México, Universidad Nacional Autónoma de México/ Dirección General de Estudios de Posgrado/Instituto de Investigaciones Estéticas/ Facultad de Filosofía y Letras.

QUIROZ, Enriqueta (comp.)

2009 *Consumo e historia: una antología,* México, Instituto de Investigaciones Dr. José María Luis Mora.

2006 *El consumo como problema histórico: propuestas y debates entre Europa e Hispanoamérica,* México, Instituto de Investigaciones Dr. José María Luis Mora.

ROCHA, Everardo

2006 *Representaçoes do consumo. Estudos sobre a narrativa publicitária,* Río de Janeiro, PUC-Rio, Mauad (Coleçao cultura e consumo).

VOLPI, Alexandre

2007 *A história do consumo no Brasil. Do mercantilismo à era do foco no cliente,* Río de Janeiro, Elsevier.

LOS GRUPOS DE INTERESES EN LA ECONOMÍA MEXICANA FRENTE AL TRATADO COMERCIAL DE 1942 ENTRE MÉXICO Y ESTADOS UNIDOS (1942-1950)[1]

*Isabel Avella Alaminos**

INTRODUCCIÓN

Una de las vetas que la historia económica ha explorado con detalle a partir de la segunda mitad del siglo XX es el papel de la organización como agente económico dinámico, con poder de negociación y decisión. Este campo de estudio ha coadyuvado, junto con otros, a mirar los procesos históricos más allá de la perspectiva del Estado-nación y detenerse en los sujetos que dan vida a este último. La historiografía mexicanista sobre el siglo XX en particular, ha destacado el papel de las organizaciones corporativas obreras y campesinas durante la posrevolución. Sin embargo, nuestro conocimiento sobre la conformación y el papel de las organizaciones del sector privado es todavía relativamente escaso.[2]

Mi primer acercamiento a esta línea de investigación tuvo lugar en la Facultad de Economía de la UNAM cuando laboré como ayudante de profesor e investigación. Sin embargo, fue en los dos seminarios impartidos por Marcello Carmagnani a la generación 1999-2001 del doctorado en

* Departamento de Historia-SUAyED, Facultad de Filosofía y Letras, UNAM.

[1] Agradezco las facilidades que me brindaron el personal del AHSRE y del Fondo Beteta de El Colegio de México para la consulta de sus respectivos acervos, así como la invaluable ayuda que en distintos momentos me brindaron Emmanuel Heredia, Andrea Torrealba, Anabel Hernández Romero y Daniel Hernández Velasco, para la recopilación y transcripción de la información utilizada en este trabajo. También estoy en deuda con las sugerencias que me hicieron Alicia Hernández Chávez y Graciela Márquez Colín, para mejorar la versión preliminar de este trabajo.

[2] El trabajo pionero sobre las organizaciones no corporativas es SHAFER, *Mexican Business.*

Historia de El Colegio de México —"América Latina y la economía internacional moderna, 1780-1910" y "Formación de la economía financiera en México y América Latina, 1850-1930"—, donde tuve la oportunidad de profundizar, por primera vez, en dicho campo de estudio y vincularlo a la esfera del comercio internacional a través de la lectura y discusión de autores como R.C. Michie, Avner Grief y Alfred Chandler, entre otros. En este marco surgió la idea de mi tesis doctoral sobre el comercio exterior de México entre 1920 y 1950, que fue dirigida por el profesor Carmagnani.

Por esta razón, cuando Yovana Celaya me invitó a colaborar en el libro con un texto de investigación original que reflejara la impronta que dejó en mi formación Marcello Carmagnani, decidí centrarme, de nueva cuenta, en el papel de las organizaciones en el comercio exterior. Aunque, en contraste con otros artículos de esta obra, no cito directamente a Carmagnani, recupero sus enseñanzas en materia de historia económica y el hincapié que ha puesto en el papel de los agentes económicos.[3] A la luz del planteamiento neoinstitucionalista en torno a la organización, analizo la intervención de los grupos con intereses económicos presentes en México en la negociación y operación del Tratado comercial suscrito por México y Estados Unidos en 1942 y que estuvo en vigor entre enero de 1943 y diciembre de 1950.[4] El pacto se diseñó e inició al calor de la Segunda Guerra Mundial, pero también incluyó cláusulas para afianzar el comercio bilateral en el mediano plazo. Si bien gozó de un relativo consenso dentro de México al momento de su suscripción, las voces discordantes fueron en aumento y desde 1945 se buscó activamente su denuncia.

Los estudios previos sobre el Tratado casi no se han detenido en la cuestión de qué grupos con intereses económicos en México se involucraron en el acuerdo. La obra de Susana Chacón reconstruye las negociaciones bilaterales, pero sólo a nivel gubernamental. Blanca Torres menciona, en tér-

[3] Un magnífico ejemplo reciente de su preocupación por los agentes es CARMAGNANI, "La agricultura familiar".

[4] Según Castañeda, un grupo económico es "[...] una red de empresas legalmente independientes que mantienen vínculos formales e informales de largo plazo y que llevan a cabo acciones coordinadas"; sin embargo, en este artículo extiendo el término de grupo de interés tanto a conjuntos de empresas, como a empresas individuales, pues, de acuerdo con el neoinstitucionalismo histórico, éstas son en sí mismas un grupo de agentes que se reúnen para alcanzar determinados fines comunes, *Cfr.* CASTAÑEDA, "Evolución de los grupos", p. 603, y NORTH, "El desempeño económico..." y NORTH, *Instituciones.*

minos generales, la participación que tuvieron y la postura que adoptaron los grupos privados mexicanos frente al convenio, sin ahondar en el tema.[5]

Por ello, el propósito del presente texto es identificar qué organizaciones de la economía mexicana se involucraron en el diseño y funcionamiento del Tratado, explorar qué actitud tomaron respecto del acuerdo y por qué, así como sopesar en qué medida influyeron en su aplicación. El trabajo subraya la existencia de intereses en conflicto dentro de la economía mexicana, con distintos objetivos, poder de negociación y posturas cambiantes en torno al convenio. Se desarrolla la hipótesis de que sólo los importadores de las industrias enfocadas al mercado interno que ya tenían la infraestructura productiva que requerían, ejercieron una presión constante para finiquitar el acuerdo; empero, la devaluación del peso en 1948 y el contexto económico de la posguerra propiciaron que los productores altamente dependientes de la importación de bienes de producción y los exportadores beneficiados por el tratado se alinearan, temporalmente, a la postura del primer grupo, pese a que sus intereses comerciales siguieron siendo disímbolos.

Dado el carácter fragmentario de la información examinada —publicaciones de organizaciones mexicanas de la época y documentación del Archivo Histórico de la Secretaría de Relaciones Exteriores (AHSRE en adelante) y el Fondo Ramón Beteta (FRB en adelante)—, esta primera aproximación al tema ofrece un panorama cualitativo y, con ello, algunas bases para análisis posteriores más sistemáticos sobre el tema.

ANTECEDENTES

Tras la firma de los Tratados de Bucareli en 1923, empezó a comentarse la posibilidad de concretar un nuevo acuerdo comercial con la Unión Americana. Empero, las pláticas gubernamentales encaminadas a ello comenzaron en la siguiente década, durante el sexenio de Lázaro Cárdenas,[6] y no

[5] CHACÓN, *La relación*, TORRES, *México en la segunda guerra*, pp. 154-204, y TORRES, *Hacia la utopía*, pp. 226-235.

[6] El primer acuerdo se firmó en 1831 y concluyó en 1881; en 1882 se negoció otro acuerdo que nunca se aprobó. Un ejemplo de las conversaciones sobre un posible tratado se halla en AHSRE, III-122-43, México, 18 de julio de 1924, Charles B. Warren, embajada de Estados Unidos en México, a Aarón Sáenz, Secretario de Relaciones Exteriores; TORRES, *México en la Segunda Guerra Mundial*, pp. 154-155.

fue sino hasta abril de 1942 cuando México y Estados Unidos reiniciaron, por fin, negociaciones formales para suscribir un tratado comercial bilateral, mismas que concluyeron con la firma de un acuerdo que comenzaría a operar el 1º de enero de 1943 y se prolongaría hasta el 31 de diciembre de 1950.

El Tratado fue el último de 26 convenios negociados por Estados Unidos como parte de la Ley de Acuerdos Comerciales Recíprocos de 1934.[7] Constituyó también el último de una serie de pactos bilaterales de diversa índole que México y Estados Unidos firmaron al comenzar la década de 1940 en el contexto de la preocupación de la Unión Americana por garantizar la unidad hemisférica con respecto al Eje.[8] Por añadidura, se trató de un acuerdo que operó durante ocho años, de manera que su vigencia transitó desde el contexto de la Segunda Guerra Mundial hasta la posguerra, cuando se definieron los lineamientos del orden internacional de Bretton Woods.

Para los propósitos del presente artículo, interesa resaltar un elemento adicional, a saber, la coincidencia de la coyuntura antes esbozada con un momento de reformulación organizativa al interior de la economía mexicana. Al despuntar los años 40, hubo un relativo consenso entre gobierno, empresarios y líderes sindicales mexicanos respecto de la necesidad de lograr la industrialización del país bajo el impulso de la guerra. En febrero de 1940 se promulgó un decreto para apoyar a las industrias nuevas y en mayo del año siguiente se publicó la Ley de Industrias de Transformación, que extendía los beneficios fiscales a las actividades no minero-metalúrgicas ni petroleras que produjeran "artículos o artefactos elaborados o terminados" y que, aunque no fueran nuevas, fueran necesarias.[9] Paralelamente a los avances de la industria doméstica aparecieron nuevas organizaciones específicas para dar voz a estos intereses. Si bien la Confederación de Cámaras Industriales (Concamin) y la Confederación de Cámaras de Comercio (Concanaco) surgieron desde 1917-1918, hasta finales de los años 30, las

[7] Los demás países fueron: Cuba, Bélgica, Haití, Suecia, Brasil, Canadá, Holanda, Suiza, Honduras, Colombia, Guatemala, Francia, Nicaragua, Finlandia, El Salvador, Costa Rica, Checoslovaquia, Ecuador, Gran Bretaña, Turquía, Venezuela, Argentina, Perú, Uruguay, Bolivia, CONCANACO, *Tratado*, p. 55.

[8] Doce acuerdos hasta antes de la firma del acuerdo comercial, SENADO DE LA REPÚBLICA, *Tratados*; TORRES, *México en la Segunda Guerra Mundial*, pp. 9-62.

[9] TORRES, *México en la segunda guerra*, p. 289.

cámaras agrupaban a industriales y comerciantes por igual, y desde 1936 ambas confederaciones funcionaron a través de una sola organización, la Confederación de Cámaras Nacionales de Comercio e Industria.[10] No obstante, el 26 de agosto de 1941 se publicó una nueva legislación de cámaras que separó a las cámaras y confederaciones industriales de las comerciales y dio a dichas organizaciones el carácter de "instituciones públicas", pero autónomas.[11]

La ley estrechó la cercanía de los intereses industriales con el gobierno y generó protestas de los comerciantes, por ejemplo, de la Concanaco. Y aunque en la práctica dejaba abierta la posibilidad de que los industriales sin cámara específica se incorporaran a cámaras comerciales y de que hubo reclamos en el sentido de que algunos comerciantes intentaban crear cámaras industriales, la especialización formal de las cámaras y confederaciones siguió su curso. En diciembre de 1941 nació la Cámara Nacional de la Industria de Transformación (en adelante, Canacintra), con representantes de 93 empresas, originalmente agrupadas en 12 ramas: industria del hierro y similares; artes gráficas; productos alimenticios; productos químicos; laboratorios de perfumería y medicina; la industria del hule; muebles y artefactos de madera; loza, vidrio y cerámica; cigarros y cerillos; materiales de construcción; jabones, aceites y grasas; y vinos y licores.[12] Es decir, la Canacintra agrupó giros diversos, lo mismo algunos de vieja tradición, como la industria cigarrera, que ramas de más reciente aparición, como los productos químicos. De hecho, el presidente de su primer consejo directivo fue José Cruz y Celis,[13] empresario poblano de productos de maíz que años antes había presidido la Concanaco. Sin embargo, la Canacintra acogió también a dueños de pequeñas fábricas con capital mexicano que despuntaron en el marco de la Segunda Guerra Mundial para abastecer el mercado interno. En cambio las industrias más grandes y viejas del país guardaron distancia del organismo, como sucedió con la minería, la industria siderúrgica y eléctrica, e incluso la textil en un inicio. Además, una vez que la Canacintra logró afianzar su existencia hacia 1945, se presentaron divisio-

[10] MATUTE, *Las dificultades*, pp. 220-221 y TORRES, *México en la Segunda Guerra Mundial*, p. 285.

[11] SHAFER, *Mexican business*, p. 47.

[12] *Ibid*, pp. 48, 52-55, 207.

[13] PALOMAR, *Diccionario*, t. I, p. 455 y *Diccionario Porrúa*, vol. 1, p. 1011.

nes entre los grupos mexicanos de intereses económicos a propósito del tipo de industrialización que debía buscarse: en tanto que la organización abanderó un proceso rápido cimentado en el proteccionismo comercial, otras voces como la Concanaco se pronunciaron por una transformación paulatina. Debido a estas fricciones, la organización buscó apoyo de agricultores y trabajadores. Por ejemplo, respaldó el programa lombardista de industrialización.[14]

De cara a esta reorganización, vale la pena preguntarse en qué medida intervinieron los grupos con intereses económicos presentes en México en el diseño y el funcionamiento del Tratado de 1942. Para el análisis divido el acuerdo en dos subperiodos: el comprendido entre 1942 y 1944, que inicia con las negociaciones previas al Tratado y que, en términos generales, se caracterizó por el consenso a favor de éste, y el que corre de 1946 a 1950, es decir, la fase de la posguerra hasta la conclusión del acuerdo, cuando aumentó el comercio bilateral en el marco del Tratado, pero se agudizaron las críticas contra el acuerdo.

Los intereses económicos privados en México, la negociación del Tratado y su operación inicial (1942-1944)

En las décadas de 1920 y 1930, los intereses económicos que se buscaba beneficiar en México a través de un posible acuerdo bilateral se centraban en la exportación, en particular de productos agropecuarios (*v.gr.* ganado, verduras), petróleo y plata. Por ejemplo, hacia 1924 se señalaba que el gobierno se interesaba en un acuerdo comercial con Estados Unidos "[...] pues en la actualidad algunos exportadores mexicanos encuentran trabas para la exportación de sus productos."[15] Empero, para cuando la posibilidad de concretar un tratado comercial bilateral con Estados Unidos se tornó real tras el ataque japonés a Pearl Harbor en diciembre de 1941,

[14] SHAFER, *Mexican business*, pp. 54-56, MOSK, *Industrial revolution*, pp. 21-22, y TORRES, *Hacia la utopía*, p. 21.

[15] AHSRE, III-122-43, t. I (Antecedentes 1924-1925), s.f., foja 11, Borrador de nota de Aarón Sáenz, Secretario de Relaciones Exteriores, a Charles B. Warren, embajador de EEUU en México; véase también TORRES, México en la segunda guerra..., pp. 154-155.

dichos intereses se habían diversificado, extendiéndose al terreno de las importaciones.

La delegación mexicana que negoció el Tratado a partir de abril de 1942 estuvo encabezada por el Consejo Superior Ejecutivo del Comercio Exterior del Consejo Nacional de Comercio Exterior,[16] con representación de las secretarías de Relaciones Exteriores, Economía Nacional, Hacienda y Crédito Público, Agricultura y Fomento y Comunicaciones y Marina. A principios de 1942, se creó, además, la Oficina Coordinadora del Comercio Exterior —también conocida como Oficina de Prioridades—, anexa a la embajada de México en Washington. Las pláticas preliminares involucraron a tres funcionarios mexicanos: Francisco Castillo Nájera, embajador de México en Estados Unidos, Ezequiel Padilla, secretario de Relaciones Exteriores, y Ramón Beteta, subsecretario de la Secretaría de Hacienda y Crédito Público, y desde abril de 1942 enviado extraordinario y ministro plenipotenciario en Washington.[17]

Desde un inicio, las pláticas se extendieron más allá de la esfera gubernamental e involucraron indirectamente al sector privado de ambos países. En el caso de México, la Oficina Coordinadora tuvo entre sus funciones defender a los productores y comerciantes mexicanos, y representar a los intereses económicos del país en general.[18] En el mismo mes de abril se anunció que se estaban estudiando potenciales reducciones arancelarias y se invitó a quienes desearan dar sus puntos de vista por escrito a hacerlo hasta el 4 de mayo y comparecer después a una audiencia. La prensa consignó que ya se tenía una lista de artículos mexicanos y estadounidenses a los que se otorgarían concesiones, por lo que:

> A partir del 15 del actual [abril], la Oficina de Coordinación del Comercio Exterior, establecida en el edificio Guardiola, de esta ciudad —despacho número 400— facilitará a los interesados la consulta de las listas provisionales de

[16] En México, además del Banco Nacional de Comercio Exterior (1937), en los años cuarenta se crearon varias comisiones intersecretariales para coordinar los asuntos de comercio exterior: en 1941, el Consejo Nacional de Comercio Exterior, la Comisión Mexicana de Fomento Interamericano y la Sociedad Nacional Distribuidora y Reguladora, y en 1943 el Comité Coordinador de las Importaciones, AVELLA, *De oportunidades*, p. 160.

[17] MÉXICO, "México y Estados Unidos", y LANDER, "El Lic. Beteta", pp. 1 y 3.

[18] FRB, caja 1. Conferencias…, exp. 11, p. 20, Ramón BETETA, Las repercusiones de la guerra en el comercio exterior de México (conferencia), 28 de octubre de 1942.

> artículos mexicanos susceptibles de quedar incluidos en el Convenio. Con igual fecha, se abrirá en la misma Oficina un registro en el que se anotarán las sugestiones, los datos y los informes que nuestros productores consideren más adecuados, con el propósito de tomarlos en consideración en el momento oportuno.[19]

Si bien en la documentación del AHSRE no hay rastro de qué intereses privados ni en qué sentido respondieron a este llamado, tenemos otros indicios de los grupos que estuvieron presentes y de que prevaleció una perspectiva optimista en torno al acuerdo.

Durante las negociaciones, el gobierno mexicano continuó dando mucho peso a los intereses de exportación de la República. Por ejemplo, en junio de 1942 las autoridades externaron su preocupación por que el chicle estaba siendo considerado como producto no prioritario por parte de Estados Unidos y una reforma a la orden general de importaciones de ese país limitaría la venta del producto.[20] De hecho, los esfuerzos de la delegación mexicana se centraron en obtener concesiones para el petróleo, el ganado, algunos productos agrícolas, y en segundo plano para el zinc y el plomo,[21] artículos que correspondían a tres grupos de exportadores: el Estado mexicano, que tenía en sus manos el control del petróleo y la comercialización de algunos otros artículos; exportadores mexicanos del norte del país y exportadores estadounidenses que operaban desde México.

Empero, por primera vez apareció, además, la preocupación por las importaciones, relacionadas, en particular, con la producción industrial. Beteta, por ejemplo, señaló: "[...] las mismas dificultades que hay para obtener artículos de consumo existen para la maquinaria y el equipo que requieren las nuevas industrias. Es aquí en donde la cooperación mexicana tiene especial significación". Asimismo, cuando la Concanaco fue invitada por la Secretaría de Relaciones Exteriores para exponer su punto de vista sobre el acuerdo —presuntamente, como parte de la convocatoria de la

[19] Boletín de Jaime Torres Bodet, secretario de Relaciones Exteriores, reproducido en "Los arreglos...", en *El Universal*, 9 de abril de 1942, p. 4; véanse también LANDER, "El Lic. Beteta...", y AHSRE, III-122-43, t. IV, abril de 1942, Consejo Superior Ejecutivo de Comercio Exterior, México D.F.

[20] AHSRE, III-1581-9, Washington, D. C., 15 de junio de 1942, Telegrama del embajador Francisco Castillo Nájera para Jaime Torres Bodet.

[21] TORRES, *México en la Segunda Guerra Mundial*, p. 159.

Oficina Coordinadora— redactó un memorándum en el que defendió con decisión el Tratado e hizo hincapié en las concesiones para la industria mexicana, tanto en la importación de insumos como en la posibilidad de ampliar las exportaciones de manufacturas mexicanas.[22]

Las expresiones de varios de los intereses privados de exportación e importación presentes en México se reflejaron favorablemente en el Tratado, que se dividió en tres listas: la Lista I de mercancías estadounidenses importadas por México y las Listas I y II de artículos mexicanos exportados a Estados Unidos. Por ejemplo, en la Lista II se incluyeron: el chicle, consolidándose la exención de derechos que ya tenía; seis fracciones de ganado con concesiones arancelarias más tres sin concesiones; 16 fracciones de productos de la industria minero-metalúrgica, incluyendo disminución de aranceles para 6 fracciones de zinc en distintas presentaciones y 4 de plomo; se contemplaron también diversas fracciones de frutas y legumbres (piña y jitomates, en especial). Por añadidura, hubo 26 fracciones de productos no alimenticios que recibieron concesiones. Ilustra, de nuevo, de la relevancia que había cobrado la industria nacional al calor de la guerra.[23] Asimismo, en la Lista I México negó concesiones arancelarias a 85 manufacturas no alimenticias y a 27 productos alimenticios, otra muestra de la inserción de la industria mexicana en la agenda del Tratado.

Sabemos, en particular, que la Concanaco (cuadro 1) logró que las pilas eléctricas y las conservas alimenticias no obtuvieran concesiones, y que las frutas cuya existencia o calidad no eran satisfactorias en México, como manzanas, ciruelas y uvas, se importaran con facilidades arancelarias. Aunque la misma Confederación reconoció que no todas sus solicitudes fueron escuchadas, verbigracia, su negativa a disminuir los derechos de importación del trigo, o su petición de reducir los derechos cobrados por Estados Unidos para los muebles de madera, en conjunto dicha organización quedó satisfecha. Más aún, afirmó que el tratado contenía "[...] ventajas para México considerablemente mayores que las que se habían ofrecido en un principio".[24] El optimismo respecto de las bondades del convenio para la industria mexicana también se proyectó en la prensa nacional:

[22] El memorándum tiene fecha del 8 de mayo de 1942, CONCANACO, *Tratado*, pp. 3, 6.

[23] La información para realizar este análisis se encuentra en CONCANACO, *Tratado*.

[24] CONCANACO, "En elogio", p. 9. La declaración fue reproducida en otras publicaciones locales, véase CONCANACO, "En elogio", p. 13.

CUADRO 1. Bienes de interés para la Concanaco en las negociaciones del Tratado de 1942

Artículo	*Posición de la Concanaco*	*Lista*	*Tipo de artículo*	*Arancel en el Tratado*
Conservas alimenticias animales y vegetales	Protección	Lista I	Productos alimenticios	Consolidación, salvo las conservas alimenticias no especificadas y los espárragos en conserva (reducción)
Frutas extranjeras	Reducción de arancel	Lista I	Agricultura	Reducción, salvo por la piña que no se vendía a granel (consolidación)
Frutas nacionales	Protección	Listas II	Agricultura	Concesión
Frutas nacionales	Protección	Lista III	Agricultura	Reducción
Grasas (estearina o ácido esteárico)	Protección	Lista I	Productos alimenticios	Consolidación
Grasas (grasas animales hidrogenadas, manteca de cerdo)	Protección	Lista I	Productos alimenticios	Reducción
Harina	Protección	Lista I	Productos alimenticios	Consolidación
Lúpulo	Reducción de arancel	Lista I	Agricultura	Reducción
Muebles austriacos	Reducción de arancel	No incluidos	Productos no alimenticios	No incluido
Pilas eléctricas	Protección	Lista I	Productos no alimenticios	Consolidación
Tinas de láminas (de menos de 70 kgs)	Protección	No incluidas	Productos no alimenticios	No incluido
Tinas de más de 70 kgs	Protección	Lista I	Productos no alimenticios	Reducción
Trigo	Protección	Lista I	Agricultura	Reducción

FUENTE: elaboración propia a partir de datos de Concanaco, *Tratado de comercio…*, capítulo IX.

> El convenio que será firmado hoy es favorable para nuestro país porque protege a la industria mexicana en general y en particular a la textil. [...] Lo dificultoso era el concepto de las importaciones, y según se nos dijo ayer, por ejemplo, en el renglón de textiles no ha sido disminuida la barrera aduanal, sino más bien fue reforzada y estabilizada.[25]

En suma, durante las pláticas para negociar el Tratado los grupos de intereses económicos en México participaron de manera activa y lograron incluir algunas de sus demandas en la agenda con Estados Unidos. En este sentido, cabe subrayar cómo, pese a la reciente división entre la Concanaco y la Concamin y a la formación de la Canacintra, fue la primera la que abanderó las peticiones de la industria doméstica.

Ahora bien, para ajustar el Tratado durante su aplicación no se formó ningún cuerpo de consulta permanente. Si uno de los dos gobiernos estaba en desacuerdo con alguna disposición, debía comunicarlo por escrito a su contraparte y darle tiempo para opinar al respecto. Asimismo, el artículo V sancionó la operación de agencias gubernamentales de comercio exterior por parte de ambos países, y el artículo VI contempló la formación de comités de expertos técnicos en caso de haber diferendos sanitarios.[26] No obstante, la participación del sector privado activo en México en el comercio desarrollado como parte del Tratado fue visible, lo mismo que su postura frente al acuerdo, la cual aludió a los beneficios o perjuicios prácticos obtenidos en relación con sus expectativas originales.

En un primer momento, entre 1942 y 1944, prevaleció un clima de opinión favorable, pese a las dificultades reales para comerciar en diversos rubros, con excepción, por ejemplo, de los exportadores de la industria minero metalúrgica, en esencia empresas con capital estadounidense cuyos productos resultaron muy favorecidos por la guerra. Fueron los casos de la Compañía Minera de Peñoles, filial de la American Metals Co., la ASARCO, un par de plantas que se establecieron en el norte de México y en Taxco, Guerrero, para producir zinc, así como otra que se creó en Tlalnepantla para abastecer de estaño a la Unión Americana y refinar minerales como antimonio, bismuto y mercurio.[27]

[25] "Los tratados", primera plana.

[26] SENADO DE LA REPÚBLICA, *Tratados*, pp. 813-814, 816-817.

[27] "La magnífica", p. 4; véase también CONCANACO, *Tratado*, pp. 174, 178 y BERNSTEIN, *The Mexican Mining*, p. 227.

En general, sin embargo, la perspectiva halagüeña de 1942 no tardó en desdibujarse, en primera instancia por lo que toca a las bondades de las exportaciones mexicanas dirigidas a Estados Unidos. Materias primas domésticas se canalizaban al exterior pero eran demandadas por productores mexicanos. En 1944 un artículo refirió que la exportación de bienes como henequén, chicle, café, vainilla y fibras duras había sido benéfica para varias regiones del país; no obstante, enseguida agregaba que había sido necesario salvaguardar el consumo interno de casi todos los productos mencionados —salvo por la vainilla—, además del hule y sus manufacturas y el ganado.[28] De hecho, la Cámara Nacional de Comercio de Mérida reprodujo un memorial de la Concanaco en el que ésta afirmaba:

> [...] Exportaciones desenfrenadas, en buena parte subrepticias han empobrecido nuestras disponibilidades, [...] se ha incurrido a veces en el absurdo de tener que reimportar a precios más elevados que los de exportación, artículos tan necesarios como el azúcar. En cambio, a pesar de un cuantioso excedente de divisas extranjeras que debieran servir para la adquisición de maquinaria y, en general, de bienes de producción, no se previó la elemental necesidad de importar maíz, base de la alimentación de nuestro pueblo y materia prima para la elaboración de productos que a su vez, la industria textil, la minera, la de fabricación de dulces y otras, necesitan insustituiblemente.[29]

Así, la Concanaco pugnaba, en primera instancia, por volver a impulsar la producción agrícola, se entiende que la no exportadora. Este testimonio refleja el descontento de los productores mexicanos que no habían obtenido concesiones del acuerdo, como sucedió con el azúcar y el maíz, no de aquéllos cuyas mercancías sí se contemplaron. De hecho, poco antes del fin de la Segunda Guerra Mundial, la Concanaco reafirmó su optimismo respecto del futuro de las relaciones bilaterales y señaló que, en todo caso, las trabas al comercio que se habían presentado se desprendían de la intervención gubernamental. En enero de 1944 difundía la noticia de que Estados Unidos había suspendido buena parte de los trámites requeridos para exportar productos a México y señalaba que ello había sido bien recibido, en particular por los importadores mexicanos.[30]

[28] "Cómo fueron sorteadas", p. 2.

[29] "Expónese al gobierno", p. 7. Véase también TORRES, *México en la Segunda Guerra Mundial*, p. 176.

[30] "Facilidades de la exportación", p. 4.

En segundo lugar, hubo quejas recurrentes de que Estados Unidos no estaba vendiendo a México los bienes que éste necesitaba para desarrollar su industria, en parte algunos artículos incluidos en el acuerdo. Por ejemplo, un artículo refería: "[México] No ha podido hacerse de máquinas, refacciones ni materias primas, con la oportunidad ni en el volumen requerido, Muchas iniciativas han quedado pendientes de realizarse [...]".[31] En agosto de 1945 Altos Hornos, una empresa privada pero con financiamiento del Estado, señalaba su dificultad para producir hojalata para fabricar botes y latas para productos alimenticios debido a la imposibilidad de obtener estaño refinado en México y a las trabas estadounidenses para la exportación de dicho metal fuera de su territorio.[32]

Fueron estos intereses industriales, centrados en la importación de insumos, los que presionaron para que en 1943 se crearan dos Comisiones Mexicanas-Americanas de Cooperación Económica, mejor conocidas como Comisión Mixta —ambas independientes del Tratado—, para incrementar el abasto estadounidense a favor de la industria mexicana: una que presentó un informe general en julio de 1943 y otra que arrancó un poco después y que se abocó al planteamiento de proyectos específicos.[33] Aun cuando no he hallado datos concretos sobre la participación del sector privado en esta Comisión, la capacidad de negociación que podía llegar a tener dicho sector queda ilustrada con el caso de la cerveza: en 1943, la tentativa estadounidense para limitar la exportación de lúpulo —artículo incluido en la Lista I del acuerdo— a nuestro país se cuestionó, al parecer exitosamente, a través del Comité Coordinador de Importaciones, que dio voz a las fábricas cerveceras y a las empresas mexicanas que indirectamente dependían de este giro.[34]

En síntesis, en esta fase las inquietudes de las organizaciones presentes en México y afectadas por el Tratado giraron en torno a las limitaciones

[31] "El Aspecto económico", p. 3.

[32] AHSRE, III-737-5, México, 21 de agosto de 1945, 2 p., Carta de Manuel J. Zevada, subsecretario de la Economía Nacional, a Manuel Tello, subsecretario de Relaciones Exteriores.

[33] TORRES, *México en la Segunda Guerra Mundial*, p. 181.

[34] AHSRE III-695-2, México, 4 de noviembre de 1943, 4 p., Carta de Francisco Javier Gaxiola, secretario de la Economía Nacional, al Lic. Primo Villa Michel, presidente del Comité Coordinador de las Importaciones y Rafael de la Colina, encargado de negocios, al titular de la Secretaría de Relaciones Exteriores, Washington, D.C., 24 de abril de 1944.

impuestas por la guerra, no a los términos del acuerdo. Con el fin del conflicto europeo, el panorama empezaría a cambiar.

Del final de la segunda Guerra Mundial a la denuncia del Tratado

La Conferencia de Chapultepec de febrero y marzo de 1945 representó el primer foro en el que la Canacintra —a través de José Cruz y Celis, asesor técnico de la delegación mexicana—, manifestó abiertamente su recelo frente a los intereses económicos de Estados Unidos en México. Denominó Plan Clayton a la conspiración orquestada por los negocios estadounidenses para deshacerse de la industria mexicana y quedarse, por lo tanto, con el mercado mexicano. Esta idea se difundió ampliamente en la prensa mexicana durante 1946 y 1947,[35] pues en la posguerra, comenzaron a oírse en México más críticas contra el Tratado. En algunos círculos se habló del próximo fin del Convenio —la duración original del acuerdo era de tres años— y, a propósito de ello, se hizo un balance de éste en función de los requerimientos de la industria mexicana. En una revista de la sección de Manufacturas de Artículos de Hierro que formaba parte de la Canacintra, se señaló:

> [...] los productos de materia prima tienen una protección arancelaria muy superior a la que tienen los industriales de transformación y llega a darse el caso de que el acero tenga que adquirirse a un precio doscientas veces más alto que el mismo acero transformado, que ya empieza a llegar en artículos de importación. Se da el caso de que la lámina, que paga como tal diez centavos por kilo, por derecho de importación pague menos de un centavo, formando parte de un artículo comercial cualquiera. Esto pone en desventaja a nuestra industria de transformación, con respecto a la industria yanqui, pues ésta tiene materia prima más barata, de mejor calidad [...].[36]

[35] FRB, Caja 2. Conferencias..., exp. 277, Conferencia Interamericana sobre Problemas de la Guerra y la Paz, febrero 21 a marzo 8, 1945. Informe sobre los resultados de la Conferencia presentado al Consejo Directivo de la Unión Panamericana, Washington, Unión Panamericana, 1945, p. 88 y MOSK, *Industrial Revolution* pp. 34, 76.

[36] SECCIÓN DE MANUFACTURAS, "El tratado comercial", sección editorial.

Las opiniones discordantes llegaron a su cúspide en 1947, cuando, tras varios esfuerzos infructuosos por elevar la protección comercial, el gobierno mexicano introdujo el sistema de impuestos *ad valorem* y las licencias de importación, y limitó la compra de algunos artículos estadounidenses incluidos en el Tratado. En enero de ese año el Consejo Superior Ejecutivo de Comercio Exterior formó una Comisión Intersecretarial de estudio de las situaciones derivadas del Convenio Comercial entre México y Estados Unidos, con miras a la renegociación del Tratado. Como presidente de la Comisión quedó el doctor Héctor Calzado Buentello, un ingeniero químico con estudios en el extranjero que fue designado por el secretario de la Economía Nacional.[37] Aunque la documentación de la Comisión Intersecretarial es relativamente escasa, quedan registros de varias organizaciones que se acercaron a ella para plantear su problemática en torno al acuerdo (véase cuadro 2).

Salvo por el caso del Gral. Agustín Olaechea, gobernador del Territorio Sur de Baja California, y el de Industrias Bananan S. A., una empresa particular, los que entraron en contacto con la Comisión fueron organizaciones de mayor envergadura, ya sea regionales, y por lo menos en ocho casos, de carácter nacional. Estas organizaciones representaban giros diversos: 4 pertenecían a la industria minero-metalúrgica, 2 al sector agropecuario, 5 a productos no alimenticios y 2 a productos alimenticios y no alimenticios. De esta suerte, se trató de grupos económicos con intereses diversos cuyo común denominador para presentar solicitudes ante la Comisión Intersecretarial fue la búsqueda de protección para su actividad.

Puesto que dichas organizaciones se ubicaban en diferentes ámbitos de la producción nacional, la protección que persiguieron correspondió a planos también distintos, que podemos dividir en dos grupos: el más numeroso, de quienes reclamaron mayores prebendas en el marco del convenio en vigor (productores de sombreros de palma y piña, textileros y huleros); y uno pequeño, que aprovechó la coyuntura para buscar la inclusión de sus mercancías —a la sazón fuera del Tratado vigente— en la renegociación del acuerdo (explotación de magnesita y harina de plátano).

Entre los intereses relacionados con la comercialización de mercancías representadas en las fracciones arancelarias del Tratado, las discusiones se

[37] AHSRE, III-5109-02, 25 de enero de 1947, Correspondencia de Jaime Torres Bodet, secretario de Relaciones Exteriores, a Francisco Javier Gaxiola, Secretario de la Economía Nacional.

CUADRO 2. Organizaciones y agentes que presentaron solicitudes ante la Comisión Intersecretarial (1947)

Nombre	*Giro*	*Artículo*
Asociación Mexicana de Minería	Industria minero-metalúrgica	Nd
Asociación Nacional de Empresarios de la Industria Textil	Productos no alimenticios	Nd
Cámara Minera de México	Industria minero-metalúrgica	Nd
Cámara Nacional de Comercio de Coatzacoalcos	Nd	Nd
Cámara Nacional de Comercio de Tehuacán	Productos no alimenticios	Sombreros de palma
Cámara Nacional de la Industria del Vestido	Productos no alimenticios	Tejidos
Cámara Nacional de la Industria Hulera	Productos no alimenticios	Hule
Canacintra	Productos alimenticios y no alimenticios	Nd
Cámara Textil de México	Productos no alimenticios	Cuerda
Comisión de Fomento Minero	Industria minero-metalúrgica	Magnesita
Confederación Nacional Ganadera	Ganadería	Nd
Gral. Agustín Olaechea Avilés	Industria minero-metalúrgica	Magnesita
Industrias Bananan S. A.	Productos alimenticios	Harina de plátano
Sociedad Nacional de Productores de Alcohol	Productos alimenticios y no alimenticios	Nd
Unión Regional de Asociaciones de Cosecheros de Piña de Loma Bonita, Oaxaca	Agricultura	Piña enhuacalada

FUENTE: AHSRE, III-5109-2, 1947, Correspondencia de la Comisión Intersecretarial.

centraron en la revisión de la Lista I. Los reclamos más visibles fueron externados por la Canacintra, que nombró a un representante para integrarse a la Comisión, primero al ingeniero Agustín Fouqué, y enseguida, en sustitución de éste, al Ing. José R. Colín, expresidente de la organización. Además, a los pocos días manifestó su interés por que Fouqué se integrara a la delegación mexicana que negociaría en Washington la modificación del Tratado de 1942. Aunque la Comisión respondió que no podía asistir como asesor oficial, por ser una negociación gubernamental, sugirió: "[...] dicho señor bien puede, como representante de esa Cámara, en lo particular, ir a Washington al mismo tiempo que la Delegación oficial y ésta seguramente lo pondrá al tanto de la marcha de sus negociaciones y aún podrá consultarle, en caso necesario [...]."[38] La posición de la Canacintra fue tajante, pues señaló que, "objetivamente", "[...] el Tratado de Comercio con los Estados Unidos, tal como estaba pactado era un obstáculo insuperable para lograr la industrialización de México". En consecuencia, solicitó la exclusión de 133 fracciones de las 203 contenidas en la Lista I del convenio (cuadro 3) "[...] ya sea por existir factorías arraigadas que manufacturan dichos artículos desde antes de la firma del Tratado vigente, o bien porque éstas se crearon y consolidaron durante la pasada contienda".[39]

Otras organizaciones más específicas se expresaron en forma crítica, pero en un tenor más moderado, como sucedió con los huleros y los textileros. La Cámara Nacional de la Industria Hulera quería que se incrementaran los aranceles de su ramo correspondientes a fracciones de la Lista I del Tratado,[40] petición que había formulado desde diciembre de 1945 a la Comisión de Aranceles, pero que turnó a la Comisión Intersecretarial a principios de 1947. La Comisión invitó a un representante de la Cámara para participar en sus reuniones, lo cual sugiere que la cuestión resultaba de interés, dado que no siempre se extendió una invitación de esta natura-

[38] AHSRE, III, 5109-02, México, 30 de enero de 1947, Armando C. Amador al Gral. Joaquín de la Peña y AHSRE, III-5109-02, México, 25 de enero de 1947, Jaime Torres Bodet, secretario de Relaciones Exteriores, al Gral. Joaquín de la Peña, presidente de la Canacintra.

[39] SECCIÓN DE MANUFACTURAS, "El tratado de comercio", p. 9.

[40] En la Lista I había 9 fracciones de artículos hechos de hule, varios de ellos para la industria automotriz; cuatro de las fracciones recibieron reducciones arancelarias, en las demás se consolidó el arancel vigente antes de la negociación del acuerdo, CONCANACO, *Tratado.*

CUADRO 3. Bienes que la Canacintra solicitó excluir del Tratado en 1947

Tipo de artículo	*Número de fracciones*
Agricultura	9
Industria minero-metalúrgica	1
Productos alimenticios	28
Productos no alimenticios	89
Silvicultura	6
Total	133

FUENTE: elaboración propia a partir de Canacintra, El tratado comercial…, pp. 35-47.

leza. Por lo que toca a los textileros, había 15 fracciones de la Lista I relativas a su ramo, entre telas, prendas de ropa y alfombras; fuera de estas últimas y de los calcetines, ninguno de dichos bienes había obtenido rebajas arancelarias en el convenio, sólo la consolidación de los impuestos preexistentes.[41] A instancias de la Asociación Nacional de Empresarios de la Industria Textil, la Comisión invitó a un representante de la Cámara Nacional de la Industria del Vestido para "cambiar impresiones sobre la conveniencia de modificar las cuotas que señala la Lista I anexa a dicho Convenio, y para la importación de varias clases de tejidos".[42]

No obstante la preponderancia de los importadores, es factible identificar algunos intereses de exportadores de artículos incluidos en el Tratado. La Cámara Textil de México pugnó por que la cuerda (*baler twine*) tuviera el mismo arancel que el hilo de engavillar (*binder twine*) para ingresar a Estados Unidos, pues el segundo entraba libre de derechos. La Comisión se comprometió a gestionar el caso a través de la embajada en Washington: "[…] a reserva de que en su oportunidad se pida la aclaración pertinente a las autoridades competentes norteamericanas para ser incluida en la Lista II anexa al Convenio de Comercio entre México y Estados Unidos".[43] Por

[41] CONCANACO, *Tratado.*

[42] AHSRE, III-5109-02, México, 24 de febrero de 1947, Armando C. Amador a la Cámara Nacional de la Industria del Vestido y AHSRE, III-5109-02, México, 14 de febrero de 1947, Armando C. Amador a Luis Forcén, presidente de la Asociación Nacional de Empresarios de la Industria Textil.

[43] CONCANACO, *Tratado* y AHSRE, III-5109-02, México, 3 de marzo de 1947, Armando C. Amador al presidente de la Cámara Textil de México.

su parte, la Cámara Nacional de Comercio de Tehuacán aprovechó la coyuntura para cuestionar tanto el aforo mexicano de exportación como la tarifa estadounidense para la entrada de sombreros de palma;[44] sin embargo, la primera petición se turnó a la Secretaría de Hacienda y Crédito Público, ya que a la Comisión no administraba el aforo, y, por lo que toca al segundo asunto, la Comisión consideró "[...] que el asunto no es propiamente de su competencia, pues la tarifa de importación en Estados Unidos es satisfactoria".[45]

La disminución de impuestos también interesó a los agricultores de piña. La Unión Regional de Asociaciones de Cosecheros de Piña de Loma Bonita, Oaxaca, solicitó a la Comisión Intersecretarial negociar la disminución de los aranceles de la piña enhuacalada que se incluía en la Lista II del convenio. En este caso, la Comisión sí respaldó la demanda y "[...], acordó favorablemente la solicitud de esa Unión, y, en consecuencia, en su informe final abogará porque se reduzcan todo lo posible los derechos de importación con Estados Unidos en la Lista II anexa al mencionado Convenio, en lo referente a piña enhuacalada".[46]

Los únicos registros de grupos que se acercaron a la Comisión Intersecretarial con la idea de lograr la inclusión de un producto no contemplado en el Tratado vigente, fueron los interesados en la magnesita y la harina de plátano. El caso de la magnesita fue defendido por la Comisión de Fomento Minero y, presuntamente, por el gobernador de Baja California Sur. Pese a que ninguna fracción arancelaria de las contenidas en el acuerdo se refiere a la magnesita, el interés de la Comisión Intersecretarial en relación con el asunto sugiere, quizá, que se consideraba viable negociar su incorporación. La Comisión Intersecretarial respondió a la Comisión de Fomento Minero que su solicitud de protección a la explotación de magnesita estaba siendo considerada, por lo que le pidió diversos datos sobre su produc-

[44] Aunque en el Tratado no se mencionan los sombreros de palma como tales, hay una fracción en la Lista II de sombreros "segadores" cuyo arancel simplemente se consolidó a través del acuerdo, CONCANACO, *Tratado.*

[45] AHSRE, III-5109-02, México, 25 de febrero de 1947, Armando C. Amador, secretario de la Comisión Intersecretarial, a Carlos Estif, presidente de la Cámara Nacional de Comercio de Tehuacán, y Jaime Torres Bodet, secretario de Relaciones Exteriores, al Secretario de Hacienda.

[46] AHSRE, III-5109-02, Loma Bonita, Oaxaca-México, 3 de marzo de 1947, Armando C. Amador a José Illana, gerente de la Unión Regional de Asociaciones de Cosecheros de Piña.

ción.[47] De manera similar, Industrias Bananan solicitó protección para la exportación de sus productos, en especial la harina de plátano y sus derivados. Sin embargo, en este caso la Comisión Intersecretarial replicó: "[...] la exención que concede el Decreto de fecha 30 de diciembre de 1946 'publicado en el Diario Oficial el 31 del mismo mes' en materia de derechos de exportación, satisface la solicitud de ustedes en este renglón".[48]

Las desavenencias entre México y Estados Unidos fueron en aumento: en abril de 1948 se retomaron las negociaciones para modificar el Tratado; en enero de 1950 quedó listo el primer memorándum para terminar el acuerdo ante la imposibilidad de renegociarlo, y en junio, por iniciativa de Estados Unidos, el tratado fue denunciado, cesando su operación en diciembre de ese mismo año.[49] La delegación negociadora por parte de México estuvo formada por: Antonio Ruiz Galindo, empresario veracruzano y secretario de Economía, más otros dos representantes de la misma secretaría; Armando C. Amador, enviado extraordinario y ministro plenipotenciario del Servicio Exterior Mexicano; un vocal ejecutivo de la Comisión Federal de Electricidad; un consultor jurídico de la Secretaría de Hacienda; un asesor técnico de la Secretaría de Agricultura; y el Ing. Carlos Arroyo, presidente de la Comisión de Aranceles.[50] De manera paralela a las negociaciones gubernamentales, las declaraciones del sector privado continuaron, aunque, salvo por la combatividad de ciertos industriales con fuerte presencia en el gabinete,[51] fueron expresiones más bien esporádicas.

En esta segunda etapa de operación del Tratado, llama la atención la ausencia de más reacciones concretas, en especial de los exportadores mexicanos. En parte, esto pudo deberse al acercamiento de la Canacintra a ciertos agricultores mexicanos. No es aventurado afirmar que la organiza-

[47] AHSRE, III-5109-02, México, 20 de febrero de 1947, Armando C. Amador al Ing. Manuel Villafaña, gerente de la Comisión de Fomento Minero.

[48] AHSRE, III-5109-02, 21 de febrero de 1947, Armando C. Amador a Industrias Bananan.

[49] CHACÓN, *La relación*, pp. 200, 206.

[50] AHSRE, III-5109-02, [México], 27 de abril de 1948, p. 3, nota de Manuel Tello a la embajada de Estados Unidos en México.

[51] Una nota de *El Continental*, diario de El Paso, Texas, sugería que el secretario de Economía, Antonio Ruiz Galindo, "[...] connotado industrial mexicano y jefe de los que por México están discutiendo el contrato, haya estado fijándose con excesiva insistencia en la protección de las industrias mexicanas.", recorte localizado en AHSRE, III-5109-2, 21 de octubre de 1948.

ción pudo haber fungido como portavoz de exportadores que no habían visto satisfechas sus expectativas en el convenio. De hecho, una de las banderas de la Canacintra fue su oposición al impuesto del aforo,[52] que no afectaba a los grupos industriales enfocados al mercado interno pero, como constamos antes, sí resultó una petición importante para la Cámara Nacional de Comercio de Tehuacán.

Otra razón interna que explica este silencio es la evolución de los precios en México y Estados Unidos y la devaluación del peso en 1948. Mientras que en 1942 el índice de precios al mayoreo en el primer país fue inferior al del segundo, para 1948 la situación se invirtió. El déficit en la balanza de pagos mexicana y la imposibilidad de sostener el valor del peso por más tiempo, condujeron a la flotación y devaluación del peso. La devaluación benefició a los exportadores de México, independientemente de lo que sucediera con el acuerdo. Al mismo tiempo, implicó un revés para los industriales dependientes de las importaciones y, puede colegirse, un acicate para buscar la modificación del Tratado.[53] Tal vez ello explique la ausencia de posturas discordantes frente a la Canacintra entre los industriales no allegados a dicha organización, por ejemplo, del calzado, el jabón y el papel,[54] aun cuando la petición de los textileros para favorecer la exportación de cuerda reafirma que no toda la industria sostuvo una postura negativa frente al acuerdo.

Finalmente, un tercer elemento a considerar es el contexto económico de la posguerra. El diseño del nuevo orden internacional de Bretton Woods hizo prescindible el Tratado, al menos para la mayoría de los exportadores mexicanos. De los bienes de exportación incluidos en las Listas II y III del acuerdo, sólo el 43% resintió la elevación de impuestos tras el fin del convenio (*v. gr.* el plomo). El 57% restante conservó su estatus arancelario gracias a las concesiones estadounidenses extendidas a México a través del GATT o de pactos bilaterales con otras naciones, o bien merced a la Ley Arancelaria estadounidense de 1930 (*v.gr.* el zinc y los cordeles de henequén).[55] De hecho, en el caso del zinc se observa con claridad la inte-

[52] MOSK, *Industrial Revolution*, pp. 22, 41-42.

[53] CÁRDENAS, *La hacienda*, cuadro A.20. Con respecto a los perjuicios de la devaluación para los industriales, véase FOUQUÉ, *El Tratado*, cap. IV.

[54] MOSK, *Industrial Revolution*, p. 23.

[55] Bancomext, *Comercio…* 1949, pp. 448-453.

rrelación entre el devenir de importaciones y exportaciones —para el procesamiento del metal en México se requería la compra de gas natural estadounidense— y cómo el carácter estratégico de ciertos productos garantizó su intercambio no obstante la denuncia del Tratado.[56] Asimismo, la reconstrucción europea reabrió mercados alternativos. Por ejemplo, la exportación de carne refrigerada comenzó a dirigirse a Grecia y Alemania Occidental, como parte del Plan Marshall.[57] No es casualidad que desde 1948 la Concanaco centrase su atención en el comercio internacional de México, específicamente en la venta de materias primas y que en la siguiente década formara comités binacionales de hombres de negocios de Estados Unidos, Canadá y Guatemala.[58]

REFLEXIONES FINALES

La participación de las organizaciones económicas del sector privado en México en la negociación y operación del Tratado comercial bilateral de 1942 entre nuestro país y Estados Unidos, es difícil de rastrear. A pesar de la gran cantidad de documentación disponible sobre el acuerdo, dichas voces son escasas. El presente análisis contribuye a identificar a algunos de estos grupos y muestra su heterogeneidad, tanto en términos de los giros involucrados en el comercio bilateral como en cuanto a la postura de dichas organizaciones respecto del Tratado. En el ámbito de la exportación, destaca la diferenciación entre exportadores privados mexicanos y extranjeros, con dos subgrupos de exportadores mexicanos: los agroexportadores y los exportadores industriales. En el de importación, la de los industriales con necesidades importantes de insumos, como el caso de Altos Hornos, y el de industriales centrados en monopolizar el mercado mexicano, agrupados en la

[56] Había pedidos dirigidos a dos subsidiarias de la American Smelting and Refining Co. con sendas plantas de zinc en Nueva Rosita, Coahuila en donde empleaban el gas en lugar de carbón o coque, AHSRE, legajo 1437.2, Federal Power Commision, "Notice of Application", s.l., 31 de marzo de 1950 y León M. Fuquay, por la Federal Power Commission, "Order Granting Modification of Order…", s.l., 12 de julio de 1950, 3p.; Rafael de la Colina, embajador mexicano en Estados Unidos, al subsecretario de Relaciones Exteriores, Washington D.C.-México, 24 de julio de 1950.

[57] El henequén también diversificó su mercado, Bancomext, Comercio…1950, pp.139, 182.

[58] ALCÁZAR, *Las agrupaciones*, p.43.

Canacintra, en particular. Todas estas organizaciones influyeron tanto en el diseño como en la operación y en la ulterior denuncia del Tratado.

Entre 1942 y 1950 hubo dos momentos particularmente álgidos por lo que toca a las manifestaciones de estas organizaciones en torno al acuerdo: 1942, cuando iniciaron las negociaciones formales bilaterales y prevaleció un consenso favorable respecto del Tratado, atribuyéndose sus defectos a la guerra, y 1947-1948, cuando la confluencia de varias circunstancias internas y externas (el cambio de sistema arancelario mexicano, la devaluación del peso, la formación del GATT) coadyuvaron a que los distintos grupos arriba referidos se manifestaran en contra del Tratado, o bien se mantuvieran al margen de su posible renegociación. Empero, en ambas coyunturas hubo intereses diferenciados.

El telón de fondo de la operación del Tratado fue el paulatino desplazamiento de los intereses de los exportadores y la entrada en escena de los intereses industriales. Empero, esto nos refiere más a la transformación de los grupos de exportación presentes en México que a la sola presencia de industriales proteccionistas que no se involucraban en el comercio exterior del país. Así, por ejemplo, en el rubro textil, industria mexicana con viejas raíces, hubo organismos que se centraron en las demandas de protección para la importación, a la par que algunos que abogaron por la protección de las exportaciones de dicha industria. Hay evidencias para sostener que, más allá de las combativas declaraciones de la Canacintra, hubo grupos de exportadores e importadores que deseaban ampliar los beneficios derivados del Tratado, e incluso algunos que solicitaron la inclusión de productos que hasta enero de 1947 estaban fuera de las listas del convenio.

En suma, es necesario pensar el Tratado de 1942 no como un convenio entre dos entidades perfectamente homogéneas en su interior —México y Estados Unidos—, sino como un acuerdo que involucró a grupos diversos dentro de cada país. Desde una perspectiva más amplia, este caso ilustra la importancia de estudiar los procesos del pasado económico no sólo a partir de las cifras duras y la macroeconomía, sino de los sujetos cuyas acciones en planos multidimensionales explican el curso de la economía. Esta actitud intelectual es, sin lugar a dudas, una de las constantes en la trayectoria de Marcello Carmagnani y, en mi opinión, una de las enseñanzas más valiosas que me ha dejado.

Siglas

AHSRE	Archivo Histórico de la Secretaría de Relaciones Exteriores
Bancomext	Banco Nacional de Comercio Exterior
Canacintra	Cámara Nacional de la Industria de la Transformación
Concamin	Confederación de Cámaras de la Industria
Concanaco	Confederación de Cámaras Nacionales de Comercio
FRB	Fondo Ramón Beteta del Archivo de El Colegio de México

Bibliografía

ALCÁZAR, Marco Antonio
1977 *Las agrupaciones patronales en México*, México, El Colegio de México, (or. 1970).

AVELLA ALAMINOS, Isabel
2010 *De oportunidades y retos. Los engranajes del comercio exterior de México, 1920-1947,* México, El Colegio de México.

Bancomext
1951 *Comercio exterior de México 1949*, México.
1951 *Comercio exterior de México 1950*, México.

BERNSTEIN, Marvin D.
1964 *The Mexican Mining Industry 1890-1950. A study of the interactions of politics, economics, and technology,* Nueva York, State University of New York.

CÁMARA NACIONAL DE COMERCIO EN PEQUEÑO DE MÉRIDA
1943 "El elogio de los autores mexicanos del tratado de comercio", *Revista de Industria y Comercio: Boletín mensual. Cámara Nacional de Comercio en Pequeño de Mérida*, Mérida, Cámara Nacional de Comercio en Pequeño de Mérida.

CANACINTRA
1947 *El Tratado comercial con los Estados Unidos. Opiniones de la Cámara Nacional de la Industria de la Transformación*, México, Imprenta Monterrubio.

CÁRDENAS, Enrique

1994 *La hacienda pública y la política económica 1929-1958*, México, El Colegio de México/ Fideicomiso Historia de las Américas/Fondo de Cultura Económica.

CARMAGNANI, Marcello

2011 "La agricultura familiar en América Latina", *Economía y Política. México y América Latina en la contemporaneidad. Antología de textos de Marcello Carmagnani*, México, El Colegio de México, pp. 235-281.

CARTA SEMANAL

1944 "Facilidades de la exportación americana a México", vol. VII, núm. 351, 8 de enero, p. 4.

CASTAÑEDA, Gonzalo

2010 "Evolución de los grupos económicos durante el periodo 1940-2008", en Sandra KUNTZ FICKER (coord.), *Historia económica general de México. De la Colonia a nuestros días,* México, El Colegio de México-Secretaría de Economía, pp. 603-633.

CHACÓN, Susana

2008 *La relación entre México y los Estados Unidos (1940-1955). Entre el conflicto y la cooperación,* México, FCE/ITESM.

CONCANACO

1942-1945 "Carta Semanal. Órgano oficial de la Confederación de Cámaras Nacionales de Comercio", México, Concanaco.

1943 "En elogio de los autores mexicanos del tratado de comercio", *Carta Semanal,* vol. VI, núm. 302, 18 de enero, p. 9.

Diccionario Porrúa

1995 *Historia, biografía y geografía de México,* 4 vols. México, Porrúa

EL NACIONAL

1942 "La magnífica perspectiva del estaño", *El Nacional,* [31] de marzo, primera sección, p. 4.

1944 "Cómo fueron sorteadas las complicaciones económicas originadas en la etapa crítica", *El Nacional,* 2 de septiembre, segunda sección, p. 2.

EL UNIVERSAL

1942 "Los tratados con los EE.UU.", *El Universal,* 23 de diciembre, primera plana.

1942 "Los arreglos concertados entre los Estados Unidos y México", *El Universal,* 9 de abril, p. 4.

1944 "El Aspecto económico del Informe", en *El Universal,* 4 de septiembre, primera sección, p. 3.

FOUQUÉ, Agustín,

1949 *El Tratado de Comercio México-Americano (guión para una revisión equitativa),* México, Edición y Distribución Ibero Americana de Publicaciones.

KUNTZ FICKER, Sandra (coord.)

2010 *Historia económica general de México. De la Colonia a nuestros días,* México, El Colegio de México/Secretaría de Economía.

LA PRENSA

1942 México y Estados Unidos firman trascendental convenio comercial", en *La Prensa* ([24] de diciembre) [s.p.].

LANDER, William H.

1942 "El Lic. Beteta fue nombrado ministro plenipotenciario", *El Nacional* [5] de abril, pp. 1 y 3.

MATUTE, Álvaro

2005 *Historia de la Revolución Mexicana, 1917-1924. Las dificultades del nuevo Estado*, México, El Colegio de México (or. 1995).

MOSK, Sanford,

1950 *Industrial Revolution in Mexico*, Berkeley/Los Ángeles, University of California Press/Cambridge University Press.

NORTH, Douglass C.

1994 "El desempeño económico a lo largo del tiempo", en *El Trimestre Económico,* LVI:244 (octubre-diciembre), pp. 567-583.

1993 *Instituciones, cambio institucional y desempeño económico*, México, Fondo de Cultura Económica (or. 1990).

PALOMAR DE MIGUEL, Juan

1991 *Diccionario de México*, México, Panorama.

SECCIÓN DE MANUFACTURAS DE ARTÍCULOS DE HIERRO DE LA CANACINTRA

1946 "El tratado comercial", en *Manufacturas de hierro: revista mensual. Ór-*

gano de la Sección de Manufacturas de Artículos de Hierro de la Cámara Nacional de la Industria de Transformación, núm. 2, agosto, sección editorial.

1947 "El tratado de comercio con los Estados Unidos", en *Manufacturas de hierro: revista mensual. Órgano de la Sección de Manufacturas de Artículos de Hierro de la Cámara Nacional de la Industria de Transformación*, núm. 9, junio, p. 9.

REVISTA DE INDUSTRIA Y COMERCIO

1943 "Expónese al gobierno de la República los problemas económicos", boletín mensual, núm. 65, diciembre, p. 7.

SENADO DE LA REPÚBLICA

1974 *Tratados ratificados y convenios ejecutivos celebrados por México. Tomo VIII (1938-1942), Tomo IX (1943-1946), Tomo X (1947-1948, primera parte),* México, Talleres Gráficos de la Nación.

SHAFER, Roberto Jones

1973 *Mexican Business Organizations. History and Analysis*, Syracuse University Press.

TORRES, Blanca

2005 *México en la Segunda Guerra Mundial. Historia de la Revolución mexicana, 1940-1952*, México, El Colegio de México (or. 1979).

2006 *Hacia la utopía industrial. Historia de la Revolución Mexicana, 1940-1952*, México, El Colegio de México (or. 1979).

VIRTUD, FELICIDAD Y VALOR Y EL NACIMIENTO DE LA ECONOMÍA CLÁSICA

*Marcello Carmagnani**

Ha sido muy interesante escuchar las presentaciones que han hecho de sus nuevos intereses historiográficos y las interpretaciones que han dado de mi labor como historiador. Debo confesar que lo que mayormente me ha llamado la atención es la originalidad de sus propuestas historiográficas, como les he comentado al terminar las presentaciones. El coloquio me ha hecho pensar que todos nosotros formamos parte de un mismo círculo que nos ha permitido —y continúa haciéndolo— enriquecernos culturalmente y emocionalmente y en esta forma expandir nuestra personalidad. A fin de cuentas, formamos parte de un círculo cultural en el cual, como sostuvo Simmel, los unos se encuentran con los otros, los unos van a afectar a los otros y los unos cooperan con los otros. Retomando esta idea, les confieso que en el curso de los seminarios y de la elaboración de sus tesis todos ustedes me han enriquecido con sus preguntas, me han obligado a reflexionar sobre nuevos temas y han ensanchado mi conocimiento de la historia.

Aprecio muchísimo también que todos nosotros seguimos conservando la idea de que la historia debe ser una constante reflexión de que nuestro pasado se proyecta sobre el presente y termina, por lo tanto, formando parte de nuestra personalidad. Terminamos así por sentirnos combatientes de una historia, por un tipo de historia que es la contraria a la celebrativa, a la cual nos hemos opuesto siempre porque es mitológica y susceptible de ser utilizada ideológicamente para crear falsos en las conciencias colectivas. De allí la necesidad de luchar por regresar a lo que ha sido siempre la función principal de la historia, formar una pública opinión con posiciones críticas que superando los lugares comunes y los mitos la haga responsable.

* El Colegio de México

Por lo tanto, en este momento, me siento en la obligación, dado que ustedes me han hecho un enorme regalo, de entregarles otro por un sentido de reciprocidad. Y lo que quisiera ofrecerles sintéticamente son algunas consideraciones que nunca han escuchado en los seminarios pues son los resultados de mis recientes reflexiones y estudios.

Quiero hablarles de la relación que se establece entre la realidad y la cultura y específicamente entre la economía y la cultura que requiere el conocimiento de la realidad. Dicho con otras palabras, mi argumento es la interrelación que se establece entre los procesos económicos y la vida intelectual. Este argumento está presente en mi libro más reciente, *Economía política y moral pública. Pietro Verri y la cultura económica europea,* que me hizo reflexionar sobre lo que tienen en común los fundadores de la economía clásica, Turgot, Pietro Verri y Adam Smith.

Todos estos economistas poseían el mismo método analítico, el inductivo-deductivo o experimental; todos ellos se ocupan sustancialmente de los problemas macroeconómicos y orientan, piensan y organizan su pensamiento alrededor de los problemas del crecimiento económico y de la acumulación del capital; consideran el comercio internacional y la monetarización como fuerzas dinámicas de la economía y establecen una nueva relación entre la producción y el consumo. Ilustré estos tres economistas por vez primera en mi penúltimo libro intitulado *Las Islas del lujo. Productos exóticos, nuevos consumos y cultura económica europea*, en el cual insisto no sólo sobre la participación de América y Asia en el nacimiento del consumo europeo sino también en el nacimiento de una nueva cultura económica, la economía clásica.

Turgot, Smith y Verri, a diferencia de los economistas de hoy, no elaboran la teoría económica a partir de las teorías, sino que dan la debida importancia a la relación entre la economía y la filosofía y las doctrinas políticas. Es por este motivo que les propongo regresar a las fuentes originarias del pensamiento económico para descubrir un nuevo horizonte en nuestras prácticas históricas.

Los intelectuales que dan vida a la economía clásica encuentran su punto de partida en la realidad económica pero para comprenderla necesitan reelaborar los conceptos existentes de la filosofía moral, que también es llamada ética, a la luz de una visión utilitaria. La novedad absoluta es que ellos elaboran una nueva visión moral, política y utilitaria de la vida económica. Para valorizar la idea del orden natural que la historia fundamenta, consideran que la armonía presente en el orden natural no tiene sólo valores de naturaleza moral y política sino también de utilidad de la vida económica.

La participación de la economía en la armonía del orden natural se confirma gracias a la importancia que conceden a la dimensión institucional que da certeza a las acciones no sólo a las económicas sino a todas las acciones humanas. Esta integración de las acciones humanas permite a la economía clásica conceder a la libertad a nivel individual y colectivo la primacía que desde entonces se le concede.

La concepción de la libertad presente en la economía clásica no es la libertad de los liberistas del siglo XIX que defendieron a capa y espada exclusivamente la libertad económica ni tampoco la libertad neoliberal que favorece a los oligopolios, sino que conjuga las acciones individuales con las necesidades de la sociedad regulada por las instituciones.

De la relectura que he hecho de los clásicos puedo decir, simplificando al máximo, que ellos descubrieron que los principios morales y políticos poseían también una dimensión económica. Como acontece en cualquier dimensión cultural y conceptual, lo que los economistas clásicos hacen es desplazar los conceptos de la virtud, la felicidad y el valor desde la esfera moral y política a la esfera económica. El resultado es una gran revolución cultural pues no se trata de una simple adecuación de conceptos no económicos a la economía, sin negar su preexistente contenido valorativo, sino una renovación completa de su significado.

Esta renovación conceptual, según mi reconstrucción, encuentra su origen en el concepto de virtud que en el pensamiento clásico y hasta el siglo XVIII, era de naturaleza privada y cuyo ejercicio se veía especialmente a nivel político. La reinterpretación consiste en establecer que la virtud es capaz a nivel económico de crear y reproducir la riqueza. Su novedad absoluta consiste en que la creación de la riqueza no está exclusivamente al servicio del individuo para incrementar su riqueza privada, sino también para la riqueza de la colectividad que es definida como riqueza pública. Con esta añadidura la riqueza no es sólo lo que se añade a la fortuna individual sino aquella que genera efectos inducidos capaz de expandirse a toda la colectividad. La virtud económica es entonces generar riqueza para el individuo y para la sociedad. Las acciones virtuosas a nivel económico son por lo tanto aquellas que se logran a condición de que los hombres posean un discreto grado de educación y hagan uso de la razón que es el instrumento que permite identificar los objetivos que concilien el interés privado con los intereses de la sociedad.

El efecto del desplazamiento de la idea de la virtud es especificar que las acciones económicas deben ser útiles, lo cual significa que se deben controlar los deseos excesivos y potenciar el servicio público. La nueva idea de virtud se asocia enseguida a un replanteamiento de la idea de felicidad que en la tradición clásica, de la cual nace, tenía una dimensión esencialmente religiosa y abstracta. Asociada a la idea de utilidad se logra sostener que si la acción individual virtuosa tiene efectos positivos en la medida que redunda en la felicidad pública y privada. La idea de la felicidad, que utilizaran muchos autores del siglo XVIII y que trascenderá al siglo XIX, es que la máxima felicidad pública es la que se distribuye sobre el mayor número de personas.

Tengan presente que la introducción del concepto de felicidad en el discurso económico da origen al que hoy día conocemos como principio de la equidad que es el que difunde el bienestar entre las naciones. De allí que felicidad pública sea sinónimo del bienestar y equidad a la cual nosotros hacemos siempre referencia sin conocer su origen y primera formulación. Ayer como hoy, la felicidad pública sigue siendo el objetivo de las sociedades de bienestar.

La idea de la felicidad pública se desarrolla en el curso del siglo XIX y XX. Inicialmente el liberalismo clásico lo implementa a través de la difusión de los bienes públicos, instrucción, sanidad, salud y medios de comunicación. El liberalismo no piensa en la redistribución del ingreso, una idea que surge con la fase democrática en el siglo a través de impuesto proporcional al ingreso.

Recorrido similar conoce el concepto central de la economía clásica, la idea de valor. El punto de partida es de nuevo la idea clásica del valor subjetivo según el cual las acciones de los hombres con base en la libertad natural les permite disponer de sus bienes y de las mercaderías que producen. A partir del valor subjetivo de los bienes y de las mercaderías se llega a la idea de valor objetivo, bajo el argumento de que es el intercambio de bienes el que asigna el valor a cada mercadería con el resultado de que su valorización nace en el mercado y es, por lo tanto, un hecho social en el cual el valor dependerá de la escasez y de la abundancia de mercaderías y de la necesidad que de ellas tienen los individuos.

Turgot escribe que la necesidad recíproca introduce el intercambio de lo que se tiene por lo que no se tiene y que a través de este intercambio de un bien por otro bien es que se puede pensar que se intercambian bienes por trabajo. En efecto, escribe que es la necesidad reciproca que introduce "el intercambio de lo que se tiene con lo que no se tiene" y por lo tanto que la medida del valor es la cantidad de trabajo que contienen las mercaderías.

Al intercambio de bienes por trabajo, Verri agrega que la universalización objetiva del valor se alcanza gracias a la difusión de la "mercadería universal", es decir, el dinero que permite que el valor se exprese en el precio que mide la cantidad de dinero que se debe ceder para obtener una mercadería. Gracias a la monetarización del intercambio, el valor objetivo se dinamiza para abarcar las mercaderías y el trabajo.

Estas adquisiciones permiten a Adam Smith sostener que "el valor de cada mercadería para la persona que la posee y que desea usarla o consumirla, sino intercambiarla con otra mercadería, es entonces igual a la cantidad de valor que le permite adquirir o tener a su disposición". El resultado es pues, siguiendo a Smith, que "el trabajo es así la medida real del valor de cambio de todas las mercaderías y la única medida universal del valor".

La economía como todas las ciencias sociales y humanas tiene ayer y hoy un contenido moral y social que es conocible a condición que la economía, y todas las ciencias sociales, flexibilicen la dimensión sincrónica y su tendencia a construir teorías a partir simplemente de la teoría. Como decía Schumpeter, es necesario que todas las ciencias sociales, comprendida la historia, profundicen en lo que él llamó la visión pre-analítica. Es decir, antes del esfuerzo del análisis debe tomarse conocimiento concreto de la realidad que se desea estudiar.

Diálogos con una trayectoria intelectual.
Marcello Carmagnani en El Colegio de México
se terminó de imprimir en noviembre de 2014
en los talleres de Gráfica Premier, S.A. de C. V.,
Calle 5 de Febrero 2309, col. San Jerónimo Chicahualco
52710 Metepec, Estado de México.
Portada: Pablo Reyna.
Tipografía y formación: Manuel O. Brito Alviso.
Cuidó la edición la Dirección de Publicaciones
de El Colegio de México.

CENTRO DE ESTUDIOS HISTÓRICOS

La portada del libro ilustra una red cultural cuya característica principal es la de carecer de una jerarquía entre las personas que participan en ella. En este caso se trata de una red cultural generada en El Colegio de México que se conformó a partir de la interacción constante entre los estudiantes y un docente en el curso de seminarios y discusiones de tesis. A diferencia de otras redes culturales que en el curso del tiempo se van disgregando para dar vida a nuevas redes, la que se conformó en el Centro de Estudios Históricos favoreció tanto la evolución de la actividad intelectual de sus participantes como la persistencia de las relaciones interpersonales. Se comprende así que fueron los miembros de esta red cultural informal, convencidos de que los estudios históricos son conceptuales y críticos, los que expresaron su voluntad de reunirse en un coloquio patrocinado por el Centro de Estudios Históricos de El Colegio de México con el fin de confrontar y debatir las diferentes adquisiciones personales más recientes.

Correspondió a uno de ellos, Yovana Celaya Nández, la gran labor de transformar las diferentes aportaciones en el libro que ahora se publica.

Marcello Carmagnani

El objetivo de este libro fue doble: un reconocimiento a la trayectoria de nuestro profesor y la celebración de una red académica construida en El Colegio de México. La constante —presente en todos los textos— fue señalar la libertad que el profesor promovió en sus estudiantes. La libertad de pensamiento para trazar, en un diálogo con sus investigaciones, nuestras trayectorias. Una libertad que se hace necesaria en la construcción del conocimiento y en el avance de la historiografía. Y en cuanto a la celebración de una red académica, las quince contribuciones se propusieron reflejar que la historiografía que Carmagnani ejerce y enseña es aquella que nos permite comprender a la historia integrada por múltiples dimensiones y sus procesos explicados en la interacción de éstas. Es, sin duda, cómo se ha realizado el diálogo entre alumnos y profesor el que puede considerarse el mejor homenaje a la trayectoria de Marcello Carmagnani.

Yovana Celaya Nández

ISBN: 978-607-462-686-5

9 786074 626865

EL COLEGIO DE MÉXICO

Made in United States
North Haven, CT
10 November 2023

43872810R00305